JN436368

- 제 3 판 -

경제발전론

강성진

THEORY OF ECONOMIC DEVELOPMENT

박영사

제3판 들어가는 글

냉전 체제의 종식 이후 자본주의 시장경제체제는 세계 경제의 보편적 틀로 자리 잡은 듯 보였다. 그러나 시장경제의 확산이 모든 국가의 지속적인 경제발전으로 이어지지는 않았으며, 동일한 체제를 채택하고 있음에도 국가 간 소득 수준과 성장 경로에는 여전히 큰 차이가 존재한다. 이는 경제발전이 단순한 경제체제의 선택만으로 설명될 수 없으며, 정책, 제도, 역사적 조건이 복합적으로 작용한 결과임을 보여준다.

최근 세계경제는 과거와 다른 성격의 전환기에 접어들고 있다. 미 · 중 전략 경쟁의 장기화, 글로벌 공급망 재편, 기술패권 경쟁, 기후변화 대응 등은 국가의 성장 경로와 산업정책, 무역전략의 환경 자체를 변화시키고 있다. 전통적인 자유무역 질서가 약화되는 한편, 안보와 기술, 가치 요인이 무역과 투자에 점차 중요한 제약 조건으로 작용하고 있다. 이러한 변화 속에서 경제발전은 더 이상 성장률 제고만의 문제에 국한되지 않으며, 외부 충격과 불확실성에 대응하는 과정에서 제도적 환경과 정책 선택, 그리고 국가의 대응 역량을 함께 고려할 필요가 있다.

한국은 식민지 지배와 전쟁이라는 극단적인 역사적 조건을 극복하고 단기간에 고도성장을 달성하여 고소득 국가로 도약한 대표적인 사례이다. 동시에 일부 국가들은 중진국 함정이나 저개발 함정에서 벗어나지 못하고 있으며, 이러한 상이한 발전 경로는 경제발전의 원인과 과정에 대한 체계적인 이해의 필요성을 제기한다. 본 교재는 이러한 문제의식에서 출발하여 경제발전의 원인과 결과에 대한 다양한 이론과 경험을 정리하고자 하였다.

경제발전론의 핵심 이론들은 오랜 기간 축적된 연구 성과를 바탕으로 형성된 것으로, 단기간에 근본적인 변화가 나타나기보다는 다양한 국가의 경험을 통해 그 설명력과 적용 범위가 점검 · 보완되어 왔다. 이러한 점에서 제3판에서도 이론적 틀과 구성의 큰 흐름은 제2판과 크게 다르지 않다. 다만 경제발전 단계를 반영하는 주요 지표와 통계, 그리고 세계경제 환경의 변화는 빠르게 진행되고 있으므로, 이번 개정판에서는 관련 자료와 사례를 최신 자료로 업데이트하는 데 중점을 두었다. 이를 통해 독자들이 경제발전 이론을 보다 현실감 있게 이해하고, 변화하는 세계경제 속에서 그 의미를 해석할 수 있기를 기대한다.

한편, 한국의 경제발전 경험은 경제발전론 논의에서 중요한 사례이지만, 본 교재는 특정 국가에 대한 심층적 분석보다는 일반 이론과 국가 간 비교에 초점을 두고 있다. 한국경제의 발전 과정과 최근의 구조적 도전, 그리고 그에 대한 보다 상세한 논의는 『한국경제론』(2025)을 참고하기 바란다.

이번 제3판을 준비하는 과정에서도 대학원 학생들이 많은 도움을 주었다. 교재를 검토하고 자료

정리에 도움을 준 고려대학교 경제학과 이선주, 진윤호, Acar Pinar, 이정우에게 고마움을 전한다. 본 교재가 경제발전을 공부하는 학생들에게 이론과 현실을 연결하는 기본적인 길잡이가 되기를 기대한다.

2026년 1월

저자 강성진

제2판 들어가는 글

자본주의와 사회주의라는 두 경제체제의 치열한 경쟁은 1978년 중국의 개혁 · 개방정책 시행과 1991년 소련의 몰락으로 끝나는 듯하였다. 자유주의와 시장경제를 기반으로 한 자본주의 경제체제가 시장을 인정하지 않는 정부 중심의 경제체제에 비해 우월하다는 것은 증명되었다. 문제는 이러한 시장경제체제를 채택한 자본주의 체제도 완벽한 것은 아니고 국가 간 경제적 수준에서 차이가 나타난다는 점이다.

일례로 일제강점기와 한국전쟁을 겪으면서 초토화된 경제를 세계적으로 유례없는 고도성장을 달성한 한국이 있다. 반면에 1930~40년대 선진국 그룹에 속했던 아르헨티나와 베네수엘라 등 국가는 현재까지 경제성장 성과가 만족스럽지 못하다. 이들 국가는 한국에 의하여 따라잡히는(catching up) 수준이 아니라 추월(leapfrogging)당하는 양상을 보였다. 또한, 필리핀은 1960년대에는 한국보다 잘 사는 국가였으나, 근래 두 국가의 경제력 격차는 더욱 벌어졌다. 이 외에도 사하라 사막 이남의 아프리카 몇몇 국가들처럼 저개발 함정(underdevelopment trap)에 빠져있는 국가 그룹도 있다. 이들은 과거 수십 년 동안 경제성장을 경험하지 못하고 저개발단계의 경제 수준이 그대로 유지되고 있다.

이처럼 비록 자본주의 시장경제체제를 채택하여 유지하고 있으나, 모든 국가가 같은 정도의 경제성장률과 경제 수준을 유지하지는 못하고 있다. 심지어는 국가 간의 경제 수준 격차가 더욱 벌어지는 양극화 현상이 나타나기도 한다.

본 저서는 이러한 세계경제의 현황을 바탕으로 경제발전의 원인과 결과에 대한 다양한 이론과 경험을 정리하고자 하였다. 지난 2018년에 출판된 이후 이론은 큰 변화가 없었다. 그러나 경제발전단계를 반영하는 지표들을 최근 자료로 보완할 필요가 있으므로 이번 개정판에서는 주요 자료들을 최근 자료로 업데이트하였다. 그리고 저서가 너무 많은 양을 포함하고 있다는 의견에 따라 마지막 두 장인 16장과 17장은 이번 개정판에서 삭제하였다. 이 부분은 추후 『한국경제론』을 집필할 때 새로이 단장하여 추가하려고 한다.

마지막으로 이번 개정판을 완성하는 과정에서 대학원 학생들이 많은 도움을 주었다. 교재를 처음부터 읽으면서 내용에 대한 의견을 주고 주요 자료를 최신 자료로 업데이트해 준 고려대학교 경제학과 이선, 이선주, 진윤호, 유결, 김성휘에게 고마움을 전한다.

성북구 안암동에서

2022년 2월

저자 강성진

초판 들어가는 글

대한민국은 조선시대, 일제강점기, 한국전쟁, 좌우 이념대립과 정치적 혼란기를 극복하고, 최근 50여년이라는 짧은 기간에 세계적으로 전례 없는 경제발전을 달성한 국가이다. 이러한 눈부신 성과에도 불구하고 국내에서는 한국의 경제발전이 불완전한 경제발전이라고 비판적으로 평가하기도 한다. 경제발전과정에서 정부의 지나친 시장개입과 이로 인한 정경유착, 기업의 높은 시장집중도, 소득불균등, 양극화, 빈곤, 환경악화 등과 같은 문제점도 나타나고 있다는 것이다. 그럼에도 불구하고 해외에서는 한국의 경제발전은 눈부신 경제적 성과로 평가되고 있다. 외국에서 한국의 경제발전에 대해 강의나 발표를 할 때마다 이어지는 질문이 있다. 이러한 경제발전의 비결과 현재 개발도상국의 입장에서 공유할 수 있는 정책적 시사점이 무엇이냐는 것이다.

필자는 이러한 흐름에 맞추어 한국의 경제발전에 관한 다양한 질문에 답을 하고자 다음과 같은 의문을 가지고 본 교재의 집필을 시작하였다. 과연 한국의 경제발전은 매우 독특한 한국적 특성에 의하여 나타난 것인가? 아니면 개발도상국에서 출발하여 선진국으로 진입에 성공한 다른 국가들처럼 한국도 유사하게 산업화 과정을 거친 것인가? 그렇다면 왜 어떤 국가들은 아직도 개발도상국에서 벗어나지 못하고 있거나, 경제발전 속도가 매우 느리게 진행되고 있는가? 한국의 경제발전과정에서 나타난 문제점이 한국경제발전 모형의 고유한 특징인가? 그리고 한국의 경제발전 경험을 현재 개발도상국과 어떻게 공유할 수 있을까?

이러한 질문에 답하기 위하여 본 교재는 미시와 거시경제학을 수강한 학부 3학년 정도의 수준에 맞추어 집필되었다. 내용의 큰 흐름은 제2장에서 자세히 다루고 있듯이 지속가능발전(sustainable development)을 추구하는 것이 모든 국가의 공통 목표라는 시각에서 출발하였다.

제3장과 제4장은 지속가능발전의 가장 핵심적인 부분인 경제성장이론을 다루었다. 신고전파적 경제성장이론과 내생적 경제성장이론을 나누어 설명하여 경제성장정책에 대한 시장과 정부의 역할에 대한 시각을 비교하였다. 약간의 수학이 사용되어 어려운 부분일 수도 있으나 기초수준의 수학을 공부한 학생이라면 쉽게 의미를 파악할 수 있을 것이다. 제5~7장은 개별 경제주체의 후생수준을 비교하는 빈곤, 소득분배 및 양극화 문제를 다루었다. 제5장은 개인의 후생수준을 측정하는 빈곤개념을 소개하였고, 제6장은 개인 간의 소득격차를 설명하는 소득분배 및 양극화 개념을 소개하였다. 특히 제7장은 기존 경제성장과 소득분배의 관계라는 두 지표의 관계에서 더 나아가 절대적 빈곤을 추가하여 세 지표 간의 관계를 검토하였다. 제8장은 지속가능발전의 범주에서 최근 많이 논의되는 환

경문제를 다루었다. 단순히 환경경제학 차원의 환경정책만을 다루는 것이 아니라, 친환경적 정책을 실시하면서 경제성장을 달성하고자 하는 녹색성장정책을 소개하였다.

제9~13장은 개발도상국 경제의 특성을 명시적으로 고려하는 주요 이론들을 다루었다. 제9장은 선진국에 비해 개발도상국 경제주체가 더 많이 직면하고 있는 유동성제약 문제를 다루었다. 이로 인해 개발도상국에서 더욱 발달하는 비공식적 금융시장에 대해서 자세히 설명하였다. 제10장도 다양한 형태의 위험에 직면하여 소득이나 소비가 안정적이지 못한 경우에 소비안정성을 유지하기 위한 사적 및 사회적 안전망정책에 대하여 논의하였다. 특히, 개별 경제주체 간 사적 이전소득과 정부에 의한 공적 이전소득 관계를 설명하였다. 제11장은 지역 간, 계층 간 그리고 부문 간 격차가 존재하는 이중경제구조에서 잉여노동력 이동에 의한 경제발전 과정을 설명하는 이중경제이론을 소개하였다. 근대화이론과 종속이론을 논의하여 잉여노동력 이동에 대한 산업화과정에 대한 다양한 시각을 소개하였다. 제12장은 개발도상국의 이중경제구조 하에서 전반적인 산업화 과정에 대해서 설명하였다. 균형발전전략과 불균형발전전략으로 나누어 이론을 비교·설명하고, 어떻게 하는 것이 현실적으로 더욱 실행 가능한 전략인가를 개발도상국의 실질적인 발전과정을 가지고 설명하였다. 제13장은 개발도상국이 투자를 위해 필요한 자금을 해외에서 유치하는 주요 재원조달 방안에 대해 논의하였다.

제14~15장은 국제무역의 경제발전에 대한 영향에 대해 논의하였다. 제14장에서는 국제무역이 발생하는 원인과 후생적 효과에 대해 논의하였다. 그리고 제15장에서는 다자간 및 양자간 경제통합의 내용과 경제적 효과를 비교·분석하고, 다자간 경제체제 하에서 양자간 경제통합이 허용되는 과정을 설명하였다. 제16장은 경제체제론에 대한 소개이다. 자본주의 체제에서 어떠한 문제점이 등장하였는가를 논의한다. 그리고 이에 대한 반발로 어떻게 사회주의 국가들이 탄생하였고, 이들이 붕괴되는 과정 및 경제체제전환정책에 대해 알아보았다.

마지막 제17장은 한국의 경제발전 원인에 대한 주요 주장들을 정리하였다. 그리고 1970년대까지 한국의 경제발전정책의 주요 특징이 무엇이며 현재 개발도상국과 공유할 수 있는 정책적 시사점을 제시하였다.

본 교재에서 논의된 내용 이외에도 개발도상국이 직면하고 있는 상황을 설명하는 많은 주제가 있지만, 아쉽게도 지면의 한계로 모두 반영하지 못하였다. 예를 들어 본 교재에는 노동시장, 토지소유, 남녀평등, 아동노동, 보건, 농업 및 농촌발전 등 사회 발전적 주제들은 상대적으로 덜 반영되었다. 앞으로 본 교재의 수정·보완을 통하여 이들 주제를 추가적으로 포함시키려고 한다.

본 교재를 집필하고 완성할 수 있었던 것은 주변의 많은 분들의 적극적인 도움이 있었기에 가능하였다. 교정을 봐주고 내용에 대한 조언을 해 준 고려대학교 경제학과 학부생과 대학원생인 박영준, 신재욱, 윤정석, 원유진, 이선, 장정은, 조시준, 설하영에게 고마움을 전한다. 그리고 이 책을 마무리하는 데는 사랑하는 나의 가족(혜전, 희창, 효창)의 헌신적인 도움이 있었기에 가능하였다. 마지막으로 자식들을 위해 평생을 헌신만 하시다가 하늘나라로 떠나신 이 세상에서 가장 사랑하고 존경하는 아버님과 어머님 영전에 본 교재를 바친다.

2018년 1월

저자 강성진

차례

경제발전론

THEORY OF ECONOMIC DEVELOPMENT

제 1 장

서 론

제 1 장

서론

한국의 현대사는 극심한 혼돈의 시기가 연속되었다는 것이 역사적 현실이다. 조선의 봉건주의 체제는 일본에 의해 붕괴되었고, 36년 간 일제강점기에 직면하였다. 그리고 해방 이후에는 남북분단이 되었고, 바로 그 이후 한국전쟁이라는 민족상잔의 비극을 경험하였다. 이러한 불행한 경험을 극복하고 한국은 최근 60여 년 동안 세계적으로 유례없는 경제발전을 달성하였다. 1인당 명목 국민소득이 약 100달러에 불과한 세계 최빈국 수준에서 3만 3,000달러의 선진국 수준에 진입할 정도로 절대적 삶의 수준은 비약적으로 상승하였다. 이러한 발전을 기반으로 1996년에 선진국 그룹인 경제협력개발기구(OECD)에 가입하였다. 특히 대외원조 수원국이었던 한국은 2009년 OECD 개발원조위원회(DAC)에 가입함으로써 대외원조 공여국이 되었다.

외국으로부터의 평가도 극과 극이었다. 한국전쟁으로부터 폐허 상태가 된 한국을 지켜본 영국의 타임스 기자는 1951년에 기사를 통해 한국은 발전이 불가능한 국가임을 다음과 같이 썼다. '한국에서 건전한 민주주의 탄생을 기대하는 것보다 쓰레기통에서 장미가 피는 것을 기대하는 것이 더 합리적이다(It would be more reasonable to expect to find roses growing on a garbage heap than a healthy democracy rising out of the ruins of Korea.).' 그러나 40여년이 지난 1993년 세계은행은 한국의 경제발전 경험은 '동아시아의 기적(East Asian Miracle)'이라고 극찬하였다. 그리고 세계은행은 2025년에 한국을 중진국 함정(middle income trap)에서 벗어난 대표적인 국가로 평가하였다.

한국경제발전에 대한 대내외적 극찬에도 불구하고 아직도 많은 논쟁의 여지가 남아있다.

먼저 경제발전의 원인이 언제부터 그리고 무엇에서 찾아야 하는가이다. 그리고 한국형 경제발전전략을 실시하면서 나타나는 문제점들이 무엇인가에 대한 논쟁도 지속되고 있다. 더 나아가 이러한 문제점이 수반되지 않는 더 나은 경제발전 모형은 없겠느냐는 의문도 제기된다. 특히 한국의 경제발전경험을 현재 개발도상국과 어떻게 문제없이 공유할 수 있는가의 문제도 있다.

더욱 중요한 것은 한국의 경험이 다른 국가들의 경험과 어떤 점에 있어서 유사하고 차이가 있는가이다. 1960년대 1인당 GDP 수준이 유사하던 한국과 필리핀의 현재 경제발전수준의 격차는 크게 벌어져 있다. 1940년대 세계 10대 선진국이었던 아르헨티나는 1980년대 이후부터 그리고 그리스는 2010년대 초에 한국에 의해 1인당 GDP가 역전되었다. 반면에 1960년대 한국과 같이 저개발국이었던 가나와 짐바브웨 등은 아직도 저발전 함정(underdevelopment trap)에서 벗어나지 못하고 있다.

본 교재는 앞에서 제기된 문제점에 대한 답을 찾기 위하여 다음과 같은 내용을 중심으로 저술되었다.

첫째, 경제발전이 과연 무엇인가에 대한 질문에 답을 하고자 한다. 인류가 지향하고자 하는 것은 경제성장을 통한 1인당 소득 증대라는 차원을 넘어서 사회발전과 환경문제를 모두 포함하는 경제발전 차원에서 접근되어야 한다고 강조하고 있다.

둘째, 개발도상국들이 직면하고 있는 특징들이 어떤 것들이 있는가를 정리해본다. 농업부문과 제조업부문, 농촌과 도시 간 격차가 발생하고, 노동시장의 이중구조가 나타난다. 개발도상국에는 담보나 재산권이 적절히 보장되지 않아서 유동성제약에 처한 계층이 많다. 그리고 정부는 빈곤층을 지원하기 위한 사회복지정책을 실시할 수 있는 여력이 충분하지 않아서 민간끼리 서로 소득을 지원하는 사적 이전소득의 비중이 크다.

셋째, 개발도상국의 독특한 특성을 반영한 경제발전이론을 소개한다. 기존의 많은 교재들은 선진국 경제학자들에 의해 쓰여서 선진국 특성인 동질적(homogeneous) 특성을 갖는 경제를 가정하고 있다. 그러나 개발도상국 현실은 매우 이질적(heterogeneous)이어서 지역 간, 부문 간 및 계층 간 이중구조 특성을 반영하는 경제발전이론이 필요하다.

넷째, 경제체제 논쟁을 정리한다. 어떠한 형태의 경제체제와 경제발전 모형이 적절한 것인가라는 문제는 결국 시장과 정부의 역할을 어떻게 적절하게 조합할 것인가와 직결된다. 극단적으로는 사회주의와 자본주의 체제가 비교되지만, 소련이 붕괴된 이후에는 시장이 옳은가 정부가 옳은가라는 논쟁은 무의미하다.

마지막으로 한국의 경제발전 과정과 성과 및 시사점을 정리하고 현재 개발도상국과 공유할 수 있는 시사점이 무엇인가에 대해 논의한다. 한국의 발전모형은 과거 소련과 같은 사회주의 경제체제에 의한 경제발전 모형이나 미국 등 선진국이 경험한 경제발전 모형과 다르다. 오히려 일본 등 동아시아 발전모형이라고 불리는 강력한 정부주도형 발전모형이다.

아무리 좋은 이론과 모형이라도 현실에서 성과가 있다는 사실이 검증되지 않는다면 채택하기 어렵다. 우리 인간사회를 검증되지 않은 경제이론을 가지고 실험하는 것은 매우 위험한 선택이다. 따라서 본 교재는 이론이나 모형을 소개할 때 이들에 대한 실증분석 결과를 최대한 같이 포함시켰다. 이는 실증분석 결과를 같이 논의함으로써 이론과 모형의 적절성에 대한 결론을 내리기 위함이다.

대부분의 국가는 전통적으로 1인당 국민소득 증가, 즉 경제성장을 가장 중요한 정책 목표로 삼는다. 경제성장은 곧 일자리를 창출하고 소득을 증대시켜 국민의 삶의 질을 향상시키는 정도를 반영하는 가장 적절한 지표라고 여겨져 왔기 때문이다. 그러나 어느 정도 일정한 소득수준에 이르면, 삶의 질은 소득수준뿐만 아니라 사회발전과 환경적 부문에 의해서도 크게 영향을 받게 된다. 이처럼 삶의 질을 결정하는 다양한 변수들을 종합적으로 고려하는 것이 경제발전이다.

본 장에서는 경제성장에서 더 나아가 경제발전을 반영하는 지표 및 지속가능발전에 대해 알아본다. 먼저 경제성장 지표를 이용하여 국가별 경제발전 단계를 비교한다. 그 외에 사회발전 및 친환경적 발전 개념을 반영하는 다양한 지표를 검토한다. 그리고 경제성장 차원에서 더 나아가 친환경사회 그리고 사회적 발전을 선순환적으로 고려하는 지속가능발전에 대하여 논의한다.

제 2 장

경제발전과 지속가능발전

제 2 장

경제발전과 지속가능발전

2.1 경제발전과 발전경제학

경제발전(economic development)이란 한 사회의 삶의 질을 결정하는 소득, 사회통합, 소득분배, 빈곤, 안전, 교육수준, 기대수명, 환경 등의 변화를 종합적으로 반영하는 것이다. 즉, 경제발전은 단순히 경제성장(economic growth) 차원을 넘어서는 개념이다. 경제성장은 국민총소득 혹은 1인당 소득이 증가하는 것을 의미하는 것으로 평균소득의 양적 증가를 의미한다. 반면에 경제발전은 한 사회의 양적 증가뿐만 아니라 질적 발전까지 포함하는 광범위한 개념이다. 따라서 경제성장은 경제발전의 한 측면이라고 할 수 있다.

경제발전론은 이처럼 경제발전에 연관되는 문제들을 체계적으로 연구하는 학문이다. 전통적으로 한 국가의 경제발전에 대해 논의되는 발전경제학의 주요 논점은 다음과 같이 요약된다.

첫째, 경제발전의 의미가 무엇이며 발전 정도를 어떻게 측정할 수 있느냐는 문제이다. 경제발전은 단순히 1인당 소득에 의한 양적 변화를 반영하는 경제성장의 의미보다 더욱 포괄적이다. 따라서 단순히 양적 변화 차원에서 더 나아가 질적 변화를 어떻게 측정할 것인가에 대한 문제가 나타난다.

둘째, 경제발전 차원에서 가장 중요한 것은 경제성장이다. 매우 빈곤한 상태에 있는 국가들의 입장에서 절대빈곤을 줄이거나 삶의 질을 향상시키기 위해서 절대소득 증대, 즉 경제성장은 매우 중요하다. 이를 위해 경제성장이론에 대한 논의는 필수적이다.

셋째, 빈곤 및 소득분배에 대한 논의이다. 경제성장은 단순히 1인당 평균소득의 증가를 의미하는 것이므로 경제주체 간의 소득분배나 특수한 계층의 소득수준을 나타내기에는 부족하다. 따라서 단순히 평균소득의 증대에 관한 연구에서 더 나아가 경제주체 간 소득분배 현황을 논의해야 한다.

넷째, 최근 경제발전에서 주요하게 다루고 있는 것이 환경문제이다. 경제성장 과정에서 화석에너지 사용이 증가하면서 온실가스 배출이 증가하였고, 이로 인해 지구온난화 문제가 대두되고 있다. 그리고 경제성장의 핵심요소로 부존자원인 화석연료가 고갈되면 앞으로 지속적인 경제성장은 더욱 어렵게 될 것이다. 이러한 환경적 문제를 경제발전이라는 틀 속에서 심도 있게 논의해야 한다.

다섯째, 개발도상국의 특성을 반영하는 경제발전 모형이 무엇인가라는 문제이다. 개발도상국에는 풍부한 잉여노동력과 신용할당(credit rationing)이 존재하고, 선진국에 비교하여 자본이나 기술력도 부족하다. 그리고 도시와 비도시 간 격차가 큰 이중경제(dual economy) 구조를 가지고 있다. 따라서 완전고용이 달성되는 완전경쟁 시장구조 가정 하에서의 신고전파적 경제성장이론으로는 개발도상국의 이러한 특성을 반영하는 경제성장을 설명하기 어렵다. 따라서 개발도상국의 특성을 고려하는 경제성장이론이 논의되어야 한다.

여섯째, 개발도상국은 투자 의지는 충분히 있으나 이를 지원할 국내자본이 충분하지 않다. 따라서 추가적으로 필요한 투자재원을 조달하기 위하여 대외원조, 대외채무, 외국인직접투자, 송금 등 다양한 대외자금을 활용해야 한다. 다양한 재원 조달 방법의 장단점이 무엇인가에 대한 정책적 판단이 중요하기 때문에 이에 대한 논의가 필요하다.

일곱째, 개발도상국에 대한 적절한 산업화전략이 논의되어야 한다. 과거 개발도상국들이 많이 실시하였던 산업정책인 수출촉진정책(export promotion policy)과 수입대체정책(import substitution policy) 중에서 어느 정책을 선택할 것인가의 결정은 매우 중요하다. 여기서는 대외무역이 사회후생에 미치는 효과와 더불어 국내 경제주체 간 소득분배에 미치는 영향까지 살펴보아야 한다.

여덟째, 국가들의 경제발전 경로가 국가별로 다르게 나타나는 이유에 대하여 알아본다. 일정 시점에서 유사한 수준의 1인당 실질 국내총생산(GDP) 수준에서 출발하더라도 일정 기간이 지난 후 두 국가의 1인당 실질 GDP 격차가 더욱 커지는 현상이 발생한다. 그리고 어떤 국가는 저개발 상태에서 벗어나지 못하는 저발전 함정에 머물러 있기도 한다. 또는 두 국가의 1인당 GDP가 역전되는 경우도 나타난다. 이러한 이유에 대하여 크게 초기 조건을 강조하는 역사(history)가 중요하다는 주장과 기대(expectation)가 중요하다는 주장을 소개한다.

아홉째, 선진국과 개발도상국의 상호 발전을 위한 국제협력 방안을 찾기 위한 논의이다. 주로 개발도상국에 대한 선진국으로부터 기술이전, 재원지원 등 직접적인 지원이 필요하다. 그리고 국가 간 무역이나 경제통합 등을 통해 상호 이득을 추구하는 다양한 형태의 국제협력이 필요하다.

마지막으로 경제발전전략을 수립하고 실질적인 효과를 얻기 위해 조정기구(coordination agency)로써 시장과 정부의 역할 분담 문제를 논의한다. 자본주의 체제에서는 시장기능이 강조되지만, 시장실패가 발생할 수 있다. 따라서 시장실패를 해결하기 위해 시장에 대한 정부개입의 정당성을 주장하기도 한다. 그러나 정부개입이 오히려 시장실패를 더욱 악화시키는 정부실패 문제도 대두될 수 있다. 따라서 시장과 정부는 자신들의 실패를 최소화하기 위해 적절한 역할 분담이 무엇인가에 대한 논의가 필요하다.

2.2 국내총생산과 1인당 GDP

2.2.1 산업혁명과 국민소득

국가의 경제발전단계를 측정하는 지표로 많이 사용되는 것이 GDP이다. 국내총생산은 일정 기간 동안 모든 경제주체가 한 국가 내에서 생산한 상품과 서비스의 최종생산물을 시장가치로 환산한 것이다.

〈표 2-1〉과 〈표 2-2〉는 세계 실질 GDP와 인구의 장기적인 추이를 보여준다. 먼저 〈표 2-1〉를 보면 1500년경 세계 인구는 4억 2천 5백만 명이었으나, 약 300년 이후인 1820년에는 약 11억 명에 도달하여 1820년까지 연평균 0.29% 증가하였다. 반면 1992년에는 약 54억 명으로 1820년 이후 연평균 0.95% 증가하였다. 1인당 실질 GDP를 보면, 1500년 565달러에서 1820년 651달러로 1820년 이후 연평균 0.04%가 증가하였으나, 1992년 5,145달러로 1820년 이후 연평균 1.21%가 증가하였다. 1500년부터 1820년까지 1인당 실질 GDP의 큰 변화가 없었으나, 1820년에 비해 산업혁명을 거친 이후인 1992년에 거의 10배가 증가하였

음을 알 수 있다.

표 2-1 주요 지표 현황

	수치			연평균 증가율(%)	
	1500	1820	1992	1500~1820	1820~1992
세계 인구(백만 명)	425	1,068	5,441	0.29	0.95
1인당 GDP(달러)	565	651	5,145	0.04	1.21
세계 GDP	240	695	27,995	0.33	2.17
세계 수출	-	7	3,786	-	3.73

주: 1) 1990년 달러 기준 실질 값임. 2) 세계 GDP와 수출은 10억 달러 단위임.
출처: Maddison(1995), pp.19-20.

표 2-2 주요국의 1인당 실질 GDP 추이

	1700	1870	1900	1910	1940	1950	1960
선진국							
미국	527	2,445	4,091	4,964	7,010	9,561	11,328
영국	1,250	3,190	4,492	4,611	6,856	6,939	6,645
일본	570	737	1,180	1,304	2,874	1,921	3,986
스웨덴	750	1,359	2,209	2,776	5,180	6,769	8,792
독일	910	1,839	2,985	3,348	5,403	3,881	7,705
NICs							
한국	-	604	-	815	1,600	854	1,226
싱가포르	-	682	-	1,279	-	2,219	2,310
대만	-	550	614	766	1,134	916	1,353
홍콩	-	683	-	1,279	-	2,218	3,134
BRICs							
중국	600	530	545	552	-	448	662
인도	550	533	599	697	686	619	753
브라질	459	713	678	769	1,250	1,672	2,335
기타							
필리핀	-	624	672	874	1,507	1,070	1,476
아르헨티나	-	1,311	2,756	3,822	4,161	4,987	5,550

	1700	1870	1900	1910	1940	1950	1960
탄자니아	-	-	-	-	-	-	424
나이지리아	-	-	-	-	-	-	753
짐바브웨	-	-	-	-	-	701	936
전 세계	615	870	1,261	1,524	1,958	2,111	2,773

주: 1) 1990년 기준 국제 Geary-Khamis 달러. 2) 중국의 1910년 값은 1923년 값임. 3) 인도, 일본의 1870년 값은 1850년 값임. 4) 대만의 1900년 값은 1901년 값임. 5) 홍콩, 싱가포르의 1910년 값은 1913년 값임. 6) 필리핀의 1900년 값은 1902년 값임. 7) 한국의 1910년 값은 1911년 값임. 8) 전 세계 1910년 값은 1913년 값임.

출처: The Maddison-Project, 2013 version.

그 외에 세계 실질 GDP를 보면 산업혁명기 이전인 1500년에 비해 1820년 총 GDP가 약 2천 400억 달러에서 약 7천억 달러로 약 3배 증가하였고, 그 이후 1992년에는 약 28조 달러로 1820년에 비해 약 40배가 증가하였다. 수출은 산업혁명기 이전에는 자료가 없으나, 산업혁명기인 1820년 70억 달러에서 1992년 약 3조 7천억 달러로 연평균 3.73% 증가하였다. 즉, 수출은 1820년 이후 약 172년 동안 약 541배가 증가한 것으로 실질 GDP 증가보다 수출 증가가 훨씬 높은 것으로 보아 급속하게 시장개방이 이루어졌음을 반영한다.

〈표 2-2〉는 산업혁명 이후 1960년까지 주요 국가별 1인당 실질 GDP 변화를 보여준다. 먼저 미국과 영국을 보면, 1910년도 이전까지는 미국의 1인당 실질 GDP가 영국보다 낮은 수준에서 유지되다가 그 이후부터 미국이 영국을 앞서고 있다. 한국의 1인당 실질 GDP는 1870년에 600달러 정도였으나 1910년 815달러로 증가하였다. 식민지시대에는 한국의 1인당 실질 GDP가 1940년 1,600달러로 증가하였다.[1] 해방 이후 1950년에는 다시 식민지 시대 이전 수준과 비슷한 854달러로 하락하였다.

아르헨티나는 1870년 1인당 실질 GDP가 1,311달러로 한국의 2배가 넘었고, 그 이후에도 계속 격차가 벌어져서 1950년 한국이 854달러에 불과하였지만, 아르헨티나는 거의 5천 달러로 약 6배 격차가 났다. 1960년에도 한국과 아르헨티나는 각각 1,226과 5,550달러로 여전히 격차가 크게 벌어져 있었다. 현재 BRICs라고 불리는 국가 중에서 중국과 인도의 1인당 실질 GDP는 1700~1960년 기간 동안 거의 변화가 없었다.[2] 반면에 같은 기간 동안 브라질의 1인당 실질 GDP는 약 5배가 증가하였다.

1 일제강점기 경제성장에 대한 찬반 논의에 대한 자세한 내용은 강성진(2025) 참조.

2 BRICs는 2000년대 빠른 경제성장을 보여주고 있는 브라질(Brazil), 러시아(Russia), 인도(India) 그리고 중국(China) 등 4개국을 지칭한다.

2.2.2 1960년 이후 주요 국가별 1인당 실질 GDP 추이

매디슨 자료는 최근까지 기록되어 있지 않기 때문에 1960년 이후의 1인당 실질 GDP 추이는 세계은행의 자료를 이용한다. 〈표 2-3〉은 2015년 기준 실질 가격으로 평가된 것이다.

한국의 1인당 실질 GDP는 1960년에 1,028달러에서 1990년 9,367달러로 증가하여, 연

표 2-3 주요국의 1인당 실질 GDP와 연평균 성장률

	1960	1990	2024	연평균 성장률 (60~90)	연평균 성장률 (90~24)
선진국					
미국	18,854	39,200	66,683	2.44	1.56
영국	15,136	30,876	47,265	2.38	1.25
일본	6,389	28,422	37,145	4.98	0.79
스웨덴	16,812	34,903	54,916	2.43	1.33
독일	12,600	29,748	44,109	2.86	1.16
NICs					
한국	1,028	9,367	37,048	7.37	4.04
싱가포르	3,612	23,273	67,707	6.21	3.14
홍콩	3,956	21,357	44,725	5.62	2.17
BRICs					
중국	241	917	13,122	4.45	7.83
인도	313	538	2,397	1.81	4.39
브라질	2,604	6,150	12,667	2.86	2.13
기타					
필리핀	1,124	1,704	3,925	1.39	2.45
아르헨티나	7,397	8,115	12,667	0.31	1.31
탄자니아	834	542	1,121	-1.44	2.14
나이지리아	1,455	1,577	2,448	0.27	1.29
가나	1,101	856	2,170	-0.84	2.74
짐바브웨	1,142	1,653	1,421	1.23	-0.44
전 세계	3,656	6,807	11,876	2.07	1.64

주: 1) 2015년 기준 실질 달러 기준임. 2) 홍콩의 1960년 1인당 GDP는 1961년 값으로 연평균 성장률도 1961~90년임. 3) 성장률은 % 단위임.

출처: World Bank, WDI(검색일: 2025.12.14.).

평균 7.37%의 경제성장률을 보여주었다. 그리고 2024년 1인당 GDP는 37,048달러로 1990년 이후 경제성장률이 연평균 4.04%로 증가율이 그 이전 시기보다 하락하였지만, 다른 국가들에 비해서는 여전히 높은 경제성장률을 보여주었다. 1960~90년 기간에는 한국을 포함하여 아시아의 호랑이라고 불렸던 신흥공업국(NICs)인 싱가포르(6.21%)와 홍콩(5.62%)의 경제성장률이 매우 높았다. 1990년 이후에도 이들 국가의 경제성장률은 다른 국가들에 비해 높았지만, 중국은 연평균 7.83%로 더욱 빠르게 성장하였음을 알 수 있다.[3]

흥미로운 국가들은 필리핀과 아르헨티나이다. 필리핀은 1960년 1인당 소득이 1,124달러로 한국보다 높았다. 그 이후 1990년 1,704달러와 2024년 3,925달러였다. 연평균 경제성장률은 1960~90년 기간 1.39%와 1990~2024년 2.45%로 한국보다 매우 낮았다. 아르헨티나는 1960년 1인당 실질 GDP가 7,397달러로 한국보다 7배 이상 높은 국가였다. 그러나 1960~90년과 1990~2024년 기간 동안 연평균 경제성장률이 각각 0.31%와 1.31%로 매우 낮았다. 결국 1인당 실질 GDP 수준이 역전되어 2024년 한국의 1인당 실질 GDP보다 매우 낮은 수준에 머물러 있다. 그리고 짐바브웨와 같이 1인당 실질 GDP에 변화가 거의 없는 국가도 있다.[4]

〈표 2-3〉의 주요국을 보면 1인당 실질 GDP가 낮은 국가라고 해서 높은 국가에 비해 항상 빠른 성장률을 보이는 것은 아니라는 것을 알 수 있다. 그리고 한국과 아르헨티나와의 비교에서 알 수 있듯이 국가 간 소득수준이 역전되는 경우도 나타난다. 즉, 국가 간 경제발전 단계에 따라 격차가 더 벌어지기도 하고, 역전이 되기도 한다. 그리고 낮은 발전단계에서 벗어나지 못하는 국가도 있다. 이러한 현상이 나타나는 이유를 밝혀내는 것이 경제발전론의 핵심적인 목표 중 하나이다.

2.3 주요 경제발전 지표

지금까지 경제발전 단계를 가장 전통적인 방법으로 설명하는 지표인 1인당 GDP를 이용하여 국가 간 경제발전 정도가 어떻게 변화하고 있는가를 알아보았다. 그러나 우리가 지향해

3 대만은 주요 국제자료에는 포함되지 않아서 본 교재에서는 비교 대상에서 제외한다. NICs: Newly Industrializing Countries.

4 이러한 상태를 저발전 함정에 빠져 있다고 한다. 이에 대해서는 제12장에서 자세히 논의한다.

야 하는 경제발전은 반드시 1인당 GDP의 증대만을 의미하는 것은 아니다. 본 절에서는 앞에서 논의한 1인당 GDP 이외에 삶의 질을 반영하는 다양한 지표에 대하여 설명한다.

2.3.1 소득분배와 빈곤

소득분배와 빈곤지표는 1인당 GDP라는 양적 지표 이외에 삶의 질을 반영하는 또 다른 대표적인 지표이다. 1인당 GDP는 국민소득을 인구수로 나눈 단순 평균 개념의 소득이다. 따라서 1인당 GDP로 삶의 질을 파악하는 것은 경제주체 간 소득격차에 상관없이 평균 소득이 높으면 삶의 질이 높아진다는 것을 전제로 한다. 그렇지만 실제로 우리가 삶을 영위하는 사회에서는 다른 사람의 소득도 자기 삶의 질에 영향을 미친다. 따라서 다른 경제주체들과의 소득격차도 자기 삶의 질을 결정하는 중요한 지표 중의 하나가 된다.

이러한 격차를 반영하는 지표가 소득분배와 빈곤지표이다. 지표의 국가 간 변화를 비교할 수 있을 만큼 풍부한 자료가 없으므로, 본 교재에서는 두 지표의 최근 연도의 값만 비교한다.

표 2-4 주요국의 소득분배와 빈곤

	소득분배		빈곤율		빈곤율	
	연도	Gini 계수	연도	하루 PPP 3.00달러 미만	연도	국가 빈곤선
BRICs						
중국	2022	0.36	2022	0	2020	0
인도	2022	0.255	2022	5.3	2011	21.9
브라질	2023	0.516	2023	3.8	-	-
기타						
필리핀	2023	0.393	2023	5.3	2023	15.6
아르헨티나	2024	0.424	2024	1	2024	38.1
탄자니아	2018	0.405	2018	51.3	2018	26.4
나이지리아	2022	0.339	2022	41.8	2023	56.2
가나	2016	0.435	2016	39	2016	23.4
짐바브웨	2019	0.503	2019	49.2	2019	38.3

주: 1) 선진국과 NICs 국가의 빈곤율은 자료 없음. 이들의 소득분배 지표는 제6장 참조. 2) 국가별 빈곤선은 가구 서베이 자료를 이용하여 계산된 것임. 3) 비교 가능한 선진국과 NICs의 빈곤 자료는 없음. 4) 같은 연도에 지니계수 값이 여러 개인 경우 국제기구 자료, 가처분소득, 전체가구 혹은 도시가구를 포함하는 값을 우선적으로 선택하였음.

출처: World Bank, WDI(검색일: 2025.11.14.).

〈표 2-4〉는 주요국의 소득분배와 빈곤 정도를 보여준다. 2023년 브라질은 지니계수가 0.516으로 불균등 정도가 매우 높은 나라 중 하나이며, 빈곤국인 탄자니아와 짐바브웨가 각각 0.405(2018년)와 0.503(2019년)으로 불균등 정도가 브라질보다는 양호하나 높은 편이다.[5]

절대 빈곤율은 세계은행 기준 하루 생계비 3.00달러 미만에 해당하는 사람들의 비중과 각 국가별 빈곤선을 계산해서 이 값 미만에 해당하는 사람들의 비중을 보여준다. 인도는 2022년 인구의 5.3% 그리고 탄자니아(2018년)와 나이지리아(2022년)는 각각 인구의 51.3%와 41.8%가 하루 3.00달러 미만의 소득으로 살고 있다. 이를 각 국가의 빈곤선을 기준으로 보아도 탄자니아(2018년)와 나이지리아(2023년)는 각각 인구의 26.4%와 56.2%가 국가 빈곤선 미만 소득으로 살고 있다.

2.3.2 건강: 출생률, 사망률과 기대수명

건강 상태는 경제발전 단계와 매우 밀접한 관련이 있는 또 다른 지표이다. 건강 상태를 반영하는 지표로 주로 사용되는 것으로 출생률, 사망률, 그리고 이를 반영한 기대수명이 있다.

〈표 2-5〉를 보면 출생률과 사망률의 변화 추이가 1인당 GDP와 관계가 있음을 알 수 있다. 전반적으로 1960년에 비해 2023년에 모든 국가의 출생률과 사망률이 낮아졌는데, 이는 1인당 GDP가 높아짐에 따른 것임을 시사한다. 한국도 1960년대 초반 1인당 실질 GDP가 1,000달러 정도로 매우 낮은 소득수준에서 출생률은 1,000명당 42.1명 정도였으나, 3만 달러가 넘은 2023년도에는 4.5명으로 급격히 감소하였다. 사망률 또한 1960년에 1,000명당 13명에서 2023년에는 6명으로 하락하였다. 소득이 낮은 다른 국가들을 비교해 보면 필리핀의 출생률이 1960년과 2023년에 각각 47.2명에서 16명으로 낮아졌고, 사망률은 같은 기간 동안 10명에서 6.2명으로 하락하였다.

기대수명은 1인당 실질 GDP가 높을수록 높아지는 경향이 있다. 미국의 경우 기대수명이 1960년 69.8세였으나 2023년에는 78.4세로 높아졌다. 한국도 마찬가지로 1인당 GDP가 매우 낮았던 1960년 기대수명은 53.8세였으나 2023년에는 83.4세로 높아졌다. 다른 국가들에서도 유사한 추이를 확인할 수 있다. 이를 통해 1인당 실질 GDP 증가에 의한 경제발전이 출생률과 사망률을 낮추고 기대수명을 높였다고 볼 수 있다.[6]

5 지니계수는 낮을수록 소득분배 상태가 좋다. 이에 대한 정의는 제6장에서 자세하게 논의한다.

6 건강과 경제발전 관계를 매우 흥미 있게 설명한 것이 2015년 노벨 경제학상을 받은 디튼(A. Deaton)의 『The Great Escape: Health, Wealth, and the Origins of Inequality』(2013)이다.

표 2-5 주요국의 출생률, 사망률 및 기대수명

	출생률		사망률		기대수명	
	1960	2023	1960	2023	1960	2023
선진국						
미국	23.7	10.7	9.5	9.2	69.8	78.4
영국	17.5	10.0	11.5	9.5	71.1	81.2
일본	17.2	6.0	7.6	13.0	67.7	84.0
스웨덴	13.7	9.5	10.0	9.0	73.0	83.3
독일	17.3	8.3	12.0	12.3	69.1	80.5
NICs						
한국	42.1	4.5	13.0	6.0	53.8	83.4
싱가포르	37.5	7.4	6.2	6.2	65.6	82.9
홍콩	36.3	4.4	6.5	7.3	65.7	85.2
BRICs						
중국	20.9	6.4	25.4	7.9	33.4	78.0
인도	42.9	16.1	19.4	6.6	45.6	72.0
브라질	43.9	12.3	13.6	7.1	53.2	75.8
기타						
필리핀	47.2	16.0	10.0	6.2	59.2	69.8
아르헨티나	24.2	11.1	8.7	7.7	64.2	77.4
탄자니아	49.0	35.2	21.1	5.8	42.6	67.0
나이지리아	46.5	33.0	26.5	11.7	37.2	54.5
가나	59.4	26.3	19.2	7.0	46.9	65.5
짐바브웨	47.5	30.4	14.2	7.6	53.5	62.8
전 세계	32.0	16.3	17.2	7.6	50.9	73.3

주: 1) 출생률과 사망률은 각 연도의 중간시점에서 1,000명당 각각 출생자 수와 사망자 수를 의미함. 2) 기대수명은 현재의 연령별 사망률이 지속된다는 가정에서 지금 태어나는 신생아의 기대수명임.
출처: World Bank, WDI(검색일: 2025.11.14.).

2.3.3 교육

1인당 GDP를 증가시키는 데 있어서 중요한 요소 중 하나가 인적자본(human capital)이다. 인적자본 축적을 반영하는 대표적인 지표는 교육기관에 대한 등록률(enrollment ratio)이다. 등록률은 중등(중학교나 고등학교) 및 고등(대학교 이상)교육기관에 취학할 연령에 있는 사람 중 실질적으로 해당 교육기관에 등록한 사람의 비율이다. 이 지표는 한 국가가 전체적으로 고

등교육에 얼마나 투자하고 있는가를 보여주는 것으로 인적자본 양성에 대한 투자로 고려할 수 있다.

〈표 2-6〉을 보면 소득수준이 높은 국가일수록 중등 및 고등교육기관에 등록된 학생들의 비중이 높으며, 시간이 지남에 따라 그 비중이 점차 높아짐을 알 수 있다. 미국은 1970년 기준

표 2-6 주요국의 등록률

	1970		2024	
	중등	고등	중등	고등
선진국				
미국	86.1	50.0	97.5	79.4
영국	73.8	15.1	112.4	80.5
일본	89.5	16.9	102.3	64.9
스웨덴	85.3	22.6	134.2	81.4
독일	–	–	100.6	78.6
NICs				
한국	39.8	7.0	96.3	106.7
싱가포르	–	–	103.1	97.3
홍콩	34.7	7.1	107.2	120.1
BRICs				
중국	25.7	0.1	93.3	76.9
인도	24.2	5.0	78.1	34.4
브라질	26.0	4.8	106.0	60.4
기타				
필리핀	44.3	16.3	85.3	47.4
아르헨티나	44.7	13.4	105.6	107.8
탄자니아	2.8	0.2	28.2	4.0
나이지리아	4.5	0.7	46.9	9.7
가나	41.3	0.7	77.8	22.1
짐바브웨	7.0	1.6	52.4	7.7
전 세계	49.3	17.4	77.3	43.6

주: 1) 각 기간에서 최근 자료를 인용한 것으로 1970년은 1970년과 1971년, 그리고 2024년은 2022년, 2023년, 2024년에서 최근 값을 선택했음. 2) 나이지리아 고등 등록률은 각각 1975년, 2011년 값임. 3) 2024년 중등 등록률에서 탄자니아는 2021년, 짐바브웨는 2013년, 중국은 2012년 값임. 4) 아르헨티나, 중국, 가나, 나이지리아, 필리핀, 탄자니아, 짐바브웨, 전 세계를 제외한 국가의 1970년 자료는 WDI에서 2024년에 조회한 1970년 당시 수치임.

출처: World Bank, WDI(검색일: 2025.11.14.).

중등 및 고등교육기관에 대한 등록률이 각각 86.1%와 50%였으나, 2024년에는 모두 증가하여 각각 97.5%와 79.4%가 되었다. 한국도 1970년 중등과 고등교육기관에 대한 등록률이 각각 39.8%와 7%에 불과하였으나, 2024년에 각각 96.3%와 106.7%로 증가하였다. 이러한 한국의 인적자본에 대한 높은 투자는 경제발전의 결과이기도 하지만 경제발전의 원동력이 되기도 하였다.

반면에 저발전 상태에서 벗어나지 못하고 있는 탄자니아를 보면, 1970년 중등 및 고등교육기관 등록률은 각각 2.8% 및 0.2%였다. 이후 2024년에는 각각 28.2%와 4%로 증가하였지만 다른 국가에 비해 여전히 낮은 수준이다.

2.3.4 인간개발지수

유엔개발계획(UNDP)은 개별 국가들의 삶의 질 수준을 반영하는 데는 1인당 GDP만으로는 불충분하다는 단점을 보완하기 위해 1990년부터 매년 인간개발지수(Human Development Index: HDI)를 발표하고 있다.[7] 이 지수는 각 국가의 1인당 국민소득(GNI)을 포함하며, 건강지표와 교육지표 등을 기하 평균하여 계산된다.[8]

소득지수는 구매력평가로 계산한 1인당 GNI이다. 건강지수는 기대수명으로 측정되고, 교육지수는 평균교육 연수와 기대교육 연수의 단순 평균값이다.[9] 이러한 산출방식 때문에 1인당 소득이 유사한 국가라도 건강지수나 교육지수에 따라 인간개발지수는 차이가 나게 된다.

〈표 2-7〉은 주요 국가들의 인간개발지수와 이를 결정하는 다른 변수들의 현황 및 순위를 표시한 것이다.

먼저 한국은 2023년 1인당 GNI를 보면 2017년 구매력평가(PPP)로 189개국 중 31위였다. 반면에 다른 지표인 기대수명(4위), 평균교육 연수(24위) 그리고 기대교육 연수(32위)의 영향으로 인간개발지수는 1인당 GNI보다 더 높은 20위에 이르고 있다. 그 외에 다른 국가들도 1인당 GNI와 인간개발지수의 순위는 약간의 차이를 보인다. 대부분의 선진국은 인간개발지수의 순위가 1인당 GNI 순위보다 높게 나타나고 있다.

7 UNDP: United Nations Development Programme.

8 구체적으로 $HDI = (\text{소득지수} \cdot \text{건강지수} \cdot \text{교육지수})^{1/3}$이다.

9 기대수명은 출생시점을 기준으로 계산한 것으로 새로 태어난 아이가 현재의 연령별 사망률이 적용되는 경우 기대되는 수명이다. 평균교육연수는 25세 이상의 사람이 받은 평균교육 연수를 의미하고, 기대교육 연수는 학교에 입학하는 어린이가 현재의 연령별 등록률이 유지된다는 가정에서 받을 것으로 기대되는 교육연수이다.

표 2-7 주요국의 인간개발지수와 순위(2023)

	HDI		1인당 GNI	기대수명	평균교육 연수	기대교육 연수
	값	순위	순위			
선진국						
미국	0.938	17	10	44	2	45
영국	0.946	13	26	34	8	16
일본	0.925	23	33	3	24	53
스웨덴	0.959	5	15	12	24	7
독일	0.959	5	18	33	1	22
NICs						
한국	0.937	20	31	4	24	32
싱가포르	0.946	13	3	8	42	28
홍콩	0.955	8	12	12	33	23
BRICs						
중국	0.797	78	71	52	127	53
인도	0.685	130	123	112	143	111
브라질	0.786	84	85	77	123	50
기타						
필리핀	0.720	117	117	129	94	118
아르헨티나	0.865	47	67	61	63	10
탄자니아	0.555	165	161	151	152	180
나이지리아	0.560	164	148	193	130	166
가나	0.628	143	135	164	142	147
짐바브웨	0.598	153	162	176	114	153
전 세계	0.756		20,327	73.4	8.8	13

주: 1) 순위는 189개 국가 중 순위임. 2) 1인당 GNI는 2017년 PPP기준 미국 달러임. 3) 전 세계 행의 값은 순위가 아닌 전 세계 평균값을 나타낸 것임.

출처: United Nations Development Programme, UNDP(검색일: 2025.11.14.).

2.3.5 환경과 이산화탄소 배출

한 국가가 경제성장을 한다는 것은 국가 내에서 더 많은 재화의 생산이 이루어진다는 것을 의미한다. 경제성장 과정에서는 노동과 자본 이외에 화석연료인 석탄, 석유와 전기 등 에너지가 주요 생산요소로 사용되었다. 그리고 산업혁명을 거치면서 나타난 대량생산체제와 이 생산품들을 소비하는 과정에서는 필연적으로 이산화탄소를 비롯하여 지구온난화의 원인이 되는 다양한 온실가스가 배출되었다. 이는 최근 세계적으로 문제가 되고 있는 기후변화로 이어지게 되면서, 경제성장이 오히려 삶의 질을 저해할 수 있다는 우려를 낳았다.10

표 2-8 주요국의 이산화탄소 배출현황

	이산화탄소(백만 톤)			1인당 이산화탄소(톤)		
	1970	2000	2023	1970	2000	2023
선진국						
미국	4,595.1	5,929.0	4,682.0	22.41	21.01	13.90
영국	673.4	551.7	302.1	12.10	9.37	4.41
일본	848.8	1,248.8	944.8	8.21	9.85	7.59
스웨덴	96.2	58.0	35.4	11.96	6.54	3.36
독일	1,084.7	871.7	583.0	13.88	10.60	6.95
NICs						
한국	62.0	474.2	573.5	1.92	10.09	11.09
싱가포르	6.6	45.5	57.1	3.18	11.30	9.64
홍콩	9.5	41.9	34.7	2.41	6.29	4.60
BRICs						
중국	910.0	3,667.0	13,259.6	1.11	2.90	9.40
인도	213.9	995.7	2,955.2	0.39	0.94	2.05
브라질	106.9	349.4	479.5	1.12	2.01	2.27
기타						
필리핀	26.6	74.2	161.3	0.71	0.93	1.40
아르헨티나	87.6	136.8	183.8	3.67	3.68	4.04
탄자니아	1.6	3.1	19.4	0.12	0.09	0.29
나이지리아	28.8	100.3	127.9	0.52	0.79	0.59
가나	2.3	6.1	24.2	0.26	0.31	0.72
짐바브웨	9.5	14.6	11.7	1.83	1.23	0.72
전 세계	15,751.9	25,725.4	39,023.9	4.15	4.01	4.68

출처: World Bank, WDI(검색일: 2025.11.14.).

10 온실가스와 환경문제에 대해서는 제8장에서 자세히 논의된다. 본 장에서는 온실가스 대부분을 차지하는 이산화탄소를 기준으로 설명한다.

이산화탄소의 배출량은 경제성장과 밀접한 관계가 있다. 〈표 2-8〉을 보면 미국은 1970년과 2000년에 각각 약 46억 톤과 약 60억 톤의 이산화탄소를 배출하였다. 반면에 미국의 경제 비중이 줄어듦에 따라 전 세계 배출량에 대한 미국 배출량의 비중은 같은 기간에 29.2%에서 23%로 하락하였다.

반면, 중국의 부상은 전 세계 이산화탄소 배출량의 증가로 나타났다. 1970년 중국은 약 9억 1천만 톤을 배출하여 세계 총 배출에 대한 비중이 5.8%였다. 그러나 2023년에는 미국보다 많은 약 133억 톤을 배출하여 세계 비중이 34%에 이르렀다. 한국도 고도 경제성장을 반영하듯 1970년 약 6천 2백만 톤에서 2023년에는 약 9.3배 증가한 약 5억 7천만 톤을 배출하였다.

각 국가가 얼마나 효율적으로 생산 및 소비활동을 하는가는 1인당 이산화탄소 배출량을 통하여 알 수 있다. 미국은 2023년 1인당 배출량이 13.9톤이어서 매우 비효율적으로 자원을 소비하고 있다. 그 외 선진국들이 저소득 국가들보다 상대적으로 많은 1인당 배출량을 보여주고 있다. 2023년을 기준으로 살펴보면 일본이 7.59톤, 그리고 독일이 6.95톤을 배출하고 있으며, 한국도 1인당 11.09톤을 배출하고 있어 상당한 수준의 이산화탄소를 배출하고 있다. 다른 개발도상국들은 더 낮은 1인당 배출량을 보여주는데, 2023년에 탄자니아가 0.29톤 그리고 나이지리아가 0.59톤을 각각 배출하였다.

2.4 지속가능발전

2.4.1 논의 과정

산업혁명을 통해 등장한 대량생산체제는 인류에게 소득증대를 통한 삶의 질 향상이라는 이득을 주었다. 그러나 이는 온실가스 배출에 의한 환경오염 및 지구온난화 문제와 주요 생산동력인 화석연료 고갈이라는 문제를 가져왔다. 이러한 문제로 인해 1960년대부터 환경오염, 기후변화 및 화석연료 고갈 문제도 경제성장과 함께 고려되어야 한다는 주장이 강력하게 제기되기 시작하였다.

이러한 흐름을 반영한 것이 1960년 말부터 본격적으로 대두된 환경주의(environmentalism)

이다.[11] 대표적인 사례는 1972년 로마클럽의 『성장의 한계(The Limits to Growth)』 발표와 스톡홀름에서 개최된 유엔인간환경회의(UNCHE)에서 채택된 스톡홀름선언이다.[12]

로마클럽은 인구증가, 식량생산, 천연자원 고갈, 환경오염 및 산업발전 등 5가지 요소가 2100년까지 당시와 같은 변화를 지속한다면 어떻게 될 것인가에 대하여 7개 시나리오를 통해 분석하였다. 연구 보고서는 만약 당시와 같이 인구증가와 경제성장이 지속된다면 인류가 사용할 수 있는 부존자원은 기하급수적으로 감소하여 미래에 경제성장이 멈출 수 있다는 비관적인 결과를 제시하였다. 이러한 결과에 따라 로마클럽은 지속가능한 환경을 유지하기 위해서는 경제성장을 멈추어야 한다는 제로성장전략(zero economic growth)을 채택하라고 권고하였다. 이 보고서는 고도성장을 추구하는 세계의 많은 국가들에게 경제성장이 주는 위험성을 경고하는 동시에 환경문제의 심각성을 일깨우는 중요한 시발점이 되었다.

스톡홀름에서 1972년 개최된 유엔인간환경회의(UNCHE)는 환경문제와 이에 연관된 인간 활동에 대하여 논의하기 위한 유엔 차원의 첫 번째 회의였다. '하나뿐인 지구(Only One Earth)'라는 슬로건 하에 개최된 이 회의에서 세 가지 중요한 결정이 내려졌다. 이들은 스톡홀름선언(유엔인간환경선언) 채택, 인간환경을 위한 행동계획 채택 및 유엔환경기구(UNEP)의 창설·권고이다.[13]

1970년대까지 환경 및 경제성장에 대한 논의는 로마클럽 보고서에서 알 수 있듯이 환경문제에 충실하기 위하여 경제성장을 희생하라는 정책제안이 주를 이루었다. 그러나 이들의 권고는 선진국과 개발도상국 모두로부터 비판을 받았다. 선진국들은 이 보고서가 기술혁신이 미치는 결과를 간과하였다고 비판하며, 기술혁신을 통하여 자연환경이나 부존자원을 더는 훼손하지 않는 경제성장이 가능하다고 주장하였다. 반면에 개발도상국은 당장 경제성장을 통한 삶의 질 향상이 시급하므로 환경문제 때문에 경제성장을 포기하는 것은 받아들일 수 없다는

11 이러한 흐름을 반영한 연구로는 1968년에 얼릭 부부(P. Erlich and A. Erlich)의 『인구폭탄(The Population Bomb)』과 하딘(G. Hardin)이 1968년 12월 13일 자 사이언스에 발표한 '공유지의 비극(The Tragedy of the Commons)' 등이 있다.

12 로마클럽은 1968년 4월 전 세계적으로 경제학자, 과학자, 기업가들이 모여 설립된 민간단체로 인류가 접하는 심각한 정치·경제·사회를 망라한 세계 문제의 해결방안을 찾기 위한 민간 연구기관이다. 자세한 설명은 홈페이지(www.clubofrome.org, 검색일: 2016.12.20.) 참조. UNCHE: United Nations Conference on the Human Environment.

13 스톡홀름선언은 인간환경의 보존과 향상에 대한 공동인식과 일반원칙을 천명한 것으로 7개 전문과 26개 원칙으로 구성되어 있다. 인간환경을 위한 행동계획은 5개 분야 109개 행동 권고로 구성되었다. 5개 분야는 주거환경, 천연자원, 오염물질 파악과 규제, 환경교육, 개발과 환경이다. UNEP는 1973년에 창설되었다. UNEP: United Nations Environment Programme.

입장이었다.

1980년에 들어서면서 경제성장과 환경문제를 동시에 고려하는 지속가능발전에 관한 본격적인 논의가 시작되었다. 가장 널리 인용되는 지속가능발전 정의는 1987년 세계환경개발위원회(WCED)가 발표한 『우리 공통의 미래(Our Common Future)』 보고서에 수록되어 있다.[14] 이 보고서에서 지속가능발전이란 "미래세대들의 욕구를 충족시킬 수 있는 능력을 저해하지 않으면서 현재 세대들의 필요를 충족시키는 개발"이라고 정의하고 있다. 즉, 지속가능발전은 환경보존에만 치우치는 것이 아니라 미래세대에 피해가 되지 않는 범위 내에서 경제성장도 이루어져야 함을 주창하는 것이다. 또한, 이 보고서에서는 지구환경용량을 초과하지 않는 범위 내에서 지속적인 발전을 해야 한다는 '환경적으로 건전하고 지속가능한 발전(ESSD)' 개념이 제시되었다.[15]

1992년 브라질 리우에서 제1차 유엔환경개발회의(UNCED)가 개최되었고, 이후 이 회의는 10년마다 개최되고 있다.[16] 이 회의에서는 지구온난화, 대양오염, 산림보호, 동식물보호, 기술이전, 인구조절, 환경을 고려한 자연개발 등 7가지 주요 의제를 논의하였다. 회의 이후에는 환경과 개발에 관한 리우 선언, 의제 21(Agenda 21), 유엔기후변화협약(UNFCCC), 생물다양성협약(CBD) 그리고 산림 보전의 원칙 선언 등 총 5개의 문건이 채택되었다.[17] 또한 의제 21의 구체적 실행을 위하여 유엔지속가능발전위원회(UNCSD)의 설립을 결의하였고, 1993년에 창설되었다.[18]

2002년에는 요하네스버그에서 지속가능발전 세계정상회의(WSSD)가 개최되었다.[19] 인간, 지구 및 번영(People, Planet and Prosperity)이라는 세 개의 주제를 중심으로 하여 이루어진

---

14 위원회 의장의 이름을 인용해서 일명 브룬트란트(Bruntland) 리포트라고도 불린다. WCED: World Commission on Environment and Development.

15 ESSD: Environmentally Sound and Sustainable Development.

16 이 회의는 지구정상회의(The Earth Summit)라고도 불린다. UNCED: United Nations Conference on Environment and Development.

17 산림보전의 원칙은 1994년 사막화방지협약(UNCCD: United Nations Convention to Combat Desertification)으로 채택되었고, 한국은 1999년 8월 17일 156번째로 가입하였다. 생물다양성협약(Convention on Biological Diversity: CBD)은 1993년 12월 발효된 국제협약이다. 생태계, 종, 유전자 등 세 가지 수준에서 생물다양성을 파악하고 보존하며, 생물다양성 구성요소의 지속가능한 이용을 위하여 설립되었다.

18 UNFCCC: United Nations Framework Convention on Climate Change; UNCSD: United Nations Conference on Sustainable Development.

19 이 회의는 1992년 리우회의 이후 10년 만에 열렸다고 해서 Rio+10이라고도 불린다. WSSD: World Summit on Sustainable Development.

이 회의에서 요하네스버그 선언(Johannesburg Plan of Declaration)이 발표되었고, 행동계획으로 요하네스버그 이행 계획이 채택되었다. 특히 인간, 지구, 번영이라는 세 개의 주요 의제는 지속가능발전을 의미하는 환경, 경제, 사회의 세 개의 축을 반영하는 것으로 인식되었다. 이 회의에서는 지속가능발전을 달성하기 위한 다양한 국제적 협력방안들이 제시되었다.[20]

2012년에는 유엔환경개발회의 20주년을 맞아 브라질 리우에서 유엔지속가능발전위원회(일명 Rio+20)가 개최되었다. '지속가능발전과 빈곤퇴치 맥락에서의 녹색경제'와 '지속가능발전을 위한 제도적 틀'의 두 가지 의제를 중심으로 진행되었다. 이 회의에서 '우리가 원하는 미래(The Future We Want)'라는 최종 선언문이 채택되었다. 선언문은 먼저 빈곤퇴치는 세계가 직면하는 국제적 과제임과 동시에 지속가능발전을 위한 필수조건이라는 공동의 비전을 밝히며, 이를 달성하기 위한 정책으로 첫 번째 의제를 제시하였다. 즉, 지속가능발전과 빈곤퇴치 맥락에서의 녹색경제를 지속가능발전의 달성을 위한 중요한 정책 중 하나로 전제하였다. 또한 지속가능발전을 달성하기 위한 다양한 제도적 기틀을 제시하였다. 특히 지속가능발전 목표의 중요성과 유용성을 강조하였다. 10년 후인 2022년에는 코로나 19로 회의는 열리지 않았다.

2.4.2 지속가능발전의 정책 방향

지속가능발전에 대한 정의는 매우 추상적이어서 이를 어떻게 달성할 수 있느냐는 정책적 선택 문제가 결부되어 있다. 1992년 유엔환경개발회의에서 무나싱헤(M. Munasinghe)는 지속가능발전을 달성하기 위한 구체적인 정책 방향을 제시하기 위해 지속가능경제학(sustainomics) 개념을 소개하였다.[21] 그에 의하면 지속가능발전은 경제성장, 사회발전 그리고 친환경이라는 세 부문이 상호 대립적이 아닌 선순환적 관계를 가지면서, 서로 윈-윈 할 수 있는 방향으로 균형 있게 발전해 나가는 사회 상태를 의미한다. 즉, 지속가능발전은 지금까지처럼 단순히 양적 성장을 통한 물질적 풍요로움을 추구하는 데 그치지 않고, 환경이나 사회발전 같은 삶의 질을 반영하는 요소도 균형이 있게 중시하는 질적 성장으로 발전전략의 방향이 전환되는 것을 의미한다.

이들의 구체적인 의미를 보면 경제 측면은 경제성장, 자원의 효율적 사용 정도, 일자리창출 등을 포함하고, 사회발전은 소득분배, 빈곤, 사회적 형평과 포용, 사회통합, 자기발전을 위

20 한국도 이러한 움직임에 부응하여 2000년 9월 대통령 직속 자문기구로 지속가능발전위원회를 설립하였다.

21 제8장에서 지속가능경제학에 대해 자세히 논의한다.

한 기회(교육, 자유 등) 등의 사회적 가치를 추구하는 것을 의미한다. 또한 친환경이란 자연자원의 고갈과 오염방지, 자연보호, 환경의 질, 생물다양성 등을 추구하는 것이다.

2.5 새천년개발 목표와 지속가능발전 목표

2.5.1 새천년개발 목표

2000년 9월 뉴욕 유엔본부에서 개최된 유엔 밀레니엄 정상회의는 유엔새천년선언(United Nations Millennium Declaration)을 채택하였다. 이 선언은 21세기에 국제사회에서 매우 중요하다고 판단되는 6개의 기본 가치인 자유(freedom), 평등(equality), 결속(solidarity), 관용(tolerance), 자연에 대한 존중(respect for nature), 그리고 책임 공유(shared responsibility)를 제시하였다.

새천년개발 목표(Millennium Development Goals: MDGs)는 유엔새천년선언에 제시된 가치를 실현하기 위하여 2015년까지 달성하기 위해 제시된 8가지 국제개발 목표이다. 〈표 2-9〉는 8가지 목표들의 내용과 1990~2015년 기간 동안 달성한 주요 성과를 정리한 것이다.

표 2-9 새천년개발 목표와 주요 성과

	지표	1990	2015
1. 극심한 빈곤과 기아 퇴치	개발도상국 빈곤율(%)	47	14
2. 초등교육 완전 보급	사하라 이남 아프리카 초등학교 등록률(%)	52	80
3. 양성평등 촉진과 여권신장	남아시아 여성의 초등학교 등록률(%)	74	103
4. 유아 사망률 감소	5세 이하 유아 사망 수(백만 명)	12.7	6
5. 임산부 건강개선	임산부 사망률(명, 10만 명 당)	380	210
6. 에이즈와 말라리아 등	항레트로바이러스 치료(백만 명)	0.8	13.6
7. 지속가능한 환경 확보	안전한 식음료 접근(access to piped drinking water, 10억 명)	2.3	4.2
8. 발전을 위한 글로벌 파트너십 구축	공적개발원조(ODA, 10억 달러)	81	135

주: 항레트로바이러스 치료 수는 2003년과 2014년 값임.
출처: UN(2015)에서 정리.

2.5.2 지속가능발전 목표

새천년개발 목표는 2015년까지 많은 성과를 거두었지만, 빈곤은 해결되어야 할 중요한 과제로 여전히 남아있었다. 또한 새천년개발 목표는 저개발 국가들만을 주요 대상으로 하므로 그 외에 여러 나라가 직면하고 있는 다양한 문제를 모두 포함하지 못하고 있다는 한계점이 있다고 비판을 받아왔다. 2012년 유엔지속가능발전회의(UNCSD, Rio+20)는 이러한 한계점을 보완하기 위한 공식적인 논의를 시작하였다. 2015년 9월에 열린 유엔 총회에서는 새천년개발 목표가 종료되는 2015년 이후부터 2030년까지 달성하려는 새로운 목표를 제시하였다. 이것이 포스트 2015(post 2015)라고 불리는 지속가능발전 목표(Sustainable Development Goals: SDGs)이다. 〈표 2-10〉에 모두 17개의 목표로 정리되어 있다.

표 2-10 지속가능발전 목표

1. 모든 지역에서 모든 형태의 빈곤 종식
2. 기아종식, 식량안보 확보 및 영양 상태 개선, 지속가능한 농업 발전
3. 모든 사람의 건강한 삶 보장 및 복지 증진
4. 포용적이고 공평한 양질의 교육 보장 및 평생교육 기회 증진
5. 성평등 달성 및 모든 여성 및 여아 역량강화
6. 모든 사람에게 식수와 위생 접근성을 확보하고 지속가능한 관리 보장
7. 모든 사람에게 적정가격으로 신뢰할 수 있고 지속가능한 에너지 접근 보장
8. 지속적 · 포용적 · 지속가능한 경제성장 촉진 및 생산적 완전고용과 양질의 일자리 증진
9. 복원력이 높은 사회기반시설을 구축하고, 포용적이고 지속가능한 산업화 증진 및 혁신 장려
10. 국가 내 및 국가 간 불평등 완화
11. 포용적이고 안전하고 복원력 있고 지속가능한 도시와 인간 주거지 보장
12. 지속가능한 소비 · 생산 패턴 보장
13. 기후변화와 그 영향을 방지하기 위한 긴급조치 시행
14. 지속가능발전을 위해 해양 · 바다 · 해양자원 보존과 지속가능한 사용
15. 지속가능한 육상생태계 보호 · 복원, 지속가능하게 삼림관리 및 사막화 방지, 토지황폐화 중지 및 복원, 생물다양성 손실 중단
16. 지속가능발전을 위한 평화적이고 포용적인 사회 증진, 모두가 접근 가능한 사법제도 제공, 효과적이고 책임성 있고 포용적인 제도 확립
17. 이행수단 강화, 지속가능발전을 위한 글로벌 파트너십 활성화

출처: UN, SDKP(검색일: 2016.12.01.).

2.6 다양한 지속가능발전 지표

2.6.1 국내총생산 지표의 문제점

경제성장의 주요한 측정지표인 GDP가 한 국가의 진정한 삶의 질을 정확하게 반영하고 있는가에 대한 의문은 지속적으로 제기되어 왔다. 구체적으로 제기되는 국내총생산 지표의 문제점은 다음과 같다.

첫째, 국내총생산에서 국방비용, 치안유지비용 및 환경오염 치유비용과 같은 지출은 국민총생산을 증가시킨다. 진정한 삶의 질을 반영하기 위해서는 이러한 비용은 국내총생산을 감소시키는 것으로 계산되어야 한다.

둘째, 시장경제에서 거래되지 않아 대가를 지불받지 않는 재화나 용역은 국내총생산에 포함되지 않는다. 예를 들면, 가족 육아, 자발적인 노동, 자신의 가사노동 등은 국내총생산에 포함되지 않는다. 또한 마약거래와 같이 시장경제가 아닌 지하경제에서 거래되는 활동은 국내총생산에 포함되지 않는다.

셋째, 양적인 생산과정에서 나타나는 환경자원 고갈, 공해 등은 삶의 질을 악화시키지만, GDP에 포함되지 않는다. 예를 들어, 환경자원을 고갈시키고 공해를 유발하는 생산활동을 한 경우, 해당 생산물의 시장가치는 GDP에 포함되지만, 그로 인해 발생한 환경오염 등은 비용으로 포함되지 않는다. 맑은 물, 깨끗한 공기 등이 물질적인 풍요 못지않게 인간의 삶에 필요한 요소임을 고려한다면, 이러한 가치를 훼손하는 공해는 비용으로 고려되어 국내총생산에서 차감되어야 한다.

넷째, GDP는 재화의 질적 변화를 반영하지 못한다. 모든 재화를 화폐가치로 전환하는 과정에서 양적 측면만 고려되어, 같은 양이라도 국민에게 주는 다양한 질적 차이를 반영하지 못한다.

이처럼 GDP를 삶의 질을 반영하는 지표로 사용한다면 위에서 살펴본 측정상 문제에 직면하게 된다. 따라서 국민의 삶의 질을 국민소득 변화로 측정하는 것은 불완전하다는 주장이 꾸준히 제기되어 왔고, 이에 대한 대체지표를 찾기 위해 노력하고 있다.

2.6.2 그린 국내총생산

그린 국내총생산(Green GDP)은 경제성장 과정에서 나타나는 생물다양성(biodiversity) 손실, 지하자원과 같은 재생 불가능한 자원의 소비, 기후변화에 의한 손실, 환경오염 등을 비용으로 고려하여 이를 기존의 GDP에서 차감하여 산출한다. 그러나 아직은 통일된 계측 방법이 존재하지 않아서 국가 간 비교를 할 수 있는 그린 국내총생산 지표나 계산 방법이 없다. 이 분야에 관한 많은 연구가 이루어지지 못하는 이유는 그린 국내총생산의 산출방식을 적용한다면 GDP를 감소시킬 수 있다는 현실적인 이유도 있다. 각국은 정치적 요인에 의하여 GDP가 하락하는 것을 반기지 않기 때문이다.

2.6.3 경제복지지수와 진정한 발전지표

1970년대부터 기존 GDP에 제기되는 문제점을 고려하는 새로운 지표를 제안해오고 있다. 가장 초기에 나온 지표는 노드하우스·토빈(Nordhaus and Tobin, 1971)이 제안한 경제복지지수(Measures of Economic Welfare: MEW)이다. 이는 국민순생산(Net National Product: NNP)의 지출항목을 재분류하여 경제복지를 더욱 정확하게 파악하고자 하였다. 주요 분류 항목은 비시장 활동과 여가시간, 정부의 최종지출, 가구지출, 소비내구재, 국방비 등이다. 예를 들어 여가의 가치나 자연자원 고갈에 의한 비용을 차감하여, 기존 국민소득 지표의 한계를 극복하려고 시도하였으나, 기존 국민소득 지표와 큰 차이가 나타나지 않았다. 그들은 이 지표를 가지고 1929~65년 기간 동안 미국의 NNP를 계산하였는데, 1인당 NNP 증가율이 1.7%인 데에 비해, 1인당 MEW는 증가율이 약간 낮은 1.1%로 나타났다.

달리·콥(Daly and Cobb, 1989)은 MEW를 수정·보완하여 지속가능 경제후생지표(Index of Sustainable Economic Welfare: ISEW)를 제시하였다. 이 지표는 개인소비, 자본형성 및 국내노동에서의 서비스의 합에서 주요 비용(공적 비국방 분야 지출, 사적 국방지출, 환경훼손에 의한 비용 및 자연자원 고갈)을 차감하여 산출된다. 그 후, 1995년 발전의 재정의(Redefining Progress)가 MEW와 ISEW를 수정한 진정한 발전지표(Genuine Progress Index: GPI)를 제시하였다. 이는 국내총생산이 포함하고 있는 모든 요소와 경제행위와 관련되어 나타나는 부정적인 영향을 동시에 고려하는 지표이다. 또한 여기에 더하여 국내총생산 계산에 포함되지 않는 다른 요소들인 여가시간의 가치, 자발적 노동과 임금을 지불받지 않는 노동의 가치, 소득분배, 환경에 대한 영향, 환경 기준 및 범죄의 비용 등을 포함했다.

최근에는 환경 차원을 넘어 사회적 가치까지 포함하는 좀 더 포괄적인 지속가능발전 지표를 도출하려는 노력이 이루어지고 있다. 대표적 사례로는 2008년 사르코지 대통령의 제안으로 설립된 경제적 성과와 사회적 발전을 측정하기 위한 위원회(CMEPSP)이다.[22]

위원회는 컬럼비아대학의 스티글리츠 교수를 의장으로 2009년 12월 최종보고서를 발표하였다. 위원회는 전통적인 GDP의 문제, 지속가능성 그리고 삶의 질을 다루기 위한 3개 분과로 구성되었다. 최종보고서의 주요 내용은 첫째, 경제적 성과를 좀 더 정확하게 반영하는 추가 요소들을 고려하도록 권고하였다. 예를 들면 의료서비스, 교육서비스, 연구활동, 소통기술 등을 포함해야 한다고 주장하였다. 둘째, GDP는 환경파괴나 자원이 고갈될수록 증가하는 추이를 보인다. 그러나 환경오염이나 지구온난화 및 자원고갈 문제가 미래세대에게 부정적 영향을 미치는 중요한 것임을 인식하고, 현재의 복지가 미래에도 지속될 수 있도록 하는 새로운 지표개발의 필요성을 강조하고 있다.

2.6.4 행복지수

인간이 최종적으로 추구하는 것은 행복(happiness)이다. 경제정책을 시행하는 것도 결국은 행복한 사회에 도달하고자 하는 것이라고 본다면 정책성과는 행복의 정도가 얼마나 변하였는가에 의해 결정되어야 할 것이다. 유엔도 2012년 총회에서 '행복추구는 인간의 근본적인 목적'이라고 규정하고 매해 3월 20일을 세계 행복의 날로 지정하였다.

문제는 행복의 정도를 객관적인 자료로 증명하기가 어렵다는 점이다. 그러나 최근에는 행복의 정도를 나타내는 다양한 지표들이 등장하고 있다. 이러한 지표를 개발하여 경제정책의 성과를 평가하는 국민소득과 같은 전통적인 지표들을 행복지수로 대체해야 한다고 주장하는 행복 경제학이 등장하는 계기가 되었다. 이러한 주장이 대두하게 된 주요 배경은 이스털린 역설(Easterlin Paradox)이다.

이스털린(Easterlin, 1974, 1995)은 소득증가와 행복 간 역설적 관계를 제시하였다. 각 개인에게 '현재 얼마나 행복하십니까?'라는 질문을 통해 후생수준을 측정하여 분석한 결과를 보면 특정 연도의 행복에 대한 응답이 개인의 소득과 양(+)의 상관관계가 있었다. 그러나 시간에 따른 변화를 보았을 때 평균소득의 증가가 급격히 일어났음에도 불구하고, 이에 대한 평균적인 행복수준은 소득과 특별한 관계가 없다는 것을 보여주었는데, 이를 이스털린 역설이라고 한

22 CMESP: Commission on the Measurement of Economic Performance and Social Progress.

다. 여기서 주의해야 할 것은 이 역설의 내용이 소득과 행복감이 연관관계가 없다는 것이 아니라는 사실이다. 이스털린 역설은 경제발전 초기와 비교하였을 때 소득증가에 비해 행복감이 비례적으로 증가하지 않는다는 것을 의미하는 것일 뿐 소득이 주요한 결정요인이 아니라고 주장하는 것은 아니다.

가장 대표적인 행복지표는 총국가행복(Gross National Happiness)으로 1972년 부탄의 왕축(J.S. Wangchuck) 국왕에 의하여 제안된 것이다. 이 개념은 불교의 정신적인 가치에 기초하여 부탄의 경제 및 사회를 건설해 나가고자 하는 가치개념으로 제안되었다. 최근에는 추상적 논의에서 더 나아가 보다 구체적으로 9개 영역에서 행복감 정도를 발표하고 있다. 이들은 시간 활용, 삶의 기준, 거버넌스, 심리적 후생, 집단의 활기, 문화, 건강, 교육, 생태를 포함한다.[23] 이 외에도 지구촌행복지수(Happy Planet Index), 진정한 발전지수(Genuine Progress Indicator), 더 나은 삶 지수(Better Life Index) 그리고 캐나다 행복지수(Canadian Index of Well Being) 등이 있다.

표 2-11 상위 10대 및 하위 10대 국가별 행복도와 국민소득

국가	행복감	1인당 GDP	국가	행복감	1인당 GDP
핀란드	7.736	45,408	레소토	3.757	977
덴마크	7.521	61,592	코모로	3.754	1,507
아이슬란드	7.515	58,356	예멘	3.561	1,079
스웨덴	7.345	54,784	콩고민주공화국	3.469	535
네덜란드	7.306	51,518	보츠와나	3.438	7,122
코스타리카	7.274	14,291	짐바브웨	3.396	1,402
노르웨이	7.262	79,355	말라위	3.260	557
이스라엘	7.234	42,124	레바논	3.188	5,835
룩셈부르크	7.122	105,323	시에라리온	2.998	1,108
멕시코	6.979	10,193	아프가니스탄	1.364	378

주: 1) 1인당 GDP는 2015년 불변가격 기준 2022~24년 평균값임. 2) 아프가니스탄과 레바논의 1인당 GDP는 2023년, 예멘은 2018년 값임.
출처: Helliwell et al.(2025); World Bank, WDI(검색일: 2025.11.24.).

23 Gross National Happiness 홈페이지(www.grossnationalhappiness.com/, 검색일: 2016.12.20.).

유엔은 2012년부터 국가 간 비교를 위해 광범위한 자료를 이용하여 도출한 행복지표를 매해 발표하고 있다. 〈표 2-11〉은 유엔이 조사·발표하는 세계 147개국 중 2022~2024년 평균 행복도의 상위 10개국과 하위 10개국 자료이다.[24] 일반적으로 보면 1인당 실질 GDP가 높은 국가일수록 행복도 또한 높게 나타나고 있다. 가장 행복한 국가인 핀란드는 1인당 실질 GDP가 약 4만 5천 달러에 이르고, 가장 행복하지 않은 국가로 나타난 아프가니스탄의 1인당 실질 GDP는 378달러에 불과하다.

한국인의 행복감에 대해 발표되고 있는 대표적인 지표는 한국노동패널(KLIPS)의 생활만족도(life satisfaction)이다. 개인자료에 '전반적 생활만족도' 항목이 5점 척도로 포함되어 있다.[25] 〈표 2-12〉는 전반적 생활만족도 응답 결과를 연도별로 정리한 것이다. 전체 응답자의 평균 만족도를 보면 1998년 2.89에서 점차 증가하여, 2010년과 2023년에는 각각 3.36과 3.41로 증가하고 있다.

항목별로 보면 1998년에 '불만족'에 해당하는 비율이 31.3%였으나, 2023년에는 4.4%만이 '불만족'하다고 응답하여 시간이 지나면서 비율이 점차 하락하고 있음을 보여주고 있다. 반면 '만족'에 응답한 비율은 1998년에는 24.5%였으나, 점차 응답 비율이 증가하는 추세를 보

표 2-12 한국의 전반적 생활만족도의 추이

	1998	2006	2010	2018	2019	2023
불만족	31.3	9.0	5.5	4.7	4.0	4.4
보통	44.2	56.8	53.6	52.2	51.3	50.5
만족	24.5	34.3	41.0	43.2	44.7	45.1
평균만족도	2.89	3.26	3.36	3.39	3.41	3.41
표본 수	13,250	11,558	14,111	23,906	23,177	23,364

주: 1) 평균 생활만족도는 매우 불만족을 1점, 불만족을 2점, 보통을 3점, 만족을 4점, 매우 만족을 5점으로 하여 구함.
2) 본 표는 한국노동패널의 '전반적 생활만족도'에 대한 질문의 응답에서 '매우 불만족'과 '불만족'을 '불만족'이라고 보고, '매우 만족'과 '만족'을 '만족'이라고 가정하고 계산한 것임.

출처: 한국노동연구원, 한국노동패널 제1차~제22차 자료.

24 유엔이 발표하는 행복도에 대하여 [참고 2-1]에 자세히 설명되어 있다. 2022~2024년 한국의 평균 행복도는 58위이며 2024년 1인당 실질 GDP는 37,048달러였다.

25 구체적인 질문 내용은 '전반적으로 생활에 얼마나 만족하고 계십니까?'이다. 응답은 '(1) 매우 만족스럽다. (2) 만족스럽다. (3) 보통이다. (4) 불만족스럽다. (5) 매우 불만족스럽다.'이다. 표의 값은 매우 만족스럽다는 5로 하고, 매우 불만족스럽다는 1로 해서 순위를 바꾸어 계산한 것이다.

여서 2023년에는 45.1%까지 증가하였다. 종합하면 한국인의 전반적 생활만족도 수준이 1998년 이후 증가하고 있다고 말할 수 있다.

행복지수는 인간이 추구하고자 하는 삶의 질을 반영하는 매우 중요한 지표이다. 그러나 기존의 국내총생산이나 그린 국내총생산에 비해서 실질적으로 이용하기에는 한계점이 있다. 먼저, 행복지수가 반영해야 하는 현재 삶의 상태 혹은 행복한 정도라는 것이 매우 주관적이다. 따라서 이 지표를 가지고 있다고 하더라도, 개인 간과 국가 간 행복수준 비교를 통해 경제발전 정도를 파악하는 것은 매우 설득력이 떨어질 수 있다.

또한, 이러한 주관적 지표를 국가정책을 시행하는 주요 기준으로 삼기는 더욱 어렵다. 예를 들어 행복이 덜 하다고 표현하는 개인에게 복지지출을 한다고 한다면, 모든 개인은 행복하지 않다고 응답을 할 수 있다. 따라서 정부차원에서 개인 간 행복감 차이를 객관적으로 비교하는 일은 더욱 어렵게 된다. 이러한 이유로 인해 기존에 많이 사용하던 객관적인 방법으로 측정이 가능한 개인들의 소득이나 소비와 같은 지표가 비록 완전하지는 않지만, 실질적인 정책 판단 기준으로 사용된다.

연습문제

2.1 인간개발지수가 경제발전 단계를 반영하는 지표로써 사용하는 경우 1인당 GDP 순위와 비교하여 차이가 나는 이유에 대해 논의하시오.

2.2 경제발전과 지속가능발전 개념이 어떤 관계가 있는지를 논의하시오.

2.3 1972년 로마클럽이 권고한 제로성장전략이 등장하게 된 배경을 설명하고, 이 권고가 선진국과 개발도상국으로부터 지지를 받지 못하였는데 그 이유에 대해 논의하시오.

2.4 한국의 달러 표시 명목 1인당 GDP, 2015년 기준 1인당 GDP 그리고 구매력평가에 의한 1인당 GDP를 세계은행 자료에서 구하고, 이 값들이 차이가 나는 이유를 논의하시오.

2.5 인류 역사를 보면 기대수명이 지속적으로 증가하고 있다. 그러나 저개발국과 선진국 간 기대수명 격차는 아직도 존재하고 있는데, 이를 통하여 경제성장과 기대수명에 의한 건강과의 관계에 대하여 논의하시오.

2.6 국내총생산과 그린 국내총생산의 차이를 설명하고, 어느 것이 행복과 더 연관이 깊은 가에 대한 이유에 대해 논의하시오.

2.7 지속가능발전이 경제성장과 상호 모순되는 개념이 아니라는 논의가 활발하게 이루어지고 있는데, 그런 관계가 가능한 이유에 대해 논의하시오.

2.8 행복의 개념과 결정 요인에 대해 논의해보자.

1) 객관적 지표에 상관없이 행복감의 정도를 질문하는 경우 부탄 등 최빈국들의 행복도가 높게 나오는데, 그 이유에 대하여 논의하시오.
2) 객관적인 지표를 가지고 행복도의 정도를 추계하면 현재 선진국들의 행복도가 높게 나타나는데, 그 이유에 대해 논의하시오.

2.9 한국노동패널 자료에 의하면 한국 국민의 행복도가 지속적으로 증가하는 것으로 나오는 데 반해, 다른 조사에서는 그렇지 않은 경우가 많다. 그 이유에 대해 논의하시오.

2.10 최대 행복을 얻는 것이 경제발전의 목표라고 할 때, 경제성장의 정당성에 대하여 이스털린 역설의 개념을 가지고 논의하시오.

참고문헌

강성진, 2025, *한국경제론*, 박영사.

Daly Herman E. and John B. Cobb, 1989, *For the Common Good: Redirecting the Economy towards the Community, the Environment and a Sustainable Future*, Boston: Beacon Press.

Deaton, Angus, 2013, *The Great Escape: Health, Wealth, and the Origins of Inequality*, Princeton, New Jersey: Princeton University Press.

Easterlin, Richard A., 1974, "Does Economic Growth Improve the Human Lot?" in Nations and Households in Economic Growth: Essay in Honor of Moses Abramovitz(eds. by P.A. David and M.W. Reder), New York: Academic Press, Inc.

Easterlin, Richard A., 1995, "Will Raising the Incomes of All Increase the Happiness of All?" *Journal of Economic Behaviour and Organization*, 27(1), pp.35−48.

Helliwell, John, Haifang Huang and Shun Wang, 2017, "Chapter 2. The Social Foundations of World Happiness," in *World Happiness Report 2016*(eds. by J. Helliwell, R. Layard and J. Sachs), New York: Sustainable Development Solutions Network.

Maddison, Angus, 1995, *Monitoring the World Economy: 1820~1992*, Paris: OECD.

Munasinghe, Mohan, 1992, Environmental Economics and Sustainable Development, Paper presented at the UN Earth Summit, Rio de Janerio, and reprinted by the World Bank, Washington, DC.

Nordhaus, William D. and James Tobin, 1971, Is Growth Obsolete?, Cowles Foundation Discussion Paper 319, New Haven: Yale University.

UN[United Nations], 1987, *Report of the World Commission on Environment and Development: Our Common Future*.

UN[United Nations], 2015, *The Millenium Development Goals Report 2015*, United Nations.

[웹 페이지]

Gross National Happiness 홈페이지, www.grossnationalhappiness.com/.

Rome Club 홈페이지, www.clubofrome.org.

참고 2-1

행복경제학과 이스털린 역설

우리 인간의 삶의 최종 목표는 행복을 극대화하는 것이다. 전통적으로 경제학은 객관적인 지표로 개인 간 비교가 가능한 소득이나 소비가 효용수준, 즉 삶의 질을 반영한다고 가정하고 정책 제안을 해 왔다. 이렇게 가정하는 이유는 소득수준이나 소비수준이 높으면 효용 수준을 높여주어 행복이 높다고 보고 있기 때문이다. 그러나 현실은 이러한 경제변수만에 의하여 행복이 결정되는 것은 아니다. Frey and Stutzer(2002)는 행복은 개인적 요인, 사회인구학적 요인, 경제적 요인, 상황적 요인 그리고 제도적 요인의 5개 영역에 의하여 결정된다고 보고 있다.

〈참고 그림 2-1〉과 〈참고 그림 2-2〉는 최근 유엔에서 발표하고 있는 행복지표와 각 국가의 절대소득 및 자연로그를 취한 절대소득 값과의 관계를 나타낸 것이다. 유엔의 지속가능발전 네트워크(United Nations Sustainable Development Solutions Network: UN SDSN)는 2012년부터 매해 세계행복지수(World Happiness Index)를 발표하고 있다. 유엔은 갤럽 여론조사(Gallup Poll) 자료

참고 그림 2-1 2024년 1인당 실질 GDP와 행복감

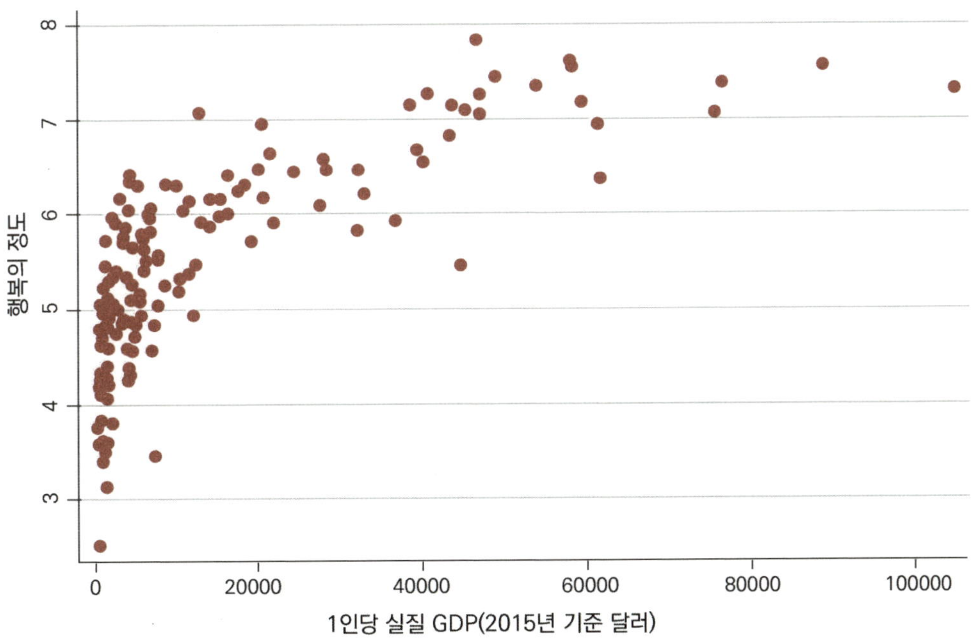

출처: Helliwell et al.(2025) 자료를 이용하여 작성.

참고 그림 2-2 2024년 1인당 실질 GDP의 로그 값과 행복감

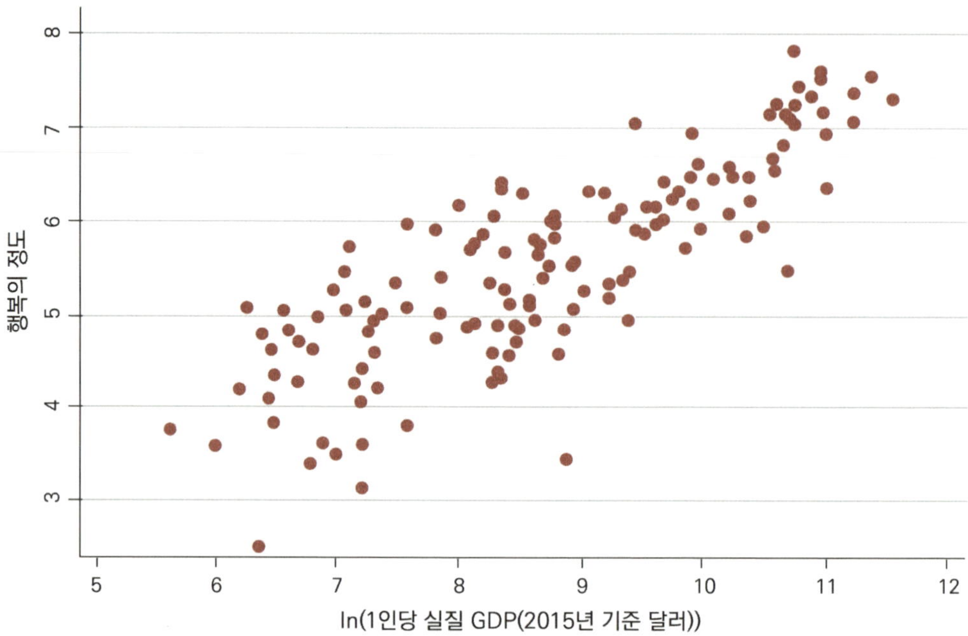

출처: Helliwell et al.(2025) 자료를 이용하여 작성.

에서 인구규모를 가중하여 계산한 자료를 이용하여 해마다 각 국가의 행복도의 정도를 계산한다. 사용되는 자료는 1인당 실질 GDP, 사회적 지원(social support), 건강한 기대수명(healthy life expectancy), 스스로 인생에 대해서 선택할 수 있는 자유(freedom to make life choices), 너그러움(generosity) 그리고 부패 인식 정도(perceptions of corruption) 등이다.

〈참고 그림 2-1〉의 수평축의 척도는 절대소득수준이고, 〈참고 그림 2-2〉는 로그변수로 전환되었다. 앞의 그림을 보면 이스털린 역설과 유사하다는 것을 알 수 있다. 소득수준이 매우 낮은 국가들을 보면 1인당 실질 GDP가 높아지면서 행복도의 증가 정도가 매우 크다는 것을 알 수 있다. 반면에 소득이 4만 달러 이상이 되는 국가들에서는 1인당 실질 GDP가 증가하더라도 행복수준은 거의 변화가 없다. 그러나 1인당 GDP를 로그변수로 전환하면, 소득의 로그 값과 행복감이 매우 강한 정(+)의 관계를 보여준다.

두 그림의 차이를 다음과 같이 설명할 수 있다. 만약 소득이 100달러인 사람의 소득이 10% 증가하면 10달러이지만, 1만 달러의 소득을 가진 사람의 10% 증가는 절대액으로는 1천 달러가 증가한 것이다. 따라서 〈참고 그림 2-1〉은 절대소득이 같은 규모만큼 증가한다고 하더라도, 소득수준의 차이

가 있는 모든 사람에게 같은 수준의 행복감을 주는 것이 아니라는 점을 의미한다. 즉, 행복감에는 절대 액수의 증가 규모가 중요한 것이 아니라, 소득 증가율이 더욱 중요하다는 것을 시사한다. 소득이 100달러인 사람에게 소득의 10달러 증가는 큰 행복감의 증가를 가져오지만, 소득이 1만 달러인 사람에게 소득 10달러 증가는 큰 행복감의 증가를 주지 못한다는 것을 의미한다.

반면에 〈참고 그림 2-2〉는 로그 척도로 그린 것으로 수평축의 거리는 절대액이 아닌 증가율에 의한 것이다. 따라서 절대액에 상관없이 증가율이 같이 되면 행복도는 1인당 실질 GDP의 로그값과 강한 정(+)의 관계를 갖는다. 예를 들어 1인당 실질 GDP가 100달러인 사람에게 10%가 증가한 10달러를 주고, 1만 달러인 사람에게 10% 증가한 1천 달러를 주면 행복감은 소득 증가에 비례해서 같이 증가한다.

강성진(2010) 및 Rudolf and Kang(2015)은 한국노동패널의 삶의 만족도 자료를 이용해서 삶의 만족도의 결정 요인을 실증·분석하였다.

강성진(2010)은 한국인의 삶의 만족도는 지속적으로 상승하고 있다고 보여주었다. 그리고 개인소득은 매우 중요한 결정변수이며, 자신의 지역의 평균소득은 개인의 행복감에 부정적인 영향을 미치는 것으로 나타났다. 그 외에 여성이 남성보다 행복감이 높고, 결혼, 자가 보유, 가구주 등은 상대적으로 높은 행복감을 보여주었다.

Rudolf and Kang(2015)은 같은 자료를 이용하여 부부간 사망, 이혼 등 주요 변화가 나타나는 경우 남녀 간 행복도 변화를 실증·분석하였다. 결과를 보면 결혼의 경우 남성은 지속적으로 높은 수준의 행복감을 보여주지만, 여성의 경우에는 행복감이 증가하다가 일정 기간이 지난 후에는 초기 행복감 수준으로 다시 회귀하였다. 이혼이나 사망과 같은 변화에 직면하였을 때, 남성은 지속적으로 행복감이 하락하지만, 여성은 일정 기간 동안만 하락하는 것으로 나타났다. 이를 보면 한국인의 경우 주요한 주변 상황의 변화가 나타날 때 남성과 여성이 느끼는 행복감의 차이가 있음을 알 수 있다. 이는 서구 국가들에서 남녀 간에 큰 차이가 없는 결과와는 매우 대조적이다.

이러한 요인 이외에도 최근 많은 연구에서 환경정책이 행복에 어떠한 영향을 주는가에 대한 연구도 많이 이루어지고 있다(강성진 · 김수정, 2016; Lee et al., 2025).

참고문헌

강성진, 2010, "한국인의 생활만족도 결정요인 분석," 『경제학연구』, 제58집 제1호, pp.5−34.

강성진 · 김수정, 2016, "한국의 수질오염이 생활만족도에 미치는 영향에 대한 분석," 『환경영향평가』, 제25권, 제2호, pp.124−140.

Frey, Buronos and Alois Stuter, 2002, *Happiness and Economics*, Princeton and Oxford: Princeton University Press.

Helliwell, John F., Richard Layard, and Jeffrey D. Sachs, Jan−Emmanuel De Neve, Lara B. Aknin and Shun Wang, 2025, *World Happiness Report 2025*, University of Oxford: Wellbeng Research Centre.

Rudolf, Robert and Sung Jin Kang, 2015, "Lags and Leads in Life Satisfaction in Korea: When Gender Matters," *Feminist Economics*, 21(1), pp.136−163.

Lee, Sun, Seon Ju Lee and Sung Jin Kang, 2025, "Environmental Perspectives and Pollutants: Assessing Their Impact on subjective Well−being Across 118 Countries," *Journal of Infrastructure, Policy and Development*, 9(2). 10026.

경제성장이란 국민소득 혹은 1인당 국민소득이 일정기간 동안 증가한 정도를 보여주는 것이다. 이는 한 국가의 생활수준이 얼마나 변화하였는가를 보여주는 중요한 지표로 인식되어 왔다. 역사적으로도 모든 국가는 경제성장을 경제정책의 주요 목표로 삼아왔고, 이를 달성하기 위한 정책수단을 찾기 위하여 끊임없는 연구를 해 오고 있다.

본 장에서는 먼저 대공황 시기 케인즈의 단기이론을 장기적 성장이론으로 전환한 해로드-도마 모형과 신고전파 경제성장이론 중에서 더간단한 솔로우-스완 모형을 소개한다. 그리고 두 모형이 등장하게 된 경제적 배경과 모형의 장단점을 알아본다. 마지막으로 두 경제성장 모형에 대하여 시장과 정부의 역할에 대해 논의한다.

제 3 장

경제성장이론 I
: 신고전파 성장이론

제 3 장

경제성장이론 I: 신고전파 성장이론

3.1 해로드-도마 경제성장이론

경제성장이론이 본격적으로 등장하게 된 계기는 1920년대 발생한 대공황(Great Depression)이다. 대공황은 기업이 생산한 제품이 시장수요에 의해 해소되지 못하여 발생한 초과공급으로 대량실업이 나타난 경제 불황이었다. 더욱 심각한 것은 대공황이 산업혁명 이후 경제성장을 달성하는데 중요한 이론적 기반이 되었던 보이지 않는 손(invisible hand)에 의한 시장기능 원리에 심각한 타격을 주었다는 점이다.[1] 시장기능 원리에 의하면 시장에 초과공급이 생기면 즉각적으로 가격이 하락하고, 따라서 수요가 증가하면서 초과공급이 해소되어 시장균형이 자동으로 달성되어야 한다.

당시 대공황을 벗어나게 한 것은 케인즈(J.M. Keynes)가 주장한 유효수요이론(theory of effective demand)으로 정부의 적극적인 시장개입정책을 통해서였다. 그러나 케인즈는 대공황에 의해 나타난 실업문제의 원인을 진단하고, 이를 해소하기 위한 단기적이고 정태적 정책을 제시한 것이지 장기적 경제성장 과정을 설명한 것은 아니었다. 즉, 케인즈 이론은 경제가 보유

1 이 시기는 소련을 중심으로 하여 시장 중심의 자본주의 체제를 부정하는 사회주의 체제가 본격적으로 등장하는 시기이기도 하다.

하고 있는 자본량이 일정하다고 가정하고 있다.

해로드(Harrod, 1939)와 도마(Domar, 1946)는 실업이 존재한다는 케인즈 이론의 가정에서 장기적 경제성장에 대한 모형을 제시하였다. 이를 해로드-도마 모형이라고 부르는데 케인즈형 경제성장이론이라고도 볼 수 있다. 그들은 각자 별도로 발표한 논문에서 경제성장 과정에서 모든 자본설비가 가동되고 완전고용이 달성되기 위한 균형조건이 무엇인지를 규명하려고 하였다. 즉, 그들은 경제가 보유하고 있는 자본량이 변화하는 투자가 이루어지는 경우를 가정하여, 다음 기의 생산에 영향을 미치게 되는 과정을 다루고 있다.

3.1.1 기본 가정

해로드-도마 모형의 기본 가정을 보면 다음과 같다.

첫째, 1개 재화를 가정하고 이 재화가 소비재가 되거나 투자된다. 따라서 국제무역을 통한 재화의 거래는 나타나지 않는다.

둘째, 고정계수 생산함수(fixed-coefficients production function)를 식 (3-1)과 같이 가정한다.

$$Y_t = \min[\frac{K_t}{v_K}, \frac{L_t}{v_L}] \tag{3-1}$$

K_t와 L_t는 t기에 각각 총 자본량과 총 노동공급량이다. 그리고 v_K와 v_L은 각각 자본계수(K_t/Y_t)와 노동계수(L_t/Y_t)이며 고정된 값이다.[2] 자본(노동)계수란 1단위 생산물을 생산하는데 필요한 자본량(노동량)을 의미하는 것으로, 자본(노동)-소득계수라고도 한다. 계수가 고정되었다고 가정하므로 노동과 자본은 생산함수에서 상호 대체가 불가능한 생산요소가 된다.

셋째, 저축은 소득의 일정 비율로 이루어지며 식 (3-2)와 같다.

$$S_t = s\,Y_t \tag{3-2}$$

t시점에서 S_t는 총저축 규모, s와 Y_t는 각각 한계저축성향과 국민소득을 의미하고,

2 이러한 생산함수를 레온티에프(Leontief) 생산함수라고 부른다.

$0 < s < 1$이다.

넷째, 노동공급 증가율은 n으로 일정하다고 가정한다. 즉, $\dot{L}_t/L_t = n$이며, $L_t = L_0 e^{nt}$이 된다. $\dot{L}_t = dL_t/dt$는 시간변화당 노동공급의 변화 정도이며, L_0는 초기 총 노동공급량이다.[3]

다섯째, 기술진보는 없다.[4]

3.1.2 적정성장률

해로드-도마는 기업이 보유하고 있는 자본을 모두 가동하여 달성되는 성장률을 적정성장률(warranted rate of growth)이라 불렀다. 먼저 사후적 저축(S_t)과 사후적 총투자(I_t)가 일치하는 케인즈의 균형국민소득 결정조건을 이용하면 식 (3-3)과 같다.

$$I_t = S_t \tag{3-3}$$

총투자(gross investment)는 자본량 증가분인 순투자($\dot{K}_t$)와 감가상각(δK_t)의 합과 일치하여 식 (3-4)와 같다. 여기서 δ는 자본의 감가상각률이다. 순투자는 기업이 새로운 공장이나 시설을 확장하는 경우 증가하는 자본량의 정도이고, 감가상각은 이미 설치된 자본이 감소하는 부분이다.

$$I_t = \dot{K}_t + \delta K_t \tag{3-4}$$

식 (3-2)와 (3-4)를 균형국민소득 결정조건인 식 (3-3)에 대입하여 정리하면 식 (3-5)가 된다.

$$\dot{K}_t + \delta K_t = s\,Y_t \tag{3-5}$$

자본-소득비율($v_K = K_t/Y_t$)이 상수이므로 $K_t = v_K Y_t$이고 $\dot{K}_t = v_K \dot{Y}_t$이다. 이를 식 (3-5)

3 본 교재에서 모든 변수에 대하여 $\dot{x}_t = dx_t/dt$는 시간 변화당 변숫값의 변화 정도를 의미한다.

4 기술진보(technological progress)는 제4장에서 논의하는 기술혁신(innovation)보다 더 광범위한 개념으로 가정한다. 즉, 기술진보는 기술혁신 혹은 기술이전(transfers) 등 다양한 방법으로 기술변화가 나타나는 넓은 개념이다.

에 대입하여 정리하면 식 (3-6)과 같다.

$$v_K \dot{Y}_t + \delta v_K Y_t = s\,Y_t \qquad (3-6)$$

식 (3-6)을 정리하면 적정성장률(g_w)인 식 (3-7)이 된다.

$$g_w \equiv \frac{\dot{Y}_t}{Y_t} = \frac{s}{v_K} - \delta \qquad (3-7)$$

위 식과 같이 적정성장률은 한계저축성향(s)과 자본계수(v_K) 그리고 자본의 감가상각률(δ)에 의하여 결정된다. 적정성장률은 기업이 자신이 보유하고 있는 모든 자본량을 투입하여 생산하였을 때 달성 가능한 경제성장률이다. 그러나 이 상태에서 노동자는 모두 고용될 필요가 없으므로 실업이 존재할 수 있다.

3.1.3 자연성장률

자연성장률(natural rate of growth)은 노동력을 완전고용하였을 때 달성 가능한 경제성장률로 식 (3-8)과 같다.

$$g_n \equiv \frac{\dot{L}_t}{L_t} = n \qquad (3-8)$$

완전고용 상태에 있는 경제에서 노동공급 증가율인 n의 성장률로 경제성장이 이루어진다면, 이 경제에는 실업이 존재하지 않고 완전고용 상태를 유지하게 된다.

3.1.4 해로드-도마 모형의 안정성과 면도날 이론

해로드-도마 모형의 적정성장률은 자본을 완전히 사용하는 경우의 경제성장률이고, 자연성장률은 경제의 노동력이 완전고용이 되는 경우의 경제성장률이다. 따라서 한 경제가 보유하고 있는 자본과 노동을 동시에 모두 사용하여 달성되는 최대의 경제성장률은 적정성장률과 자연성장률이 일치($g_w = g_n$)하여 식 (3-9)와 같아야 한다.

$$\frac{s}{v_K} - \delta = n \tag{3-9}$$

여기서 해로드-도마 모형의 가장 중요한 문제점이 나타난다. 두 개의 경제성장률이 같아지는 식 (3-9)와 같은 상태는 안정적으로 도달하게 되는 것이 아니라 우연히 성립되는 수밖에 없다는 점이다. s, v_K와 n을 모두 고정된 상수로 가정하고 있기 때문에 세 변수 관계가 어떻게 변화하는가에 대한 과정을 설명할 수 없다. 따라서 두 경제성장률이 일치하여 경제가 보유하고 있는 자본과 노동이 모두 사용되는 경제성장률이 실현되는 것은 현실적으로 매우 어렵다. 이러한 해로드-도마의 경제성장 경로는 불안정하여, 이를 면도날(knife-edge)적 성격을 갖는다고 한다.[5]

해로드-도마 모형에 의하면 실업이 있는 경제 상태에서 재원이 충분하다면 투자확대를 통하여 경제성장을 할 수 있다. 이 견해는 후에 자본조달 격차(financing gap)이론으로 발전하였다. 즉, 개발도상국의 경우 잉여노동력이 풍부하지만, 투자보다 저축이 부족하므로 양자(투자, 저축) 간 격차를 줄여서 급속한 경제성장을 달성할 수 있다는 것이다. 이러한 모형의 결론은 국제기구들의 정책담당자들에게 외국자금 유입정책(대외차관, 대외원조 및 외국인직접투자 등)을 통하여 재원을 조달하는 경제성장전략을 신뢰하게 하는 계기가 되었다.

자본축적을 통한 정부주도의 경제성장을 달성할 수 있다는 해로드-도마 경제성장 모형은 당시 개발도상국이면서 사회주의 국가로 체제전환을 이룬 소련뿐만 아니라, 1960년대 이후 한국 및 현재 많은 개발도상국이 추구하는 경제성장전략의 기본적인 틀이었다.[6]

5 해로드-도마의 이러한 불안정한 성장경로는 솔로우-스완(Solow-Swan) 모형에서 고정계수 생산함수를 노동과 자본의 대체가 가능한 신고전파 생산함수로 가정하면서 해소된다.

6 외국인직접투자와 대외원조의 개발도상국 경제발전의 효과성에 대한 논쟁에 대해서는 제13장 참조.

3.2 솔로우-스완 경제성장이론

3.2.1 기본 가정

해로드-도마 모형에서 노동과 자본이 상호 대체가 가능한 생산함수로 확대한 것을 신고전파 경제성장 모형이라고 부른다. 대표적인 신고전학파 경제성장 모형인 솔로우-스완(Solow- Swan) 모형은 다음과 같은 가정을 하고 있다.[7]

첫째, 재화는 1개만 생산하고 소비된다. 따라서 국가 간 무역에 대하여 논의를 할 수 없다.

둘째, 생산물 및 요소시장이 모두 완전경쟁 시장구조를 갖는다. 그리고 시장에는 외부경제나 공공재 등 시장실패 원인이 되는 다양한 요소들이 존재하지 않는다. 이 가정은 신고전파 성장이론의 핵심이 되는 것으로 시장균형은 파레토효율 상태를 의미하여 정부의 시장개입은 불필요하게 된다.[8]

셋째, 저축률이 상수로 일정하다. 이는 주어진 소득에 대하여 저축과 소비를 나누는 비율이 일정하다는 것을 의미한다.[9]

넷째, 기술증가율이 일정하게 주어진다고 가정하므로 기술진보(technological progress)는 모형 내 어떤 변수에 의해서도 영향을 받지 않는다. 예를 들어, 기업의 R&D 투자나 정부의 정책변화에 의해서도 기술변화는 나타나지 않는다는 의미이다.[10]

다섯째, 인구증가율이 일정하다.

여섯째, 정부부문이 포함되어 있지 않다. 물론 이 가정은 모형의 단순화를 위한 것으로 정부부문을 포함하여도 모형의 본질적인 결론은 변하지 않는다.

---

7 솔로우-스완 모형은 Solow(1956)와 Swan(1956)이 제시한 경제성장 모형을 일컫는다.

8 이러한 가정이 성립되지 않는 경우를 가정한 내생적 경제성장 모형이 등장하면서 시장실패 문제가 등장하고, 따라서 시장에 대한 정부개입의 정당성이 나타난다. 이에 대해서는 제4장에서 자세히 논의한다.

9 램지-캐스-쿠프만(Ramsey-Cass-Koopmans) 모형은 저축률이 상수라는 가정을 완화한 것이다. 이는 Cass(1965)와 Koopmans(1965)이 Ramsey(1928) 모형에 저축률이 일정하다는 가정을 완화한 경제성장 모형이다.

10 이 가정은 제4장 내생적 경제성장이론에서 완화된다. 기술진보가 외생적이라는 가정은 경제 내에서 어떠한 변화가 있더라도 모형과 독립적으로 기술진보가 주어진다는 것이다. 따라서 경제주체들의 기술진보를 통한 생산성 증대라는 현실적인 욕구가 모형 내에서 설명되지 않는다.

3.2.2 모형

먼저 총수요와 총공급이 어떻게 결정되는가를 보고, 이들이 같아지는 균형점을 찾는 데서 출발한다. 그리고 경제성장률이나 1인당 소득이 균형점까지 어떻게 이행되는가를 보고 나서 장기균형 상태에서 경제성장률이나 1인당 국민소득이 무엇에 의해 결정되는지를 분석한다.

(가) 총수요

t시점에서 재화에 대한 총수요 혹은 지출국민소득(Y_t^d)은 식 (3-10)과 같이 소비(C_t)와 총투자(I_t)로 나눌 수 있다.

$$Y_t^d = C_t + I_t \tag{3-10}$$

개별 경제주체의 소비는 가계가 효용극대화를 통하여 주어진 소득을 소비와 저축으로 배분하는 과정에서 결정된다. 저축률이 일정하다고 가정하면 소비함수는 식 (3-11)과 같다.[11]

$$C_t = (1-s)\,Y_t^d \tag{3-11}$$

저축률(s)이 0과 1 사이의 상수로서 일정하다고 가정되기 때문에 소비는 개인의 소득에 대해 일정한 비율로 결정된다. 따라서 모든 개인은 해마다 자신의 소득 중 $1-s$ 비율만큼 소비하고, s 비율만큼 저축한다.

다음은 투자함수의 형태를 결정해야 한다. 앞에서 설명하였듯이 총투자는 순투자와 감가상각의 합으로 구성되며, 이는 식 (3-12)와 같다.

$$I_t = \dot{K}_t + \delta K_t \tag{3-12}$$

식 (3-11)과 (3-12)를 식 (3-10)에 대입하여 정리하면 식 (3-13)이 도출된다.

---

11 만약 저축률이 일정하지 않다면 효용극대화를 통하여 소비수준을 결정하고, 이를 소득에서 차감하면 저축이 된다.

$$s\,Y_t^d = \dot{K}_t + \delta K_t \tag{3-13}$$

식 (3-13)은 $s\,Y_t^d = I_t$으로 나타낼 수 있으며, 이는 총투자(I_t)와 총저축($s\,Y_t$)이 일치한다는 것을 의미한다.

(나) 총공급

총공급을 설명하기 위해서는 생산함수의 구체적인 형태가 결정되어야 한다. 솔로우-스완 모형은 전형적인 신고전적 생산함수를 가정하고 있는데, 이를 콥-더글라스(Cobb-Douglas) 생산함수라고 하며 식 (3-14)와 같다.

$$Y_t^s \equiv F(A_t L_t,\ K_t) = (A_t L_t)^{1-\alpha} K_t^{\alpha} \tag{3-14}$$

Y_t^s는 t시점에서 총공급이고, $F(A_t L_t,\ K_t)$는 생산함수이다. 그리고 α는 자본소득분배율을 의미하는 상수로 0과 1 사잇값을 갖는다. A_t는 기술수준이고, 이는 생산요소가 생산과정을 통하여 생산물로 변화하는 정도를 결정한다. 이 생산함수에서 기술진보는 노동증가형(labor- augmenting) 기술진보를 가정하고 있다.[12] 이는 기술진보가 발생하여 A_t가 증가하는 경우, 자본보다는 상대적으로 노동생산성을 증가시켜 총생산이 증가한다.

신고전적 생산함수는 다음과 같은 성질을 갖는다. 첫째, 규모에 대한 수확불변(constant returns to scale)이다. 둘째, 자본 및 노동의 한계생산성은 항상 양(+)의 값을 갖는다. 셋째, 각 요소에 대하여 한계생산성 체감의 성질을 보여준다. 넷째, 완전경쟁시장에서 이윤은 존재하지 않으므로 노동 및 자본소득인 요소소득은 국민소득과 일치한다. 또한, 임금수준은 노동의 한계생산성과 일치하고, 자본의 가격인 이자율은 자본의 한계생산성과 일치하도록 소득분배가 이루어진다. 이를 오일러 방정식(Euler equation)이라고 부른다.

기술진보는 모형 외에서 외생적으로 주어진다고 가정하여, 기술증가율을 g_A라고 하면 식 (3-15)와 같다.

12 기술진보의 다양한 형태에 대한 설명은 [참고 3-1] 참조.

$$\frac{\dot{A}_t}{A_t} = g_A \qquad (3-15)$$

생산함수 식 (3-14)를 A_tL_t로 나누면 식 (3-16)과 같다. 여기서 A_tL_t를 기술수준을 고려한 노동이라고 하여, 효율적 노동(efficient labor)이라고 한다.

$$\widetilde{y_t} \equiv f(\widetilde{k_t}) = \widetilde{k_t}^{\alpha} \qquad (3-16)$$

$\widetilde{y_t} = Y_t/A_tL_t$이고 $\widetilde{k_t} = K_t/A_tL_t$이다. 노동 1인당 자본 혹은 생산개념과 구분하기 위하여 이들을 각각 효율적 노동 1인당(per efficient labor) 산출량과 자본량이라고 부른다.

생산함수는 효율적 노동량에 대하여 양(+)의 한계생산성과 한계생산성 체감의 법칙을 따른다. 즉, 식 (3-17)과 같이 신고전파 생산함수의 성질을 만족한다.[13]

$$f'(\widetilde{k_t}) = \alpha\widetilde{k}_t^{\alpha-1} > 0, \quad f''(\widetilde{k_t}) = \alpha(\alpha-1)\widetilde{k}_t^{\alpha-2} < 0 \qquad (3-17)$$

$f'(\widetilde{k_t})$과 $f''(\widetilde{k_t})$는 각각 $\widetilde{k_t}$에 대한 1차 및 2차 미분함수이다.

일반적으로 경제성장률을 국가 경제규모를 의미하는 GDP의 변화로 정의하거나 생활수준을 의미하는 1인당 GDP의 변화로 정의하는데, 두 성장률의 차이는 인구증가율이다.[14] 〈표 3-1〉에서 인구증가율을 고려하지 않은 경우 실질 GDP에 의한 경제성장률은 1인당 실질 GDP 증가율에 비해 크게 나타난다. 한국은 2000년대 들어서면서 인구증가율이 낮아지기 때문에 GDP와 1인당 GDP 증가율 격차가 적어진다. 1960~70년 기간 GDP 연평균 증가율은 14.8%이고, 2000~10년 기간 GDP 연평균 증가율이 5.8%로 9%p가 하락했지만, 같은 기간에 1인당 실질 GDP는 4.3%p가 하락하였다. GDP 증가율에 의하면 경제성장률이 훨씬 많이 하락한 것처럼 보이지만, 이는 인구증가율의 변화를 반영하지 못해서 나타난 현상이다.

13 신고전파 생산함수의 가장 중요한 특징 중 하나가 한계생산성 체감의 법칙인데, 뒤에서 자세히 설명되겠지만 이 성질 때문에 경제성장률 수렴현상이 발생한다.

14 GDP를 Y_t, 1인당 GDP를 $y_t = Y_t/L_t$라고 하면, $\dot{y}_t/y_t = \dot{Y}_t/Y_t - n$이 된다.

표 3-1 한국의 GDP와 1인당 GDP 증가율 추이

연도	실질 GDP(천억 달러)		인구(천명)		1인당 실질 GDP(달러)	
	값	증가율	값	증가율	값	증가율
1960	2.57		25,012		1,027	
1970	6.38	14.82	32,241	2.89	1,977	9.25
1980	15.47	14.25	38,124	1.82	4,056	1.52
1990	40.16	15.96	42,869	1.24	9,367	13.09
2000	79.89	9.89	47,008	0.97	16,995	8.14
2010	126.14	5.79	49,554	0.54	25,455	4.98
2020	162.65	2.89	51,836	0.46	31,378	2.33
2023	176.45	2.83	51,713	0.02	34,121	2.91

주: 1) GDP와 1인당 GDP는 2015년 실질가격 기준임. 2) 반올림에 의해 계산된 것으로 합산이 정확히 맞는 것은 아님.
출처: World Bank, WDI(검색일: 2025.11.15.).

3.3 솔로우 – 스완 모형의 장기균형

3.3.1 자본축적 방정식

이제 솔로우--스완 모형의 핵심인 자본축적 방정식을 도출하자. 수요와 공급 관계에 있어 총수요와 총공급이 일치($Y_t = Y_t^d = Y_t^s$)하는 시장균형에서 성립하는 식 (3-13)을 K_t로 나누고 다시 쓰면 식 (3-18)과 같다.

$$\frac{\dot{K}_t}{K_t} = s\frac{Y_t}{K_t} - \delta \tag{3-18}$$

$\tilde{k}_t = K_t / A_t L_t$이므로 식 (3-18)은 효율적 노동 1인당 자본으로 식 (3-19)와 같이 쓸 수 있다.[15]

15 $\dot{\tilde{k}}_t / \tilde{k}_t = \dot{K}_t / K_t - \dot{A}_t / A_t - \dot{L}_t / L_t$를 이용한다.

$$\frac{\dot{\tilde{k}}_t}{\tilde{k}_t} = \frac{s\tilde{y}_t}{\tilde{k}_t} - \delta - g_A - n \qquad (3-19)$$

식 (3-19)는 양변에 $\tilde{k}_t$를 곱해서 식 (3-20)으로 유도할 수 있다.

$$\dot{\tilde{k}}_t = s\tilde{y}_t - (n + g_A + \delta)\tilde{k}_t \qquad (3-20)$$

식 (3-19)와 식 (3-20)은 시장균형 상태에서 자본량의 변화 경로를 설명하는 것으로 솔로우-스완 모형의 핵심 부분이다. 식 (3-20)을 보면 효율적 노동 1인당 자본량의 변화는 다음과 같은 요인들에 의하여 설명된다. 먼저 효율적 노동 1인당 저축($s\tilde{y}_t$), 즉 투자가 이루어지면 자동으로 효율적 노동 1인당 자본량은 증가한다. 다음으로 효율적 노동 1인당 자본에 대한 감가상각이 증가하면 기존의 자본량을 감소시키게 되어 효율적 노동 1인당 자본량을 감소시킨다. 인구가 증가하여 시장에 존재하지 않았던 새로운 노동력이 t기에 $nL_t = \dot{L}_t$만큼 늘어나게 되면, 효율적 노동 1인당 자본량은 감소하게 된다.[16] 이 경우 새로운 투자가 이루어지지 않는다면, 새로운 노동력의 증가는 효율적 노동 1인당 자본량을 감소시킨다. 마찬가지로 기술진보가 이루어지면 그만큼 노동력의 효율성이 증가한다는 의미이므로 효율적 노동 1인당 자본량은 감소하게 한다.[17]

3.3.2 장기균형

지금까지 분석을 기초로 하여 장기균형인 정상상태(steady state)에서의 주요 변수들의 값을 도출할 수 있다. 여기서 정상상태란 주요 변수들의 변화율이 상수로 일정하게 되는 상태를 의미한다.[18]

위의 분석에서 솔로우-스완 모형의 특성을 최종적으로 반영하는 두 개의 식은 식 (3-21)과 식 (3-22) 혹은 (3-23)이다.

16 좀 더 구체적으로 인구는 일정한 경우와 인구증가율도 같이 증가하는 경우로 나누어 분석할 수도 있다.

17 A_tL_t만큼 효율적인 노동력이 증가한다는 의미도 된다.

18 균형성장(balanced growth)과 차이는 있다. 균형성장은 주요 변수의 증가율이 서로 같게 나타나는 경우를 의미하는데, 결국 정상상태에서는 균형성장이 성립하게 된다.

$$\tilde{y}_t \equiv f(\tilde{k}_t) = \tilde{k}_t^{\alpha} \tag{3-21}$$

$$\frac{\dot{\tilde{k}}_t}{\tilde{k}_t} = \frac{s\tilde{y}_t}{\tilde{k}_t} - \delta - g_A - n \tag{3-22}$$

$$\dot{\tilde{k}}_t = s\tilde{y}_t - (\delta + g_A + n)\tilde{k}_t \tag{3-23}$$

식 (3-22)에서 효율적 노동 1인당 자본 증가율이 일정한 정상상태, 즉 $\dot{\tilde{k}}_t/\tilde{k}_t$이 상수라면 δ, g_A, n과 s가 상수이므로 $\tilde{y}_t/\tilde{k}_t$이 상수이고, 따라서 변화율은 0이 된다. 즉, 정상상태에서 $s\tilde{y}_t$의 변화율과 $\tilde{k}_t$의 변화율이 같아지게 된다. 여기서 s가 상수이므로 $\tilde{y}_t$와 $\tilde{k}_t$의 변화율이 같아진다. 이러한 성질을 이용해서 정상상태에서 주요 변수의 값과 변화율을 도출할 수 있다.

먼저 정상상태인 장기균형에서 $\dot{\tilde{k}}_t = 0$이므로 효율적 노동 1인당 소득과 자본량의 증가율은 식 (3-24)와 같다.

$$g_{\tilde{y}} = g_{\tilde{k}} = 0 \tag{3-24}$$

또한, 이를 1인당 소득과 자본량의 증가율로 표현하면 식 (3-25)와 같다. 즉, 1인당 소득이나 자본의 장기성장률은 기술증가율(상수)과 같아지게 된다.

$$g_y = g_k = g_A \tag{3-25}$$

정상상태의 조건인 식 (3-24)를 식 (3-21)과 (3-22)에 대입하면, 효율적 노동 1인당 소득과 자본량의 값은 식 (3-26)으로 도출할 수 있다.[19]

$$\tilde{k}^* = \left(\frac{s}{n + g_A + \delta}\right)^{\frac{1}{1-\alpha}}, \quad \tilde{y}^* = \left(\frac{s}{n + g_A + \delta}\right)^{\frac{\alpha}{1-\alpha}} \tag{3-26}$$

19 이를 1인당 소득과 자본량으로 표현하면 $k^* = A\tilde{k}^*$과 $y^* = A\tilde{y}^*$이 된다.

3.4 솔로우-스완 모형의 이행동학

지금까지 정상상태에서 소득 및 자본량의 장기균형 값을 도출하였다. 다음으로 이 경제가 시간 경과에 따라서 장기균형점으로 어떤 경로를 거쳐서 이행하는가를 살펴볼 필요가 있다.

신고전파 경제성장 모형에서는 경제 자신의 장기균형 상태로 이행하는 속도와 과정에 대하여 설명할 수 있다. 결론적으로 자신의 장기균형에서 멀리 떨어져 있는 국가일수록 상대적으로 빠르게 성장한다. 이를 이행동학(transition dynamics) 원칙이라고 한다. 장기균형으로의 이행경로(transition path)는 효율적 노동 1인당 자본 혹은 소득이 시간 경과에 따라 어떻게 자신의 장기균형 상태로 이동하는가를 보여주는 것으로 이 과정을 설명하면 다음과 같다.

한 국가의 효율적 노동 1단위당 자본량이 정상상태 값보다 낮은 수준에서 출발한다면, 장기균형에 도달할 때까지 이행경로를 따라서 증가할 것이다. 그러나 장기균형점에 가까울수록 성장률은 둔화되기 시작하고, 장기균형에 도달하면 효율적 노동 1단위당 소득 증가율은 0이 된다.

[그림 3-1]은 식 (3-22)를 그래프로 그린 것으로 $\tilde{k}_t$의 변화율은 $s\tilde{y}_t/\tilde{k}_t$와 $(n+g_A+\delta)$의 차이에 의하여 설명된다.

그림 3-1 솔로우-스완 경제성장 모형

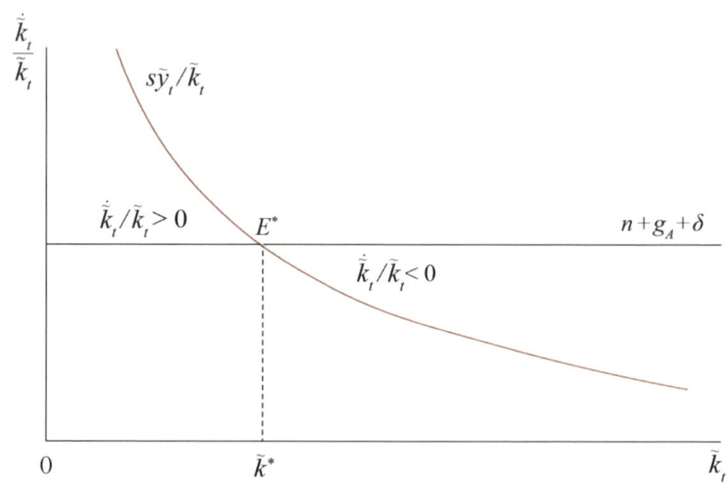

먼저 첫 번째 항인 $s\tilde{y}_t/\tilde{k}_t$은 $\tilde{k}_t$가 증가함에 따라 감소한다.[20] s가 상수이므로 곡선 형태는 효율적 노동의 평균생산($\tilde{y}_t/\tilde{k}_t$)의 변화와 같다. $s\tilde{y}_t/\tilde{k}_t$와 두 번째 항($n+g_A+\delta$)의 차이는 곧 효율적 노동 1인당 자본량 $\tilde{k}_t$의 변화율이다. 이 두 개의 항이 만나는 E^*점은 $\tilde{k}_t$의 증가율이 0이 되는 장기균형점이다. 따라서 균형 효율적 노동 1인당 자본량은 $\tilde{k}^*$가 된다. $(n+g_A+\delta)$이 항상 양(+)의 값을 가지고 신고전파 생산함수의 성질에 의하여 $\tilde{k}_t$가 0에서 무한대로 증가함에 따라 $s\tilde{y}_t/\tilde{k}_t$가 단조적으로 감소하므로 위의 두 항은 한 번만 교차하게 된다. 따라서 $\tilde{k}_t$가 0이 되는 당연한 경우를 제외하고, 정상상태의 효율적 노동 1인당 자본량은 1개의 유일한 값만을 갖게 된다.

[그림 3-2]는 식 (3-23)을 이용하여 장기균형점을 도출하는 과정을 설명해 준다. 먼저 초기 효율적 노동 1인당 자본량이 $\tilde{k}_0 = \tilde{k}_0'$이 장기균형에서 효율적 노동 1인당 자본량($\tilde{k}_t^*$)보다 작으면, $s\tilde{y}_t > (n+g_A+\delta)\tilde{k}_t$이므로 $\tilde{k}_t$는 시간 경과에 따라 증가하게 된다. $\tilde{k}_t$가 증가하여 장기균형 값으로 접근하게 되면, $\tilde{k}_t$의 증가율은 지속적으로 감소하여 결국 0이 된다. 이러한 결과는 이미 설명하였듯이 생산함수의 특성인 한계생산성 체감의 성질 때문이다.

마찬가지 논리로 초기 효율적 노동 1인당 자본량이 정상상태 값보다 크게 나타나

그림 3-2 신고전파 경제성장 모형의 수렴과정

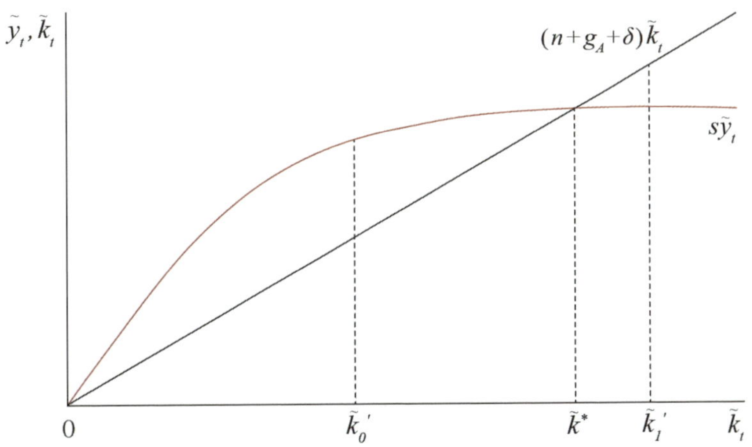

20 $\dot{\tilde{k}}_t > 0$ 이어서 K_t/A_tL_t가 증가하면 이를 자본심화(capital deepening)라 한다. 반면에 $\dot{\tilde{k}}_t = 0$ 이어서 자본과 노동이 같이 증가하여 K_t/A_tL_t는 일정하지만 K_t가 증가하는 경우를 자본확장(capital widening)이라고 한다.

$\widetilde{k_1}' > \widetilde{k}^*$라면 $\widetilde{k}_t$의 증가율은 음(-)이 된다. 따라서 시간 경과에 따라 $\widetilde{k}_t$는 지속적으로 감소하게 된다. 정리하면 $\widetilde{k}_t$가 $\widetilde{k}^*$로 접근함에 따라 $\widetilde{k}_t$의 증가율이 0으로 접근하게 된다.[21]

3.5 솔로우-스완 모형의 수렴과 주요 시사점

3.5.1 절대적 및 조건적 수렴

솔로우-스완 모형에서 수렴 개념을 국가 간 수렴 개념으로 확장해서 자세히 논의해보자.[22] 신고전파 모형에서 정상상태로 수렴하는 과정은 식 (3-22)와 [그림 3-1]로 설명할 수 있다. 즉, 효율적 노동 1인당 자본의 증가율은 초기 조건과 정상상태 간 격차에 비례하는 속도로 정상상태로 수렴한다. 즉, 국가 i가 효율적 노동 1인당 자본량의 증가율은 초기 시점과 정상 시점의 효율적 노동 1인당 자본량 격차에 비례하여 식 (3-27)과 같다.[23]

$$\dot{\widetilde{k}}_{it}/\widetilde{k}_{it} = -\lambda(\ln\widetilde{k}_{it} - \ln\widetilde{k}_i^*) \qquad (3-27)$$

λ는 수렴속도(speed of convergence)라고 불리는 상수이다.[24]

식 (3-27)은 $\widetilde{y}_{it} = \widetilde{k}_{it}^{\alpha}$를 이용하면 다음과 같이 효율적 노동 1인당 소득의 수렴방정식인 식 (3-28)을 도출할 수 있다.

$$\dot{\widetilde{y}}_{it}/\widetilde{y}_{it} = -\lambda(\ln\widetilde{y}_{it} - \ln\widetilde{y}_i^*) \qquad (3-28)$$

21 생산함수가 1인당 자본에 대하여 단조적(monotonic)이기 때문에 어떠한 에 대해서도 이 경제는 장기균형점인 정상상태로 항상 수렴하게 되고, 이 값은 유일하다. 이는 다른 형태의 생산함수를 가정하면 2개 균형점도 생길 수 있다. 이러한 가정은 제12장에서 설명하는 초기 조건(history)과 기대(expectation)에 의한 산업화 과정을 설명하는 데 이용된다.

22 경제발전이론에서 많이 쓰이는 추격(catching up)과 혼동하여 쓰이는 경우가 많다. 제4장에서 추격과 수렴 개념의 관계에 대하여 자세히 설명한다.

23 생산함수가 선형(linear)이 아니기 때문에 정상상태에서 로그 선형화(log linearization)를 통해 도출된다.

24 본 교재의 모형에서 $\lambda = (1-\alpha)(n+g_A+\delta)$이다.

여기서 수렴속도(λ)는 효율적 노동 1인당 산출량이 자신의 정상상태로 얼마나 빠르게 접근하는가를 보여준다. 예를 들어 1년에 $\lambda = 0.05$라면 매해 $\tilde{y}_{it}$와 $\tilde{y}_i^*$의 격차의 5%가 좁혀진다는 것을 의미한다. 따라서 주어진 수렴속도에 대해 효율적 노동 1인당 산출량 두 값의 격차가 크면 클수록 성장률은 높아지게 된다.

실질적으로 관심 있는 것은 1인당 소득의 증가율, 즉 경제성장률이기 때문에 식 (3-28)에 $\tilde{y} = y/A$를 이용하고 수학적 과정을 거치면 식 (3-29)의 경제성장률 방정식이 도출된다.[25]

$$\dot{y}_{it}/y_{it} = a_{i0} + \beta \ln y_{i0} \tag{3-29}$$

y_{i0}는 초기 1인당 생산량의 값이고, a_{i0}는 국가 i의 정상상태를 결정하는 변수와 초기 기술수준 A_{i0}를 반영한다.

수렴의 개념에서 유의해야 할 점은 정상상태라는 장기균형점이 자기 자신의 정상상태이지 다른 선진국이나 비교 대상국의 장기균형점은 아니라는 점이다. 따라서 각 국가의 장기균형점인 $\tilde{k}^*$나 $\tilde{y}^*$는 앞에서 논의하였듯이 해당 국가의 변수, 즉 인구증가율, 저축률, 감가상각률 그리고 자본소득 분배율 등에 의해 결정된다. 이 변수들은 국가 간에 서로 다르기 때문에 각국의 장기균형점은 서로 다르게 나타난다. 따라서 두 국가의 장기균형 상태가 서로 다른 경우 비록 초기 효율적 노동 1인당 자본량이 서로 같더라도 실제성장률은 다르게 나타난다.

이제 국가별 비교를 위해 수렴 모형을 이용해보자. 만약 국가의 발전 상태가 유사한 경우 장기균형 상태를 결정하는 변수들은 모두 유사할 것이며, 이들 결정요인은 a_{i0}에 포함된다고 할 수 있다. 따라서 모든 국가의 a_{i0}값이 같아 상수항으로 가정할 수 있다.[26] 그리고 초기 1인당 산출량(y_0)이 작을수록 노동 1단위당 소득증가율이 빠르므로 계수 β는 음(-)의 값을 지니면서 통계적으로 유의하게 된다. 이처럼 모든 다른 조건이 같은 국가 그룹의 경우 각 국가 고유의 특성을 고려할 필요 없이 초기 조건만 비교하면 어느 국가가 빠르게 성장할 것인가를 알 수 있게 되는데, 이를 절대적 수렴(absolute convergence)이라고 한다.

이를 다시 해석하면 만약 두 국가의 장기균형 상태 값이 같다면 어느 국가든 상관없이 초깃값이 작은 국가는 항상 더 빠르게 성장하는 경향을 보여준다는 것이다. 예를 들어 경제발전단계가 유사한 선진국 그룹인 OECD 국가들의 경우 장기균형 상태의 정상상태 값을 결정하

25 이 과정은 약간의 수학적 과정이 필요한 것으로 자세한 논의는 Mankiw et al.(1992) 참조.

26 이는 곧 국가들의 정상상태 값이 같다는 것을 의미한다.

는 변수들이 거의 유사할 것이다. 이 경우 다른 변수에 대해 고려하지 않고 초깃값의 차이만 비교하면 되기 때문에 초기 효율적 노동 1인당 자본이 낮은 국가는 상대적으로 빠르게 성장하게 된다.

국가의 발전 상태가 모두 상이하여 이들 각각의 정상상태 값이 다르다면 a_{i0}값이 상수항이 아닌 각 국가의 정상상태와 초기 기술수준을 결정하는 변수에 의하여 영향을 받게 된다. 초깃값 이외의 다른 변수들, 즉 인구증가율, 감가상각률, 저축률 등 국가 고유의 특성들이 고려된 이후에야 초기 조건과 성장률 간의 음(-)의 관계가 성립할 것이다.[27] 이를 식으로 표현하면 식 (3-30)과 같다.

$$\dot{y}_{it}/y_{it} = a_1 + a_2 X_{i0} + \beta \ln y_{i0} \tag{3-30}$$

여기서 X_{i0}는 위에서 설명된 국가 고유의 다양한 특성들과 경제성장의 결정요인들을 포함하는 변수 그룹이고, a_2는 변수 그룹에 해당하는 계수 그룹이다. 이처럼 다른 국가 고유의 특성들을 고려한 이후 초기 1인당 생산량(y_0)이 적을수록 빠르게 성장하여, 계수 β가 통계적

그림 3-3 절대적 수렴과 조건부 수렴

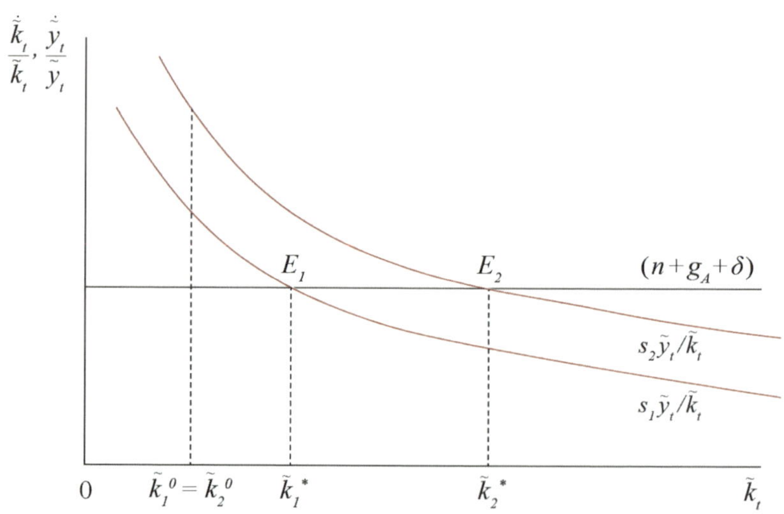

27 더 나아가 일반적으로 많이 쓰이는 실증분석 방법은 이러한 앞의 변수들 이외의 다른 국가 고유의 다양한 특성들, 예를 들면 정치, 언어, 인종, 교육 등 제도적 및 문화적 요인들을 다른 변수들과 같이 고려한다.

그림 3-4 OECD 국가들의 1인당 실질 GDP와 성장률

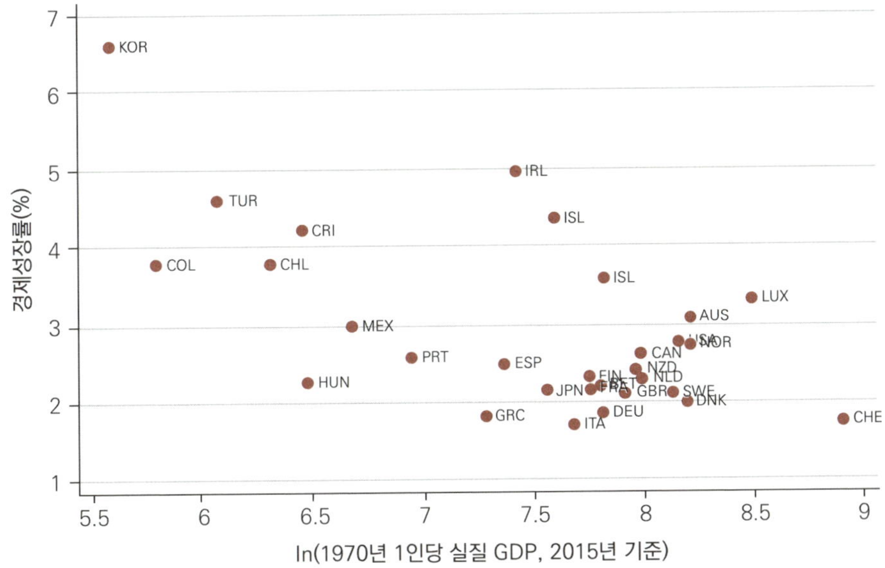

주: 경제성장률(%)은 1970~2024년 기간의 경제성장률 평균값이며, 해당 기간 동안 경제성장률 값이 모두 있는 국가를 기준으로 작성.

출처: World Bank, WDI(검색일: 2025.11.16.) 자료를 이용하여 작성.

으로 유의한 음(-)의 관계를 보여주면 이를 조건적 수렴(conditional convergence)이라고 한다.

[그림 3-3]을 통하여 다른 조건은 동일하지만, 저축률 수준은 차이가 나는 두 국가 그룹을 비교해 보자. 첫 번째 그룹과 두 번째 그룹에 속한 국가의 저축률은 각각 s_1과 s_2이고 $s_1 < s_2$라고 하자. 이 경우 첫 번째 그룹에 속한 국가들의 장기균형점은 E_1이 되어 효율적 노동 1인당 자본량은 $\tilde{k}_1^*$이 된다. 마찬가지로 두 번째 그룹에 속한 국가는 장기균형점은 E_2이고, 효율적 노동 1인당 자본량은 $\tilde{k}_2^*$이다. 두 국가 그룹의 초기 효율적 노동 1인당 자본량이 $\tilde{k}_1^0 = \tilde{k}_2^0$라고 한다면, [그림 3-1]과 [그림 3-2]에서 보았듯이, 그룹 1에 속한 국가들은 초기 효율적 노동 1인당 자본량($\tilde{k}_1^0$)과 장기균형 상태에서 효율적 노동 1인당 자본량($\tilde{k}_1^*$)의 격차에 비례해서 경제성장을 할 것이다. 마찬가지로 그룹 2에 속한 국가들은 $\tilde{k}_2^0$와 $\tilde{k}_2^*$의 격차에 비례해서 경제성장을 하게 된다.

지금까지 설명하였듯이 두 국가 그룹이 자신들의 정상상태 균형점과의 격차에 비례해서 성장하는 것이 신고전파 경제성장이론에서 수렴의 정의이다. 같은 효율적 노동 1인당 자본량에서 출발한 두 국가 그룹에서 2번째 그룹에 속한 국가의 경제성장률이 더 높게 된다. 이 두 국

그림 3-5 전체 국가의 1인당 실질 GDP와 경제성장률

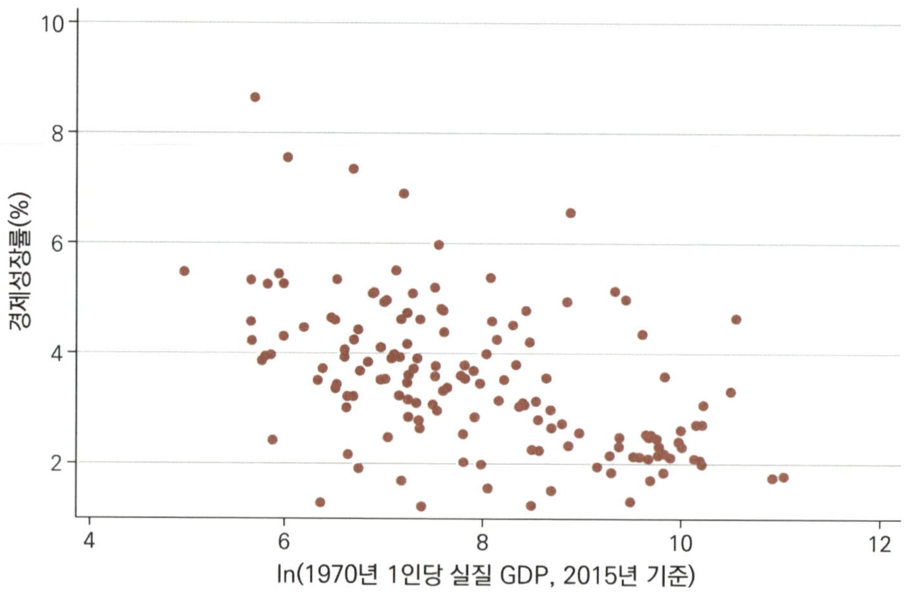

주: 경제성장률(%)은 1970~2024년 기간의 경제성장률 평균값이며, 해당 기간 동안 경제성장률 값이 모두 있는 국가를 기준으로 작성.

출처: World Bank, WDI(검색일: 2025.11.16.) 자료를 이용하여 작성.

가 그룹을 분리해서 앞에서 고려한 두 변수만의 관계를 보면 각 국가 그룹은 절대적 수렴현상을 보여준다. 예를 들어 앞에서처럼 정상상태 균형이 동일한 것으로 판단되는 OECD 국가들만 고려하는 경우다. 즉, OECD 국가의 저축률은 s_2이고 그 외의 국가 그룹의 저축률은 s_1으로 가정하는 것이다. 그러나 두 국가 그룹을 동시에 고려하면 절대적 수렴현상이 사라질 수 있다. 두 국가 그룹의 정상상태 균형이 다르므로 비록 모든 국가가 초기 효율적 노동 1인당 자본량이 같다고 하더라도 서로 다른 경제성장률을 보일 것이기 때문이다. 이런 경우에는 각 국가 그룹의 장기균형점을 결정하는 변수들을 동시에 고려하면 마찬가지로 조건부 수렴현상이 나타난다.

[그림 3-4]는 OECD 국가에 대하여 1970년을 초기 연도로 하고, 1인당 실질 GDP(2015년 기준) 수준과 경제성장률(1970~2024년)을 그래프로 표시한 것이다. 대체로 1970년도의 1인당 실질 GDP가 낮을수록 높은 경제성장률을 보인다는 것을 알 수 있다. 특히 한국(KOR)이 다른 국가들에 비해 높은 경제성장률을 보인다.

[그림 3-5]는 전 세계 국가에 대하여 1970년을 초기 연도로 하고, 1인당 실질 GDP 수준과 경제성장률(1970~2024년)을 그래프로 표시한 것이다. OECD 국가들을 대상으로 한 [그림 3-4]와 다르게 초기 1인당 실질 GDP와 경제성장률의 관계가 명확하게 나타나지 않는다. 이는 신고전파 경제성장이론의 수렴가설에 따르면 각 국가의 정상상태에서의 1인당 실질 GDP 값이 서로 다르기 때문인 것으로 설명할 수 있다.

3.5.2 모형의 시사점

솔로우-스완 모형의 분석결과로부터 다음과 같은 주요한 함축적 의미들을 찾을 수 있다.

먼저 기본 가정에서 알 수 있듯이 모형 자체에 시장실패의 원인이 되는 요소들을 고려하지 않고 있다는 점이다. 다시 말하면 시장실패를 일으키는 시장구조의 불완전경쟁이나 외부성, 공공재와 같은 가정들이 모형 자체에서 고려되어 있지 않다. 따라서 모형에서 나온 시장균형이 시장과는 관계없이 이루어지는 가장 효율적 상태인 파레토효율과 같은 결과를 갖는다. 즉, 경제에서 이용 가능한 자본이나 노동이 완전히 이용되는 것으로 실업문제가 나타나지 않는다. 이는 곧 신고전파의 시장에 대한 시각을 반영하는 것으로 정부의 시장개입이 없이도 자원배분의 효율성이 시장기능을 통하여 자동으로 달성될 수 있다는 것이다. 이는 시장실패가 존재하지 않는다는 의미로 시장에 대한 정부개입이 불필요하다는 정책적 시사점을 제시한다.

둘째, 해로드-도마 모형이 등장하게 되었던 경제상황과의 차이에 대하여 이해할 필요가 있다. 해로드-도마 모형은 케인즈 이론이 적용되었던 대공항 시기를 반영한 것이다. 당시는 시장에 초과공급(상품시장 초과공급 및 노동시장의 실업)이 존재하므로 유효수요(총투자 혹은 정부지출)를 증가시켜 소득을 증가시키고자 하였다. 즉, 인위적인 투자지출을 증가시켜 유효수요를 증가시키고, 따라서 소득을 늘려 경제성장률을 증가시키려는 것이었다. 반면에 솔로우-스완 모형에서는 이미 자본량을 모두 사용하고 노동시장은 완전고용 상태이기 때문에 다른 어떤 정책에 의해서 소득이나 장기 경제성장률에 영향을 미칠 수 없다. 다만 기술혁신으로 총공급을 늘려주는 것이 하나의 방법이기는 하지만, 기술증가율은 외부적으로 주어졌다고 가정하고 있어서 정부정책은 장기 경제성장률에 영향을 미칠 수 없다.

셋째, 절대적 및 조건부 수렴은 신고전파적 생산함수의 특징인 자본의 한계생산성이 체감한다는 특성에서 나온 것이다. 특히 단조적 생산함수의 특성에 의하여 장기균형은 1개만 존재한다.

넷째, 장기균형에서 각 변수의 값과 변화율에 대해 영향을 주는 변수들이 다르다. 인구증가율, 저축률 그리고 감가상각률은 효율적 노동 1인당 소득수준에는 영향을 미치지만, 장기균형 경제성장률에는 영향을 미치지 못한다. 즉, 이들 변수의 변화는 장기균형 소득수준에 영향을 미치는 수준효과(level effect)는 있지만, 성장률에는 영향을 미치지 못하여 성장효과(growth effect)는 존재하지 않는다.

다섯째, 노동력 크기에 의한 국가 규모 증가가 장기균형 정상상태의 1인당 소득이나 성장률에 아무런 영향을 미치지 못한다. 이를 규모효과(scale effect)가 없다고 한다. 반면에 인구증가율은 정상상태 1인당 소득에는 영향을 미치지만 역시 장기균형 경제성장률에는 영향을 미치지 못한다. 이 문제는 많은 경제성장이론에서 논쟁이 이루어졌고, 동시에 실증분석 결과에서조차 명확한 결론에 도달하지는 못하였다.[28]

여섯째, 국가 간 소득격차 문제이다. 예를 들어, 장기균형에서 한국(K)과 일본(J)의 1인당 소득을 각각 y_K^*와 y_J^*라고 가정하자. 두 국가의 정상상태에서 상대소득은 식 (3-31)과 같이 나타난다.

$$\frac{y_J^*}{y_K^*} = \frac{A_J^*}{A_K^*}\left(\frac{s_J}{s_K}\right)^{\frac{\alpha}{1-\alpha}}\left(\frac{n_K+g_{AK}+\delta_K}{n_J+g_{AJ}+\delta_J}\right)^{\frac{\alpha}{1-\alpha}} \tag{3-31}$$

다른 모든 조건이 일정한 상태에서 한국의 인구증가율이 증가하면, 일본과의 1인당 소득격차는 커지게 된다. 이는 인구증가율 상승이 한국의 장기균형에서의 1인당 소득을 감소시키기 때문이다.

일곱째, 모든 국가의 기술증가율이 일정하고 동일해야 한다. 정상상태 분석에서 알 수 있듯이 1인당 소득의 장기성장률은 기술증가율과 일치한다. 만약 두 국가의 기술증가율이 다르다면, 장기적으로 볼 때 두 국가의 경제성장률이 수렴(convergence)하지 않고 영원히 발산(divergence)하게 될 것이다.

3.5.3 기술증가율 변화의 장기적 효과 분석

솔로우-스완 모형에서 장기균형 성장률은 기술혁신에 의해서만 결정된다. 그러나 기술혁

28 규모의 효과만을 고려한다면 국가 규모가 작은 싱가포르나 홍콩이 규모가 큰 중국이나 인도보다 높은 경제성장률을 기록하는 것을 설명하기 어렵다.

그림 3-6 기술혁신 증가와 효율적 노동 1인당 자본량 변화

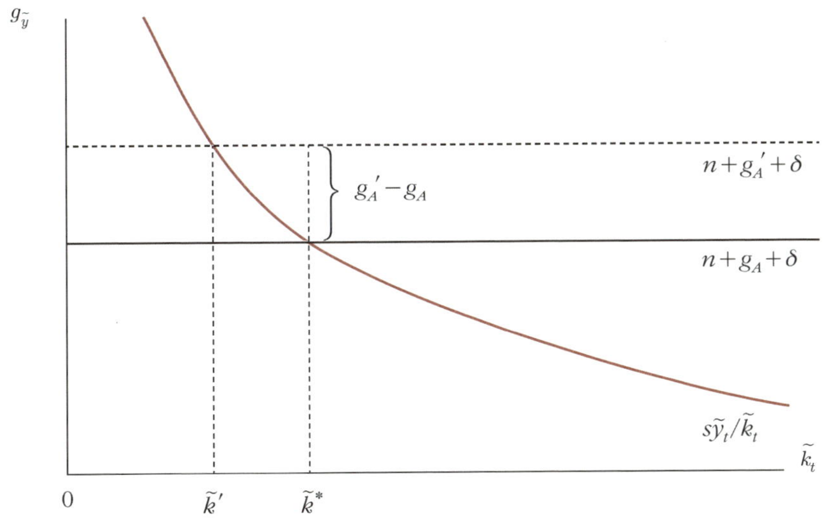

신은 이미 외생적으로 주어졌다고 가정하고 있어서 정부정책은 경제성장에 영향을 미칠 수 없다. 다만 모형의 의미를 알아보기 위하여 어떤 이유에서 기술혁신이 일어나서 $g_A < g_A'$으로 증가한다고 가정하자. 이 경우 1인당 생산의 장기균형 및 이행 과정이 어떻게 변화할 것인가를 알 필요가 있다.[29] 이행 동학을 자세히 보기 위하여 [그림 3-3]을 다시 그린 [그림 3-6]을 보자.

기술증가율이 증가한 만큼 $n+g_A+\delta$가 $n+g_A'+\delta$로 상향 이동한다. 따라서 기술증가 이전의 장기균형점 $\tilde{k}^*$에서 $n+g_A'+\delta$가 $s\tilde{y}_t/\tilde{k}_t$보다 커져서 효율적 노동 1인당 자본량 증가율은 감소하기 시작한다. 기술증가율이 증가한다는 것은 그만큼 효율적 측면에서 총 노동력 증가율($n+g_A$)이 증가한다는 것이다. 따라서 주어진 효율적 노동 1인당 자본량($\tilde{k}_t$)은 감소하게 되어 장기균형은 $\tilde{k}'$에서 이루어진다.[30]

29 이는 한 번 증가하면 그 값을 지속적으로 유지한다는 영속적 충격(permanent shock)을 의미한다. 한 번 증가한 이후 다시 원래 값으로 돌아오는 형태를 일시적 충격(transitory shock)이라고 한다.

30 효율적 노동 1인당 자본량의 정의에서 분모의 증가를 의미한다.

기술증가율 변화가 경제성장률에 어떠한 영향을 미치는지를 알아보자. 기술증가율 증가에 따른 1인당 소득의 변화 과정은 식 (3-22)에서 확인할 수 있다. 먼저 생산함수를 이용하면 1인당 생산의 증가율에 대한 관계식은 식 (3-32)과 같다.

$$\frac{\dot{y}_t}{y_t} \equiv \frac{\dot{\tilde{y}}_t}{\tilde{y}_t} + \frac{\dot{A}_t}{A_t} = \alpha \frac{\dot{\tilde{k}}_t}{\tilde{k}_t} + \frac{\dot{A}_t}{A_t} \tag{3-32}$$

기술증가율이 증가한 순간 효율적 노동 1인당 자본량 감소율은 [그림 3-6]에서 두 수평선의 격차인 $g_A{}' - g_A$이다. 그 이후 효율적 노동 1인당 자본량 감소율의 절댓값은 지속적으로 하락하여 효율적 노동 1인당 자본증가율은 0에서 $g_A{}' - g_A$만큼 감소한 값이 된다.[31] 그러나 기술증가율은 새로운 증가율만큼 증가한 상태에서 출발하므로 초기 시점에서 1인당 산출량의 증가율은 식 (3-32)에 의하여 $\alpha(g_A - g_A{}') + g_A{}' = (1-\alpha)g_A{}' + \alpha g_A < g_A{}'$가 된다. 즉, 양(+)의 값을 갖지만 새로운 기술증가율보다는 작다. 결국, 기술진보가 일어나는 그 순간의 1인당 소득의 성장률은 g_A보다는 높고, $g_A{}'$보다는 낮은 상태로 상승한다. 그리고 $\tilde{k}^*$가 $\tilde{k}'$로 접근하면서 점차 새로운 정상상태 성장률인 $g_A{}'$로 접근하게 되는데, 그 구체적인 경로는 [그림 3-7]에 나타나 있다.

그림 3-7 기술혁신 증가와 1인당 생산 변화 추이

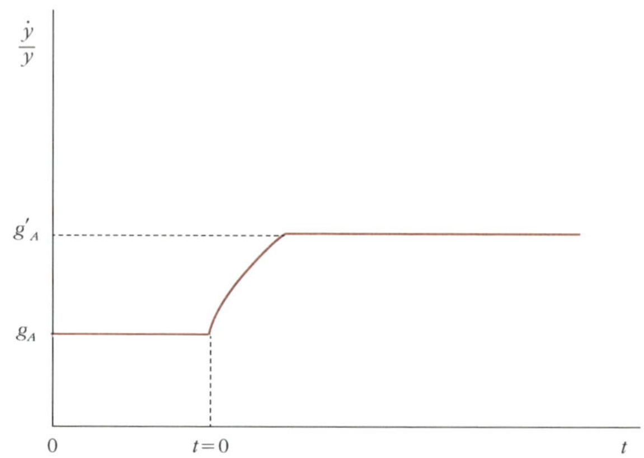

31 $\tilde{k}_t^*$에서 g_A가 $g_A{}'$로 증가하므로 $\dot{\tilde{k}}_t/\tilde{k}_t = s\tilde{y}_t/\tilde{k}_t - (\delta + g_A + n) = g_A{}' - g_A$이 된다.

또한, 초기에 기술진보율이 g_A'으로 증가한다고 가정하면, 성장률은 바로 $g_y = g_A'$ 가 되지 않고, $\tilde{k}_t$의 감소에 의한 성장감소 효과로 인하여 $g_y < g_A'$이 된다. 이후, 장기적으로 균형인 상태에 이르러서야 g_A'로 수렴하게 된다.

3.6 성장회계분석

3.6.1 개념

성장회계분석(growth accounting)은 경제성장 원인을 각 투입요소의 변화율과 잔차(residual)로 분리하여 각 요소들의 경제성장에 대한 공헌도를 설명하기 위한 것이다. 이 분석결과는 경제성장 원인을 파악하는데 매우 중요한 시발점이 된다.

솔로우(Solow, 1957)가 이 방법을 제안한 이후 기본적인 분석방법 자체는 지금까지도 큰 변화가 없다. 다만 각 생산요소들의 범위와 정의에 관련된 문제에 대해서는 다양한 논의가 이루어져 왔다. 더 나아가 각 생산요소들의 변화율이 다른 국가적 특성을 반영하는 제도적 요인인 정부정책, 자연자원, 인적자본 정책 등에 의해 어떻게 영향을 받는가에 대한 연구도 활발하게 진행되고 있다.

먼저 신고전파 생산함수인 식 (3-33)을 이용하여 성장회계분석을 설명해보자.[32]

$$Y_t = F(A_t L_t, K_t) \tag{3-33}$$

생산함수인 식 (3-33)을 시간 t에 대하여 미분을 한 후, 총생산량으로 나누어 정리하면 각 요소들의 변화율을 식 (3-34)와 같이 표현할 수 있다.

32 성장회계분석을 하는 데 있어서 다양한 문제들이 제기된다. 이들은 소득분배율이 상수인가라는 문제, 자본량 측정 문제, 노동의 질을 고려하는 문제 그리고 감가상각률 측정 문제 등이다. 이러한 문제에 대한 자세한 논의는 Barro and Sala-i-Martin(2003, pp.433-460) 참조.

$$\frac{\dot{Y}_t}{Y_t} = g_A + \left(\frac{MP_{Kt}K_t}{Y_t}\right)\left(\frac{\dot{K}_t}{K_t}\right) + \left(\frac{MP_{Lt}L_t}{Y_t}\right)\left(\frac{\dot{L}_t}{L_t}\right) \quad (3-34)$$

여기서 MP_{Kt}와 MP_{Lt}는 각각 자본과 노동의 한계생산성이다. 그리고 g_A는 생산함수에서 정의된 기술수준 A의 증가율인데, 이를 총요소생산성(Total Factor Productivity: TFP)이라고 부른다.

식 (3-34)를 다시 쓰면 식 (3-35)와 같다.

$$g_A = \frac{\dot{Y}_t}{Y_t} - \left(\frac{MP_{Kt}K_t}{Y_t}\right)\left(\frac{\dot{K}_t}{K_t}\right) - \left(\frac{MP_{Lt}L_t}{Y_t}\right)\left(\frac{\dot{L}_t}{L_t}\right) \quad (3-35)$$

여기서 기술수준 변화율은 총 산출량 변화율, 즉 경제성장률에서 다른 두 요소인 노동과 자본의 경제성장에 대한 공헌도를 차감한 잔차이다. 그런데 식 (3-34)로는 구체적인 결과를 도출할 수 없다. 현실적으로 생산함수의 구체적인 형태를 알 수 없기 때문에 각 요소의 한계생산성을 도출할 방법이 없기 때문이다. 따라서 현실적으로 얻을 수 있는 자료를 이용하여 계산하기 위하여 각 요소의 한계생산성이 시장에서 관찰되는 시장가격과 일치한다고 가정한다. 다시 말하면 노동의 한계생산성은 시장임금과 일치하여 $w = MP_L$, 자본의 한계생산성은 시장이자율과 일치하여 $r = MP_K$이다. r과 w는 각각 자본과 노동의 시장가격이다.

이러한 관계를 식 (3-35)에 대입하면 식 (3-36)이 도출된다.

$$g_A = \frac{\dot{Y}_t}{Y_t} - s_K\left(\frac{\dot{K}_t}{K_t}\right) - s_L\left(\frac{\dot{L}_t}{L_t}\right) \quad (3-36)$$

여기서 s_K와 s_L은 각각 자본과 노동소득의 총소득에 대한 비율, 즉 자본과 노동소득분배율이다. 즉, $s_K = rK_t / Y_t$이고, $s_L = wL_t / Y_t$이다. 따라서 식 (3-36)의 우변 항들은 모두 측정이 가능한 값들이 된다. g_A는 직접적인 측정은 불가능하지만, 측정 가능한 값들의 차이에 의해서 계산이 가능하다는 점에서 잔차(residual)라고 불린다.

신고전파 생산함수에서 국내총생산은 노동과 자본에 모두 분배되기 때문에 $Y_t = rK_t + wL_t$가 성립하고, 동시에 자본과 노동의 소득분배율 합($s_K + s_L$)은 1이 된다. 이 경우 식 (3-36)는 1인당 자본증가율에 의한 표현으로 식 (3-37)과 같이 쓸 수 있다.

$$g_A = \frac{\dot{y}_t}{y_t} - s_K\left(\frac{\dot{k}_t}{k_t}\right) \quad (3-37)$$

3.6.2 동아시아 기적과 종이호랑이

제2차 세계대전 이후 한국을 비롯한 동아시아 국가들의 급속한 경제성장의 원인에 대한 흥미로운 논쟁이 이루어졌다. 먼저 세계은행(1993)은 한국을 포함하여 동아시아 7개국의 경제성장 원인을 분석한 『동아시아 기적(The East Asian Miracle)』이라는 보고서를 발표하였다.[33] 세계은행은 콥-더글라스(Cobb-Douglas) 생산함수를 이용한 분석에서 이들 국가가 1965~89년 기간 동안 높은 경제성장률을 보여 주는 동시에 양호한 소득분배 상태를 보여 주는 대표적인 국가들이라고 분석하였다.[34]

먼저 이 국가들의 경제성장이 단순히 노동이나 자본이라는 요소투입에 의해서만 이루어진 것이 아니라 총요소생산성으로 대표되는 기술효율성이 경제성장에 크게 기여한 것으로 분석하고 있다. 〈표 3-2〉를 보면 일본과 동아시아 4개 국가의 총요소생산성 증가율이 싱가포르를 제외한 다른 국가들에 비해 높게 나타나고 있다.

반면에 영(Young, 1995)은 초월 로그(translog) 생산함수를 이용한 총요소생산성의 변화를 계산하고, 동아시아 4개국의 경제성장이 특별히 총요소생산성의 변화에 의한 것은 아니라는 결론을 내렸다. 〈표 3-3〉의 결과는 동아시아 4개국의 총요소생산성 증가율이 다른 국가들에 비하여 특별히 높은 것은 아니라고 보여 준다. 즉, 동아시아 4개국의 총요소생산성 증가율은 현재 선진국들과 유사한 값을 보임을 확인할 수 있다.

이러한 계산 결과를 해석하여 크루그먼(Krugman, 1994)은 동아시아 국가들의 고속성장은 다른 국가들과 달리 총요소생산성이 특별히 높아서 이루어진 것이 아니라고 주장하였다. 다시 말해, 그는 경제성장이 노동이나 자본과 같은 요소의 투입이 증가하여 이루어진 것으로 일반적인 경제성장이론에 의해 설명된다고 보았다. 이를 통해 그는 동아시아 국가들의 고속성

33 세계은행 보고서는 높은 경제성장 성과를 보여 준 8개 국가(High Performing Asian Economies: HPAEs)를 대상으로 하고 있다. 이들은 일본, 아시아 호랑이 국가로 불리는 4개국(한국, 홍콩, 싱가포르, 타이완) 그리고 동남아시아 신흥 산업국가(Newly Industrializing Economies: NIEs) 3개국(인도네시아, 말레이시아, 태국)이다.

34 말레이시아는 다른 7개국에 비해서 소득분배가 상대적으로 좋지 않은 것으로 나타난다.

장은 기적이 아닌 종이호랑이(paper tiger)라고 진단하였다.[35] 반면에 최근 세계은행(2025)은 한국은 3I 전략 즉, 투자(investment), 기술도입(infusion) 및 혁신(innovation)을 효과적으로 활용해서 중진국 함정에서 성공적으로 벗어났다고 평가했다.

표 3-2 세계은행의 TFP 증가율 추정 결과(1960~89)

국가	증가율(A)	증가율(B)	국가	증가율(A)	증가율(B)
일본	3.4776	1.4274	인도네시아	1.2543	-0.7953
홍콩	3.6470	2.4113	말레이시아	1.0755	-1.3369
싱가포르	1.1911	-3.0112	태국	2.4960	0.5466
한국	3.1021	0.2355	남아메리카	0.1274	-0.9819
대만	3.7604	1.2829	아프리카	-0.9978	-3.0140

주: (A)는 전체 표본 대상이고, (B)는 고소득층 대상 분석결과임.
출처: World Bank(1993), p.64.

표 3-3 Young의 TFP 증가율 추정 결과

국가	기간	증가율	국가	기간	증가율
홍콩	1966~91	2.3	영국	1960~89	1.3
싱가포르	1966~90	0.2	미국	1960~89	0.4
한국	1966~90	1.7	브라질	1950~85	1.6
대만	1966~90	2.1	칠레	1940~85	0.8
캐나다	1960~89	0.5	멕시코	1940~85	1.2
프랑스	1960~89	1.5	브라질(M)	1960~80	1.0
독일	1960~89	1.6	칠레(M)	1960~80	0.7
이탈리아	1960~89	2.0	멕시코(M)	1940~70	1.3
일본	1960~89	2.0	베네수엘라(M)	1950~70	2.6

주: M은 제조업 부문에 대한 결과임.
출처: Young(1995), p.672-673.

35 이 해석은 1997~98년 한국이 외환위기에 직면하면서 큰 관심을 받았다. 신고전파 경제성장이론에 의하면 기술진보 없이 단지 요소투입에만 의존하면 장기균형 경제성장률은 0이 되기 때문이다 결국, 기술진보가 경제성장에 대한 공헌도가 작았기 때문에 외환위기, 즉 경제성장이 멈추는 상황에 직면하게 되었다는 것이다. 그러나 외환위기를 극복하고 그 이후 경제성장이 지속된 이유에 대해서는 설명하기 어렵다.

연습문제

3.1 해로드-도마 모형에서 장기 경제성장률은 저축률에 의존하고, 솔로우-스완 모형에서는 저축률과 독립적이다.

1) 해로드-도마 모형이 재원이 부족한 개발도상국의 경제성장전략에 대한 시사점에 대하여 논의하시오.
2) 두 모형의 결론이 정부의 시장개입에 대한 정당성과 경제성장전략에 대한 시사점을 논의하시오.

3.2 레온티에프형 생산함수를 이용하여 다음을 논의하시오.

$$Y_t = \min\left[\frac{K_t}{v_K}, \frac{L_t}{v_L}\right]$$

1) 생산함수에 대하여 등량선(isoquant)을 보여주고, 그 형태의 의미에 대하여 논의하시오.
2) 신고전파 생산함수의 등량선과 어떻게 차이가 나는지에 대하여 설명하시오.

3.3 해로드-도마 모형과 솔로우-스완 모형의 기본 가정과 결론을 참고하여, 각 경제성장이론에서 주장하는 시장과 정부의 역할에 대하여 논의하시오.

3.4 신고전파 모형에서 장기균형점에 도달하기 이전 상황을 가정하자.

1) 인구는 항구적으로 증가하는 반면, 인구증가율은 일정한 경우, 장기균형 1인당 소득에 대한 영향을 논의하시오.
2) 인구증가율이 항구적으로 증가하는 경우, 장기균형점에 도달하기 이전에 경제성장률과 1인당 소득에 대한 영향을 논의하시오.

3.5 식 (3-18)의 $\frac{\dot{K}_t}{K_t} = s\frac{Y_t}{K_t} - \delta$를 로그함수의 미분을 이용하여 식 (3-19)를 도출하시오.

3.6 솔로우-스완 모형을 이용하여 다음을 분석하시오.

만약 남한과 북한이 통일되어 총 인구가 2배로 증가한다고 하자. 다른 변수들은 동일하다고 할 때, 장기균형성장률과 1인당 GDP에 대한 영향을 논의하시오(단, 인구증가율은 일정하다고 가정한다).

3.7 신고전파 모형에서 기술증가율이 일정하다고 가정하고 있다.

1) 국가 간 기술증가율도 같아야 하는데 만약 그렇지 않는다면 무슨 문제가 나타나는가?
2) 국가 간 기술증가율이 같아질 수 있는 이유를 논의하시오.

3.8 다음은 Young(1995, p.645)의 논문에서 한국을 비롯한 동아시아 4개국 경제성장 원인을 분석하면서 성장원인을 설명한 문장 중 하나이다. 그 의미를 설명하고, 이를 신고전파적 경제성장 이론을 이용하여 논의하시오.

> All of the influences noted above–rising participation rates, intersectoral transfers of labor, improving levels of education, and expanding investment rates–serve to chip away at the productivity performance of the East Asian NICs, drawing them from the top of Mount Olympus down to the plains of Thessaly.

3.9 잠재성장률 혹은 자연성장률의 개념을 설명하고, 이 개념이 실제성장률과 어떻게 다른지 설명하시오.

3.10 제3장에서 논의되는 경제성장이론으로는 제11장에서 설명하는 개발도상국들이 직면하고 있는 부문 간 격차(지역, 산업, 계층), 즉 이중경제구조를 설명할 수 없는데, 그 이유에 대하여 논의하시오.

참고문헌

Barro, Robert J. and Xavier Sala－I－Martin, 2003, *Economic Growth*, 2nd ed., Cambridge, Massachusetts: MIT Press.

Cass, David, 1965, “Optimum Growth in an Aggregative Model of Capital Accumulation,” *The Review of Economic Studies* 32(3), pp.233－240.

Domar, D. Evsey, 1946, “Capital Expansion, Rate of Growth, and Employment,” *Econometrica*, 14(2), pp.137－147.

Harrod, Henry Roy Fobbes, 1939, “An Essay in Dynamic Theory,” *Economic Journal*, 49(193), pp.14－33.

Koopmans, Tjalling 1965, “On the Concept of Optimal Economic Growth,” The Economic Approach to Development Planning, Chicago: Rand McNally. pp.225－287.

Krugman, Paul, 1994, “The Myth of Asia's Miracle,” *Foreign Affairs*, 73(6), p.62－78.

Mankiw, N. Gregory, David Romer, and David N. Weil, 1992, “A Contribution to the Empirics of Economic Growth,” *The Quarterly Journal of Economics*, 107(2), pp.407－437.

Ramsey, Frank P., 1928, “A Mathematical Theory of Saving,” *Economic Journal*, 38(152), pp.543－559.

Solow, Robert M., 1956, “A Contribution to the Theory of Economic Growth,” *The Quarterly Journal of Economics*, 70(1), pp.65－94.

Solow, Robert M., 1957, “Technical Change and the Aggregate Production Function,” *Review of Economics and Statistics*, 39(3), pp.312－320.

Swan, Trevor W., 1956, “Economic Growth and Capital Accumulation,” *Economic Record*, 32(2), pp.334－361.

World Bank, 1993, *The East Asian Miracle: Economic Growth and Public Policy*, New York: Oxford University Press.

World Bank, 2025, *World Development Report 2024: The Middle－income Trap*, Washington DC: World Bank.

Young, Alwyn, 1995, “The Tyranny of Numbers: Confronting the Statistical Realities of the East Asian Growth Experience,” *The Quarterly Journal of Economics*, 110(3). pp.641－680.

참고 3-1

기술진보의 다양한 형태

기술진보는 자본이나 노동의 효율성을 증가시키거나 두 요소를 결합하는 형태를 변화시켜 생산량을 증대시킨다. 구체적으로 식 (3A-1)의 생산함수를 가정하자.

$$Y_t \equiv F(A_t L_t,\ B_t K_t) \tag{3A-1}$$

여기서 Y_t는 t시점에서의 총생산이고, L_t와 K_t는 t시점에서 생산함수에 투입된 노동량과 자본량이다. A_t와 B_t는 t시점에서의 노동과 자본의 효율성(efficiency)을 의미하는데, 동일한 노동이나 자본투입량에 의해 이들의 값이 증가하면 생산량도 증가하게 된다. 기술진보는 다음과 같이 구분할 수 있다.

가) 중립적 기술진보(neutral technological progress) 혹은 힉스 중립적 기술진보(Hicks neutral technological progress)는 기술진보가 이루어지더라도 주어진 생산량 1단위를 증가시킬 때 자본-노동비율이 변화가 없는 경우이다. 이를 생산함수로 표시하면 식 (3A-2)와 같다.

$$Y_t = A_t F(L_t,\ K_t) \tag{3A-2}$$

나) 노동증가형 기술진보(labor augmenting technological progress) 혹은 해로드 중립적 기술진보(Harrod neutral technological progress)이다. 이때 주어진 생산량 1단위를 증가시킬 때 자본-노동비율이 감소하는 경우로 생산함수는 식 (3A-3)과 같다.

$$Y_t = F(A_t L_t,\ K_t) \tag{3A-3}$$

다) 자본증가형 기술진보(capital augmenting technological progress) 혹은 솔로우 중립적 기술진보(Solow neutral technological progress)라고 한다. 이때 주어진 생산량 1단위를 증가시킬 때 자본-노동비율이 증가하는 경우로 생산함수는 식 (3A-4)와 같다.

$$Y_t = F(L_t,\ A_t K_t) \tag{3A-4}$$

참고 3-2

경제성장률의 정의

경제성장률의 계산은 크게 이산적(discrete) 시간에서 퍼센트 변화에 의한 방법과 연속적(continuous) 시간에 대하여 자연로그에 의한 계산법이 있는데, 이 둘은 거의 동일한 값을 나타낸다. 이러한 관계를 자세히 알아보기 위하여 t시점에서 1인당 생산(y_t)의 지수함수를 식 (3A-5)로 가정하자.

$$y_t = y_0 e^{gt} \tag{3A-5}$$

y_0는 1인당 생산의 초깃값이고 g는 연평균 경제성장률이다. 이 함수에 자연로그를 취하면 $\ln y_t = \ln y_0 + gt$가 되고 식 (3A-6)과 같이 쓸 수 있다.

$$g = \frac{1}{t}(\ln y_t - \ln y_0) \tag{3A-6}$$

식 (3A-6)의 경제성장률의 계산식이 퍼센트 변화에 의한 정의와 동일함을 보여줄 수 있다.

0과 t시점 간의 퍼센트 변화에 의한 연평균 경제성장률의 정의는 식 (3A-7)과 같다.

$$g = \frac{1}{t}\frac{y_t - y_0}{y_0} \tag{3A-7}$$

식 (3A-7)에 $y_t = e^{gt}y_0$를 대입하면 식 (3A-8)과 같다.

$$g = \frac{1}{t}\frac{y_t - y_0}{y_0} = \frac{1}{t}(\frac{y_t}{y_0} - 1) = \frac{1}{t}(e^{gt} - 1) \tag{3A-8}$$

지수함수의 테일러 시리즈 전개(Taylor series expansion)인 $e^x = 1 + x$를 이용하여 식 (3A-8)에 적용하면 식 (3A-9)와 같다.

$$\frac{y_t - y_0}{y_0} = e^{gt} - 1 = 1 + gt - 1 = gt \tag{3A-9}$$

따라서 퍼센트 변화로 정의된 성장률은 로그함수로 정의된 성장률의 근사치와 동일한 정의임을 알 수 있다.

참고 3-3

잠재생산량과 실제생산량

경제성장률이라고 하면 보통 실제성장률(actual economic growth)을 의미한다. 그러나 많이 사용되지만, 오해를 많이 하는 용어가 잠재성장률(potential economic growth)이다. 잠재성장률은 잠재산출량(potential output)의 증가율이다. 잠재산출량은 완전고용 산출량(full-employment output) 혹은 자연산출량(natural rate of output)이라고 불린다. 특히 해로드-도마 모형에서 자연성장률(natural rate of growth)은 시장에 공급되는 모든 노동력이 경제성장 과정에 투입되어 완전고용이 유지되도록 하는 경제성장률이다.

가장 많이 사용되고 있는 경제학 교과서 중 하나인 맨큐(G. Mankiw)의 『경제학원론』(2014)에서 자연산출량은 자연실업률 혹은 정상실업률 수준에 있을 때의 산출량이라고 정의된다. 즉, 자연산출량은 생산가능곡선(production possibility frontier) 상에서 생산수준이라고 할 수 있다. 자연실업률은 완전고용 상태의 실업률로 물가안정실업률(Non-Accelerating Inflation Rate of Unemployment: NAIRU)이라고도 한다. 이는 물가상승률이 더이상 높아지지도 낮아지지도 않는 안정적인 실업률 수준이다. 따라서 이 수준의 실업률에서는 경제에 주어진 노동, 자본 및 기술이 최대한 이용되므로 추가적인 생산증가는 물가상승만을 유발한다. 결국, 잠재생산량 변화는 이민과 같은 노동력 증가, 외국인직접투자와 같은 자본량 증가 혹은 기술혁신이나 기술이전에 의한 생산성 증가와 같은 요인에 의하여 생산가능곡선 자체가 이동할 때 나타난다.

실제산출량은 현실에서 투입되고 있는 노동, 자본 및 기술수준에서 생산되는 생산수준을 의미한다. 따라서 자본이나 노동이 모두 생산에 투입될 필요가 없다. 잠재산출량은 정확한 측정이 어려운 것으로 다양하게 계산이 되는 매우 이론적인 차원의 값이라고 할 수 있다. 많은 연구들은 잠재산출량을 단기적 경기변동을 제거한 평균적인 실제산출량을 가지고 예측하는 경우가 많다. 이러한 추정방법은 노동이나 자본의 완전고용 상태를 고려하지 않고, 과거의 실제 자료만을 기초로 예측을 한다는 문제가 있다.

잠재산출량과 실제산출량 개념은 정책 입안자들에게는 매우 중요하다. 정책 입안자들은 이 두 개념의 차이, 즉 GDP 갭(GDP gap)의 수준에 따라 경기부양정책을 실시할 것인지 아닌지를 결정하게 된다. 만약 두 GDP의 차이가 없는데도 총수요관리정책을 통하여 국가 총수요를 증가시킨다면, 생산량 증가는 없고 물가상승만 일으킬 수가 있기 때문이다. 이러한 점에서 실제 경제성장률이 예측된 잠재성장률 수준에 이르렀다고 하더라도 물가가 크게 변화하지 않는다면 잠재성장률 자체의 예측이 잘못된 것이다. 마찬가지로 잠재생산량을 완전고용 상태가 아닌 현재의 실제생산량을 기준으로 예측을 한다면, 실제 경제의 생산역량 내에서 생산할 수 있는 최대생산량이 아닌 과소 측정된 생산량을 잠재생산량으로 이용하는 오류를 범할 수 있다.

참고문헌

정원석 · 장준호 · 김철주, 2021, "코로나 19를 감안한 우리경제의 잠재성장률 재추정," BOK 이슈노트, 제2021－22호, Bank of Korea.

Mankiw, N. Gregory, 2014, *Principles of Economics*, 7th edition, Mason, OH: Cengage Learning.

OECD, 2021, "OECD Economic Outlook: Long－term Baseline Projections, No.109," 2021(1), OECD Publishing.

제3장에서 논의한 신고전적 경제성장이론은 생산물 및 요소시장이 모두 완전경쟁구조이고 외부성 및 공공재가 없다는 매우 제한적인 가정에서 성립되는 이론이다. 따라서 신고전파 경제 환경에서는 시장실패가 존재하지 않으며 시장에 대한 정부개입이 불필요하다. 그러나 우리가 살아가는 현실은 이러한 신고전적 세계와는 다르다.

본 장에서는 좀 더 현실적인 세계를 반영하는 경제성장이론을 논의한다. 이 이론들은 완전경쟁 대신 불완전경쟁 시장구조를 도입하고, 경제성장 동력으로 단순히 물적자본 이외에 인적자본 혹은 기술변화를 고려한다. 특히 경제주체의 이윤추구 과정에서 나타나는 행위의 하나로 기술혁신 혹은 기술이전 과정을 모형에 고려하는 경제성장이론을 논의한다. 이들 모형에서는 신고전파 모형과는 다르게 정부정책이 장기 균형성장률에 영향을 미칠 수 있다.

제 4 장

경제성장이론 Ⅱ
: 내생적 성장이론

제 4 장

경제성장이론 II: 내생적 성장이론

4.1 내생적 경제성장이론의 등장

제3장에서 논의한 솔로우-스완의 신고전파 경제성장이론은 장기균형 경제성장률이 인간의 노력이 아닌 모형 외부에서 주어진 기술변화율에만 의존한다. 따라서 정부의 어떤 정책도 장기균형 경제성장률에는 영향을 미칠 수 없다는 매우 극단적인 결론에 도달한다. 하지만 국가적 특성을 반영하는 정부정책과 같은 제도적 요인과 무관하게 한 국가의 경제성장 과정을 설명하기는 매우 어렵다. 노동, 자본 및 기술수준을 유사하게 가지고 있더라도 서로 다른 경제성장률을 보여주는 예를 많이 봐왔기 때문이다.

더 현실적인 경제성장 과정을 반영하기 위하여 모형 내 변수가 경제성장에 영향을 미칠 수 있음을 보여주는 모형들이 등장하였다. 모형 내 정책변수와 다양한 변수들이 장기균형 성장률에 영향을 미친다는 것이다. 이 모형들은 정부나 민간의 노력에 따라서 경제성장률 자체도 변화할 수 있다는 점에서 내생적 성장이론(endogenous growth theory)이라고 불린다. 이에 반해 신고전파 경제성장이론은 외부적으로 주어진 변수(기술증가율)에 의해서만 경제성장률이 영향을 받는다는 의미에서 외생적 성장이론(exogenous growth theory)이라고 부르기도 한다.

내생적 경제성장이론은 다음의 네 가지 큰 흐름으로 나눌 수 있다.[1]

첫 번째, 신고전파 모형에서의 물적자본처럼 노동력도 동학적 축적이 가능하다는 가정을 추가한 것이다. 대표적인 것으로 인적자본의 동학적 축적과정을 모형화한 루카스(Lucas, 1988)의 첫 번째 모형이다. 이 모형은 완전경쟁 시장구조를 가정하지만, 기술변화가 없어도 인적자본 변화에 의하여 경제성장이 가능하다는 것을 보여 준다. 완전경쟁 시장구조이기 때문에 시장균형은 파레토효율이 되어 시장실패가 발생하지 않는다는 점에서 또 다른 형태의 신고전파적 경제성장 모형이 된다.

두 번째, 신고전파 모형이 가정하고 있는 완전경쟁시장을 그대로 유지하지만, 기술변화 및 노동력변화가 개별기업에 외부적인 형태로 축적되는 경우이다. 기술과 인적자본 모두 경험에 의한 학습(learning-by-doing)에 의하여 축적되고, 이는 곧 외부성(externality)을 통하여 개별 기업의 생산에 영향을 미친다. 이 경우에는 비록 시장구조가 완전경쟁이지만 시장균형이 파레토효율적인 자원배분과 일치하지 않는다. 대표적인 것으로 애로우(Arrow, 1962) 모형과 루카스(Lucas, 1988)의 두 번째 모형이 있다.

세 번째, 완전경쟁이 아니라 좀 더 현실적인 불완전경쟁 시장구조를 고려한 모형이다. 이 모형은 기술혁신(technology innovation)이나 기술이전(technology transfer)을 고려한다. 새로운 아이디어를 통한 기술혁신이 이루어지려면 새로운 기술을 창출하기 위한 투자가 필요하다. 그렇지만 기술은 사적재화와 달리 비경합성(nonrivalry) 성질을 가지고 있기 때문에 기술혁신에 대한 투자는 경쟁적 시장을 통해서는 달성될 수 없다. 대표적으로 기술혁신에 의한 경제성장을 가정하는 로머(Romer, 1990) 모형이 있다. 기술이전 모형은 외부기술을 가져와 생산으로 이용하기 위해서 자신들의 노동과 자본 등 요소투입이 필요하다는 것을 고려한다.

네 번째, 경제변수 이외에 국가특성을 반영하는 제도적 요인에 의한 경제성장 모형이다. 이 모형은 유사한 노동, 자본 및 기술이 주어지더라도 해당 국가의 제도적 요인을 반영하는 정치적 특성, 사회적 특성이 서로 다르다면 경제성장률이 상이하게 나온다고 주장한다. 대표적으로 노스(D. North, 1990)의 제도(institution), 푸트남(R.D. Putnam, 1993)의 사회적 자본(social capital), 애브라모비츠(M. Abramovitz, 1986)의 사회적 역량(social capability) 등이 있다. 최근 제도를 반영하는 다양한 지표가 발표되면서 제도와 경제성장에 관한 실증적 연구가 많이 발표되고 있다. 2024년 노벨상을 수상한 아세모글루(D. Acemoglu)와 로빈슨(J. Robinson)의 연구가 대표적이다.

---

1 경제성장이론 간 차이는 대부분 어떻게 생산함수를 정의하는가에 따라 나타난다. 반면에 효용함수에 의한 소비부문은 모두 같다고 가정된다.

위의 네 가지 유형은 신고전파 생산함수의 특징인 자본에 대한 한계생산성 체감을 해소해 주는 역할을 함으로써 지속적인 경제성장이 가능하다는 것을 이론적으로 설명하는 중요한 역할을 한다. 다음에서 이러한 모형들을 순서대로 논의한다.

4.2 인적자본

루카스(Lucas, 1988)는 기술혁신이 없는 완전경쟁 시장구조를 가정한 신고전파 경제구조에라도 인적자본의 축적과정을 고려하면 지속적인 경제성장이 가능함을 보여 주었다. 인적자본의 축적과정을 고려한다는 것은 신고전파 경제성장 모형에서 가정된 물적자본 한계생산성 체감 정도를 완화한다는 것을 의미하기도 한다. 따라서 비록 기술변화가 없더라도 장기적으로 1인당 소득 증가가 가능하게 된다. 이는 인적자본 축적이 기술변화를 대신하여 또 다른 경제성장 동력이 될 수 있다는 것을 의미한다.

루카스는 다음과 같이 인적자본 개념을 소개하고 있다. 먼저 t시점에서 인적자본수준(h)이 0부터 무한대 수준을 가진 총 노동력 L_t가 있다고 하자. 따라서 h의 인적자본수준을 지닌 노동력이 $L(h)$로 표현된다면, 총 노동력은 $L_t = \int_0^{\infty} L_t(h)dh$이 된다. 노동자가 사용할 수 있는 시간을 1이라고 표준화하면 h의 인적자본수준을 지닌 노동자가 $1-u(h)$시간을 인적자본 축적에 사용하고, 나머지 시간 $u(h)$을 재화 생산에 사용한다고 가정하자. 이 경우 실제 생산에 고용되는 효율적 총 노동력의 크기는 현재 생산에 투여된 인적자본수준 h를 가중치로 고려한 크기로 정의되어 $H_t = \int_0^{\infty} u(h)L(h)hdh$이 된다. 따라서 생산함수는 총 자본량($K$)과 효율적 총 노동력($H$)의 함수가 된다.[2]

다음으로 각 경제주체가 $1-u(h)$시간을 인적자본 축적에 사용한다면 인적자본 함수는 식 (4-1)과 같은 함수(G)로 정의할 수 있다.

$$\dot{h}_t = G(1-u_t, h_t) \tag{4-1}$$

2 만약 모든 사람이 동일한 수준의 h와 u를 갖는다고 가정한다면 $H = uhL$이 된다.

이는 인적자본 축적이 투자한 시간과 현재 인적자본의 수준에 의하여 결정된다는 의미이다. 루카스는 이를 더욱 단순화하여 식 (4-2)와 같이 가정하였다.

$$\dot{h}_t = \delta(1-u_t)h_t \tag{4-2}$$

이 함수에서 인적자본 축적은 수확불변 특성을 갖고 있어서 인적자본의 증가율($\dot{h}_t/h_t$)은 지식축적에 투자된 시간에 비례한다. 모수인 δ는 주어진 상숫값이다.[3] 이 함수의 중요한 의미는 앞에서 가정하였던 물적자본 축적방정식과 달리 인적자본 축적방정식은 수확체감의 법칙이 적용되지 않는다는 것이다. 이러한 함수에 대한 가정이 신고전파적 경제성장 모형에서도 적용되어 기술변화 없이도 지속적인 경제성장이 가능하도록 한다.

이제 생산함수는 식 (4-3)과 같이 정의된다.

그림 4-1 한국과 필리핀의 1인당 실질 GDP 추이

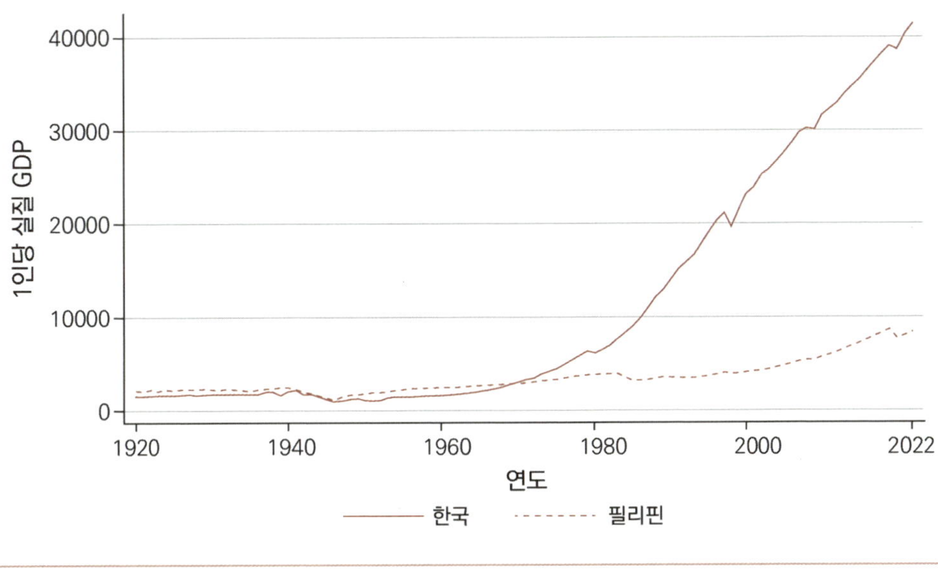

출처: The Maddison-Project, 2023 version을 이용하여 작성.

3 투자한 시간에 비례해서 인적자본의 능력이 나타날 수 있는가에 대하여 얼마나 현실적으로 타당한가에 대한 실증적 검토는 필요하다.

$$Y_t = A_t K_t^{\alpha} H_t^{1-\alpha} \qquad (4-3)$$

이 생산함수는 축적가능한 모든 생산요소(K와 H)에 대하여 수확불변인 형태를 지니게 된다. 동시에 기술변화를 고려하지 않더라도 신고전학파 성장이론에서는 내생적성장이 가능하다. 이를 인적자본의 내적효과(internal effect of human capital)라고 부른다. 물론 시장균형에 의한 자원배분이 파레토효율적 자원배분과 동일하게 되어 시장실패는 일어나지 않는다. 따라서 루카스의 첫째 모형에 의하면 두 국가의 노동자 수가 일치하더라도 실제 생산과정에 투입되는, 즉 질을 고려한 효율적 노동력의 크기(H)는 동일하지 않을 수 있다.

[그림 4-1]은 1920년 이후 한국과 필리핀의 1인당 실질 GDP의 추이를 보여 준다. 자료를 보면 1960년 말경에 두 국가의 1인당 실질 GDP는 유사한 수준이었으나, 그 이후 격차가 더욱 커지기 시작하였다. 그렇다면 이러한 격차가 발생한 원인은 무엇인가?

1960년대 두 국가는 정치 및 사회적으로 매우 유사한 상태였다. 한국은 1961년 군사정변이 일어나면서 정치적으로 혼란하였고, 그 이후 정치적 독재는 박정희 대통령이 사망하는 1979년까지 지속되었다. 필리핀은 1965년 마르코스 상원의장이 대통령에 당선된 이후 1986년 대통령직에서 물러나면서 21년 동안의 독재정치는 막을 내렸다.

정치 및 사회적 환경이 1960년대 한국과 필리핀이 유사하였다고 할 때, 어떤 변수가 두 국가의 다른 경제발전 패턴을 설명할 수 있는가는 매우 흥미로운 주제이다. 루카스(Lucas, 1993)는 1960년대 말까지 한국에 비해 1인당 GDP가 앞서 있던 필리핀이 그 이후 경제성장 과정에서 차이를 보여주었던 것은 질을 고려한 노동력의 격차 때문이라고 보았다.

〈표 4-1〉은 한국과 필리핀의 교육관련 지표의 변화를 보여 준다. 먼저 인구를 보면 1970년 한국과 필리핀이 각각 3천 2백만 명과 3천 8백만 명으로 비교적 유사한 수준을 유지하고 있었다. 그러나 2024년 기준으로 볼 때 필리핀의 인구가 1억 1천 6백만 명으로 한국의 2배가 넘는다. 이처럼 인구 규모에서는 큰 차이를 보이지만 교육수준은 한국이 더욱 높다. 정부 교육지출을 보면 한국은 1970년과 2024년에 각각 GDP 대비 3.4%와 5.8%를 기록하였다. 반면에 필리핀은 같은 기간 각각 1.5%와 3.9%로 나타나 모두 한국이 높다.

학력이수비율을 보면 초등교육 이상을 이수한 비율은 한국이 1970년 64.1%에서 2024년 97.9%로 크게 증가하였다. 필리핀도 같은 기간 41.8%에서 85.7%로 상승하였으나 여전히 한국보다 낮은 수준에 머물러 있다. 고등교육 이상을 이수한 인구 비중에서는 격차가 더욱 확대된다. 1970년에는 한국과 필리핀이 각각 15.7%와 18.0%로 큰 차이가 없었으나, 2024년

표 4-1 한국과 필리핀의 주요 교육관련 지표

	한국				필리핀			
	1970	1990	2010	2024	1970	1990	2010	2024
인구(백만 명)	32.2	42.9	49.6	51.8	37.6	62.9	96.3	115.8
인구(15-64세, 백만 명)	17.6	29.7	36.0	36.3	18.6	34.8	58.8	77.2
정부 교육지출(GDP 대비 %)	3.4	3.0	4.5 (2015)	5.8 (2022)	1.5 (1980)	2.7 (1995)	2.5 (2009)	3.9
학력 이수 비율(%)								
초등	64.1	88.2	94.3	97.9	41.8	80.2 (2000)	82.1	85.7
중등	27.6	67.3	82.9	90.0	23.8	46.1	59.4 (2017)	61.9
고등	15.7	48.4	72.7	81.5	18.0	35.7 (2000)	56.0	34.5
학교 등록률(%)								
초등	-	99.0 (2000)	100.8	100.3 (2023)	99.6 (1971)	106.5	102.8 (2009)	94.0
중등	-	98.1 (2000)	97.3	96.3 (2023)	44.3 (1971)	70.7	80.2 (2009)	85.3
고등	-	74.7 (2000)	101.7	106.7 (2023)	16.3 (1971)	23.3	27.8	47.4

주: 1) 학력 이수 비율은 25세 이상에 대한 누적자료임. 2) 학교 등록률은 총인구에 대한 누적자료임.
출처: World Bank, WDI(검색일: 2025.11.14.).

에는 한국이 81.5%에 이른 반면 필리핀은 34.5%에 그쳤다. 학교 등록률을 살펴보면 초등 및 중등 교육에서는 두 나라 간 격차가 상대적으로 크지 않다. 그러나 고등교육 등록률의 경우 2024년 한국은 106.7%인 반면, 필리핀은 47.4%로 큰 차이를 보인다.

4.3 경험에 의한 학습

신고전파 모형에서 완전경쟁 시장구조라는 가정은 그대로 유지한 채 외부효과를 도입하여 경제성장을 설명하는 것을 경험에 의한 학습(learning by doing) 모형이라고 한다. 인적자본 및 기술의 외부효과를 모형에 도입하면 물적자본의 수확체감을 상쇄함으로써 내생적 경제성장이 가능해진다. 그러나 그 결과 시장기구에 의한 자원배분은 파레토효율적 자원배분상태와 괴리가 생긴다. 따라서 초기 1인당 자본이 서로 다른 두 국가는 신고전파 모형이 예측하듯이 항상 정상상태로 수렴하는 것이 아니라, 오히려 시간 경과에 따라 격차가 더 벌어질 수 있다. 이러한 현상은 기술이나 자본에 있어서 경험에 의한 학습효과에 의하여 외부성이 나타나서 물적자본 생산성이 체감하지 않을 수 있기 때문이다.

경험에 의한 학습이란 실질적인 경험 축적을 통하여 동일한 기술수준이나 생산요소 수준에서 생산성이 향상될 수 있다는 것이다. 이 개념은 애로우(Arrow, 1962)가 경험에 의한 학습이 기술혁신에 어떻게 영향을 미치는지를 설명하면서 처음으로 소개되었다. 그리고 루카스(Lucas, 1988)가 인적자본 축적에 경험에 의한 학습을 반영하는 가정을 추가하면서 기존의 신고전파 모형에서 내생적 성장이 가능함을 보여 주었다.

4.3.1 기술수준과 경험에 의한 학습효과

기업 i의 t시점에서 생산함수를 식 (4-4)와 같이 가정하자.

$$Y_{it} = A_{it}(L, K)K_{it}^{\alpha}L_{it}^{1-\alpha} \tag{4-4}$$

기술수준을 결정하는 L과 K는 기업 자신의 노동량이나 자본량을 의미하는 것이 아니라 기업 i에게는 외생적으로 주어지는 값이다. 예를 들어, 이들은 해당 기업이 위치하고 있는 지역이나 산업의 평균 자본량과 노동량이다. 이는 i기업의 생산함수에 영향을 미치는 기술은 자신이 생산하는 것이 아니라 외부적인 노동이나 자본량에 의하여 결정된다는 것으로 기술의 외부성을 의미한다.

기술생산함수는 콥-더글라스 형으로 다음과 같이 가정하자. 즉, 기업 i의 기술수준은 자신 이외 기업의 평균적인 자본이나 노동에 의하여 식 (4-5)와 같이 결정된다고 본다.[4]

$$A_{it} = K^{\beta}L^{\theta} \tag{4-5}$$

4 이 가정은 기술수준이 자신이 보유하고 있는 노동과 자본 이외에 자신이 속한 산업이나 지역의 평균 노동과 평균 자본수준에 의하여 결정된다는 것으로 내생적 경제성장이론의 기술생산함수의 정의와는 차이가 있음을 유의해야 한다.

K와 L은 개별기업과는 독립적인 평균값이다. 따라서 개별기업 i가 보유하는 자본, 노동 및 기술수준과 독립적이어서 개별기업의 입장에서 외부효과를 반영한다. 따라서 신고전파의 완전경쟁 시장구조는 그대로 유지된다.

애로우(Arrow, 1962)가 가정한 $\alpha+\beta<1$이고 $\theta=0$인 경우를 보자. 이는 기술수준이 기업 i 이외 기업들의 평균적인 자본량에만 의존하는 형태로 식 (4-6)과 같다.

$$A_{it} = K^{\beta} \tag{4-6}$$

식 (4-6)을 식 (4-4)에 대입하면 기업 i의 생산함수는 식 (4-7)과 같다.

$$Y_{it} = AK_{it}^{\alpha}L_{it}^{1-\alpha} = K^{\beta}K_{it}^{\alpha}L_{it}^{1-\alpha} \tag{4-7}$$

이 경우 기업 i의 자본의 한계생산성(MP_k)인 이자율 수준은 식 (4-8)과 같다. 여기서 기술의 외부성의 원인이 되는 K는 주어진 것으로 가정하고, 장기균형의 정상상태에서는 $K_t = K_{it}$가 된다.

$$MP_k = r^{DC} = \alpha K^{\beta}K_{it}^{\alpha-1}L_{it}^{1-\alpha} = \alpha K_{it}^{\beta+\alpha-1}L_{it}^{1-\alpha} \tag{4-8}$$

장기균형의 정상상태에서 이자율은 일정하기 때문에 식 (4-8)을 이용하여 장기균형에서의 1인당 자본의 증가율은 식 (4-9)와 같다.[5]

$$g_y = g_k = \frac{\beta n}{1-\alpha-\beta} \tag{4-9}$$

5 이자율이 정상상태에서 일정하다는 것은 이자율의 변화율이 정상상태에서 0임을 의미한다. 따라서 이자율에 로그를 취한 이후 시간에 대하여 미분한 값은 0이 된다는 정의를 이용하면 정상상태에서 1인당 자본의 증가율을 계산할 수 있다. 정상상태에서 1인당 자본과 1인당 생산의 성장률은 일치한다.

4.3.2 인적자본과 경험에 의한 학습효과

지금까지 인적자본에 대한 논의는 어느 개인의 인적자본 수준이 자기 자신의 인적자본 축적에 효과를 준다는 의미에서 인적자본의 내적효과(internal effect)라고 부른다. 하지만 루카스(Lucas, 1988)의 두 번째 모형은 인적자본 축적에 외부효과(external effect)를 도입하였다. 특정 지역 혹은 집단의 인적자본 평균수준이 개인의 생산성에 영향을 미친다는 것이다.

여기서 인적자본의 평균값(h_a)은 식 (4-10)과 같이 정의된다.

$$h_a = \frac{\int_0^{\infty} hL(h)dh}{\int_0^{\infty} L(h)dh} \tag{4-10}$$

식 (4-10)에서 분모는 앞에서 정의되었듯이 총 노동력이다. 분자는 노동자별 인적자본 수준의 가중치로 환산한 효율적 노동력의 합이다. 따라서 h_a는 질적 수준을 고려한 총 노동력을 노동력의 합으로 나눈 것으로 질을 고려한 노동자 1인당 평균 노동력이라고 할 수 있다. 예를 들어 모든 노동력의 질이 동일한 상수(h)라면 $h_a = h$가 된다. 루카스는 이러한 외부효과를 고려하여 식 (4-11)과 같은 생산함수를 가정하였다. 여기서 모든 사람이 동일한 h_t와 u_t를 갖는다고 가정한다.

$$Y_t = AK_t^{\alpha}(H_t)^{1-\alpha}h_a^{\gamma} = AK_t^{\alpha}(u_t h_t L_t)^{1-\alpha}h_a^{\gamma} \tag{4-11}$$

Y_t는 외부효과를 고려한 전형적인 생산함수이며, 따라서 주변에 능력이 많은 노동자가 많을수록 자기 자신의 생산성이 높아진다는 것을 의미한다. 다시 말하면 경험에 의한 축적을 통해 자신이 속한 사회의 인적자본 평균값에 따라 자신의 생산 혹은 생산성이 영향을 받게 된다. 하지만 외부효과를 고려하는 경우 시장균형과 파레토효율에 의한 자원배분 간에 괴리가 생기게 된다. 즉, 어느 한 개인의 인적자본 축적 결정은 이러한 외부효과를 고려하지 않고 자신의 인적자본 축적을 위한 시간투자를 결정한다. 이 점이 바로 두 균형의 자원배분 간에 괴리가 발생하는 요인이 된다.

이 모형에서 장기 균형성장률을 도출하기 위해서 매우 복잡한 과정을 거쳐야 한다. 결론적으로 보면 정상상태에서 경제성장률은 기술증가율이 없더라도 소비자 선호경향, 자본소득 분배율, 외부성의 정도 등 다양한 변수에 의하여 영향을 받는다. 즉, 루카스의 두 번째 모형의 장기 균형성장률은 모형 내 변수들에 의하여 영향을 받는다는 것을 알 수 있다.

4.4 기술과 경제성장

4.4.1 기술의 특성

먼저 기술과 자본(인적 혹은 물적)의 특성상의 차이점을 이해할 필요가 있다. 인적자본은 어느 한 부문의 생산활동에 참여하면 다른 부문의 생산활동에는 동시에 참가할 수 없기 때문에 경합성(rivalry) 재화의 성격을 갖는다. 물적자본도 마찬가지이다. 생산기계와 같은 경우, 일정한 수만큼의 노동자만이 사용할 수 있다. 물론 한 사람의 노동자만이 사용할 수 있는 생산도구들도 많다. 반면에 지식이나 새로운 아이디어는 특정 개인에게만 체화되는 것이 아니고 누구에게도 동시에 전파될 수 있는 비경합성(non-rivalry) 성격을 갖는다. 따라서 지식과 아이디어는 여러 사람이 동시에 사용이 가능한 특성을 가지고 있다. 또한, 인적자본은 자기 자신이 보유하고 있는 노동력을 다른 사람이 동시에 사용할 수 없으므로 배제성(excludability)의 성격을 갖는다. 반면에 새로운 지식은 다른 사람이 동시에 사용하는 것을 막을 수 없기 때문에 비배제성(non-excludability)의 성격을 가지고 있다. 이러한 서로 다른 특성 때문에 인적자본과 지식은 경제성장 모형에서 상이한 역할을 한다.

물적자본이나 인적자본은 경합성과 배제성을 가진 사적재화와 동일한 특성을 가지고 있기 때문에 기존의 완전경쟁 모형에 이 특성을 반영하더라도 시장구조에 영향을 미치지 않는다. 반면에 비경합성과 비배제성의 특성을 지닌 지식과 아이디어와 같은 기술이 생산요소로 포함되는 경우, 외부성에 의한 시장실패가 발생하여 완전경쟁시장이 더 이상 유지될 수 없다.[6]

기술혁신은 새로운 아이디어 혹은 지식의 발견을 통해서 나타난다. 그렇다면 비경합성과 비배제성의 특성이 있음에도 불구하고 기술에 투자를 하는 이유는 무엇인가? 이는 창출된 기

6 여기서는 기술, 지식, 아이디어를 모두 기술로 통일하여 설명하고 있다.

술이 생산과정에서 더욱 효율적인 방법으로 생산이 가능하기 때문에 생산량을 증대시키거나 이 기술을 다른 생산자에게 판매하여 이익을 취득할 수 있기 때문이다.

4.4.2 기술혁신이론

신고전파 경제성장 모형에서는 기술혁신이 장기 경제성장률의 유일한 결정요인이라고 보고 있는데, 이 요소가 외부에서 주어진 것으로 가정함으로써 모형 내 변수에 의하여 영향을 받지 않는다는 한계를 보여 주었다. 그러나 1980년대 중반 이후 이러한 한계를 극복하기 위하여 신고전파 모형의 가정에 기술혁신에 관한 이론을 추가하여 불완전경쟁 시장구조를 가정한 모형들이 등장하였다.

이 모형은 기술혁신은 참여자의 이윤추구를 위한 R&D 투자행위 결과로 나타나는 것이고, 이 행위의 결과에 대해서 사후적으로 독점적 이용권을 가질 수 있다고 가정하고 있다. 이 독점권이 보장되지 않는다면 기술의 비경합성 특성 때문에 다른 경제주체가 대가없이 기술을 사용하는 것을 시장에서 막을 수 없다. 따라서 독점권, 즉 지적재산권(intellectual property rights)을 보장해 주어 지속적으로 새로운 기술이 창출되도록 하면 장기적으로 경제성장은 지속될 수 있다.

기술혁신 과정을 보기 위하여 A_t는 t시점까지 축적된 기술수준의 합이라고 하자. 따라서 $\dot{A}_t$은 주어진 t시점에서 창출된 새로운 기술수준이다. 먼저, 새로운 기술혁신은 무엇에 의하여 결정되는가를 알아야 한다.[7] 주어진 총 노동력(L_t)은 각각 소비재 생산(L_{Yt})과 기술혁신(L_{At}) 부문에 나뉘어 투입되어 $L_t = L_{Yt} + L_{At}$가 성립한다. 이때 두 부문은 완전고용을 가정한다. 새로운 기술창출은 이미 보유하고 있는 기술수준과 기술을 창출하기 위하여 투입하는 노동력 규모에 의하여 결정된다고 가정한다. 기술혁신 형태에 대한 모든 논의를 포괄하는 일반적 형태의 기술생산함수(technology production function)를 수식으로 표현하면 식 (4-12)와 같다.

$$\dot{A}_t = G(L_{At},\ A_t) = \delta L_{At}^{\lambda}\ A_t^{\phi} \qquad (4-12)$$

ϕ의 부호에 따라 과거 기술수준이 현재의 기술혁신에 미치는 영향이 달라진다. $\phi > 0$이

7 구체적인 함수형태에 대해서 자세한 논의는 Romer(1990)와 Jones(1995) 참조.

라면 A_t와 $\dot{A}_t$은 양(+)의 관계를 갖는다. 그렇지만 새로운 기술창출은 이미 알려진 기술수준이 높아질수록 더욱 어려워진다고 볼 수 있으므로, $\phi < 1$로 제한하는 것이 더 현실적인 가정이다. 따라서 기술축적은 새로운 기술혁신에 도움은 되지만 기술창출 정도는 점점 더 어려워진다고 보고, $0 < \phi < 1$로 나타낼 수 있다. 반면에 $\phi < 0$이라면 기술수준이 높을수록 새로운 기술창출이 점차 감소하는 것을 의미하여 이를 고갈효과(fishing out)라고 한다. $\phi = 0$이라면 이는 새로운 기술창출은 과거에 발견된 기술 축적량과는 독립적이라는 것을 의미한다.[8] 다음으로 새로운 기술창출은 이를 위해 투입되는 노동력 크기와 양(+)의 관계에 있다고 본다.[9] 만약 $\lambda = 1$이라면 투입되는 노동력과 정비례 관계에 있다고 볼 수 있다.

로머(Romer, 1990)는 식 (4-12)에서 $\lambda = 1$과 $\phi = 1$을 가정하여 단순한 형태의 기술생산함수를 가정하였다. 즉, 식 (4-13)과 같은 기술생산함수가 된다.

$$\dot{A}_t = \delta L_{At} A_t \qquad (4-13)$$

이 생산함수를 보면 기술증가율은 이를 위해 투입된 노동력에 정비례한다. 기술혁신에 대한 투입노동력 규모가 증가할수록 기술증가율도 비례적으로 증가한다는 것을 의미하는데, 이를 규모의 효과(scale effect)라고 한다. 따라서 장기균형에서 기술증가율은 투입노동력에 비례하게 되어 식 (4-14)와 같다.

$$\frac{\dot{A}_t}{A_t} = \delta L_A^* \qquad (4-14)$$

L_A^*는 장기균형 상태에서 기술혁신을 위하여 투입된 노동력 규모이다. 따라서 장기균형 상태에서의 1인당 소득의 성장률은 투입되는 노동력의 규모에 비례하여 증가하게 된다.[10] 로머(1990) 모형에서 L_A^*는 모형 내의 다양한 값들과 총 노동투입량 L에 의해 결정된다. 따라서 정상상태에서 1인당 소득성장률, 즉 경제성장률은 식 (4-15)와 같다.

8 이를 응용하면 전자업계에서 유행하였던 무어의 법칙(Moore's law)과 황의 법칙(Hwang's Law)을 연상시킨다. 무어의 법칙은 반도체 집적회로의 성능이 18개월마다 2배로 증가한다는 것이고, 황의 법칙은 메모리 반도체의 집적도가 1년에 두 배씩 늘어난다는 것이다.

9 기술혁신에 투입된 노동력은 과학자와 기술자들의 합, R&D 지출액 혹은 GDP 대비 R&D 지출액 등으로 가정한다.

10 장기균형에서 $g_A = g_y = g_k$임을 유의해야 한다.

$$g_y = g_k = g_A = \Phi(\cdot)L \qquad (4-15)$$

이 식에서 $\Phi(\cdot)$은 경제성장률에 영향을 미치는 다양한 변수들을 포함한다. 중요한 것은 인구 규모가 정상상태의 경제성장률에 영향을 미친다는 것이다. 즉, 규모의 효과(scale effect)에 의해 노동투입 규모가 클수록 장기적인 정상상태에서 경제성장률이 증가한다는 것이다.

존스(Jones, 1995)는 실제 미국을 비롯한 선진국들의 과학자 및 기술자 수의 변화와 특허출원 및 경제성장률 간 관계를 분석하였다. 그 결과 식 (4-13)과 다르게 기술혁신과 투입 노동력은 정비례관계가 나타나지 않았다. 즉, 기술혁신에 규모의 효과가 나타나지 않음을 보였다. 이러한 현실적 요인을 반영해서, 그는 $0 < \lambda \leq 1$과 $0 < \phi < 1$을 가정한 식 (4-16)의 기술생산함수를 가정하였다.

$$\dot{A}_t = G(L_{At}, A_t) = \delta L_{At}^{\lambda} A_t^{\phi} \qquad (4-16)$$

이러한 기술생산함수를 가정하면 다음과 같은 장기균형의 기술증가율 식 (4-17)을 유도할 수 있다.[11]

$$\frac{\dot{A}_t}{A_t} = \frac{\lambda n}{1-\phi} \qquad (4-17)$$

이는 장기균형에서의 기술증가율, 즉 경제성장률은 기술혁신을 위한 기술생산함수의 모수(ϕ), 노동투입효과(λ) 그리고 인구증가율(n)에 의하여 결정됨을 의미한다.

식 (4-15)와 식 (4-17)에서 도출된 정상상태에서의 경제성장률을 비교하여 종합해 보면 다음과 같은 함축성을 찾을 수 있다.

첫째, 정상상태 경제성장률에 대한 규모의 효과 존재 여부이다. 결국, 서로 다른 형태의 기술생산함수를 가정함으로써 정상상태에서 경제성장률 결정요인 중 노동력의 역할이 상이하게 된다. 로머(1990) 모형에서는 노동량의 크기가 여러 결정요인 중 하나지만, 존스(1995) 모형에서는 노동력 증가율이 경제성장률의 결정요인이 된다. 따라서 어느 모형이 옳은가는 결

11 장기균형에서 $\dot{A}_{it}/A_{it}$가 일정한 상수라는 가정을 이용하여 풀면 된다.

표 4-2	주요국의 특허승인 현황 및 R&D 지출 추이

	특허승인			R&D 지출/GDP(%)			특허권 지수 (2005)
	2002	2015	2020	2015	2018	2022	
선진국							
미국	97,125	155,982	183,147	2.72	2.99	3.59	4.14
영국	4,187	7,167	8,470	1.64	2.71	2.90	4.54
일본	36,339	54,422	53,779	3.24	3.22	3.41	4.67
스웨덴	1,824	2,862	3,411	3.22	3.32	3.41	4.54
독일	11,957	17,752	19,173	2.93	3.11	3.13	4.50
NICs							
한국	4,009	20,201	23,705	3.98	4.52	5.21	4.33
싱가포르	421	1,048	1,112	2.17	1.81	2.16	4.21
홍콩	589	793	1,011	0.76	0.86	1.07	3.81
BRICs							
중국	390	9,004	26,845	2.06	2.14	2.56	4.08
인도	267	3,415	5,984	0.69	0.66	0.65	3.76
브라질	112	381	539	1.37	1.17	1.15	3.59
기타							
필리핀	19	45	72	0.16	0.32	-	4.18
아르헨티나	58	72	104	0.62	0.49	0.55	3.98
나이지리아	4	0	3	-	0.28	-	3.18
전 세계	184,424	325,979	388,861	1.07	1.13	1.39	3.34

주: 1) 특허승인 수는 미국특허청에서 승인된 특허(patent grant)의 수임. 2) R&D 지출의 GDP 비중에서 2018년 나이지리아는 2019년 값으로, 2022년 영국은 2021년 값으로, 2022년 싱가포르, 인도, 브라질은 2020년 값으로 제시함. 3) R&D 지출의 GDP 비중에서 R&D는 민간 및 공공 R&D 지출의 합임. 4) 특허권은 1-5의 지수 값으로 주어지고 이 값이 클수록 특허권 보장 정도가 높은 것임.

출처: US, USPTO(검색일: 2025.11.14); World Bank, WDI(검색일: 2025.11.14.); Park(2008), pp.762-763.

국 실증분석을 통하여 결정해야 한다.

둘째, 신고전파 모형에서의 결론과의 차이점이다. 신고전파에서는 인구증가율은 정상상태 경제성장률에는 영향을 미치지 못하는 것으로 나타난다. 반면에 로머 모형에서는 노동력 규모 그리고 존스 모형에서는 인구증가율이 정상상태 경제성장률에 영향을 미친다.

〈표 4-2〉는 기술혁신 정도를 보여 주는 지표로 많이 사용되는 특허승인 수와 R&D 지출

비중 및 지적재산권 현황을 보여준다. 미국 특허청(United States Patent and Trademark Office: USPTO)에서 승인된 특허승인 수를 보면 미국이 2002년과 2020년 각각 97,125건과 183,147건으로 가장 많다. 그 다음으로 일본이 같은 기간에 각각 36,339건과 53,799건이다. 중국은 2002년에는 390건에 불과하였으나 2020년에는 26,845건으로 급증하였다. 한국은 2002년 4,009건에서 2020년 23,705건으로 증가하였다. 반면에 아르헨티나와 필리핀은 2020년 각각 104건과 72건에 불과하였다.

GDP 대비 R&D 지출의 비중도 1인당 소득이 높은 국가일수록 높게 나타났다. 2015년 기준으로 비중이 가장 높은 국가는 한국으로 3.98%였다. 그 다음으로 일본과 스웨덴이 각각 3.24%와 3.22%였고, 미국은 2.72%였다. 반면에 인도와 아르헨티나는 각각 0.69%와 0.62%로 매우 낮게 나타났다. 2022년을 기준으로 살펴보면 GDP 대비 R&D 지출의 비중이 높은 국가는 한국(5.21%), 미국(3.59%), 일본과 스웨덴(3.41%), 독일(3.13%) 순이었으며, 가장 낮은 값을 보인 국가는 아르헨티나(0.55%)로 2015년의 현황과 대체로 유사하였다.

다음으로 특허권 지수는 특허에 대한 보호 정도를 나타내는 지수이며, 가장 최근 자료는 2005년 기준으로 122개국을 대상으로 한 것이다.[12] 전체 국가 평균은 3.34이다. 자료를 보면 선진국일수록 높은 값을 보여 주는데, 일본이 4.67이고, 영국 및 스웨덴이 4.54이었다. 한국도 4.33을 보여 주어 선진국 수준의 특허권 보호를 나타냈는데, 이는 미국의 4.14보다 높은 수준이다. 반면에 1인당 소득이 낮은 국가들인 나이지리아가 3.18이고 탄자니아가 2.64로, 세계 평균보다 낮은 수준을 보인다.

4.4.3 기술추격이론

(가) 기술이전과정

기술혁신이론은 새로운 아이디어로 만들어진 기술을 통하여 경제성장을 촉진하는 과정에 대한 것이었다. 그렇지만 개발도상국은 기술혁신에 투자할 자금이나 여력이 충분하지 않다. 따라서 이들이 노동이나 자본 외에 기술을 이용하여 생산을 증대하기 위해서는 기존 기술을 받아들이는 것인데, 이를 기술이전(technology transfer)이라고 한다.

12 Park(2008)이 계산한 값으로 소프트웨어나 바이오기술과 같이 새로이 출현하는 기술에 대한 입법 현황과 주요 국제 특허 관련 국제기구들의 합의에 부응하는 국가 특허법 개정 정도 등을 반영하는 지표를 종합적으로 고려하여 만든 것이다. 최솟값은 1이고 최댓값은 5이며, 값이 클수록 특허권 보호의 정도가 큰 것을 의미한다. 자세한 설명은 Ginart and Park (1997)과 Park(2008) 참조.

새로운 기술이 개발도상국으로 이전되는 과정은 다양하게 나타난다. 먼저 다국적기업의 외국인직접투자를 통하여 기술이 이전된다. 선진기술을 보유한 다국적기업이 국내에 투자함에 따라 새로이 만들어지는 기업이나 직접적인 투자대상 기업들은 이러한 선진기술을 기업경영에 직접 사용할 수 있게 된다. 직접투자를 받은 기업들은 국내기업에 비해 선진기술에 의한 효율적인 기업운용 및 생산이 가능하게 된다.[13] 동시에 같은 산업의 국내기업들은 선진기술을 보유한 다국적기업과 경쟁하기 위하여 보다 효율적인 기업경영과 생산을 위해 노력하게 된다. 특히 국내기업들은 다국적기업의 경영기법을 배우거나 이들 기업에서 선진기술을 습득한 인력을 채용함으로써 기술이전이 자연스럽게 이루어지게 된다. 물론 경쟁에서 탈락하는 국내기업들도 나타날 수 있다.

둘째, 국가 간 무역을 통하여 기술이전이 이루어진다. 무역에서 거래되는 중간재(intermediate goods)에는 선진기술이 체화되어 있어서 이 중간재를 수입해서 제품을 생산하는 경우 중간제품에 체화된 기술을 습득할 수 있다. 따라서 무역량 특히 수입 비중이 높아짐에 따라 기술이 체화된 중간재 수입도 증가하게 되고, 이를 통해 기술이전에 의한 효율적인 생산이 가능하게 된다.

셋째, 국가 간 문제가 되는 것으로 적절한 비용을 지불하지 않고 선진기업이나 국가의 기술을 무단으로 이용하는 경우이다. 이런 경우를 기술이전이라기보다는 모방(imitation)이라고 부른다. 이를 방지하기 위하여 각 국가는 지적재산권을 법률로 정하고 있다. 개발도상국과 선진국 간 대가없는 기술이전은 기술혁신 능력이 부족한 개발도상국의 경제발전에 도움이 되므로, 이를 통한 국가 간 소득격차를 줄일 수 있다는 주장도 대두된다. 그러나 기술혁신을 통한 새로운 기술을 얻는데 막대한 비용을 투자한다는 점을 고려하면, 또 다른 기술혁신 기회를 막을 수 있다는 점에서 아무 대가없는 기술이전은 안 된다는 주장도 대두된다.

(나) 기술추격이론

국가 간 기술 격차가 발생하는 경우 기술이전을 통해 개발도상국들이 경제성장을 한다는 이론을 추격이론(catching up theory) 혹은 기술격차이론(technology gap theory)이라고 한다. 발전경제학에서 오랫동안 논의되어 온 이 이론은 선진국의 기술수준에 비해 상대적으로 뒤떨어진 국가일수록 더욱 빠르게 성장하여 선진국의 기술수준을 추격할 수 있다고 설명한다.

---

13 다국적기업이 보유하고 있는 기술은 단순히 생산기술뿐만 아니라 기업경영, 마케팅, 직업훈련 능력 등 광범위한 의미의 기술을 포함한다. 이에 대해서는 제13장에서 자세히 논의된다.

이러한 주장은 거센크론(Gerschenkron, 1962)에게서 시작되었다. 그는 한 국가의 성장전망에 있어서 상대적 격차(relative backwardness)가 주는 이득이 중요한 추격요인이 된다고 주장하였다. 그 후 애브라모비츠(Abramovitz, 1986)가 이 주장을 체계화하였다. 그의 설명에 의하면 상대적으로 기술수준이 뒤떨어져 있는 국가는 새로운 기술을 채택할 때 가장 선진적이고 우월한 것을 채택할 가능성이 크다. 따라서 이들은 중간 위치에서 중간정도의 기술수준을 갖고 있는 국가보다 상대적으로 빠르게 성장하여 선진국을 추격한다는 것이다.

4.5 제도와 경제성장

4.5.1 제도와 사회적 자본

기술격차이론을 현실에 적용하기에는 한계가 있다. 예를 들어, 개발도상국 2개국이 같은 기술수준을 보유하고 있어서 선진국과 기술 격차가 동일하다고 하자. 그렇다면 단순히 기술 격차만 고려하였을 때 두 국가는 기술추격이론에 의하여 같은 성장률을 유지해야 한다. 그러나 현실적으로 그렇지 않은 경우가 더 많다. 기술수준이 1인당 GDP로 계산된다고 하자. 국가단위라면 한국과 필리핀이 1960년대 거의 같은 1인당 GDP 수준을 유지하여 미국과 격차가 동일하였지만 두 국가의 실제 경제성장률은 서로 다르게 나타났다.

또한, 아프리카의 최빈국들과 선진국 간 격차가 크게 나타나고 있음에도 불구하고 높은 경제성장률이 나타나지 않는다는 사실을 볼 때 항상 이 이론이 성립된다고 볼 수 없다. 더 정확하게 말하자면 기술 격차가 반드시 빠른 성장률로 이어지는 필요충분조건이 아니라 단지 필요조건이라는 것이다. 즉, 성장잠재력을 크게 해 주는 것이지 자동으로 빠른 경제성장을 실현되게 하는 것은 아니라는 것이다.

기술수준이 낮은 국가들이 빠르게 성장하기 위해서는 새로운 기술을 자신들의 생산과정에 이용될 수 있도록 하는 능력이 수반되어야 한다. 해당국이 선진기술을 자신들의 생산과정에 적용될 수 있도록 하는 채택능력(adoption capacity)이 제대로 갖추어져 있어야 한다. 이러한 능력을 반영하는 용어로는 노스(D. North, 1990)의 제도(institution)를 비롯하여, 사회개발지수(index of socio-economic development), 사회적 능력(social capability), 독점장벽(monopoly barriers), 모방비용(imitation costs), 사회간접자본(social infrastructure), 그리고 사회적 자본

(social capital) 등이 있다.[14] 결국 두 국가가 비록 같은 수준의 기술을 보유하여 기술 선진국과의 기술 격차가 동일하더라도 채택능력의 격차가 발생한다면 실제로 두 국가의 기술추격정도가 다르게 나타날 것이다.

4.5.2 제도와 경제성장 모형

제도적 측면을 고려한 두 국가 모형을 이용하여 제도 차이가 기술증가에 주는 영향이 다르게 나타나 경제성장효과의 차이로 이어지는 과정을 보자. 기술 선진국에서만 기술혁신이 발생하며 식 (4-18)과 같이 일정하다고 가정하자.

$$\frac{\dot{A}_{tL}}{A_{tL}} = g_L \tag{4-18}$$

표 4-3 제도 관련 주요 정의

	저자 및 개념
사회개발지수	사회적, 정치적 지표가 경제성장에 대한 영향 분석(Adelman and Morris, 1967)
사회적 능력	교육정도, 정치·산업·금융적 제도 등을 포함(Abramovitz, 1986)
사회적 자본	신뢰, 협조적 규범(cooperative norms), 다른 집단과의 관계 등 경제성과에 영향을 미치는 요소(Putnam, 1993)
제도	제도는 사회에서의 게임의 룰인데, 이는 인간 상호관계를 형성하는 인간이 만들어낸 제한적 요소(North, 1990)
독점장벽	규제나 법적 제약, 뇌물, 폭력, 노동자 파업 혹은 태업 등 기술채택 비용을 증가시키는 요소(Parent and Prescott, 1994)
모방비용	기술혁신보다는 모방하는데 비용이 덜 소요되기 때문에 모방하는 국가의 성장률이 빠르게 됨. 다만 모방하는 대상이 감소함에 따라 이 비용은 증가함(Barro and Sala—i—Martin, 1997)
사회간접자본	개인이 기술을 축적하고 기업이 자본을 축적해서 생산하게 하는 경제적 여건을 결정하는 제도나 정부정책(Hall and Jones, 1999)
포용적 제도	포용적 정치 및 경제제도를 갖고 있는 국가가 지속적이고 안정적 경제발전들 달성(Acemoglu and Robinson, 2012)

출처: 각 논문을 참고하여 정리한 것임.

14 기술채택은 기술이전, 모방 등의 용어로 사용된다.

여기서 A_{tL}은 t기에 기술 선진국 L의 기술수준이고, g_L은 이 국가의 기술변화율이며 일정하다고 가정하자. 기술 선진국에서 나타난 기술혁신은 세계 모든 국가에게 아무런 대가없이 전파된다고 가정하자. 따라서 세계의 어느 국가에서도 기술 선진국에서 창출된 새로운 기술을 자유로이 이용할 수 있다. 그러나 실제로 새로운 기술을 자신들의 생산과정에 얼마나 효율적으로 사용할 수 있는가는 해당 국가 고유의 사회적 능력, 즉 제도에 달려있다.

기술 후진국의 기술이전과정은 다음 두 단계로 나눌 수 있다.

첫째, 기술 후진국(S)의 기술수준(A_{tS})은 기술 선진국으로부터 자유로이 이전되지만, 기술 선진국의 기술수준(A_{tL})을 넘어서지는 못한다고 가정하자. 이 경우 기술 후진국이 기술 선진국의 기술을 채택할 수 있는 최대범위는 $A_{tL}-A_{tS}$라고 할 수 있다. 분석의 편의를 위하여 기술 선진국과 기술 후진국의 기술 격차(G_{tS})를 양국가 간 기술수준 비율인 식 (4-19)로 정의하자.

$$G_{tS}=\frac{A_{tL}}{A_{tS}} \tag{4-19}$$

기술채택이 이루어진 다음에 실제 해당 국가의 기술로 체화되는 정도는 해당 국가의 제도(Θ_{tS})에 의존한다. 여기서 Θ_{tS}는 해당 국가의 정책변수를 포함한 다양한 특징들로 결정된다.

위의 두 과정을 결합하여 기술 후진국의 기술채택함수를 식 (4-20)과 같이 정의할 수 있다.

$$\frac{\dot{A}_{tS}}{A_{tS}}=\Theta_{tS}\left(\frac{A_{tL}}{A_{tS}}\right)^{\eta}=\Theta_{tS}G_{tS}^{\eta} \tag{4-20}$$

η는 두 국가 간 기술 격차가 기술 후진국의 기술혁신에 반영되는 정도를 의미한다. 이는 제도와는 독립적으로 일어나며, η의 값이 1이라면 기술수준의 차이가 그대로 기술 후진국으로 유입된다고 할 수 있다. 식 (4-20)은 지금까지 논의한 추격이론을 수식으로 표현한 것으로, 기술 후진국의 기술변화는 기술 격차와 제도에 양(+)의 관계를 가지고 있음을 표현한 것이다.

식 (4-19)에 로그를 취하고 시간변수 t에 대하여 미분을 한 이후, 식 (4-18)과 식 (4- 20)을 대입하여 정리하면 두 국가의 기술 격차 변화에 관한 식 (4-21)을 도출할 수 있다.

$$\dot{G}_{tS}=G_{tS}\left[g_L-\Theta_{tS}G_{tS}^{\eta}\right] \tag{4-21}$$

그림 4-2 기술추격이론

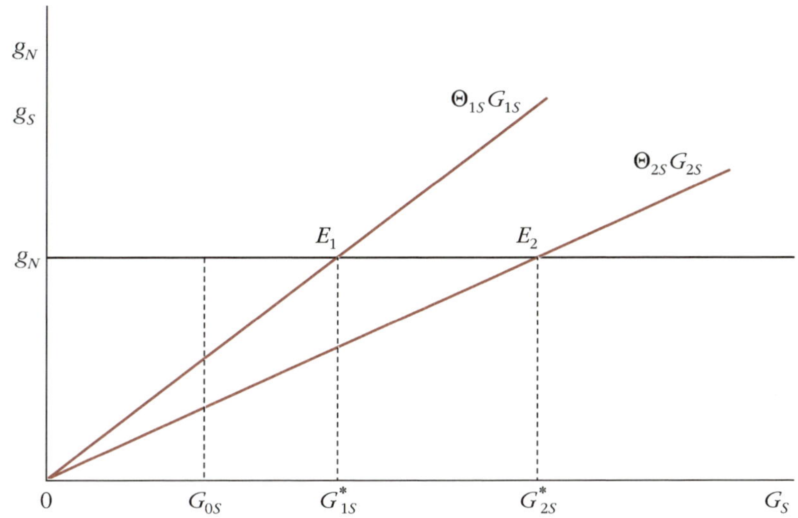

출처: Kang(2002, p.429)을 수정한 것임.

장기균형의 정상상태에서 두 국가의 기술변화율이 동일하므로 $g = g_L = g_S$가 성립한다. g_S는 정상상태에서 기술 후진국의 기술증가율이다. 또한, 장기균형 정상상태에서 Θ_{tS}도 일정한 값이 되어 $\dot{G}_{tS} = 0$이므로, 정상상태에서 기술 격차는 식 (4-22)와 같다.

$$G^*_S = \left(\frac{g_L}{\Theta^*_S}\right)^{1/\eta} \tag{4-22}$$

Θ^*_S는 정상상태의 제도의 값이다.

지금까지의 논의를 [그림 4-2]를 가지고 다음과 같은 결론을 도출할 수 있다. 분석의 편의를 위해 $\eta = 1$로 가정한다. 여기서 E_1과 E_2는 두 국가의 정상상태 균형을 의미하고 각각에 대한 기술 격차율은 G^*_{1S}과 G^*_{2S}이다. 그리고 두 국가의 채택능력은 각각 Θ_{1S}와 Θ_{2S}이고, G_{0S}는 1국과 2국의 초기 기술 격차이다. 여기서 $\Theta_{1S} > \Theta_{2S}$이다.

첫째, 현재 두 기술 후진국의 선진국과의 기술 격차가 G_{0S}로 동일하다고 가정하자. 두 기술 후진국의 채택능력이 상이하다면 두 국가의 장기균형점인 정상상태 기술 격차는 서로 상이한 수준에서 결정된다. 두 국가의 채택능력이 Θ_{1S}와 Θ_{2S}로 상이하므로, 장기균형 정상상태의기술 격차도 상이하여 각각 G_{1S}^*와 G_{2S}^*가 된다.

둘째, 어느 기술 후진국이 다양한 정책을 통하여 자신의 채택능력을 향상시킬 수 있다면, 현재 기술격차 수준에서 기술 선진국과의 기술 격차가 좁혀져서 좀 더 높은 경제발전 상태로 이동할 수 있다. 즉, 어느 국가의 채택능력이 Θ_{2S} 상태에서 Θ_{1S}로 향상된다면, 이 국가의 기술 선진국과의 정상상태 기술 격차가 G_{2S}^*보다 더 좁혀져서 G_{1S}^*가 된다. 반대로 채택능력이 하락한다면 추격능력이 저하되어 오히려 저발전 상태로 추락할 수 있다.

4.5.3 제도의 실증적 지표

제도가 경제성장에 큰 영향을 미친다고 하더라도 실질적인 실증분석을 하는 데 있어서 제도를 반영하는 변수를 어떻게 설정해야 하는가라는 문제가 존재한다. 전통적인 경제성장 모형에서 경제성장에 영향을 주는 지표로 많이 사용되는 경제관련 변수들은 투자규모(자본)와 노동량이다. 그 외에 다른 대표적인 변수를 선택한다면 교육수준, 외환시장 발전, 금융산업 발전, 소득분배, 시장개방 등이 있다.

이들 변수 이외에 경제성장에 영향을 미치는 제도변수들은 연구자에 따라 다양하게 정의되고 있다. 〈표 4-4〉는 기존 연구에서 이용된 다양한 제도변수를 정리한 것이다. 크게 6가지 유형으로 분류하여 경제적 제도, 공식적 제도, 사회적 자본, 사회적 특성, 정치적 특성 및 정치적 불안정을 반영하는 지표가 있다.

경제적 제도에는 재산권(property rights)과 사회보장제도가 있다. 공식적 제도는 사업위험지표(business risk index), 정치신뢰성 지수, 경제자유도와 같은 지표들이다. 사회적 자본을 반영하는 지표는 시민자유지수, 세계가치관조사(World Value Survey)에 포함된 변수들이다. 사회적 특성을 반영하는 지표로는 민족 언어학적 분열지표 및 사회발전지표 등이 있고, 정치적 특성은 정치체제지표나 정치체제 전환지표와 같은 변수들이 있다. 그리고 정치적 불안정 지표로 내전지표(civil war index)나 사회정치적 불안정 지표 등을 사용한다.

그 외에 제도지표로 많이 사용되는 것이 헤리티지 재단이 발표하는 경제자유도이다. 이 지표는 법의 지배(rule of law), 정부규모, 규제의 효율성, 그리고 시장개방도 4개의 큰 지표로 구성되어 있다.[15] 최근 발표한 2025년 지표 중에서 주요 지표를 정리한 것이 〈표 4-5〉이다.

15 경제자유지수는 법의 지배(지적재산권, 사법의 효과성, 정부의 청렴도), 정부규모(조세부담, 정부지출, 재정건전성), 규제의 효율성(사업자유도, 노동자유도, 통화자유도) 그리고 시장개방도(무역자유도, 투자자유도, 금융자유도)의 4개의 주요 지표에 대해 각각 3개의 세부 지표를 구해서 총 12개 지표를 가지고 계산하는데, 모든 지표에 대하여 동일한 가중치를 부

표 4-4 실증분석에의 주요 제도 지표

	개념
1. 경제적 제도	재산권, 규제제도, 거시적 안정성을 위한 제도, 사회보험제도, 갈등관리제도 등
2. 공식적 제도	사업위험지표, 정치신뢰성 지수, 경제자유도, 정치권 지수, 제도적 투자순위 등
3. 사회적 자본	시민자유지수, 세계가치 서베이 지표, 사회자본·지방정부·제도성과 측정지표
4. 사회적 특성	민족 언어학적 분열지표, 사회발전지표, 식민지표, 종교지표
5. 정치적 특성	정치체제지표, 헌법권지표, 정치체제 전환지표
6. 정치적 불안정	정치적 불안정 지표, 사회정치적 불안정 지표, 내전지표

출처: Aron(2000)과 Rodrik(2007) 참조하여 정리.

전체적인 경제자유도를 보면 싱가포르가 가장 높은 순위를 차지하고 있다. 한국은 176개국 중 17위에 해당된다. 대체로 선진국일수록 높은 순위를 차지하고 있어 경제자유도가 경제발전의 정도와 높은 상관관계가 있음을 알 수 있다. 다른 세부지표도 싱가포르가 최고 순위를 차지하고 있다. 정부규모를 보면 선진국일수록 순위가 뒤떨어져 정부규모가 작은 것을 알 수 있다. 한국은 정부규모 지표를 보면 175개국 중에서 60위에 해당된다. 그 외에 한국은 경제자유도 순위에 비해 시장개방도(64위) 순위가 상대적으로 떨어지고 있다.

표 4-5 주요국의 경제자유도 순위(2025)

	경제자유도	법의 지배	정부규모	규제의 효율성	시장개방도
선진국					
미국	26(70.2)	22	166	2	20
영국	33(69.3)	19	168	36	15
일본	26(70.2)	10	157	21	60
스웨덴	12(77.9)	5	133	14	9
독일	22(71.6)	8	144	61	37
NICs					
한국	17(74)	28	60	16	64
싱가포르	1(84.1)	27	26	1	1

여한다. 정부규모는 100에서 항목의 값의 제곱을 차감하여 구한 것이다. 예를 들어 조세부담률이 작을수록 정부규모 지수는 커지게 된다.

	경제자유도	법의 지배	정부규모	규제의 효율성	시장개방도
BRICs	·	·	·	·	·
중국	151(49)	108	158	77	161
인도	128(53)	85	156	74	133
브라질	117(55.1)	84	143	87	124
기타	·	·	·	·	·
필리핀	82(60.6)	106	98	92	57
아르헨티나	124(54.2)	99	115	167	70
탄자니아	92(59.3)	117	44	106	100
나이지리아	127(53.4)	145	61	132	121
국가 수	176	184	175	176	177

주: 1) 4개 주요 지표는 세부 지표를 평균한 것임. 2) ( )는 경제자유도 값임.
출처: Heritage Foundation(2025).

4.6 추격이론과 뛰어넘기이론

4.6.1 수렴이론과 추격이론

제3장에서 논의한 신고전파적 경제성장이론에서 수렴이론에 의해 어느 국가의 장기균형 정상상태는 그 해당 국가에 외생적으로 주어지는 기술증가율에 의해 결정된다. 그리고 현재 상태와 자신의 정상상태와의 격차가 크면 클수록 경제성장 속도는 자동으로 빨라진다. 이러한 논리는 신고전학파의 경제성장 모형에서 가정하는 생산함수의 특성에서 나오는 것이다. 즉, 1인당 자본량에 대하여 생산함수의 한계생산성이 양(+)이고, 이 한계생산성이 자본량이 증가할수록 체감한다는 가정이다. 이 가정 때문에 생산함수가 원점에 대하여 오목(concave)한 형태를 갖고 정상상태와의 거리에 반비례하여 경제성장 속도가 결정된다.[16]

한 국가를 대상으로 한 수렴이론을 국가 간 관계에서 발전단계를 설명하는 추격(catching

16 이러한 가정은 내생적 성장이론에서는 성립하지 않는다. 기존의 생산함수에 기술이나 인적자본의 외부성이 더해진다면 생산함수 자체가 상향 이동한다. 따라서 비록 한계생산성이 체감하는 생산함수라도 경제성장률이 초기 조건과 정상상태 간 차이와 자동으로 반비례 관계가 성립한다는 수렴이론은 성립하지 않을 수 있다.

up)이론과 혼동해서는 안 된다. 추격이론은 어느 한 국가가 다른 국가에 비하여 초기 1인당 자본 혹은 생산량이 선진국 수준보다 많은 격차를 보이는 경우, 이 국가는 상대적으로 빠르게 성장하여 선진국을 더욱 빠르게 추격한다는 것이다. 반면에 수렴이론은 자기 자신의 정상상태에서 격차가 클수록 성장률이 높게 된다는 것으로 다른 국가의 상황과는 관계가 없다. 물론 절대적 및 조건적 수렴이론은 국가 간으로 수렴 개념을 확장한 것이다.

더욱 중요한 것은 추격이론이 두 국가 간 기술 격차에 의한 설명이라고 보면, 경제성장이론에서 논의되는 수렴이론과는 차이가 있다는 점이다. 수렴이론은 기술수준의 수렴이 아니라 1인당 GDP 혹은 1인당 자본량이 자기 자신의 장기균형 정상상태로 접근해간다는 것을 의미한다. 따라서 1인당 GDP의 수렴은 기술수준의 추격과 관계없이 1인당 자본량의 수렴에 의해서 일어날 수 있기 때문에 기술추격이론과 수렴이론 간에는 개념적으로 차이가 있다.

4.6.2 뛰어넘기이론

추격이나 저발전 함정(underdevelopment trap)과 같은 현실적인 상황은 선진국과의 기술 격차와 기술채택능력에 의하여 설명될 수 있다. 그러나 개발도상국이 선진국을 따라잡는 단순한 추격이나 수렴 차원이 아니라 어느 국가가 다른 국가의 1인당 GDP를 앞지르는 뛰어넘기(leapfrogging) 현상이 발생하기도 한다.

18세기 말에 영국의 1인당 GDP가 네덜란드를 앞지르고 1900년대 초에는 미국이 영국의 1인당 GDP를 앞지르게 되었다. 그리고 1970년대 이후 한국이 필리핀의 1인당 GDP를 앞지르고, 1980년대 중반에는 한국이 아르헨티나를 앞지르기도 하였다. 이러한 뛰어넘기 현상은 수렴이나 추격이론으로는 설명되기 어렵다.

[그림 4-3]은 1960년 이후 한국과 아르헨티나의 1인당 실질 GDP 추이를 보여 준다. 1960년에 한국과 아르헨티나의 1인당 실질 GDP가 각각 1,548달러와 8,861달러로 아르헨티나가 한국에 비해 거의 5.7배 높았다. 그러나 1987년 한국과 아르헨티나가 각각 10,865달러와 11,633달러에서 1988년 12,040달러와 11,244달러로 순위가 역전되었다. 이러한 추이는 지속되어 2018년 기준으로 한국의 1인당 실질 GDP는 37,928달러로 아르헨티나(18,556달러)의 거의 2배 수준에 이르렀다.

브레지스 외(Brezis et al., 1993)에 의하면 뛰어넘기는 새로운 기술의 채택과정에서 발생한다. 내생적 경제성장이론에 의하면 기술혁신이 기술 선진국에서 발생하고 이는 주변 국가들의 경제성장을 촉진시킨다. 그러나 중요한 기술혁신이 발생하는 경우 선두 국가는 이미 다른

그림 4-3 한국과 아르헨티나의 1인당 실질 GDP 추이

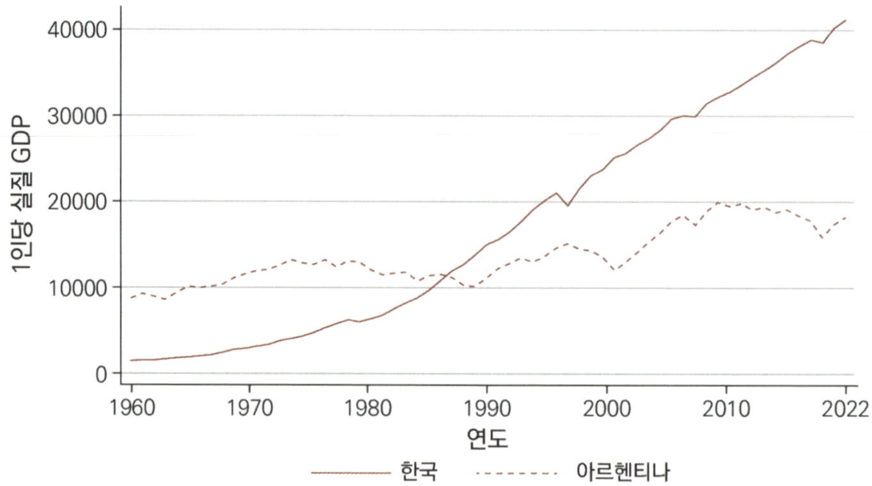

출처: The Maddison-Project, 2023 version을 이용하여 작성.

높은 수준의 기술을 사용하고 있고 임금수준도 높기 때문에 새로운 기술을 생산과정에 채택하는 것을 서두를 필요가 없다. 반면에 수준이 낮은 기술을 사용하고 있고 임금수준이 낮은 저개발 국가에서는 가장 고급 수준의 기술을 생산과정에 채택할 유인이 생긴다. 만약 이러한 신기술 채택이 생산증가로 이어진다면 다른 선두 국가를 앞지를 수 있다.

4.7 경제성장이론과 정부의 역할

솔로우-스완의 신고전파 경제성장이론에서는 장기 경제성장률은 기술증가율과 일치하고, 1인당 균형소득은 기술수준, 인구증가율, 감가상각률 등에 의해서 결정된다. 그리고 기술증가율은 외부에서 주어지는 외생변수로 가정된다. 따라서 다른 변수들은 기술증가율에 영향을 미칠 수 없으므로 장기 경제성장률에도 영향을 미칠 수 없다. 결국, 정부정책은 장기 경제성장률에 영향을 미칠 수 없으므로 정부는 시장에 개입할 필요가 없다.

내생적 경제성장이론에서는 시장과 정부의 역할은 신고전파 경제성장 모형에서의 역할과 다르다. 완전경쟁시장을 가정하더라도 경험에 의한 학습 모형은 기술이나 인적자본에 외

부성이 존재하여 시장실패가 나타난다. 만약 외부성이 존재한다면 시장균형에 의한 제품생산이 파레토효율 생산수준보다 낮기 때문에 정부는 보조금 지급 등 정책을 통해 생산량을 증가시킬 수 있는 정책을 실시할 필요가 있다.

기술혁신이나 기술채택이 시장유인에 의해서 이루어진다면 완전경쟁시장 가정이 더 이상 성립되지 못하게 된다. 기술은 비배제성 및 비경합성 특성을 갖기 때문에 완전경쟁 하에서는 기술에 대한 투자유인이 없게 된다. 따라서 시장균형은 파레토효율에서 벗어나기 때문에 정부의 시장 개입이 정당화될 수 있다. 예를 들어, 정부의 정책변화로 R&D 투자가 확대되거나 과학자 양성을 위한 지원이 증가된다면 더 많은 기술혁신을 통해 경제성장률을 높일 수 있다. 그리고 추격이론으로 보아도 무역확대를 통한 시장개방이나 외국인직접투자 유입을 통한 다국적기업의 기술이전이 이루어진다면, 기술채택이 증가하고 이는 곧 경제성장으로 나타날 수 있다.

연습문제

4.1 한국은 R&D 투자와 특허출원 수에서 세계에서 가장 높은 수준을 유지하고 있는 국가이다. 기술혁신의 결과로 경제성장의 주요 요소 중 하나인 총요소생산성(TFP)을 증가시키는 정도가 다른 경쟁국들이나 선진국에 비해 낮은 것으로 나타나는데, 그 이유는 무엇인지 논의하시오.

4.2 Romer(1990)와 Jones(1995)의 경제성장 모형을 보자.

1) 기술혁신에 대한 두 모형의 차이를 설명하시오.
2) 노동력 투입 규모의 변화가 장기 경제성장률에 대한 효과를 논의하시오.

4.3 기존의 생산함수에 기술이나 인적자본의 외부성을 가정하는 경우에 대해서 논의해보자.

1) 한계생산성 체감의 법칙이 가정된 생산함수를 가정하라. 이 경우라도 생산함수곡선이 상향으로 이동한다면, 초기조건과 정상상태 간 차이와 경제성장이 비례 관계가 성립한다는 수렴이론은 성립하지 않을 수 있음을 그래프를 통하여 설명하시오.
2) 생산함수가 신고전파적 생산함수가 아닌 한계생산성 체감의 법칙이 성립하지 않는 형태를 가진다면, 이러한 수렴이론이 성립하지 않을 수도 있음을 그래프를 이용해서 설명하시오.

4.4 기술과 인적자본을 비교해보자.

1) 기술과 인적자본 특성의 차이점을 경합성과 배제성 개념을 가지고 설명하시오.
2) 이 차이가 경제성장 모형을 설정하면서 시장구조의 불완전성에 영향을 주는 과정을 논의하시오.

4.5 자원의 저주(resource curse)와 자원의 축복(resource blessing)

1) 석유자원이 풍부한 중동의 산유국은 1인당 GDP가 높으면서도 다른 산업의 발달은 이루어지지 않는데, 그 이유에 대하여 논의하시오.
2) 네덜란드 병(Dutch disease)은 1960년대 막대한 천연자원을 보유하고 있던 네덜란드가 경험한 경제적 어려움을 의미하는데, 그 이유를 자원의 저주 개념을 가지고 논의하시오.

4.6 자원의 저주와 규모의 경제 효과에 대해 논의해보자.

1) 브라질, 러시아, 인도, 중국(BRICs)처럼 인구규모가 크고 자원이 풍부한 국가들이 서로 경제성장률이 다르게 나타나고 있는데 그 이유에 대하여 논의하시오.
2) 반대로 한국이나 대만처럼 인구도 작고 부존자원이 없는 국가들이 빠르게 경제성장을 하게 된 이유에 대하여 논의하시오.

4.7 1960년대 한국과 필리핀은 정치적 독재 체제를 갖고 있었으며 인구규모도 유사하였다. 그러나 현재 두 국가의 경제 상황은 매우 극단적으로 비교된다. 두 국가의 경제성장의 차이를 주는 주요 이유가 무엇이었는지 논의하시오.

4.8 세계 최빈국에서 벗어나지 못하고 있는 아프리카의 짐바브웨를 보자.

1) 1987년 대통령으로 취임하여 최근까지 대통령직을 유지하였던 로버트 무가베(Robert Mugabe) 대통령의 통치 행태를 논의하시오.
2) 세계 최빈국에서 벗어나지 못하고 있는 이유를 짐바브웨의 정치행태 및 경제정책을 비교하여 논의하시오.

4.9 지적재산권의 강화가 해당 국가의 기술혁신을 증가시킬 수도 있고 오히려 감소시킬 수도 있다. 어느 견해가 적합한지를 예를 들어 개발도상국과 선진국의 입장에서 각각 논의하시오.

4.10 경제성장 과정에서 시장과 정부의 역할에 대해서 다양한 논의가 이루어지고 있다.

1) 내생적 경제성장 모형에서 정부의 역할이 신고전파 모형에서 역할과 다른 점에 대하여 논의하시오.
2) 해로드-도마 모형과 내생적 경제성장 모형에서 정부의 역할의 차이점에 대해서 논의하시오.

참고문헌

Abramovitz, Moses, 1986, "Catching Up, Forging Ahead, and Falling Behind," *Journal of Economic History*, 46(2), pp.385–406.

Acemoglu, Daron and Robinson James A., 2012, *Why Nations Fail: The Origins of Power, Prosperity and Poverty*, New York: Crown Publishers.

Adelman, Irma and Cynthia Taft Morris, 1968, "Performance Criteria for Evaluating Economic Development Potential: An Operational Approach," *The Quarterly Journal of Economics*, 82(2), pp.260–80.

Arrow, Kenneth J., 1962, Economic Welfare and the Allocation of Resources for Invention, The Rate and Direction of Inventive Activity, National Bureau of Economic Research, pp.609–626.

Aron, Janie, 2000, "Growth and Institutions: A Review of the Evidence," *The World Bank Research Observer*, 15(1), pp.99–135.

Barro, Robert and Xavier Sala—i—Martin, 1997, "Technological Diffusion, Convergence, and Growth," *Journal of Economic Growth*, 2(1), pp.1–26.

Brezis, Elise, Paul Krugman, and Daniel Tsiddon, 1993, "Leapfrogging: A Theory of Cycles in National Technological Leadership,"*American Economic Review*, 83(5), pp.1211–1219.

Gerschenkron, Alexander, 1962, *Economic Backwardness in Historical Perspective: A Book of Essays*, Cambridge, Massachusetts: The Belknap Press of Harvard University Press.

Ginarte, Juan C. and Park, Walter G., 1997, "Determinants of Patent Rights: A Cross–national Study," *Research Policy*, 26(3), pp.283–301.

Hall, Robert E. and Charles I. Jones, 1997, "Why Do Some Countries Produce So Much More Output per Worker than Others?" *The Quarterly Journal of Economics*, 114(1), pp.83–116.

Heritage Foundation, 2025, 2025 Index of Economic Freedom, Washington D.C.: The Heritage Foundation.

Jones, Charles I., 1995, "R&D–based Models of Economic Growth," *Journal of Political Economy*, 103(4), pp.759–784.

Kang, Sung Jin, 2002, "Relative Backwardness and Technology Catching Up with Scale Effects," *Journal of Evolutionary Economics*, 12(4), pp.425–441.

Lucas, Robert E., 1988, "On the Mechanism of Economic Development," *Journal of Monetary Economics*, 22(1), pp.3–42.

Lucas, Robert E., 1993, "Making a Miracle," *Econometrica*, 61(2), pp.251–272.

North, Douglass, 1990, *Institutions, Institutional Change, and Economic Performance*, New York: Cambridge University Press.

Parent, Stephen and Edward Prescott, 1994, "Barriers to Technology Adoption and Development," *Journal of Political Economy*, 102(2), pp.298–321.

Park, Walter G., 2008, "International Patent Protection: 1960–2005," *Research Policy*, 37(4), pp.761–766.

Putnam, Robert D., 1993, *Making Democracy Work: Civic Traditions in Modern Italy*, Princeton, N.J.: Princeton University Press.

Rodrik, Dani, 2007, *One Economics Many Recipes: Globalization, Institutions and Economic Growth*, Princeton, N.J.: Princeton University Press.

Romer, Paul, 1990, "Endogenous Technological Change," *Journal of Political Economy*, 98(5, part2), pp.S71–S102.

[웹 사이트]

WIPO, What is Intellectual Property?, http://www.wipo.int/about-ip/en/.

참고 4-1

지적재산권과 기술혁신

기술은 노동이나 자본과 같은 생산요소와 달리 비경합성 특성이 있어서 어느 개인이 사용하고 있더라도 다른 소비자가 추가 비용을 부담하지 않고 동시에 사용이 가능하다. 이러한 기술의 비경합성 특성 때문에 기술혁신을 위해 투자하지 않은 사람도 동시에 이 기술을 사용하는 무임승차자 문제가 발생할 수 있다. 따라서 새로운 기술을 창출할 수 있는 아이디어를 가진 사람은 이 아이디어를 기술로 전환하기 위한 투자를 해야 하는데 개발된 기술에 대한 수익이 보장되어야 한다.

이러한 문제를 해결하기 위한 대책이 지적재산권인데 인간의 지적창작물, 즉 아이디어를 보호해 주는 제도이다.[17] 지적재산권은 새로운 아이디어를 가지고 새로운 기술을 발명해 내는 사람에게 어느 일정 기간에 이 기술을 사용하는 데 대한 독점권을 부여하는 제도이다. 이는 새로운 발명에서 오는 이득을 다른 사람들이 취득하지 못하도록 막아주는 법적 장치이다. 즉, 지적재산권은 새로운 발명품이 아무런 대가를 지불하지 않고 소비하는 것을 막아서 소비의 배제성을 강화하는 제도적 장치이다.

그렇다면 지적재산권과 기술혁신 간 관계는 어떠한가? 특허제도를 통한 지적재산권을 강화시킨다면 기술혁신 정도가 강하게 나타나는가에 대한 많은 연구가 이루어졌다. 연구결과는 지적재산권이 강하거나 연구개발비 지출이 높을수록 혁신활동이 활발하게 나온다고 보여 준다. 물론 개발도상국들은 투자재원이 충분치 않아서 혁신보다는 기술이전을 선호하는 경우, 지적재산권 강화는 오히려 기술이전을 통한 혁신활동을 저해한다는 주장도 있다.

Kortum and Lerner(1999)는 특허의 생산성은 기업의 연구개발이 벤처캐피털(venture capital)과 결합하는 경우 내부자금만을 이용하여 개발하는 경우에 비해 특허 생산성이 3배가량 높다는 것을 보여 주었다. 일본기업을 대상으로 분석한 Sakakibara and Branstetter(2001)의 연구결과를 보면 1988년 일본 특허제도 개혁이 연구개발 지출과 특허출원을 촉진시켰다는 증거가 나타나지 않았다. 강성진 · 서환주(2006)는 한국의 기업 특허자료를 이용한 연구에서 연구개발 집약도가 높을수록 기술혁신 정도가 높게 나타나고, 인적자본, 시장집중도, 수출정도 등도 기술혁신에 영향을 주는 것으로 나타났다.

국가 간 자료를 이용한 실증분석은 특허권 강화의 경제적 성과가 상대적으로 높게 나타났다. 대표적으로 Kanwar and Evenson(2003)은 선진국만 아니라 개발도상국에 대해서도 특허권 강화가 기

17 지적재산은 새로운 아이디어의 창조(creation of the mind)를 의미하는데 발명, 문학 및 예술작품, 상업적으로 사용되는 심벌이나 이미지 등이다. 지적재산은 산업재산권(industrial property)과 저작권(copyright)으로 나뉜다. 산업재산권은 발명특허, 상표, 산업디자인, 그리고 지리적 표시 등이다. 저작권은 문학작품(소설, 시, 연극 등), 영화, 음악, 예술작품(그림, 사진, 조각 등) 그리고 건축디자인 등이다(WIPO 홈페이지, 검색일: 2017.05.06.).

술혁신활동에 긍정적인 역할을 한다고 보여 주었다. 그리고 Kang and Seo(2006)는 특허권만으로는 기술혁신활동을 촉진하기 어렵고, 다른 추가적인 조건, 즉 산업구조 고도화, 경제발전, 인적자본, 인프라 구축 정도, 그리고 개방 및 기업 간 경쟁 등이 잘 갖추어진 국가일수록 특허권 강화가 기술혁신을 촉진한다고 보여 주었다.

참고문헌

강성진 · 서환주, 2005, "기업특허출원자료를 활용한 기술혁신요인 및 기술파급효과 분석," 『경제학연구』, 제53집 제3호, pp.121－151.

Kanwar, Sunil and Robert Evenson, 2003, "Does Intellectual Property Protections Spur Technological Change?" *Oxford Economic Papers*, 55, pp.235－264.

Kang, Sung Jin and Hwan Joo Seo, 2006, "Does Stronger Intellectual Property Rights Induce More Patents without Complementary Environment?" in Economics and Management Perspectives in Intellectual Property Rights(eds. by C. Peeters and B.P. Potterie), Palgrave McMillan UK.

Kortum, Samuel and Josh Lerner, 1999, "What is Behind the Recent Surge in Patenting?" *Research Policy*, 28, pp.1－22.

Sakakibara, Mariko and Lee Branstetter, 2001, "Do Stronger Patents Induce More Innovation? Evidence from the 1988 Japanese Patent Law Reforms," *RAND Journal of Economics*, 32(1), pp.77－100.

WIPO, *What is Intellectual Property?*, http://www.wipo.int/about－ip/en/.

참고 4-2

국가 리더십과 경제성장

경제성장률을 결정하는 많은 요인 중 국가 지도자의 역할에 대해서 경제학자들이 큰 관심을 기울이지 않는 것은 사실이다. 반면에 경제적 변수 이외에 제도적 요인으로 정치부패, 제도 등이 결정요인으로 고려되었고, 국가특성으로 인종, 종교, 지리적 위치, 언어 등 고유한 특성을 고려하기도 하였다.

최근 연구에 의하면 국가 지도자는 경제성장에 직접적으로 영향을 미칠 뿐만 아니라 다양한 정치적 제도에 영향을 미치는 것으로 나타났다. Jones and Olken(2005)은 국가 지도자가 자신의 재임기간에 사망하는 경우, 정치 지도자의 변화가 경제성장에 어떠한 영향을 미치는가를 실증분석하였다. 예를 들어 중국의 마오쩌뚱은 1976년 사망할 때까지 26.9년을 집권하였고, 등소평은 1997년 사망할 때까지 19.2년을 집권하였다.

연구결과를 보면 많은 국가에서 국가 지도자는 경제성장에 큰 영향을 미치고, 특히 독재국가에서 그 영향력이 매우 큰 것으로 나타났다. 이는 독재국가에서는 지도자의 권력에 대한 제한이 거의 없기 때문이다. 그리고 이들 정치 지도자들은 경제성장에 직접적인 영향력을 행사할 뿐만 아니라 경제성장에 영향을 주는 정치제도에도 영향을 미친다. 예를 들면 부정부패(corruption), 불필요한 행정(red tape), 사법적 비효율성 등은 투자의욕을 약화시켜 경제성장에 부정적인 영향을 미친다(Mauro, 1995). 따라서 독재국가의 정치 지도자들은 경제성장에 매우 큰 영향을 미치는 것으로 나타났다. 이는 경제성장에 있어서 정치적 리더십을 선택하고 이에 따르는 경제정책을 선택하는 것은 매우 중요한 문제임을 시사한다.

참고문헌

Jones, Benjamin F., 2008, National Leadership and Economic Growth, *New Palgrave Dictionary of Economics*, in The New Palgrave Dictionary of Economics(eds. by S.N. Durlauf and L. E. Blume).

Jones, Benjamin F. and Benjamin A. Olken, 2005, "Do Leaders Matter? National Leadership and Growth since World War II," *The Quarterly Journal of Economics*, 120(3), pp.835－864.

Mauro, Paulo, 1995, "Corruption and Growth," *The Quarterly Journal of Economics*, CX, pp.681－712.

한 국가의 사회발전 정도에 대한 판단 기준은 매우 다양하다. 사회발전 정도는 경제적 측면에서 소득분배 상태와 빈곤수준 그리고 비경제적 측면에서 역량강화, 사회통합 등 개념으로 판단하기도 한다. 특히, 역량강화나 사회통합 개념은 매우 추상적이어서 구체적인 지표로 정의하기 어렵다.

본 장에서는 사회발전 정도를 파악하는데 대표적인 지표로 많이 사용되는 후생의 개념을 설명하고, 소득이나 소비에 의한 후생수준을 측정한다. 이때 측정된 가구단위 자료를 활용하여 가구원 개인의 구체적인 후생수준을 파악하는 다양한 방안을 검토한다. 또한, 후생수준 지표에 근거하여 개인이 처하게 되는 절대적 빈곤 및 상대적 빈곤의 정의와 현황에 대하여 알아본다.

제 5 장

후생지표와 빈곤

제 5 장

후생지표와 빈곤

5.1 후생지표와 측정

5.1.1 소비와 소득

개인이나 국가의 후생수준(welfare)을 정확히 측정하는 것은 그 사회의 발전정도 및 삶의 질을 파악하기 위하여 매우 중요하다. 후생수준을 반영하는 지표로 가장 많이 사용되는 것은 소비수준과 소득수준이다.

소비와 소득 중 어느 것이 후생수준을 더 잘 반영하는 지표인가에 대해서는 일생주기가설(life-cycle hypothesis)과 항상소득가설(permanent income hypothesis)에 의해 설명할 수 있다. 모딜리아니와 브룸버그(Modigliani and Brumberg, 1954)가 제안한 일생주기가설과 프리드먼(Friedman, 1957)이 주장한 항상소득가설에 따르면, 소비수준은 개인이 일생동안 얻을 수 있는 소득에 의해 결정된다. 구체적으로 보면 자신의 일생동안 기대되는 항상소득(permanent income)에 의해서 현재소비가 결정된다는 것이다.[1] 따라서 일생주기·항상소득가설에 의하면

1 개인이 벌어들이는 소득은 항상소득과 임시소득(transitory income)의 합이다. 항상소득이란 자신이 월급과 같이 안정적으로 벌어들일 수 있는 소득이고, 그 외에 강연료나 원고료와 같이 일시적으로 발생하는 소득을 임시소득이라고 한다.

그림 5-1 소비안정화와 일생주기·항상소득가설

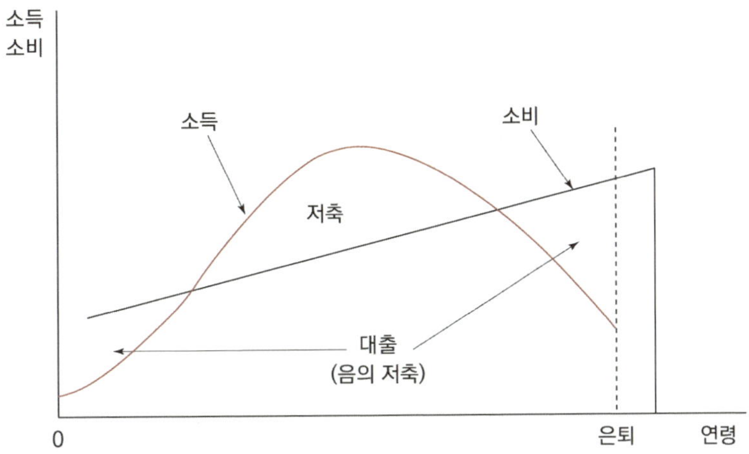

현재소비가 현재소득과 일치할 필요는 없다. 따라서 현재소비는 같은 시점의 소득수준에 비례하여 결정되므로 현재소비는 현재소득보다 적거나 같아야 한다는 케인즈의 소비함수와는 차이가 있다.

항상소득에 의하여 결정되는 소비는 안정적인 수준을 유지한다. 반면에 항상소득과 임시소득을 합한 총소득은 일생을 통해서 보면 항상소득이나 소비에 비해 변동이 심하다. [그림 5-1]을 보면 개인의 일생에 걸쳐 소비는 매우 안정적으로 증가하는 형태를 보이지만, 소득은 상대적으로 소비보다 변동이 심하다. 일반적으로 각 개인의 입장에서 소득은 계절이나 연령에 따라 변동이 심하지만, 개인은 소비를 안정적으로 유지하려는 경향이 있다. 예를 들어, 은퇴 이후 소득이 없는 시기에도 소비를 지속하기 위해서는 은퇴하기 이전 시기에 발생하는 소득 전부를 소비하지 않고 은퇴 이후 소비하기 위해 소득의 일정 부분을 저축해야 한다. 따라서 소득이 매우 낮은 시기에는 금융기관에서 대출을 받아 소비하는 음(-)의 저축(dissaving)을 하게 되지만, 소득수준이 높은 시기에는 음의 저축에 의한 대출을 갚아야 하므로 양(+)의 저축(saving)을 한다. 결국 일생기간을 고려한다면 총소득의 현재가치와 총소비의 현재가치는 동일하게 되는 것이다.

이러한 점을 고려하면 한 개인의 후생수준을 상대적으로 변동이 심하지 않은 소비수준으로 결정하는 것이 적절하다. 그 이유는 소비수준을 사용하여 해당 경제주체의 후생수준을 측정하면 측정 시점에 상관없이 소득수준에 의한 것보다 후생수준을 더 정확하게 반영하기 때문이다. 이러한 이유로 최근 대부분의 연구는 소득보다는 소비 자료를 가지고 개별 경제주체의 후생수준을 측정하고 있다.

5.1.2 소비 및 소득의 측정

소득과 소비 변수 중 어느 것이 정확한 후생수준을 반영하는 지표인가라는 문제도 중요하지만, 후생지표로 채택된 소득이나 소비가 과연 후생수준을 정확히 반영할 수 있도록 측정되고 있는가에 대해서도 추가적인 논의가 필요하다. 특히 개발도상국일수록 자료의 신뢰성에 문제가 제기되므로 정확한 후생수준을 반영하는 지표를 정하는 것은 매우 중요하다.[2]

경제발전을 논의할 때 주로 이용되는 가구단위의 미시적 자료는 국가 기관에서 발표하는 거시적 자료와는 그 특성이 매우 다르다. 미시적 자료의 수집은 주로 개별 가구 대표를 대상으로 면접을 통해 이루어진다. 먼저 가구 대표에게 가구가 보유하고 있는 자산 및 재산에 관한 질문을 통하여 정보를 취득한다. 그리고 해당 가구의 개별 가구원들의 개인 특성, 소득 및 소비수준에 대한 자료를 취득하게 되는데, 주로 면접 대상자의 기억에 의존해서 이루어진다. 따라서 이러한 자료를 취득하는 과정 때문에 다음과 같은 문제가 나타날 수 있다.

먼저 소비수준을 측정하는 경우 다음과 같은 문제점을 고려해야 한다.

첫째, 주택 보유자의 주거비지출이 과대평가될 수 있다. 예를 들어 부유한 가계는 가내 고용인과 농장 노동자를 고용하고, 이들이 주인과 같은 집에 거주하는 경우가 많다. 이러한 상황에서 주인은 이들 고용인에게 명시적 또는 묵시적으로 식료품을 공급해 주게 되는데, 이에 대한 소비지출은 집주인 가구의 지출로 기록된다. 즉, 고용인이라는 다른 가구원에게 지출된 금액도 집주인의 가구에 같이 기록됨으로써, 집주인 가구의 실질적인 소비지출이 과대평가 될 수 있다.

둘째, 자가소비(auto-consommation) 문제이다. 자가소비란 자신이 경영하는 농장이나 정원에서 재배된 식료품 등을 시장을 통하지 않고 자신들이 직접 소비하는 것이다. 이런 소비는 시장가격을 통하여 구매한 비용이 아니므로, 소비자들은 이러한 소비를 소비지출이라고 생각하지 않는다. 따라서 이 지출은 실질적인 소비지출에 반영되지 않기 때문에 해당 가구의 소비수준을 과소평가할 수 있다. 이러한 현상은 농업부문에 종사하는 가계에서 많이 발생하며, 농업부문 비중이 높은 개발도상국일수록 이 문제는 심각해진다.[3]

2 이에 대한 자세한 논의는 Deaton(1997, pp.26-32) 참조.

3 이러한 문제 때문에 도시와 비도시 지역 거주자의 소비지출을 비교할 때 주의할 필요가 있다. 예를 들어 도시와 비도시 지역 주민의 소비수준이 같다고 할 때, 비도시 지역의 후생수준이 더 높다고 판단할 수 있다.

소득수준을 측정하는 경우에도 유사한 문제가 나타난다.

첫째, 농촌 지역 소득은 한 해 동안에도 계절에 따라 변동이 심하다. 소득을 측정함에 있어서 1년 단위가 아닌 월단위로 측정하는 경우, 선택된 시점에 따라 소득수준의 차이가 크게 나타난다. 즉, 같은 해에도 수확을 하는 달에는 소득이 높게 나오지만, 그렇지 않은 달에는 소득이 아예 발생하지 않는 현상이 발생한다.

둘째, 가계는 비공식적인 부문에서의 활동으로부터 얻은 소득을 정확하게 기억하기 어렵다. 특히 농업을 하는 가계는 자가소비에 대한 소득을 기억하고 기록해야만 하는데, 실질적으로 그렇지 않아서 소득이 과소 측정되는 경향이 있다. 자가소비 경우에 이 물건을 시장에 팔면 소득이 되는데 대부분의 가구는 소득을 계산할 때 시장에 판매하는 경우 벌어들일 수 있었던 소득을 고려하지 않는다.

셋째, 농업 또는 가업(family business)에 종사하는 가계는 개인과 기업의 수입과 지출을 구별하기 쉽지 않다. 자영업을 하는 경우에는 자신이 노동자이면서 자본가이기 때문에 노동으로 벌어들인 소득과 사업소득의 구분이 쉽지 않다.

5.1.3 소득 및 소비의 측정단위

일반적으로 후생분석을 하는데 사용되는 자료는 가구당 소득 혹은 가구당 소비가 기본적 측정단위가 된다. 그러나 가구당 소득이나 소비는 가구원 수나 가구원 구성의 변화를 제대로 반영하지 못한다. 따라서 어느 한 가구의 소득을 가지고 후생수준을 비교한다면, 가구원 수나 구성에 변화가 생겼을 때 변화 이전과 이후 두 시점 간 후생수준을 정확히 비교하기 어렵다.

이러한 문제점을 고려하기 위하여 가장 많이 사용되는 방법이 가구당 소득이나 소비를 단순히 가구원 수로 나누어 1인당 소득이나 소비로 전환해서 비교하는 것이다. 그러나 이 방법도 여전히 문제가 존재한다. 개인의 후생수준을 측정하기 위한 1인당 소득이나 소비지표는 모든 가구원에 동일한 가중치를 부여하여 계산한 것이어서, 가계의 모든 가구원이 동등하게 대우를 받는다. 따라서 가구원 모두가 동일한 욕구를 갖고 있지 않다는 사실을 반영하지 못한다. 그리고 가구원 수가 같은 가구라도 가구원 연령이나 성별에 따라 필요한 소비수준은 다르다. 이러한 점들을 모두 고려하면 가구원 수가 증가함에 따라 가구가 필요로 하는 비용은 증가하지만, 가구원 수에 정비례하게 증가하지 않는다는 것을 알 수 있다. 따라서 이처럼 가구원 수 및 가구원 구성의 변화를 반영한 후생지표를 만들기 위하여 많이 사용되는 방법이 규모의 경제(economies of scale)와 등가규모(equivalence scale)를 고려하는 것이다.

규모의 경제는 가구원이 각자 따로 살아가는 것보다 한 가구에서 같이 사는 것이 1인당 비용이 적게 든다는 것이다. 이는 냉장고나 텔레비전과 같이 공동으로 사용될 수 있는 재화가 있기 때문이다. 가구원들이 같이 거주한다면 가구원 수만큼 이 재화들을 구입할 필요가 없다. 반면에 등가규모는 개인마다 차이가 있다는 점을 보는 것이다. 즉, 같은 수 가구원이 사는 두 가구일지라도 가구원의 구성과 특성이 서로 다르다면 두 가구의 가구원 1인당 소비도 달라진다는 것을 의미한다. 예를 들어 어린아이는 대체로 어른보다 음식 섭취량이 적기 때문에 가구원 수가 같더라도 어린아이가 많은 가구일수록 식비로 지출되는 비용이 적게 된다. 이러한 점을 모두 고려하여 조정된 가구원 수를 성인 등가 가구원 수(AE)라고 부른다.[4] 가구 i의 성인 등가 가구원 1인당 소비를 식으로 표현하면 식 (5-1)과 같다.

$$c_i = \frac{C_i}{\left[\sum_{s_{ij}=1}^{n_i} s_{ij}^{\beta_{ij}}\right]^{\gamma}} \qquad (5-1)$$

C_i는 가구 i의 총소비, c_i는 성인 등가 가구원 1인당 소비, n_i는 이 가구의 가구원 수($s_{ij} = 1, 2, ..., n_i$)이다. 여기서 β는 등가규모, 그리고 γ는 규모의 경제를 반영하는 모수이다.

성인 등가 가구원 수를 계산하는데 OECD가 권고하는 방법은 다음과 같다.

첫째, OECD 등가 규모(OECD equivalence scale)이다. 이는 첫 번째 성인에게 가중치 1을 주고, 그 후의 추가적인 성인에게는 0.7, 그리고 어린이에게는 0.5의 가중치를 부여한다. OECD는 이 방법을 옥스퍼드 규모(Oxford scale)라고 부르는데, 국가 자체의 등가규모가 정해지지 않은 국가들에게 이를 따르도록 권고하고 있다.

둘째, OECD 수정 규모(OECD-modified scale)이다. 이는 1990년대 들어서 채택된 방법으로 가구주에게 가중치 1을 부여하고, 추가적인 성인에게 0.5 그리고 어린이에게 0.3을 부여한다.

셋째, 제곱근 규모(square root scale)이다. 국가별 소득분배와 빈곤을 분석하는 OECD의 최근 연구에서 사용된 것으로 가구소득을 가구원 수의 제곱근으로 나누는 방법이다.

〈표 5-1〉은 다양한 가구원 수의 계산방법을 비교한 것이다. 먼저 단순히 가구원 수를 합해서 1인당으로 하는 경우 어른과 어린이의 구분이 없다. 그리고 가구당 소득이나 소비로 후

4 AE: adult equivalent household size.

표 5-1 등가 및 규모경제를 반영한 가구원 수

가구원 수		가구원 수		OECD		
어른	어린이	1 인당	1 가구당	등가 규모	수정 규모	제곱근 규모
1	0	1	1	1	1	1
2	0	2	1	1.7	1.5	1.41
3	0	3	1	2.4	2	1.73
2	1	3	1	2.2	1.8	1.73
2	2	4	1	2.7	2.1	2.00
2	3	5	1	3.2	2.4	2.24

생수준을 결정한다면 어른과 어린이의 수를 고려하지 않고 가구원 수는 모두 1이라고 가정하는 것과 같다.

최근 가장 많이 쓰는 OECD 제곱근 계산 방법은 어른과 어린이 수를 구분하지 않고 가구원 수를 계산하여 등가규모를 반영하지 못하는 단점이 있다. 즉, 단순히 가구원 수를 어른과 어린이를 구분하지 않고 합산하는 방식이라고 할 수 있다. 다른 등가 및 수정 규모 방식은 어른과 어린이의 가중치를 구분하고 있으나 어느 가중치가 적절한 것인지에 대한 판단 문제가 남아 있다.

〈표 5-2〉는 2024년과 2025년 한국의 최저생계비를 규모의 경제로 환산하여 계산한 것

표 5-2 한국의 월 최저생계비(원)와 규모의 경제

가구원 수	2024		2025	
	최저생계비	규모의 경제	최저생계비	규모의 경제
1	1,337,067	1.00	1,435,208	1.00
2	2,209,565	1.65	2,359,595	1.64
3	2,828,794	2.12	3,015,212	2.10
4	3,437,948	2.57	3,658,664	2.55
5	4,017,441	3.00	4,264,915	2.97
6	4,571,021	3.42	4,838,883	3.37
7	4,108,996	3.82	5,393,057	3.76

주: 최저생계비는 생계급여로 적용되는 기준으로 기준 중위소득 60% 이하 값임.
출처: 보건복지부 고시 제2023-150호와 제2024-162호를 참고하여 저자 재구성.

표 5-3 주요국의 GDP 및 1인당 GDP 순위 비교(2023년)

국가	GDP(10억 달러)		1인당 GDP(달러)	
	금액	순위	금액	순위
한국	1,764	11	34,121	35
미국	22,679	1	65,505	10
영국	3,236	6	47,251	21
일본	4,605	3	36,953	33
중국	18,488	2	12,484	73
인도	3,266	5	2,397	152
싱가포르	409	37	66,167	9
홍콩	328	42	43,547	27

주: 1) 2015년 기준 실질 값임. 2) 순위는 201개국 중 순위임.
출처: World Bank, WDI(검색일: 2025.11.10).

이다.[5] 규모의 경제로 인하여 가구원 수가 증가하더라도 최저생계비가 정비례해서 증가하지 않는다. 예를 들어 2025년 기준으로 1인가구 최저생계비가 월 143만 5,208원인데, 4인가구의 최저생계비는 월 365만 8,664원으로 1인가구 최저생계비의 4배가 아닌 2.55배로 계산되었다.[6] 따라서 한국의 최저생계비 수준은 가구원 수에 따라 책정한 것으로 등가규모는 반영하지 않았지만, 가구원 간 규모의 경제를 반영하였다.

국가차원에서의 후생수준, 즉 경제발전단계를 GDP와 1인당 GDP로 평가하는 경우 서로 다른 결과를 보여 준다. 〈표 5-3〉은 주요국의 2023년 기준 GDP와 1인당 GDP를 비교한 것이다. 예를 들어 중국의 경제발전단계를 GDP로 평가하면 세계 2위이지만 1인당 GDP로는 73위로 나타난다. 즉, 1인당 GDP로 평가하면 아직 개발도상국이다. 도시국가인 싱가포르는 1인당 GDP는 세계 9위로 선진국 수준이지만 GDP는 37위이다. 따라서 국가 간에 인구규모의 격차가 있으므로 GDP수준에 의하여 경제발전단계를 평가하면 오해를 일으킬 수 있다.

5 한국은 2014년 12월 「국민기초생활보장법」이 개정된 이후부터 기존 최저생계비라는 절대빈곤 개념이 아닌 기준 중위소득 개념을 사용하고 있다. 예를 들어 개인회생에 적용되는 최저생계비는 기준 중위소득의 60%이다. 즉, 중위소득을 정하고 이 소득의 일정비율을 가지고 최저생계비를 계산하는 상대적 빈곤개념이다. 그리고 최저생계비를 기준으로 수급자를 결정하는 통합급여 방식에서 개별급여(주거급여, 교육급여, 생계 및 의료급여 등)에 의한 지급방식으로 변경되었다.

6 2025년 기준 8인 이상 가구의 급여별 산정 기준은 1인이 증가할 때마다 923,623원씩 증가하였다.

5.2 절대적 빈곤과 상대적 빈곤

정부는 경제발전을 추구함에 있어서 저소득층으로 하여금 일정수준 이상의 후생수준을 유지하도록 하는 사회복지정책을 실시할 필요가 있다. 이를 위해서는 소비나 소득지표를 이용하여 개인 혹은 국가의 빈곤수준이 어느 정도이고, 누가 빈곤층에 속하는가를 정확히 파악할 필요가 있다. 따라서 본 절에서는 빈곤개념으로 많이 이용되는 절대적 빈곤(absolute poverty)과 상대적 빈곤(relative poverty)에 대해 알아본다.

5.2.1 절대적 빈곤

절대적 빈곤은 최소 생계필수품 구매가 가능한 소득 혹은 지출수준으로 정의되는 빈곤선(poverty line) 이하의 소득이나 소비수준에 있는 사람의 비중을 의미하는데, 정태적 정의와 동태적 정의가 있다.

(가) 정태적 빈곤

대표적인 빈곤 측정지표는 포스터 · 그리어 · 토르베크(Foster, Greer, Thorbecke. 1984)의 방법으로 식 (5-2)와 같다.

$$P(\alpha)=\frac{1}{L}\sum_{i=1}^{H}(\frac{z-y_i}{z})^{\alpha} \qquad (5-2)$$

L은 총 가구 수, z는 빈곤선, 그리고 y는 후생지표, 즉 1인당 지출 혹은 소득이다. H는 빈곤선 아래에 있는 빈곤층에 속한 가구 수($i=1, 2, 3, ..., H$)이다.. $\alpha=0$이라면 빈곤의 정도는 총인구 대비 빈곤선 아래에 있는 사람의 비율로 정의되는데, 이를 인원수 비율(head count ratio)이라고 한다. 이 정의는 빈곤선 아래의 소득이나 소비 수준에 있다면, 소득이나 소비수준의 차이에 상관없이 이들 모두가 동일한 빈곤계층으로 취급된다는 것을 의미한다.

정확한 빈곤 정도를 반영하기 위해서 빈곤선에서 멀리 떨어져 소득이나 소비수준이 더욱 낮은 사람의 빈곤 정도를 더욱 크게 반영할 필요가 있다. 각 개인의 빈곤 정도를 차별적으로 반영하기 위해 가중치를 사용한다. 가중치 정도에 따라 $\alpha=1$을 가정한 $P(1)$을 빈곤갭 비율

그림 5-2 빈곤지수 측정 예시

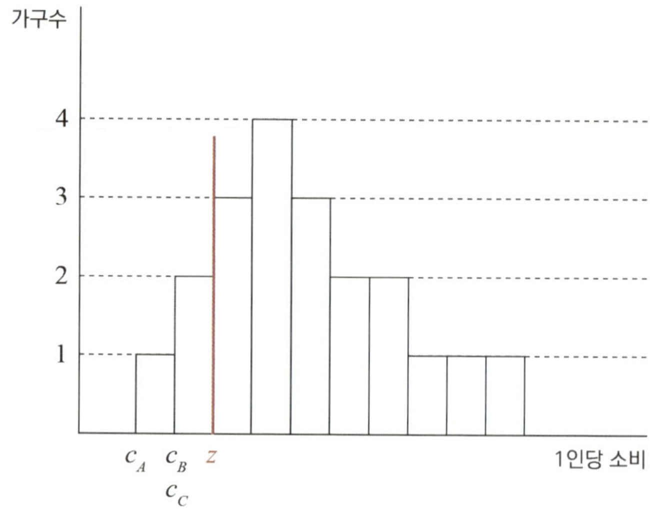

(poverty gap ratio)이라고 부른다. 그리고 소득이나 소비가 적은 계층의 빈곤지표에 대하여 빈곤갭보다 더욱 크게 효과를 반영하기 위해 가중치($\alpha=2$)를 사용한다. 이를 $P(2)$로 빈곤갭 제곱 비율(squared poverty gap ratio)이라고 부른다.

위의 세 지표의 차이를 비교하기 위하여 20가구의 1인당 소비를 나타낸 [그림 5-2]를 보자.

c_A, c_B, c_C는 각각 A, B, C 가구의 1인당 소비지출이고, 모두 빈곤선(z) 이하에 위치하고 있다. 위에서 알 수 있듯이 $\left(\frac{z-c_B}{z}\right)<\left(\frac{z-c_A}{z}\right)$이므로 가구 A의 빈곤 정도가 가구 B와 C보다 더 심각하다. 가구 수가 20이므로 인원수 비율은 $P(0)=3/20$이고, 빈곤갭 비율($P(1)$)과 빈곤갭 제곱비율($P(2)$)은 식 (5−3)과 식 (5−4)와 같다.

$$P(1)=(\frac{1}{20})\times\left[\left(\frac{z-c_A}{z}\right)+(2\times\left(\frac{z-c_B}{z}\right))\right] \qquad (5-3)$$

$$P(2)=(\frac{1}{20})\times\left[\left(\frac{z-c_A}{z}\right)^2+(2\times\left(\frac{z-c_B}{z}\right)^2)\right] \qquad (5-4)$$

빈곤의 정도를 해석하는데 주의해야 할 것은 빈곤자 수의 변화와 빈곤율의 변화 사이에

표 5-4 세계 대륙별 절대 빈곤율

(단위: %)

지역	1981	1990	2000	2011	2015	2021	2022	2023	2024
동아시아 및 태평양	77.2	67	46.8	15.5	6.1	2.6	2.4	2.2	2
중국	97.0	83	–	15.7	3	0	0	–	–
유럽 및 중앙아시아	–	4	7.6	3.6	1.2	0.8	0.7	0.6	0.5
남미와 캐리비안 지역	19.9	20.7	18.1	7.7	5.9	6.3	5	4.6	4.5
중동 및 북아프리카	–	34.2	23.8	13	11.3	–	–	–	–
남아시아	55.9	49.7	–	27.5	–	7.9	6.1	4.7	3.8
인도	–	–	–	27.1	–	–	5.3	–	–
사하라이남 아프리카	–	61.5	62.5	48.5	45.5	46.6	46.4	46.5	46
세계	47.1	43.4	36.3	19.2	13.4	11.2	10.8	10.5	10.3

주: 1) 각 지역의 개발도상국 대상 자료임. 2) 1일 3달러 빈곤선 기준임.
출처: World Bank, WDI(검색일 2025.11.14.).

혼동을 하는 경우가 많다는 점이다.

세계은행은 세계 공통적인 빈곤선을 하루 3달러로 정하고 대륙별 빈곤자 수와 빈곤율을 조사하였다. 〈표 5-4〉는 개발도상국에 대하여 빈곤선 이하에 사는 인구 비중을 보여 주고, 〈표 5-5〉는 빈곤선 이하에 사는 사람의 수를 보여 준다.

〈표 5-4〉의 빈곤율을 보면 1981년 기준으로 중국의 빈곤율이 97%에 이르며 가장 높은 값을 보여 준다. 그 다음으로 동아시아 및 태평양 지역의 빈곤율이 77.2%로 높았다. 이후 2021년 동아시아 및 태평양 지역의 빈곤율은 2.6%로 급속히 하락하였고, 2021년 남아시아 지역도 7.9%로 하락하였다. 다만 유럽 및 중앙아시아 지역의 빈곤율은 2000년대 일시적으로 상승하였다. 이는 소련체제가 몰락한 이후 자본주의 체제로 전환하는 국가들의 빈곤율이 상승하여 나타난 현상으로, 이 값도 2021년에는 0.8%로 하락하였다. 인구가 가장 많은 국가인 중국과 인도를 보면 이들의 경제성장이 각 지역의 빈곤율과 빈곤자 수의 하락에 매우 큰 역할을 하고 있음을 알 수 있다. 중국은 1990년 빈곤율이 83%에 이르렀으나, 2015년에는 3%로 하락하였다.

〈표 5-5〉의 빈곤자 수를 보면 동아시아 및 태평양 지역은 1981년 약 12억 명에서 2024년 약 5천만 명 수준으로 급격히 하락하였다. 그리고 남아시아 지역도 1981년과 2024년에 각각 약 4억 6천만 명에서 약 6천만 명으로 하락하였다. 빈곤율과 비슷하게 유럽과 중앙아시아의 빈곤자 수는 2000년대 초반까지 증가하였다가 2024년에는 5백만 명 수준으로 하락하

표 5-5 세계 대륙별 절대 빈곤자 수

(단위: 백만 명)

지역	1981	1990	2000	2011	2015	2021	2022	2023	2024
동아시아 및 태평양	1,218.1	1,217.3	958.7	346.0	141.1	62.4	57.7	52.5	47.7
유럽 및 중앙아시아	31.8	34.0	65.7	32.3	10.8	6.9	6.4	5.7	5.0
남미와 캐리비안 지역	73.3	91.4	94.2	45.9	36.4	40.6	33.0	30.3	29.6
중동 및 북아프리카	110.7	131.2	117.9	82.8	78.5	92.2	91.0	92.5	95.9
남아시아	461.5	503.3	570.3	403.4	263.3	128.7	101.0	77.7	63.6
사하라이남 아프리카	231.4	320.7	425.5	446.2	466.2	558.6	570.0	586.0	593.7
세계	2,128.0	2,299.2	2,234.2	1,359.7	1,000.0	890.3	863.2	848.5	839.2

주: 1) 1일 3달러 빈곤선 기준임.

출처: World Bank, PovcalNet(검색일 2025.11.14.).

였다. 이를 통해 전 세계적 전반적인 빈곤자 수는 하락하고 있음을 확인할 수 있다.

위의 내용을 종합하면 모든 지역 개발도상국의 빈곤율과 빈곤자 수가 대부분 하락하고 있음을 알 수 있다. 다만 유럽과 중앙아시아 지역은 체제전환국들 때문에 일시적으로 증가하였으나 2010년 이후에는 다시 하락하고 있다. 여기서 주의해야 할 것은 사하라이남 아프리카 지역 빈곤율과 빈곤자 수이다. 1990~2024년 기간 동안 이 지역의 빈곤율은 61.5%에서 46%로 하락하였지만, 빈곤자 수는 약 3억 2천 1백만 명에서 약 5억 9천 4백만 명으로 증가하고 있다. 이러한 현상은 빈곤자 수가 감소하는 속도에 비해 인구증가 속도가 훨씬 빠르기 때문이다.

(나) 동태적 빈곤

정태적 의미의 빈곤은 어느 특정 시점의 빈곤 상태를 알 수는 있지만 시간 경과에 따른 빈곤 상태의 변화를 알기 어렵다. 예를 들어 현재 시점에서 빈곤선 아래 소득으로 살고 있어 빈곤층으로 분류되더라도 다음 기에는 빈곤선 위로 생활수준이 상승하여 빈곤의 상태를 벗어날 수 있다. 하지만 정태적 빈곤 정의로는 이러한 개인별 차이를 찾아내기에는 한계가 있다. 따라서 모든 개인에 대하여 시간 경과에 따른 빈곤의 상태를 분석함으로써 누가 지속적으로 빈곤 상태에 놓여있는지를 비교할 수 있다.

이를 위하여 시간 경과에 따른 빈곤 상태의 변화를 정의하는 것이 동태적 빈곤이다. 동태적 빈곤은 만성적 빈곤과 일시적 빈곤으로 분류된다. 만성적 빈곤은 후생지표인 가계지출이나 가계소득이 장기간에 걸쳐 지속적으로 빈곤선 아래에 놓여있는 상황이다. [그림 5-3]은 이와 같은 상황을 표시한 것이다. 반면에 일시적 빈곤은 [그림 5-4]에서 볼 수 있듯이 어느 시점에는 가계지출이나 가계소득이 빈곤선 아래에 있어 일시적으로 빈곤 상태에 놓이지만, 다른 시점에서는 빈곤선보다 높은 후생을 누리는 경우이다.

동태적 빈곤의 정의는 정부가 사회복지정책의 우선순위를 결정할 때 매우 유용한 기준이 된다. 이 정의에 의하면 정책의 최우선 순위는 동태적으로 만성적인 빈곤 상태에 빠져 있는 계층에게 있다.

그림 5-3 만성적 빈곤

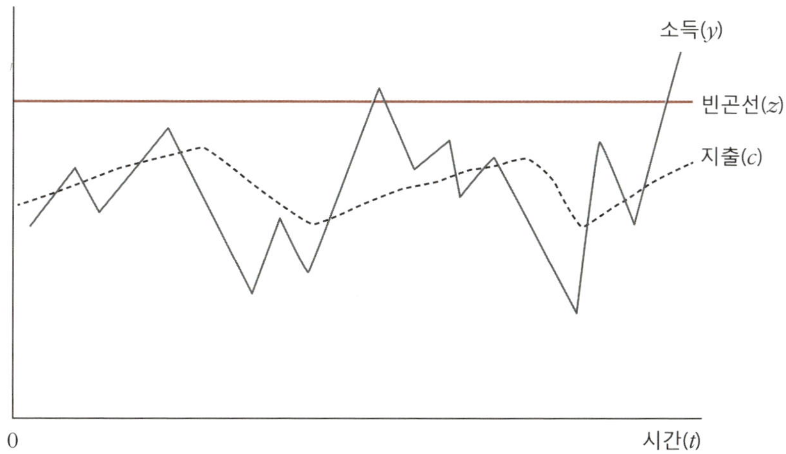

그림 5-4 일시적 빈곤

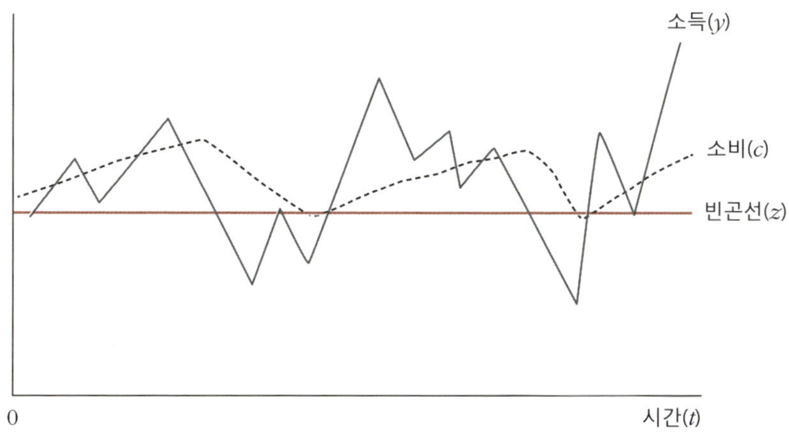

5.2.2 상대적 빈곤

다른 하나의 빈곤측정 방법인 상대적 빈곤은 분배 상태를 고려한 방법이다. 이는 총소득이나 총소비에서 일정 비율 이하에 살고 있는 사람들의 비중을 의미하는 것으로 어느 경제에서나 나타나는 현상이다. 상대적 빈곤율 정의는 연구자에 따라 다르지만 가장 많이 이용되는 기준은 중위소득이나 중위소비의 50% 이하 수준의 소득으로 살고 있는 사람의 비중이다.

5.3 한국의 절대 빈곤율과 상대 빈곤율

5.3.1 절대 빈곤율

〈표 5-6〉은 가계동향조사를 이용하여 1인가구를 제외한 일반가구를 기준으로 정의한 절대 빈곤율 추이를 보여 준다.[7] 이는 정부가 발표하는 최저생계비를 기준으로 빈곤선을 가정하여 다양한 소득 및 소비지출에 대한 절대 빈곤율을 계산한 것이다.[8]

먼저 1인가구를 제외하고 시장소득에 의한 절대 빈곤율을 보면 2000년 4.4% 수준에서 2014년까지 비슷하게 유지되고 있다.[9] 다만 글로벌 금융위기 시점인 2009년에 5.2%로 증가하였다.[10] 반면에 1인가구를 포함하는 전체가구를 대상으로 한 절대 빈곤율은 2006년 10.7%에서 약간 상승하여 2014년 12.2%로 증가하였다. 이는 상대적으로 1인가구의 빈곤율이 더 크다는 것을 의미한다. 정부의 조세정책과 이전지출이 실시된 이후의 가처분소득에 의한 빈

7 가계동향조사는 통계청이 매월 가계부 방식으로 집계하는 전국가구를 대상으로 하는 가구의 소득 및 소비자료이다. 이 자료는 1963년 최초로 작성하기 시작하였고 1982년 이후 소득 및 소비 원자료를 사용할 수 있다. 자료에 대한 자세한 설명은 [참고 5-3] 참조.

8 가구균등화 지수는 OECD 기준에 의해 가구원 수의 제곱근에 의해 정의된 것이다. 자료에 대한 자세한 설명은 [참고 5-3] 참조.

9 소득 및 소비지출은 다음과 같이 정의된다. (1) 시장소득=근로소득+사업소득+재산소득+사적 이전소득, (2) 경상소득=시장소득+공적 이전소득(연금+정부지원금), (3) 가처분소득=경상소득-조세-사회보장분담금, (4) 가계지출=소비지출+비소비지출.

10 소득분배나 빈곤과 같은 후생지표 값은 자료에 따라 다른 값을 보여준다. 예를 들어 가계동향조사가 아닌 가계금융복지조사를 사용하면 뒤에서 다룰 빈곤지표나 소득분배와 같은 후생지표 값이 다르게 나오는 이유도 여기에 있다. 중요한 것은 같은 자료를 사용하였을 때 후생지표의 추이가 어떻게 되는가이고, 국가 간 비교를 하는 경우 국가 간에 자료의 일관성 및 유사성이 있는지를 보고 판단하여야 한다.

표 5-6 최저생계비 기준 절대 빈곤율(%)

연도	소득			지출	
	시장소득	경상소득	가처분소득	소비지출	가계지출
2000	4.4	3.9	4.6	10.8	5.3
2001	3.5	2.9	3.6	7.7	3.3
2002	2.6	2.1	2.6	6.8	2.9
2003	3.4	2.9	3.3	5.2	2.3
2004	3.6	2.7	3.3	4.7	2.2
2005	4.7	3.3	4.2	6.1	3.1
2006	4.2(10.7)	2.9(7.6)	3.4(8.5)	6.5(10.9)	2.7(6.0)
2007	4.5(11.2)	2.9(7.8)	3.3(8.6)	7.3(11.1)	3.2(6.6)
2008	4.6(11.6)	2.9(8.0)	3.3(8.8)	6.2(11.2)	3.1(6.5)
2009	5.2(12.8)	3.2(8.4)	3.9(9.5)	9.4(14.6)	4.6(8.5)
2010	4.8(12.1)	2.6(7.9)	3.3(8.8)	7.2(11.7)	3.2(6.3)
2011	4.4(12.0)	2.5(7.8)	3.0(8.8)	6.0(10.9)	2.8(6.0)
2012	3.7(11.1)	2.2(7.6)	2.7(8.5)	5.5(10.7)	2.2(5.7)
2013	4.1(11.7)	2.3(7.7)	2.8(8.6)	7.2(12.4)	3.0(6.6)
2014	3.7(12.2)	1.9(7.7)	2.3(8.6)	8.9(14.3)	3.8(7.6)

주: 1) 가구원 2인 이상의 일반가구(농어가 제외) 값임. 2) ( )는 전국 1인가구를 포함한 전체가구 대상 값임. 3) 정부발표 최저생계비 기준임. 3) 2015년 이후에는 상대 빈곤율에 대한 정보만 수록하고 있음.

출처: 한국보건사회연구원(2015), p.34, 〈표 2-2〉.

곤율을 보면 먼저 1인가구를 제외한 가구의 절대 빈곤율은 2000년 4.6%였으나, 그 이후 약간 하락하여 2014년 2.3%를 보였다. 1인가구를 포함한 전체가구의 경우 절대 빈곤율은 2006~14년 기간 동안 8%대 중반을 유지하고 있다.

후생수준을 소득이 아닌 소비로 측정한다고 할 때 소비지출 기준에 의한 빈곤율도 중요한 의미를 갖는다. 소비지출의 기준에 의하면, 1인가구를 제외한 가구의 절대 빈곤율은 2000년 10.8%에서 점차 하락하여 2014년 8.9%로 나타났다. 반면 1인가구를 포함한 전체가구를 대상으로 하는 경우에는 2006년 10.9%에서 2014년 14.3%로 증가하였다. 결국 소득이나 소비지출을 가지고 계산을 하더라도 전반적으로 볼 때 1인가구를 포함한 빈곤율이 더 높게 나타나고 있음을 알 수 있다.

5.3.2 상대 빈곤율

[그림 5-5]는 1990년에서 2023년까지의 상대 빈곤율 추이를 나타낸다. 국내의 상대빈곤율 자료는 가계동향조사와 가계금융복지조사로 확인할 수 있다. 먼저 가계동향조사는 1990년부터 2016년까지 1인가구를 제외한 가구의 상대 빈곤율을 통계청이 발표하는 가처분소득과 시장소득을 기준으로 작성된다.[11] 가계동향조사를 살펴보면, 1990년 가처분소득 기준 상대 빈곤율이 7.1%였으나, 2002년 10.0%로 증가한 이후 지속적으로 증가하여 2009년 13.1%로 최고에 이르렀다. 그 이후 점차 하락하는 추이를 보여 2015년에 10.4%로 하락하였다가 2016년에는 11.0%로 상승하였다.[12]

반면 가계금융복지조사는 2011년부터 2023년까지 1인 가구를 포함한 가구의 상대 빈곤율로 통계청이 발표하는 가처분소득과 시장소득을 기준으로 작성된다.[13] 2011년 이후 가계금융복지조사의 추이를 살펴보면, 2011년 가처분소득 기준 상대 빈곤율은 18.5%였으나, 그 이후 점차 하락하는 추이를 보여 2023년에 14.9%로 하락하였다.

11 이 지표는 통계청이 매월 집계하는 가계동향조사를 이용하여 작성된 것이다. 통계청은 월별 소득을 가구별 연간소득으로 환산하고, 다시 월평균소득으로 환산한다. 그리고 여기서 사용하는 자료는 물가변화에 의한 구매력변화를 고려하지 않은 명목소득이다. 개인별 소득을 계산하기 위하여 OECD 기준에 의하여 가구원 수의 제곱근으로 등가화 하여 성인 등가 가구원 1인당 등가 가구소득을 계산한 것이다. 자세한 내용은 통계청, KOSIS 가계동향조사(검색일: 2016.09.15.) 참조.

12 전체가구(전국 1인가구 및 농어가를 포함한 일반가구)에 대한 통계를 발표하기 시작한 2006년 이후 전체가구를 대상으로 한 상대 빈곤율은 큰 변화가 없었다. 2006년 이후 14%대에서 유지되다가 2015년에는 13.8%로 하락하였고, 2016년에 다시 14.7%로 상승하였다. 자세한 자료는 [참고 표 5-1] 참조.

13 2011년 이후 통계청 가계금융복지조사(검색일: 2021.11.06)를 참조. 상대적 빈곤율은 전체 인구 중 소득수준이 빈곤선(균등화 처분가능소득의 중위소득 50% 또는 60%) 이하인 인구가 차지하는 비율을 나타냄.

그림 5-5 한국의 상대 빈곤율 추이

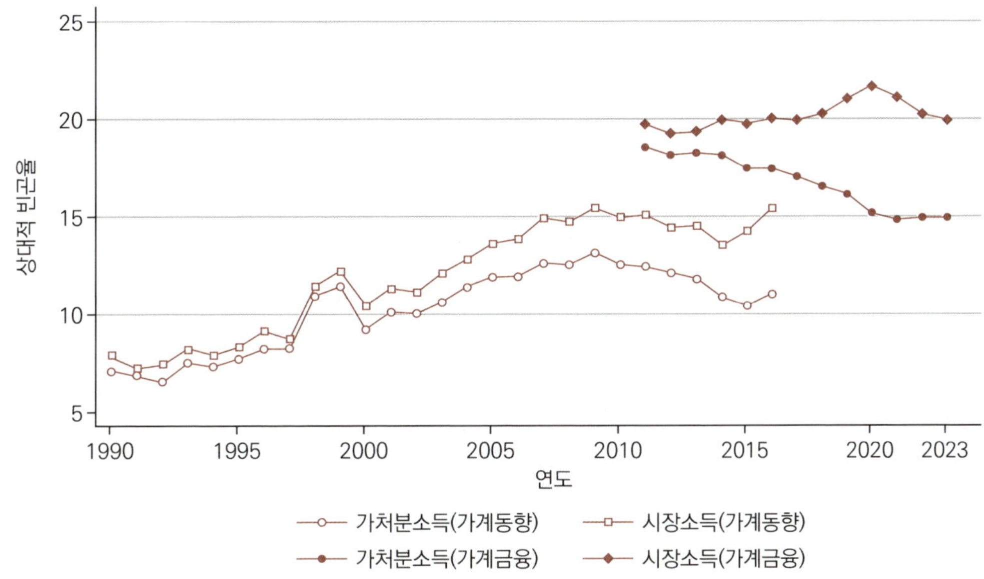

출처: 통계청, KOSIS 가계동향조사(검색일: 2017.06.24.) 및 KOSIS 가계금융복지조사(검색일: 2025.11.14.)를 이용하여 작성.
주: 가계동향조사는 OECD 작성기준(Wave 6), 가계금융복지조사는 OECD 작성기준(Wave 7)에 따라 작성

연습문제

5.1 가구 설문조사를 이용하여 측정하는 소득과 소비를 비교하면, 소득에 비해 소비가 더 높게 나타나는 경우가 많은데, 그 이유에 대하여 논의하시오.

5.2 한국에서 개인의 주거 형태는 전세 및 월세로 구성되어 있다.

1) 자가인 경우와 전세인 경우로 분류하여 주거에 대한 지출비용을 소비지출로 계산할 때 어떻게 환산하는 것이 좋을지를 논의하시오.
2) 월세의 경우, 주거에 대한 지출비용을 어떻게 계산하는 것이 좋은지 논의하시오.

5.3 개인의 후생수준을 소득과 소비로 정의한다고 하자.

1) 소득과 소비지표를 사용하는 경우 각각의 장단점을 논의하시오.
2) 빈곤대책을 세우는데 어느 지표가 더 좋은지를 장단점을 가지고 논의하시오.

5.4 시장소득과 가처분소득에 의한 상대 및 절대 빈곤율이 차이가 나타나는 이유를 논의하시오.

5.5 절대적 빈곤의 정태적 및 동태적 정의를 설명하고, 이 두 정의가 사회복지정책을 실시하는데 왜 중요한지를 논의하시오.

5.6 1인가구 절대 빈곤율이 2인 이상 가구보다 높게 나타나는 것을 볼 수 있다. 그 이유는 무엇인지 논의하고, 이러한 현상을 해소하기 위한 대책을 논의하시오.

5.7 보편적 복지와 선택적 복지정책에 대해서 알아보자.

1) 두 정책이 실시되고 있는 실례를 설명하시오.
2) 만약 빈곤수준의 감소를 목표로 하는 경우에 어느 정책을 선택하는 것이 옳은지에 대하여 논의하시오.

5.8 빈곤정책을 상대적 빈곤과 절대적 빈곤 중에서 어느 지표를 더욱 중요시해야 되는가를 정의의 차이를 가지고 논의하시오.

5.9 케인즈 소비함수에 의하면 저소득층일수록 평균소비성향이 높다. 사회복지정책이 저소득층의 소득을 인상시키는 것이 가장 중요한 목적이라고 하자. 이 정책이 저소득층의 소비를 증가시켜 경제성장을 유도하려는 목적을 달성하려고 할 때 그 효과성에 대해 논의하시오.

5.10 세계 각 지역의 빈곤지표의 추이를 보면 빈곤율은 하락하고 있지만, 빈곤자 수는 증가하는 경우를 볼 수 있다. 그 이유에 대해 논의하시오.

참고문헌

한국보건사회연구원, 2015, 2015년 빈곤통계연보, 연구보고서 2015－34.

Deaton, Angus, 1997, *The Analysis of Household Surveys: A Microeconometric Approach to Development Policy*, Baltimore and London: Johns Hopkins University Press.

Foster, James, Joel Greer and Erik Thorbecke, 1984, "A Class of Decomposable Poverty Measures," *Econometrica*, 52(3), pp.761－766.

Friedman, Milton, 1957, *A Theory of the Consumption Function*, New Jersey: Princeton University Press.

Modigliani, Franco, and Richard H. Brumberg, 1954, "Utility Analysis and the Consumption Function," in *Post-Keynesian Economics*(eds. by K. Kurihara), New Brunswick, New Jersey: Rutgers University Press, pp.388－436.

참고 5-1

경제발전과 건강

유엔의 새천년개발 목표와 지속가능발전 목표 중 가장 중요한 목표가 빈곤탈출이다. 그리고 또 다른 중요한 것이 영양결핍으로부터의 탈출이다. 이런 이유로 경제발전이 이루어지면서 건강 상태가 비례하여 좋아지는가에 대하여 많은 연구가 이루어지고 있다. 가장 대표적으로 경제발전이 이루어지면서 국가 간 혹은 국가 내 건강 상태가 어떻게 변화하는가를 설명한 것이 기대수명과 1인당 소득 간 관계를 보여 주는 프레스톤 곡선(Preston Curve)이다.[14]

첫째, 동일한 시점에서 1인당 소득이 높은 국가일수록 기대수명이 높게 나타난다. 그러나 소득수준이 일정 수준 이상으로 높아진다면, 소득수준 증가에 따른 기대수명 증가 정도는 완만하게 나타난다. 즉, 부유한 국가의 사람일수록 오래 산다고 하는 1인당 소득과 기대수명 간 관계를 보여 준다. 둘째, 동일한 국가 내에서도 과거에 비해 기대수명이 증가하였다. 이는 동일 시점에서 국가별로 볼 때 자국의 1인당 소득과 기대수명 간 관계를 나타내는 곡선이 시간이 지남에 따라 상향 이동한다는 것을 의미한다. 이를 [참고 그림 5-1]을 보면 과거에는 1인당 소득과 기대수명 간 관계가 CC로 나타나지만, 최근 들어서면서 국가별로 자국의 1인당 소득과 기대수명 간 관계는 상향 이동한 $C'C'$과 같은 형태가 된다는 것이다.

위의 두 가지 현상을 종합하면 경제성장으로 1인당 소득이 증가하면 기대수명이 높아진다고는 할 수 있지만, 그 외에 독립적으로 기대수명에 영향을 미치는 다른 요소들이 있을 수 있다고 볼 수 있다. 프레스톤은 이들 요소로 기술 변화, 예방접종 확대, 정부의 공공 보건정책의 확대 등을 제시하였다. 특히 2015년 노벨경제학상을 받은 앵거스 디튼(Angus Deaton)은 그의 저서 『위대한 탈출(The Great Escape)』(2013)에서 경제성장과 다양한 건강지표 간 관계를 검토하였다. 프레스톤 곡선의 시사점과 유사하게 그는 경제성장이 건강을 증진시키는 것은 사실이지만, 기술이나 보건정책과 같은 변수도 매우 중요한 역할을 하기 때문에 경제성장과 동시에 직접적인 건강 관련 정책을 실시하는 것이 중요하다고 주장하였다. 그리고 웨일(Weil, 2015)은 더 나아가 건강이 경제성장에 영향을 미칠 수도 있음을 주장하였다.

14 프레스톤 곡선은 프레스톤(1975)이 1900년대, 1930년대 그리고 1960년대의 각각에 대하여 국가별 1인당 소득과 기대수명 간 관계를 나타낸 것이다.

참고 표 5-1 한국의 중위소득과 상대적 빈곤층 추이

연도	균등화가구 중위소득(원)	상대적 빈곤층 (50% 미만)	중산층 (50-150%)	상대적 부유층 (150% 이상)
1990	395,845	7.1	75.4	17.5
1991	488,012	6.8	76.2	16.9
1992	572,970	6.5	76.3	17.1
1993	631,751	7.5	75.7	16.8
1994	725,088	7.3	75.8	16.9
1995	824,936	7.7	75.3	16.9
1996	922,759	8.2	74.5	17.2
1997	878,517	8.2	74.1	17.8
1998	851,569	10.9	69.6	19.5
1999	881,979	11.4	68.9	19.6
2000	963,985	9.2	71.7	19.0
2001	1,051,142	10.1	70.4	19.5
2002	1,131,981	10.0	70.3	19.8
2003	1,221,973	10.6	71.8	17.6
2004	1,290,094	11.4	70.0	18.6
2005	1,339,940	11.9	69.2	18.9
2006	1,398,728	11.9(14.3)	68.3(64.6)	19.8(21.0)
2007	1,462,026	12.6(14.8)	67.0(63.9)	20.4(21.3)
2008	1,540,267	12.5(15.2)	66.3(63.1)	21.2(21.7)
2009	1,557,433	13.1(15.3)	66.9(63.1)	20.0(21.6)
2010	1,642,414	12.5(14.9)	67.5(64.2)	20.0(20.9)
2011	1,753,076	12.4(15.2)	67.7(64.0)	20.8(19.9)
2012	1,871,378	12.1(14.6)	69.1(65.0)	18.8(20.3)
2013	1,930,355	11.8(14.6)	69.7(65.6)	18.5(19.8)
2014	1,967,540	10.8(14.4)	70.0(65.4)	19.2(20.2)
2015	2,037,062	10.4(13.8)	72.6(67.4)	17.0(18.8)
2016	2,049,632	11.0(14.7)	71.0(65.7)	18.0(19.6)

주: 2인 이상 가구에 대한 가처분소득으로 계산한 것이며, 2006년 이후 ( )는 전체가구의 가처분소득에 대한 값임.
출처: 통계청, KOSIS 가계동향조사(검색일: 2021.11.06.).

참고 그림 5-1 국가별 1인당 소득과 기대수명

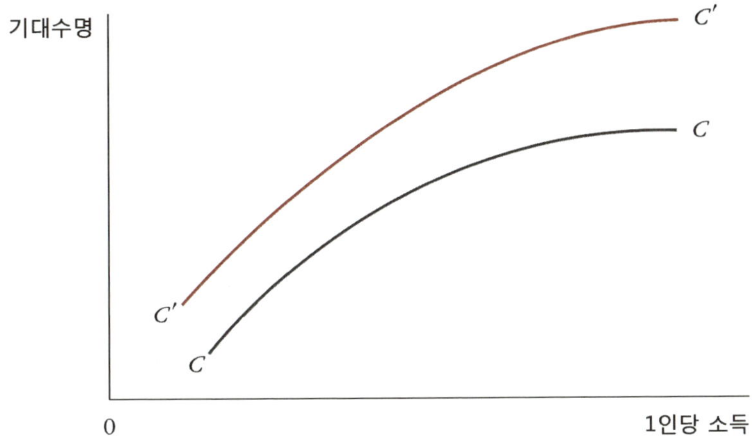

참고문헌

Deaton, Angus, 2013, *The Great Escape: Health, Wealth, and the Origins of Inequality*, New Jersey: Princeton University Press.

Preston, Samuel H., 1975, "The Changing Relation between Mortality and Level of Economic Development," *Population Studies*, 29(2), pp.231－248.

Weil, David N., 2015, "A Review of Angus Deaton's The Great Escape: Health, Wealth, and the Origins of Inequality," *Journal of Economic Literature*, 53(1), pp.102－114.

참고 5-2

재난과 빈곤: 캄보디아와 지뢰

재난(disaster)은 자연적 재난(natural disaster)과 인위적 재난(non-natural disaster)으로 나눌 수 있다. 대표적인 인위적 재난의 원인이 된 것 중의 하나가 지뢰(landmine)이다. 캄보디아는 오래된 내전과정에서 매설한 지뢰가 내전 이후에도 제대로 제거되지 않아서, 국민들의 건강에 여전히 심각한 영향을 미치고 있다.

캄보디아는 제2차 세계대전 이후, 외세와 내전에 의해 분쟁을 겪은 대표적인 국가이다. 1863년 프랑스 보호령이 되었다가 1954년 프랑스 공동체 내 자치국으로 독립하였지만, 그 이후 쿠데타와 내전으로 1980년 말까지 극심한 정치적 혼란을 경험하였다. 특히 캄보디아의 군벌인 폴 포트(Pol Pot)가 이끄는 크메르 루즈(Khmer Rouge)에 의해 총 인구 약 700만 명 중에서 거의 1/3이 학살된 것으로 알려진 킬링필드(1975~79)는 세계적으로 공분을 일으킨 대사건이었다. 이후 1989년 캄보디아에 주둔하던 베트남 군대가 철수하고, 1991년 파리 평화협정과 1993년 보통선거에 의하여 입헌군주제로 바뀌면서 점차 안정화 되었다.

캄보디아에는 베트남 전쟁(1965~79) 당시 미군이 투하한 폭탄, 크메르 루즈(Khmer Rouge)의 주요 도시에 대한 공격(1971~75)에 대비하여 정부가 매설한 지뢰, 북부 베트남과 친 소련인 크메르 루즈가 국경 지역에 매설한 지뢰, 1968년 이후 태국과 캄보디아가 국경을 방어하기 위해 매설한 지뢰, 그리고 크메르 루즈 정권이 무너진 이후 베트남 지배 하에 있던 캄푸차 공화국(People's Republic of Kampuchea)이 매설한 지뢰 등이 있다(Roberts, 2011, pp.167-183). 또한, 매설된 지뢰는 아직도 완전히 제거되지 못하여 농사를 포함한 캄보디아 국민들의 경제활동에 상당한 제약 요인이 되고 있다.

캄보디아는 개발도상국에서 장애인 비율이 매우 높은 국가 중 하나이다. 2011년 캄보디아 사회경제 서베이(Cambodia Socio Economic Survey) 자료를 이용하여 계산한 장애(disability)의 원인을 정리하면 [참고 표 5-2]와 같다. 개인 장애자 695명 중에서 52명은 지뢰 혹은 전쟁에 의한 장애이며, 가구주가 장애인인 가구는 총 620가구인데, 그 중 지뢰나 전쟁에 의해 장애를 앓고 있는 가구는 51가구이다.

장애는 당사자뿐만 아니라 다양한 경로를 거쳐서 가족의 빈곤을 악화시킨다. 예를 들어 취업기회 감소 혹은 교육기회 감소 등이 있다. 더욱 심각한 것은 장애가 빈곤의 악순환(vicious circle of poverty)을 일으킨다는 점이다. 장애 때문에 빈곤하고 빈곤하기 때문에 취업과 교육 기회가 적어서 더욱 빈곤해지게 된다.

Kang et al.(2017)이 2011년 캄보디아 사회경제 서베이 자료를 이용하여 분석한 결과를 보면, 장

참고 표 5-2 캄보디아 장애의 원인

장애 종류	장애 원인	개인	가구
선천적 장애	선천적	71(10.2)	68(11.0)
지뢰 혹은 전쟁에 의한 장애	지뢰/미폭발물(UXO)	26(3.7)	25(4.0)
	전쟁 혹은 다른 정신적 사건	4(0.6)	4(0.6)
	전쟁 상해	22(3.2)	22(3.5)
사고에 의한 장애	교통사고	15(2.2)	15(2.4)
	업무 중 사고	30(4.3)	30(4.8)
질병에 의한 장애	질병	184(26.5)	171(27.6)
기타 요인에 의한 장애	고령	292(42.0)	235(37.9)
	기타	40(5.8)	50(8.1)
합계		695(100)	620(100)

주: 1) 가구는 가구주가 장애인 경우를 의미함. 2) 괄호 안은 전체에서의 비중임.
출처: Kang et al.(2017).

애는 빈곤을 약 12~15% 정도 악화시킨다. 특히 전쟁이나 지뢰에 의한 장애는 빈곤을 26~27% 악화시킨다. 이러한 결과는 선천적 장애나 사고 혹은 병에 의한 장애는 빈곤에 심각한 영향을 주지 못한다는 결과와 대비된다. 그리고 연구결과는 가구원 수가 많거나 15세 이하 어린이가 많을수록, 그리고 가구주가 결혼을 하지 않았거나 비도시 지역에 거주하는 경우 상대적으로 더욱 빈곤하다고 보여 주었다.

참고문헌

Kang, Sung Jin, Yasuyuki Sawada, and Yong Woon Chung, 2017, "Long−Term Consequences of Armed Conflicts," *Asia Pacific Journal of Regional Science*. 1(2) pp.519−535.

Roberts, Wade C., 2011, *Landmines in Cambodia: Past, Present, and Future*, Amherst New York: Cambria Press.

참고 5-3

한국의 주요 가계관련 자료

정책이나 환경의 변화에 의하여 가구나 개인의 소득이나 소비로 측정되는 후생수준이 얼마나 영향을 받는가를 명확히 파악하기 위해서는 동일한 가구나 개인에 대한 자료를 가지고 분석하는 것이 필요하다. 이처럼 동일한 가구나 개인에 대하여 시간에 따라 파악하는 자료를 패널자료(panel data)라고 한다. 선진국에서는 이러한 자료의 중요성을 인식하고 이미 1960년대 이후 패널자료를 조사하고 있다. 현재 매해 발표되는 대표적인 패널 가구자료는 미국의 PSID(Panel Study of Income Dynamics, 1968), 독일의 GSOEP(German Socio-Economic Panel, 1984), 그리고 영국의 BHPS(British Household Panel Survey, 1991)가 있다.

한국에서도 선진국과 유사한 형태의 가구자료를 조사하고 있다. [참고 표 5-3]은 한국의 주요 4개 가구자료의 특징을 정리한 것이다.

가장 대표적인 것은 통계청이 발표하는 가계동향조사이다. 이 자료는 1963년 도시가계조사라는 이름으로 시작된 것으로 일정 기간(약 5년) 간격으로 표본가구를 바꾸는 형식의 부분적인 패널자료로 반복 횡단면(repeated cross-section)자료라고 할 수 있다. 이 자료는 1982년부터 원자료가 제공되고 있는데 매월 가계부기장방식으로 제공되고 있다. 초기에는 2인가구 도시가계에서 출발하여 현재는 전국의 전체 가구를 대상으로 자료를 취합하고 있다. 그리고 기간에 따라 소득과 소비변수를 측정하는 가구범위도 다르다. 따라서 본 자료를 사용할 때 기간별로 가구원 수, 가구의 범위, 소득변수의 범위 등에 대한 주의가 필요하다.[15]

미국의 PSID와 가장 유사하게 본격적인 자료가 취합되기 시작한 것은 1994년 대우경제연구소가 시작한 한국가구패널조사(Korea Household Panel Study: KHPS)자료이다. 패널가구뿐만 아니라 개인의 소득 및 소비지출과 다양한 가구특성을 반영한 매우 유익한 패널자료이었지만 외환위기에 직면하면서 1998년 조사를 끝으로 중단되었다. 그 이후 대우패널자료와 유사한 형태로 한국노동연구원이 1998년 이후 매년 조사하고 있는 한국노동패널조사(Korean Labor and Income Panel Study: KLIPS)가 있다. 이는 앞에서의 대우패널과 매우 유사한 형태로 이루어져 있지만 표본이 상호 연계되는 것은 아니다.

15 1982~2002년 기간에는 전국 도시(읍면 지역은 포함 안됨)지역 가구 중 가구원 수 2인 이상 가구에 국한하고 그 중에서 소득은 근로자가구만 조사하였고, 소비는 근로자 및 비근로자가구 모두 포함하였다. 2003~2005년 기간에는 전국(읍면 지역 포함)가구를 포함하고 가구원 수 2인 이상을 조사하였고 이때부터 소득 및 소비 전체 가구(근로자 및 비근로자)를 대상으로 조사하였다. 2006년부터는 전국 가구(읍면 포함)에 거주하는 가구원 수 1인 이상 가구 모두를 대상으로 하였고, 소득과 소비도 전체 가구를 대상으로 조사하였다.

참고 표 5-3 한국의 주요 가계 자료

	가계동향조사	KHPS	KLIPS	가계금융·복지조사
작성기관	통계청	대우경제연구소	한국노동연구원	통계청 외
기간	1963~	1993~98	1998~	2002~
자료 형태	부분 패널	패널	패널	패널
평균 추출 표본 수	4,500가구	5,000가구와 개인	5,000가구와 개인	20,000가구
조사방법	가계부	면접	면접	면접
조사빈도	매월	매년	매년	매년

최근에는 통계청, 금융감독원, 한국은행이 공동으로 가구별 자산과 부채규모를 파악하는 가계금융·복지조사를 실시하고 있다. 이는 가계동향조사의 한계점(자산 및 부채가 충분히 파악 안 됨, 표본의 높은 탈락률 등)을 극복하기 위하여 추가로 실시하는 조사이다. 이는 개인별 자료가 포함되지 않아서 가구당 자산 중심의 조사가 이루어지고 있다는 문제가 있다.

패널조사를 실시하는 경우에는 초기 많은 가구를 중심으로 조사를 실시하더라도 장기간 지속되면서 표본탈락이 이루어지기 마련이므로 이들 가구를 어떻게 적절하게 대체할 것인가는 매우 중요하다. 그리고 시간에 따른 지표의 변화를 파악함에 있어서 서로 다른 자료를 가지고 직접적으로 비교·분석하는 것은 잘못된 정책적 판단을 하기 쉽다. 따라서 통계를 이용하여 경제주체의 소득이나 소비의 변화를 통하여 후생의 변화를 파악하기 위해서는 원자료의 투명한 공개, 통계의 정확성, 일관성, 지속성 등이 매우 중요하다.

제5장에서는 사회발전 정도를 반영하는 지표인 상대적 및 절대적 빈곤을 알아보았다. 국가적으로 1인당 평균소득이 높더라도 일정 소득 이하의 빈곤계층이 많다면 그 사회의 경제발전 상태는 바람직하지 않을 수 있다. 특히 개인의 절대적 혹은 상대적 후생수준을 정확히 파악할 수 있으면, 이들은 정부가 사회복지정책을 시행할 때 매우 중요한 지표가 될 수 있다.

본 장에서는 개인 후생수준의 절대적 및 상대적 위치를 파악하는 데서 더 나아가 개인 간 소득 격차를 반영하는 다양한 지표들을 소개한다. 소득분배 지표는 노동자와 자본가의 점유율 격차를 반영하는 기능적 소득분배와 모든 개인 간의 소득 격차를 반영하는 개인별 소득분배 지표가 있다. 또 중산층의 변화를 반영하는 양극화 개념을 소개하고, 양극화가 소득분배 지표와 어떠한 차이가 있는지를 알아본다. 그리고 같은 개인에 대하여 소득계층의 이동이 얼마나 이루어지는가를 측정하는 방법론으로 이행행렬을 알아본다.

제 6 장

소득분배와 양극화

제 6 장

소득분배와 양극화

6.1 소득분배의 개념

소득분배는 사회발전 정도를 나타내는 대표적인 지표로서 생산과정을 거쳐 나온 생산물이나 소득이 생산과정에 참여한 개별 경제주체에게 어떻게 분배되는가를 보여준다. 따라서 1인당 소득이라는 단순한 평균소득의 변화를 의미하는 경제성장 개념과 다르게 소득분배는 자신의 소득수준과 다른 경제주체의 소득수준을 서로 비교할 수 있다는 점에서 차이가 있다.

구체적인 소득분배의 측정은 기능별 소득분배와 개인별 소득분배로 나눌 수 있다. 기능별 소득분배는 요소소득별 소득분배와 제도부문별 소득분배로 구분된다. 요소소득별 소득분배는 생산과정에서 투입되는 생산요소(노동, 자본)의 소득인 노동소득과 자본소득이 노동자와 자본가에게 어떻게 분배되는가를 보여준다. 제도부문별 소득분배는 가계, 기업과 일반정부 간 소득분배를 보여주는 개념이다. 개인별 소득분배는 생산과정에 투입되는 생산요소와 상관없이 모든 개인별 소득이 어떻게 분배되고 있는가를 보여주는 개념이다. 다시 말하면 노동자일지라도 별도로 자본소득을 받을 수 있다는 점을 고려한 것이다.

구체적인 지표는 다음과 같다. 기능별 소득분배는 요소소득별로 노동소득분배율과 자본소득분배율이 있으며, 제도부문별로는 가계, 기업과 정부 소득분배로 나눌 수 있다. 그리고 개인별 소득분배를 나타내는 지표로는 로렌츠 곡선, 지니계수, 십분위 분배율, 십분위 배율, 오분위 배율 등이 있다.

6.2 기능별 소득분배

6.2.1 지표

생산요소를 노동과 자본으로 구분할 때, 총소득 중 노동에 분배된 소득 비중을 노동소득분배율이라 하고, 자본에 분배된 소득 비중을 자본소득분배율이라고 한다. 노동소득분배율(α)의 가장 일반적인 정의는 식 (6-1)과 같다.

$$\alpha = \frac{노동소득}{국민소득} \tag{6-1}$$

노동소득분배율 값은 국민소득과 노동소득의 정의가 무엇인가에 따라 다르게 나타난다.

첫째, 노동소득은 국민계정에서 피용자보수(compensation of employee)로 정의된다. 이때 피용자보수는 노동자가 수행한 노동의 대가로 받은 세금납부 이전의 임금(wage) 및 급료(salary) 그리고 고용주가 부담하는 사회부담금으로 구성된다.[1] 문제는 자영업자에 대한 소득 구분이다. 자영업자는 노동자와 자본가가 혼재되어 있으므로 자영업자 소득에는 노동소득과 자본소득이 혼합되어 있다. 그러므로 자영업자 소득을 노동소득에 포함하면 상대적으로 노동소득분배율이 높게 평가되고, 반대로 자본소득에 포함되는 것으로 정의하면 노동소득분배율이 상대적으로 낮게 평가된다.

둘째, 국민소득을 어떻게 정의하는가의 문제이다. 많이 쓰이는 국민소득 통계는 시장가격으로 표시된 국내총생산(GDP), 총부가가치(Gross Value Added: GVA) 그리고 요소가격으로 표시한 국민소득(NI)이 있다. 시장가격으로 표시된 국내총생산은 피용자보수, 영업잉여, 고정자본소모 및 순생산물세(생산물세-생산물보조금)의 합이다. 여기에는 부가가치가 아닌 순생산물세

1 노동소득 이외에 노동자가 자산에 투자하여 얻은 자본소득도 노동자의 소득이 될 수 있다. 그러므로 피용자보수만을 노동자의 소득으로 보는 것은 너무 좁은 개념이다.

가 포함되어 있으므로 순수한 부가가치의 합인 노동 및 자본소득과 비교하기 위해서는 국내 총생산에서 순생산물세를 차감한 총부가가치(GVA)를 사용해야 한다. 또한 고정자본소모는 자본축적 과정에서 재원으로 사용되는 부분인데, 요소가격으로 표시한 국민소득은 총부가가치에서 이 부분을 제외하여 피용자보수와 영업잉여의 합으로 정의한다. 즉, 고정자본소모를 자본소득에 포함하지 않고 생산과정에서 비용으로 보고 차감한다.

6.2.2 한국의 기능별 소득분배 현황과 국제 비교

앞에서 설명하였듯이 국민소득과 노동소득의 정의에 따라 노동소득분배율 값은 차이가 난다. 한국은행이 발표하는 노동소득분배율 정의는 식 (6-2)와 같다.

$$\alpha^{BOK} = \frac{\text{피용자보수}\ (CE)}{\text{요소가격 국민소득}(NI)} \tag{6-2}$$

한국은행이 발표하는 노동소득분배율(α^{BOK})은 피용자보수를 요소가격 국민소득으로 나눈 값으로 정의된다. 이런 이유로 현재는 피용자보수비율로 불린다. 나머지 부분인 영업잉여(기업 및 재산소득)의 요소가격 국민소득에 대한 비율은 자본소득분배율이다. 따라서 한국은행이 발표하는 요소가격 국민소득은 피용자보수(CE)와 영업잉여의 합이고, 영업잉여는 자영업자와 자본가의 소득을 합한 것이다.[2]

OECD가 정의하는 노동소득분배율(α^{OECD})은 식 (6-3)과 같다.

$$\alpha^{OECD} = \frac{\text{피보용보수}(CE)\text{+조정된 자영업자 소득}(CSE)}{\text{총부가가치}(GVA)} \tag{6-3}$$

OECD는 요소가격 국민소득 대신 총 부가가치를 사용한다. 그리고 피용자보수뿐만 아니라 조정된 자영업자의 소득을 노동소득에 포함하여 노동자소득을 조정한다. OECD는 자영업자의 평균 임금소득이 노동자의 평균 임금소득과 일치한다고 가정한다. 총 노동자 수(L)를 노동자(L^e)와 자영업자(L^{se})의 합이라고 하자. 그리고 노동자의 평균소득을 CE/L^e이라고 하

2 한국은행이 발표하는 총 가처분소득의 요소소득별 분배는 피용자보수, 기업 및 재산소득, 고정자본소모, 생산 및 수입세(공제)보조금, 국외순수취 경상이전으로 구성된다.

면, 조정된 노동자소득(ACE)은 피용자보수(CE)와 조정된 자영업자 소득(CSE)의 합이 되어 식 (6-4)와 같이 정의할 수 있다.

$$ACE = CE + \left(\frac{CE}{L^e} \times L^{se}\right) = CE \times \frac{L}{L^e} \tag{6-4}$$

여기서 $CSE = \frac{CE}{L^e} \times L^{se}$ 이다. 따라서 OECD가 정의하는 노동소득분배율은 식 (6-5)와 같이 다시 쓸 수 있다.

$$\alpha^{OECD} = \frac{ACE}{GVA} = \frac{CE}{GVA} \times \frac{L}{L^e} \tag{6-5}$$

그림 6-1　한국의 노동소득분배율 추이

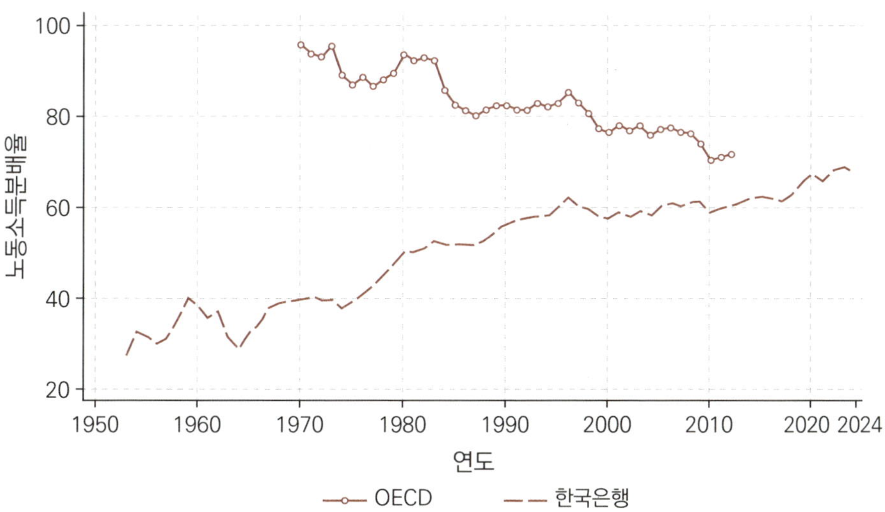

주: OECD는 2012년 이후 노동소득분배율을 발표하고 있지 않음.
출처: 한국은행, 경제통계시스템(검색일: 2025.11.14.) 및 OECD, OECD.stat(검색일: 2017.09.06.) 자료를 이용하여 작성.

[그림 6-1]은 두 기관이 발표하는 한국의 노동소득분배율 지표를 나타낸다. 한국은행이 발표한 노동소득분배율은 1990년 이후 상승하는 추이를 보이지만 OECD가 발표한 자료는 하락하는 추이를 보여준다.[3]

한국은행의 노동소득분배율은 1953년 27.3%에서 시작하여 증가 혹은 하락하는 시기가 있었지만, 전반적으로 2024년 67.9%까지 지속적으로 상승하였다.[4] 앞에서 설명하였듯이 한국은행이 발표하는 노동소득분배율은 노동자의 피용자보수만 포함하고, 자영업자의 노동소득 부분을 고려하지 않기 때문에 전체적인 노동소득분배율을 과소평가하고 있다고 볼 수 있다. OECD가 발표하는 노동소득분배율은 1970년 95.7%에서 시작하여 지속적으로 하락과 상승을 하다가 2012년에는 71.8%에 달하였다.[5] 결국 한국은행과 OECD 정의의 가장 큰 차이점은 자영업자의 노동소득을 어떻게 고려하는가에 있다. 따라서 OECD의 노동소득분배율 하락은 자영업자의 소득하락이 주요 원인이라고 볼 수 있다.

표 6-1 OECD 국가별 노동소득분배율(2012년 기준)

국가	분배율	국가	분배율	국가	분배율
호주	55.6	헝가리	60.0	뉴질랜드	52.8
오스트리아	67.5	아이슬란드	60.2	노르웨이	54.6
벨기에	70.5	아일랜드	56.8	폴란드	53.2
캐나다	59.8	이스라엘	61.9	슬로바키아	51.6
체코	60.7	이탈리아	68.7	슬로베니아	74.0
덴마크	64.5	일본	60.6	스페인	61.0
에스토니아	58.6	한국	71.8	스웨덴	65.1
핀란드	68.6	라트비아	62.6	스위스	64.7
프랑스	69.0	룩셈부르크	57.3	터키	38.4
독일	68.5	멕시코	41.1	영국	70.4
그리스	60.2	네덜란드	69.6	미국	63.7

주: 2012년 값이 없는 경우 가장 최근 값을 인용하였음. 2011년(호주, 아이슬란드, 이스라엘, 일본, 미국), 2009년(뉴질랜드), 2008년(캐나다, 라트비아), 2006년(터키).

출처: OECD, OECD.stat(검색일: 2021.11.06.).

3 [참고 표 6-1]의 피용자보수 비중은 총 가처분소득에 대한 비중으로 계산한 것으로, 요소가격 국민소득 대비 피용자보수인 노동소득분배율과는 차이가 있다. 노동소득분배율에 대한 다양한 논의에 대해서는 김배근(2013) 참조.

4 한국은행은 1953년부터 노동소득분배율을 발표하고 있다.

5 OECD는 한국의 노동소득분배율을 1970년부터 발표하고 있다.

〈표 6-1〉은 2012년 기준 OECD 회원국들의 노동소득분배율을 비교한 것이다. 노동소득분배율이 가장 높은 국가는 슬로베니아로 74.0%이고, 가장 낮은 국가는 터키로

38.4%이다. 한국은 71.8%로 슬로베니아 다음으로 높아 총 33개 국가 중에서 상대적으로 높은 노동소득분배율을 보여준다.

[그림 6-2]는 명목 가처분소득에 대한 제도 부문별 소득분배 추이를 보여준다. 세 부문은 가계, 기업과 정부이다.[6] 가계부문은 자료가 발표되기 시작한 1975년 80.6%에서 하락하여 2024년에는 65.2%였다. 기업부문 분배를 보면 1975년 8.5%에서 상승하여 2024년 23.7%에 달하였다. 반면에 정부부문에 대한 분배는 1975년 10.9%에서 2010년 13.6%로 증가하였다. 그러나 하락하여 2024년 11%를 기록하였다. 결국 1975년과 2024년을 비교하면 가계소득 비중의 약 15.4%p 하락 부분은 각각 기업(15.2%p)과 정부(0.1%p)로 이전하였다.

그림 6-2 가처분소득의 제도부문별 소득분배

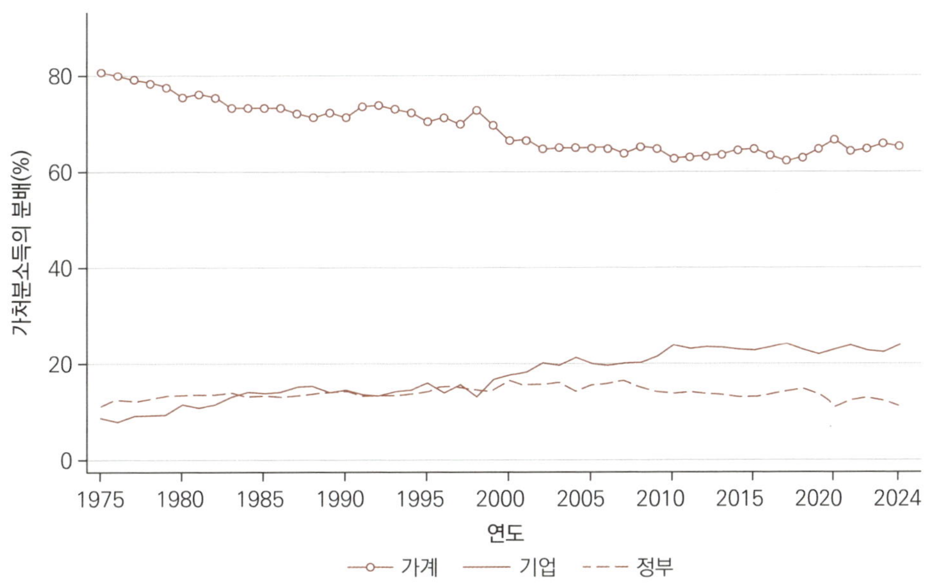

출처: 한국은행, 경제통계시스템(검색일: 2025.11.14.) 자료를 이용하여 작성.

6 한국은행은 이를 제도 부문별 소득으로 부르고 가계, 기업과 정부로 나누고 있다. 가계는 가계 및 가계에 종사하는 비영리단체이고, 기업은 금융기업 및 비금융기업을 포함한다. 구체적인 값은 [참고 표 6-2] 참조.

6.3 개인별 소득분배

6.3.1 주요 지표

(가) 로렌츠 곡선

로렌츠 곡선은 개인소득의 불평등 정도를 그래프로 표현한 것이다. 로렌츠 곡선을 자세히 설명하기 위하여 먼저 소득이 증가하는 순서에 따라 모집단에 속한 개인들을 분류하자. [그림 6-3]에서 수평축은 소득이 낮은 수준에서부터 증가하는 순서에 따른 인구의 누적 비중을 나타낸다. 예를 들어 수평축에서 50%는 총인구를 소득이 낮은 순서대로 배열할 때 하위소득에 속하는 50% 인구를 의미하고, 마찬가지로 80%는 총인구 중 가난한 80% 인구(혹은 부유층 20%)를 의미한다.

수직축은 수평축에 해당하는 인구 비중에 해당하는 소득을 총소득에 대한 비중으로 나타낸 것이다. 예를 들면, 수직축의 점 10%는 수평축 50%에 해당하는 가난한 계층 50%의 인구가 얻는 소득이 총소득에서 차지하는 비중이 10%라는 의미이다. 마찬가지로 점 40%는 하위계층 80%가 얻는 소득이 총소득에 대해 차지하는 비중이 40%라는 것을 의미한다. 따라서 a 점은 인구 축의 50%와 소득 축의 10%와 대응되는 것으로, 가난한 50%의 인구가 총소득의

그림 6-3 로렌츠 곡선

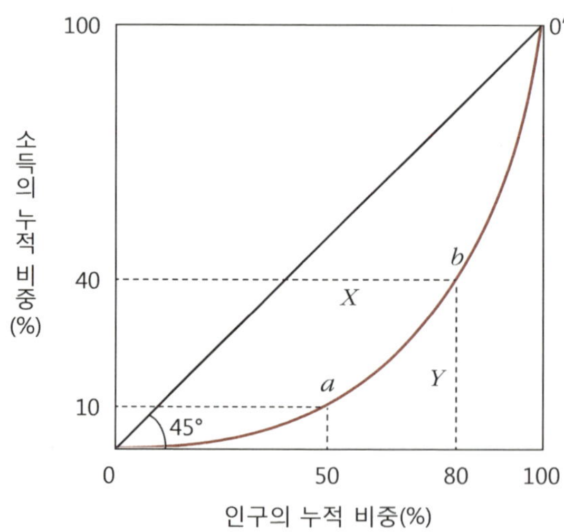

10%를 벌어들였다는 것을 의미한다. 마찬가지로 b점은 하위소득 80%가 총소득의 40%를 차지하는 것을 의미하고, 이는 상위 소득 20% 인구가 총소득의 60%를 차지한다고 해석할 수 있다.

수평축의 모든 인구 비중에 대하여 수직축의 소득 비중인 a와 b를 원점에서부터 연결한

그림 6-4 로렌츠 기준

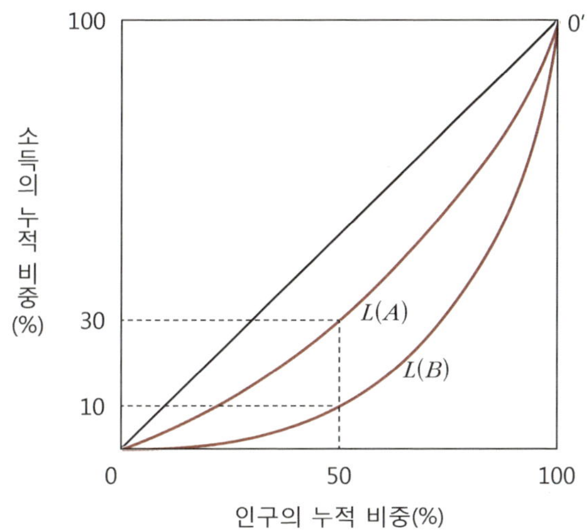

그림 6-5 로렌츠 곡선의 모호한 비교

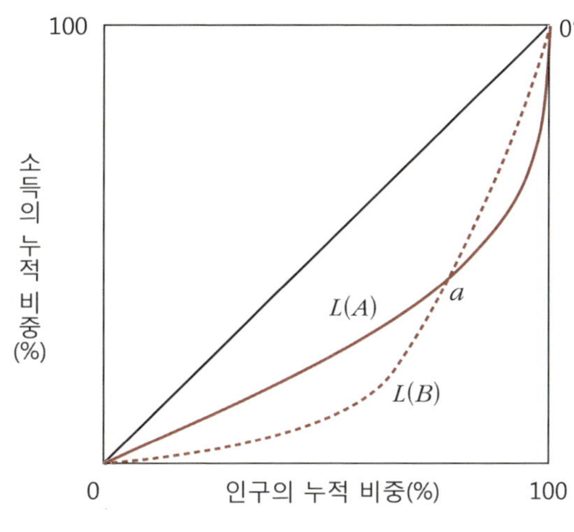

것을 로렌츠 곡선이라고 한다. 만약 극단적으로 모든 인구가 같은 소득을 벌어들이고 있다면, 로렌츠 곡선은 45도선, 즉 원점을 지나는 대각선으로 00′이 되는데, 이를 완전평등선이라고 한다. 따라서 완전평등선을 기준으로 불평등이 존재하는 경우 로렌츠 곡선은 항상 대각선의 아래쪽에 그려진다.

로렌츠 곡선은 모든 경제주체에 대하여 곡선에서의 위치에 따라 소득분배상태를 파악할 수 있게 해준다. [그림 6-4]에서 두 국가 A와 B의 로렌츠 곡선이 각각 $L(A)$, $L(B)$라고 하자. 이 경우 $L(A)$가 $L(B)$보다 위쪽에 있으므로, A국의 소득분배 상태가 B국보다 더 양호하다. 총인구 중 가난한 계층의 50%가 얻는 소득 비중이 B국의 경우 10%인데 반해, A국의 비중은 30%로 높아서 상대적으로 국가 A의 소득분배가 양호하다. 이러한 관계는 모든 계층에 대하여 성립하여 $L(B)$에 비해 $L(A)$ 곡선에 있는 계층이 상대적으로 높은 소득점유율을 보인다. 이러한 방식으로 A국보다 B국의 소득분배 상태가 더 불균등하다는 판단을 할 수 있는데, 이를 로렌츠 기준(Lorenz criteria)이라고 부른다.

로렌츠 곡선으로 어느 국가의 소득분배가 더 우월한가를 설명하기 어려운 경우도 있다.[7] 예를 들어 [그림 6-5]의 A국과 B국의 로렌츠 곡선인 $L(A)$와 $L(B)$를 보자. 두 로렌츠 곡선이 서로 교차하는 경우 두 국가의 소득분배 상태를 비교하기 어려워진다. 두 곡선이 교차하는 점 a 이전 소득계층에 대해서는 $L(A)$에 있는 계층의 소득분배가 더 좋고, 교차 이후에는 $L(B)$에 있는 계층의 소득분배 상태가 좋다. 따라서 로렌츠 곡선의 기준으로는 A국과 B국 중 어느 국가의 소득분배가 더 좋은지 판단할 수 없다.

(나) 지니계수

지니계수는 앞에서 설명된 로렌츠 곡선의 단점을 극복하고 일정한 값으로 소득불균등 상태를 직접 비교할 수 있는 지표이다. 지니계수는 완전평등선과 로렌츠 곡선에 의해 만들어진 면적에 의하여 계산된다. [그림 6-3]에서 지니계수는 $X+Y$의 면적에서 면적 X가 차지하는 비율로 정의되어 식 (6-6)과 같이 표현될 수 있다.

$$\text{Gini} = \frac{\text{면적}(X)}{\text{면적}(X) + \text{면적}(Y)} \qquad (6-6)$$

7 로렌츠 곡선으로 소득분배 상태가 비교되기 위한 기본 원리에 대한 자세한 설명은 Ray(1998, pp.174-184) 참조.

면적 X는 완전평등선과 로렌츠 곡선 간의 면적이고, 면적 Y는 완전평등선 아래 삼각형에서 로렌츠 곡선 아래 면적이다. 지니계수 값은 0과 1 사이에 있고, 이 값이 1에 가까울수록 면적(X)의 값이 커져서 소득분배는 불균등하다.

(다) 10분위 분배율

10분위 분배율은 소득계층의 최하위 40%가 차지하는 총소득(혹은 소득점유율)을 최상위 20%가 차지하는 총소득(혹은 소득점유율)으로 나누어 계산하는 것으로 식 (6-7)과 같다. 이 값이 클수록 하위 계층의 소득 비중이 높아서 소득분배가 더 균등한 상태를 의미한다.

$$10\text{분위 분배율} = \frac{\text{최하위 } 40\% \text{ 총소득}}{\text{최상위 } 20\% \text{ 총소득}} = \frac{\text{최하위 } 40\% \text{ 소득점유율}}{\text{최상위 } 20\% \text{ 소득점유율}} \qquad (6-7)$$

(라) 10분위 및 5분위 배율

계층 간 소득분배 불균등 정도를 나타내는 또 다른 지표는 10분위 및 5분위 배율인데 식 (6-8)과 식 (6-9)와 같이 정의된다.

$$10\text{분위 배율} = \frac{\text{최상위 } 10\% \text{ 총소득}}{\text{최하위 } 10\% \text{ 총소득}} \qquad (6-8)$$

$$5\text{분위 배율} = \frac{\text{최상위 } 20\% \text{ 총소득}}{\text{최하위 } 20\% \text{ 총소득}} \qquad (6-9)$$

10분위 배율은 최상위 10%의 소득을 최하위 10%의 소득으로 나눈 값이고, 5분위 배율은 최상위 20% 소득을 최하위 20%의 소득으로 나누어 정의된다. 따라서 앞에서 설명한 10분위 분배율과 달리, 10분위나 5분위 배율의 값은 클수록 소득불균등이 심하고, 반대로 낮으면 소득분배 상태가 양호한 것이다.

(마) 상위 1%와 10% 점유율

소득분배 지표로 최근에 많이 사용되는 정의는 상위 1% 혹은 10% 소득자의 소득이 국민소득에서 차지하는 점유율로 식 (6-10)과 같이 정의된다.

$$\text{상위 } 1(10)\% \text{ 점유율} = \frac{\text{상위 } 1(10)\% \text{ 계층의 소득}}{\text{국민소득}} \qquad (6-10)$$

6.3.2 한국의 개인별 소득분배 현황과 국제 비교

한국은 1960~70년대 소득분배 자료가 1980년대에도 일관성 있게 연계되어 추정된 것들이 많지 않다. 따라서 본 교재에서는 비교적 장기간을 대상으로 계산된 세 개 자료를 비교한다. [그림 6-6]은 1965~93년 기간 중 10개 연도의 지니계수를 계산한 주학중 팀 자료, 1965~93년을 기준으로 계산한 안국신(1995)의 소득분배 자료와 통계청이 공식적으로 발표하는 1990년 이후의 소득분배 자료를 같이 표시한 것이다.[8]

주학중 팀과 안국신의 자료를 비교하면 1970년대에는 지니계수가 증가하는 추이를 보여준다는 점에서 같다. 다만 주학중 팀의 자료는 1980년대는 지니계수가 하락하는 추이를 보여

그림 6-6 한국의 소득분배 추이(지니계수)

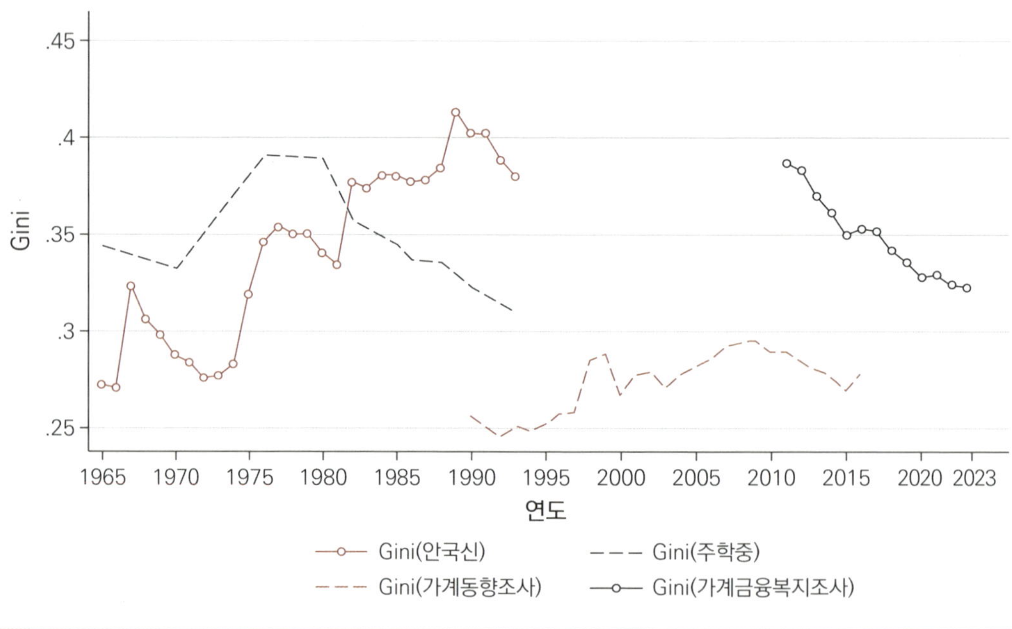

주: 주학중은 주학중 팀 자료에 통계청 추계를 추가한 것으로 안국신(1995)에 실려 있음.

출처: 안국신(1995) 및 통계청, KOSIS 가계동향조사 및 가계금융복지조사(검색일: 2025.11.14.)를 이용하여 작성.

8 연도별 지니계수 값은 부록에 수록하였다. 주학중 팀 자료는 1970년대 주학중(1979), 주학중·윤주현(1984) 및 Choo (1993)의 지니계수 추정값에 통계청이 1980년대(1980, 1985, 1988) 추정한 값을 추가한 것이다. 안국신(1995)과 1990년 이후 통계청의 자료는 자료와 계산 방법이 서로 다르므로 값의 차이를 직접적으로 비교하기는 어려워 여기서는 지수 값의 변화 추이만 비교한다(안국신, 1995).

표 6-2 한국의 소득분배 추이

연도	지니계수	5분위배율	p90/p10	p80/p20
1990	0.256	3.72	3.16	2.07
1995	0.251	3.68	3.18	2.07
2000	0.266	4.05	3.50	2.23
2005	0.281	4.55	3.96	2.34
2010	0.289(0.310)	4.82(5.66)	4.08(4.80)	2.37(2.57)
2015	0.350	6.81	5.70	3.00
2020	0.328	5.75	4.74	2.69
2021	0.329	5.83	4.88	2.74
2022	0.324	5.76	4.87	2.67
2023	0.323	5.72	4.79	2.65
2024	0.325	5.78	4.93	2.69

주: 1) 1990~2010년은 가계동향조사(OECD Wave 6 기준) 자료이며, 2015~2024년은 가계금융복지조사 자료(OECD Wave 7) 자료를 이용함. 2)1990~2010년은 2인 이상 도시 근로자 가구에 대한 가처분소득에 의해 계산된 것이며, ( )안의 값은 1인 가구를 포함한 전체가구의 가처분소득임. 3) 2015~2024년은 1인 가구를 포함한 전체가구의 가처분소득에 대한 값임. 4) 지니계수 이외는 모두 배수 단위임.

출처: 통계청, KOSIS 가계동향조사 및 가계금융복지조사(검색일: 2025.12.26).

준다. 그러나 안국신에서는 지니계수가 상승하여 같은 기간에 계산된 주학중 팀의 추정치와 상반되게 나타난다. 이러한 차이는 지수 계산에 서로 다른 소득의 정의가 이용되었기 때문이다.[9] 안국신과 통계청이 발표하는 두 자료가 겹치는 1990~93년 기간의 지니계수의 변화추이를 비교해 보아도 서로 차이가 나타난다. 지니계수의 절댓값도 다르지만, 안국신 자료는 하락하는 반면에 통계청 자료는 증가한다.

〈표 6-2〉는 1990년대 이후 명목 가처분소득에 의한 주요 소득분배 지표를 보여준다.[10] 2인 이상 가구의 명목 가처분소득 기준 지니계수를 보면, 1990년 0.256에서 1995년에는 소폭 하락하였으나 이후 전반적으로 상승하여 2010년에는 0.289 수준에 이른다. 이는 1990년대 이후 장기적으로 소득 불균등도가 확대되는 추세를 보였음을 시사한다. 한편, 1인 가구를 포함한 전체 가구를 대상으로 한 지니계수는 2인 이상 가구 기준보다 전반적으로 높게 나타난

9 주학중 팀과 안국신(1995)은 비농어가구에 대한 처리(도시근로자가구와 사업자가구 통합 여부)와 농어가구에 대한 처리(소득계층별 가구분포와 경지규모별 농가분포 선택 여부) 등에서 차이가 있다(안국신, 1995).

10 자료에 대한 설명은 제5장 설명과 같다.

표 6-3 주요국의 1인당 GDP와 지니계수

국가(연도)	1인당 GDP	지니계수	국가(연도)	1인당 GDP	지니계수
선진국			BRICs		
미국(2023)	65,505	0.418	중국(2022)	11,831	0.360
영국(2021)	45,903	0.324	인도(2020)	1,807	0.255
일본(2020)	34,643	0.323	브라질(2023)	9,288	0.516
스웨덴(2023)	54,557	0.293	기타 주요국		
독일(2020)	42.363	0.324	필리핀(2023)	3,745	0.393
덴마크(2023)	61,296	0.299	멕시코(2022)	10,013	0.435
프랑스(2023)	39,117	0.318	튀르키예(2022)	14,005	0.445
그리스(2023)	21,139	0.334	베트남(2022)	3,618	0.361
네덜란드(2021)	49,781	0.257	아르헨티나(2024)	12,667	0.424
노르웨이(2021)	77,813	0.265	스리랑카(2019)	4,456	0.377
스페인(2023)	28,570	0.334	우간다(2019)	921	0.427
NICs			탄자니아(2018)	1,002	0.405
한국(2021)	32,771	0.329	나이지리아(2022)	2,399	0.339
싱가포르(2020)	59,190	0.354	헝가리(2017)	13,734	0.306
홍콩(2016)	43,088	0.420	슬로바키아(2023)	19,381	0.238

주: 1) 1인당 GDP는 2015년 기준 미국 달러임. 2) 지니계수는 가처분소득 기준임. 3) 싱가포르 및 홍콩은 세계은행 자료에 포함되어 있지 않아 각 국가의 자료를 이용하였음. 4) 싱가포르는 1인당 가처분소득(수정된 OECD 방법)에 대한 값임. 5) 홍콩은 1인당 가처분 월 소득에 대한 값임.

출처: 싱가포르(2020); 홍콩(2016); World Bank, WDI(검색일: 2025.11.14.).

다. 전체 가구 기준 지니계수는 2015년 0.350으로 높은 수준을 기록한 후 이후 등락을 거치며 최근에는 0.32~0.33 수준에서 비교적 안정적으로 유지되고 있다. 다만 2015년 이후의 수치는 조사 방식과 가구 범위가 이전 시기와 달라, 2010년 이전 수치와의 직접적인 시계열 비교에는 유의가 필요하다.

이러한 현상은 5분위 배율에서도 확인할 수 있다. 5분위 배율은 1990년 3.72에서 2000년대 이후 상승하여 2015년에는 6.81까지 확대되었으며, 이후 다소 하락하였으나 여전히 1990년대에 비해서는 높은 수준을 유지하고 있다. 소득불균등을 나타내는 또 다른 지표로 p90/p10은 상위 10% 소득의 경곗값을 하위 10% 소득의 경곗값으로 나눈 것이고, p80/p20

은 소득의 경곗값을 하위 20% 소득 경곗값으로 나눈 것이다.[11] 두 지표 모두 1990년 이후 전반적으로 상승하다가 2015년 이후에는 다소 완화되는 모습을 보이지만, 여전히 1990년대 수준을 상회한다. 두 지표를 비교하면 모든 연도에 대하여 p90/p10이 p80/p20보다 크게 나타나서, 하위 10%와 상위 10% 간 소득 격차가 하위 20%와 상위 20% 소득계층 간 격차보다 더욱 크다는 것을 확인할 수 있다.

한국의 소득분배가 다른 국가와 비교하였을 때 어느 정도인지에 대해 알아볼 필요가 있다. 〈표 6-3〉은 주요 국가별 소득분배 현황을 1인당 소득과 같이 비교한 것이다.

선진국을 보면 지니계수가 0.4가 넘는 미국을 제외하면 국가 대부분이 약 0.3 정도이다. 가장 낮은 국가는 네덜란드로 2021년 지니계수가 0.257에 불과하였고, 그다음으로 노르웨이가 2021년 0.265였다. 한국은 2021년 0.329로 다른 선진국들보다는 높은 편이지만 그리스보다는 좋은 상태였다. 또한, 한국의 소득분배 상태는 유사한 경제발전 과정을 거친 싱가포르나 홍콩보다 양호하다. 반면에 개발도상국들의 소득분배 상태는 한국뿐만 아니라 선진국보다

그림 6-7 한국의 상위 1%와 10% 소득점유율 추이

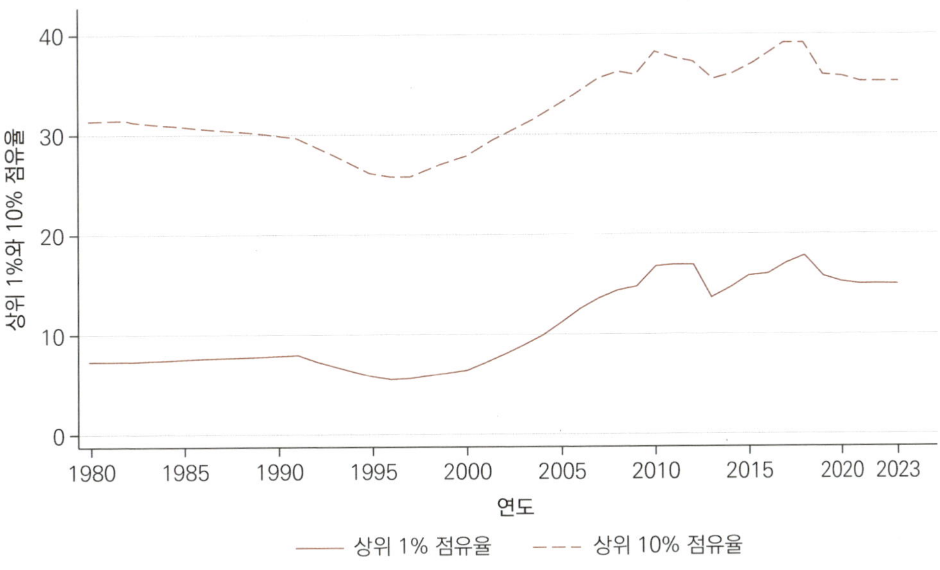

출처: World Inequality Database(검색일: 2025.11.14) 자료를 이용하여 작성.

11 예를 들어 p10은 최하위 10% 소득계층에서 가장 소득이 높은 소득이다. 따라서 p90/p10과 p80/p20은 10분위 배율이나 5분위 배율과는 다른 개념이다.

그림 6-8 미국의 소득분배 추이

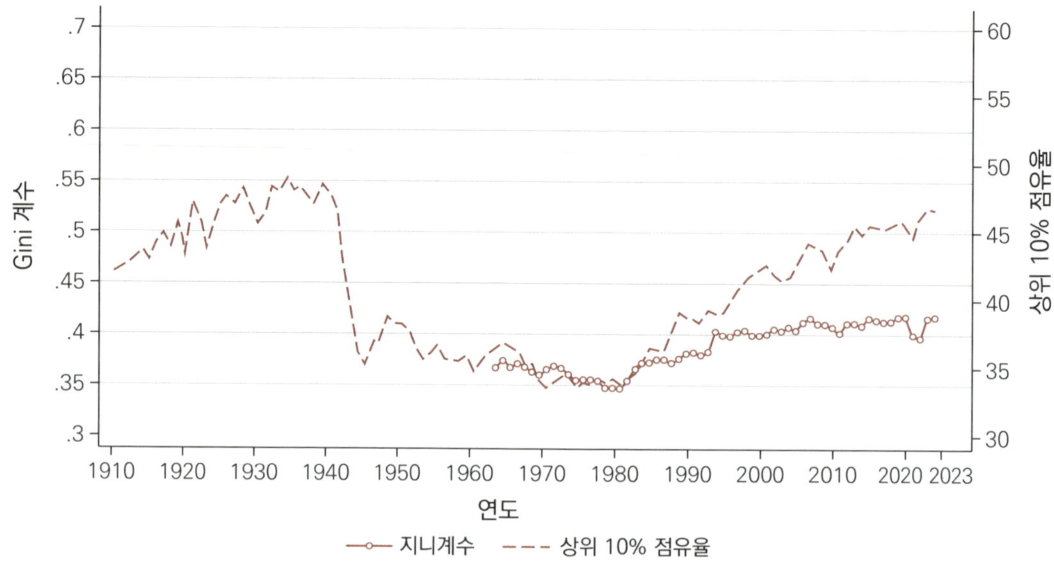

출처: World Inequality Database(검색일: 2025.11.14.)와 World Bank, WDI(검색일: 2025.11.14.) 자료를 이용하여 작성.

상당히 악화된 상태이다. 예를 들어 브라질의 경우 2023년 지니계수가 0.516이었다. 그 외에도 1인당 GDP가 낮은 대부분 국가들의 지니계수가 0.4 이상으로 나타났다. 따라서 이를 통해 1인당 GDP 수준이 낮은 국가일수록 소득분배는 악화되어 있다고 할 수 있다.

[그림 6-7]은 상위 1%와 10% 계층 소득이 국민소득에서 점유하는 비중의 추이를 나타낸 것이다.[12] 상위 1% 및 10%의 점유율은 1995년까지는 큰 변화가 보이지 않는다. 그러나 1997년 외환위기를 거치면서 전반적으로 상승하는 추이를 나타낸다.

[그림 6-8]은 미국의 지니계수와 상위 10%의 소득점유율을 비교한 것이다. 지니계수의 추이를 보면, 미국의 소득분배는 1980년대까지는 개선되다가 그 이후 꾸준히 악화되는 추이를 보인다. 상위 10% 계층의 소득점유율은 1910~40년 기간에는 상승세를 유지하다가, 그 이후부터 1970년대까지 0.34(0.3375) 내외로 상대적으로 낮아졌다. 1970년대 이후에는 지속적으로 상승하여 2000년대에는 거의 45%에 이르고 있는데, 이는 지니계수의 증가 추이와 유사하다.

12 한국의 경우 원자료에는 1933~40년도 기간에 대한 상위 1% 점유율이 있으나 그림에는 표시하지 않았으며, 10% 점유율은 1979년부터 있다. 1933년은 21.13이었고 그 이후는 하락하여 1940년 17.02이었다. 그리고 1985~94년 기간에는 1% 및 10% 점유율 자료는 포함되어 있지 않다.

그림 6-9 주요국의 상위 10% 소득점유율 추이

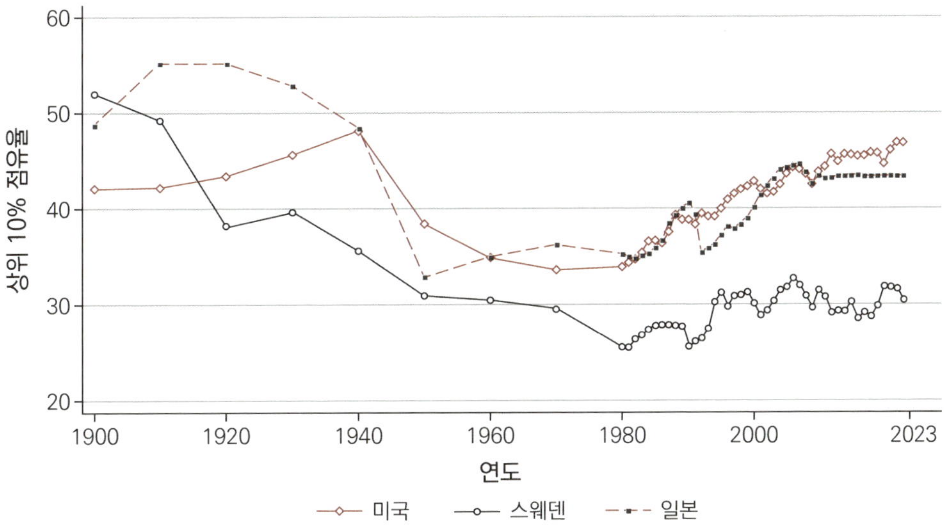

출처: World Inequality Database(검색일: 2025.11.14.) 자료를 이용하여 작성.

다른 주요국들(미국, 스웨덴, 일본)의 상위 10%와 1% 계층의 국민소득 점유율 추이를 비교하면 각각 [그림 6-9] 및 [그림 6-10]과 같다. 두 그림을 보면 1960년대 중반까지는 점유율이 지속적으로 하락하다가 그 이후 상승하는 추이를 보인다. 다만 스웨덴은 1980년경까지 하락한 뒤 상승하였다. 국가별로 보면 증가 추이가 다르게 나타난다. 가장 급격하게 상승한 국가는 미국이지만 일본과 스웨덴은 미국과 다른 추이를 보여준다. 일본은 1940년대까지 하락한 이후 최근까지 상승은 하였지만 큰 증가 추이를 보이지는 않는다. 스웨덴은 1980년까지는 지속적으로 하락하다가 그 이후에는 상승하고 있지만, 미국보다는 그 점유 비중이 낮은 편이다.

종합하면, 개발도상국의 경제발전 단계를 경험한 이후 경제성장률이 안정적인 주요 선진국조차 최근까지도 상위 1%와 10%의 소득점유 비중이 지속적으로 상승하는 추이가 있음을 확인할 수 있다. 즉, 이는 세계적인 소득불균등이 악화되고 있다는 주요한 시사점을 제시한다.

[그림 6-11]은 중국이 본격적으로 경제체제전환을 시작한 1978년 이후 소득분배 추이를 보여준다. 지니계수 값은 소득분배를 측정하는 정의(총소득, 순소득) 혹은 소득의 측정 지역(도시, 비도시)에 따라 차이가 있다. 종합적으로 보면 중국이 급속도로 경제성장을 달성하는 과정에서 소득분배는 전반적으로 악화되고 있음을 알 수 있다. 특히 최근 2010년대에는 지니계수가 거의 0.5에 이를 정도로 매우 악화되어 있다.

그림 6-10 주요국의 상위 1% 소득점유율 추이

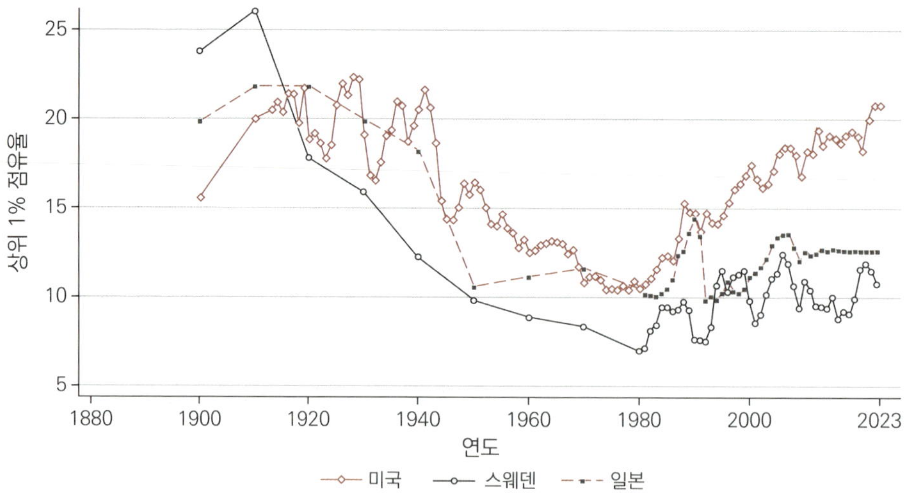

출처: World Inequality Database(검색일: 2025.11.14.)자료를 이용하여 작성.

그림 6-11 중국의 소득분배 추이

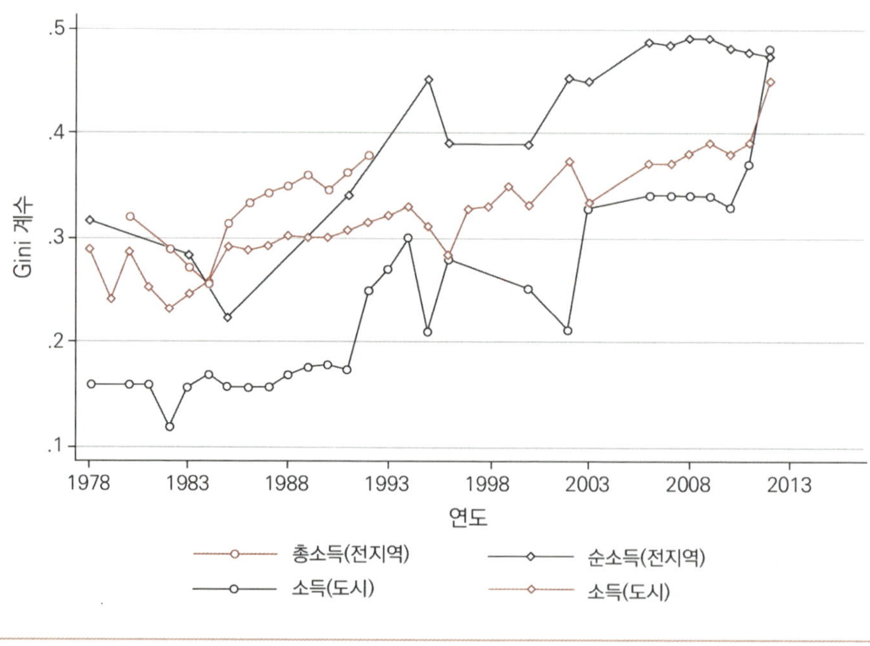

출처: UN University, UNU-WIDER(검색일: 2021.11.06.) 자료를 이용하여 작성.

6.4 양극화와 계층이동

6.4.1 중산층의 개념

양극화(polarization)는 소득이나 소비분포에서 중산층(middle class)이 감소하여 소득분포에 변화가 생기는 현상을 의미한다. 이 개념은 분배나 격차와는 다른 것으로, 중간에 있는 계층이 그 이하 혹은 그 이상 계층으로 이동하여 중산층의 비중이 감소해서 나타나는 현상이다.[13]

중산층에 대한 논의는 마르크스의 사회주의에서 명확히 다루고 있다. 그는 자본주의가 발달하면서 노동자 계급과 자본가 계급 간 대립과 투쟁이 필연적으로 격화된다고 주장하였다. 또한, 이 투쟁을 통하여 대부분의 중산층인 중간 계급이 노동자 계급인 프롤레타리아 계급으로 전환되어, 결국 자본주의 체제는 자본가 계급과 노동자 계급으로 양분될 것이라고 주장하였다. 물론 마르크스의 예견과 달리 지금까지도 자본주의 체제 내에는 중산층이 존재하고 있다. 다만 이들의 비중이 감소하고 있는가에 대한 논쟁은 아직도 지속되고 있다.

중산층의 구체적인 개념은 연구자에 따라서 다양하게 정의된다. 일반적으로 많이 사용되는 중산층 정의는 소득의 중간값인 중위소득(median income)을 중심으로 일정 범위 내의 소득을 가진 계층이다. 그러나 중위소득을 중심으로 그 범위를 얼마로 할 것인가라는 문제는 연구자에 따라 다르다.

구체적인 중산층 정의는 절대적 개념과 상대적 개념으로 나눌 수 있다. 〈표 6-4〉는 주요 연구자의 중산층 정의를 정리한 것이다. 절대적 정의는 소득이나 소비의 특정 금액을 기준으로 하는 것으로, 2005년 구매력평가 기준으로 연평균 3,900달러 혹은 하루 평균 1인당 소득이 10~100달러 구간 등이 있다. 상대적 정의에 의한 중산층은 소득의 일정 구간에 있는 계층이다. 가장 많이 사용되고 있는 것으로 OECD 정의는 '중위소득의 50~150%'이다. 이때, 중위소득의 50% 미만은 상대적 빈곤층이고 150% 이상은 상대적 상류층으로 불린다.

13 제조업과 비제조업 간 임금 혹은 생산성 격차, 대기업과 중소기업 간 노동생산성 혹은 수익률 격차, 수출기업과 국내기업 간 매출이나 수익률의 격차, 정규직과 비정규직 간 임금 격차 등은 양극화가 아닌 격차나 분배 개념으로 해석되어야 한다.

표 6-4 중산층의 정의

저자	정의
I. 절대적 정의	
Bhalla(2009)	2005년 구매력평가 기준 연평균 3,900달러를 받는 계층
World Bank(2007)	2000년 구매력평가 기준 브라질과 이탈리아의 평균소득 구간(4,000~17,000달러)
Banerjee and Duflo(2007)	1인당 소비 기준 하루 2~4달러 혹은 6~10달러
Ravallion(2009)	개발도상국과 미국의 중위 빈곤선 구간(개발도상국 중간층)과 미국의 빈곤선 위의 계층(선진국 중간층)
Kharas(2010)	2005년 구매력평가 기준 하루 평균 1인당 소득 10~100달러 구간
II. 상대적 정의	
Thurow(1987), Birdsall et al.(2000)	중위소득의 75~125% 구간
Davies and Huston(1992), OECD(2010)	중위소득의 50~150% 구간
OECD(2016)	중위소득의 75~200% 구간
Easterly(2001)	소비의 20~80% 계층 구간
Grabka and Frick(2008)	중위소득의 70~150% 구간

출처: Birdsall et al.(2000); Easterly(2001); Grabka and Frick(2008); Kharas(2010); Castellani et al.(2014); OECD (2016).

표 6-5 중산층 변화에 대한 예측

국가	2009		2020		2030	
	인구	비중	인구	비중	인구	비중
북아메리카	338	18	333	10	322	7
유럽	664	36	703	22	680	14
중남 아메리카	181	10	251	8	313	6
아시아 태평양	525	28	1,740	54	3,228	66
사하라 이남 아프리카	32	2	57	2	107	2
중동 및 북아프리카	105	6	165	5	234	5
세계	1,845	100	3,249	100	4,884	100

주: 인구는 백만 명, 비중은 % 단위임.
출처: Kharas(2010), p.28의 [Table 2].

카라스(Kharas, 2010)는 절대적 기준으로 정의한 중산층을 기준으로 2030년까지 대륙별 중산층 인구와 비율을 추산하였는데, 이를 정리하면 〈표 6-5〉와 같다. 2009년 기준으로 총 중산층 인구수는 약 18억 명이고, 이 중 유럽이 36%로 가장 높은 비중을 차지하고 있다. 중산층 인구는 2030년까지 약 49억 명으로 증가할 것으로 추정되고, 그중에서 아시아 태평양 국가들 비중이 가장 높아서 66%를 차지할 것으로 예상된다.

그림 6-12 중산층의 추이

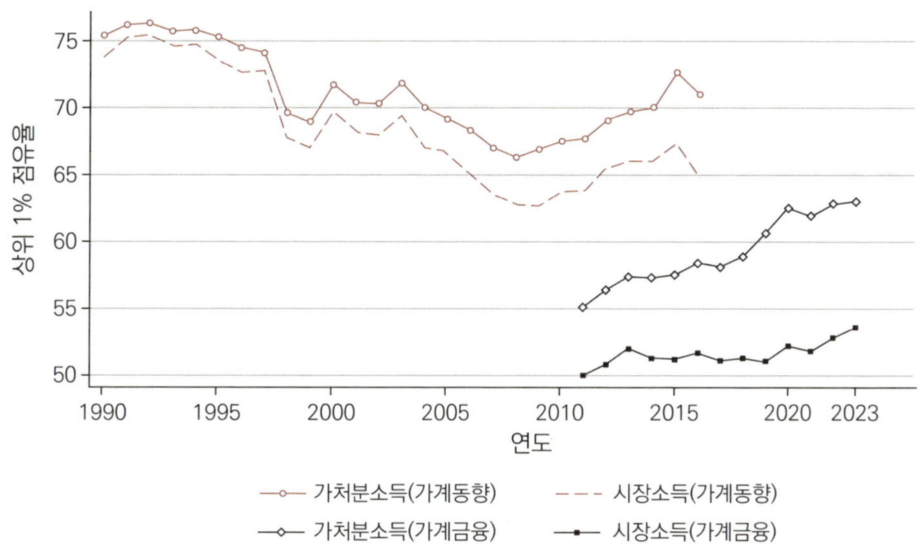

출처: 통계청, KOSIS 가계동향조사 및 가계금융복지조사(검색일: 2025.11.14.) 자료를 이용하여 작성.

[그림 6-12]는 OECD 정의(중산층의 50~150%)에 의한 한국의 중산층 추이를 보여준다. 이는 통계청 가계동향조사 및 가계금융복지조사 자료를 이용한 것으로 가처분소득 및 시장소득 기준으로 작성하였다. 가계동향조사에 따르면 가처분소득 기준의 중산층 비중은 1990년 75.4%였으나, 그 이후 지속적으로 하락하여 1999년 68.9%를 기록한 이후 다시 약간의 상승을 보이다가 2008년 66.3%로 하락하였다. 그 이후에는 꾸준히 증가하여 2015년 72.5%까지 상승하였다.[14] 종합하면 한국의 중산층은 1990년 이후 약간의 하락하는 추이를 보여주다가 2008년 이후 다시 상승하는 추이를 보여주고 있다.[15] 가계금융복지조사를 살펴보면, 2011년

14 가계금융조사 기준으로 보면 중산층 비중은 2015년까지 51%로 증가하였다.

15 제5장의 [참고 표 5-1]은 상대적 빈곤층 및 상대적 부유층을 같이 정리한 것이다. 중위소득 150% 이상에 속하는 부유층

가처분소득 기준의 중산층 비중은 2011년 55.1%였으나, 그 이후 지속적으로 상승하여 2023년 63%를 기록하였다.

6.4.2 양극화 지표

양극화 정도를 지표로 측정하기 위하여 많이 사용되는 지표는 울프손(Wolfson) 지수와 ER(Esteban and Ray) 지수이다.

울프손(Wolfson, 1994)이 제안한 울프손 지수는 [그림 6-13]의 로렌츠 곡선으로 설명된다.

그림 6-13 로렌츠 곡선과 울프손 지수

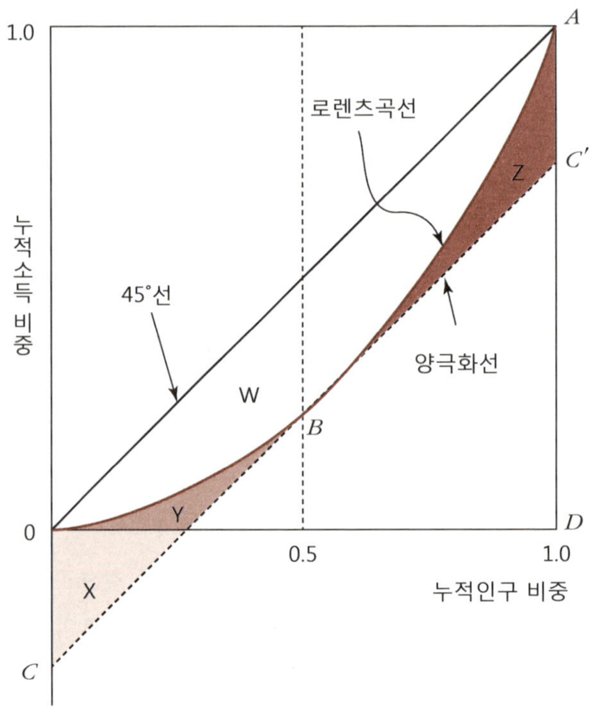

출처: Wolfson(1994, p.355)을 수정한 것임.

을 보면 1990년 17.5%에서 1998년 19.5%에 이른 이후 2008년 21.2%를 제외하고는 대부분의 연도에서 19% 전후를 유지하고 있다. 종합하면 1990년 이후의 상대적 빈곤층과 상대적 부유층이 다소 상승하면서 중산층 비중이 감소하였다. 그리고 계층이동을 보면 2016년 기준으로 중산층은 2015년에 비하여 1.6%p가 감소하였는데, 이는 상대적 빈곤층에서 0.6%p가 증가하고, 상대적 부유층의 1.0%p 증가로 나타났다.

수평축의 중위점인 0.5에서의 수직선과 로렌츠 곡선이 만나는 점 B에서 그린 접선 CC'를 양극화 선이라고 부른다. 이때 로렌츠 곡선과 접선 간에 생기는 음영으로 표시된 면적(X+Y+Z)을 울프손 지수라고 한다. 이 면적이 커진다는 것은 울프손 지수 값이 증가하는 것으로 중산층이 감소하면서 양극화가 심해진다는 것을 의미한다.

위에서 설명된 울프손 지수(P)는 식 (6-11)로 쓸 수 있다.

$$P = 4P^* = 4(T - \frac{Gini}{2})\frac{\mu}{m} \tag{6-11}$$

μ는 평균소득이고 m은 중위소득이며 μ/m은 50% 인구 백분위에서 수직선을 그렸을 때 로렌츠 곡선과 접하는 B점에서 접선의 기울기이다. $Gini$는 지니계수이고, T는 45°선과 CC' 사이에 형성된 부등변 사각형(trapezoid)의 면적을 의미한다.

울프손 지수와 함께 양극화 지수로 많이 이용되는 다른 양극화 지표는 이스터반과 레이(Esteban and Ray, 1994)가 정의한 ER(Esteban and Ray) 지수이다. 같은 소득 그룹 내에 속한 구성원 간 소득 동질성(homogeneity)이 커지고, 서로 다른 소득 그룹에 속한 구성원 간 소득 이질성(heterogeneity)이 커질수록 ER 지수는 커지고, 양극화 정도가 증가한다고 정의한다.

ER 지수는 같은 계층 내에 속한 사람 수와 계층 간 소득 격차에 의하여 결정되는 것으로 식 (6-12)로 정의된다. 여기서 총소득을 유사한 수준의 소득을 중심으로 n개 그룹으로 분류한다고 하자.

$$ER_w(\pi, y_i, y_j) = \sum_{i=1}^{n}\sum_{j=1}^{n}\pi_i\pi_j T(I(\pi_i), a(|y_i - y_j|)) \tag{6-12}$$

y_i와 y_j는 각각 i그룹과 j그룹의 소득, 그리고 π_i와 π_j는 각각 두 그룹에 속하는 사람들의 수를 의미한다. 식 (6−12)에서 ER 지수는 대립함수(antagonism function)인 $T(I(\pi_i),\ a(|y_i - y_j|))$에 의하여 결정된다. 여기서 $I(\pi_i)$는 동일화 함수(identification function)로 같은 집단에 속하는 사람이 많을수록 증가하는 함수이고, $a(|y_i - y_j|)$는 소외함수(alienation function)라고 불리는데 서로 다른 그룹 간 소득 격차가 크면 클수록 증가하는 함수이다. 따라서 대립함수는 동일화함수 및 소외함수와 양(+)의 관계를 갖고, 두 값이 크면 클수록 양극화가 심한 사회가 된다. 따라서 계층 간 소득 격차가 클수록 또는 유사한 소득을 갖는 구성원으로 된 계

그림 6-14 Wolfson 지수에 의한 한국의 양극화 추이

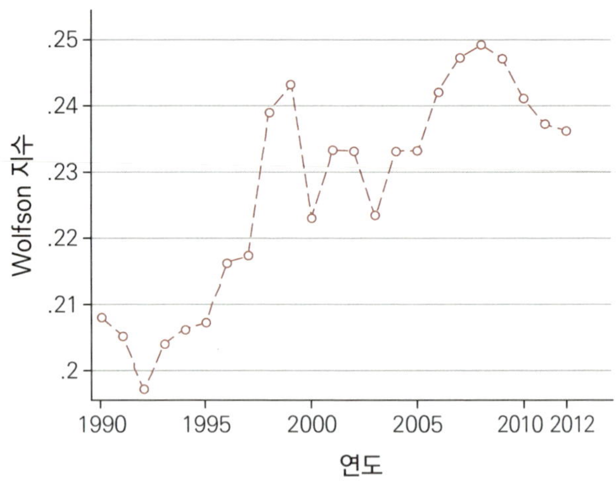

출처: 박소현 외(2013) 자료를 이용하여 작성.

층의 규모가 커질수록 ER 지수의 값은 증가한다.

[그림 6-14]는 울프슨 지수에 의한 한국의 양극화 추이를 보여준다.[16] 울프슨 지수는 1990년에서 1992년까지 하락하는 추이를 보이다가 글로벌 금융위기에 직면한 2008년까지 지속적인 상승 추이가 나타난다. 외환위기 시점인 1997년과 1998년에는 급속히 상승하였지만, 2008년부터 2012년까지는 다시 하락하는 추이를 보인다.

6.4.3 양극화와 소득분배

양극화 지수와 소득분배 지수가 항상 같은 방향으로 움직이는 것은 아니다. 즉, 소득분배가 악화된다고 해서 반드시 양극화도 같이 심화된다고 할 수 없다. 지니계수와 같은 소득불균등 지표들은 계층별 평균소득의 격차로 정의된다. 반면에 양극화 지수는 중산층을 중심으로 소득분포가 어떻게 되는가를 보여준다. 따라서 소득분배 현황을 파악하기 위하여 양극화 지표를 사용하면 오해를 불러일으킬 수 있다.

소득분배와 양극화가 항상 같은 방향으로 움직이지 않는다는 것에 대한 울프손(1994)의

16 이 지표는 통계청 소득분배지표에서 1990년부터 시계열이 있는 2인 이상 가구 자료를 균등화한 가처분소득 기준이며, 물가변동을 고려하지 않고 도출한 것이다(박소현 외, 2013, p.7).

그림 6-15 균일분포 소득분배

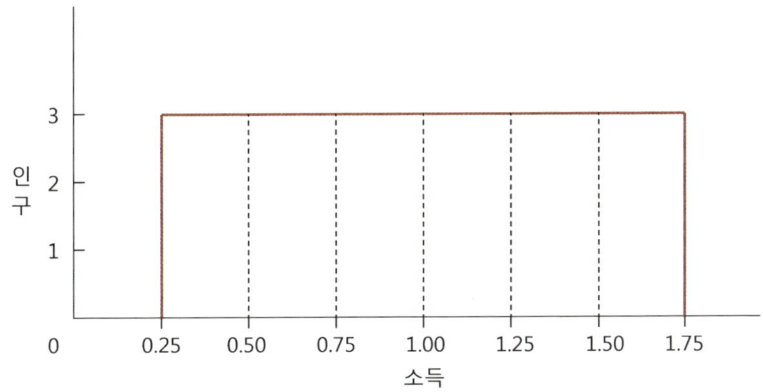

출처: Wolfson(1994), p.354.

그림 6-16 소득분배와 양극화

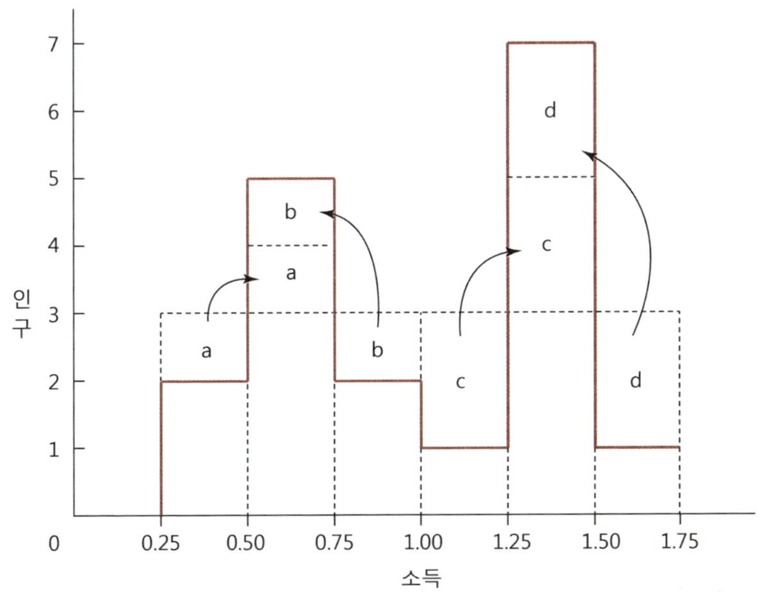

출처: Wolfson(1994), p.354.

설명을 보면 다음과 같다. 먼저 [그림 6-15]의 균일분포(uniform distribution)에 의한 소득분포의 사례를 보자. 이 소득분포를 보면 평균소득과 중위소득은 1.00으로 같다. [그림 6-16]은 균일분포의 소득에서 평균은 같지만(mean-preserving), 소득재분배가 일어나는 경우를 가정한 것이다. 소득이 0.25~0.50인 상태에서 a만큼을 0.50~0.75 수준으로 재분배시키고, 반면에 0.75~1.00의 소득을 갖는 계층에서 b만큼을 0.50~0.75 수준으로 재분배시킨다고 하자. 마찬가지로 재분배를 통해 1.0~1.25 소득계층에서 c만큼을 1.25~1.50 수준으로 증가시키고, 1.50~ 1.75 계층에서 d만큼을 1.25~1.50 수준으로 감소시킨다고 하자. 이러한 소득재분배정책이 시행된 이후에도 평균소득과 중위소득은 1로 일정하다. 그러나 소득재분배 이후 균일분포에 비교해서 소득분배는 더욱 개선되었다. 소득재분배로 인해 최하위 소득계층과 최상위 소득계층의 소득 비중은 감소하지만 중간계층의 소득 비중은 증가하였기 때문이다.

새로운 분포에서 중산층을 어떻게 정의할 것인가에 따라서 양극화의 변화가 다르게 나타난다. 예를 들어 중위소득을 중심으로 0.25만큼 많거나 작은 소득범위(0.75~1.25)를 가정하면 확실히 중산층이 감소하였다는 것을 알 수 있다. 이는 0.75~1.0과 1.0~1.25 범위 소득계층의 소득점유 비중이 소득재분배 정책으로 하락하였기 때문이다. 반면에 중위소득을 중심으로 0.5만큼 작거나 큰 경우(0.50~1.5)를 중산층이라 정의하면, 최상위층 소득(d)과 최하위층 소득(a)이 모두 중산층으로 이동하여 중산층 소득 비중은 증가한다.

결론적으로 소득재분배가 소득분배를 개선시키는 방향으로 실시되었지만, 중산층을 어떻게 정의하는가에 따라 양극화는 악화되기도 하고 개선되기도 한다. 앞의 예시에서 보면 소득재분배가 일어난 후, 중산층을 중위소득 기준 0.25 구간으로 정의하면 양극화는 악화되고, 0.50 구간으로 정의하면 양극화는 개선된다.

6.4.4 계층이동

소득분배, 상대적 빈곤, 중산층, 하위 10%라는 상대적 개념의 분배구조는 현재에만 존재하는 것이 아니라 수백 년 전에도 존재하였다. 다시 말하면 과거 어느 시대에도 소득분배의 균등 혹은 불균등에 대한 논의가 있었고, 상대적 빈곤층, 중산층 및 하위 10% 또한 존재하고 있었다는 것이다.

상대적 개념의 소득분배를 논의하면서 중요한 것은 분배 자체가 존재한다는 차원이 아니라 시간이 흐름에 따라 분배 상태가 개선되는가이다. 시간에 따라 분배 상태가 개선되면, 그 사회는 바람직한 방향으로 가고 있다고 할 수 있다. 또 하나는 계층 간 이동이 얼마나 자유롭게 이루어지고 있는가 하는 점이다. 예를 들어 한 사회 내 소득분배가 개선되고 있다고 하더라도, 고소득층에 속한 사람들이 지속적으로 고소득층에 머물러 있거나, 저소득층에 속한 사람들이 높은 소득층으로 이동이 이루어지지 않는다면 이러한 사회는 바람직하다고 볼 수 없다.

소득계층 간 이동 정도를 알아보는 방법으로 가장 많이 쓰이는 것이 이행행렬(transition matrix)이다. 한국의 외환위기 전후를 이행행렬을 가지고 비교하면 〈표 6-6〉과 같다. 소득계층은 낮은 계층부터 순서대로 하위 20%(I)부터 상위 20%(V)로 구분하였다. 이행행렬은 1997년과 1998년의 비내구재에 대한 1인당 지출이 5개 계층으로 나누었을 때 어떻게 변화하는가를 보여준다.[17]

이행행렬의 대각선에 있는 계층은 기준연도인 1997년에 비해 비교연도인 1998년에도 소득계층 상 위치 변화가 일어나지 않아 소득계층 간 이동이 없다. 반면에 대각선보다 위에 있는 계층은 기준연도에 비해 높은 소득계층으로 상승한 계층이고, 대각선 아래에 있다면 기존보다 소득계층이 하락하는 경우이다. 예를 들어, 1997년 가장 낮은 소비지출을 보여주는 하위 20%에 속한 가구를 보자. 1998년 최하위 계층에 머무는 가구 비중은 (I, I) 좌표인 50%였다. 반면에 1997년 최하위 계층이 1998년 최상위 계층으로 이동한 (I, V) 좌표를 보면 단 3%만이 최상위 계층으로 이전하였다. 또한 최상위 20%에 속해 있던 가구 중 최상위 20%에 그대로 머무른 가구(V, V)의 비중은 46%이었고, 하위 20%인 좌표 (V, I)로 하락한 경우는 4%에 불과하였다.

표 6-6 외환위기 전후의 소비지출 비교

		1998					
		I	II	III	IV	V	계
1997	I	50	24	15	8	3	100
	II	23	30	24	15	9	100
	III	14	20	25	22	18	100
	IV	8	17	21	29	24	100
	V	4	8	15	26	46	100
	계	99	99	100	100	100	

자료: Goh et al.(2005), p.245 〈표 4〉.

17 비내구재 소비지출은 의료, 음식 및 주거에 대한 지출이다. 자세한 설명은 Goh et al.(2005) 참조.

연습문제

6.1 일생주기·항상소득가설의 논의를 보면 소득보다 소비의 안정성이 높은 것으로 판단하고 있다. 소득과 소비 지표 중 어느 지표가 소득분배 지표로 계산할 때 더욱 적절한가에 대해 논의하시오.

6.2 한국의 가계, 기업과 정부의 소득분배 추이를 보자. 가계소득 비중은 하락하고 있지만, 기업과 정부의 소득 비중은 증가하는 추이를 보여주는데 그 이유에 대해 논의하시오.

6.3 한국은 전체 가구를 대상으로 하는 지니계수가 도시의 2인 이상 가구를 대상으로 하는 지니계수 값보다 크다. 그 이유를 논의하시오.

6.4 한국의 노동소득분배율을 보자.

1) 한국은행과 OECD 발표 자료에서 노동소득분배율(피용자보수비율)은 각각 다른 추이를 보이는데 그 이유를 설명하시오.
2) 산업이 노동집약적일수록, 노동의 가격에 비해 자본의 가격이 낮을수록 노동소득분배율은 높게 나타나는데 그 이유를 논의하시오.

6.5 소득분배 지표값은 어떤 자료를 사용하느냐에 따라 다르게 나타난다. 한국의 경우 가계동향조사, 가계금융복지조사, 한국노동패널자료에 의한 소득분배 값이 서로 다르게 나타나는데 그 이유에 대하여 논의하시오.

6.6 지니계수를 계산하는데 포함되는 소득 범위를 보자.

1) 자산소득을 고려하면 지니계수 값이 커져 소득불균등도 더욱 악화되는데, 그 이유를 논의하시오.
2) 국제 비교에서는 자산소득을 충분히 반영한 지니계수를 이용하지 못하는 이유에 대하여 논의하시오.

6.7 한국은 시장소득에 의한 지니계수는 OECD 국가 중 가장 좋은 국가에 속한다. 그러나 가처분 소득에 의하면 반대로 가장 나쁜 국가 그룹에 속하는데 그 이유에 대해 논의하시오.

6.8 상위 1% 혹은 10% 계층의 소득점유율 변화를 소득분배와 양극화 중 어느 것으로 해석하는 것이 좋은지를 논의하시오.

6.9 한국의 지니계수에 의한 소득분배 추이와 울프손 양극화 지수가 같은 방향으로만 움직이지만은 않는데, 그 이유에 대해 논의하시오.

6.10 베네수엘라의 우고 차베스(Hugo Rafael Chavez Frias)는 1998년 대통령에 당선되어 사망한 2013년까지 토지와 국내에 진출한 외국 석유회사를 국유화하였다. 석유 수출을 통하여 얻은 수입으로 무상교육, 무상의료 및 자가 주택 공급, 생필품 제공 등의 정책을 시행하였지만, 결국 경제적 파탄에 이르렀다. 이 정책들이 베네수엘라 경제에 끼친 단기적 및 장기적 영향을 논의하시오.

참고문헌

김배근, 2013, "노동소득분배율 측정 및 결정요인에 관한 연구," 『경제분석』, 제19권 제3호, pp.1－48.

박소현 · 안영민 · 정규승, 2013, 『중산층 측정 및 추이 분석』, 통계개발원.

안국신, 1995, "한국의 경제발전과 소득분배," 『경제발전연구』, 제1권(창간호), pp.53－76.

Birdsall, Nancy, Carol Graham, and Stefano Pettinato, 2000, "Stuck in the Tunnel: Is Globalization Muddling the Middle Class?" Center on Social and Economic Dynamics, Working Paper, no.14, pp.1－36.

Castellani, Francesca, Gwenn Parent, and Jannet Zentro, 2014, "The Latin American Middle Class: Fragile After All?" IDB Working Paper Series No.557, Inter－American Development Bank.

Esteban, Joan－Maria and Debraj Ray, 1994, "On the Measurement of Polarization," *Econometrica*, 62(4), pp.819－851.

Easterly, William, 2001, "The Middle Class Consensus and Economic Development," *Journal of Economic Growth*, 6(4), pp.317－335.

Goh, Chor－ching, Sung Jin Kang, and Yasuyuki Sawada, 2005, "How did Korean Households Cope with Negative Shocks from the Financial Crisis?" *Journal of Asian Economics*, 16, pp.239－254.

Grabka, Markus M. and Joachim R. Frick, 2008, "The Shrinking German Middle Class: Signs of Long－Term Polarization in Disposable Income?" Weekly Report, DIW Berlin, German Institute for Economic Research, 4(4), pp.21－27.

Kharas, Homi, 2010, The Emerging Middle Class in Developing Countries, OECD Development Centre Working Paper No.285, pp.1－61.

OECD, 2016, The Squeezed Middle Class in OECD and Emerging Countries: Myth and Reality, Issues Paper,

Wolfson, Michael C., 1994, "When Inequalities Diverge," *American Economic Review*, 84(2), pp. 353－358.

참고 표 6-1 한국의 총 가처분소득 기준 요소소득별 소득분배 추이(%)

연도	피용자보수	기업 및 재산소득	고정자본소모	순 생산물세
1975	32.4	49.9	7.6	9.8
1977	33.2	48.1	7.6	10.7
1979	34.7	46.0	7.8	10.9
1981	36.4	44.3	7.5	11.2
1983	38.1	42.0	8.1	11.3
1985	39.4	38.9	9.5	11.5
1987	39.2	39.0	9.7	11.4
1989	39.5	38.0	10.4	11.4
1991	40.3	36.5	10.5	12.0
1993	40.4	37.5	10.2	11.2
1995	40.3	37.4	10.7	10.8
1997	40.0	37.6	10.9	10.5
1999	40.2	37.4	11.1	10.2
2001	41.1	36.7	11.4	9.9
2003	43.0	35.5	11.6	9.5
2005	43.5	33.9	12.2	10.1
2007	44.9	33.6	11.8	9.5
2009	44.8	32.7	12.6	9.7
2010	45.0	32.5	12.9	9.5
2011	44.8	32.7	12.6	9.7
2012	45.8	30.4	14.1	9.7
2013	46.8	28.4	14.7	10.1
2014	44.9	29.5	15.4	10.1
2015	43.1	29.2	17.9	9.0
2016	42.1	30.5	17.2	10.1
2017	41.9	31.0	16.8	10.3
2018	42.7	29.7	17.2	10.6
2019	42.4	30.5	16.6	10.7
2020	43.4	29.7	16.9	10.4
2021	43.2	30.6	16.8	9.6
2022	44.2	29.3	17.1	9.7
2023	44.7	28.7	17.1	9.8
2024	44.4	29.2	16.7	9.9

주: 1) 순 생산물세는 생산 및 수입세-생산 및 수입보조금임. 2) 국외순수취 경상이전은 제외되어 있음.

출처: 한국은행, 경제통계시스템(검색일: 2025.11.14.).

참고 표 6-2 한국의 총 가처분소득 기준 제도부문별 분배 추이(%)

연도	가계	기업	정부
1975	80.6	8.5	10.9
1976	79.9	7.8	12.3
1977	79	9	12
1978	78.5	9.1	12.4
1979	77.6	9.3	13.1
1980	75.4	11.3	13.3
1981	76.1	10.6	13.3
1982	75.3	11.4	13.3
1983	73.2	13	13.8
1984	73.1	13.9	13
1985	73.2	13.7	13.1
1986	73.2	14	12.8
1987	72	14.9	13.1
1988	71.2	15.1	13.7
1989	72.2	13.9	13.9
1990	71.3	14.4	14.2
1991	73.4	13.5	13.1
1992	73.7	13.1	13.2
1993	72.9	14	13.2
1994	72.2	14.3	13.5
1995	70.3	15.7	14
1996	71.1	13.8	15.1
1997	69.7	15.4	14.9
1998	72.7	13.1	14.2
1999	69.5	16.5	14
2000	66.4	17.4	16.2
2001	66.5	18.1	15.4
2002	64.6	20	15.4
2003	64.8	19.5	15.7
2004	64.9	21	14.1
2005	64.8	19.9	15.3
2006	64.8	19.5	15.7
2007	63.8	19.9	16.3
2008	65.1	20.1	14.8
2009	64.7	21.3	14
2010	62.7	23.7	13.6
2011	63	23	14
2012	63.2	23.2	13.6
2013	63.5	23.2	13.3
2014	64.3	22.8	12.9
2015	64.6	22.6	12.8
2016	63.3	23.3	13.4
2017	62.1	23.9	14
2018	62.9	22.7	14.5
2019	64.6	21.8	13.6
2020	66.5	22.8	10.7
2021	64.1	23.7	12.2
2022	64.6	22.6	12.8
2023	65.7	22.3	12
2024	65.2	23.7	11

출처: 한국은행, 경제통계시스템(검색일: 2025.11.14.).

참고 표 6-3 한국의 소득분배 추이(1965~93)

연도	주학중 팀	김대모 & 안국신 (1987)	안국신 (1992)	안국신 (1995)
1965	0.3439	0.3652	0.3365	0.2719
1966	–	0.3542	0.3287	0.2707
1967	–	0.3687	0.3637	0.3231
1968	–	0.3608	0.3458	0.3067
1969	–	0.3597	0.3464	0.2980
1970	0.3322	0.3457	0.3125	0.2876
1971	–	0.3377	0.3074	0.2836
1972	–	0.3570	0.3121	0.2756
1973	–	0.3929	0.3676	0.2767
1974	–	0.3944	0.3823	0.2827
1975	–	0.3905	0.3769	0.3190
1976	0.3908	0.4084	0.3899	0.3458
1977	–	0.3964	0.3780	0.3537
1978	–	0.3828	0.3699	0.3498
1979	–	0.3919	0.3752	0.3502
1980	0.3891	0.3860	0.3567	0.3404
1981	–	0.3734	0.3472	0.3341
1982	0.3574	0.4056	0.3850	0.3766
1983	–	0.4005	0.3679	0.3736
1984	–	0.3937	0.3907	0.3804
1985	0.3449	0.4105	0.3915	0.3803
1986	0.3368	–	0.3943	0.3771
1987	–	–	0.3983	0.3777
1988	0.3355	–	0.4044	0.3840
1989	–	–	0.4318	0.4127
1990	0.3226	–	–	0.4017
1991	–	–	–	0.4013
1992	–	–	–	0.3883
1993	0.3097	–	–	0.3797

출처: 안국신(1995), p.61, 〈표 1〉에서 발췌.

참고 표 6-4 한국의 소득분배 추이(1990~2023)

연도	지니계수	5분위배율	p90/p10	p80/p20
1990	0.256	3.72	3.16	2.07
1991	0.250	3.58	3.07	2.03
1992	0.245	3.52	3.03	2.03
1993	0.250	3.70	3.17	2.07
1994	0.248	3.61	3.12	2.05
1995	0.251	3.68	3.18	2.07
1996	0.257	3.79	3.30	2.14
1997	0.257	3.80	3.32	2.13
1998	0.285	4.55	3.82	2.34
1999	0.288	4.62	3.93	2.40
2000	0.266	4.05	3.50	2.23
2001	0.277	4.29	3.63	2.30
2002	0.279	4.34	3.63	2.28
2003	0.270	4.22	3.75	2.25
2004	0.277	4.41	3.78	2.29
2005	0.281	4.55	3.96	2.34
2006	0.285(0.306)	4.62(5.38)	3.88(4.53)	2.40(2.56)
2007	0.292(0.312)	4.84(5.60)	4.08(4.69)	2.42(2.62)
2008	0.294(0.314)	4.88(5.71)	4.20(4.81)	2.41(2.63)
2009	0.295(0.314)	4.97(5.75)	4.21(4.79)	2.47(2.64)
2010	0.289(0.310)	4.82(5.66)	4.08(4.80)	2.37(2.57)
2011	0.289(0.311)	4.82(5.73)	4.04(4.82)	2.41(2.60)
2012	0.285(0.307)	4.69(5.54)	4.01(4.81)	2.36(2.53)
2013	0.280(0.302)	4.56(5.43)	3.85(4.73)	2.30(2.50)
2014	0.277(0.302)	4.42(5.41)	3.75(4.69)	2.26(2.50)
2015	0.269(0.295)	4.20(5.11)	3.54(4.45)	2.18(2.39)
2016	0.278(0.304)	4.46(5.45)	3.78(4.70)	2.25(2.48)
2017	0.352	6.84	5.69	2.95
2018	0.342	6.43	5.46	2.89
2019	0.336	6.17	5.16	2.83
2020	0.328	5.75	4.74	2.69
2021	0.329	5.83	4.88	2.74
2022	0.324	5.76	4.87	2.67
2023	0.323	5.72	4.79	2.65

주: 1) 1990~2016년은 가계동향조사(OECD Wave 6 기준) 자료이며, 2017~2023년은 가계금융복지조사 자료(OECD Wave 7)를 이용함. 2) 1990~2016년은 2인 이상 도시 근로자 가구에 대한 가처분소득에 의해 계산된 것이며, ( ) 안의 값은 1인가구를 포함한 전체가구의 가처분소득임. 3) 2017~2023년은 1인가구를 포함한 전체가구의 가처분소득에 대한 값임. 4) 지니계수 이외는 모두 배수 단위임.

출처: 통계청, KOSIS 가계동향조사(검색일: 2022.01.18.) 및 가계금융복지조사(검색일: 2025.11.14).

경제성장과 소득분배 및 빈곤은 서로 밀접하게 연관되어 있다. 경제성장은 경제구조를 변화시켜 소득분배와 빈곤문제에도 영향을 미칠 수 있다. 반대로 경제발전 초기에 내재하고 있던 소득불균등과 빈곤은 경제성장에도 영향을 미칠 수 있다.

본 장은 경제성장과 소득불균등이 빈곤에 대하여 어떠한 영향을 미치는가에 대하여 논의한다. 이를 위하여, 먼저 경제가 성장하는 과정에서 소득분배 상태가 어떻게 변하는지를 보여주는 쿠즈네츠의 역 U자형 곡선 이론을 소개한다. 그리고 소득분배 상태가 경제성장에 어떠한 영향을 미치는가를 논의하는 다양한 이론적 주장들을 살펴본다. 마지막으로 경제발전정책의 최종목표라고 할 수 있는 절대빈곤의 변화가 경제성장과 어떠한 연관관계를 갖는지를 논의한다.

제 7 장

경제성장, 소득분배 및 빈곤

제 7 장

경제성장, 소득분배 및 빈곤

7.1 경제성장과 소득분배

경제성장과 소득분배는 상호 큰 영향을 미친다. 먼저, 경제성장은 평균소득 증가를 통하여 경제구조를 변화시키므로 개별 경제주체 간 소득분배에 영향을 미칠 수 있다. 반대로 경제발전 초기에 내재되었던 소득불균등이 경제성장에 영향을 미칠 수도 있다. 따라서 경제성장과 소득분배 상호 간 인과관계를 알아보는 것은 경제성장정책과 사회복지정책을 수립하는데 매우 중요하다.

7.1.1 경제성장이 소득분배에 미치는 영향

경제발전 단계와 소득분배의 관계에 대한 초기 분석은 쿠즈네츠(S. Kuznets)의 연구결과에서 시작되었다. 쿠즈네츠(1955)는 소득분배 상태를 측정하는 지표로 '상위 20%/하위 60%'의 비율을 사용하였다. 이 지표는 값이 크면 클수록 상위계층의 소득점유율이 높아 소득분배가 불균등하다는 것을 의미한다. 이 소득분배 지표를 이용하여 그는 개발도상국(인도, 스리랑카, 푸에르토리코)과 선진국(미국과 영국)의 소득분배와 경제발전과의 관계를 살펴보았다. 소득분배 지

그림 7-1 쿠즈네츠 곡선

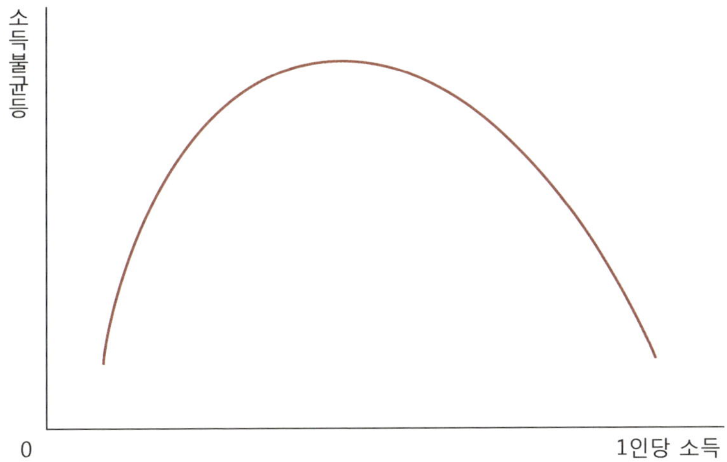

표는 개발도상국인 인도는 1.96, 스리랑카는 1.67, 푸에르토리코는 2.33의 값을 나타내지만 미국은 1.29, 영국은 1.25의 값을 나타냈다. 이 값들은 경제발전 단계가 낮은 개발도상국이 선진국보다 소득불균등 정도가 더 높다는 것을 보여준다.

쿠즈네츠(1963)는 기존 연구에 사용된 국가 수를 늘려서 선진국과 개발도상국을 포함한 총 18개 국가 자료를 이용하여 소득분배 상태를 추가적으로 보여주었다. 이 연구에서도 선진국의 저소득층 대비 고소득층이 소득점유율이 개발도상국에 비해 작다는 것을 보여주었다. 다시 말하면 과거 연구결과와 같이 선진국일수록 소득분배 상태가 평등하다는 사실을 보여주었다.[1]

쿠즈네츠가 주장한 경제발전 단계와 소득불균등 관계를 그림으로 표시한 것이 [그림 7-1]의 쿠즈네츠 곡선(Kuznets curve)이다. 그림은 수평축을 1인당 소득으로 수직축을 소득불균등도로 놓고 두 지표의 관계를 그래프로 그린 것이다.

1인당 소득과 소득분배의 관계를 설명하는 쿠즈네츠 곡선 형태가 뒤집힌 U자형으로 나타나는 이유는 산업 간 노동이동, 기술혁신 그리고 사회복지 지출에 대한 요구 증가 등이 있다.

첫째, 경제 내 도시 지역과 비도시 지역이 존재하는 이중경제 모형(dual economy model)에

1 쿠즈네츠 가설은 자본주의 체제에 대하여 경제발전은 소득 증대뿐만 아니라 분배구조도 개선시킬 수 있다는 낙관적인 시각을 제시한 것이다. 이는 리카도(D. Ricardo), 맬서스(T.R. Malthus) 그리고 마르크스(K. Marx)처럼 토지의 지대상승, 인구증가 혹은 자본축적이 진행됨에 따라 자본주의 체제의 종말이 온다는 시각과는 대비된다.

서 비도시 지역은 도시 지역보다 잉여노동력이 풍부하며 임금수준이 낮은 특성이 있다.[2] 경제성장 초기에 농촌 지역 잉여노동력이 더 높은 임금을 제공하는 도시로 이동하면서 비도시 지역과 도시 지역 간 소득 격차가 더욱 벌어져, 국가 전체의 소득불균등이 악화될 수 있다. 하지만 경제성장이 진행되면서 비도시 지역 잉여노동력이 점점 감소하게 되면서 비도시 지역 내 임금수준이 상승하게 된다. 따라서 경제성장이 되면서 도시 및 비도시 간 소득불균등이 개선되어 두 변수는 음(-)의 관계를 보여주게 된다.

둘째, 새로운 기술이 등장하면서 기존의 낙후된 기술을 사용하고 있던 노동자가 새로운 기술 습득에 걸리는 시간이 노동자별로 다르므로 쿠즈네츠 곡선 형태가 나타난다. 기존 기술에 익숙해 있던 노동자들은 새롭게 등장하는 기술을 습득하고 익숙해지기 위하여 새로운 교육을 받아야 한다. 이러한 교육을 성공적으로 받은 일부 노동자들은 새로운 기술을 사용할 수 있고 높은 소득을 받게 되면서 소득불균등이 확대된다. 그러나 경제발전이 이루어지면서 대부분의 다른 노동자들도 새로운 기술에 점차 익숙해지므로 기존 기술을 사용하는 계층은 거의 감소하게 되면서 소득불균등은 개선된다.

셋째, 경제성장이 이루어져 어느 정도 소득수준에 도달하면 삶의 질 향상에 대한 국민의 욕구가 증가한다. 특히, 자신만이 아닌 주변 사람들의 삶의 질에 관한 관심이 높아지면서, 정부의 사회복지 지원에 대한 요구도 강해지게 된다. 또한, 1인당 소득이 증가함에 따라 정부의 조세수입 원천이 되는 세원(tax base)이 증가하게 되어 같은 세율이라도 정부의 재정수입은 증가한다. 이를 통해 정부는 소득재분배를 위한 지출을 증가시킬 수 있는 여력이 더욱 커지게 된다. 따라서 국민소득 증가는 사회복지지출 증가를 가능하게 하여, 소득분배를 개선시킨다. 즉, 정부는 시장에서 소득분배가 악화된다면, 사회복지정책을 통하여 소득분배를 개선시키는 역할을 하게 된다. 이는 곧 경제발전의 편익이 국민 모두에게 공평하게 이전될 수 있도록 정책이 이루어져 경제성장과 동시에 소득분배도 개선되는 것을 의미한다.[3]

7.1.2 실증분석

1990년대 이후 국가별·연도별 소득분배 자료가 많이 발표됨에 따라 좀 더 정밀한 실증분석이 가능해졌다. 쿠즈네츠 곡선은 경제발전 단계를 의미하는 1인당 소득과 소득분배 지표

2 이중경제구조에 대해서는 제11장에서 자세히 논의된다.

3 1990년대 들어서면서 환경과 소득증대의 관계를 쿠즈네츠 곡선을 이용하여 해석했는데 이를 환경 쿠즈네츠 곡선이라고 한다. 제8장에서 이에 대하여 자세하게 논의한다.

표 7-1　경제성장이 소득분배에 대한 영향

저자	결과
Ahluwalia(1976)	60개국(선진국: 14, 개발도상국: 40, 사회주의국가: 6)을 대상으로 다양한 소득 점유율과 경제발전 단계를 반영하는 지표의 관계 분석에서 쿠즈네츠 곡선 성립
Anand and Kanbur(1993)	60개국에 대해 일정 시점 국가들을 종합한 분석에서 쿠즈네츠 곡선 성립
Barro(2000)	저소득 국가에서는 경제성장이 소득불균등과 음(-)의 관계가 나타나고, 부유한 국가에서는 양(+)의 관계가 나타나서 쿠즈네츠 곡선 성립

출처: 논문들을 종합하여 저자 작성.

간 단순 상관관계를 보여준 것이다. 그러나 최근 실증분석은 단순히 상관관계를 가지고 설명하는 것이 아니라 각 국가의 소득분배에 영향을 미칠 수 있는 주요 경제적·사회적 지표의 영향을 고려한 이후의 관계를 분석하고 있다. 이를 실증분석 모형으로 보면 식 (7-1)과 같다.

$$G_{it} = \alpha_1 + \alpha_2 \ln(y_{it}) + \alpha_3 \ln(y_{it})^2 + \alpha_4 \ln(X_{it}) + \epsilon_{it} \qquad (7-1)$$

G_{it}는 t시점에서 i국가의 지니계수와 같은 소득분배 지표이다. 그리고 y_{it}는 해당 국가의 경제발전 정도를 나타내는 1인당 소득이고, 1차항과 제곱항을 추정식에 포함하여 경제발전 단계와 소득분배 상태의 비선형관계가 존재하는지를 분석한다. X_{it}는 1인당 국민소득 이외에 소득분배에 영향을 미칠 것으로 판단되는 다양한 정치·사회·경제·제도적 변수를 포함한다. $\alpha_i(i=1,2,3)$는 추정모수, α_4는 추정모수의 벡터이고 ϵ_{it}는 교란항이다.

주요 실증분석 결과를 정리한 것이 〈표 7-1〉이다.

알루왈리아(M.S. Ahluwalia, 1976)는 선진국과 개도국을 포함한 60개국을 대상으로 하여 쿠즈네츠 가설이 성립함을 보여주었다. 배로(R. Barro, 2000)는 국가패널 자료를 이용하여 소득불균등 지표와 1인당 소득 간에 쿠즈네츠 곡선이 나타나는 것을 실증적으로 보여주었다. 분석결과를 보면 2002년 달러 기준으로 4,815달러까지는 소득분배가 악화되다가, 그 이후에는 오히려 개선되고 있음을 확인할 수 있다. 구체적으로 보면 4,815달러에 이르기까지는 성장과 분배가 음(-)의 관계를 보여주지만, 그 이후에는 경제발전에 따라 소득분배가 개선될 수 있음을 의미한다. 그리고 가난한 국가에서는 경제성장에 따라 소득분배가 악화되어 음(-)의 관계가 나타나지만, 부유한 국가에서는 반대로 양(+)의 관계가 나타난다고 보여주었다.

[그림 7-2]는 1965년 이후 한국의 1인당 실질 GDP 변화와 소득분배 지표인 지니계수 간

단순 상관관계를 나타낸 것이다. 통계청에서 발표하는 공식적인 자료는 1990년 이후 자료만 있으므로, 그 이전 자료는 안국신(1995) 자료를 이용하였다. 1965~93년 기간의 1인당 실질 GDP와 지니계수를 비교하면 1만 달러가 되기 이전까지는 안국신(1995)이 추정한 지니계수는 1인당 실질 GDP 증가에 따라 지속적으로 증가하고 있다. 반면에 주학중 팀이 추정한 지니계수는 1인당 실질 GDP가 5천 달러 이하부터 하락하는 추이를 보여준다. 그 이후 계산한 지니계수는 1993년의 1만 달러 내외 수준에서는 하락하는 추이를 보인다. 통계청이 계산한 지수의 추이를 보면 1990년 이후 2만 달러 내외에 이르기까지 지속적으로 증가하는 추이를 보이다가 그 이후에는 하락하는 추이가 나타난다.

그림 7-2 한국의 1인당 실질 GDP와 소득분배 추이

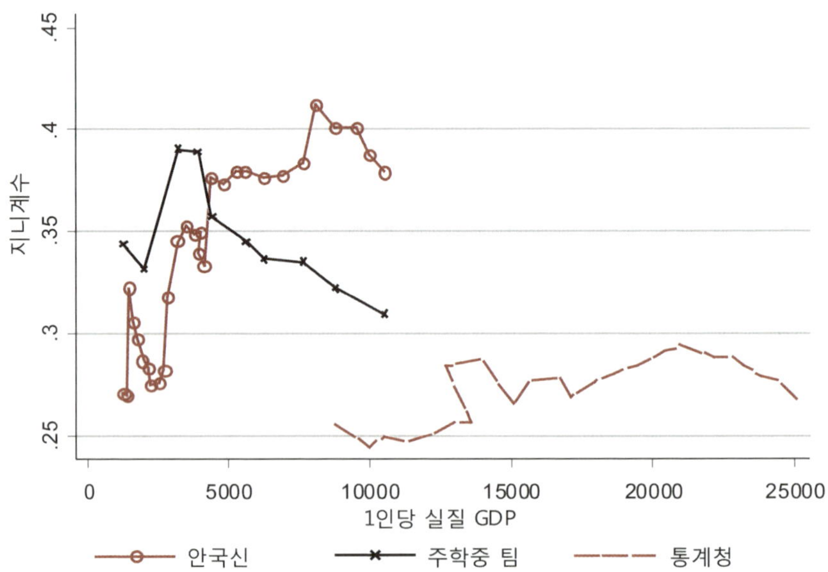

주: 주학중 팀 자료는 안국신(1995)에 실려 있음.

출처: 안국신(1995) 및 국가데이터처 KOSIS 가계동향조사(검색일: 2016.09.15.)를 이용하여 작성.

7.2 소득분배가 경제성장에 미치는 영향

7.2.1 이론적 논의

소득분배 상태가 경제성장에 어떻게 영향을 미치는가에 대한 다양한 이론적 논의가 이루어지고 있다. 소득분배가 불균등할수록 경제성장에 도움이 된다는 주장이 있으며, 그 반대 주장도 있다.

(가) 소득분배 악화가 경제성장에 도움이 된다는 주장

불균등한 소득분배가 기술혁신을 촉진하고, 저축을 증가시키며, 교육기회 및 새로운 사업을 위해 필요한 자금을 공급해 주는 데에 더욱 도움이 된다는 주장이다. 이를 뒷받침하는 이유는 다음과 같다.

소득분배와 기술혁신

소득분배 불균등은 기술혁신과 기업가 정신을 증대시키도록 함으로써 경제성장에 도움이 된다는 주장이다. 기술혁신에 대한 시간을 투자와 성과에 대한 보상 정도가 클수록 혁신(innovation)을 하려는 유인이 강하게 되고, 기술혁신의 정도가 높게 나타난다는 주장이다.[4]

금융시장의 불안정성과 투자수익

금융시장이 불완전하여 대출자와 차입자 간 정보의 비대칭성이 존재하는 경우, 대출자는 부유한 계층에 비해 저소득 계층에게 더 높은 대출이자율을 적용한다. 그 이유는 저소득 계층은 자금을 차입할 때 제공할 담보가 없거나 신용이 낮기 때문이다. 결국 소득불균등이 심해져 부유한 계층이 많을수록 이들이 금융시장에서 차입할 수 있는 여력이 높아져 새로운 투자가 더욱 증가하게 되고, 이는 곧 경제성장으로 연결된다.

---

4 Acemouglu et al.(2013)은 미국과 스칸디나비아 국가들 간 기술혁신 정도를 비교하였다. 혁신 노력에 대하여 보상 정도가 큰 미국은 상대적으로 적은 보상을 주는 스칸디나비안 국가들보다 더 높은 수준의 기술혁신을 하고 있다는 실증분석 결과를 보여 주었다.

저축률 격차

이 이론은 일반적인 소비함수에서 소득이 높은 계층에 비해 소득이 낮은 계층의 소비성향이 크다는 케인즈 소비함수 특성에서 출발한다. 가난한 계층에 비해 부유한 계층의 평균소비성향이 낮아서 부유한 계층의 저축률이 높게 나타난다. 이는 소득불균등이 심해서 부유한 계층의 비중이 높을수록 저축이 증가하고 따라서 투자가 증가하여 경제성장이 촉진될 수 있다.

(나) 소득분배 개선이 경제성장에 도움이 된다는 주장

이 주장은 소득불균등이 악화됨에 따라 건강 악화 혹은 인적자본 축적 미흡, 정치적·사회적 불안 심화 등에 의해 경제성장에 좋지 않은 영향을 미친다는 것이다.

저소득 계층의 인적자원

소득분배가 양호하여 저소득 계층의 건강 상태가 개선되고 양호해지며, 이들의 소득 증가로 교육에 대한 지출이 증가하여 인적자본 축적이 이루어진다면 이는 곧 경제성장에 도움이 된다는 주장이다.

사회·정치적 불안정

소득분배가 불균등하면 사회·정치적 불안정이 유발되어 투자를 감소시켜 경제성장을 저해시킨다는 주장이다. 소득불균등이 심화되면 소득이 낮은 사람들에게 사회에 대한 불만이 커져 범죄, 폭동 그리고 파괴적인 활동에 가담하도록 만든다. 따라서 저소득층 사람들은 생산적인 활동이 아닌 비생산적인 활동에 그들의 에너지와 시간을 사용하게 된다는 것으로 사회 전반적으로 보면 자원의 손실이고 경제성장에 저해가 된다.

부정부패와 정치적 불안정

소득불균등이 심한 사회에서는 부유한 계층이 자신들의 소득을 지키기 위해 다양한 부정적 행위를 할 가능성이 있다. 이들은 소득재분배 정책을 실시하지 못하도록 국회의원을 매수하거나 압력을 가할 수 있다. 따라서 소득불균등이 심할수록 소득재분배 정책을 시행하지 못하게 하려는 유인이 더욱 커지게 된다. 이러한 행위는 사회의 부정부패를 심화시켜 국가가 보유하고 있는 자원을 비효율적인 부문으로 이전하여, 자원의 효율적인 투자를 저하시켜서 경제성장에 부정적인 영향을 준다.

금융시장의 불안정성과 인적자본 투자

개인들이 미래소득에 대하여 자금을 차입하는데 제한이 있는 유동성제약(liquidity constraint)이 있는 경우 소득분배가 악화될수록 경제성장에 도움이 되지 않는다는 것이다. 금융시장의 대출이자율은 부유한 계층보다는 저소득층에게 상대적으로 높다. 따라서 소득분배가 악화되어 저소득층이 많을수록 이들의 교육, 즉 인적자본에 대한 투자여력은 적게 되고, 경제성장을 저해하게 된다. 이 주장은 매우 빈곤한 국가의 경우 교육에 대한 투자는 일종의 고정비용을 의미하므로, 소득불균등이 심할수록 이들의 교육에 대한 투자 여력은 감소하게 된다는 것이다.[5]

7.2.2 실증분석

소득분배 상태가 경제성장에 대한 효과를 실증분석하는데 많이 사용되는 모형은 전형적인 신고전파 경제성장 모형이다. 이를 보면 식 (7-2)와 같다.

표 7-2 소득분배가 경제성장에 대한 영향

구분	주요 문헌 및 내용
1. 소득불균등이 경제성장에 도움이 됨	
기술혁신	기술혁신에 대한 보상이 높을수록, 즉 소득 격차가 크게 허용될수록 기술혁신이 빠르게 경제성장에 도움이 됨(Lazear and Rosen, 1981; Acemouglu et al., 2013)
금융시장과 투자	이론적 가능성을 제시함(Barro, 2000)
저축률	초기 소득분배가 불균등할수록 총생산은 증가한다는 이론적 가능성을 제시함(Kaldor, 1957; Bourguignon, 1981)
2. 소득불균등이 경제성장을 저해함	
건강과 인적자원	육체적 및 정신적 건강, 마약 남용, 교육, 수감, 비만, 사회적 이동, 사회의 신뢰와 사회생활 그리고 어린이 복지가 소득불균등이 심한 사회일수록 악화되는 경향이 있음(Perotti, 1996; Galor and Moav, 2004; Aghion et al., 1999; Wilkinson and Pickett, 2009)
사회·정치 불안정	사회·정치적 불안은 소요나 폭동 등 비생산적인 활동에 자원과 에너지를 사용하게 함(Alesina and Perotti, 1996; Persson and Tabellini, 1994; Alesina and Rodriki, 1994; Perotti, 1996; Rodrik, 1999; Reich, 2011)
금융시장과 교육투자	금융시장 불완전성은 개인의 교육투자에 영향을 미치고 이는 경제성장에 부정적인 영향을 미침(Galorand Zeira, 1993)

출처: Benabou(1996), Barro(2000)와 Ostry et al.(2014)를 중심으로 저자가 논문들을 종합하여 작성.

5 저소득층은 부유층보다 소비의 한계효용이 높으므로 교육투자에 대한 소득지출로 소비를 포기하는 데 대한 효용감소 정도가 부유층보다 높다.

표 7-3 주요 국가의 소득분배 비교

	연도	지니	Q1	Q2	Q3	Q4	Q5
한국	1966	0.344	5.8	13.6	15.5	23.3	41.8
홍콩	1966	0.467	4.7	8.4	12.3	16.6	58.0
싱가포르	1966	0.457	-	-	-	-	-
타이완	1964	0.321	7.7	12.6	16.6	22.0	41.1
필리핀	1965	0.513	3.6	7.9	12.7	20.4	55.4
아르헨티나	1965	0.353	6.4	11.7	16.3	22.8	42.7

주: 1) 전 지역, 전체가구 소득 대상을 중심으로 자료 인용. 2) 싱가포르는 도시가구 기준. 3) Q1은 하위 20%이고 Q5는 상위 20%임.
출처: UN University, UNU-WIDER(검색일: 2017.01.20.).

$$g_{it} = \beta_1 + \beta_2 \ln(y_{i0}) + \beta_3 G_{i0} + \beta_4 \ln(X_{i0}) + \epsilon_{it} \qquad (7-2)$$

g_{it}는 i국가에 대하여 초기시점(0)과 t시점 간의 경제성장률이고, y_{i0}는 해당 국가의 초기 1인당 국민소득이다. G_{i0}는 0 시점에서 i국가의 지니계수와 같은 소득분배 지표이다. 예를 들어 지니계수에 대한 계수가 양(+)이 나오면 소득분배가 불균등할수록 경제성장에 도움이 된다고 해석할 수 있고, 음(-)이면 그 반대이다. X_{i0}는 1인당 국민소득 이외에 소득분배에 영향을 미칠 것으로 판단되는 다양한 정치·사회·경제·제도적 변수들이다. $\beta_i(i=1,2,3)$는 추정모수, β_4는 추정모수의 벡터이고 ϵ_{it}는 교란항이다.

최근까지의 실증분석 결과를 정리한 것이 〈표 7-2〉이다. 대부분의 분석결과는 소득분배가 경제성장에 영향을 미친다고 보여준다.

〈표 7-3〉은 1960년대 이후 고속 성장을 한 아시아 국가들과 그렇지 못한 필리핀 및 아르헨티나의 1960년대 소득분배 추이를 비교한 것이다. 한국과 타이완은 다른 국가들에 비해 소득분배 상태가 좋은 편이었다. 홍콩과 싱가포르는 상대적으로 소득분배 상태가 좋지 않지만, 필리핀에 비해서는 좋은 편이었다. 아르헨티나와 필리핀을 비교하면 소득분배 상태가 좋지 않은 것이 경제성장에 결정적인 영향을 미친다고 결론을 내리기가 어렵다. 두 국가 모두 경제성장 성과가 좋지 않았다고 볼 때 아르헨티나는 필리핀보다 상당히 좋은 상태의 소득분배를 보여주었다. 이들 국가의 하위 20%(Q1) 비중은 거의 유사하지만 상위 20%(Q5)의 비중은 홍콩과 필리핀이 다른 국가들에 비해 높아서 부유층에 더 큰 소득집중이 나타났다.

7.3 경제성장, 소득분배 및 절대빈곤

7.3.1 빈곤–경제성장–소득분배 삼각 가설

경제성장이나 소득분배에 대한 관계와 함께 또 다른 중요한 주제는 경제성장과 소득분배가 빈곤에 어떤 영향을 미치는가이다. 경제성장은 단순히 평균소득만 증가시키는 것이 아니라 구성원 간 소득분배에도 영향을 미치게 된다. 따라서 경제성장이 소득분배를 개선할 수도 있고 악화시킬 수도 있다는 점을 고려하여 경제성장이 절대빈곤에 미치는 영향을 검토할 필요가 있다.

가끄와니(Kakwani, 1993)는 경제성장이 빈곤에 대하여 미치는 효과를 순성장효과(pure growth effect)와 불균등효과(inequality effect)로 나누어 설명하였다. 이를 간단히 수식으로 표현하면 식 (7-3)과 같다. G_P는 1% 경제성장률이 있을 때 빈곤에 미치는 비례적인 변화를 나타내며, 이는 다음 두 개의 항으로 이루어진다.

$$G_P = G_Y + G_I \tag{7-3}$$

순성장효과인 G_Y는 소득분배가 일정하다는 가정에서 경제성장이 빈곤에 미치는 영향을 나타낸다. 그리고 G_I는 불균등효과로 경제성장이 있더라도 평균소득이 일정하다는 가정에서 순수하게 소득분배 변화로 나타나는 빈곤에 대한 영향이다. G_Y는 경제성장이 항상 빈곤을 감소시키기 때문에 언제나 음수이다. G_I는 경제성장에 의한 불균등이 완화되거나 심화되는지에 의존하기 때문에 상황에 따라 양수도 음수도 될 수 있다. 만약 G_I가 음수라면 경제성장에 의한 소득분배 변화가 빈곤율을 하락시켜, 가난한 사람들을 위한 경제성장이 된다. 반대로, G_I가 양수라면, 경제성장이 가난한 사람들보다 부자들에게 비례적인 이익을 주기 때문에 이는 부자를 위한 성장이라고 볼 수 있다.

경제성장이 빈곤에 주는 영향의 정도를 보기 위하여 식 (7-4)의 빈곤감소지수를 정의하자.

$$\theta_P = \frac{G_P}{G_Y} \tag{7-4}$$

그림 7-3 경제성장과 절대적 빈곤의 변화

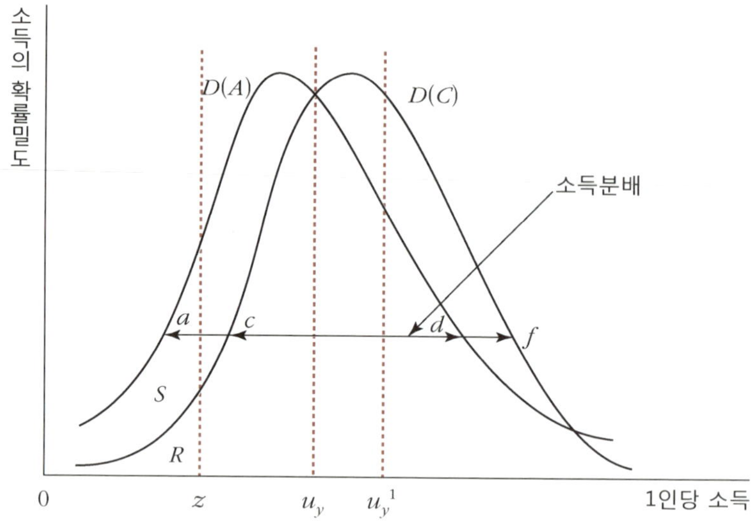

$\theta_P > 1$이면 경제성장에 대한 빈곤율 감소의 정도(G_P)가 일정한 소득분배 하에서 경제성장에 의한 빈곤율 감소(G_Y)보다 더 커서 이를 빈곤감소(pro-poor)라고 한다.[6] 즉, 경제성장으로 인하여 빈곤이 감소하지만 경제성장의 혜택이 상대적으로 빈곤계층에게 더 돌아가게 하는 경제성장을 의미한다. $0 < \theta_P < 1$이면 경제성장이 빈곤율을 감소시키기는 하지만 G_P 절대값이 G_Y 절대값보다 작다. 즉, 상대적으로 빈곤층에게 혜택이 덜 돌아가게 하는 형태의 경제성장이다. $\theta_P < 0$이면 경제성장으로 인하여 절대빈곤은 오히려 증가한 경우를 의미한다.

브르귀논(Bourguignon, 2004)은 기존의 경제성장과 소득분배 간 관계에 대한 논쟁에 빈곤문제를 추가하여 경제성장과 소득분배가 빈곤에 어떠한 영향을 미치는가를 좀 더 구체적으로 설명하였다. 이를 빈곤-경제성장-분배 삼각 가설(PGIT hypothesis)이라고 부른다.[7] [그림 7-3]은 빈곤-경제성장-분배 삼각 가설을 그래프로 설명한 것이다.

경제성장에 의하여 경제의 소득분배가 $D(A)$의 소득분포에서 $D(C)$의 소득분포로 변화하였다고 가정하자. 경제성장에 의하여 평균 1인당 소득은 u_y에서 u_y^1로 증가하였다. 또한, 경제성장 과정에서 평균소득만 증가하는 것이 아니라 소득분배도 같이 변하는데 악화될 수도

6 경제성장률이 음(-)의 경우에는 빈곤감소지수는 역수인 $\theta_P = G_Y/G_P$로 계산된다.

7 PGIT hypothesis: poverty-growth-inequality triangle hypothesis.

그림 7-4　경제성장과 절대적 빈곤: 순성장 및 불균등효과

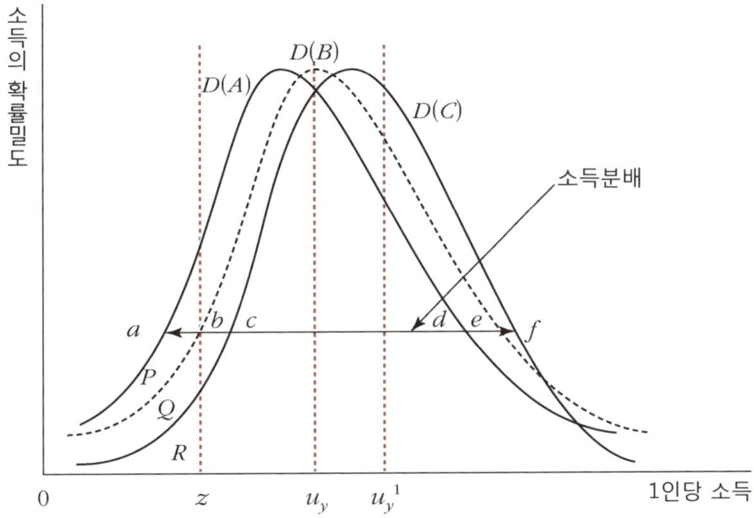

있고 개선될 수도 있다. 그림에서처럼 소득분배가 ad에서 cf로 변하였고 $ad > cf$라고 가정하여 경제성장으로 소득분배가 개선되었다고 가정하자. 실질 값으로 환산된 최저생계비 z가 일정하다고 가정하는 경우, 절대빈곤은 경제성장 이전의 $D(A)$에서 면적 $S+R$이다. 이후 경제성장으로 인하여 소득분포가 $D(C)$로 바뀌면서 절대빈곤은 면적 R로 감소하였다.

[그림 7-4]는 경제성장의 절대빈곤에 대한 영향을 순성장효과와 불균등효과로 구분하여 설명한 것이다. 먼저, $D(B)$ 소득분포를 추가로 고려하자. 여기서 경제성장이 이루어져 평균소득은 u_y^1으로 증가하지만 소득분배는 be로 경제성장이 되기 이전의 소득분배인 ad와 동일하여 $ad = be$이다. 즉, 순성장효과를 반영한 소득분포이다. 따라서 $D(A)$와 $D(B)$의 차이는 소득분배 상태는 동일하지만 평균소득만 차이가 나게 된다. 반면에 소득분포 $D(B)$와 $D(C)$의 차이는 평균소득(u_y^1)은 동일하지만 소득분배가 달라서 $be > cf$이다.

순성장효과는 $D(A)$와 $D(B)$를 비교하여 도출할 수 있다. 빈곤선 z 이하에 속하는 사람의 비중, 즉 빈곤층은 소득분포가 $D(A)$인 경우에는 면적 $S+R = P+Q+R$에 해당되지만, $D(B)$의 소득분포 하에서는 절대빈곤층은 감소하여 면적 $Q+R$ 만큼이 된다. 즉, 순성장효과에 의하여 절대빈곤층은 면적 P만큼 감소한다. [그림 7-3]과 비교하면 $S = P+Q$이다. 반면 불균등효과는 $D(B)$와 $D(C)$를 비교하여 도출될 수 있다. 소득분포가 $D(B)$에서 $D(C)$로 변화함에 따라 절대빈곤층이 $Q+R$에서 R로 감소하게 되어 절대빈곤층이 면적 Q만큼 하락하

그림 7-5 빈곤-경제성장-소득분배 관계

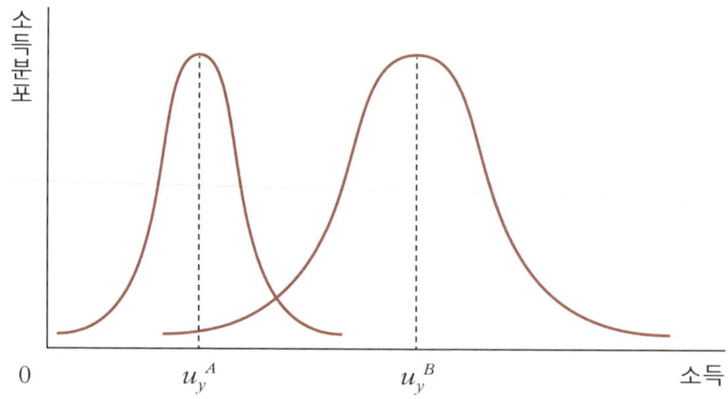

게 된다.

종합하면 순성장효과와 불균등효과를 모두 고려할 경우 경제성장으로 인하여 감소하는 빈곤층은 면적 $P+Q$에 해당한다. 소득분배가 개선되어서 불균등효과에 의해 면적 Q만큼 빈곤은 감소하였다.

7.3.2 빈곤감소 전략

빈곤-성장-분배 삼각 가설은 국가 경제정책의 최종적인 목표는 경제성장이나 분배가 아니라 절대빈곤의 감소(poverty alleviation)이어야 함을 시사한다. 앞의 제2장에서 논의하였듯이 새천년개발 목표나 지속가능발전 목표에서 가장 중요하게 제시되는 것이 절대빈곤 감소라는 점에서 빈곤정책의 중요성을 확인할 수 있다. 이 가설의 중요성은 경제성장과 소득분배의 선택이라는 이분법적 관계에서 나아가 더 중요한 목표로 빈곤감소를 제시하고 있다는 점이다.

[그림 7-5]에서처럼 A국의 평균소득은 u_y^A 이어서 B국의 평균소득인 u_y^B 보다 더 낮은 수준이지만 소득분배 상태는 A국이 더 좋다고 하자. B국의 경우 경제성장에 의해 소득분배가 악화된 상태를 의미하기 때문에, 경제성장과 소득분배라는 이분법적 논리에 의하면 어느 국가 상태를 선택할 것인가에 대한 논쟁이 있을 수 있다. 그러나 절대빈곤을 추가적인 선택변수로 고려한다면 결정은 간단해진다. 국가 자체의 빈곤선이나 국제 기준 공통 빈곤선을 가정하더라도, A국의 절대빈곤층은 B국보다 더 많을 것이기 때문이다.

이러한 예로써 한국과 북한을 비교하면 간단하다. 북한의 1인당 GDP를 약 1천 달러로 하

표 7-4 평균소득과 빈곤율의 연간 변화율(%)

구분	평균소득의 연간 변화율	빈곤율의 연평균 변화율
매우 낮은 성장률	-9.8	23.9
낮은 성장률	-1.9	1.5
높은 성장률	1.6	-0.6
매우 높은 성장률	8.2	-6.1

출처: Easterly(2002), p.13.

표 7-5 경제성장률과 절대 빈곤율

	1인당 소득증가율	빈곤율	빈곤갭	빈곤심각도
1990	-	39.56	9.61	3.37
1991	10.05	31.31	7.08	2.40
1992	4.05	24.46	5.36	1.76
1993	4.95	20.49	4.18	1.32
1994	7.54	16.52	3.24	0.98
1995	8.50	12.65	2.40	0.72
1996	5.98	9.61	1.78	0.53
1997	1.79	8.64	1.59	0.46
1998	-6.87	18.99	4.21	1.46

출처: Kakwani and Permia(2000), p.11, 〈표 4〉.

고, 한국은 3만 달러로 가정하자. 비록 북한의 소득분배 상태가 한국보다 더 좋다고 인정을 하더라도, 절대빈곤을 보면 북한이 훨씬 높을 것이기 때문에 어느 경제체제를 선택할 것인가는 자명하게 되는 것이다.

실제로 국제통화기금(IMF)과 세계은행(World Bank)은 1999년부터 절대빈곤 감소의 중요성을 인식하고, 국제기구의 지원을 받는 국가들은 빈곤감소전략(Poverty Reduction Strategy Papers: PRSPs)을 작성하도록 권고하고 있다.[8] 즉, 재정지원을 받는 국가들은 3년마다 빈곤감소전략으로 경제성장 촉진, 빈곤감소 그리고 이에 대한 재원을 확보하기 위한 거시적, 구조적, 사회적 정책과 프로그램 등을 제시하도록 하고 있다.

8 이에 대한 자세한 논의는 IMF, Poverty Reduction Strategy in IMF-supported Programs(검색일: 2017.01.27.) 참조.

표 7-6 경제성장과 소득분배의 절대빈곤에 대한 영향

	빈곤탄력성(G_P)	설명의 정도		빈곤감소지수(θ_P)
		경제성장(G_Y)	소득분배(G_I)	
1990~91	-2.33	-2.19	-0.14	1.06
1991~92	-6.10	-6.00	-0.10	1.02
1992~93	-3.57	-3.05	-0.52	1.17
1993~94	-2.85	-3.01	0.16	0.95
1994~95	-3.14	-2.74	-0.40	1.14
1995~96	-4.60	-5.36	0.76	0.86
1996~97	-5.97	-1.18	-4.78	5.05
1997~98	11.48	9.63	1.85	0.84

출처: Kakwani and Permia(2000), p.11 〈표 5〉에서 발췌.

7.3.3 주요 실증분석 결과

빈곤율을 감소시키고자 하는 것은 개발도상국뿐만 아니라 선진국에도 공통적인 정책 목표이다. 달러 · 크레이(Dollar and Kraay, 2002)가 경제성장은 빈곤율을 감소시킨다는 실증분석을 한 이후 많은 연구결과가 이를 확인하여 주고 있다.[9] 대부분의 실증분석을 보면 경제성장은 빈곤을 감소시키는 것을 확인해 주고 있다.

〈표 7-4〉는 국가별 경제성장률과 빈곤변화율을 비교한 이스털리(Easterly, 2002)의 연구결과이다. 이를 보면 경제성장률이 높은 국가들일수록 빈곤율의 감소폭이 크다는 사실을 알 수 있다. 연평균 성장률이 매우 높아 평균 8.2%를 보여 주는 국가들의 빈곤율이 같은 기간 동안 6.1% 하락하였지만, 성장률이 매우 낮아 연평균 9.8%가 하락하는 국가들의 경우 빈곤율은 오히려 23.9% 증가하고 있다. 이 결과는 경제성장이 소득분배에 주는 효과는 알 수 없지만, 빈곤문제를 더욱 중요하게 고려하는 경우 경제성장의 중요성을 보여 준다.

1990년대 한국의 경제성장과 빈곤 간 관계를 분석한 가끄와니 · 페르니아(Kakwani and Pernia, 2000)에 의하면, 한국의 경제성장은 절대빈곤을 감소시키는 방향으로 작용하는 빈곤

9 그들은 92개 국가의 지난 40년간 평균소득은 상승하였는데, 마찬가지로 하위 20%의 평균소득도 같이 증가하였다고 보여주었다. 소득분배의 빈곤과 경제성장에 대한 이론적 논의와 실증결과에 대한 광범위한 논의는 Dabla-Norris et al.(2015) 참조. 그들의 연구에 의하면 상위 20% 소득 증대는 경제성장에 부정적인 영향을 미치지만, 하위 20% 소득 증대는 긍정적인 영향은 미치고, 경제성장은 빈곤을 완화시킨다고 보여 주었다.

감소적 성장을 하였다.

〈표 7-5〉는 1990~98년 기간 동안 경제성장률과 빈곤지표들의 변화를 보여준다. 경제성장률은 1996년까지는 1992, 1993년을 제외하고는 거의 8%대를 유지하였으나, 1997년 1.79%와 1998년 -6.87%로 하락하였다. 절대 빈곤율은 1990년 39.56%였으나, 그 이후 지속적으로 하락하여 1997년 8.64%였다. 그러나 1997년 외환위기에 직면하면서 빈곤율은 상승하여 1998년 18.99%에 이르렀다. 빈곤갭이나 빈곤심각도 모두 1997년까지 지속적으로 하락하였다. 이것은 경제성장의 혜택이 저소득층에게도 돌아가 이들의 소득수준 상승에 도움이 되었다는 것을 의미한다.

〈표 7-6〉은 빈곤이 경제성장률과 소득분배의 변화로 얼마나 영향을 받는지를 식 (7-3)을 이용하여 계산한 것이다. 이를 보면 빈곤감소지수가 1보다 큰 경우가 대부분이다. 따라서 한국의 1990년대 경제성장이 전형적인 빈곤감소형 경제성장이었다는 사실을 확인할 수 있다.

소득변화에 대한 빈곤율 변화를 나타내는 빈곤탄력도는 1990~91년 기간에 -2.33이었다. 그중에서 경제성장에 의한 빈곤감소는 -2.19이고, 소득분배에 의한 빈곤감소가 -0.14 이어서 소득분배 개선으로도 빈곤이 감소하였음을 알 수 있다. 빈곤감소지수를 계산하면 1.06으로 빈곤감소형 경제성장을 보여준다. 음(-)의 경제성장을 하였던 1997~98년 기간을 보면 빈곤율은 경제성장률 1% 감소에 대해 빈곤율은 11.48% 증가하였다. 빈곤율 증가는 경제성장률 하락으로 9.63%만큼 증가하고, 소득분배 악화로 1.85%만큼 증가하였다. 따라서 빈곤감소지수는 0.84가 된다.

[그림 7-6]은 한국의 경제성장과 상대 빈곤율의 추이를 보여준다. 1990년대 경제성장률이 높은 시기에는 상대 빈곤율이 매우 낮아서 10% 이하였지만, 이후에는 지속적으로 증가하는 추이를 보인다. 즉, 1997년 외환위기를 경험하면서 경제성장률은 낮아지지만, 상대 빈곤율은 지속적으로 증가하는 추이를 나타낸 것이다. 반면에 2010년대 이후에는 경제성장률과 상대적 빈곤율이 지속적으로 하락하는 추이를 보여 준다.

결국 상대 빈곤율은 외환위기 이전의 고도 성장기에는 하락하고, 경제성장률이 본격적으로 낮아지는 2000년대에는 증가하는 것을 확인할 수 있다. 물론 2008년 이후에는 낮은 경제성장률에도 불구하고 상대 빈곤율은 점진적으로 하락하는 추이를 보인다. 이러한 결과는 낮은 경제성장률은 평균소득의 증가 속도가 과거보다 느려지지만, 정부의 재정지원에 의한 각종 사회안전망정책이 실시되면서 절대빈곤이 감소한 것으로 판단된다.

그림 7-6 경제성장과 상대 빈곤율

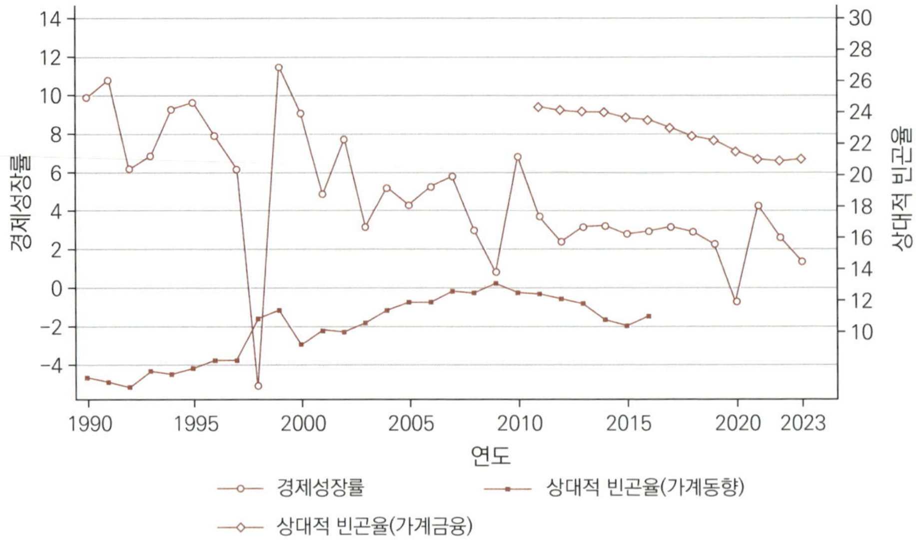

출처: World Bank, WDI(검색일: 2025.11.15.) 및 국가데이터처 KOSIS 가계동향조사 및 가계금융복지조사(검색일: 2025.11.15.) 자료를 이용하여 작성.

그림 7-7 경제성장률과 절대 빈곤율

주: 절대 빈곤율(1)은 강성진 · 이우진(2009), 절대 빈곤율(2)은 보건사회연구원(2015) 자료를 이용하여 작성.

7.4 소득재분배 및 인구구조 변화

7.4.1 소득재분배와 경제성장

시장경제의 소득분배는 정부의 세금이나 다양한 사회복지 등 소득재분배 정책에 의하여 영향을 받게 된다. 일반적으로 시장경제를 통한 소득분배가 불균등할수록 정부는 소득재분배 정책을 더 많이 실시하려는 경향이 있다는 주장이 있다. 이를 메츨러-리차드 효과(Metzler-Richard effect)라고 한다. 이는 민주주의 체제는 경제적인 측면보다는 정치적인 측면에서 힘의 분배가 더욱 균등하게 이루어져 있다는 전제에서 출발한 것이다. 이유는 빈부에 상관없이 1인 1표가 보장되기 때문이다. 이러한 상황에서 소득분배가 불균등할수록 소득재분배 정책이 국민에 의해 더 많은 지지를 얻게 된다.

정부의 소득재분배 정책과 경제성장의 연관관계에 대한 논의도 활발히 이루어지고 있다. 소득재분배 정책으로 소득불균등이 개선된다면 경제성장에 도움이 될 것인가라는 문제는 앞에서 논의한 소득분배와 경제성장 간 관계에 대한 논의와 같다. 최근 실증연구도 보면 세금이나 이전소득을 통한 소득재분배가 대부분 국가의 성장에는 긍정적인 영향을 주지만 매우 강한 재분배정책을 시행하는 경우에만 경제성장에 부정적인 영향을 주는 것으로 나타났다.[10]

소득재분배 정책이 경제성장에 도움이 되지 않는다고 하는 대표적인 학자는 오쿤(Okun, 1975)이다.[11] 그는 높은 세금이나 보조금과 같은 소득재분배 정책이 이 정책으로 인해 소득이 감소하는 계층의 노동이나 투자에 대한 유인을 감소시켜 경제성장을 저해한다고 주장하였다. 그 외에 앞에서 논의하듯이 부유한 계층의 저축률이 저소득층보다 높은 경우 소득재분배에 의한 소득불균등 개선은 총저축을 감소시킨다. 따라서 사회의 투자여력을 감소시켜 경제성장에 도움이 되지 않을 수 있다.

현실의 다양한 정책에서 효율성과 형평성 간 상호 윈윈 관계를 갖는 소득재분배 정책도 있다. 예를 들어 환경오염과 부정적인 외부성이 존재하는 경우를 보자. 외부성을 통해 이득을 보는 계층에게 정부가 조세를 부과하여 규제하는 정책을 시행할 수 있다. 그리고 개발도상국에서 가족에게 자녀를 학교에 보내도록 하기 위한 현금지원(cash transfer) 정책으로 교육에 대

10 소득재분배와 경제성장에 대한 광범위한 논의는 Ostry et al.(2014)와 Dabla-Norris et al.(2015) 참조.

11 Okun(1975)은 효율성과 형평성 간에 역관계(trade-off)가 있다고 주장하였다.

한 지출지원 등은 경제성장과 빈곤완화에 도움이 되는 소득재분배 정책이다.

스티글리츠(J.E. Stiglitz, 2012)는 사회의 불균등은 지속될 수가 있다고 주장하였다. 부유층은 저소득층보다 더 큰 정치적 영향력을 행사할 수 있기 때문이라는 것이다. 따라서 이들은 정부가 시장의 소득불균등을 개선하는 정책을 적극적으로 실시하지 않도록 하려고 한다. 부유층은 정치적 의사결정을 하는 국회의원들을 매수하거나 압력을 행사하여 소득재분배 정책을 수립하는 것을 막으려고 한다. 이를 지대추구행위(rent seeking activity)라고 한다. 따라서 경제의 소득불균등 수준이 높아질수록, 이를 지속하고자 하는 계층이 많아지기 때문에 소득재분배를 막는 정치적 행동은 더 많아질 수가 있다.

7.4.2 인구구조 변화와 소득분배

소득분배나 양극화가 경제발전에 따라 어떻게 변하는가에 관한 연구들이 많이 이루어졌다. 그러나 소득분배 변화가 구체적으로 어떤 변수들에 의해서 영향을 받는가에 대한 실증분석 결과는 상대적으로 많지 않다. 그 이유는 소득분배의 변화는 특정 변수보다는 정치·경제·제도적인 다양한 변수들에 의해 영향을 받기 때문이다. 그런데도 소득분배 결정요인으로 많이 사용되는 요인은 국내 노동시장 구조, 금융시장 구조, 국제무역, 기술혁신, 사회복지정책에 의한 소득재분배 등이다.

위와 같은 소득분배 결정요인 이외에 경제발전이 진행되면서 나타나는 인구구조의 변화, 즉 국가의 인구통계학적 변화도 중요한 결정변수 중 하나이다. 디튼·팍슨(Deaton and Paxon, 1994)은 경제주체의 연령에 따라 그룹화 한 계층의 시간에 따른 같은 집단 내 임금분산, 즉 소득분배 격차가 더욱 벌어지는 것을 보여주었다.[12] 즉, 그들의 연구결과는 일생주기·항상소득 가설을 이용하여 같은 연도에 태어난 경제주체에 대하여 분석하면 연령이 증가함에 따라 그들 간 소득분배는 더욱 악화된다는 것을 실증적으로 보여 준 것이다.

이러한 연구결과는 경제발전 과정에서 변화하는 많은 변수가 소득분배에 영향을 미치지만 모든 국가들에게 공통으로 나타나는 인구통계학적 변화도 소득분배에 큰 영향을 미친다는 사실을 보여 준 것이다. 따라서 인구구조의 변화로 평균연령이 높아지는 인구고령화(population aging)를 경험하는 국가들의 입장에서는 인구구조의 변화 자체에 의해 소득분배가 악화되는 문제에 직면할 수 있다.

12 이러한 집단분류를 코호트(cohort)에 의한 분류라고 한다.

한국의 인구고령화와 소득분배 간 관계도 이들의 연구결과와 같다. 1982~2010년 기간 가구통계자료를 이용하여 분석한 결과를 보면 인구고령화 자체에 의한 소득분배의 악화도 매우 중요한 사실임을 보여 준 것이다(Kang and Rudolf, 2016). 이러한 분석결과는 소득분배의 개선을 위해서 인구통계학적 원인을 신중히 파악할 필요가 있고, 인구고령화 완화를 위한 대책도 매우 중요하다는 사실을 제시하는 것이다.

연습문제

7.1 만약 A국과 B국 중 한 국가만을 선택해야 하는 상황이라고 하자. A국은 1인당 국민소득이 200달러이지만, B국의 1인당 국민소득이 2만 달러라고 하자. 반면에, A국의 소득분배 상태가 B국에 비해 양호한 상태라고 할 때, 어느 국가를 선택할 것인가에 대하여 논의하시오.

7.2 소득분배 개선을 위하여 부유한 계층의 소득을 하락시키는 정책과 저소득 계층의 소득을 증가시키는 정책을 시행하는 경우, 각 정책에 어떠한 것이 있는지를 살펴보고 그 효과성에 대하여 논의하시오.

7.3 정부 복지정책의 형태를 크게 선택적 복지와 보편적 복지로 구분할 때, 두 정책이 소득분배에 미치는 각각의 효과에 대하여 설명하시오.

7.4 본문의 [그림 7-3]과 [그림 7-4]를 이용하여 경제성장이 소득분배를 악화시키지만, 빈곤계층은 감소하는 경우를 순성장효과와 불균등효과로 나누어 설명하시오.

7.5 Okun(1975)에 의하면 높은 세금이나 보조금과 같은 소득재분배 정책은 수혜계층의 투자의욕을 하락시켜 오히려 경제성장을 저해한다고 한다. 한국에서 실시되는 복지정책 중 이런 방향으로의 효과가 나타날 가능성이 있는 정책이 무엇인지 알아보고, 이를 설명하시오.

7.6 쿠즈네츠 가설에 의한 자본주의에 대한 장기적 시각은 리카도(D. Ricardo), 맬서스(T.R. Malthus) 및 마르크스(K. Marx)의 비관론과 대비되는데, 이들의 자본주의에 대한 시각을 논의하시오.

7.7 한국의 절대 빈곤율과 상대 빈곤율 변화 추이를 보면 외환위기 이전까지 절대 빈곤율은 지속적으로 하락하는데, 상대 빈곤율은 증가하는 상반된 추이를 보인다. 그 이유에 대하여 논의하시오.

7.8 피케티가 자본주의의 안정성에 대해 예측하는데 중요한 가정 중 하나가 자본수익률이 경제성장률보다 높아지리라는 것이다. 그가 두 지표의 관계를 어떻게 예측하였는지를 알아보고, 이 가정의 문제점에 대해 논의하시오.

7.9 디튼이 주장하는 경제성장-빈곤에 대한 관계를 설명하고, 피케티가 주장하는 소득분배 추이에 대한 설명과 연계하여 두 학자의 경제성장에 대한 시각이 어떻게 다른지에 대하여 논의하시오.

7.10 기술혁신과 소득분배 간 관계를 논의해보자.

1) 기술혁신을 통하여 경제성장이 이루어진다고 하자. 기술혁신이 소득분배에 미치는 영향 및 그 과정을 논의하시오.
2) 소득불균등이 클수록 혁신에 대한 유인이 더욱 강해진다는 주장에 대하여 논의하시오.

참고문헌

강성진 · 이우진, 2009, 『성장, 빈곤, 불평등과 사회지출의 상호관계분석』, 한국보건사회연구원.

한국보건사회연구원, 2015, 『2015년 빈곤통계연보』, 연구보고서 2015－34.

안국신, 1995, "한국의 경제발전과 소득분배," 『경제발전연구』, 제1권(창간호), pp.53－76.

Acemoglu, Daron, James A. Robinson and Thierry Verdier, 2013, "Can't We All Be More Like Scandinavians? Asymmetric Growth and Institutions in an Interdependent World," mimeo.

Anand, Sudhir and S.M. Ravi Kanbur, 1993, "The Kuznets Process and the Inequality－Development Relationship," *Journal of Development Economics*, Vol. 40, pp.25－52.

Ahluwalia, Montek S., 1976, "Inequality, Poverty and Development," *Journal of Development Economics*, 3(4), pp.307－342.

Benabou, Roland, 1996, "Inequality and Growth," in NBER Economic Review(eds. by Ben S. Benmanke and Julio J. Totemberg), 90(1), pp.11－74.

Bourguignon, Francois, 2004, The Poverty－Growth－Inequality Triangle, paper presented at Indian Council for Research on International Economic Relations, New Delhi, pp.1－30.

Barro, Robert J., 2000, "Inequality and Growth in a Panel of Countries," *Journal of Economic Growth*, 5(1). pp.5－32.

Dabla－Norris, Era, Kalpana Kochhar, Nujin Suphaphiphat, Frantisek Ricka, Evridiki Tsounta, 2015, "Causes and Consequences of Income Inequality: A Global Perspective," IMF Staff Discussion Notes, NO.15/13.

Deaton, Angus and Christina Paxson, 1994, "Intertemporal Choice and Inequality," *Journal of Political Economy*, 102(3), pp.437－467.

Dollar, David and Aart Kraay, 2002, "Growth is Good for the Poor," *Journal of Economic Growth*, 7, pp.195－225.

Easterly, William, 2002, *The Elusive Quest for Growth: Economists' Adventures and Misadventures in the Tropics*, MIT Press.

Kakwani, Nanak, 1993, "Poverty and Economic Growth with Application to Cote d'Ivoire," *Review of Income and Wealth*, 39(2), pp.121－139.

Kakwani, Nanak and Ernesto M. Pernia, 2000, "What is Pro－poor Growth?" *Asian Development Review*, 18(1), pp.1－16.

Kang, Sung Jin and Rudolf, Robert, 2016, "Rising or Falling Inequality in Korea? Population Aging and Gener- ational Trends," *The Singapore Economic Review*, 61(5), https://doi.org/10.1142/S0217590815500 897.

Kuznets, Simon. 1955, "Economic Growth and Income Inequality," *American Economic Review*, 45(1), pp.1－28.

Kuznets, Simon, 1963, "Quantitative Aspects of the Economic Growth of Nations: VIII, The Distribution of Income by Size," *Economic Development and Cultural Change*, 11(2), pp.1－80.

Meltzer, Allan H. and Scott F. Richards, 1981, "A Rational Theory of the Size of Government," *Journal of Political Economy*, 89(5), pp.914－927.

Ostry, Jonathan D., Andrew Berg, and Charalambos G. Tsangarides, 2014, "Redistribution, Inequality, and Growth," IMF Staff Discussion Note, SDN/14/02.

[웹사이트]

IMF, Poverty Reduction Strategy in IMF－supported Programs, https://www.imf.org/en/About/Factsheets/Sheets/2016/08/01/16/32/Poverty－Reduction－Strategy－in－IMF－supported－Programs.

참고 7-1

피케티의 소득분배 지표와 자본주의 체제의 안정성

피케티(Thomas Picketty)가 2013년 발간한 『21세기 자본(Capital in the Twenty-First Century)』은 주요 국가에 대하여 거의 250여 년에 걸친 자료를 분석하여 소득분배 추이를 보여주었다. 상위 1%와 10% 계층 소득이 국민소득에서 차지하는 비중의 변화와 자본소득분배율의 변화를 통계적으로 계산한 것이다. 그는 자본주의가 발달함에 따라 자본소득분배율이 더욱 증가하여 노동소득과 자본소득 간 격차가 더 벌어지면서 소득분배가 더욱 악화될 것으로 예상하였다.

그는 분석의 출발점을 자본주의 발전을 특징짓는 두 개의 기본 법칙(fundamental laws of capitalism)을 가정하고 있다.

첫째, 자본주의 제 1 기본 법칙은 자본-소득분배율(α)은 자본수익률(r)과 자본-소득비율($\beta = K/Y$)의 곱과 일치한다는 것이다. 이는 법칙이라기보다는 국민소득의 항등식에서 나온 것이다. 국민소득(Y)은 노동소득(wL)과 자본소득(rK)의 합이다. 여기서 w와 L은 각각 임금률과 고용노동자 수를 의미하고, r과 K는 각각 자본수익률과 자본량을 의미한다. 항등식을 이용하여 자본소득분배율(α)을 구하면 다음과 같다.

$$\alpha = \frac{rK}{Y} = r \times \beta$$

피케티는 장기 자료를 이용하여 자본소득분배율과 자본수익률을 계산하였다. 18세기 후반~19세기에 영국과 프랑스의 국민소득 중 자본소득분배율이 35~40%였고, 20세기 중반 20~25% 그리고 20세기 말~21세기 초반 25~30%로 증가하였음을 보여주었다. 이 시기에 자본수익률도 유사한 패턴을 보여주어, 18세기 후반~19세기에 5~6%, 20세기 후반~21세기 초반에 7~8%, 그리고 21세기 초반에는 떨어져서 4~5%였다.

둘째, 자본주의 제 2 기본 법칙이다. 이는 저축률(s)과 경제성장률(g)을 자본-소득비율(β)과의 관계로 다시 정리한 것이다. 제3장에서 논의하였듯이 해로드-도마 경제성장 모형에서 주어진 자본을 모두 사용하기 위한 적정성장률은 $g_w = s/\beta$이다.[13]

두 개의 자본주의 기본 법칙을 결합하면 다음과 같이 쓸 수 있다.

13 제3장에서 자본계수는 v_K이므로 여기서는 $v_K = \beta$이다.

$$\alpha = r\beta = s \times \frac{r}{g_w}$$

결국, 자본소득분배율은 저축률(s), 자본수익률(r), 그리고 적정성장률(g_w)에 의하여 결정된다. 여기서 저축률이 일정하다고 가정하면 자본수익률과 적정성장률 간 관계로 자본소득분배율이 결정되게 된다.

피케티는 장기 자료를 이용하여 상위 계층의 소득점유 정도와 자본소득분배율의 변화를 예측하였다. 즉, 미래에는 자본소득분배율이 증가하여 자본주의 체제에 내재하고 있는 불안정성이 증가할 수 있다는 점을 설명하려고 하였다.

첫째, 2012년 기준으로 볼 때 상위 10% 계층이 총소득에서 차지하는 소득점유율이 50%를 넘고 있다. 이 수준은 정부가 소득세를 부과한 이후 가장 높은 비중을 보여주는 것이었다. 그리고 제2차 세계대전 전후에 소득불균등이 개선되었지만, 그 이후에는 소득불균등은 지속적으로 증가하고 있다.

둘째, 자본수익률과 경제성장률의 장기 추이를 계산해본 결과를 보면, 미래에 자본수익률이 상대적으로 더 높을 것으로 예상되었다. 그리고 저축률은 일정할 것으로 예상될 때에 자본소득분배율은 더욱 증가할 것으로 예상되었다. 그는 1870~2010년 기간 동안 자본-소득비율을 계산한 이후 이를 근거로 하여 2060년과 2100년까지 자본-소득비율을 예측하였다. 즉, 세계 자본-소득비율이 1910년 600%에서 1950년 260%로 하락하였다가 2010년에는 440%로 상승하였다. 이 추세를 반영하여 그는 2060년 600%가 되고, 2100년에는 670%로 상승할 것으로 예상하였다. 피케티는 미래에 자본-소득비율은 700~800%, 자본수익률은 4~5%에 이르러 자본소득분배율이 30~40%에 이를 것으로 예상하였다.

자본소득분배율 증가는 노동소득분배율의 하락으로 나타날 것이기 때문에 피케티는 미래 자본주의 체제가 불안정해질 수 있다는 결론을 내렸다. 이러한 불안정성을 방지하기 위해서 피케티는 부에 대한 글로벌 누진세(progressive global tax on capital)를 부과하는 방안을 제시하였다.

피케티의 분석 결과가 너무 단순화된 가정에 의존하고 있다고 비판하는 논문들도 많이 나오고 있다. 주요 비판은 그의 계산된 수치가 미래의 자본-소득비율을 지나치게 높다고 가정하고 있는 점, 노동과 자본의 대체탄력성 값 그리고 그의 자본주의 불안정성에 대한 예측은 최근 자본수익률이 매우 낮고 경제성장률이 상대적으로 높게 나타나는 현상과 모순되는 가정을 하고 있다는 점 등이다.

참고문헌

Auerbach, Alan J. and Kevin Hassett, 2015, "Capital Taxation in the Twenty-First Century," *American Economic Review: Papers & Proceedings*, 105(5), pp.38-42.

Mankiw, N. Gregory, 2015, "Yes, r > g. So What?" *American Economic Review: Papers & Proceedings*, 105(5), pp.43-47.

Piketty, Thomas, 2015, "About Capital in the Twenty-First Century," *American Economic Review: Papers & Proceedings*, 105(5), pp.48-53.

Weil, David N., 2015, "A Discussion of Thomas Picketty's Capital in the Capital in the Twenty-First Century: Capital and Wealth in the Twenty-First Century," *American Economic Review: Papers & Proceedings*, 105(5), pp.34-37.

산업혁명 시기를 거치면서 인류는 고도의 경제성장을 달성하였고, 이를 통해 삶의 질이 비약적으로 개선되는 경험을 하였다. 그러나 산업혁명 이후 대량생산이 지속되면서, 1960년대부터 환경오염과 생산의 주요 에너지원인 화석연료의 고갈 문제가 대두되었다. 특히 화석연료의 사용 증대로 나타난 온실가스 배출 증가는 지구온난화라는 기후변화 문제를 일으켰다. 지구온난화는 개인의 건강에서 국가안보에 이르기까지 광범위한 영향을 주어 인류의 존재 자체에 위협을 줄 정도로 심각한 환경문제이다.

본 장에서는 기후변화의 원인과 결과와 함께 한국을 비롯한 다른 국가들의 온실가스 배출현황을 알아본다. 특히, 한국의 환경의 질을 세계 국가들의 환경의 질과 비교·검토하고 주요 환경정책을 정리한다. 그리고 환경적 제약조건을 고려하는 경제성장 모형인 녹색성장 모형을 소개하고, 환경문제에 대한 국제협력 현황을 정리한다.

제 8 장

환경과 국제협력

8.1 기후변화와 경제발전

8.2 온실가스 배출 및 에너지 소비 현황

8.3 환경정책의 정당성과 정책수단

8.4 경제성장과 환경

8.5 녹색성장이론

8.6 녹색성장과 국제협력

제 8 장

환경과 국제협력

8.1 기후변화와 경제발전

인류는 1800년대 이후 산업혁명기를 거치면서 대량생산체제에 의한 경제적 풍요를 누려왔다. 제2장에서 설명하였듯이 1인당 GDP와 인구가 산업혁명 시기 이전보다 훨씬 빠르게 증가하였다는 것은 인류의 생활수준이 빠르게 개선되었음을 의미한다. 경제성장을 통한 소득증가는 석탄, 석유, 천연가스와 같은 화석연료(fossil fuel)를 에너지원으로 이루어졌다. 그러나 화석연료의 소비량 증대는 우리 인류에게 다양한 문제를 야기하고 있다.

첫째, 화석연료의 사용으로 인해 배출되는 다양한 온실가스(greenhouse gas) 문제이다.[1] 대기 중 온실가스 농도가 증가하게 되면 온실효과가 나타나고 이로 인하여 지구표면 온도가 상승하는 지구온난화(global warming) 현상이 발생한다.[2] 지구 표면기온의 상승은 툰드라 지

1 대기 내 이산화탄소 농도는 산업화 이전인 1750~2011년 기간 동안 178ppm에서 390.5ppm으로 약 40%가 증가하였다. 이러한 탄소 농도 증가로 1880~2012년 기간 지구 평균 온도는 약 0.85℃가 상승하였다. 또한 1901~2010년 기간 동안 지구 평균 해수면도 매년 약 19cm가 상승하였는데, 이는 19세기 이전 2천 년 동안의 평균 상승률보다 더 높은 것이다(IPCC, 2014).

2 온실효과를 일으키는 주요 원인으로 유엔 기후변화에 관한 정부 간 패널(IPCC)이 정한 6대 온실가스는 이산화탄소(CO_2), 메탄(CH_4), 아산화질소(N_2O), 수소불화탄소(HFCs), 과불화탄소(PFCs), 육불화황(SF_6)이다.

역과 건조기후 지역의 온도 상승으로 이어지고, 온대기후 지역이 아열대 지역으로 변화하는 기후변화(climate change)의 원인이 된다. 지구 평균기온의 상승은 빙하를 녹아내리게 하고, 이는 곧 해수면의 상승으로 나타난다. 그리고 대기 중 수증기량을 증가시켜 평균 강수량이 증가함에 따라 가뭄, 태풍, 홍수 등 자연재해 발생률이 더욱 높아지게 되고, 혹한, 혹서 등의 이상기온, 수온 상승, 해수면 상승, 빙하 소멸 등으로 이어진다. 해수면 상승은 북극곰이나 펭귄을 비롯한 여러 동식물의 멸종 등으로 생물다양성(biodiversity)을 악화시킨다. 특히 해수면 상승으로 몰디브(Maldives)나 투발루(Tuvalu)와 같은 섬 국가들이 바다에 점차 잠기는 국가 안보 문제를 일으키기도 한다.

둘째, 화석연료 부존량은 지구상에 무한히 존재하지 않고, 화석연료의 매장 지역도 편중되어 공급이 일정하지 않다. 따라서 에너지 가격도 불안정하게 되면서 에너지 안보(energy security) 문제가 나타난다. 우리나라처럼 에너지 자원이 풍부하지 않은 국가들이 항상 국제에너지 가격의 변동에 매우 민감하게 반응하는 것도 이러한 이유에 기인한다.

셋째, 환경오염 물질의 배출 증가는 자연이 흡수하여 정화할 수 있는 범위를 초과하여 토양오염, 수질오염, 대기오염과 같은 환경오염의 주요 원인이 된다. 자동차나 기차와 같은 운송수단이나 각종 산업부문 공장, 화력발전소, 주택 난방 등에서 배출되는 매연으로 대기오염이 발생한다. 그리고 공장폐수, 도시하수, 농경폐수 등의 배출은 하천을 오염시켜 수질오염의 주요 원인이 된다. 환경오염은 호흡기 질환, 전염병 확산 등을 유발하여 개인의 건강에 심각한 영향을 미친다.

마지막으로 기후변화는 다른 선진국들보다 저개발국에 더욱 심각한 문제를 일으킨다. 개발도상국의 경우 농업부문 비중이 높은 산업구조로 되어 있어서 기후변화로 농작물 수확이 크게 영향을 받고, 이에 따라 소득 변동이 심해진다. 특히 국제시장에서의 에너지 수요 및 공급의 불안정 심화는 개발도상국의 에너지 사용을 제한시키는 또 다른 에너지 안보 문제에 직면하게 한다.

이처럼 경제성장의 주요 에너지원인 화석연료는 매장량이 유한하고, 화석연료로 인해 발생한 온실가스는 기후변화 및 환경오염의 원인이 된다는 문제점이 있다. 예를 들어 화석연료의 매장량 한계는 결국 전통적인 경제성장이론에 새로운 생산요소인 자연자원을 노동이나 자본과 같이 고려해야 한다는 것을 의미한다. 아무리 노동이나 자본 그리고 기술이 풍부하다고 하더라도, 생산과정에 필요한 에너지가 없다면 생산 자체가 불가능하기 때문이다. 그러므로 인류는 어떻게 하면 이런 한계점을 극복하고 지속가능한 경제발전을 이룩할 수 있느냐는 문제에 직면하게 되었다.

8.2 온실가스 배출 및 에너지 소비 현황

8.2.1 온실가스 배출 현황

〈표 8-1〉은 2024년 기준 온실가스 배출 상위 10개 국가의 배출 추이를 보여준다.[3] 2024년 기준으로 가장 많은 온실가스를 배출하는 국가는 중국으로 약 155억 톤을 배출하였는데, 이는 전 세계 배출량의 약 29.2%를 차지한다. 이는 1990년에 비해 배출량이 약 318.5% 증가한 것으로 세계에서 가장 높은 증가율을 기록하였다. 다음으로 2024년의 미국을 보면 1990년 배출량 대비 약 4.9% 감소한 약 59억 톤의 온실가스를 배출하였는데, 이는 전 세계 배출량의 11.1% 정도에 해당한다. 즉, 미국과 중국이 전 세계 배출량의 약 40.3%를 점유하고 있으

표 8-1 온실가스 배출 추이 (단위: 백만톤)

순위	국가	1980	1990	2000	2010	2020	2024	1990~2024 증가율 (%)
1	중국	2,584.9	3,712.7	5,063.9	11,062.0	14,230.2	15,536.1	318.5
2	미국	6,027.2	6,216.3	7,219.8	6,754.2	5,703.9	5,912.6	-4.9
3	인도	921.7	1,353.7	1,835.6	2,722.6	3,461.1	4,371.2	222.9
4	러시아	2,452.0	3,055.9	2,084.3	2,191.2	2,325.8	2,575.7	-15.7
5	인도네시아	235.1	338.0	513.1	722.9	1,007.1	1,323.8	291.6
6	브라질	557.6	649.2	870.3	1,110.0	1,196.0	1,299.2	100.1
7	일본	1,132.6	1,295.8	1,377.8	1,313.2	1,151.1	1,063.3	-17.9
8	이란	187.4	331.3	511.4	767.6	909.9	1,054.8	218.4
9	사우디아라비아	267.0	236.6	350.3	603.3	740.2	838.9	254.5
10	캐나다	585.7	590.5	724.4	741.3	728.5	768.1	30.1
	전 세계	28,439.7	32,249.9	35,794.0	45,433.1	48,962.1	53,206.4	65.0

주: 온실가스는 이산화탄소(CO_2), 메탄(CH_4), 아산화질소(N_2O), 불소화가스(F-가스)를 포함함. 2) 온실가스 배출량에는 토지 이용, 토지 이용 변화 및 임업(LULUCF)이 포함되지 않음.

출처: EDGAR(Emissions Database for Global Atmospheric Research) Community GHG Database(검색일: 2025.11.14.).

3 6대 온실가스 중에서 이산화탄소의 비중은 약 80% 정도에 이른다.

며, 이는 이들 국가의 온실가스 배출 절감 정책이 세계 온실가스 배출 절감에 매우 중요한 역할을 할 것임을 시사한다.

한국은 2024년 기준으로 약 6억 7천만 톤의 온실가스를 배출하여 세계 13위에 해당되지만 세계 배출량 대비 비중으로는 1.3%에 불과하다. 그러나 1990년에 비해서 약 115% 증가하여 현재 경제발전 단계에서 매우 높은 증가율이다. 따라서 국가차원의 온실가스 배출저감 노력이 절실하다.

8.2.2 한국의 에너지 수요 및 국제적 환경 위치

한국은 많은 에너지를 사용하는 산업을 중심으로 경제성장을 이룩한 국가임에도 불구하고 사용되는 에너지는 주로 수입에 의존하고 있다. 에너지 수입의존도는 경제성장과 함께 지속해서 증가하여 원자력발전을 제외한 에너지 수입의존도는 1981년 75.0%에서 2024년 93.8%에 이른다. 부문별 에너지 공급과 소비에 대한 자세한 사항은 〈표 8-2〉와 같다.

1차 에너지 공급(국내생산 및 수출의 합) 구조를 보면 2000년 약 1억 8천만 toe에서 2024년에 약 3억 3백만 toe로 증가하여 연평균 2.5% 증가하였다.[4] 에너지 공급구조에서 가장 높은 비중을 점유하고 있는 석유는 2000년 49.6%에서 2024년에는 37.6%로 하락하였다. 같은 기간 석탄 비중은 23.6%에서 22.8%로 하락하였고, 반면에 신재생에너지는 1.2%에서 6.2%로 증가하였다.

최종 에너지 소비는 2000년과 2024년에 각각 약 1억 4천만 toe과 약 2억 1천만 toe로 해당 기간 연평균 1.7% 증가하였다.[5] 에너지 중에서 가장 많이 소비된 것은 석유로 2024년 기준으로 약 9천 9백만 toe가 소비되었고, 그 뒤를 이어서 전력이 약 4천 6백만 toe가 소비되었다. 최종 에너지 소비 믹스를 보면 2024년 기준으로 석유가 47.0%로 가장 높은 비중을 점유하고 있고, 다음으로 전력이 21.8%였다. 반면에 전력으로 전환된 부분을 제외한 비전력 부분의 신재생에너지 비중은 3.7%에 그치고 있어서 여전히 낮은 수준이다.

---

4 toe는 석유환산톤(tonne of oil equivalent)의 약자로 서로 다른 에너지 발열량 단위를 석유의 발열량으로 환산한 것으로 다양한 에너지의 단위를 비교하기 위한 가상의 측정 단위이다. 예를 들어 석유의 단위는 배럴, 가스는 갤런 등으로 측정되는데 1toe는 약 307갤런이다.

5 최종 에너지는 최종 소비자들이 소비하는 에너지를 의미한다. 이는 가공하지 않은 상태의 1차 에너지를 다른 에너지로 전환하고 수송하는 과정에서 손실되는 에너지를 제외한 나머지 에너지를 의미한다.

표 8-2 한국의 1차 에너지 및 최종 에너지 소비 에너지 믹스 (단위: 백만 toe(%))

	1차 에너지 공급(열량)				최종 에너지 소비(열량)			
	2000	2010	2018	2024	2000	2010	2018	2024
석탄	43.1 (23.6)	76.0 (29.9)	91.0 (30.2)	69.2 (22.8)	21.2 (15.1)	30.3 (16.4)	35.4 (16.5)	29.9 (14.1)
석유	90.8 (49.6)	100.2 (39.4)	114.5 (38.1)	113.9 (37.6)	84.4 (59.9)	89.0 (48.3)	99.7 (46.5)	99.7 (47.0)
천연가스	19.7 (10.8)	41.7 (16.4)	55.1 (18.3)	60.9 (20.1)	0.2 (0.1)	1.0 (0.5)	1.8 (0.8)	4.3 (2.0)
도시가스	-	-	-	-	12.5 (8.9)	22.4 (12.1)	23.8 (11.1)	21.7 (10.2)
전력	-	-	-	-	20.3 (14.4)	36.6 (19.8)	44.1 (20.6)	46.1 (21.8)
원자력	27.2 (14.9)	31.9 (12.6)	28.4 (9.5)	40.2 (13.3)	-	-	-	-
열에너지	0.0 (0.0)	0.0 (0.0)	0.1 (0.0)	0.1 (0.0)	1.2 (0.9)	2.0 (1.1)	2.5 (1.2)	2.6 (1.2)
신재생	2.1 (1.2)	4.6 (1.8)	11.7 (3.9)	18.8 (6.2)	1.1 (0.8)	10.7 (5.8)	17.4 (8.1)	7.8 (3.7)
합계	183.1 (100.0)	254.4 (100.0)	300.8 (100.0)	303.0 (100.0)	141.0 (100.0)	184.4 (100.0)	214.4 (100.0)	212.1 (100.0)

주: 1) 공급은 국내생산 및 수입을 합한 것임. 2) 2024년은 잠정치임.
출처: 국가에너지통계종합정보시스템(KESIS)(검색일: 2025.11.14.).

8.2.3 환경지표에 의한 한국의 국제적 위치

한국 환경의 질이 세계적으로 어느 정도의 위치인지 〈표 8-3〉의 주요 환경지표를 이용하여 알아보자.

2010년을 기준으로 한국은 영국의 신경제재단에서 발표하는 지구촌행복지수(Happy Planet Index)의 비교 대상 126개국 가운데 66위를 기록하였다. 이후 2021년에는 76위로 하락하였다.

한편 글로벌 풋프린트 네트워크가 산정하는 생태발자국(Ecological Footprint)은 특정 지역 인구의 자원 소비 규모를 해당 자원을 생산하는 데 필요한 토지 면적으로 환산한 지표로, 순위가 높을수록 생태발자국이 큰 국가임을 의미한다. 한국의 1인당 생태발자국 순위는 2009년 160개국 중 26위에 2019년 18위로 상승하며 생태적 부담이 확대되었으나, 2024년에 24위로 소폭 하락하였다.

반면에, 미국 예일·컬럼비아 대학에서 발표하는 환경성과지수(Environmental Performance Index)를 보면, 한국은 2012년 132개국 중에서 43위였으나, 2016년에는 180개국 중에서 80위로 크게 하락하였다. 이후 2020년 28위로 순위가 꾸준히 개선되었으나, 2024년에는 58위로 다시 낮아졌다.[6] 이러한 지표들을 종합해 보면 한국 환경의 질은 1인당 GDP 순위에 비해서 아직은 많이 떨어져 있다.

표 8-3 한국의 주요 환경지표 순위

	연도	비교 대상 국가 수	한국 순위
지구촌행복지수	2010	126	66
	2015	141	85
	2021	147	76
생태발자국	2009	160	26
	2010	160	26
	2015	161	24
	2019	161	18
	2024	170	24
환경성과지수	2012	132	43
	2016	180	80
	2020	180	28
	2024	180	58

주: 1) 2024년 생태발자국 순위는 추정치임.

출처: New Economics Foundation(검색일: 2025.11.15.), Global Footprint Network(검색일: 2025.11.15.), Environmental Performance Index(검색일: 2025.11.15.).

6 미국 예일·컬럼비아 대학은 2006년 이전에는 환경지속성지수(Environmental Sustainability Index)라는 이름으로 발표하였다. 2006년부터는 환경성과지수라는 이름으로 발표하기 시작하였고, 2012년부터는 자료와 방법론을 대폭으로 바꾸어 측정하였기 때문에 환경지속성지수 순위와 직접적으로 비교하기 어렵다.

8.3 환경정책의 정당성과 정책수단

생산과정에서 배출되는 환경오염 문제의 해결을 시장에만 맡겨 두는 경우, 개별기업은 생산에 추가비용을 부담하지 않고 오염물질을 배출하여 사회 전체에 부정적인 영향을 미친다. 그리고 이러한 재화의 시장균형 생산수준은 사회적으로 바람직한 파레토효율 수준의 생산량과는 달라서 시장실패가 나타난다. 이러한 시장실패를 해결하기 위하여 정부는 다양한 환경정책을 실시한다.

8.3.1 외부성과 시장균형

외부성(externality)은 긍정적 외부성(positive externality)과 부정적 외부성(negative externality)으로 나눌 수 있다. 긍정적 외부성은 외부경제(external economies)라고도 불리는데, 제3자가 대가를 지불하지 않았음에도 불구하고 다른 사람의 생산활동 결과로 후생이 증가하는 경우이다. 반대로 후생이 감소한다면 부정적 외부성 혹은 외부불경제(external diseconomies)라고 불린다. 예를 들어 공장이 많이 설립되면 공기오염물 배출이 늘어나 주변 공해가 심해지게 된다. 이로 인해 공해를 배출하는 공장 당사자뿐만 아니라 주변에 거주하고 있는 많은 주거인이 피해를 보게 되어 부정적 외부성이 나타난다.[7]

환경오염에 의한 부정적 외부성은 시장균형과 파레토효율에 의한 균형이 일치하지 않는 시장실패를 발생시킨다. [그림 8-1]을 보고 설명하면 다음과 같다. *PMC*는 기업이 생산하는 경우 개별기업 차원의 사적 한계비용(Private Marginal Cost: *PMC*)이고, *SMC*는 개별기업의 생산비용에 사회적인 비용을 추가한 것으로 사회적 한계비용(Social Marginal Cost: *SMC*)이다. 만약에 환경오염이 부정적 외부성을 일으켜 제3자에게 추가적인 비용을 부담시킬 때에는 이 제품 생산에 의한 사회적 한계비용은 사적 한계비용보다 크게 된다. 그리고 *PMB*는 개별기업이 직면하는 수요곡선, 즉 개별기업의 사적 한계편익(Private Marginal Benefit: *PMB*)이다.[8] 여기서 수익차원의 외부성은 없으므로 사적 한계수익은 사회적

7 외부성이 나타나는 재화거래는 시장을 통해서 거래되는 것이 아니므로, 시장가격은 외부성을 반영하도록 형성될 수 없다. 이는 외부성에 대한 재산권이 형성되어 있지 않기 때문에 나타나는 것으로 시장실패가 나타난다.

8 사회적 한계비용은 생산자의 사적 한계비용에 제3자에게 영향을 미치는 추가비용을 합한 것이다. 또한 사회적 한계편익은 소비자의 사적 한계편익에 제3자가 받는 추가적인 편익을 합한 것이다. 따라서 환경오염 배출과 같이 부정적 외부성이 나타날 때에는 사회적 한계비용이 사적 한계비용보다 더 높게 나타난다.

그림 8-1 환경오염과 시장균형

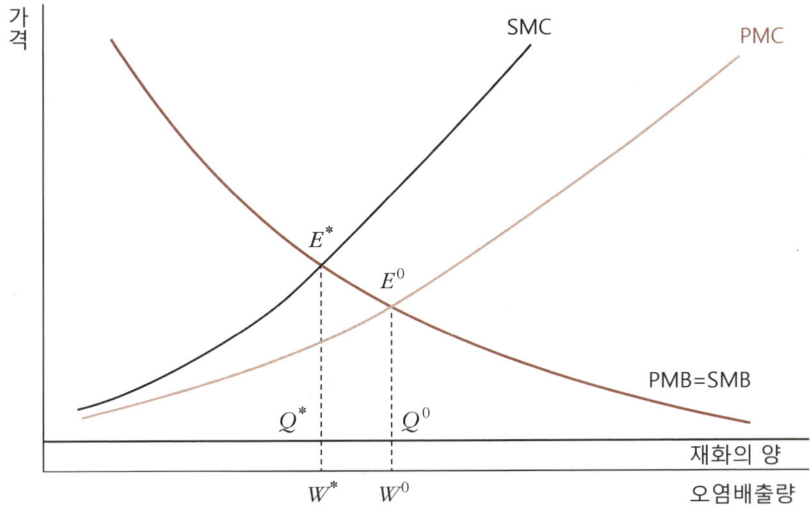

주: 절대 빈곤율(1)은 강성진·이우진(2009), 절대 빈곤율(2)은 보건사회연구원(2015) 자료를 이용하여 작성.

한계편익(Social Marginal Benefit: SMB)과 같다.

시장기능에 의하면 기업들은 자기 자신의 사적 한계비용과 사적 한계편익에 의하여 생산수준을 결정한다. 그림에서 보면 시장균형은 $PMC = PMB$가 되는 E^0에서 이루어지고, 이때 총생산량은 Q^0이며, 이로써 발생하는 총오염량은 W^0이다. 반면에 생산과정에서 배출된 오염물질이 일으키는 부정적 외부성을 반영한 비용을 고려하여 결정하는 사회적으로 바람직한 균형은 $SMC = SMB$가 성립하는 E^*에서 이루어진다. 이때 총생산량은 Q^*이고, 이로써 발생하는 총오염량은 W^*이다. 따라서 이윤극대화를 추구하는 기업에 의하여 시장에서 생산되는 총량은 사회적으로 바람직한 수준보다 더 크게 되는데, 이를 외부성에 의한 시장실패라고 한다. 이러한 생산량의 차이가 나타나는 이유는 생산과정에서 나타난 부정적 외부성에 의한 모든 비용을 생산물을 생산하는 기업 당사자가 부담하지 않기 때문이다.

8.3.2 환경정책[9]

생산과정에서 배출되는 오염물질이 주변 소비자나 기업들에게 영향을 미친다면, 이에 해

9 환경정책에 대한 논의는 주로 김홍균 외(2013)의 3~5장을 참조하여 정리하였다.

당하는 비용을 자신들의 생산비용으로 고려해야 한다. 그리고 이에 해당하는 만큼의 비용이 피해 당사자에게 지불되어야 한다. 그러나 시장기구에서 부담이전이 제대로 이루어지지 않으므로 시장기구를 이용하거나 정부정책을 활용하여 외부성 부분을 내부화(internalization)할 필요가 있다. 이는 피해 당사자와 피해 공급자 간에 부정적 외부성때문에 발생하는 비용 분담을 적절하게 하기 위한 것이다. 환경문제의 부정적 외부성이 정확하게 내부화된다면 시장기능에 의한 생산수준이 사회적으로 바람직한 생산수준과 일치하게 된다.

환경문제에 의한 외부성 문제를 내부화하고 사회적으로 바람직한 수준의 생산물을 생산하도록 하는 정부정책은 크게 직접적인 시장규제와 시장유인적 규제로 나눌 수 있다. 반면에 정부가 시장에 대한 개입 없이 시장에서 배출자와 피해자가 상호 자발적인 협상이 되도록 하는 방안으로 코즈 정리(Coase theorem)가 있다.

(가) 정부의 직접적 규제

직접적인 규제는 어떤 특정수준의 기준을 정하고 환경오염 배출자에게 이 기준을 강제적으로 지키도록 하는 정책이다. 〈표 8-4〉는 정부의 직접적 규제를 실행하기 위한 구체적인 정책 유형과 수단을 정리한 것이다.

첫째, 규제 기준을 정하고 환경오염 배출 행위를 직접적으로 규제하고자 하는 것으로는 배출허용 기준과 기술 기준 규제가 있다. 배출허용 기준 규제는 배출률, 배출농도 혹은 오염물질 총배출량 등 각각에 해당하는 배출허용 기준을 정하고 이를 지키도록 강제하는 정책이다. 기술 기준 규제는 환경오염물질의 배출을 규제하기 위하여 제품의 설계 기준과 같이 구체적인 기술적용 방법을 사전적으로 강요하는 방법이다.

둘째, 인허가 제도는 오염물질 배출시설의 설치나 환경 관련 사업에 대하여 일정한 기준을 갖춘 경우에만 환경 관련 사업을 허용해 주는 제도이다. 인허가 제도에 의하면 원료제품을 인허가할 때 이를 사용하면 사회적 피해가 크지 않는 등 적절한 조건이 충족되는 범위 내에서만 사용을 허용한다.

셋째, 제품생산 방식의 차이에 대한 규제로 단순히 제품을 소비하는 단계뿐만 아니라, 생산, 유통, 소비 그리고 폐기까지 제품의 전체과정(life cycle)에 대하여 규제를 하는 제도이다.

넷째, 쓰레기 투기행위나 멸종위기 동식물 거래행위 그리고 유해물질의 제조 및 사용 등과 같은 특정 행위를 금지하는 직접적 규제가 있다.

다섯째, 일정 지역에 대하여 특정한 행위를 금지하는 규제이다. 상수원 보호구역 지정제도나 자연 생태계 보전 지역 등을 지정하여 이 지역에서는 특정한 행위를 금지 혹은 제한한다.

표 8-4 직접적 규제정책 내용

유형	정책 종류 및 수단
규제 기준	배출허용 기준: 배출률, 배출농도, 오염물질 총배출량, 생산단위당 오염물질 배출량, 오염물질 제거율 등
	기술 기준: 특정규격이나 설계 기준 적용
인허가	시설부문에 대한 인허가: 배출시설 허가제도, 환경관련 사업 인허가 제도
	원료제품에 대한 인허가: 화학물질에 대한 사용 인허가 제도
제품 생산방식 차이에 따른 규제	제품 관련 생산방식 규제: 제품의 판매, 유통, 소비, 처분 과정에서 나타나는 환경적 외부효과를 내부화하는 정책
	제품 무관련 생산방식 규제: 제품의 제조과정에서 나타나는 환경적 외부효과를 내부화하는 정책
특정행위의 금지 및 특정 물질의 사용 금지	쓰레기 투기행위 및 악취 발생물질 소각행위 금지
	멸종위기에 처한 동식물 거래 금지
	유해물질 제조 및 사용 금지
지역규제	상수원 보호구역 지정제도
	자연생태계 보전 지역 설정
	대기보전 특별대책 지역 설정

출처: 김홍균 외(2013), p.68를 수정·보완한 것임.

(나) 정부의 시장유인적 규제

시장유인적 규제에는 먼저 환경오염 배출량에 대하여 세금을 부과하여 탄소배출량을 감소시키도록 유인하는 정책이 있다.[10] 그리고 환경오염 배출자에게 총배출량을 직접적으로 정해주고, 스스로 시장을 통하여 배출권을 판매하거나 구입할 수 있게 하는 배출권거래제도(Emissions Trading Schemes: ETS)가 있다.[11] 시장유인적 규제정책은 경직적인 정책수단을 사용하는 직접적 규제방식에 비해 유연하다는 장점이 있다. 그러나 간접적인 규제정책수단을 사용하기 때문에 국민을 설득시키고 이해시키는 데는 직접적 규제방식에 비해서 효과성이 적다는 점에서 한계가 있다.

가장 많이 쓰이는 시장유인적 제도는 환경오염과 같은 부정적 외부성에 대해서는 세금을 부과하고, 긍정적 외부성에 대해서는 보조금을 지급하는 것이다. 즉, 오염물질을 배출하는 경

10 이 제도는 피구(Pigou)가 1947년 출판한 저서 『후생경제학』에서 제안하였다고 해서 피구세(Pigouvian tax)라고도 한다. 최근에는 환경세(environmental tax), 녹색세(green tax) 혹은 탄소세(carbon tax) 등 다양하게 불린다.

11 이를 cap and trade라고도 부르는데, 일정 동안 배출할 최대 오염배출량(cap 혹은 limit)을 정하고, 이 범위 내에서 시장에서 배출권을 거래(trade)할 수 있도록 한다는 의미이다. 한국은 2015년 1월 1일부터 이 제도를 실시하고 있다.

그림 8-2 환경세와 최적 환경오염 배출

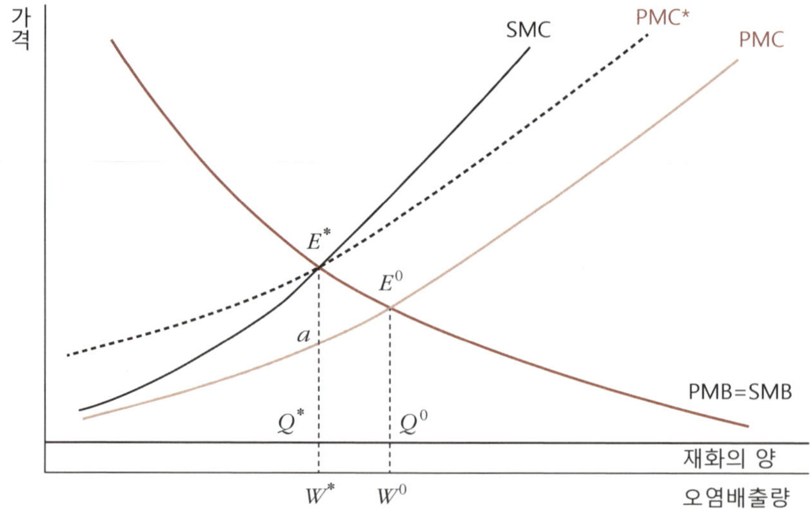

우 정부가 세금을 부과하여 새로운 시장가격을 형성하도록 하는 것이다. 정부가 세금을 부과하면, 생산자의 입장에서는 사적 한계비용에 세금이 비용으로 추가되기 때문에 세후 사적 한계비용은 두 비용을 합한 것과 같아진다. 세금이 부과된 이후 생산량이 사회적으로 바람직한 생산량 수준과 동일하게 되면 외부성이 완전히 내부화된 것이다.

세금부과 효과를 보기 위하여 [그림 8-1]을 이용하여 설명한 것이 [그림 8-2]이다.

사회적으로 효율적인 수준을 반영하는 최적 오염배출량 수준인 W^*를 유지하기 위한 총생산량은 Q^*이다. 만약 정부가 E^*a에 해당하는 만큼의 세금을 부과한다고 하자. 세금을 부과한 이후 이 기업의 한계비용, 즉 공급곡선은 PMC에서 PMC^*로 상향이동하게 한다. 기업은 수요곡선과 만나는 새로운 점인 E^*에서 이윤극대화를 하고 Q^*를 생산한다. 이렇게 민간기업들로 하여금 새로운 한계비용곡선에 의하여 최적의 생산을 하도록 하고, 최적오염수준을 배출하게 하는 세율을 최적 피구세(optimal Pigouvian tax)라고 한다.

배출권거래제는 정부가 용인할 오염배출량 수준인 기업의 오염배출권(permits), 즉 할당량을 정해 놓고 생산자들 간에 서로 사고 팔 수 있도록 하는 제도이다.[12] 자신에게 할당된 배출권보다 오염물을 적게 배출하는 기업이 자신에게 할당된 배출권보다 더 많이 배출하는 기업에게 남은 오염배출권을 배출권거래시장에서 판매할 수 있도록 허용하는 것이다. 반대로

12 배출권을 carbon credits 혹은 allowance라고도 부른다.

할당량보다 초과하여 환경 오염물질을 배출한 기업은 자신에게 부여된 할당량보다 적게 배출하는 기업으로부터 초과 배출량만큼 오염배출권을 구매하여 의도하는 생산수준을 유지하려고 한다.

결과적으로 배출권거래제는 사회적으로 정한 오염배출량 내에서 시장거래를 통하여 생산자 간 배출권을 거래할 수 있도록 허용하는 것이다. 이를 통하여 사회에서 필요한 재화는 오염배출이 발생하더라도 생산할 수 있도록 한다. 따라서 배출권거래제는 기업별로 오염배출량을 정해서 재화를 생산하고 싶어도 규제 때문에 제품생산 자체가 불가능한 직접적인 규제보다 유연한 제도라고 하겠다.

(다) 코즈 정리

코즈 정리는 경제주체들이 정부의 개입 없이 시장에서 서로 자유로운 협상을 할 수 있다면, 환경오염에 의한 비효율성을 정부규제나 간섭 없이도 시장 내에서 당사자들 스스로 해결할 수 있다는 것이다. 물론 이 정리가 성립하기 위해서는 협상 과정에서 발생할 수 있는 거래비용(transaction cost)이 없다는 가정이 필요하다는 한계는 있다.

환경문제에 적용한 〈표 8-5〉에 제시된 예를 보자. 이 표는 어떤 마을 A에 공장이 설립되어 폐수를 그대로 방출하거나 폐수 방지시설을 설치하여 보상하는 경우를 비교한 것이다. 주민들은 환경권을 가지고 있는 경우와 없는 경우로 나눌 수 있다. 표에서 각 좌표는 주민과 기업의 편익 혹은 손해를 보여준다. 각 좌표 (x, y)에서 x는 기업의 편익(손해)을 의미하고, y는 주민의 편익(손해)을 의미한다. 공장이 폐수를 배출하여 수질오염이 발생하면 주민들이 입는 피해 규모는 150만 원, 폐수방지시설 설치비용은 100만 원이라고 가정하자. 그리고 환경오염을 배출하고 있는 기업은 300만 원의 이윤을 얻고 있다.

주민이 환경권을 가지고 있는 경우를 보자. 공장이 폐수를 배출하면 공장이 주민들이 입은 피해를 보상(150만 원)하도록 하면, 기업은 150만 원의 이익만 남고 주민은 기존 손해에 해당하는 150만 원을 받아서 주민들의 순이익은 0이 된다. 즉, (150, 0)이 된다. 반면, 기업이 직접 100만 원을 들여서 폐수 방지시설을 설치하는 경우 기업의 이익은 200만 원으로 감소하고 주민들의 환경오염 피해는 없어져서 (200, 0)이 된다.

반면, 주민들의 권리를 인정하지 않는 경우를 보자. 공장이 폐수를 배출할 수 있는 권리를 인정한다면, 기업은 300만 원의 이득을 그대로 유지하고, 주민들은 150만 원의 피해를 감수하게 되어 (300, -150)이 된다. 혹은 환경권이 없는 주민들이 100만 원을 부담하여 공장이 폐수 방지시설을 직접 설치하게 할 경우, 기업 이득은 이전과 동일하지만 주민들은 100만 원 비용을 부담해야 하므로 (300, -100)이 된다. 결국 거래비용이 없다는 가정에서 환경오염이라는 외부효과는 오염 방지시설을 갖춤으로써 해결될 수 있다.

〈표 8-5〉에서 내쉬균형은 주민에게 환경권을 부여하며, 공장이 폐수 방지시설(설치비용 공장 부담)을 설치하는 경우다. 내쉬균형은 상대방의 전략(혹은 선택)을 예상한 상태에서 자신의 이익을 극대화하는 전략이 가져오는 균형을 말한다.

기업 입장에서 '주민에게 환경권이 부여될 것'을 예측한다면 폐수 방지시설을 설치하는 것이 최적 전략이다. 만약 기업이 '주민에게 환경권이 부여되지 않을 것'을 예측한다면, 공장이 폐수를 방출하는 것과 공장폐수 방지시설을 설치하는 것이 무차별하게 된다. 다만 어느 편의 환경에 대한 권리를 인정하는가에 따라 오염 방지시설의 설치비용을 누가 부담하느냐에 관한 문제가 존재한다. 주민 입장에서 보면 공장이 폐수를 그대로 배출하는 경우와 폐수 방지시설을 설치하는 모든 경우에 주민 자신의 이익이 극대화되는 것은 모두 주민이 환경권을 보유하는 경우이다. 결국 서로의 전략을 예상하는 상태에서 내쉬균형은 (공장폐수방지시설 설치, 주민 환경권 있음) 전략이다.

표 8-5 코즈 정리와 주민 환경권

		주민	
		환경권 있음	환경권 없음
기업	공장폐수를 배출	(150, 0)	(300, -150)
	공장폐수 방지시설 설치	(200, 0)	(300, -100)

8.4 경제성장과 환경

8.4.1 환경 쿠즈네츠 곡선

경제성장으로 제품생산은 증가하지만 환경오염물질의 배출도 생산에 비례적으로 증가하는 것만은 아니다. 환경오염물질 특성에 따라 경제발전 초기에는 배출량이 점점 증가하다가 어느 발전 단계에 이르면 반대로 배출량이 감소하는 경우도 있다.

이러한 관계가 나타나는 이유는 다음과 같다. 초기 산업화 단계, 즉 저소득 국가에서는 산업화가 진전되지 않아서 생산량이 적고 따라서 환경오염 정도가 낮아서 환경의 질이 매우 양호하다. 그러나 산업화가 진전됨에 따라 환경오염물질의 배출은 늘어나게 된다. 일자리와 소득증가에 관한 관심이 우선이기 때문에 소득증대 과정에서 배출되는 환경오염을 감소시키기 위한 비용지불에 대해서는 상대적으로 관심이 덜 하다. 따라서 이 구간에서는 경제성장은 이루어짐과 동시에 환경오염 정도도 증가하게 된다. 즉, 1인당 소득이 증가함에 따라 대기오염, 수질오염 등 환경지표가 더욱더 악화되는 현상이 나타나는 것이다.

반면 어느 정도의 소득수준에 도달하게 되면 정부는 이윤극대화를 통한 경제성장이라는 단순한 목표에서 탈피하여 친환경적인 경제발전정책을 시행하게 된다. 이때 정부는 환경에 대한 투자나 규제를 강화하게 되는데 그 이유는 다음과 같다. 첫째, 일반 국민의 관심사가 소득증대뿐만 아니라 좋은 환경을 통한 삶의 질 향상으로 점차 변하게 된다. 이는 어느 정도의 소득수준에 도달하여 기본적인 욕구는 채워졌으므로 소득과 더불어 환경이 삶의 질을 결정하는 또 다른 중요한 요소가 되기 때문이다. 둘째, 소득수준이 향상되면서 국가재정수입이 증가하여 환경에 대한 정부의 투자여력이 증가하게 된다. 동시에 국민들의 환경에 관한 관심이 높아져서 정부도 환경에 대한 투자나 규제강화를 통하여 환경개선을 위한 노력을 증대시키게 된다.

환경과 경제발전의 관계를 설명하는 대표적인 이론이 환경 쿠즈네츠 곡선(environmental Kuznets curve)인데, 제6장에서 설명한 쿠즈네츠 곡선을 소득과 환경의 관계로 설명한 것이다. 환경 쿠즈네츠 곡선은 [그림 8-3]과 같이 1인당 국민소득이 낮으면 경제성장이 이루어짐에 따라 환경오염 정도가 악화되지만, 어느 정도 수준으로 발전이 이루어지면 오히려 환경오염이 개선된다는 것을 의미한다. 1인당 국민소득이 매우 낮은 A점에서는 환경오염도가 매우 낮

그림 8-3 환경 쿠즈네츠 곡선

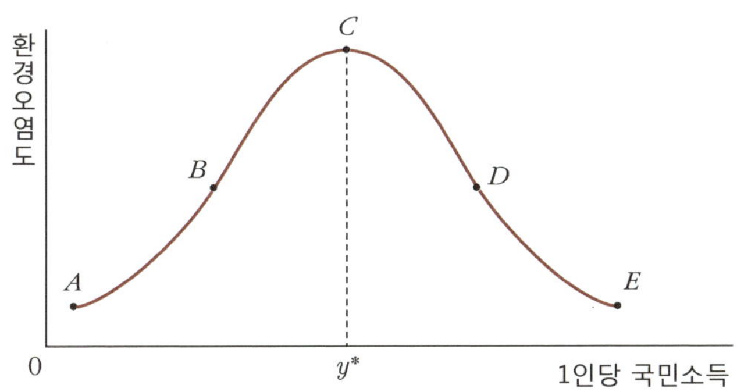

다. 그러나 경제성장이 이루어짐에 따라 환경오염도도 악화되다가 C점에서 최대가 된다. 해당 지점에서의 1인당 소득은 y^* 로 전환점 소득이 된다. 그 이후로는 앞에서 설명한 이유로 경제성장이 이루어져도 환경오염은 오히려 감소하여 $C \rightarrow D \rightarrow E$의 선진국형 경로가 나타난다.

브락·테일러(Brock and Taylor, 2005)는 환경의 경제성장에 대한 효과를 규모(scale), 구성(composition) 그리고 기술(technique)의 세 부분으로 나누어 설명하고 있다. 규모면에서 경제성장이 이루어져 생산규모가 증가한다고 하자. 만약 생산규모 증가에 비례해서 환경오염 배출이 증가한다면 국가 총 환경오염 배출량은 소득증가에 따라 증가하게 된다. 그러나 총생산량이 증가해도 생산물 구성이 변한다면 오히려 오염배출량은 감소할 수도 있다. 예를 들어 친환경제품의 생산이 상대적으로 더 많이 증가한다면, 사회 전체적인 환경오염 배출량이 오히려 감소할 수도 있다. 마지막으로 선진국을 중심으로 친환경 기술을 사용하여 재화를 생산하더라도 생산량 증가에 따른 오염물질 배출량이 이전의 생산기술을 사용할 때 비해 감소할 수 있다. 따라서 경제성장이 이루어지더라도 환경오염 배출은 감소할 수 있다.

해당 연구는 이러한 세 요소가 상호 작용하면서 경제성장과 환경오염 배출 간 관계를 보여주는 환경 쿠즈네츠 곡선이 나타난다고 설명한다. 이러한 실증분석 결과를 토대로 경제학자들은 경제성장이 결국 환경적 폐해로 이어진다는 기존의 논리가 반드시 성립하는 것은 아니라고 주장하였다.

8.4.2 실증분석

환경 쿠즈네츠 곡선이 성립하는가에 대한 문제는 결국 실증분석을 통해서 규명되어야 한다. 지금까지 많은 연구가 이루어지고 있고, 그중 상당수가 환경 쿠즈네츠 곡선이 성립하고 있음을 보여준다. 물론 환경오염을 반영하는 변수, 추정 방법, 연구 대상 기간 및 지역에 따라 연구결과가 다르게 나타난다. 이를 문헌별로 정리한 것이 〈표 8-6〉이다.

환경 쿠즈네츠 곡선에 대한 대표적인 실증분석으로는 그로스만·크루거(Grossman and Krueger, 1995)가 있다. 그들은 환경지표로 세계 주요 도시에 대하여 아황산가스, 매연, 먼지와 같은 공기오염 및 수질오염 지표를 사용하였다. 오염물질의 정의에 따라 다양한 값을 보여주고 있지만, 1인당 실질 GDP가 약 8,000달러(1985년 실질값)일 때 최고 오염 수준이 나타나 환경 쿠즈네츠 곡선의 전환점(turning point)이 되고, 그 이후 소득증가에 따라 점차 감소하는 경향을 보였다.

〈표 8-6〉의 다른 선행연구의 결과를 보면, 환경오염을 반영하는 물질의 정의에 따라 분석

결과가 다양하게 나타나는 것을 알 수 있다. 소득이 증가함에 따라 어떤 환경오염물질이 지속적으로 증가하는 경향을 보이기도 하는데, 이 결과가 반드시 환경 쿠즈네츠 곡선을 부정한다고는 할 수 없다. 비록 오염배출이 증가하고 있지만, 아직 감소하는 구간의 소득에 도달하지 못하고 있다고 해석을 할 수도 있기 때문이다.

한국의 환경 쿠즈네츠 곡선 존재 여부에 관한 연구들도 많이 있다. 분석 대상이나 환경오염 지표에 따라 결과가 다르지만 대체로 보면 환경 쿠즈네츠 곡선이 성립되고 있음을 알 수 있다. 특히 15개 지역별로 4개의 환경오염지표(SOx, NOx, CO, TSP)를 사용하여 환경 쿠즈네츠 곡선을 실증분석한 결과를 보면, SOx 이외의 모든 환경오염지표에 대하여 환경 쿠즈네츠 곡선이 성립한다. 특히 전환점도 다른 외국 문헌들과 유사하게 8천~1만 5천 달러에서 결정됨을 보인다(Kim et al., 2016). 특히 최근에는 기존의 단순히 역U자형에서 더 나아가 N자형을 갖는

표 8-6 EKC에 관한 주요 선행연구

저자(연도)	분석대상 분석기간	종속변수	주요 결과
Grossman and Krueger(1991)	42개국 1977, 1982, 1988	SO_2, 매연, SPM	SO2와 매연에만 EKC 존재
Shafik (1994)	149개국 1960~1990	CO_2, SPM, SO_2	SPM, SO_2에만 EKC 존재
Grossman and Krueger(1995)	42개국 1977, 1982, 1988	SO_2, 매연, SPM	SO_2와 매연에 EKC 존재
Halkos (2003)	73개국 1960~1990	SO_2	EKC 존재가 추정 모형의 의존
Beck and Joshi (2015)	67개국 1980~2008	CO_2	OECD국가에서는 N자형 곡선 Non-OECD(아시아, 아프리카)는 EKC 존재
Wang et al. (2024)	전 세계 214개국 (1960-2020)	CO_2	1인당 GDP와 1인당 탄소배출은 N자형 관계를 보임
한국 대상 연구			
정용훈·김수이 (2012)	1981~2008	CO_2	CO_2에 EKC 존재
박추환 (2013)	6개권역 1988~2008	SOx, NOx, TSP, CO	4개 권역에서만 SOx에 EKC 존재
Kim et al. (2016)	15개 지역 2000~2012	SOx, NOx, TSP, CO	SOx 이외에 EKC 존재

주: SO_2는 아황산가스, SOx는 황산화물, NOx는 질소산화물, NO_2는 이산화질소, CO는 일산화탄소, CO_2는 이산화탄소, SPM은 부유분진, TSP는 총먼지임.

출처: Kim et al.(2016)를 수정·보완하고 각 논문을 참고한 것임.

다는 실증 분석들도 제시되고 있다(Wang et al., 2024).

추가로 한국의 1인당 실질 GDP(2010년 기준)와 1인당 이산화탄소 배출 추이를 보면 [그림 8-4]와 같다. 그림에서 알 수 있듯이 1960년 이후 1인당 실질 GDP 증가 추이와 1인당 이산화탄소 배출 추이가 거의 유사하게 나타나는 것을 알 수 있다. 이처럼 생산증가와 이산화탄소 배출이 같은 패턴으로 움직이는 것을 경제성장과 이산화탄소의 동조화(coupling) 현상이라고 한다. 그러나 2000년대 이후에는 1인당 실질 GDP의 변화에 비해 1인당 CO_2의 증가가 상대적으로 둔화되고 있음을 알 수 있다. 다만 여기서 유의해야 하는 점은 환경 쿠즈네츠 곡선을 두 변수의 단순 상관관계가 아니라 다른 변수도 동시에 고려하여 추정한다는 점이다.

그림 8-4 한국의 1인당 GDP 증가와 이산화탄소 배출 추이

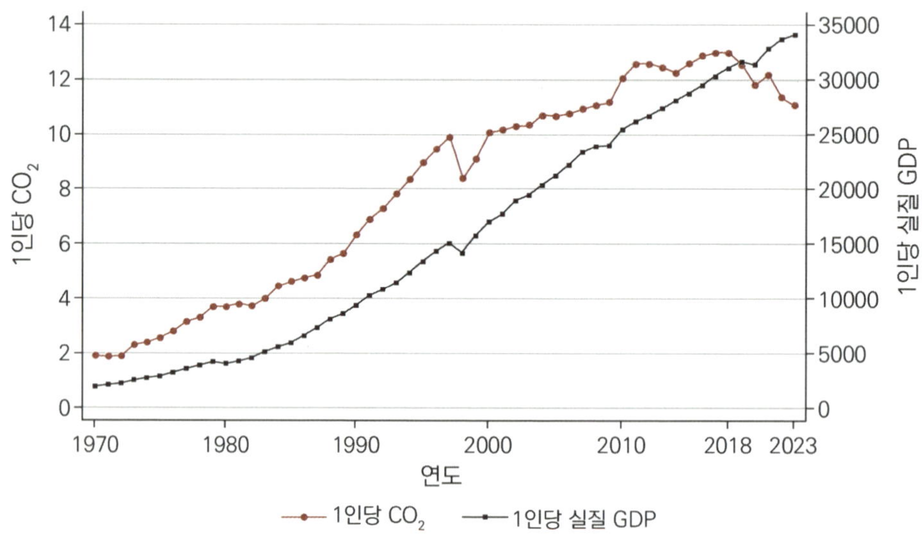

출처: World Bank, WDI(검색일: 2025.11.15.)를 이용하여 작성.

8.5 녹색성장이론

8.5.1 녹색성장 개념

녹색성장전략은 환경보호와 경제성장을 동시에 추구하려고 수립된 경제발전전략으로 생태효율성(eco-efficiency), 녹색경제(green economy) 등 다양한 용어로 표현되고 있다. 이들 용어가 발표된 시기와 구체적 정의는 〈표 8-7〉에 정리되어 있다.[13]

생태효율성은 1992년 지속가능발전에 관한 세계경제이사회(WBCSD)에서 처음으로 제시되었다.[14] 이는 생산 단위당 에너지 사용을 최소화시키겠다는 생산전략이다. 그러나 이 개념

표 8-7 녹색성장과 연관된 주요 개념

용어	문헌(연도)	정의
생태효율성	WBCSD(1992)	경제성장을 추구하면서 자원(에너지, 토지 등)을 가장 적고 효율적으로 사용하여, 생산을 극대화하면서 동시에 환경오염물질 배출을 극소화하고자 하는 것
녹색성장	Ekins(2000)	환경 지속가능성을 유지하면서 경제성장을 추진하는 것
	UNESCAP(2006)	경제성장과 환경적 지속가능성을 조화롭게 하고 환경과 경제의 원윈 관계를 창출하는 것
	미래기획위원회(2009)	신재생에너지 기술과 에너지 자원 효율화 기술, 환경오염 저감기술 등 녹색기술을 신성장 동력으로 하여 경제·산업구조는 물론이고 전반적인 삶의 양식을 저탄소·친환경으로 전환하는 국가 발전전략
	저탄소녹색성장기본법(2010)	에너지와 자원을 절약하고 효율적으로 사용하여 기후변화와 환경훼손을 줄이고 청정에너지와 녹색기술의 연구개발을 통하여 새로운 성장동력을 확보하며 새로운 일자리를 창출해 나가는 등 경제와 환경이 조화를 이루는 성장
	OECD(2011)	자연자산이 지속적으로 인류 복지가 의존하는 자원과 환경서비스를 제공하면서 경제성장과 발전을 촉진시키는 것
녹색경제	UNEP(2010)	환경적 위험과 생태적 희소성을 줄이면서 인간복지와 사회적 형평성을 향상시키는 것
포용적 녹색성장	세계은행(2012)	대가가 큰 환경훼손을 막으면서 급속한 성장 및 빈곤해소를 통하여 지속가능발전을 실행하기 위한 것

출처: Kang(2015), p.277을 수정·보완한 것임.

13 녹색성장전략은 구체적인 경제성장전략을 수반하지 않는 기후변화 대응 혹은 적응대책과는 개념상에 차이가 있다.

14 WBCSD: World Business Council for Sustainable Development.

은 생산자의 생산효율성을 의미하는 것으로 이윤추구를 위한 사업 기회를 더욱 강조하는 개념이다(WBCSD, 2000, pp.8-9).

녹색성장이라는 용어가 공식적인 문헌에서 처음 등장한 것은 에킨스(Ekins, 2000)의 저서이다. 그는 환경지속성(environmental sustainability)과 경제성장 간의 관계를 논의하고, 이들이 시너지 관계를 갖기 위한 전제조건이 무엇인지에 대하여 다양한 제안을 제시하였다. 그다음으로 녹색성장 용어가 사용된 것은 2005년 서울에서 개최된 제5차 아시아 태평양 환경개발 장관회의(MCED)에서이다.[15] 이 회의에서는 빈곤완화와 환경보존이 상호 시너지 관계를 갖기 위한 정책으로 녹색성장전략을 채택하도록 권고하였다.[16] 또한, 유엔 아시아 태평양 경제사회위원회(UNESCAP, 2006)는 녹색성장을 환경의 지속성과 경제성장이 상호 윈-윈 관계를 주는 개념으로 정의하고 있다.[17]

녹색성장이 한국에서 국가의 체계적인 경제발전전략으로 처음 등장한 것은 2008년 '저탄소, 녹색성장(Low Carbon, Green Growth)'이다. 녹색성장을 체계적으로 추진하기 위하여 정부는 2010년 '저탄소녹색성장기본법'을 제정하였다. 해당 법에서는 녹색성장을 에너지와 자원을 절약함과 동시에 녹색기술을 이용한 청정에너지를 개발하여 새로운 성장동력을 확보하고 일자리를 창출하는 경제발전전략이라고 정의하고 있다.

UNEP(2010)가 발표한 녹색경제(green economy)도 유사한 개념이다.[18] 여기서 녹색경제는 환경위험과 생태적 희소성을 괄목할 만큼 감소시키면서 인간의 후생과 사회적 형평성을 증가시키도록 하는 것으로 정의된다. OECD(2011)도 녹색성장을 우리의 자연자원이 자원과 환경서비스를 제공하면서 우리 인류의 복지를 유지해주는 경제성장전략이라고 정의하고 있다. 마지막으로 세계은행(2012)은 포용적 녹색성장(inclusive green growth)이라는 용어를 사용하고 있다. 이는 단순히 경제성장과 환경의 관계라는 차원의 녹색성장에 사회적 포용까지 고려하는 지속가능발전을 의미하는 것으로 해석할 수 있다.[19]

15 MCED: Ministerial Conference on Environment and Development.

16 이는 한국 정부에 의해 발의되었으며, "녹색성장을 위한 서울 이니셔티브(Seoul Initiatives on Green Growth)"로 불린다. 한국 정부는 본 의제를 통하여 1단계 사업 기간(2006~10) 동안 회원국 간 네트워크 구축, 녹색성장 정책포럼, 회원국 역량강화를 위한 리더십 프로그램 실시 및 녹색성장 전파를 위한 시범 사업 등의 프로그램을 추진하였다(한국환경공단, 2010, p.4). 자세한 내용은 서울 이니셔티브 홈페이지(http://www.singg.org/en/about/background/index.do, 검색일: 2017.05.07.) 참조.

17 UNESCAP: United Nations Economic and Social Commission for Asia and Pacific.

18 UNEP: United Nations Environment Programme.

19 지속가능발전의 모든 부문이 균형 있게 논의되고 있는 것은 아니다. 즉, 포용적 측면인 사회적 발전이 다른 두 부문인 경제

8.5.2 녹색성장이론

전통적인 경제성장이론에서는 경제성장에 의한 소득증대가 인간 삶의 질을 향상시킨다고 보았다. 그러나 생산과정에서 배출된 환경오염이 소비자의 효용에 직접적으로 영향을 미친다면 단순히 소득증가에 비례해서 삶의 질이 향상한다고 할 수 없다. 또한 에너지원이 되는 자연자원의 공급은 한정되어 있으므로 제품생산에 환경이 영향을 미치게 되고, 이는 결국 경제성장에 영향을 주게 된다.

녹색성장이론(green growth theory)은 전통적인 경제성장 모형의 생산이나 효용함수에 환경의 영향을 추가적으로 고려한 모형이다. 제3장과 제4장에서 설명한 경제성장이론에는 소비수준만이 효용에 직접적으로 영향을 미치는 요소로 가정한다. 그러나 녹색성장이론은 환경상태도 효용에 영향을 미치는 또 다른 요소로 고려한다. 추가적으로 자연자원도 중요한 생산요소로 고려한 생산함수를 가정한다. 이들 모형을 정리하면 다음과 같다.[20]

소비자의 목적함수인 효용함수는 물질적인 소비뿐만 아니라 환경의 질(environmental quality)에도 의존한다고 가정하면, t기의 효용함수는 식 (8-1)과 같다.

$$U_t = U_t(C_t, E_t) \qquad (8-1)$$

C_t는 소비수준 그리고 E_t는 환경의 질을 나타내는 총괄지표이다. E_t는 자본재처럼 시간이지남에 따라 고갈될 수도 있지만 동시에 재생될 수도 있다. 효용수준은 소비가 증가하거나 환경의 질이 개선됨에 따라 증가하게 되어, U_t는 C_t 및 E_t와 양(+)의 관계를 갖는다.

환경의 질은 오염 상태에 의해 영향을 받는데 이는 생산수준과 오염의 정도에 의해 결정된다. 일반적으로 많이 쓰이는 환경의 질에 대한 방정식은 식 (8-2)와 같다.

$$\dot{E}_t = -P(Y_t, z_t) - \theta E_t,\ \theta > 0 \qquad (8-2)$$

여기에서 P는 환경오염 상태를 나타내고 Y_t와 z_t는 각각 생산수준과 오염의 강도(intensity of pollution)를 나타낸다. 환경오염 상태는 생산수준이 높을수록, 그리고 오염의 강도가 높을수록 악화되므로 P는 이 두 변수에 대하여 증가함수이다. 환경오염(P)이 증가하면

성장 및 친환경부문과 균형 있게 논의되고 있지 않다.

20 녹색성장이론에 대한 자세한 논의는 Aghion and Howitt(1997, pp.151-171) 참조.

환경의 질(E)은 악화되어 P와 E가 음(-)의 관계를 갖게 된다. θ는 최대 잠재재생률(potential regeneration)을 의미하며, 만약 오염 상태(P)가 0이면, E_t가 자체적으로 과거 값에 비해 새롭게 재생하는 비율이 된다.[21] 따라서 다른 요소가 없다면 환경의 질은 악화되는데, E가 증가함에 따라 $\dot{E}_t$는 θ비율만큼 감소하여 $\dot{E}_t < 0$이 된다.

다음으로 생산함수는 전통적으로 가정되는 물적자본(K)과 노동(L)에 자연자원(R)과 환경오염의 강도(z)를 추가적으로 고려한다. 자연자원은 무한하게 존재하는 것이 아니라 고갈될 수도 있고, 스스로 재생할 수도 있다고 가정한다. 따라서 생산요소로 사용되는 자연자원을 재생 가능한 자원과 재생 불가능한 자원으로 나눌 수 있다.

환경오염의 강도(z)도 생산요소의 하나로 고려된다. 환경 기준을 완화하여 환경오염이 증가하는 대신 생산량은 증가하게 된다. 반대로 환경 기준이 엄격하다면 환경개선에 도움이 되어 환경오염은 감소하지만 생산활동은 위축된다. 따라서 z_t와 생산량은 양(+)의 관계를 갖는다. 이를 종합한 생산함수는 식 (8-3)과 같다.

$$Y_t = F(K_t, L_t, R_t, z_t) \tag{8-3}$$

천연자원은 자연에서 채굴해서 사용하는 자원이지만, 여기서 분석의 편의를 위해서 모든 천연자원이 재생 불가능한 자원으로 가정한다. S_t를 재생 불가능한 천연자원의 양이라고 하면, 이 값의 변화율은 자원 채굴량(R_t)과 음(-)의 관계를 갖게 되어 식 (8-4)와 같다.[22] 채굴량이 증가할수록 채굴 가능한 천연자원 부존량은 감소하게 된다.

$$\dot{S}_t = -R_t \tag{8-4}$$

위의 논의를 종합하여 제3장과 제4장에서 논의한 모형처럼 녹색성장 모형을 설정하여 효용극대화를 식으로 표현하면 식 (8-5)와 (8-6)과 같다.

$$\max W = \int_0^{\infty} e^{-\delta t} u(c_t, E_t) dt, \tag{8-5}$$

21 $P=0$이면 $\dot{E}_t / E_t = -\theta$가 된다.

22 S는 저량(stock)변수이고, R은 유량(flow)변수이다.

$$s.t.\ \dot{K}_t = Y_t - L_t c_t;\ \ \dot{E}_t = -P(Y_t, z_t) - \theta E_t;\ \dot{S}_t = -R_t \qquad (8-6)$$

여기서 W은 총효용의 현재가치이고, δ은 소비자의 시간선호율이다.

8.5.3 녹색성장과 지속가능발전

녹색성장전략은 친환경적 경제성장전략을 제시하는 것으로 사회적 포용까지 고려하는 지속가능발전보다는 좁은 의미이다. 녹색성장전략은 사회적 발전을 부분적으로 형평성 문제를 포함하고는 있으나, 환경과 경제성장 관계에 대하여 상대적으로 더 많은 논의를 하고 있다. 예를 들어 빈곤, 양성평등, 역량강화, 소득분배, 사회통합과 같은 요소를 포함하는 사회적 발전 측면을 녹색성장정책에 충분히 반영하고 있지 않다.[23]

2장에서 논의하였듯이 지속가능발전은 경제성장, 환경 및 사회적 발전 모두를 포괄하는 인류가 도달하고자 하는 궁극적인 목적이다. 반면에 녹색성장은 친환경적 경제발전전략이므로 지속가능발전을 달성하기 위한 발전전략이라고 할 수 있다. 따라서 지속가능발전을 달성하기 위해서는 녹색성장전략에 사회발전을 추구하는 전략이 추가적으로 동시에 시행되어야 한다.

8.6 녹색성장과 국제협력

8.6.1 개발도상국과 기후변화

기후변화에 대한 대응은 선진국을 중심으로 이루어지고 있지만, 현재 높은 경제성장률을 달성하고 있는 개발도상국도 동참하지 않을 수 없다. 선진국을 추격(catching up)해야 하는 개발도상국은 기후변화에 대한 대응 정책을 시행할 때 다음과 같은 의구심을 가지고 있다.

첫째, 현재 인류가 겪고 있는 기후변화는 경제성장을 하는 현재 개발도상국이 아니라 산업혁명 이후부터 경제성장을 해 온 현재 선진국들의 책임이 더 크다는 것이다. 사실상 기후변화는 산업혁명 이후 배출된 온실가스의 누적으로 인해 나타난 것이기 때문에 누적 배출량으

23 녹색성장과 지속가능발전에 대한 자세한 논의는 강성진(2014) 및 Kang(2015) 참조.

로 계산하면 현재 선진국의 배출량이 훨씬 더 크다는 것이다.

둘째, 개발도상국에서 생산되고 있는 제품 대부분은 현지에서 소비되는 것이 아니라 수출되어 선진국 시장에서 소비된다. 따라서 제품을 소비하는 측면에서 보면 선진국이 개발도상국보다 오히려 더 많은 온실가스를 배출한다는 주장이다. 예를 들면 선진국의 다국적 기업들이 개발도상국에 투자하여 제품을 생산하고, 이 제품들을 다시 선진국으로 수출하여 소비하기 때문에 선진국에 온실가스 배출에 대한 책임이 더 크다는 것이다.

셋째, 온실가스 감축을 위한 기술혁신, 금융 및 인력역량부문은 상대적으로 선진국이 유리한 위치에 있다. 따라서 개발도상국들은 온실가스 감축 노력이 오히려 선진국과의 격차를 더욱 벌려 놓을 수도 있다는 것을 우려하고 있다. 개발도상국은 이러한 이유로 기후변화에 공동으로 대응하기 위하여 이 세 부문에 대하여 선진국과 국제협력이 필요하다고 주장하고 있다.

8.6.2 지속가능경제학

현재의 선진국들은 산업혁명을 거치면서 경제성장을 달성하였기 때문에 온실가스 배출의 책임을 회피할 수는 없다. 이에 따라 기후변화에 대응하는 다양한 정책들이 선진국을 중심으로 시행되어 왔다. 그러나 최근 중국, 인도 등과 같은 개발도상국들이 급속하게 경제성장을 이루는 과정에서 온실가스는 증가하고 있다. 이러한 과정에서 선진국 중심의 온실가스 감축 노력만으로는 기후변화 문제를 해결하기에는 한계가 있다. 즉, 지금의 지구온난화 문제는 개발도상국의 협조 없이는 해결하기 어렵다는 것이다.

무나싱해(Munasinghe, 1995)는 녹색성장정책에 대한 개발도상국의 우려를 선진국의 지원과 국제협력을 통하여 극복할 수 있다는 것을 지속가능경제학(sustainomics) 개념을 통해 설명한다. 지속가능경제학은 국제협력을 통하여 개발도상국이 선진국과 같은 수준의 경제성장을 달성하더라도 선진국이 배출한 것보다 적은 온실가스를 배출하도록 할 수 있다는 것이다.

그는 지속가능경제를 [그림 8-5]의 환경 쿠즈네츠 곡선을 통해 설명하고 있다. 현재 개발도상국이 과거 선진국들이 추구하였던 경제발전 경로가 아닌 다른 경로를 거칠 수 있다면, 오히려 선진국이 배출하였던 것보다 더 적은 온실가스를 배출하면서 경제성장을 할 수 있다고 주장한다. 물론, 이러한 빠른 경로로 가기 위해서는 기술, 금융, 역량강화 분야에서 선진국과 개발도상국 간 국제협력이 선행되어야 한다.

[그림 8-3]에서도 이미 설명하였듯이 환경 쿠즈네츠 곡선에 의해 현재 선진국들은 경제성장과 온실가스 배출이 $ABCDEF$ 궤적을 따라왔다고 하자. 만약 개발도상국도 같은 경로를

따라간다면 선진국과 개발도상국 간의 소득 격차는 더욱 벌어질 수밖에 없다. 기술수준이나 역량 혹은 금융 측면에서 선진국이 개발도상국보다 우월한 위치에 있기 때문이다.

무나싱해는 기술, 금융 및 역량강화와 같은 분야에서 국제협력이 성공적으로 이루어진다면, 개발도상국은 선진국이 따라왔던 경로를 따라갈 필요가 없다고 주장한다. 현재 최빈국인 국가가 *A*에 있다고 하자. 초기에는 급속한 경제성장으로 온실가스 배출도 급속하게 증가하게 된다. 그러나 *C*점에 도달하였을 때 이 국가가 과거 선진국의 기후변화 대응 경험을 학습하고, 선진국과 국제협력을 통해 훨씬 더 발달한 기후변화 대응 정책을 시행한다고 하자. 개발도상국은 전통적인 전환점(turning point)인 *D*로 가는 것이 아니라, *BCEF* 궤적을 따라갈 수 있다. 즉, 선진국들이 과거에 배출하였던 온실가스보다도 적은 양을 배출하면서 같은 생산을 할 수 있다는 것이다. 이를 터널효과(tunnel effect)라고 부른다.

이러한 경로는 개발도상국이 자연적으로 갈 수 있는 것이 아니고 선진국과 국제협력이 성공적으로 이루어져야 달성할 수 있다. 예를 들어 같은 규모의 생산을 하는 경우, 과거 선진국들이 사용하였던 기술보다도 더 효율적인 기술을 사용할 수 있다면 과거 선진국들이 배출하였던 온실가스보다 적게 배출할 수 있다.

터널효과는 제4장에서 논의한 뛰어넘기(leapfrogging) 이론으로 해석할 수도 있다. 예를 들어, 개발도상국들은 경제발전 초기에 과거 선진국들이 사용하였던 화석연료 대신에 태양광이나 수력과 같은 훨씬 더 친환경적 에너지를 사용할 수도 있다. 이런 경우 선진국들이 과거

그림 8-5 지속가능경제학

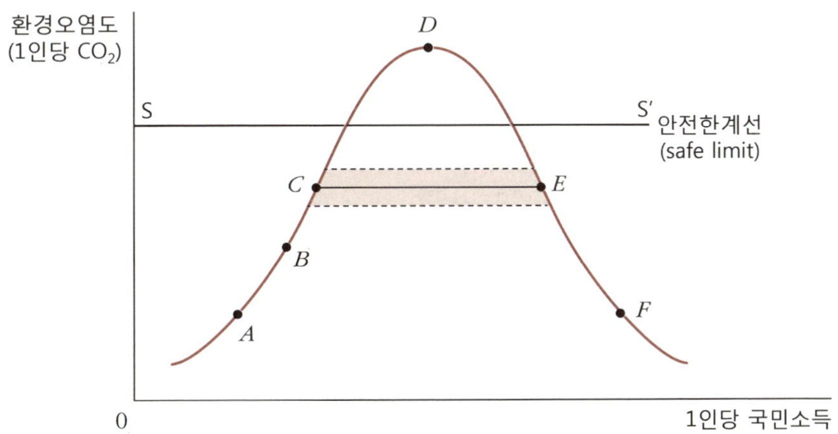

자료: Munasinghe(1995), p.122.

경제발전을 한 경로보다는 훨씬 더 친환경적인 경제발전 경로를 따라갈 수 있다.

8.6.3 국제협력과 녹색성장

개발도상국들은 그들이 가진 많은 의구심에도 불구하고 기후변화에 대한 국제적 대응에 부정적인 것만은 아니다. 다만 자신들이 국제적 대응에 적극적으로 참여하기 위해서는 다음과 같은 선진국의 도움이 필요하다는 것이다.

첫째, 선진국의 발전된 기술을 개도국으로 이전해 주어야 한다. 기후변화 대응을 위한 가장 중요한 수단은 단순히 에너지 절약 정책만으로는 충분하지 않다. 기술혁신을 통한 효율적 에너지 사용이 필요한데, 개발도상국이 보유하고 있는 기술수준으로는 선진국을 따라가기 어렵다. 따라서 기술이전이 이루어지지 않는다면, 선진국과 개발도상국 간의 기술격차는 더욱 벌어지게 된다. 왜냐하면 선진국은 지속적인 기술혁신을 통하여 효율적 에너지 사용이 가능하지만 개발도상국은 그러한 기술혁신이 불가능하기 때문이다.

2010년 칸쿤에서 열린 제16차 당사국총회(COP16)에서는 개발도상국에 대한 청정에너지 기술이전을 위한 협력을 강화하기 위한 기술지원체제의 실질적 이행기구인 기후기술센터(Climate Technology Center & Network: CTCN) 설립을 결정하였다. CTCN은 기술협력을 활발하게 하고 기후변화 감축과 적응을 지원하는 기후친화적인 기술이전 및 개발을 촉진하기 위하여 조직되었다. 한국에서는 CTCN의 한국 측 역할을 담당하기 위해 2012년 3월 녹색기술센터(Green Technology Center: GTC)가 설립되었다.

둘째, 금융지원이 이루어져야 한다. 기후변화 대응정책에는 비용이 수반되므로 개발도상국이 기후변화에 대응하는 과정에서 필요한 자금을 선진국이 지원해 주어야 한다. 이러한 목적을 달성하기 위하여 2010년 유엔 산하에 개발도상국의 기후변화 대응을 지원하기 위한 녹색기후기금(Green Climate Fund: GCF)이 설립되었다.

셋째, 개발도상국의 역량강화를 위한 지원이 필요하다. 개발도상국의 자체 역량을 강화해 주어 자립적으로 기후변화에 대응할 수 있도록 하는 것이 더욱 중요하다. 여기에는 인력양성, 기후변화 대응을 위한 정책 수립 역량 등이 있다.

넷째, 중요한 것은 국제사회가 개발도상국이 기후변화 대응에 대하여 참여하는 것이 자신들의 경제성장과 고용창출에 도움이 된다는 것을 설득할 수 있어야 한다. 예를 들어 친환경적인 녹색산업의 국제무역이 비녹색산업의 무역보다 빠르게 증가한다고 하자. 이는 곧 수출에 주로 의존하는 개발도상국 입장에서 국제무역은 자신들의 생산에 대한 수요를 의미하기 때문에 이들은 친환경적인 녹색산업 제품생산을 증가시키려고 할 것이다.[24] 따라서 기후변화 대응을 위한 글로벌 협력은 현재의 비용부담을 증가시키지만, 장기적으로는 선진국과 개발도상국 모두의 경제성장을 촉진시킬 수 있다는 점에서 녹색성장전략은 설득력이 있다.

8.6.4 기후변화협약

기후변화에 대한 국제적 대응을 위한 국가 간 협의체는 유엔 산하에 있는 기후변화에 관한 정부 간 패널(IPCC)과 유엔기후변화협약(UNFCCC)이다.[25]

IPCC는 1988년에 설립되었으며 기후변화의 사회·경제적 영향에 대한 특별보고서를 발간하고 이를 UNFCCC에 제공하여 국제협상을 지원하는 정부 간 기후변화 협의체이다.[26] 1990년 1차 특별보고서가 발표된 이후 총 4개의 특별보고서가 발표되었다. 특별보고서는 기후변화의 진행 현황 및 환경오염물질이 기후변화에 미치는 영향을 사회경제학적·과학적으로 분석한 결과를 포함한다.

UNFCCC는 1992년 브라질의 리우에서 열린 유엔환경개발회의(UNCED)에서 채택되어 1994년부터 발효된 협약이다. 여기서는 각국의 온실가스 배출 및 흡수 현황에 대한 국가통계 및 정책이행에 관한 보고서를 작성한다. 이를 통하여 온실가스 배출 감축을 위한 정책 수립·시행 및 온실가스 배출량 감축 권고 등의 업무를 수행한다. UNFCCC의 의사결정기구는 당사국총회(Conference of Parties: COP)이며, 협약의 이행 방법 등 주요 사안을 전반적으로 검토하는 기구로 연 1회 개최된다.[27]

본격적으로 온실가스 감축에 대하여 논의하기 시작한 것은 1997년 일본 교토에서 개최

24 비녹색산업의 고용창출효과가 높다고 하더라도 생산된 제품이 수출되지 못한다면, 이 산업에 대한 투자가 고용확대로 나타나지 못할 것이다. Kang(2020)은 녹색과 비녹색산업의 무역추이를 비교하여 녹색산업 무역이 비녹색산업 무역보다 더욱 빠르게 증가하고 있음을 보여주었다.

25 IPCC: Intergovernmental Panel on Climate Change; UNFCCC: United Nations Framework Convention on Climate Change.

26 IPCC는 세계기상기구(WMO)와 유엔환경계획(UNEP)이 공동으로 설립하였다. 세계기상기구는 유엔이 운영하는 기상관측 전문 국제기구이고, 유엔환경계획은 환경 분야의 국제적 협력을 촉진하기 위해 UN 산하에 설치된 환경 관련 종합조정기관이다.

27 당사국총회에서는 협약에 가입된 모든 당사국이 참석하여 협약의 이행 및 법적수단에 대해 검토하고 협약의 효과적인 이행을 위하여 필요한 제도와 행정에 대해 결정한다(UNFCCC 웹사이트, http://unfccc.int/bodies/items/6241.php, 검색일: 2016.07.27.). 국제기후변화 협상 동향에 대한 자세한 논의는 이상윤 외(2014), 이상윤·이승준(2015), 환경부(2016) 참조.

된 제3차 당사국총회(COP3)에서이다. 총회에서는 기후변화의 주범으로 6가지 온실가스를 정의하였고, 기후변화에 관한 최초의 구속력 있는 국제적 합의인 교토의정서(Kyoto Protocol)가 채택되었다. 교토의정서는 2000년 이후 온실가스 감축을 규정한 것으로 2005년 2월에 공식적으로 발효되었으며, 제1차 공약기간(2008~12)이 제시되었다.[28]

기후변화협약은 기후변화는 모든 국가에게 책임이 있지만 각국의 능력에 따라 의무를 부담한다는 "공동의 그러나 차별화된 책임(Common But Differentiated Responsibility: CBDR)" 원칙을 따르고 있다. 이는 기후변화에 대한 책임이 상대적으로 크고 이에 대한 대응능력을 갖추고 있는 선진국들은 더 많은 감축 의무를 갖도록 하는 원칙이다.

2007년 인도네시아 발리에서 개최된 제13차 당사국총회에서는 교토의정서에서 제1차 공약기간이 끝나는 2012년 이후 기후변화체계 협상을 위한 발리로드맵(Bali Roadmap)이 채택되었다. 이 회의는 교토의정서에 의한 감축의무국이 아닌 선진국과 개발도상국 모두가 참여하는 전 지구적 기후변화협상 체계가 구축되는 전환점이 되었다.

2010년 멕시코 칸쿤에서 열린 제16차 당사국총회에서는 칸쿤합의문(Cancun Agreement)이 채택되었다. 이 합의문에서는 기온 상승폭을 산업화 이전 대비 2℃ 이하로 제한한다는 기존의 장기목표를 강화하여 1.5℃ 이하로 강화하려는 방안이 포함되었다. 특히 기후변화 대응에 재정적인 도움을 줄 녹색기후기금(Green Climate Fund)을 설치하기로 합의하였다.

2012년 카타르 도하에서 열린 제18차 당사국총회에서는 신기후체제가 출범하는 2020년까지 교토의정서를 존속시켜, 제2차 공약기간(2013~20)으로 설정하기로 하는 교토의정서에 관한 도하개정(Doha Amendment to the Kyoto Protocol)을 채택하였다. 그러나 교토의정서에서 빠져 있던 미국을 비롯하여 캐나다, 러시아, 일본이 불참을 선언하면서, 기존의 감축의무 방식이 아닌 당사국이 제시하는 감축공약을 그대로 수용하는 방식을 따르게 되었다.

2013년 폴란드 바르샤바에서 열린 제19차 당사국총회는 신기후체제의 출범에 대비하기 위한 온실가스 감축계획인 자국이 정하는 국가별 기여방안(INDCs)을 결정하여, 제21차 당사국총회 이전에 사무국에 제출하도록 합의하였다.[29] 2015년 프랑스 파리에서 개최된 제21차 당사국총회에서는 2100년 지구 기온은 산업화 이전 대비 지구 평균기온 상승을 1.5℃ 이하로

---

28 기후변화협약에 따라 부속서 I 당사국(Annex I parties)에 속하는 국가들은 1차 공약 기간에 1990년 배출량 대비 평균 5.2%의 온실가스를 감축하도록 하였다. 부속서 I 당사국에는 기후변화협약 체결 당시 OECD 국가, EU 15개국, 동구권 국가 등 40여개국이 포함되었다.

29 자국이 정하는 국가결정기여(Intended Nationally Determined Contributions: INDCs)란 국가별로 스스로 정하는 자발적인 감축목표이다. 2015년 파리협약이 발표된 이후에는 국가별로 감축목표가 확정되어 국가결정기여(NDC)로 불린다.

제한하는 국제사회 공동의 장기목표를 설정하였다. 특히 2020년 만료 예정인 교토의정서 체제 이후의 기후변화 대응을 위한 국제협약 체제를 수립하기 위한 파리협정(Paris Agreement)을 채택하였는데, 이를 2020년 이후 신기후체제(post-2020 New Climate Regime)라고 부른다.

이후, 2016년 모로코 마라케시에서 열린 제22차 당사국총회에서는 파리협정 이행지침의 후속 협상 시한을 2018년으로 합의하였다. 2018년 폴란드 카토비체에서 개최된 제24차 당사국총회에서는 국제탄소시장과 관련된 지침을 제외한 파리협정 이행에 필요한 8개 분야 16개 지침이 모두 채택되었다. 2021년 영국 글래스고에서 개최된 제26차 당사국총회에서는 온실가스 감축과 탈탄소 투자에 관한 선언을 발표하였으며, 기후변화 대응을 위한 전 지구적 차원의 노력을 강조하였는데, 이를 글래스고 기후합의(Glasgow Climate Pact)라고 일컫는다. 2025년에는 브라질 벨렘(Belém)에서 제30차 총회가 열려, 기후행동의 새로운 단계로 특히 아마존 생태계 및 열대우림 보호 등에 대한 논의가 이루어졌다.

연습문제

8.1 기후변화의 원인은 자연적 원인과 인위적 원인으로 나눌 수 있다.

1) 인위적 원인으로 온실가스 증가와 산림파괴 등이 제시되고 있는데, 해당 원인이 기후변화에 어떻게 영향을 미치는지를 논의하시오.
2) 기후변화의 자연적 원인에 대해 논의하시오. 자연적 원인에는 태양에너지 변화, 지구 공전 궤도의 변화(밀란코비치 이론), 화산 폭발과 지각 변동 및 기후시스템의 자연적 변동 등이 있다.

8.2 산업혁명 이전보다 지구 평균온도가 1℃ 상승하였다고 하자. 온도 상승에 의한 영향이 어떤 것들이 있는지 기존 연구 문헌들을 참고하여 설명하시오.

8.3 최근 셰일가스와 같은 새로운 에너지원이 등장하면서 에너지 고갈이 경제성장의 저해 요인이 될 수 없다는 주장이 있는데, 이에 대하여 논의하시오.

8.4 신재생에너지를 공급할 때에는 생산원가가 너무 높아 시장성이 없다고 한다. 신재생 에너지를 공급할 때 비용이 다른 에너지원 공급과 어떻게 다른지 논의하시오. 특히 그리드 패리티(grid parity)의 개념에 대하여 논의하시오.

8.5 사회적 비용을 고려하는 경우 신재생에너지, 석탄 그리고 원자력 중에서 어느 에너지원을 사용하는 것이 더 저렴한지에 대하여 논의하시오.

8.6 온실가스 배출이 제품 생산과정에서 배출과 생산된 재화의 소비단계에서의 배출로 구분하여 파악한다고 하자. 그 의미에 대하여 논의하시오. 이 경우 생산국과 수입국 중 누가 온실가스 배출의 책임이 있는지를 논의하시오.

8.7 화석연료 보조금(fossil fuel subsidy)에 대해 논의해보자.

1) 화석연료 보조금이 신재생 에너지 산업의 발전과 어떠한 연관관계를 갖는지 논의하시오.

2) 화석연료 보조금의 혜택이 어느 소득계층에게 주로 돌아갈 것인가에 대하여 논의하시오.

8.8 공유지의 비극(tragedy of the commons) 현상은 영국의 산업혁명 시기에 벌어졌는데, 그것이 무엇이며 당시 이를 어떻게 해결하였는지를 논의하시오.

8.9 인공호수로 건설된 시화호에 대하여 논의해보자.

1) 시화호의 건설 직후 오염이 심각한 정도에 이르렀는데, 그 이유를 논의하시오.

2) 시화호의 오염 상태가 개선되고 친환경적인 수력 자원으로 변화하였는데, 그 과정과 의의를 논의하시오.

8.10 녹색성장의 의미와 국제협력에 대하여 논의해보자.

1) 화석연료를 집약적으로 사용하는 산업에 비교우위를 가진 개발도상국으로 하여금 환경문제 때문에 이 산업을 포기하라고 한다면, 녹색성장의 취지에 부합하는지 논의하시오.

2) 비녹색산업에 비해 녹색산업의 무역 비중이 증가한다고 할 때, 개발도상국의 입장에서 비록 현재 비용이 높더라도 녹색산업에 투자를 더 많이 해야 경제성장에 도움이 된다는 의견이 있다. 이에 대해 논의하시오.

참고문헌

강성진, 2014, 『2014 경제발전경험 모듈화 사업: 녹색성장 경험과 교훈』, 기획재정부 · 고려대학교.

김홍균 · 이호생 · 임종수 · 홍종호, 2013, 『환경경제학』, 서울: 피어슨에듀케이션코리아.

이상윤 · 이승준 · 김이진 · 허재영 · 최도현, 2014, 『국제기후변화 협상동향과 대응전략(I)』, 한국환경정책·평가연구원.

이상윤 · 이승준, 2015, 『국제기후변화 협상동향과 대응전략(Ⅱ)』, 한국환경정책·평가연구원.

환경부, 2016, 『교토의정서 이후 신기후체제 파리협정 길라잡이』.

한국환경공단, 2010, 『녹색성장을 위한 서울이니셔티브(SI) 성과평가 및 발전방안 연구』.

Aghion, Philippe and Peter Howitt, 1997, *Endogenous Growth Theory*, Cambridge, MA: The MIT Press.

Brock, William A. and M. Scott Taylor, 2005, "Economic Growth and the Environment: A Review of Theory and Empirics," pp.1749−1821 in *Handbook of* Economic Growth, edition 1, volume 1(eds. by Philippe Aghion & Steven Durlauf), Elsevier.

Coase, Ronald, H., 1937, "The Nature of the Firm," *Economica*, New Series, 6(6), pp.386−405.

Grossman, Gene and Alan Krueger, 1995, "Economic Growth and the Environment," *The* Quarterly Journal of Economics, 110, pp.353−377.

IPCC[Intergovernmental Panel on Climate Change], 2014, *Climate Change 2014 Synthesis Report*.

Kang, Sung Jin, 2015, "Green Growth and Sustainable Development in G20: Performance and Prospects," in *The International Monetary System, Energy and Sustainable Development*(eds. by S.J. Kang and Y.C. Park), Routledge.

Kang, Sung Jin, 2020, "Green Trade Patterns and the Transboundary Transmission of Greenhouse Gas Emissions," *Asian Development Review*, 37(1), pp.119−139.

Kim, Soo Jung, Sung Jin Kang, and Tae Yong Jung, 2016, "Regional Environmental Kuznets Curves and Their Turning Points for Air Pollutants in Korea," *Korea and the World Economy*, 17(3), pp.327−349.

Munasinghe, Mohan, 1995, "Making Growth More Sustainable," *Ecological Economics*, 15, pp.121−124.

Wang, Qiang, Yuanfan Li and Rongrong Li, 2024, "Rethinking the Environmental Kuznets Curve Hypothesis across 214 Countries: The Impacts of 12 Economic, Institutional, Technological, Resource, and Social Factors," *Humanities & Social Sciences Communications*, pp.1−19.

[웹사이트]

UNFCCC 웹사이트, http://unfccc.int/bodies/items/6241.php.

참고 8-1

산림녹화와 경제성장

산림녹화 사업은 한국의 경제성장 과정에서 나타날 수 있는 환경문제에 대응하기 위하여 실시한 대표적인 정책 중 하나이다. 산림이 황폐해진 것은 1960년대 본격적인 경제성장을 시작하기 훨씬 이전인 일제강점기부터였다. 해방될 때 이미 산림황폐화 수준이 매우 심각하여, 정부는 해방 직후부터 산림황폐화에 대한 대책을 마련하였다.

1948년에 정부는 '사방사업 10개년 계획(1948~1957)'을 수립하여 산림황폐화에 대응하기 시작하였지만, 한국전쟁으로 인해 실질적으로 시행되지는 못하였다. 전쟁 중인 1951년에는 「산림보호 임시조치법」을 제정하였으나, 본격적인 산림정책이 시행되기 시작한 것은 1960년대에 들어서면서이다. 이 시기부터 「산림법」(1961), 「사방사업법」(1962), 「국토녹화촉진에 관한 임시조치법」(1963)이 제정되었고, '치산 녹화 7개년 계획(1965~1971)'을 통하여 산림녹화정책을 적극적으로 실시하였다.[30]

산림황폐의 주요 원인은 화전민(slash-and-burn farmers)이 있었는데 이들은 전기가 없던 당시 나무를 땔감으로 사용하였다.

화전민은 농경지를 경작하기 위하여 불을 놓아 야초와 잡목을 태워버렸다. 광복 직후 거의 사라졌던 화전민은 한국전쟁을 거치면서 다시 증가하였다. 그리고 산림황폐가 지속되자 화전을 법령으로 금지한 「화전정리 10개년 계획」(1964)과 「화전정리에 관한 법률」(1966)이 공포되면서 화전민은 감소하기 시작하였다. 이 법령은 합법적인 절차 없이 산림을 개간하여 농경지로 사용하였던 화전을 정리하고자 하는 목적에서 제정되었다. 즉, 국가는 법령을 통해 화전을 금지하여 토사유출을 사전에 방지하고, 산림자원을 조성하여 국토의 황폐를 막아서 화전민의 생활을 안정시키려고 하였다.[31]

강제 화전민 이주는 생활터전과 소득창출 기회를 박탈하는 것으로 이로 인해 이들의 생활은 오히려 악화되었다. 이에 대한 대응이 필요하였다. 먼저, 산림황폐의 가장 중요한 요인이었던 땔감으로 사용하던 연료를 석탄으로 대체하도록 하여 나무에 대한 수요를 감소시켰다. 이 시기에는 사방사업과 함께 무분별한 임산연료의 채취를 막으면서 원활한 공급을 위한 연료림 조성사업도 시행되었다. 이와 관련하여 1955년 민유림 조림사업과 「사방사업에 관한 10개년 계획」이 수립되었다. 또한 임산연료 감축 시책이 추진되었으며 무연탄 공급을 촉진함과 동시에 별도로 연료림 조성사업(1957)을 시행하였다.

다음으로 중요한 것은 소득창출 방안의 확보였다. 이에 대한 정책의 실효성에 대해서는 아직도 논

30 국가기록원, 산림녹화(http://theme.archives.go.kr/next/forest/viewMain.do, 검색일: 2016.12.11.).

31 국가기록원, 화전정리에 관한 법률제정(http://www.archives.go.kr/next/search/listSubjectDescription.do?id=001841, 검색일: 2017.01.28.).

쟁이 이루어지고 있다. 하지만 1970년대 화전민이 소멸된 것은 1974년부터 실시된 '제2기 화전정리사업'에 의해 화전민에 대한 이주 · 이전 및 현지정착 사업이 시작하면서이다. 그러나 더욱 중요한 것은 경제가 발전함에 따라 나타나는 사회경제구조의 변화로 인한 노동시장의 확대로 농촌인구의 도시로의 유입이 나타나고 이에 따른 농산물시장의 변화라고 보고 있다(신민정, 2011).

정부가 산림녹화 정책을 적극적으로 추진한 결과 1952년 약 68만ha에 달하였던 황폐지가 1962년 37만ha, 1964년 8만ha 수준으로 많이 감소하였다. 그 이후 1970년대부터 1990년대까지 정부는 치산사방 녹화사업을 통한 산림녹화를 위해 지속적으로 노력하였다. 이러한 산림녹화 사업을 바탕으로 1970년 6천 9백만m^3였던 임목축적량은 많이 증가하여 2010년에 8억m^3에 달하게 되었다.

참고문헌

강성진, 2014, 『2014 경제발전경험 모듈화 사업: 녹색성장 경험과 교훈』, 기획재정부 · 고려대학교.

신민정, 2011, 한국 정부의 화전정리사업 전개과정과 화전민의 실태(1965~1979년), 『경제사학』, 50(0), pp.69－103.

참고 8-2

시화호와 조력발전소

시화호는 수질오염의 대표적인 사례로 꼽혔으나 복원노력으로 오염 이전의 수질 상태로 회복된 인공호수이다.[32] 경기도 시흥시, 안산시, 화성시에 둘러싸여 있는 시화호는 1987년 4월에 공사를 시작하여 1994년 1월에 완공된 인공호수이다. 총 공사비용 4,930억 원이 투입되었는데, 시화방조제의 총 길이는 12.7km이고, 호수면적은 43.80km^2, 유역면적은 476.5km^2, 총 저수량은 332백만 톤이고, 방조제 주위에 형성된 간척지는 총 133.7km^2(4,044만 평)이다.

시화호는 본래 호수 주변에 조성된 간척지를 활용한 농지나 산업단지에 용수를 공급하기 위한 담수호로 계획되었다. 그러나 방조제 완공 이후 시화호 유역 내 공장오폐수 및 생활하수의 유입으로 수질이 급격히 악화되었다. 1997년 시화호는 산소요구량(COD)이 17.4ppm으로 오염 상태가 매우 심각하였다. 당시 시화호는 '죽음의 호수'라는 악명을 갖게 될 정도로 연안간척·매립에 따른 환경악화 및 수질오염의 대명사로 불릴 정도였다.

1996년부터 시화호 오염을 원래 상태로 복원하기 위한 국가 차원의 노력이 시작되었다. 환경부는 1996년 시화호에 대한 '수질개선대책'을 발표하였고, 같은 해 12월부터 시화방조제 배수갑문을 개방하여 해수를 유입하기 시작하였다. 해수유입으로 수질이 개선되었으나 만족할 수준에는 이르지 못하였다. 2000년 12월 정부는 시화호의 담수화를 포기하고 해수화로 관리하기로 결정하면서 시화호의 수질은 해수유입이 시작된 1997년 이후 크게 개선되었다.

환경복원뿐만 아니라 2004년 공사에 착수하여 2011년에 준공한 시화호 조력발전소는 시설용량 254MW의 세계 최대 조력발전소로서 연간 발전량이 552GWh로 소양강댐의 1.56배에 달한다. 서해의 조석간만의 차가 크다는 점을 활용한 것으로, 밀물 때 유입된 바닷물 낙차를 이용하여 수차를 돌려 발전하고 썰물 때 배수하는 원리이다. 2015년 전력공급 15억kWh를 달성한 이후 2020년 44억 kWh를 달성하였다.

시화호는 한국의 경제발전 과정에서 환경을 충분히 고려하지 않고 경제성장 중심 정책으로 어떠한 문제점이 나타날 수 있는가를 보여준 전형적인 개발사업의 예였다. 즉, 이러한 개발로 인하여 나타나는 환경적 폐해가 얼마나 심각할 수 있는지를 보여주는 대표적인 사례였다. 그러나 비록 시화호를 건설한 이후이기는 했지만, 환경적 폐해를 인식한 이후에 이러한 문제를 극복하기 위한 국가적인 노력을 통해 친환경적으로 복원한 좋은 예이기도 하다. 먼저 체계적인 수질관리체계를 도입하여 수질오염을 해소하여 환경복원을 하였다. 이에 멈추지 않고 방조제를 이용하여 조력발전소를 건설함으로써 신재생에너지 생산을 통한 추가적인 이익을 창출하는 노력은 높게 평가할 수 있다.

32 그 외에 많이 인용되는 대표적인 환경복원사업이 울산 태화강, 서울 청계천 등이다.

참고문헌

시화호 홈페이지, http://www.shihwaho.kr/history.php, 자료검색일: 2022.01.10.

시화호 조력발전소 홈페이지, http://tlight.kwater.or.kr/, 자료검색일: 2022.01.10.

일생주기·항상소득가설에 의한 소비함수이론은 소득이 낮은 계층도 대출을 통해서 원하는 수준의 소비를 할 수 있다고 가정한다. 그러나 선진국의 저소득층이나 개발도상국 대부분에 해당하는 사람들은 원하는 만큼을 대출받지 못하는 유동성제약에 직면한다. 이런 경우 일생주기·항상소득가설에 의한 소비함수가 성립하기 어렵다.

본 장에서는 대표적인 소비함수인 일생주기·항상소득가설을 소개하고, 유동성제약에 직면하는 경우 가설에 어떠한 영향을 주는지를 살펴본다. 또한, 개인에게 대출하거나 예금을 받는 신용시장을 크게 공식적 신용시장과 비공식적 신용시장으로 나누어 살펴본다.

제 9 장

유동성제약과 비공식적 신용시장

제 9 장

유동성제약과 비공식적 신용시장

9.1 일생주기·항상소득가설과 유동성제약

9.1.1 유동성제약의 의미

일생주기·항상소득가설이 성립하기 위해서는 개인이 원한다면 어느 시점에서라도 자금을 차입할 수 있다는 전제가 필요하다. 다시 말하면 자신의 소득이 지출하고자 하는 액수보다 작은 경우 이를 충당하기 위한 차액을 타인이나 신용기관으로부터 언제라도 차입할 수 있어야 한다는 것이다. 그러나 현실에서는 개인이나 신용기관으로부터 자신이 원하는 금액을 대출받지 못하는 경우가 있는데, 이를 유동성제약이라고 한다.[1] 대출기관은 차입자가 현재 차입한 금액을 미래에 갚을 능력이 충분하지 않다고 판단하면, 이들이 신청한 대출금액을 줄이거나 대출 자체를 거부한다. 신용시장이 제대로 발달하지 못한 개발도상국에 있는 대부분의 경제주체는 이러한 유동성제약에 처해 있다고 할 수 있다.

유동성제약이 무엇인가를 실질적으로 정의하는 것은 매우 복잡하고 어려운 문제이다. [그

1 본 장에서 유동성제약(liquidity constraint)은 신용제약(credit constraint), 차입제약(borrowing constraint)과 같은 의미로 사용한다.

그림 9-1 유동성제약의 정의

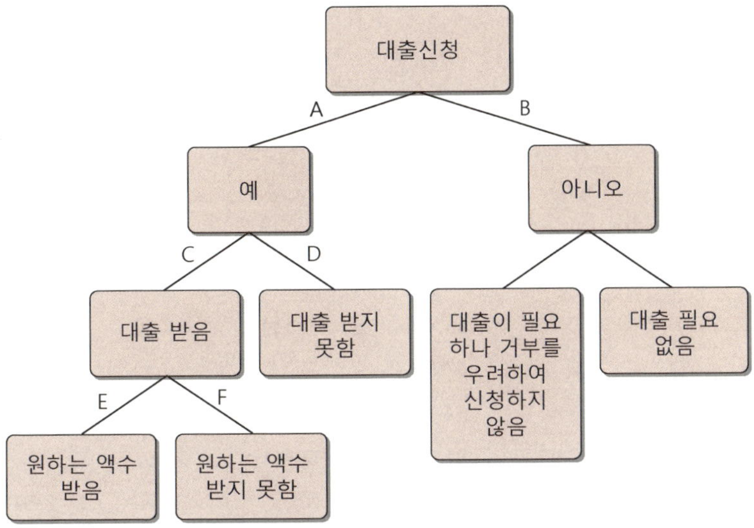

림 9-1]에서 대출을 신청할 것인가 아닌가의 문제에서 출발해보자. 먼저 대출신청을 하지 않는 경우(B)는 서로 다른 두 계층이 포함되어 있다. 대출 자체가 필요하지 않아서 신청하지 않는, 즉 유동성제약에 처하지 않는 계층이 있다. 그리고 차입은 필요하지만, 대출을 받지 못할 것이라고 미리 판단하여 대출신청 자체를 하지 않는, 즉 유동성제약에 처한 계층이다. 그다음으로 대출신청을 하는 경우(A)를 보면 신청하였지만, 대출을 받지 못하는 경우(D)는 확실히 유동성제약에 처한 계층이다. 그러나 대출을 받는 경우(C)도 원하는 만큼의 대출(E)을 받는 경우는 유동성제약에 처하지 않는 계층이다. 다만 대출신청 액수만큼 받지 못한 경우(F)에는 유동성제약에 처한 계층이다. 그러나 실질적으로 위의 모든 경우에 해당하는 자료를 얻기 어려워서 실증분석에는 연구자가 자료의 범위 내에서 적절하게 정의한다.

세계은행 자료에 의하면 약 20억 명의 성인이 거래계좌(transaction account)를 보유하지 못하여 공식적인 신용기관에서 배제된 상태이다. 이러한 문제에 대응하기 위하여 세계은행은 2020년까지 보편적 금융접근성(Universal Financial Access: UFA)을 달성하기 위한 목표를 설정하였다.[2] UFA의 목표는 2020년까지 모든 성인은 거래계좌에 대하여 접근할 수 있거나, 자금을 예치, 송금 혹은 받을 수 있는 전자수단(electronic instrument)을 보유할 수 있게 한다는

2 World Bank, UFA 2020 Overview(검색일: 2017.01.05.).

표 9-1 계좌 보유 상위 및 하위 10개국 금융 접근도 (2021년 기준)

	상위 10개국				하위 10개국		
국가	계좌	저축	차입	국가	계좌	저축	차입
덴마크	100.00	67.29	53.16	남수단공화국	5.48	1.49	2.47
아이슬란드	100.00	75.84	73.36	아프가니스탄	9.65	1.34	2.05
독일	99.98	57.14	54.67	기니	13.77	4.90	6.11
오스트리아	99.95	66.67	56.52	시에라리온	13.78	4.88	4.28
영국	99.76	60.98	54.97	이라크	15.76	1.82	3.63
네덜란드	99.73	65.73	34.44	파키스탄	16.29	2.37	3.51
스웨덴	99.69	79.74	48.69	콩고	18.12	5.44	6.19
아일랜드	99.66	63.46	54.10	말라위	20.22	6.74	7.99
캐나다	99.63	63.91	81.01	코트디부아르	20.57	5.88	4.09
핀란드	99.53	62.04	52.97	레바논	20.70	2.59	3.31

주: 1) 단위는 %임. 2) 계좌는 15세 이상 인구 중에서 자신이나 다른 사람과 은행 혹은 다른 신용기관에 계좌를 가지고 있다고 답한 사람의 비중. 3) 저축(차입)은 15세 이상 인구 중에서 지난 12개월 동안 자신 혹은 다른 사람과 함께 은행이나 다른 신용기관에서 저축(차입)하였다고 답한 사람의 비중. 4) 응답 값이 있는 102개 국가를 기준으로 함.

출처: World Bank, GFI(검색일: 2025.11.14.).

것이다. 금융접근은 더욱 포괄적인 금융포용성(financial inclusion)을 달성하기 위한 첫 번째 단계이다. 이는 개인이나 기업들이 저축, 지불, 신용 및 보험과 같은 금융서비스를 안전하게 사용할 수 있도록 한다는 것이다.

〈표 9-1〉은 세계은행이 세계 102개국의 금융접근도 현황을 조사한 자료이다. 세계은행은 계좌보유 여부를 반영하는 지표를 중심으로 상위 10개국과 하위 10개국을 선정하고 다른 지표들과 비교하였다. 상위 10개국은 거의 100% 금융계좌를 보유하고 있으나, 하위 10개국을 보면 대부분 국가가 20% 이하만이 금융계좌를 보유하고 있어서 신용기관에 대한 접근도가 매우 약하다. 신용기관에서 저축하거나 차입하는 비중을 보면 금융계좌보유 하위 10개국은 일부 국가를 제외하고 대부분 5% 이내이다. 따라서 신용기관에 대한 접근도가 국가별로 큰 차이가 있음을 알 수 있다.

9.1.2 일생주기 · 항상소득가설

일생주기 · 항상소득가설은 불확실성이 없고 완전한 신용접근(perfect credit availability)이

가능하다는 가정을 전제로, 경제주체가 일생 동안 소득 및 소비를 결정하는 과정을 설명한 것이다. 2기 모형을 이용하여 이를 간단히 설명해 보자.

각 소비자는 두 기간에 소득(Y_1, Y_2)을 받고 있고, 각 기에 대하여 최적소비(C_1, C_2) 조합을 결정하고자 한다고 하자. 그리고 소비자는 주어진 이자율(r)에서 자신이 원하는 만큼의 대출(혹은 저축)을 자유롭게 받을 수 있다고 가정한다. 자신이 각 시기의 시작 시점에서 보유하고 있던 순자산을 A_1과 A_2라고 할 때, 이 소비자가 시기별로 직면한 예산제약조건은 식 (9-1)과 같다.

$$\begin{aligned} C_1 &= (1+r)A_1 + Y_1 - A_2 \\ C_2 &= Y_2 + (1+r)A_2 \end{aligned} \qquad (9-1)$$

현재소비(C_1)는 1기 동안의 자산수입($(1+r)A_1$)과 소득(Y_1)에서 1기 말, 즉 2기 초기에 남아있는 자산액(A_2)을 차감한 액수와 같다. 마찬가지로 미래소비(C_2)는 2기 초기에 보유하고 있던 자산을 통해 나타난 소득($(1+r)A_2$)과 2기 동안에 발생한 소득(Y_2)의 합과 일치한다. 식 (9-1)를 정리해서 다시 쓰면 $\{C_1, C_2\}$ 식 (9-2)와 같다.

$$C_1 + \frac{C_2}{1+r} = (1+r)A_1 + Y_1 + \frac{Y_2}{1+r} \equiv W_1 \qquad (9-2)$$

W_1은 개인이 보유하고 있는 총 자산소득이다. 이는 자산소득($(1+r)A_1$), 현재소득(Y_1) 그리고 현재가치로 전환된 미래소득($Y_2/(1+r)$)의 합이다. 식 (9-2)는 시기별이 아닌 일생에 걸친 예산제약조건이다.

소비자는 식 (9-2)의 예산제약조건에서 효용함수를 극대화하는 최적의 현재소비 및 미래소비를 찾으려고 한다. 이는 식 (9-3)과 같다.

$$Max\ V = U(C_1, C_2) \quad s.t.\ C_1 + C_2/(1+r) = W_1 \qquad (9-3)$$

주관적인 할인율(δ)을 갖는 효용함수를 식 (9-4)와 같이 정의하자.

$$V = U(C_1, C_2) = U(C_1) + \frac{U(C_2)}{1+\delta} \qquad (9-4)$$

식 (9-4)를 식 (9-3)에 대입하여 효용극대화를 위한 1계조건(first-order condition)을 구하면, 식 (9-5)가 된다.

$$\frac{U'(C_1)}{\frac{1}{1+\delta}U'(C_2)} = 1 + r \qquad (9-5)$$

식 (9-5)에서 좌변은 현재소비 및 미래소비 효용의 한계대체율이고, 우변은 두 기간 예산제약조건 식의 기울기로 두 기간 자금의 기회비용이다. 일반적으로 식 (9-5)를 오일러 방정식(Euler equation)이라고 부르는데, 이는 두 기간 소비의 한계대체율이 두 기간 동안 자금의 기회비용인 이자율과 일치한다는 것을 의미한다.

만약 식 (9-5)의 균형에서 이자율이 증가한다고 하자. 이는 현재소비보다는 미래소비를 하는 데에 대한 보상(이자율)이 현재소비를 하지 못한 데 따른 고통(할인율)을 극복하기에 충분하다는 것을 의미한다. 이럴 경우 현재소비수준은 감소하고 따라서 미래소비수준은 증가하게 될 것이다.[3] 역으로 이자율이 감소한다면, 현재소비를 하지 못한 것에 대한 고통이 미래소비를 위해 기다린 것에 대한 수익보다 크다. 따라서 현재소비수준은 증가하고, 따라서 미래소비수준은 감소한다.

지금까지의 설명을 그림으로 표현하면 [그림 9-2]와 같다. V_1과 V_2는 식 (9-4)에서 가정한 효용함수에 대한 무차별곡선이다. 무차별곡선의 기울기는 현재소비의 미래소비에 대한 한계대체율이다. 직선 AB의 예산제약조건 식의 기울기 절댓값은 식 (9-5)의 우변과 일치하여 $(1+r)$이다.

소비자는 두 기울기가 일치하는 E점에서 효용극대화를 하는 소비조합을 선택한다. 따라서 현재소비는 C_{10}에서 이루어지며, 이 소비수준은 1기 소득(Y_1)보다 높으므로, 이 소비자는 $(C_{10} - Y_1)$만큼을 차입해야 한다. 2기에는 1기에서의 차입금을 갚아야 하므로, 2기 소비(C_{20})는 소득(Y_2)보다는 낮은 수준에서 결정된다. 물론 1기 소득이 C_{10}보다 높다면, 이 소비자는 그

3 현재소비수준이 하락하면 한계효용체감의 법칙이 역으로 작용하여 현재소비의 한계효용은 증가한다.

차액만큼을 저축하고 다음 기에 소비할 것이다.

9.1.3 유동성제약 하의 일생주기·항상소득가설

만약 저소득층이나 개발도상국에서처럼 유동성제약에 처한 사람이 많다면, 그 사회의 소비 형태를 일생주기·항상소득가설에 의하여 설명하는 것은 불가능하다. 이를 자세히 보기 위해 유동성제약에 처한 소비자는 대출이 불가능하지만, 그렇지 않은 소비자는 공식적인 대출이자율 수준에서 차입할 수 있다고 가정하자.

유동성제약으로 차입이 어려운 경우 1기 소비는 1기 소득범위 내에서 이루어져야 한다. 따라서 현재소비는 현재소득과 일치하거나 작아서 식 (9-6)과 같다.

$$C_1 \leq (1+r)A_1 + Y_1 \tag{9-6}$$

유동성제약에 처한 소비자와 그렇지 않은 소비자를 모두 포함한 2기의 예산제약조건은 식 (9-7)과 같다.[4]

그림 9-2 유동성제약과 효용극대화

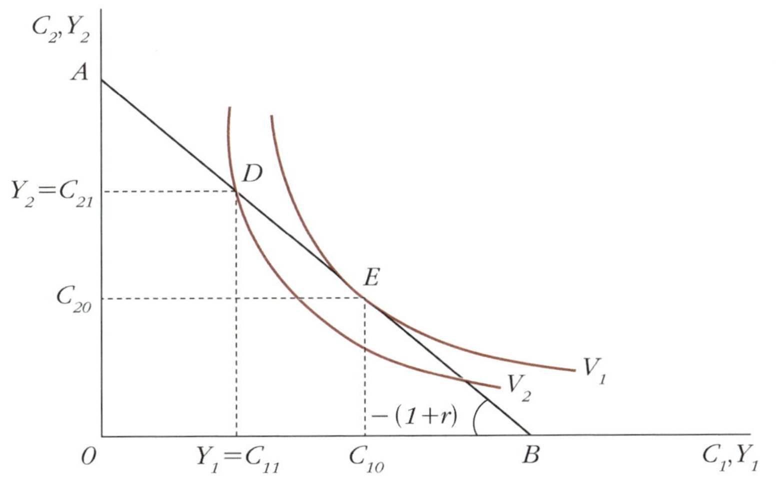

4 만약 소비자가 대출신청이 거부되어 예산제약이 구속력(binding)이 있다면 2기의 소비수준은 2기 동안 발생하는 모든 소득의 합과 같이 되어 $C_2 = (1+r)A_1 + Y_2$가 된다.

$$C_2 \leq (1+r)A_2 + Y_2 \tag{9-7}$$

식 (9-6) 및 (9-7)과 같은 소비함수는 전형적인 케인지안 소비함수이다. 즉, 현재소비수준은 과거와 미래소득수준에 상관없이 현재소득수준에 대하여 한계소비성향만큼 비례해서 정해진다.

유동성제약 때문에 현재 시점에서 자신이 원하는 만큼의 소비수준을 유지하지 못하므로 최적소비보다 적은 수준의 소비수준에서 균형을 이룬다. 따라서 2기에는 유동성제약이 없는 경우에 비해 더 많은 소비를 하게 된다. 이때 한계효용체감의 법칙에 따라 현재소비는 유동성제약이 없는 경우에 비해 낮은 수준이므로 한계효용 수준은 더 높게 나타난다. 따라서 유동성제약에 처하면 현재소비의 한계대체율은 그렇지 않은 경우의 한계대체율보다 높게 된다. 여기서는 현재소비의 한계대체율이 예산제약선의 기울기보다 크게 되고, 이를 식으로 표현하면 식 (9-8)과 같다.

$$\frac{U'(C_1)}{\frac{1}{1+\delta}U'(C_2)} > 1+r \tag{9-8}$$

[그림 9-2]에서 보면 D점에서 효용극대화 균형이 성립한다. 여기에서 현재소비는 유동성제약이 없는 경우인 C_{10}보다 낮은 C_{11}이 되고, 2기의 소비는 C_{20}보다 높은 수준인 C_{21}이 된다. 결국, 유동성제약에 처한 소비자의 무차별곡선은 V_2이어서 유동성제약이 없는 경우(V_1)에 비해 효용수준은 하락하게 된다.

9.1.4 실증분석 결과

유동성제약의 존재 여부는 일생주기·항상소득가설이 실질적으로 성립하는가와 연계되어 있으므로 이는 실증분석을 통해 검증해야 한다.

유동성제약에 대한 이론적·실증적 분석을 체계적으로 한 초기 연구는 젤드(Zeldes, 1989)이다. 그는 미국자료를 이용하여 총재산이 2개월 동안 평균소득보다 작으면 유동성제약에 처해 있다고 정의하였다. 이 정의를 이용하여 일생주기·항상소득가설이 유동성제약에 처하지 않는 경우는 성립한다고 보여 주었다. 이처럼 외생적으로 주어진 변수들을 기준으로 유동성제약 여부를 결정하는 것을 외생적 유동성제약(exogenous credit constraint)이라고 한다. 그러나 개인이 차입할 수 있는가를 재산과 소득의 비율이라든가 토지보유 여부 등 한 가지 변수만을 가지고 결정하는 것은 너무 단순한 정의이다.

신용기관들은 대출신청을 받으면 대출을 해 줄 것인지 혹은 대출 신청 금액 중 얼마를 대출할 것인가를 결정하는데 소득 이외 다른 조건들을 동시에 고려한다. 예를 들면 대출신청자의 직업, 성별, 소득 등이다. 이처럼 다양한 요소들을 고려하여 유동성제약 여부를 확인하는 것을 내생적 유동성제약(endogenous credit constraint)이라고 한다.[5] 한국의 경우 1998년 외환위기를 기준으로 가구들의 유동성제약에 대한 결정요인을 분석한 결과 외환위기를 거치면서 각 가구가 유동성제약에 직면할 확률이 증가하였음을 확인하였다(Kang and Sawada, 2008).

유동성제약 문제는 선진국보다는 개발도상국에서 더욱 심각하다. 이는 자금을 저축하거나 차입할 수 있는 신용시장이 발달하지 못하고 있기 때문이다. 말라위(Malawi)에 대한 실증분석결과를 보면 부유한 계층일수록 유동성제약에 처할 가능성이 적은 것으로 나타났다. 그렇지만 예상과 다르게 많은 토지를 보유하거나 일할 능력을 보유하고 남자가 많은 가구일수록 유동성제약에 처할 가능성이 큰 것으로 나타났다. 이는 사유재산권이 완전하지 못해서 차입할 때 토지를 담보로 제공할 수 있을 정도로 토지소유권이 안전하게 확보되지 못하였기 때문에 나타나는 현상으로 보고 있다.[6]

9.2 개발도상국 신용시장

9.2.1 공식적 및 비공식적 신용시장

신용시장(credit market)이란 저축하는 측(자금 공급자)과 투자하는 측(자금 수요자) 간에 자본거래가 이루어지는 중개시장을 의미한다. 소비안정성을 유지하는 데 필요한 현재소득이 충분하지 않은 개인에게 신용시장은 매우 중요한 역할을 한다.[7] 신용시장은 농민이 새로운 투자를 하려고 하지만 저축여력이 없는 경우 새로운 생산도구를 구입할 수 있는 자본을 공급할 수 있

5 주어진 자료를 가지고 유동성제약 여부를 결정하는 다양한 방법에 대한 설명은 Kang and Sawada(2008) 참조.

6 자세한 논의는 Simtowe et al.(2008) 참조.

7 소득과 소비의 격차를 해소해서 소비안정성을 유지하는 다양한 방안에 대한 자세한 논의는 제10장에서 이루어진다.

다. 따라서 이 농민들이 파종하는 시점과 수확하는 시점이 다르지만, 그 사이에 생활을 안정적으로 유지할 수 있도록 하는 역할을 한다.

일반적으로 신용시장은 공식적 신용시장(formal credit market)과 비공식적 신용시장(informal credit market)으로 나눌 수 있다.[8] 공식적 신용시장은 민간은행이나 정부소유의 다양한 신용기관이 신용을 공급하는 시장으로, 선진국에서 많이 이용되며 개발도상국에서는 발달하기 어렵다. 비공식적 신용시장은 소규모 개인이나 마을과 같은 특정 지역의 구성원들에 의해 이루어진 저축을 이들에게 다시 단기대출 형태로 대출해 주는 시장이다.[9] 따라서 비공식적 신용시장은 특정 지역이나 특정 개인들을 중심으로 구성되는 반면, 공식적 신용시장은 더욱 광범위한 대상을 위해 이루어지는 시장이다.

공식적 신용기관은 주변에서 주로 볼 수 있는 전국적으로 영업하는 일반적인 신용기관이다. 구체적으로 보면 상업은행, 국책은행, 보험회사, 자본시장 등이다. 정보 전달기능이 잘 발달하지 않은 개발도상국에서는 공식적 신용시장은 자신들이 있는 지역의 개별 경제주체에 대한 정보를 충분히 확보하지 못한다. 예를 들어 필요한 차입자에 대한 정보가 충분하지 않기 때문에 대출결정을 위해 그들에게 담보를 요구한다. 그러나 개발도상국 대부분 차입자는 신용기관으로부터 대출을 받을 수 있을 만큼 충분한 담보를 보유하고 있지 않다. 비록 담보로 제공할 수 있는 토지를 보유하고 있다고 하더라도, 신용기관 입장에서는 토지를 시장에 판매하는데 시간이 걸리기 때문에 오히려 토지를 담보로 받는 것을 꺼릴 수도 있다. 이러한 이유로 전국 규모의 공식적인 신용시장은 개발도상국에서 발달하기 어렵다.

비공식적 신용기관들은 공식적 신용기관보다 차입자 개개인의 특성에 대하여 더욱 정확한 정보를 갖고 있다. 비공식적 신용시장은 정보의 비대칭 문제를 가진 공식적 신용시장보다 정보 획득이 상대적으로 쉬우므로 정보의 우월성을 가지고 있다. 따라서 지방에서는 비공식적 신용시장이 주된 대출을 하는 역할을 맡게 되고, 우월한 정보로 인하여 공식적 신용시장에 비해 많은 담보를 요구하지 않는다. 비공식적 신용시장을 통해 자금을 공급하는 기본적인 형태는 로스카(ROSCAs), 신용협동조합(credit cooperatives) 등이 있다. 기본적으로 이들은 구성원들 간 신용거래에 국한한다.[10] 그리고 일반 저소득층 소비자나 영세사업자를 대상으로 하는

8 일반적으로 신용시장을 금융시장(financial market)과 같이 사용하기도 한다. 다만, 금융시장은 선진국에서 발달한 매우 공식화된 시장(단기 금융시장, 자본시장, 파생금융상품시장 등)을 포괄한다고 할 때, 본 교재에서는 공식적 신용시장을 금융시장이라고 할 수 있다. 한국의 금융시장에 대한 자세한 논의는 한국은행(2016) 참조.

9 물론 비구성원에게도 대출을 해 주는 경우도 있다.

10 ROSCAs: Rotating Savings and Credit Associations.

소액대출(microcredit)과 소액금융(microfinance)이 있다.

〈표 9-2〉는 비공식적 신용기관을 중심으로 사업 내용과 대표적인 기관들을 정리한 것이이다.[11]

표 9-2 공식적 및 비공식적 신용기관

형태	분류	특징	대표 기관
공식적 신용기관	-	일반적인 민간 혹은 정부 소유 신용기관 성격	상업은행, 보험회사, 자본시장 등
비공식적 신용기관	로스카	구성원 간 신용거래이며 현장거래임	계(한국), hui(중국), cundinas(멕시코), polla(칠레), arisans(인도네시아)
	신용협동조합	구성원 간 거래이지만 자금운용 기능이 추가됨	사코, 아스카
	소액금융(소액대출)	담보 없는 소액대출	그라민 은행, BRAC, BankSol, 브슬라
	소액금융	소액대출 이외에 저축, 보험 등 추가 금융기능	-

9.2.2 개발도상국 신용시장의 특성

개발도상국 신용시장은 정보의 불완전성, 집행의 불완전성(enforcement imperfection) 그리고 거래비용 등으로 불완전경쟁 하에 놓여 있으므로 다음과 같은 특성이 있다.[12]

① 개발도상국 신용시장에서 계약은 다른 상업은행과 같은 공식적 신용기관에서의 계약과 다르다. 공식적 신용기관에서처럼 보증으로 계약이 이루어지는 것이 아니라, 그 지역에서 구두로 이루어지기 때문에 거래 기록이 남지 않는 경우가 많다. 따라서 차입자가 차입금을 갚도록 하는 명확한 법적인 대책이 존재하지 않는 경우가 많다.

② 대부자가 차입자에 대하여 접근 가능한 정보가 제한적이다. 제한된 정보접근에 의한 신용시장의 불완전성은 차입자가 대출금을 어디에 사용할 것인가에 대한 정보가 충분하지 않거나, 상환할 것인가에 대한 충분한 정보도 없다. 이러한 정보의 제한은 대부자가 차입자의 성

11 물론 이 분류가 절대적인 것은 아니다. 연구자에 따라 로스카나 신용협동조합을 소액금융기관에 포함하여 설명하거나 소액대출과 소액금융을 구분 없이 사용하기도 한다.

12 개발도상국 신용시장의 특성과 이론에 대한 자세한 설명은 Fry(1996, pp.4-8)와 Ray(1998, pp.540-543) 참조.

향에 대하여 충분히 알고 있지 못하기 때문에 일어난다.

③ 신용시장이 지역적으로 분할(segmentation)되어 있다. 신용관계가 개인적으로 이루어지므로 대부자와 차입자가 서로 신뢰할 수 있는 신용관계를 맺기에는 많은 시간이 필요하다. 따라서 비도시 지역 대부자들은 그 지역 내 차입자에게만 대출하려고 하고, 다른 지역 차입자에게는 대출하려고 하지 않는다.

④ 상호 연계(interlinkages)된 신용거래 관계이다. 앞의 분할 특성에서 연유되는 것으로 대부분 대부자는 동일 지역 내에서 대출업 이외에도 토지, 노동 혹은 농작물과 관련된 다른 업무들도 수행한다. 이들 대부분은 그 지역에서 매우 부유한 토지소유자이거나 가게주인 혹은 시장상인이기도 하다. 따라서 이들은 신용시장뿐만 아니라 다른 부문에서도 활동하는 특징을 갖는다.

⑤ 이자율이 공식적 신용기관이 부과하는 이자율보다 높은 경향이 있고, 지역, 자금 출처, 차입자 특성 등에 따라 이자율 격차가 심하다. 이는 담보 없이 구두로 신용에 의해서 대출이 이루어지는 경우가 많기 때문이다.

⑥ 신용할당으로 인해 차입자가 대출할 수 있는 금액이 제한되어 있어서 차입자 간에 신용시장이 분할된다. 이는 특정 이자율수준에서 자금을 차입하고자 하지만, 대부자가 의도적으로 어떤 차입자에게는 대출해 주지 않는 경우를 의미한다.

⑦ 신용대상을 특정 지역으로 제한하는 배제성(excludability)이다. 이는 대출자들은 차입자들이 다른 곳에서 대출받는 것을 막으려고 한다는 것이다.

⑧ 공식적 신용시장에서 신용행위는 주로 상업은행(commercial bank)에 의하여 주도된다. 개발도상국에서는 채권시장, 주식시장 혹은 연금이나 보험자산의 발달 정도가 낮아서 공식적 신용시장 중 상업은행의 역할이 상대적으로 커지게 된다.

⑨ 금융자산에 대한 세금이 매우 높고, 낮은 이자율로 인하여 인플레이션이 발생하면서 정부수입이 증대한다. 인플레이션에 의하여 현금보유자나 지급준비금을 보유하고 있는 신용기관은 현금보유에 대한 유인이 감소하게 된다. 이는 곧 세금을 납부하는 것과 같이 되는데, 이를 인플레이션 세금(inflation tax)이라고 한다. 이러한 현상은 개발도상국에서 인플레이션이 상대적으로 높게 나타나는 것에서 알 수 있다.

⑩ 은행은 높은 지급준비율(required reserve ratio)을 부담한다. 지급준비율 정책은 인플레이션 세금정책과 같이 개발도상국에서 많이 채택된다.

⑪ 저축이나 대출자금에 대한 최고이자율이 있는 것이 일반적이다. 예를 들어 대출자금에 대한 최고이자율이 있는 경우, 시장균형보다 낮은 이자율이 형성될 수 있어서 기업과 같은 자

금을 대출받은 사람들이 덜 부담하게 된다.

⑫ 신용시장과 경제발전은 양(+)의 관계를 갖는다. 이는 일반적으로 1인당 소득이 낮으며 경제가 정체된 국가에서 금융억압이 상대적으로 많이 나타난다.

위와 같은 특성을 갖는 개발도상국의 신용시장을 분석하기 위해 완전한(perfect) 신용시장을 가정하는 이론으로는 설명하기 어렵다. 따라서 선진국보다 더욱 심각한 유동성제약의 존재를 반영하는 신용시장이론이 필요하다. 본 절에서는 금융억압 정책 중에서 신용할당에 관련된 내용을 주로 다룬다.

9.3 유동성제약의 원인과 신용할당

신용시장이 완전(perfect)하다면 자본공급과 자본수요가 일치하는 이자율 수준에서 균형을 이루게 된다.[13] 이러한 균형을 달성하기 위해서 경제주체가 합리적이어야 하고, 이들 간 정보 격차가 존재하지 않는 완전한 신용시장이 전제되어야 한다. 그러나 개발도상국은 경제주체 간 정보 격차가 심해서 불완전(imperfect)한 신용시장이 일반적이다.

신용시장이 불완전하다면 시장의 수요와 공급으로 자금이 공급되는 것이 아니라 신용할당(credit rationing)에 의해서 공급된다. 즉, 유동성제약이 나타난다. 신용할당은 비록 차입자들이 더 높은 이자율에 차입하고자 하더라도 자금을 대출하려는 측에서 추가적인 신용공급을 제한하는 것이다. 따라서 현재 이자율수준에서 차입자가 더 많은 차입을 원하더라도 자금공급자가 더 이상 대출을 제공하지 않으려고 한다.

신용할당에 의한 유동성제약은 일반적으로 시장적 요인과 비시장적 요인에 의해서 나타난다. 시장에 의한 신용할당은 대부자와 차입자 간 정보의 비대칭성(information asymmetry) 때문에 나타나는 신용할당이다. 구체적으로 유한책임(limited liability, limited commitment), 역선택(adverse selection) 그리고 도덕적 해이(moral hazard)가 있다.[14] 비시장적 요인에 의한 신용할당은 정부의 직접적인 금융억압(financial repression)정책에 의해 나타난다.

---

13 이를 애로우-드브류 균형(Arrow-Debrew equilibrium)이라고 한다.

14 역선택은 숨겨진 정보(hidden information) 그리고 도덕적 해이는 숨겨진 행위(hidden action)로 표현되기도 한다.

9.3.1 정보의 비대칭성과 신용할당

(가) 유한책임

유한책임은 차입자가 차입하는 시점과 상환하는 시점이 상이해서 나타나는 현상이다. 개발도상국 금융거래의 중요한 특징 중 하나로 대출자는 차입자가 차입한 이후 상환하겠다는 구두약속에만 의존할 수밖에 없다. 이는 개인에 대한 신용정보만 가지고 실질적인 거래가 이루어지기 때문에 강제로 자금을 상환하도록 할 방법이 없다.

이러한 상황에 대비하기 위하여 많이 사용하는 방법이 차입자로부터 담보물을 받는 것이다. 그리고 차입자가 파산하는 위험을 고려하여 균형보다 높은 이자율을 받는 경우가 나타난다. 만약 차입자가 차입금을 갚지 못한다고 하자. 비록 신용기관이 담보를 받아두었다고 하더라도 사회경제적 요인으로 이 담보물을 실제로 가져가기 어렵거나 현실적으로 처분하기가 어려울 수 있기 때문이다. 그러나 더욱 중요한 것은 채무를 갚지 못한다고 해서 담보물을 저소득층으로부터 가져가려고 하는 경우 비공식적 신용기관들의 빈곤억제라는 설립목표에 반하게 되는 동시에 해당 지역 다른 주민들의 강한 반감을 일으킬 수가 있다.

(나) 역선택

역선택(adverse selection) 문제를 제기한 것은 스티글리츠와 와이스(Stiglitz and Weis, 1981)이다. 대출자는 대출결정을 하는 시점에서 서로 다른 위험의 정도를 가진 차입자에 대하여 정확한 정보를 갖지 못한다.

예를 들어 차입자가 위험성이 높은 프로젝트를 하려는 측과 그렇지 않은 측으로 나누어져 있다고 가정하자. 차입자와 대출자 사이에 정보의 비대칭성이 있으므로 자금을 빌려주는 대출자 입장에서는 차입자의 위험정도를 정확히 알 수 없다. 여기서 차입자는 부채에 대해서 유한책임을 갖고 신용기관은 두 형태의 차입자에게 같은 이자율을 부과한다고 하자. 이런 상황에서 위험에 대해 보수적이어서 상대적으로 안정적인 차입자는 자신에 대한 이자율 부담이 너무 높다고 생각해서 신용시장에서 빠져나갈 것이다. 이런 추이가 계속된다면 시장에는 위험도가 매우 높은 차입자만 남게 되는 역선택 문제가 나타난다.

(다) 도덕적 해이

홈스트롬과 티롤(Holmstrom and Tirole, 1998)은 신용할당이 도덕적 해이에 의해 발생하는 경우를 설명하였다. 위에서 논의한 역선택 문제는 차입자가 차입하기 이전에 나타나는 것이라고 본다면 도덕적 해이는 차입자가 차입을 한 이후 발생하는 현상이다. 즉, 도덕적 해이는 차입자가 상환할 능력이 있음에도 불구하고 대출금을 상환하지 않는 자발적 채무불이행(voluntary default)이다.

만약에 차입자가 모든 차입금에 대하여 완전한 책임을 지지 않는다면 차입자는 자금 차입 후에 가능하면 위험도가 높은 곳에 투자하려고 할 것이다. 그리고 차입자가 차입금을 갚지 않으려고 파산을 신청할 가능성이 있다. 이 경우 대부자는 이 파산신청이 사실에 근거한 것인지를 파악하기가 어렵고 파악하는 데도 비용이 든다. 즉, 차입자는 신용기관으로부터 차입을 한 이후 대출금액을 갚기 위하여 큰 노력을 하지 않는 도덕적 해이가 나타날 수 있다는 것이다.

9.3.2 금융억압과 경제성장

개발도상국은 국내저축이 투자하려는 수준에 미치지 못하여 자금 여력이 충분하지 않으므로 가지고 있는 자금을 정부가 의도하는 부문으로 투자하도록 유도한다. 이러한 방법의 투자촉진 정책을 금융억압이라고 한다. 금융억압정책을 통하여 투자재원 조달 및 경제성장을 촉진하고자 하는 것은 케인지안이 제시하는 전통적인 경제성장정책이다. 의도적으로 낮은 이자율이나 특정부문에 대한 금융지원정책을 통하여 투자를 촉진해 경제성장을 달성한다는 논리이다.

금융억압은 정부나 중앙은행이 인위적으로 금융시장에 개입하여 시장 균형이자율보다 낮은 명목이자율을 유지하도록 하고, 실질이자율이 음(-)이 되게 하는 정책이다.[15] 음(-)의 실질이자율 하에서는 명목이자율로 부채를 상환해야 하는 기업이나 정부는 채무상환부담이 줄어들게 되어 투자비용 부담이 감소한다. 따라서 기업의 투자자금에 대한 수요가 증가하게 되고, 발생하는 인플레이션으로 정부는 추가적인 세금수입을 얻게 된다. 이를 인플레이션 세금(inflation tax)이라고 한다.

주요 금융억압정책 수단은 정부채권이나 예금에 대한 직접적 혹은 간접적인 최고이자율 지정, 은행에 대한 높은 지불준비금 요구, 외국으로의 자산이동 제한, 정부은행의 유동성비율 제한, 특정기업이나 산업에 대한 대출 지정 그리고 민간금융기관 국영화 등이다. 이러한 정부정책들을 통하여 기업은 시장에 의존하는 경우보다 낮은 비용으로 필요한 자본을 조달할 수

15 본 절에서는 어느 정도 발전된 신용시장, 즉 공식적 신용시장의 대상을 분석하는 것으로 금융시장(financial market)을 설명한다.

있다.[16]

정부의 금융억압정책으로 인하여 자금조달여력이 증대하여 정부가 지향하는 전략적인

표 9-3 금융억압에 의한 정부수입

국가	기간	금융억압에 의한 정부수입 비중	
		GDP 대비	조세수입 대비
알제리	1974~87	4.30	11.42
브라질	1983~87	0.48	1.57
콜롬비아	1980~84	0.24	2.11
코스타리카	1972~84	2.33	12.76
그리스	1974~85	2.53	7.76
인도	1980~85	2.86	22.38
인도네시아	1976~86	0.00	0.00
자메이카	1980~82	1.38	4.74
요르단	1978~87	0.60	2.40
한국	1975~87	0.25	1.36
말레이시아	1974~81	0.12	0.31
멕시코	1984~87	5.77	39.65
모로코	1977~85	2.31	8.89
파키스탄	1982~83	3.23	20.50
파나마	1977~87	0.69	2.49
파푸아뉴기니	1981~87	0.40	1.90
필리핀	1975~86	0.45	3.88
포르투갈	1978~86	2.22	6.93
스리랑카	1981~83	3.40	19.24
태국	1976~86	0.38	2.57
튀니지	1978~87	1.48	4.79
터키	1980~87	2.20	10.89
자이레	1974~86	0.46	2.48
짐바브웨	1981~86	5.50	19.13

출처: Giovannini and de Melo(1993), p.959.

16 한국도 경제발전과정에서 정책금융으로 정부가 특정산업이나 기업에 대하여 낮은 이자율 혹은 대출 특혜 등을 통하여 투자자금 흐름을 조정하는 정책을 사용하였다.

기업이나 산업에 투자자금을 쉽게 공급할 수 있는 장점이 있다. 동시에 기업은 대출하여 조달한 투자자금 상환에 대한 부담이 줄어 투자를 확대할 수 있다는 장점도 있다. 그러나 시장에 대한 자금공급을 왜곡하여 비효율적 투자가 일어나거나 투자를 억제할 수 있다.

예를 들어 정부가 은행들에게 높은 지불준비금을 요구한다고 하자. 지불준비금은 은행이 대출할 수 있는 금액을 줄여 대출을 통해 얻을 수 있는 이자수입을 포기하게 하는 것으로, 은행에 대한 세금과 같다. 포기한 만큼의 이자수입을 얻기 위하여 은행은 대출이자율을 높이거나 예금이자율을 낮추어서 예금과 대출 간 이자율 격차를 증가시킨다. 은행들의 이러한 반응으로 신용시장에서 대출자금이 감소하게 된다. 따라서 자금이 효율적인 기업이나 투자로 배분되는 것을 저해하고 경제성장에 부정적 영향을 미친다.

지오바니니와 드 멜로(Giovannini and de Melo, 1993)는 24개 주요국을 대상으로 금융억압정책을 통한 수입이 GDP 혹은 조세수입보다 얼마나 되는가를 국가별 자료를 통하여 계산하였는데 〈표 9-3〉에 정리되어 있다. 한국은 1975~87년 기간 중 금융억압정책을 통한 수입이 GDP 대비 0.25%였고, 이는 총 조세수입 대비 1.36%에 해당된다. GDP 대비 가장 많은 수입을 올린 국가는 멕시코로 5.77%였고, 이는 총 조세수입의 39.65%에 해당하는 금액이었다. 그 다음으로 짐바브웨는 GDP 대비 5.50%이고, 총 조세수입 대비 19.13%였다. 총 24개국 중 5개 국가가 GDP 대비 금융억압에 의한 수입 비중이 3%를 넘고 있다.

9.3.3 금융발전과 경제성장

금융억압에 의한 신용할당이 경제성장에 도움이 된다는 이론에 반하여 신용시장을 시장에 맡겨두어 발전시키는 금융발전(financial development)이 오히려 경제성장에 도움이 된다는 주장도 있다. 맥키넌(McKinnon, 1973)과 쇼(Shaw, 1973)는 효율적인 금융체계를 가지고 있는 경제일수록 효율적인 자원배분이 가능하여 경제성장을 더욱 촉진한다고 주장하였다. 그들은 많은 개발도상국이 오히려 금융억압정책을 시행하여 자본시장의 효율성을 하락시켜 경제성장을 저해한다고 보았다.[17]

금융억압은 투자와 저축을 억제시키게 되는데, 이는 투자자나 저축자가 금융억압이 없는 경우 시장에서 받을 수 있는 수익률보다 더 낮은 수익을 받기 때문이다. 이러한 상황에서 금융

17 이 논의는 결국 금융억압정책으로 정부가 의도하는 전략적 산업에 대한 투자를 쉽게 하여 나타나는 경제성장효과와 시장에서 투자자금의 흐름을 왜곡시켜 경제성장을 저해하는 효과 중에 어느 것이 더욱 크게 나타날 것인가에 대한 논쟁이라고 할 수 있다.

중개기관들은 금융억압이 없는 경우에 비해 완전한 금융중개 역할을 하지 못하게 된다. 즉, 자신들의 주요 기능인 저축을 투자로 전환하는 중개기능을 효율적으로 수행하지 못하게 되어, 경제성장에 좋지 않은 영향을 미친다. 이러한 이유로 이들은 오히려 금융자유화 혹은 금융발전이 경제성장에 도움이 된다고 주장하였다.

프라이(Fry, 1978)는 아시아 7개 개발도상국을 대상으로 멕키넌-쇼 모형을 실증분석을 통해 검증하였다. 그는 금융억압보다는 금융시장을 발전시키는 것이 경제성장에 도움이 된다고 주장하였다. 그 과정을 그림으로 설명하면 [그림 9-3]과 같다. 저축($S(Y_0, r)$)은 소득과 실질이자율에 의해 결정되며, 투자($I(r)$)는 실질이자율에 의해 결정되는 것으로 가정한다. 여기에서 $S(Y_0, r)$은 소득 Y_0 수준에서 저축을 의미하며, 저축과 투자가 일치하는 점 A에서 균형이자율(r^*)과 균형투자액(저축액)(I^*)이 결정된다. 그러나 F와 같이 정부 정책에 의해 신용할당이 이루어져 실질이자율이 r_0로 결정된다고 하자.[18] 낮은 이자율로 인해 점 B에서와 같이 정부정책 이전보다 저축수준이 낮고 투자액 수준도 I_0로 낮다.

만약 정부가 신용할당 수준을 F 에서 F' 수준으로 늘린다면(①) 실질 이자율 상승($r_0 \rightarrow r_1$)에 따라 저축이 점 B'으로 증가하게 되면서 투자도 I_0에서 I_0'으로 동시에 증가한다. 또한, 이자율이 상승하면서 r_1보다 낮은 수익률을 갖는 기업투자는 시장에서 사라지면서 경제의 효율성은 증가하게 된다. 이에 따른 시장의 효율성 증가가 소득을 Y_0에서 Y_1으로 증가하게 하며(②), 저축($S(Y_1, r)$)도 증대시킨다. 따라서 점 C와 같이 투자(I_1)가 증가하는 효과(③)를 가져온다. 이렇게 금융자유화로 금융시장이 발전하게 된다면 저축과 투자가 지속적으로 증가하게 되고 다시 경제성장으로 연결된다.

프라이는 미얀마(1962~89), 인도(1962~72), 한국(1962~72), 말레이시아(1963~72), 필리핀(1962~72), 싱가포르(1965~72) 그리고 대만(1962~72)을 대상으로 한 실증분석에서 금융시장 이자율이 저축과 경제성장에 중요한 역할을 수행한다고 보여 주었다. 이 결과는 멕키넌과 쇼의 주장을 지지하는 것이다. 이후 많은 실증분석은 금융시장이 발달하면 경제성장에 도움이 된다는 분석결과를 제시하였다.[19]

18 정부정책에 의해 명목이자율이 결정되나 인플레이션이 없다는 가정하에 실질이자율이 결정된다고 가정한다.

19 금융억압이 경제성장을 저해한다는 연구들이 많이 있다. 초기 연구로는 Roubini and Sala-i-Martin(1992)과 King and Levine(1993)이 있다. 반면에 Kaminsky and Schmukler(2002)는 금융억압보다 금융자유화가 장기적인 이득은 있지만, 단기적으로는 금융시장의 변동성을 늘리는 문제를 일으킨다고 주장하였다.

9.4 로스카와 신용협동조합

개발도상국에서 가장 소규모이면서 초보적인 단계의 신용시장은 로스카(ROSCAs)와 신용협동조합이다. 이들은 소액금융과 같은 중간단계 신용기관으로 발전하고 다음으로 일반상업은행 형태의 공식적 신용기관으로 발전하였다.

9.4.1 로스카

로스카는 소규모 인원으로 구성되어 정해진 기간에 일정금액을 같이 모아서 형성되는 소규모 신용시장이다. 이는 일정기간을 주기로 사전에 정해진 순서에 의하여 구성원 중 1명씩 일정금액을 받아 가는 소규모 개인들의 모임이다. 예를 들어 10명이 모여서 1개월에 10만 원씩 10개월 동안 모은다고 하자. 1개월에 모이는 총금액은 100만 원이 되고 이는 10개월 동안 총 1,000만 원이 된다. 이때 모은 자금을 매월 각 개인 1인은 100만 원씩 돌아가면서 받게 된다. 이 제도에서 특정 시기에 자금을 받는 사람은 다른 구성원들로부터 차입을 하는 것이 되고 다른 구성원들은 대출한 것이 된다. 이러한 관계는 일정기간 지속적으로 반복된다.

로스카는 장단점이 있다. 장점으로는 같은 지역에서 자금을 모을 기회를 제공하고 빠른 시기에 유동성을 확보할 기회를 얻는다. 둘째, 자신들이 충분한 자금을 저축하기 이전에 많은

그림 9-3 신용할당과 경제성장

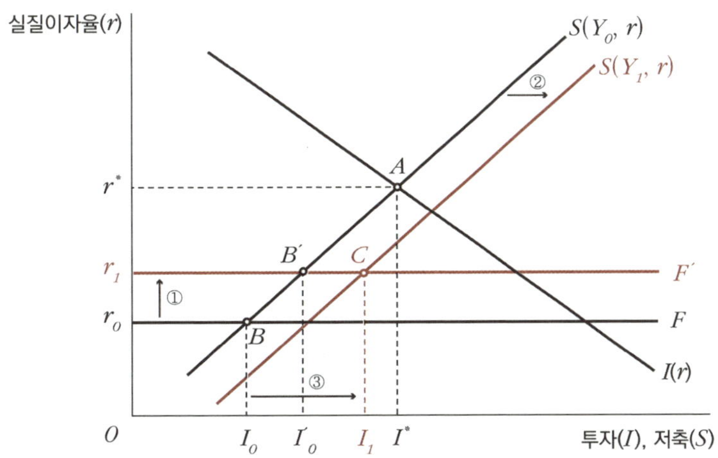

자금이 필요한 경우 적은 자금을 투입한 상태에서 필요한 만큼 미리 받아서 투자할 기회를 가질 수 있다. 셋째, 소규모 사회에서 구성되기 때문에 배분방법이나 절차가 구성원들의 동의로 민주적으로 이루어지며 자금은 구성원들 사이에 동등하게 배분된다. 물론 자금에 대한 위험도 구성원들 간에 동등하게 부담하게 된다. 마지막으로 모든 거래가 구성원들이 모인 시점에서 이루어지고 다른 자금은 보관하지 않기 때문에 자금에 대한 기록이나 감시가 불필요하다. 그러므로 구성원들의 문맹률이 높아도 운영에 큰 문제가 없다.

단점으로는 지역사회에서 비공식적으로 조직된 금융행위이므로 자금을 관리하는 자가 저축된 자금을 가지고 사라지는 문제가 발생할 수 있다. 물론 원래의 로스카는 자금을 따로 축적하지 않고 모임이 있는 시점에 자금을 내놓고 그 자리에서 사전에 결정된 순서에 있는 구성원이 자금을 받아 가는 것이다. 이 경우에는 미리 자금을 받은 사람이 그 이후에 자금을 내지 않고 달아날 수 있다. 둘째, 사전에 결정된 순서대로 자금을 받아 가기 때문에 운영 중 갑자기 자금이 필요한 시점에 받을 수 없게 된다. 그리고 자신이 여력이 있는 시점에서 더 많은 자금을 저축할 수 없고, 회의에서 결정된 시기에만 저축을 해야 하는 불편이 따를 수 있다.[20]

이러한 지역단위의 소규모이고 비공식적 신용행위는 세계 많은 국가에서 다양한 이름으로 존재한다. 예를 들어 한국의 계(gye)가 대표적이며, 그 외에 중국(hui), 카메룬(tontines), 멕시코(cundinas), 칠레(polla), 인도(chit), 인도네시아(arisans), 브라질(pandeuros) 등이 있다.

9.4.2 신용협동조합

신용협동조합은 로스카와 다르게 대표를 임명해서 저축된 자금을 관리하게 하는 금융형태이다. 대표적으로 아스카(ASCAs)가 있는데, 구체적인 형태는 사코(SACCOs)와 블사(VLSAs)이다.[21] 아스카는 사전에 합의된 일정 기간이 지난 이후 모든 구성원의 대출자금이 회수되고, 자금을 운용한 이후에 발생한 이윤을 합한 총금액을 모든 구성원에게 분배하는 형태이다. 따라서 모든 거래현황과 자금투자현황을 기록하고 관리해야 한다는 측면에서 로스카보다는 발전된 신용기관 형태이다.

사코(SACCO)는 같은 직장, 협회, 교회, 노동조합 등 같은 지역단체에 속한 구성원들끼리

20 물론 구성원 회의에서 자금이 빨리 필요한 사람이 요구하고 구성원의 동의를 받으면 자신이 필요한 시점에 맞추어 자금을 받을 수도 있다.

21 ASCAs: Accumulated Savings and Credit Associations; SACCOs: Savings and Credit Cooperatives; VLSAs: Village Savings and Loans Associations.

조직하고 운영하는 신용협동조합이다.[22] 조직은 매우 민주적으로 운영된다. 구성원들은 영업 활동을 수행할 직원을 채용할 수 있는 9~15인의 대표를 선출하고, 동시에 내부감사를 수행할 감독위원을 선출한다. 같은 조직의 구성원 모두가 가입할 수 있고 가입 후 구성원들은 저축하고 이들에게 적절한 이자율에 의하여 대출하는 데 동의해야 한다. 이자율은 저축에 대한 이자비용과 운영비용을 고려한 수준에서 결정된다. 그리고 구성원 모두가 주인이므로 이들은 자신들의 자금을 어떻게 쓸 것인가를 스스로 결정한다.

블사는 전통적인 아스카의 형태에 좀 더 표준화된 조직과 운영방법을 도입한 신용협동조합으로 CARE International에 의하여 1991년 니제르에서 처음으로 시작되었다.[23] 앞에서 설명한 로스카와는 달리 CARE는 다음과 같은 개선점을 도입하였다. 첫째, 자금증대를 위해 이자율을 부과한다. 둘째, 조직과 운영을 개선하기 위하여 내규나 운영팀을 별도로 구성한다. 셋째, 자금의 안전한 보관을 위하여 금고와 기록하는 체계를 갖춘다. 넷째, 조합을 운영하는데 구성원들에 대한 기술적 지원을 제공한다.

블사는 자금을 저축하고 그 저축액을 이용하여 소액대출을 하는 사람들의 모임이다. 1년 동안 운영을 한 이후 축적된 저축과 대출에서 온 이득은 저축한 액수에 비례해서 모든 구성원에게 배분된다. 이 조직은 매해 선거를 통하여 5명으로 구성된 운영 팀을 만들고, 이들은 각자 독자적 역할을 맡는다. 이는 모든 구성원이 운영에 참여하도록 하지만 어느 한 개인에 의하여 독점적으로 운영되는 것을 막기 위한 것이다.

블사에서 각 구성원은 같은 액수를 저축할 필요가 없으며, 자신이 속한 그룹에서 매주 개최하는 모임에서 각자 1~5지분(shares)을 구입해야 한다. 지분가격은 각 사이클의 초기모임에서 결정되고, 같은 사이클이 끝날 때까지 지분가격은 유지된다. 대출은 저축된 자금범위 내에서 이루어지는데 저축액의 3배까지 받을 수 있다.[24]

블사는 복잡한 회계체계를 갖추지 않고 단순한 기록을 하고 발표하는 것으로 회계를 대신하는데, 해당 자료나 자금은 3개의 자물쇠로 잠긴 상자에 같은 운영팀에 속하지 않는 세 명에 의하여 각각 보관된다. 그리고 각 사이클이 끝나면 다음 사이클에도 계속할 것인지는 구성원

22 자세한 논의는 사코의 연합조직인 사콜(SACCOL: Savings and Credit Co-operative League of South Africa) 홈페이지(www.saccol.org.za) 참조.

23 CARE(Cooperative for Assistance and Relief Everywhere) International이 니제르에서 처음으로 시작한 프로젝트는 Mata Masu Dubara(MMD: Women on the Move)였다. 자세한 내용은 블사 홈페이지(www.vsla.net/)와 Hamadzirpi(2008) 참조.

24 긴급지원, 축제 혹은 장례식 비용과 같은 사회적 기금이 필요한 경우에 지원해주기도 하는데 그 지역에서 참여한 구성원뿐만 아니라 비구성원에게도 지원된다.

각자의 자유결정에 따르고 다른 구성원이 새롭게 참여할 수도 있다. 새로운 사이클이 시작되면 다시 지분가격, 사회적 기금(social fund) 규모, 월별 대출서비스 비용 등을 결정하게 되는데, 이는 해당 사이클 내에서는 변동이 없다.

9.5 소액대출과 소액금융

9.5.1 소액대출과 소액금융

소액대출(microcredit)은 적절한 담보가 없거나 공식적 신용기관에서 대출을 받지 못하는 가난한 소비자나 영세사업자(microenterprise)에게 제공되는 소규모 대출이다. 이들은 담보가 없거나 정기적인 소득이 없어서 전통적인 신용기관에서 대출을 받는 데 필요한 신용조건을 갖추지 못한 매우 가난한 계층이다. 따라서 소액대출은 공식적 신용시장에서 대출을 받지 못하는 저소득층이 자영업을 하는 데 도움을 주어 이들의 소득창출을 유도하고, 장기적으로 빈곤으로부터 탈출할 수 있도록 도와주는 제도이다. 또한, 소액대출은 특별한 담보가 없는 저소득층에 대하여 고리대금업의 피해를 줄이기 위한 목적도 있다.

소액금융은 신용수준이 높지 않아서 공식적 신용기관 서비스를 이용하기 어려운 영세사업자나 저소득층에게 제공되는 소액대출뿐만 아니라, 저축, 보험, 자금이전, 그리고 그 외의 다양한 형태의 금융서비스를 모두 포함한다.[25] 즉, 소액금융은 단순히 저소득층의 소득증대에 도움이 되는 차원을 넘어서 자산을 축적하거나 소비안정성 확보에 도움을 주려는 것이다.

소액금융의 여러 역할 중에서 가장 중요한 것은 태풍이나 지진과 같은 자연재해에 직면하거나 가구소득이 없어지는 단기적 위험에 처하는 경우, 안정적인 소비수준을 유지할 수 있도록 하는 역할이다. 즉, 저소득층이 직면하게 될 다양한 소득 및 소비에 영향을 주는 위험에 대하여 사전적 및 사후적 대비를 할 수 있도록 도움을 준다. 예를 들어 농업이 주된 산업인 개발도상국을 보자. 농업생산을 통한 수입이 수확시기에 집중되어 있으나 소비는 모든 기간에 걸쳐 이루어져야 한다. 따라서 농민들에게 안정적인 소비를 유지하기 위해 이러한 신용기관을 통한 지원이 필요하다. 또한, 신용기관은 홍수나 가뭄처럼 예측하지 못한 위험에 직면하여 소

25 연구자에 따라서는 소액대출과 소액금융을 구분 없이 사용하기도 하는데, 본 장에서는 통칭하여 소액금융으로 부른다.

득이 감소해도 안정적 소비를 위하여 지원하는 역할을 한다.

9.5.2 주요 소액금융기관

대표적인 소액금융기관들의 역할과 규모를 정리한 것이 〈표 9-4〉와 같다. 소액금융기관으로 가장 성공적이라고 평가되는 것은 1976년 야누스(M. Yunus)에 의해 설립된 것으로 방글라데시 그라멘 은행(Grameen Bank)이다. 조브라(Jobra)는 소도시에서 자신이 보유한 자금을 매우 낮은 이자율에 해당 지역 가난한 사람들에게 빌려주면서 시작하였다.[26] 1999년 조사에

표 9-4 주요 소액금융기관

	Grameen Bank	BankSol	BRI-UD	Badan Kredit Desa	FINCA 마을은행
국가	방글라데시	볼리비아	인도네시아		남미
구성원 수	240만	81,503	2백만(차입자) 16백만(저축)	765,586	89,986
평균 대출액	$134	$909	$1,007	$71	$191
대출기간	1년	4~12개월	3~24개월	3개월	4개월
여성비율	95%	61%	23%	-	95%
주요 지역	지방	도시	주로 지방	지방	주로 지방
그룹대출	○	○	×	×	×
담보	×	×	○	×	×
자발적 저축 강조 여부	×	○	○	×	○
누진적 대출 여부	○	○	○	○	○
정기적 상환 계획	1주 단위	변동가능	변동가능	변동가능	1주 단위
대출대상 고객	빈곤층	주로 비 빈곤층	비 빈곤층	빈곤층	빈곤층
금융적으로 지속가능 여부	×	○	○	○	×
연평균 명목 이자율(%)	20	47.5~50.5	32~43	55	36~48
연평균 소비자물가 상승률(%)	2.7	12.4	8.0	8.0	-

주: BRI-UD: Bank Rakyat Indonesia, Unit Desa.
출처: Morduch(1999), p.1574.

26 Yunus는 Grameen Bank와 공동으로 2006년 노벨 평화상을 받았다.

의하면 약 240만 명이 참여하고, 1인당 평균 대출액이 134달러였고, 평균 대출기간은 1년이었다. 특히 여성에 대한 대출비율이 95%로 높게 나타나고 있는데, 이는 대부분 소액금융의 공통적인 현상이다.

1992년 설립된 볼리비아의 BankSol은 1987년 비정부기관인 프로뎀(PRODEM)에서 출발하여 현재는 이윤추구형 일반상업은행으로 전환되었으나, 그 이전에는 철저하게 소액금융에 집중하는 소액금융기관이었다.[27] BankSol은 볼리비아 정부의 철저한 감독하에 저축과 상업적인 대출을 한다.

BankSol은 그라멘 은행과 달리 비도시 지역의 저소득층 대상이 아니라, 도시 지역의 어느 정도 소득을 가지고 있는 계층을 대상으로 하는 일반상업은행 형태의 소액금융기관이다. 따라서 이자율이 상대적으로 높게 책정되고, 대출자금을 다른 기관으로부터 지원을 받는 것이 아니라 이윤추구를 통해 자체적으로 조달한다. 이러한 특성 때문에 평균 대출금액이 900달러로 높게 책정되고 있고, 여성대출비율은 그라멘 은행보다도 낮다. 반면에 자금을 자체적으로 조달하기 때문에 이러한 형태의 소액금융기관은 지속할 수 있다.

또 다른 주요 소액금융기관은 인도네시아의 라약 인도네시아 은행(Bank Rakyat Indonesia)의 Unit Desa(BRI-UD)인데, 특징은 그룹대출을 하지 않고 개인에게만 대출한다는 점이다. 다른 인도네시아 신용기관인 Badan Kredit Desa(BKD)는 BRI-UD와 같은 계열은행 혹은 개인에게만 대출한다. 그렇지만 그라멘 은행처럼 빈곤계층에게 매우 소액으로 대출을 제공하고 있다. 평균 대출액은 71달러로 BankSol이나 BRI-UD보다 매우 낮다.

다음은 마을단위로 신용행위를 하는 마을은행(village bank)이다. 1980년대 중반에 남미에서 시작하여 아프리카 지역에서 광범위하게 발전된 형태이다. 마을은행도 그라멘 은행처럼 빈곤계층과 여성을 대상으로 한 대출에 중점을 두고 있으며, 초기 대출자금은 여러 국제단체의 지원으로 마련하여 시작하였다. 담보를 요구하지 않는 형태로 운영되지만 같은 마을단위로 대출이 이루어지기 때문에 개인대출은 마을의 다른 구성원들의 신용과 비교해서 결정된다. 동시에 대출자금이 사용되는 것에 대한 감시도 제대로 이루어져 상환율이 매우 높은 것으로 알려져 있다. 이들은 구성원 중에서 대표를 선출하고, 스스로 규정을 제정하고, 거래를 기록하며, 자금을 얼마나 저축하고 대출할 것인가를 구성원들이 직접 결정한다.[28] 대표적인 마

27 BancoSol: Banco Solidario의 스페인어 약자로 공동책임의 은행이란 의미이다. PRODEM은 지원받은 자금을 가지고 영업을 하는 비영리기관이었다. 영업하면서 축적된 대출자산관리에 대한 효율적인 영업기술로 인하여 새로운 상업은행으로 전환하는 계기가 되었다.

28 같은 마을구성원들끼리 금융행위라는 측면에서 보면 앞에서 논의한 신용협동조합의 한 형태라고도 볼 수 있다.

을은행은 1985년 국제지역지원재단(FINCA)에 의하여 엘살바도르에 설립된 FINCA 마을은행이다. 이는 담보 없는 계층에게 그룹대출 형태로 영업을 하는 은행으로 주로 지방에 설립되었다.[29]

9.5.3 사업형태

대표적인 소액금융기관들의 사업형태에서 알 수 있듯이 소액대출거래는 담보가 없는 저소득층이나 영세사업자들을 대상으로 한 신용행위이다. 소액대출거래는 영업비용이 대규모 대출에 비해 높고, 담보 없이 주로 이루어지기 때문에 대출에 대한 위험도가 높다. 따라서 국제 비정부기구나 정부로부터 초기 자본을 지원받고 이를 재원으로 이용하여 소액금융거래가 시작되었다. 그렇지만 낮은 이자율에 의존한 대출은 장기적으로 지속적인 외부적 지원을 받지 않고는 지속 불가능하다. 따라서 최근 많은 소액금융기관은 높은 이자율을 부과하면서 이윤추구를 통한 지속가능성을 추구하기도 한다. 다음은 소액금융기관들의 사업특징을 정리한 것이다.

(가) 저소득층과 소규모 대출

소액금융기관들은 저소득층을 대상으로 소규모 신용대출서비스를 제공하는 공통적인 특징을 가지고 있다. 저소득층은 전통적인 신용기관서비스를 받는 데 필요한 담보가 없는 경우가 대부분이다. 따라서 이들은 담보 없이 신용에 의한 소액대출에 의존한다. 그리고 그들은 문맹률이 높아 전통적 신용기관들이 요구하는 서류를 충분히 준비하여 제출하지 못하여 신용기관으로부터 대출을 받기가 어렵다. 물론 많은 소액금융기관은 어느 정도 소득수준이 되는 사람을 대상으로 일정 금액 이상으로 많은 액수를 대출하기도 한다.

(나) 기관의 지속가능성

소액금융기관의 가장 큰 문제는 신용행위가 얼마나 재정적으로 지속할 수 있냐는 점이다. 재정적인 지속가능성이란 영업행위를 통한 수익이 재정 및 영업비용을 모두 충당할 수 있는 것을 의미한다. 이는 소액금융기관의 초기 설립목적과 충돌이 일어날 수밖에 없다. 예를 들어

29 미국 워싱턴에 본부를 두고 있는 비영리 단체이다. 1985년 Hatch가 남미 엘살바도르(1985)에 설립한 이후 1989년에 멕시코, 온두라스, 과테말라, 아이티에 설립하였다. 자세한 것은 FINCA 홈페이지(www.finca.org) 참조. FINCA: Fighting Poverty with Financial Inclusion.

담보가 없고 신용만을 가지고 대출하게 되어 상환율이 떨어져도 신용기관 입장에서 대출이자율을 갚도록 강요할 방법이 없다. 따라서 차입자에 대한 신용평가 및 감시비용(monitoring cost)이 담보를 받고 거래하는 공식적 신용기관보다 높을 수밖에 없다. 그리고 소액대출 위주라서 거래횟수가 증가하게 되어 거래비용도 증가하게 된다.

이처럼 상대적으로 높은 거래비용과 감시비용으로 인하여 소액금융기관의 지속가능성을 위해서는 공식적 신용기관보다 이자율을 높게 책정할 수밖에 없다. 이 경우 오히려 저소득층을 대상으로 설립된 초기의 소액금융기관 설립 취지와 모순이 생기게 된다. 이 점이 소액금융기관이 비판을 받는 이유다. 반대로 낮은 이자율을 유지하면서 소액금융기능을 지속하기 위해서는 국제기구나 정부로부터 지속적인 자금지원이 필요하게 된다. 이는 언제까지 지원해야 하느냐는 문제가 생기게 되고, 기존의 공식적 신용기관과 갈등하는 원인이 되기도 한다. 앞에서 분석한 사례 중에서 BankSol이나 BRI-UD는 자체적인 영업으로 자본을 조달하고 운영을 할 수 있어서 재정적으로 지속가능한 형태의 소액금융기관에 해당한다.

(다) 개인대출과 그룹대출

초기 소액대출은 개인을 대상으로 영업을 하였다. 개인에 대한 대출은 소규모 대출이고 이들에 대한 모든 정보를 취합해야 하므로, 신용기관 입장에서는 정보를 획득하는 감시비용이 높게 나타났다. 반면에 상호 정보공유가 쉽고 사업하는데, 서로 도움을 줄 수 있는 개인들이 속한 그룹에게 대출하면, 대출대상자 규모의 경제에 의해 상대적으로 신용기관의 감시비용과 상환연체율이 낮아지는 효과를 갖는다. 물론 대출에 대한 상환은 당사자인 개인의 책임이다. 같은 그룹에 속한 개인의 상환율이 높으면 같은 그룹의 다른 개인에 대한 대출가능성도 그만큼 높아지기 때문에, 신용기관 입장에서도 감시비용이 그만큼 낮아질 수 있다. 따라서 최근 많은 신용기관은 개인보다는 그룹대출 방법을 많이 이용하고 있다.

(라) 여성중심 대출

소액금융기관들이 여성에 대한 대출에 집중하는 경향이 있다. 이는 여성들이 상대적으로 빈곤층이 많다는 현실적인 문제가 있다. 그렇지만 더 큰 이유는 남성 대출자보다 대출상환율이 높고, 대출하고자 하는 금액이 상대적으로 소액인 경우가 많기 때문이다. 〈표 9-4〉에서 알 수 있듯이 빈곤층을 대상으로 한 그라멘 은행이나 마을은행의 여성에 대한 대출 비중은 90%를 넘고 있다.

연습문제

9.1 유동성제약이 개발도상국에서만 나타나는 것이 아니라, 한국이나 선진국에서도 나타나게 되는데, 유동성제약이 나타나는 이유에 대해 논의하시오.

9.2 오일러 방정식에서 현재소비 및 미래소비 효용의 한계대체율이 이자율보다 작은 경우 균형을 달성하는 과정을 설명하시오.

9.3 정부정책으로 신용기관 대출에 대한 이자율을 20% 이상 받는 것을 불법이라고 하자. 이런 경우 유동성제약에 직면하고 있는 대출자들에 대한 영향에 대하여 알아보고, 이에 대한 대책을 논의하시오.

9.4 금융억압정책이 해로드-도마모형에 근거한 케인즈형 정책과 어떠한 연관성이 있는지 논의하시오.

9.5 투자자금이 충분하지 않은 개발도상국에서 높은 인플레이션 정책을 시행하는 경우가 있는데, 이 정책의 목적과 효과에 대해 논의하시오.

9.6 소액금융을 하는 경우 거래비용에 대해 논의해보자.

1) 개발도상국에서 소액금융기관이 적은 금액을 대출하는 경우, 거래비용 및 감시비용이 큰 금액을 대출하는 것에 비해 더 증가하게 되는 이유에 대하여 논의하시오.
2) 백화점보다 전통시장 등 소규모 시장에서 신용카드 수수료를 더 높게 받는데, 거래비용 관점에서 그 이유를 논의하시오.

9.7 많은 개발도상국에서는 금융자유화보다는 금융억압정책을 시행하는 것이 일반적인데 그 이유에 대해 논의하시오.

9.8 개발도상국에서는 공식적 신용기관보다 비공식적 신용기관이 더욱 발전하게 되는데, 그 이유에 대해 논의하시오.

9.9 한국이 1950~70년대 경제성장 과정에서 실시하였던 정책금융에 대해서 알아보고, 그 효과성에 대해 논의하시오.

9.10 소액금융기관의 역할에서 저소득층의 지원이라는 측면을 강조한다고 하자. 지속할 수 있으려면 높은 이자율을 유지할 수밖에 없는데, 이는 본래 목적과 어긋난다. 본래 목적을 유지하면서 지속가능한 소액금융기관이 되는 방안을 논의하시오.

참고문헌

한국은행, 2016, 『한국의 금융시장』, 한국은행.

Fry, Maxwell J., 1978, "Money and Capital or Financial Deepening in Economic Development?" *Journal of Money, Credit and Banking*, 10(4), pp.464–475.

Fry, Maxwell J., 1988, *Money, Interest and Banking in Economic Development*, London: Johns Hopkins University Press.

Giovannini, Alberto and de Melo, Martha, 1993, "Government Revenue from Financial Repression," *American Economic Review*, 83(4), pp.953–963.

Hamadziripi, Alfred, 2008, "Village Savings and Loans Associations in Niger: Mata Masu Dubara Model of Remote Outreach," COADY.

Holmstrom, Bengt and Jean Tirole, 1998, "Private and Public Supply of Liquidity," *Journal of Political Economy*, 106(1), pp.1–40.

Kaminsky, Graciela and Sergio Schmukler, 2002, "Emerging Market Instability: Do Sovereign Ratings Affect Country Risk and Stock Returns?" *World Bank Economic Review*, 16(2), pp.171–195

Kang, Sung Jin and Yasuyuki Sawada, 2008, "A Credit Crunch and Household Welfare: the Case of the Korean Financial Crisis," *Japanese Economic Review*, 59(4), pp.438–458.

King, Robert G. and Ross Levine, 1993, "Finance and Growth: Schumpeter Might be Right," *The Quarterly Journal of Economics*, 108(3), pp.717–737.

McKinnon, Ronald I., 1973, *Money and Capital in Economic Development*, Washington, D.C.: Brookings Institution.

Morduch, Jonathan, 1999, "The Microfinance Promise," *Journal of Economic L*iterature, 37(4), pp. 1569–1614.

Roubini, Nouriel and Xavier Sala–i–Martin, 1992, "Financial Repression and Economic Growth," *Journal of Development Economics*, 39, pp.5–30.

Ray, Debraj, 1998, *Development Economics*, Princeton: Princeton University Press.

Shaw, Edward S., 1973, *Financial Deepening in Economic Development*, New York: Oxford University Press.

Simtowe, Franklin, Aliou Diagne, and Manfred Zeller, 2008, "Who is Credit Constrained? Evidence from Rural Malawi," *Agricultural Finance Review*, 68(2), pp.255–272.

Stiglitz, Joseph E. and Andrew Weiss, 1981, "Credit Rationing in Markets with Imperfect Information," *American Economic Review*, 71(3), pp.393–410.

Zeldes, S. P, 1989, *"Consumption and liquidity constraints: an empirical investigation. Journal of political economy,"* 97(2), pp.305–346.

[웹 사이트]

FINCA[Fighting Poverty with Financial Inclusion] 홈페이지, www.finca.org.

SACCOL[Savings and Credit Co-operative League of South Africa] 홈페이지, www.saccol.org.za.

World Bank, UFA 2020 Overview: Universal Financial Access by 2020, http://www.worldbank.org/en/topic/financialinclusion/brief/achieving-universal-financial-access-by-2020.

VLSA[Village Savings and Credit Associations] 홈페이지, www.vsla.net/.

참고 9-1

유동성제약의 결정요인: 말라위

특정 가구나 개인이 유동성제약에 처하였는가의 여부는 다양한 변수에 의해 결정된다. 어떤 가구주가 신용기관에 대출을 신청하는 경우, 신용기관은 가구주의 소득이나 재산뿐만 아니라 가구주와 가족들 개인의 다양한 특성을 종합적으로 고려하여 대출여부와 대출액을 결정한다. 예를 들어 신용기관은 대출 신청자의 직업, 성별, 연령, 과거 신용 상태 등을 종합적으로 고려하여 대출금의 규모를 결정한다.

말라위를 대상으로 한 Simtowe et al.(2008)의 유동성제약에 대한 연구를 보자. 그들은 1996년 IFPRI(International Food Policy Research Institute) 주도로 말라위의 404가구를 대상으로 진행된 가계 금융접근성 및 가구특성에 대한 상세한 설문조사를 바탕으로 말라위 가구 특성이 유동성제약에 처할 확률에 미치는 영향을 분석하였다. 설문지에는 지난 12개월 동안 공식적 신용기관에서 대출신청 여부와 신청한 금액 모두를 대출받았는지 여부, 그리고 만약 대출신청을 하지 않았다면 그 이유에 대한 상세한 질문이 포함된다. 이 정보를 이용해서 유동성제약 여부를 판단할 수 있다.

가구가 유동성제약에 직면할 확률의 한계효과(marginal effect)를 구하면, 가구에 성인 남성이 한 명 늘어날수록 유동성제약에 처할 확률이 7.8% 증가하였다. 이는 풍부한 노동력을 가진 가구일수록 대출 한도보다 더 많은 액수의 대출을 신청할 가능성이 크기 때문이다. 또한 자산 가치 기준으로 5분위로 나누어 추정한 결과, 부유한 가구일수록 유동성제약에 처할 확률이 낮아진다. 이는 자산이 많을수록 자금조달능력이 커져 대출수요가 줄어들기 때문이다. 마지막으로, 소유한 토지가 넓을수록 유동성제약에 처할 확률이 높아졌는데, 소유한 토지가 1헥타르 증가할수록 유동성제약에 처할 확률은 16% 증가하였다. 이는 소유한 토지가 커질수록 투자 기회가 많아 대출을 요구할 가능성이 커지지만, 말라위에서는 토지소유권이 제대로 확립되지 않아 토지를 담보로 대출을 신청할 수 없기 때문이다.

이러한 유동성제약 여부에 대한 결정요소를 분석하는 것이 의미가 있는 이유는 가계의 유동성제약을 완화해주는 사회안전망 정책을 시행할 경우 정책 수혜대상을 유동성제약에 처한 가구를 중심으로 잘 선정해야 해당 정책의 효과를 높일 수 있기 때문이다.

참고문헌

Simtowe, Franklin, Alion Diagne and Monfred Zeller, 2008, "Who is Credit Constrained? Evidence from Rural Malawi," *Agricultural Finance Review*, 68(2), pp.255－272.

참고 9-2

유동성제약과 교육

가구가 유동성제약에 처해 있는 경우 가구주는 자식을 학교에 보낼 것인가에 대하여 결정을 해야 한다. 학교에 보내는 것은 가구주 입장에서 보면 득과 실이 존재한다. 학교를 보낸다면 등록금과 생활비용이라는 교육비용뿐만 아니라, 학교생활로 인해 다른 분야에 노동력을 투입하지 못해서 발생하는 손실이 나타난다. 반면에 교육에 대한 투자를 통해 자식들의 미래소득이 증가할 수 있다. 문헌과 자료에 따라 교육 지표는 다양하게 사용된다. 예를 들어 학교 진급(school progression), 출석(attendance), 학년 유급(repetition), 중퇴(drop-out) 등이 있다. 여기서는 자식의 교육여부에 대한 의사결정을 하는 과정을 실증적으로 분석한 페루에 대한 연구결과를 요약하여 소개한다.

Jacoby(1994)는 세계은행의 1985년 페루 생활수준 조사(Peruvian Living Standards Survey) 자료를 이용하여, 가정의 금융제약 여부가 초등학생 자녀의 학년유급 확률에 미치는 영향을 분석하였다. 설문조사 대상 5,000가구에서 초등학교에 등록된 총 3,641명의 학생을 대상으로 분석하였는데, 분석대상 학생의 약 25%가 유급한 것으로 나타났다.

가구가 유동성제약에 처해 있는 경우 자녀에 대한 교육투자 결정은 가구소비의 한계대체율에도 영향을 받게 된다. 즉, 교육투자 결정은 가계 소비지출에 영향을 미치는 요소(가계소득, 자산, 자녀의 시간에 대한 가치 등)에 의해서도 같이 영향을 받는다. 가구가 예상치 못한 소득충격에 처하면 자녀의 시간에 대한 잠재가격이 높아진다. 이 경우 부모는 자녀에게 학교를 잠시 그만두게 하고 가계 일손을 돕게 하거나 노동시장에 참여하도록 한다. 이러한 결정은 학생의 출석률을 감소시키고 학생들은 학업을 따라가기가 어려워지거나 진급할 때 요구되는 최소 출석일수를 채우지 못하여 유급하게 된다. 페루 초등학교는 학년 진급 시 요구되는 진급시험 없이 일정수준 이상 출석하면 자동으로 진급하는 시스템이기 때문에 출석이 학년진급과 직접적으로 연관된다.

추정결과를 보면 가계소득과 가구가 소유한 내구재 가치가 높을수록 학생의 유급확률은 감소하였다. 반면, 사업자산(enterprise asset)이 높을수록 학생의 유급확률은 높아졌는데, 이는 자녀의 노동력에 대한 가치가 사업자산이 높을수록 커지기 때문이다. 형제자매 효과를 살펴보면, 형제자매 간 연령 격차가 커질수록 학생의 유급할 확률이 낮아졌다. 특히 학생이 손위 여자형제를 가지면 학교 유급확률이 낮아지는데 이를 통해 남자아이가 가구 내에서 인적자원투자에서 우선순위에 있음을 유추할 수 있다.

결론적으로 이 논문은 페루가구의 인적자원투자와 가계소비가 불가분의 관계가 있음을 보여 주었다. 즉, 유동성제약이 자녀의 유급확률에 영향을 미친다는 실증분석 결과이다. 따라서 유동성제약에 처한 가구의 학생에게 학자금 대출이나 장학금을 제공함으로써 유동성제약을 완화시켜주는 정책을 시행할 수 있다. 그러나 유동성제약에 처해 있는 가구의 학생을 수혜집단으로 선별하여 실시하지 않는다면 프로그램의 효과는 제한되거나 효과가 없다. 따라서 유동성제약에 처한 가구를 제대로 선정하여 정책을 시행하는 것이 매우 중요하다.

참고문헌

Jacoby, Hanan G., 1994, "Borrowing Constraints and Progress through School: Evidence from Peru," *The Review of Economics and Statistics*, 76(1), pp.151−160.

Sawada, Yasuyuki and Michael Lokshin, 2009, "Obstacles to School Progression in Rural Pakistan: An Analysis of Gender and Sibling Rivalry using Field Survey Data," *Journal of Development Economics*, 88(2), pp.335−347.

Stinebrickner, Ralph and Todd Stinebrickner, 2008, "The Effect of Credit Constraints on the College Drop−Out Decision: A Direct Approach Using a New Panel Study," *American Economic Review*, 8(5), pp.2163−2184.

Taniguchi, Kyoko, 2015, "Determinants of Grade Repetition in Primary School in Sub−Saharan Africa: An Event History Analysis for Rural Malawi," *International Journal of Educational Development*, 45, pp.98−111.

인간은 일상생활을 하는 과정에서 다양한 위험에 노출된다. 위험에 직면하는 개인은 스스로 위험에 대해 대처하기도 하지만, 가족이나 이웃 친지가 대처해 주기도 하는데 이를 사적 안전망이라고 한다. 마찬가지로 정부나 공공기관이 사전적 혹은 사후적으로 대처해 주는데 이를 사회적 안전망 혹은 사회복지체제라고 한다.

본 장에서는 개인이나 국가가 처할 수 있는 다양한 위험요인들을 알아보고, 이에 대비하기 위한 다양한 사적 및 사회적 안전망에 대하여 알아본다. 대표적인 안전망 중 하나인 사적 이전소득과 공적 이전소득의 개념을 소개하고, 공적 이전소득이 사적 이전소득에 대한 영향을 분석하여 공적 이전소득에 의한 정책적 효과에 대하여 논의한다.

제 10 장

소비안정성과 사회적 안전망

제 10 장

소비안정성과 사회적 안전망

10.1 위험과 소비안정성

일생주기·항상소득가설은 안정적인 소비가 이루어지기 위해서는 안정적인 소득과 유동성제약이 없다는 것을 전제로 한다. 소득과 소비의 격차는 다양한 형태로 나타난다. 연령이 낮거나 아주 높은 개인은 소득수준이 소비수준보다 낮고, 높은 소득을 받고 있더라도 실업과 같은 외부적인 요인으로 소득이 갑자기 감소할 수 있다. 반대로 소득을 일정한 수준에서 유지하고 있더라도 어떤 요인에 의하여 소비지출이 일시적으로 증가할 수 있다.

표 10-1 다양한 형태의 개인 위험

분류	위험 형태
1. 일생생활 소비지출	결혼식, 장례식, 교육, 출산, 주택건설, 사별, 고령화
2. 개인적 위기상황	질병, 부상, 실업, 절도, 괴롭힘, 사망
3. 재난	화재, 가뭄, 홍수, 주거 지역 철거
4. 투자기회	사업 확장, 토지 혹은 기계구입, 거주주택 보수 및 개량
5. 국가적 위기	인플레이션, 전쟁, 금융위기, 외환위기

출처: Rutherford and Sukhwinder(2009, pp.5-12)의 분류에 저자가 수정·보완한 것임.

우리가 현실에서 직면하는 중요한 문제는 예측이 어려운 상황에서 직면하게 되는 소득감소나 소비지출을 증가시키는 다양한 형태의 위험(risk)에 노출되고 있다는 사실이다. 〈표 10-1〉은 인간이 직면할 수 있는 다양한 위험의 종류를 종합하여 정리한 것이다.

첫째, 일상생활에서 직면하는 위험으로 결혼식, 장례식 등이다. 결혼식은 가족이나 당사자에게는 기쁜 일이지만, 지출이 일시적으로 증가하기 때문에 다른 측면에서 보면 개인이 직면하는 위험에 해당한다. 둘째, 가족 중 누군가가 실업자가 되거나 질병, 부상 혹은 사망하는 경우이다. 셋째, 재난으로 가뭄, 홍수 혹은 전쟁 등에 의하여 나타나는 위험이다. 넷째, 투자기회에서 직면하는 위험으로 사업 확장을 위해 예기치 않은 자금이 필요한 경우이다. 마지막으로 국가 차원의 인플레이션, 전쟁 등에 의해 직면하게 되는 위험이다. 한국이 1998년 직면한 외환위기도 국가적 위험요인이다.

10.2 소비 및 소득안정성

갑작스럽게 소득을 감소시키거나 소비지출을 증가시킬 수 있는 위험에 처할 것을 예상하거나 실질적으로 위험에 직면하게 되는 경우, 이를 해소할 대응 전략이 필요하다. 경제주체들은 다양한 전략을 통하여 소비안정성(consumption smoothing)이나 소득안정성(income smoothing)을 유지하고자 한다. 즉, 경제주체는 소비 혹은 소득이 안정적인 경로를 가지려고 하려는 것이다. 소비안정성이란 경제주체가 일생 동안 소비지출과 저축을 적절하게 배분하여 자신의 생활수준을 최적화하고자 하려는 것이다. 소비안정성을 달성하기 위해서는 소득안정성이 보장되어야 한다. 소득안정성과 소비안정성이 동시에 이루어질 수 있다면 일생주기·항상소득가설이 성립하게 된다.

소득과 소비의 격차가 나타나는 경우를 보면 다음과 같다.

첫째, 정기적으로 받는 소득이 자신의 소비지출에 비해 낮은 경우이다. 직장을 가지고 있더라도 소득이 소비에 비해 낮은 젊은 층에서 많이 나타난다. 마찬가지로 은퇴 이후 소득이 없는 노인층도 소비수준보다 소득이 낮게 나타난다.

둘째, 일정한 소득을 얻고 있지만, 일시적 위험으로 소득이 갑자기 하락하는 경우이다. 앞에서 논의하였듯이 현실의 많은 경제주체는 현재소득에 영향을 미치는 다양한 위험에 처해 있다. 특히 농업을 중심으로 한 개발도상국은 정규임금을 받는 노동자 비중이 높은 선진국에 비해 훨씬 더 불안정한 소득변동에 직면하게 된다. 그리고 농민은 매월 일정한 소득을 얻을 수 있는 것이 아니다. 즉, 이들은 1년 중 추수기에 집중적으로 소득을 얻고 홍수나 가뭄과 같은 자연재해가 나타나는 해는 추수기 소득이 다른 연도에 비해 하락할 수 있다.

셋째, 소득변동은 없지만 갑작스러운 위험에 의해 소비지출이 증가하는 경우이다. 예를 들어, 갑자기 가족 중 누군가가 사망하여 장례식 지출이 증가하는 경우가 이에 해당된다.

개별 경제주체들이 다양한 위험에 직면하여 소득과 소비 간 불균형이 발생하는 경우 어떻게 대비하고 있는가를 자세히 살펴볼 필요가 있다. 위험에 대한 대처전략을 사전적 혹은 사후적 인가에 따라 위험관리전략(risk management strategy)과 위험대처전략(risk coping strategy)으로 나눌 수 있다.

10.2.1 위험관리전략

위험관리전략은 앞으로 발생할 수 있는 위험에 대비하여 사전적으로 대비하는 전략이다. 예를 들어, 농민들은 가뭄, 홍수, 태풍 및 전염병과 같이 예상하지 못한 자연재해가 발생하면 농업소득이 감소할 수 있다. 그러므로 이러한 상황에서도 안정적인 소득을 확보하기 위하여 다양한 농작물 수확 전략을 수립한다.

농업사회에서 많이 사용되는 방안으로 경제활동 다양화(activity diversification)가 있다. 예를 들어, 생산과정에서 소작(share-cropping), 농작물 다양화, 간작(inter-cropping) 등이다. 그리고 생산과정에서 고수익, 고위험의 고도로 발전된 기술이 아니라 낮은 수준이지만 안정적인 기술을 사용해서 생산활동을 한다. 또한, 농작물을 다른 지역에서도 동시에 재배하거나, 가족 구성원 중 몇 명을 농촌 지역이 아닌 도시 지역으로 보내서 일하도록 하는 것도 미래에 발생할 수 있는 위험에 대비하기 위한 경제활동 다양화 전략이다.

개발도상국뿐만 아니라 경제발전단계가 어느 수준에 이른 국가의 개인들이 현재소득이 현재소비보다 높을 때 저축하거나 보험을 들어 두는 것도 또 다른 위험관리전략이다.

10.2.2 위험대처전략

위험대처전략은 어떤 위험에 직면하였을 때 소비안정성을 유지하기 위한 다양한 사후적 대책으로 다음 다섯 가지로 분류된다.

첫째, 경제주체는 소득감소가 발생할 때 총 영양섭취량을 유지하기 위해 소비지출 액수를 줄이거나 특정 소비지출 항목을 줄이는 형태로 소비지출 구조를 변화시킨다. 예를 들어 한국이 외환위기에 직면하였을 때, 가구들이 사치품이나 외식에 대한 지출을 줄이고, 기본 영양섭취량은 유지하고자 하였던 경우가 이에 해당된다. 같은 시기에 인도네시아에 관한 연구를 보면, 위험에 직면한 가구들은 자신들의 소비항목 변화를 통하여 대처하였다.[1]

둘째, 신용시장에서 필요한 자금을 대출하여 감소한 소득을 충당한다. 이러한 전략을 사용하기 위해서는 신용시장이 매우 발달하여 자신의 소득이 소비수준에 비해 낮을 때는 언제든지 차입할 수 있어야 한다. 즉, 예기치 않은 이유로 현재소득이 감소하여 안정적인 소비를 유지하기 힘들다고 판단되는 경우, 대출을 통하여 현재소비를 늘리는 대신 미래소비를 줄이겠다는 전략이다.[2] 그러나 개발도상국의 경우 신용시장이 발달하지 못하여 대출을 통한 대응전략을 사용하여 안정적인 소비를 달성하기는 어렵다.

셋째, 위험 발생에 대비하기 위해 사전적으로 저축한 자금을 인출하거나 다른 비금융자산을 처분하여 소득하락을 상쇄한다. 개발도상국에서는 금융저축이 많지 않기 때문에 저장해둔 곡물을 판매하거나, 송아지, 염소나 양 등 가축을 파는 방법으로 소득을 증대시킬 수 있다.

넷째, 가구 내 다른 잉여노동력을 사용하여 소득을 증대시킨다. 위험에 직면하여 주요 구성원의 가구소득이 감소하는 경우, 일하지 않고 있던 다른 가족 구성원이 새로운 직장을 얻어 소득을 얻을 수 있다. 농업사회에서 추수기가 아닌 계절에 다른 지역으로 가서 임시 직장을 구하여 소득을 올리는 경우가 이에 해당한다. 또한, 개발도상국의 경우 어린이를 학교에 보내지 않고 일터로 보내어 노동력으로 활용하는 경우도 있다.[3] 이처럼 다른 가족구성원으로부터 소득지원을 받는 것을 가족 내 사적이전(intra-family private transfers)이라고 한다.[4] 물론 가족 구성원이 아닌 친구 혹은 친척으로부터 소득을 지원받을 수 있는데, 이를 가족 간 사적이전

1 Frankenberg et al.(1999)은 인도네시아 외환위기 전후 자료를 분석하여 소비지출 패턴의 변화를 보여주었다. 식품가격 상승으로 인하여 총소득에서 식품소비지출 비중이 증가하였다. 이를 보상하기 위하여 필수품이 아닌 재화나 서비스에 대한 지출은 감소하였고, 특히 보건 및 교육에 대한 지출이 더 많이 감소하였다. 이러한 지출감소는 빈곤계층일수록 더욱 크게 나타났다.

2 제9장에서 논의된 유동성제약에 처해 있다면 필요한 시기에 신용시장에서 빌릴 수 없어서 소비안정성을 달성하기가 힘들게 된다.

3 이러한 경우 어린이들의 교육기회를 상실시켜 이들의 미래소득을 얻는 기회를 박탈하는 것이므로 이 전략은 주의하여 사용하여야 한다.

4 이는 소득안정성을 위한 사전적인 위험대처전략이기도 하다. 예를 들어, 농촌 지역에서는 기후의 불안전성 등으로 소득변동 가능성이 상대적으로 크다. 따라서 안정적인 소득을 유지하기 위하여 가족구성원 중 일부를 상대적으로 소득이 안정적인 비농업 지역에서 취업하도록 보내기도 한다. 과거 한국의 경제발전과정에서 자녀들을 산업공단이나 산업단지로 보낸 것이 이러한 소득안정성을 위한 전략의 일부라고 할 수 있다.

(inter-family private transfers)이라고 한다. 두 형태를 통틀어서 사적 이전소득(private transfers) 혹은 사적 안전망(private safety net)이라고 한다.

다섯째, 사적인 지원이 아니라 정부나 사회적 기관 등으로부터 공적인 지원을 받을 수 있는데, 이를 공적 이전소득(public transfers)이라고 한다.

10.2.3 한국의 외환위기와 위험대처전략

1997~98년 기간 동안 동아시아 지역 경제에 심각한 영향을 준 외환위기는 거시적 충격으로 국가 총소득과 총소비에 영향을 미쳤다. 그렇지만 실질적인 영향의 크기는 지역이나 소득수준에 따라 다양하게 나타났다. 그 이유는 유사한 수준의 위험이 닥치더라도 각 개인의 위

표 10-2 한국의 외환위기와 위험대처전략

	1994	1995	1996	1997	1998
총소득	2,047.05	2,571.43	2,919.89	2,868.67	2,192.95
임금소득	1,742.72	1,927.58	2,100.24	2,083.83	1,554.85
자산소득	80.06	421.82	557.60	522.03	283.56
사적 이전소득	31.48	51.30	63.07	67.66	72.62
공적 이전소득	7.55	20.05	18.14	18.78	22.61
기타 소득	192.80	185.87	225.18	209.56	281.79
총부채	479.49	629.36	752.47	698.78	934.52
유동자산	406.50	599.90	725.69	759.02	751.23
총지출	911.75	1006.95	950.16	948.03	677.07
비내구재	535.08	517.37	497.57	503.84	387.59
음식	366.12	349.97	356.39	358.37	298.66
주거	75.36	71.85	52.53	59.32	33.21
의류	93.59	95.47	88.08	85.38	55.71
교육	184.94	225.56	238.19	254.75	194.35
의료 및 어린이	50.36	91.92	56.71	57.94	54.80
사치재	141.38	173.19	156.28	131.60	40.97
가구 수	3,568	3,008	2,701	2,561	2,237

주: 소득 및 지출 자료는 1995년 실질 1인당 값이며, 단위는 10,000원임.
출처: Goh et al.(2005), p.243.

험에 대한 사전적, 사후적 대비 정도가 다르므로 개인의 입장에서 위험에 의한 영향의 정도가 다르게 나타나는 것이다.

〈표 10-2〉는 1998년 외환위기라는 국가적인 위험에 직면하였을 때 한국 가구들이 어떻게 대처하였는가를 보여준다. 먼저 1994년부터 외환위기에 본격적으로 직면하기 전인 1997년까지 1인당 소득과 소비는 지속적으로 증가하였다. 1인당 소득을 보면 1994년 2,047만 원에서 1997년 2,869만 원으로 약 40%가 증가하였다. 그러나 외환위기가 닥친 1998년 소득은 2,193만 원으로 1997년 대비 약 24%가 하락하였다.

1997~98년을 비교해 보면 임금소득과 자산소득은 하락했지만 사적 이전소득과 공적 이전소득은 오히려 증가하였다. 사적 이전소득의 증가는 가족이나 친척으로부터 재정지원을 받았다는 의미이고, 공적 이전소득이 증가한 것은 정부의 사회복지정책으로 이전소득이 증가하였음을 의미한다.[5] 즉, 두 이전소득의 증가는 위험에 처한 본인이 아닌 다른 민간이나 공적조직으로부터 사후적인 지원으로 생긴 상호보험적인 위험대처전략이다. 다음으로 같은 기간 동안 총부채는 699만 원에서 935만 원으로 증가하였다. 이는 차입을 통하여 위험에 대하여 대처하였음을 의미한다. 저축, 주식자산 등 유동자산은 759만 원에서 751만 원으로 약간 하락하였다. 즉, 저축을 감소시키거나 가지고 있던 주식을 시장에 매각하여 위험을 대처하는 대응은 크게 나타나지 않았음을 의미한다.

마지막으로 외환위기에 의하여 나타난 소득감소를 소비지출 감소를 통하여 대처하였음을 파악할 수 있다. 총지출이 1997년 948만 원에서 677만 원으로 약 29%가 하락하였다. 음식에 대한 지출이 약 17%가 하락하여 358만 원에서 299만 원이 되었다. 특히 사치재로 분류된 외식 등은 더욱 크게 하락하여, 1997년 132만 원에서 1998년에는 41만 원으로 약 69% 정도가 하락하였다. 따라서 한국의 가구들은 주거나 음식 등에 대한 지출보다는 당장 줄여도 큰 문제가 없을 것으로 판단되는 외식 등 사치재적 성격이 강한 재화에 대한 지출을 감소시키는 전략으로 외환위기에 의한 소득감소에 대처하였다.

5 외환위기에 직면하자 한국 정부는 충격을 최소화하기 위하여 즉각적인 위기대응정책을 실시하였다. 대표적인 정책은 일시적 생활보호 및 소득지원, 고용보험 확대 그리고 공공근로사업 확대 등이다.

10.3 사적 안전망 제도와 사적 이전소득

10.3.1 사적 안전망과 사회적 안전망

안전망은 사적 안전망(private safety nets)과 사회적 안전망(social safety nets)으로 구분된다. 사적 안전망에 의해 이전되는 소득을 사적 이전소득(private transfers)이라고 부르고, 사회적 안전망에 의해 이전되는 소득을 공적 이전소득(public transfers)이라고 부른다. 사적 혹은 사회적 안전망을 구축하는 이유는 소득분배를 개선하거나 직면하게 될 위험에 대비하기 위한 것이다.

첫째, 소득분배 개선을 위하여 안전망이 시행된다. 안전망은 소득이 매우 낮아서 만성적 빈곤 상태에 있는 개인이나 가구에 다른 경제주체(개인 혹은 가구나 정부)가 추가적인 소득을 제공함으로써, 절대빈곤에서 탈출하고 소득분배를 개선하고자 하는 것이다. 둘째, 안전망은 위험감소 역할을 한다. 즉, 안전망을 통하여 소득이나 소비가 감소하는 위험 상황에 처한 이들에게 소득을 지원하여 소비안정성을 유지하는 데 도움을 주고자 한다.

안전망의 구체적인 정책조합은 국가마다 추구하는 목적, 정치적 결정, 그리고 역사적 조건에 따라 다양하게 나타난다. 어떤 국가는 실업문제에 대처하기 위하여 훈련이나 공공부문에 대한 고용에 집중적인 정책을 편다. 반면에 다른 국가들은 식량 공급과 원조를 통하여 빈곤층의 영양문제에 대처하기 위한 정책을 중점적으로 실시하기도 한다.[6]

10.3.2 사적 안전망과 사적 이전소득

사적 안전망은 먼저 민간부문에서 개인이 보험 제공자에게 보험료를 납부하고 이에 비례해서 혜택을 받는 것을 의미한다. 대표적인 것이 사망보험, 퇴직·개인연금, 자동차보험 등으로 주로 제도적 요인에 의하여 결정된다. 그 이외에 개인 간 혹은 가족 간에 주고받는 사적 이전소득도 제도적 요인에 의한 것이 아닌 다른 형태의 사적 안전망이다. 본 절에서는 사적 이전소득을 중심으로 논의한다.

사적 안전망 내에서 이루어지는 사적 이전소득은 가족 간, 친구 간 및 지역 내에서 소득이

6 국가별 정책의 유사점과 상이점의 비교는 Subbarao et al.(1997) 참조.

높은 개인이 그렇지 못한 개인에게 제공하는 소득이다. 서로 다른 지역에 사는 가족 구성원 사이에 나타나는 사적이전은 개발도상국에서 매우 흔한 일이다. 특히 다른 국가에서 일하고 가족에게 보내는 송금(remittance)이 대표적인 사적 이전소득 사례이다.[7] 농업이 발달한 개발도상국에서 농업에 종사하는 가계의 자식들이 상대적으로 임금이 높은 도시로 가서 자신들이 벌어들인 소득을 농촌에 있는 가족들에게 송금하는 것도 전형적인 사적 이전소득이다. 또한, 도시에 진출하여 공부하는 자식에게 부모가 재정적 지원을 하는 것도 일종의 사적이전이다.

〈표 10-3〉은 1999년 주요 11개국의 자료를 이용하여 사적 이전소득 현황을 비교한 것이다. 과거 사회주의 국가들이어서 상대적으로 공적 이전소득이 높은 비중을 차지하는 5개 경제체제전환국, 중남미 국가 4개국 및 아시아 지역 2개국을 선정하였다.

전체 가구 중에서 사적 이전소득을 주거나 받는 가구 비중은 알바니아(10.9%)에서 자메이

표 10-3 주요 개발도상국의 사적 이전소득 현황

구분	국가	1인당 GNP	가구 비중	비중A	비중B
구소련	알바니아	810	0.109	0.027	0.372
	불가리아	1,220	0.286	0.039	0.250
	카자흐스탄	1,340	0.413	0.081	0.313
	키르기스공화국	380	0.413	0.080	0.261
	러시아	2,260	0.410	0.069	0.334
중남미	자메이카	1,740	0.547	0.123	0.259
	니카라과	370	0.211	0.065	0.321
	파나마	2,990	0.493	0.055	0.152
	페루	2,440	0.431	0.062	0.186
아시아	네팔	210	0.295	0.067	0.303
	베트남	350	0.395	0.060	0.242

주: 1) 1인당 GNP는 1999년 구매력평가에 기초한 달러 기준임. 2) 가구 비중은 전체 가구 중에서 사적 이전소득을 받거나 제공하는 가구의 비중임. 3) 비중A는 전체 가구소득에서 사적 이전소득 비중이고, 비중B는 사적 이전소득을 받는 가구소득에서 사적 이전소득이 차지하는 비중임.

출처: Cox et al.(2006)의 〈표 1〉-〈표 3〉을 정리한 것임.

7 송금의 의미와 경제적 효과에 대하여 제13장에서 자세히 논의한다.

카(54.7%)까지 다양한 범위를 보여주고 있다. 전체 가구소득에서 각 가구가 받는 사적 이전소득의 비중(비중A)을 보면, 알바니아가 2.7%로 최저였으며, 자메이카가 12.3%로 가장 큰 값을 나타냈다. 그리고 사적 이전소득을 받는 가구만을 대상으로 한 비중(비중B)을 보면 파나마가 15.2%, 러시아가 33.4%였다. 즉, 러시아는 전체 가구소득 중 거의 1/3이 사적 이전소득이다.

10.4 사회적 안전망 제도와 공적 이전소득

10.4.1 사회적 안전망과 공적 이전소득

사회적 안전망은 국가나 공공기관이 민간에게 제공하는 다양한 서비스를 포함한다. 이는 빈곤층이나 다양한 위험에 노출된 계층에 대한 지원을 의미하는 좁은 의미에서부터 정부주도의 사회복지체제(social welfare system)를 포함하는 넓은 의미로 정의되기도 한다.[8] 일반적으로 많이 사용되는 사회적 안전망은 국민이 빈곤, 질병, 실업, 재해, 노령 등의 위험에 직면하였을 때 최소한의 생계를 유지할 수 있도록 제공되는 지원이다.

사회적 안전망 제도에서 이루어지는 공적 이전소득은 다음과 같이 구성된다. 첫째, 사회적 보험(social insurance)과 현금이전(cash transfers)으로 나타나는데 연금, 실업보험, 교육지원, 건강보험, 가족 및 사회적 보조 등이다. 둘째, 음식, 거주보조 및 에너지보조 등

현물이전(in- kind transfers)이다. 셋째, 공공근로사업이나 신용정책 등 직접적 소득창출이다. 넷째, 직업훈련을 통한 지원 등이다.

10.4.2 사회적 안전망의 빈곤개선 및 소득재분배 효과

이전소득의 목적은 다양한 위험에 대비하여 소비안정성을 유지할 수 있도록 돕는 것이며, 이를 통해 달성하고자 하는 또 다른 목표는 빈곤감소와 소득분배 개선을 통하여 사회적 불균

8 국가가 주도한다고 하여 사회보장제도(social security system)라고도 한다. 본 장에서는 안전망을 일반적으로 통칭하는 사회복지(social welfare)보다 좁은 의미로 사용한다. 사회복지는 절대빈곤이나 분배개선 혹은 위험대비 소득지원이라는 차원에서 더 나아가 모든 경제주체의 동등한 삶의 질을 유지하기 위하여 그들에게 같은 소득을 지원하는 보편적 복지까지 포함한다.

등을 줄이는 것이다. 그렇다면 현실적으로 주요 국가들의 이전소득정책이 빈곤이나 소득불균등을 완화하는 데 얼마나 효과적인지 살펴보자.

〈표 10-4〉와 〈표 10-5〉는 사회적 안전망에 의한 이전소득이 빈곤개선 및 소득재분배에 주는 효과를 정리한 것이다. OECD 국가들을 대상으로 세금과 이전소득이 고려되기 이전의 시장소득(세전소득)과 이후의 가처분소득(세후소득)의 빈곤과 소득분배 상태를 비교하였다. 정부개입으로 세금을 부과하고 이전소득을 지원함으로써 사회적 소득불균등이 얼마나 완화되었는가를 정책 시행 이전과 이후의 불평등이 변화를 비교하면 알 수 있다.

〈표 10-4〉는 시장소득과 가처분소득에 대한 상대 빈곤율 추이를 보여준다. 상대 빈곤율을 보면 시장소득 기준으로 프랑스(36.5%)와 핀란드(34.6%), 벨기에(32.5%), 스페인(31.1%)이 상

표 10-4 OECD 사회적 안전망정책의 상대 빈곤율 개선 효과

국가	시장	가처분	효과	국가	시장	가처분	효과
호주	0.244	0.126	−0.118	한국	0.202	0.149	−0.054
오스트리아	0.314	0.096	−0.210	라트비아	0.279	0.162	−0.118
벨기에	0.325	0.069	−0.256	룩셈부르크	0.237	0.089	−0.148
캐나다	0.246	0.122	−0.124	멕시코	0.181	0.150	−0.031
칠레	0.236	0.163	−0.073	네덜란드	0.256	0.070	−0.186
체코	0.271	0.062	−0.210	뉴질랜드	0.248	0.143	−0.105
덴마크	0.222	0.063	−0.159	노르웨이	0.261	0.080	−0.181
에스토니아	0.298	0.162	−0.137	폴란드	0.272	0.091	−0.181
핀란드	0.346	0.068	−0.278	포르투갈	0.289	0.112	−0.177
프랑스	0.365	0.083	−0.282	슬로바키아	0.257	0.094	−0.163
독일	0.314	0.118	−0.196	슬로베니아	0.263	0.079	−0.184
그리스	0.293	0.112	−0.181	스페인	0.311	0.137	−0.173
헝가리	0.255	0.099	−0.156	스웨덴	0.238	0.080	−0.157
아이슬란드	0.169	0.049	−0.121	스위스	0.158	0.107	−0.051
아일랜드	0.281	0.070	−0.211	튀르키예	0.250	0.132	−0.118
이스라엘	0.235	0.168	−0.067	영국	0.296	0.126	−0.170
이탈리아	0.335	0.122	−0.213	미국	0.271	0.181	−0.090
일본	0.336	0.154	−0.182	리투아니아	0.289	0.141	−0.149

주: 1) 2018년 기준임. 2) 칠레, 아이슬란드는 2017년, 뉴질랜드는 2014년 값임.
가장 최근 연도인 2022년 및 2023년 값이며 해당 연도가 없을 때는 가장 가까운 연도값임.
출처: OECD, IDD(검색일: 2025.11.15.).

표 10-5 OECD 사회적 안전망 정책의 소득재분배 효과(지니계수)

국가	시장	가처분	효과	국가	시장	가처분	효과
호주	0.441	0.319	−0.122	한국	0.396	0.324	−0.072
오스트리아	0.490	0.285	−0.205	라트비아	0.474	0.340	−0.133
벨기에	0.481	0.250	−0.231	룩셈부르크	0.448	0.296	−0.152
캐나다	0.433	0.306	−0.127	멕시코	0.416	0.400	−0.016
칠레	0.491	0.448	−0.043	네덜란드	0.441	0.292	−0.149
체코	0.432	0.249	−0.184	뉴질랜드	0.457	0.326	−0.131
덴마크	0.442	0.276	−0.166	노르웨이	0.434	0.262	−0.171
에스토니아	0.469	0.321	−0.148	폴란드	0.441	0.270	−0.171
핀란드	0.509	0.269	−0.240	포르투갈	0.514	0.332	−0.182
프랑스	0.524	0.297	−0.227	슬로바키아	0.387	0.226	−0.160
독일	0.502	0.313	−0.191	슬로베니아	0.428	0.244	−0.185
그리스	0.514	0.316	−0.198	스페인	0.480	0.316	−0.164
헝가리	0.417	0.294	−0.122	스웨덴	0.432	0.289	−0.143
아이슬란드	0.369	0.25	−0.119	스위스	0.402	0.317	−0.085
아일랜드	0.493	0.285	−0.208	튀르키예	0.525	0.427	−0.097
이스라엘	0.449	0.345	−0.104	영국	0.512	0.396	−0.116
이탈리아	0.508	0.319	−0.188	미국	0.522	0.367	−0.155
일본	0.513	0.338	−0.175	리투아니아	0.512	0.360	−0.152

주: 1) 캐나다, 핀란드, 스웨덴 및 영국은 2023년 값임. 독일과 일본은 2021년, 호주는 2020년, 아이슬란드는 2017년 값임. 그 외 국가는 2022년 값임.

출처: OECD, IDD(검색일: 2025.11.15.).

대적 빈곤 상태가 다른 국가들에 비해 높다고 할 수 있다. 상대 빈곤율이 가장 낮은 국가는 스위스로 15.8%, 그 다음으로 아이슬란드(16.9%), 멕시코(18.1%), 한국(20.2%)이었다. 즉, 한국은 시장소득에 의한 상대 빈곤율이 OECD 국가 중에서 상당히 양호한 국가이다.

가처분소득 기준으로 볼 때, 모든 국가의 상대 빈곤율이 하락하여 빈곤완화를 위한 정부정책이 성공적으로 실시되었다고 볼 수 있다. 다만 국가별로 감소하는 정도가 달라서 정부정책 효과는 국가별로 다르게 나타난다. 가처분소득 기준의 상대 빈곤율은 한국(14.9%), 미국(18.1%), 스페인(13.7%), 튀르키예(13.2%), 멕시코(15.0%), 이스라엘(16.8%), 그리스(11.2%) 그리고 칠레(16.3%)이다. 가처분소득을 기준으로 가장 많이 하락한 국가는 프랑스로 36.5%에서

8.3%로 28.2%p만큼 하락하였다.

한국은 시장소득 기준으로 보면 스위스, 아이슬란드, 멕시코 다음으로 상대 빈곤율이 낮은 국가였다. 그러나 조세와 이전지출을 고려한 가처분소득 기준으로 볼 때 5.4%p만큼 하락하여 정부정책에 의한 상대 빈곤율 개선효과가 OECD 국가 중에서 가장 낮은 국가 3위를 차지하였다.

〈표 10-5〉는 지니계수 변화에 따른 소득재분배 효과를 나타낸 것으로, 앞에서와 유사한 결과를 보여준다. 한국은 2022년 시장소득 기준으로 지니계수가 0.396으로 OECD 36개국 중 소득분배 상태가 세 번째로 양호한 국가에 속한다. 즉, 정부가 개입하기 이전에 시장소득의 소득분배 상태는 다른 국가보다 좋아서 한국은 매우 균등한 시장기구를 유지하고 있음을 알 수 있다. 그러나 정부의 조세나 이전소득을 고려한 가처분소득 기준으로 보면 지니계수가 0.324로 OECD 국가 중 25위로 나타난다. 이러한 현상이 나타난 것은 정부정책에 의한 소득분배 개선효과가 0.072에 불과하여 멕시코(0.016)와 칠레(0.043)에 이어 세 번째로 낮기 때문이다.[9]

정부의 조세정책이나 이전지출과 같은 사회복지정책이 상대 빈곤율 및 소득분배 개선효과가 다른 국가에 비해 상대적으로 떨어지는 대표적인 두 가지 이유는 다음과 같다.

첫째, 정부의 사회복지 및 조세정책이 저소득층의 소득을 개선시키도록 하는 재분배효과가 제대로 나타나지 않는 방향으로 실시되었기 때문이다. 이는 정부의 선택적 복지정책이 빈곤계층을 비롯한 저소득층의 소득을 효과적으로 증가시키지 못하고 있다는 사실을 시사한다.

둘째, 정부의 사회복지지출이 다른 국가에 비해 상대적으로 적기 때문이다. 〈표 10-6〉은 OECD 국가를 대상으로 하여 사회복지지출의 GDP 및 정부지출 대비 비중을 보여준다. 이를 통해 2021년 기준 한국의 GDP 대비 사회복지지출 비중이 15.2%로 멕시코, 튀르키예 및 아일랜드를 제외하면 가장 낮은 수준이며, OECD 평균인 22.1%에 비해 매우 낮은 비중을 보이는 것을 알 수 있다. 2021년 한국의 정부지출 대비 비중은 43.0%로 OECD 평균인 49.3%를 밑도는 낮은 수준이다.

9 여기에서 중요한 것은 소득분배 상태의 세계 순위가 아니라 정부의 소득분배 개선에 대한 역할이다. 즉, 가계금융·복지조사 자료와 같이 다른 시장소득 자료에 의해 지니계수가 더 높게 나와서 세계 순위가 떨어지더라도 정부의 역할의 미흡함은 그대로 있기 때문이다. 자세한 논의는 강성진(2020) 참조.

표 10-6 OECD 국가의 사회복지지출 비중(%)

국가	GDP	정부지출	국가	GDP	정부지출
호주	18.1	45.7	한국	15.2	43.0
오스트리아	32.0	57.1	라트비아	21.7	46.7
벨기에	29.1	53.0	룩셈부르크	21.5	50.3
캐나다	21.9	48.5	멕시코	9.5	35.5
칠레	19.6	57.1	네덜란드	19.8	43.0
체코	22.2	49.3	뉴질랜드	34.2	53.9
덴마크	28.1	56,8	노르웨이	23.4	49.6
에스토니아	19.0	45.2	폴란드	22.2	50.9
핀란드	31.0	56.3	포르투갈	25.5	53.9
프랑스	32.7	55.0	슬로바키아	19.0	43.3
독일	28.9	56.9	슬로베니아	25.4	49.2
그리스	26.4	46.5	스페인	26.3	57.41
헝가리	18.4	38.3	스웨덴	26.3	52.7
아이슬란드	22.7	46/0	스위스	17.5	49.0
아일랜드	13.6	57.6	튀르키예	11.0	-
이스라엘	17.8	44.0	영국	24.4	51.1
이탈리아	29.8	53.2	미국	21.6	47.7
일본	25.4	58.0	리투아니아	19.3	51.7
			OECD 평균	22.1	49.3

주: 1) GDP 대비 비중은 2021년 기준임.
출처: OECD, IDD(검색일: 2025.11.14.).

10.5 이전소득 모형

사적 이전소득의 동기가 무엇인가에 따라서 공적 이전소득이 주는 효과가 상이하다. 본 절에서는 사적 이전소득의 동기가 무엇이며, 이들이 공적 이전소득의 기대효과에 어떠한 영향을 미치는가를 논의한다.

10.5.1 사적 이전소득의 동기

사적 이전소득의 동기는 크게 이타주의(altruism)와 이기적 교환주의(self-interested exchange)로 나누어진다. 베커(Becker, 1974)는 이타주의로 사적 이전소득을 준다고 주장하였다. 그는 어느 개인이 타인에게 사적 이전소득을 줄 때 어떤 대가를 바라고 하는 것이 아니라 무조건 이루어진다고 주장하였다. 즉, 개인이 받는 유산이 개인소득과 역관계가 있음을 보고, 그는 사적 이전소득인 유산이 이타주의 동기에 의해서 주어진다고 주장한 것이다.

이기주의적 교환주의에 의한 사적 이전소득은 가족 간이든 친구 간이든 어떤 형태의 대가를 바라고 주어진다는 것이다. 대가란 단순히 동일한 액수의 금전적 형태의 보상이 될 수도 있고, 가정방문이나 전화와 같은 서비스 형태의 보상이 될 수도 있다. 번하임 외(Bernheim et al., 1985)의 유산 규모가 자식들이 부모에게 얼마만큼의 서비스를 제공하고 있는가에 따라 달라진다는 연구결과가 이러한 이기적 교환주의 동기를 뒷받침한다.

사적 이전소득에 관한 연구에서 동기가 중요한 의미를 갖는 것은 공적 이전소득으로 대표되는 사회적 안전망 정책이 주는 효과가 동기에 따라 다르게 나타나기 때문이다.

10.5.2 공적 이전소득 효과

이타주의 동기에 의하여 사적 이전소득이 주어지는 경우를 보자. 정부가 사적 이전소득을 받은 사람들에게 공적 이전소득을 제공한다면, 사적 이전소득을 제공하고 있던 사람은 해당 당사자의 소득이 증가하였다고 판단한다. 따라서 당사자의 소득이 적다고 판단되어 지원하고 있던 사적 이전소득 제공자는 상대적으로 소득을 이전하려는 동기가 사라지게 된다. 이처럼 공적 이전소득이 증가함에 따라 사적 이전소득이 감소하는 현상을 공적 이전소득의 구축효과(crowding-out effect)라고 한다.

이러한 현상이 발생한다면 구축효과를 고려하지 않는 공적 이전소득정책의 효과는 과대평가될 수 있다. 극단적으로 100%의 구축효과가 나타난다고 하자. 이 경우 공적 이전소득이 주어지는 만큼 사적 이전소득이 감소하게 된다. 따라서 정부지원이 되더라도 이미 받고 있던 사적 이전소득이 사라진다면, 공적 이전소득을 받는 당사자로서는 실질적인 소득증가는 나타나지 않게 된다. 정부가 이러한 구축효과를 고려하지 않고 공적 이전소득의 효과를 판단하면 그 효과를 과대평가하는 오류를 범할 수 있다.

이기적 교환주의 동기에 의하여 사적 이전소득을 제공할 때는 이러한 구축효과가 나타나지 않는다. 오히려 사적 이전소득을 받는 당사자가 공적 이전소득을 받고 있다면 제공자는 더 많은 사적 이전소득을 제공하려는 유인이 생긴다. 이는 공적 이전소득이 증가한다면 당사자의 소득이 증가한다는 것을 의미하여, 사적 이전소득을 제공하는 사람으로서 미래에 보상받을 가능성이 더욱 커진다고 판단을 하게 되기 때문이다. 결국 사적 이전소득을 제공하는 동기가 무엇인가를 파악하는 것은 공적 이전소득을 제공하는 다양한 사회안전망 프로그램의 정책효과를 파악할 때 매우 중요한 시사점을 제시한다.

10.5.3 이전소득모형

사적 이전소득과 공적 이전소득과의 관계에 대한 이론적·실증적 모형으로 많이 인용되는 모형은 콕스(Cox, 1990)가 제시한 것이다. 2기 모형으로 부모(p)와 자식(k) 간 사적 이전소득이 거래되는 상황을 가정한다. 부모(p)는 자기 자신만이 아니라 자식(k)의 후생수준에 관심이 높다. 따라서 식 (10-1)에서와 같이 부모의 효용함수는 자신의 소비뿐만 아니라 자식의 소비수준에 의해서도 영향을 받는다.

$$U(C_{p1}, C_{p2}, C_{k1}, C_{k2}) = U_1(C_{p1}, V_1(C_{k1})) + \frac{U_2(C_{p2}, V_2(C_{k2}))}{1+\delta} \qquad (10-1)$$

U_t와 V_t는 t=1, 2시점에서 각각 부모와 자식의 효용함수이다. C_{pt}와 C_{kt}는 t시점에서 각각 부모와 자식의 소비수준을 나타내며, δ는 시간선호율이다. 효용함수는 소비수준에 대하여 증가하는 함수이고, 한계효용체감의 법칙이 성립한다고 가정한다. 그리고 자식의 효용(V_t)은 부모의 효용과 양(+)의 관계가 있어서 자식의 효용수준이 증가함에 따라 부모의 효용수준도 같이 증가한다.

반면에 자식의 효용함수는 자신의 소비수준에만 의존한다. 부모와 같은 시간선호율을 가정한 자식의 효용함수는 식 (10-2)와 같다.

$$V(C_{k1}, C_{k2}) = V_1(C_{k1}) + \frac{V_2(C_{k2})}{1+\delta} \qquad (10-2)$$

부모와 자식이 직면한 예산제약조건은 자식이 직면하게 되는 유동성제약을 고려하여 다르게 가정한다. 먼저 부모는 충분한 소득을 취득하고 있어서 유동성제약에 직면하고 있지 않는다고 가정한다. 따라서 부모는 일반적인 일생주기·항상소득가설에 의하여 소비안정성을 유지할 수 있다. 이 경우 부모가 직면한 예산제약조건은 식 (10-3)과 같다.

$$C_{p1} + \frac{C_{p2}}{1+r} + T_1 + \frac{T_2}{1+r} = Y_{p1} + \frac{Y_{p2}}{1+r} \tag{10-3}$$

Y_{pt}는 t기 부모의 소득수준, T_t는 t시점에서 부모가 자식에게 지급하는 이전소득이고, r은 이자율이다. 소비보다 소득이 높은 부모는 여유자금 일부를 자식에게 이전소득으로 지급한다. 즉, 부모는 자식에게 1기에 T_1만큼 지급하고 2기에는 T_2만큼 지급한다. 이를 모두 고려하여 보면 식 (10-3)의 좌변은 부모가 2기에 걸쳐 지출하는 총지출의 현재가치이다. 즉, 부모가 자신의 소비를 위해 지출하는 총소비지출의 현재가치와 자식에게 지급한 총 사적 이전소득의 현재가치 합이다. 식 (10-3)의 우변은 부모가 2기에 걸쳐 벌어들이는 총소득의 현재가치 합이다. 따라서 식 (10-3)은 부모입장에서 총소비지출의 현재가치 합과 총소득의 현재가치 합이 일치하여 일생주기·항상소득가설에 의한 소비안정성을 만족하고 있다.

반면, 자식은 유동성제약에 직면하고 있어서 현재시점에서 소비하고자 하는 액수가 자신이 벌어들이는 소득에 비해 크다. 자식은 부족한 소득을 신용기관으로부터 대출 등을 통해 충당할 수 없는 경우에 부모로부터 받은 사적 이전소득에 의존하게 된다. 이러한 상황에서 자식의 예산제약조건은 식 (10-4)와 같다.[10]

$$C_{k1} = Y_{k1} + T_1, \quad C_{k2} = Y_{k2} + T_2 \tag{10-4}$$

Y_{kt}는 t시점에서 자식의 소득수준이다. 자식입장에서 1기의 전체소비는 자신의 소득과 부모로부터 받은 이전소득의 합과 같고, 2기도 같다. 부모로부터 받은 T_1과 T_2의 이전소득은 자식에게 추가적인 소득이다. 식 (10-1)~(10-4)에 의해 주어진 모형을 이용하여 부모가 자식에 사적 이전소득을 주는 경우 동기가 무엇이냐에 따라서 공적 이전소득의 효과가 다르게 나

10 유동성제약에 직면한 자식의 현재소비는 현재소득에 의해서만 결정되고, 미래소득에 의해서 영향을 받지 않는다. 이는 소득과 소비의 격차가 발생할 때 저축이나 대출을 할 수 없는 상황을 의미하는 것으로 일반적인 케인즈형 소비함수가 가정하는 상황과 같다.

타난다.

먼저 부모는 유동성제약에 직면하지 않기 때문에 식 (10-1)과 식 (10-3)에 의한 효용극대화를 하면, 식 (10-5)의 오일러 조건이 성립하여 소비안정성을 이루게 된다.

$$\frac{\partial U_1(C_{p1},\ V(C_{k1}))}{\partial C_{p1}} = \frac{1+r}{1+\delta}\frac{\partial U_2(C_{p2},\ V_2(C_{k2}))}{\partial C_{p2}} \qquad (10-5)$$

식 (10-5)는 효용함수의 극대화 조건으로 1기와 2기의 소비의 한계대체율과 두 기간의 상대가격인 이자율$(1+r)$이 일치한다.[11]

10.5.4 사적 이전소득 동기와 공적 이전소득 효과

유동성제약에 직면하지 않은 부모는 1기와 2기 소비를 고려한 효용극대화를 달성하게 된다. 그러나 자식은 유동성제약에 직면하고 있으므로 부모의 이전소득에 의해 소비안정화 달성 여부가 결정된다. 먼저 자식은 2기에 받은 소득을 갚더라도 유동성제약에 직면하지 않는다고 가정하자. 따라서 자식들은 부모로부터 사적 이전소득을 받아서 소비안정성을 달성하게 되면 오일러 방정식이 성립하게 된다. 이를 식 (10-6)으로 쓸 수 있다.

$$\frac{\partial V_1(C_{k1})}{\partial C_{k1}} = \frac{1+r}{1+\delta}\frac{\partial V_2(C_{k2})}{\partial C_{k2}} \qquad (10-6)$$

실질적인 사적 이전소득 동기와 공적 이전소득의 구축효과의 정도는 다음 두 단계를 거쳐서 검증된다. 먼저, 사적 이전소득을 제공할 것인가 아닌가의 의사결정을 하는 단계이고, 다음 단계로 얼마만큼을 제공할 것인가를 결정한다.

첫째 단계의 의사결정과정을 보자. 자식이 부모로부터 이전소득을 받기 이전에 1기 및 2기 한계효용의 차를 잠재변수(d)라고 하면 식 (10-7)과 같다.[12]

11 제9장의 식 (9-5)와 같다.

12 $T_{kt}=0,\ t=1,2$이므로 $C_{kt}=Y_{kt}$이 성립하게 되고, 따라서 소비의 한계효용은 소득의 한계효용과 일치한다.

$$d = \frac{\partial V_1(Y_{k1})}{\partial Y_{k1}} - \frac{1+r}{1+\delta}\frac{\partial V_2(Y_{k2})}{\partial Y_{k2}} \tag{10-7}$$

유동성제약에 직면하고 있지 않다면 d값이 0이 되어 식 (10-6)이 성립한다. 자식은 추가적인 소득 없이 최적소비를 통한 소비안정성을 달성할 수 있으므로 부모로부터 이전소득은 불필요하다. 그러나 현재소득의 한계효용이 미래소득의 한계효용 현재가치보다 크다면 d값이 양(+)이 된다. 이 경우에 소비증가가 이루어져야 한계효용체감의 법칙에 의하여 현재소득의 한계효용은 감소하여 d=0이 성립하게 되고 오일러 방정식이 성립한다. 따라서 d가 양(+)의 값이라면 현재 소비수준이 자신이 원하는 최적소비를 하지 못하고 있으므로 자식은 유동성제약에 직면하고 있음을 의미한다.

부모는 유동성제약에 직면한 자식에게 사적 이전소득을 제공하려고 한다. 자식 입장에서 이전소득에 의해 현재소득이 증가한다면 한계효용체감의 법칙에 의해 현재소비의 한계효용은 감소하여 $\partial d / \partial Y_{k1} < 0$이 성립하게 된다. 이러한 결정은 자식의 소득과도 연관된다. 즉, 자식의 현재소득 수준이 높을수록 현재소득의 한계효용이 감소하게 되므로 d값이 작아지고, 따라서 부모가 자식에게 주고자 하는 유인은 감소하게 된다. 반면에 자식의 미래소득이 증가한다고 가정하면 미래소득의 미래효용이 하락하여 반대로 d값이 증가하게 되고, 부모가 현재 시점에서 자식에게 이전하고자 하는 유인이 강하게 된다.

결국 사적 이전소득을 줄 것인가에 대한 부모의 의사결정은 이타주의나 이기적 교환주의의 동기와는 상관없이 현재 자식이 유동성제약에 직면해 있느냐는 문제와 연관되어 있다.

둘째 단계로 사적 이전소득을 얼마만큼 줄 것인가에 대한 결정이다. 먼저 이타적인 동기를 보자. 자식의 현재소득이 높을수록 부모 입장에서 자식의 유동성제약이 완화됐다고 생각하기 때문에 사적 이전소득을 줄이려는 경향이 있다. 그러나 부모가 자식의 미래소득이 증가할 것으로 생각한다고 하자. 부모는 자식의 현재소비에 비해 부족한 현재소득 금액이 많다고 생각하게 된다. 따라서 이타주의 동기에 의해 자식에 대한 이전소득 금액을 증가시킨다. 자식 입장에서 자신의 미래소득이 증가할 것으로 예상하면 현재소비를 증가시키려고 하기 때문이다. 즉, 현재소득이 일정할 때 자식이 처한 유동성제약 정도는 그만큼 증가하게 된다. 정리하면 부모의 이전소득 제공 여부는 자식의 현재소득과는 음(-), 미래소득과는 양(+)의 관계가 있다.

다음으로 이기적 교환동기에 의해 사적이전이 이루어지는 경우를 보자. 자식의 현재소득이 증가한다면 현재소비가 증가하여 현재소비의 한계효용은 감소한다. 이는 자식의 입장에서

표 10-7 사적 이전소득 동기와 소득과의 관계

	이타주의	교환주의
사적 이전 여부 결정		
현재소득(자식)	–	–
미래소득(자식)	+	+
사적 이전소득 금액		
현재소득(자식)	–	+
미래소득(자식)	+	+

보면 부모로부터 받는 이전소득이 주는 한계효용이 그만큼 낮아지게 되는 것을 의미한다. 따라서 자식입장에서 미래에 갚을 같은 수준의 상환금액에 대하여 부모로부터 받고자 하는 이전소득 요구금액은 그만큼 더 높아지게 된다. 부모 입장에서도 자식의 현재소득이 증가하면 자식이 미래에 갚을 여력이 향상한다고 생각하여 자식에게 더 많은 이전소득을 제공한다. 결국 자식의 현재소득이 높을수록 교환동기에서 부모로부터 받고자 하는 이전소득 금액은 증가하게 된다. 그러나 자식의 미래소득이 증가할 것으로 판단하는 경우는 앞에서 이타주의 동기의 경우와 같이 된다. 부모는 자식의 미래소득이 높을수록 현재 이전소득에 대해 자식이 미래에 갚을 여력이 높아질 것으로 판단하여 부모의 현재 이전소득 금액을 증가시키게 된다.[13]

두 단계의 과정을 정리하면 〈표 10-7〉과 같다. 사적 이전소득을 줄 것인가의 의사결정은 동기와 상관없이 현재소득과는 음(-)의 관계를 갖고, 미래소득과는 양(+)의 관계를 갖는다. 반면에 이전소득에 대한 의사결정을 한 이후 얼마만큼 금액을 줄 것인가는 동기에 따라 다르다. 이타주의 동기의 경우 현재소득과는 음(-)의 관계를 갖고 이기적 동기의 경우 양(+)의 관계를 갖는다. 그렇지만 미래소득과는 두 동기가 모두 양(+)의 관계를 갖는다.

10.5.5 주요 실증분석 결과

사적 이전소득의 동기와 공적 이전소득으로 발생하는 구축효과 여부 및 크기에 대한 기존 연구결과는 복합적으로 나타난다. 주요 연구결과를 정리하면 〈표 10-8〉과 같다.

이전소득에 관한 초기 연구가 많은 미국은 연구자에 따라 결과가 다양하게 나타난다. 예

13 자식의 미래소득이 증가할 것으로판단하면 부모는 자식이 현재 이전소득을 받아도 미래에 갚을 여력이 높아질 것으로 판단한다. 따라서 부모의 이전소득은 증가하게 된다.

를 들면, 1930년대 공적 이전소득정책이 시행되면서 그 이전에 있었던 사적인 자선금(charity)이 거의 사라지는 구축효과가 있었다. 그러나 1980년대 연구에서는 공적 이전소득이 사적 이전소득을 감소시키는 구축효과가 나타났지만, 그 정도가 크지는 않은 것으로 드러난다. 그러나 필리핀이나 페루에 관한 연구를 보면 공적 이전소득에 의해 사적 이전소득에 의한 구축효과가 상대적으로 크게 나타나고 있다. 특히 페루에 관한 연구를 보면 공적 이전소득이 없다면 사적 이전소득이 20% 정도는 증가할 것으로 보고 있다.

그 외에 아시아권 국가들에 대한 연구결과를 보면 한국과 네팔의 경우 사적 이전소득의 동기는 모두 이타주의가 강한 것으로 나타났다. 이러한 결과는 공적 이전소득의 구축효과가 크게 나타날 수 있음을 의미하는 것으로 사회안전망정책을 실시할 때 이러한 점을 유의해야 한다. 그 외에 최근의 주요 연구들을 정리한 논문으로 Ongudi et al.(2023)이 있다.

표 10-8 공적 이전소득의 구축효과에 대한 주요 연구결과

연구자	연구대상	주요 연구결과
Lampman and Smeeding (1983)	미국	구축효과가 나타나지만, 그 정도는 매우 완만함
Roberts(1984)	미국	빈곤층에 제공되는 사적인 자선금은 이들에 대한 연방정부 차원의 대규모 지원이 시작되면서 거의 사라짐
Rosenzweig and Wolpin (1994)	미국	부양가족부조(AFDC) 증가는 이 혜택을 받는 여성들에 대한 부모의 지원을 감소시킴
Cox and Jakubson(1995)	미국	구축효과는 나타나지만, 이 정도는 매우 작음
Shoeni(1992)	미국	실업보험이 1달러 증가하면 사적이전은 30센트 정도 감소함
Cox and Jimenez(1992)	페루	가구 간 사적이전은 만약 사회보장정책이 없다면 약 20% 정도 증가할 것임
Cox and Jimenez(1995)	필리핀	실업보험이 실시된다면 구축효과에 의하여 달성하고자 하는 목적 달성이 어렵고 연금의 구축효과는 크지 않음
Jensen(2003)	남아프리카공화국	정부의 노령연금제도의 구축효과가 나타남
Kang(2003)	네팔	사적 이전소득은 이타주의적 동기가 강하고, 공적 이전소득의 구축효과가 나타남
Kang and Sawada (2003, 2005, 2009)	한국	
Reil-Held(2006)	독일	노령층이 받는 공적 이전소득은 사적 이전소득의 구축효과가 나타남
Ongudi et al(2023)	케냐	케냐에서 기안안전망 프로그램(Hunger Safety Net Program) 도입으로 사전 이전소득 감소를 보임

출처: Reil-Held(2006), Kang and Sawada(2009) 및 Nikolov and Bonci (2020)를 참조하여 정리.

10.6 한국의 안전망 제도

〈표 10-9〉는 한국의 사회적 및 사적 안전망 제도 현황을 정리한 것이다.

1차 안전망은 전 국민을 대상으로 개인이 처할 수 있는 건강, 실업, 재해 등과 같은 다양한 위험에 직면하는 경우 정부재정을 통하여 국민을 보호하고자 하는 제도로 사회보험(social insurance)이라고도 한다. 한국에는 모든 국민이 가입해야 하는 5대 보험제도(국민연금, 건강보험, 고용보험, 산업재해보상보험, 노인 장기 요양보험)가 시행되고 있다.[14] 5대 보험제도의 보험료는 개인과 정부(혹은 기업)가 공동으로 부담하고, 보험료 산정은 개인소득을 고려하여 분담하도록 함으로써 소득재분배 기능까지 고려한다.[15] 대표적으로 국민연금과 건강보험을 설명하면 다음과 같다.

국민연금은 가입자, 사용자 및 국가가 지급하는 일정액의 보험료로 재원을 마련하여 가입

표 10-9 한국의 안전망 구조

	사회적 안전망			사적 안전망
	1차	2차	3차	
사망				사망보험
노령	국민연금(노령연금, 장애연금, 유족연금)	기초노령연금		퇴직·개인연금
건강·장애	국민건강보험 노인장기요양보험	의료급여		사망보험 건강보험
산재·상해	산업재해보상보험			
실업	고용(실업)보험	국민기초생활보장		
출산·육아				
자연재해	국가재보험		긴급복지지원	자동차보험 일반손해보험

출처: 진익 외(2013), p.19, [그림 II-2]을 수정·보완한 것임.

14 국민연금은 전 국민이 가입하는 것은 아니고 별도로 직업에 따라 가입하는 사학연금(사립학교 교직원), 공무원연금 및 군인연금이 별도로 있다. 국민연금은 사업장 가입자와 비사업장 가입자로 나눌 수 있는데, 비사업장 가입자는 국민연금 지역가입자가 된다.

15 1차 사회적 안전망의 소개 및 구체적인 내용에 대하여 국민연금공단 홈페이지(www.nps.or.kr, 검색일: 2017.01.05.) 참조.

자에게 다양한 급여를 제공한다. 1988년에 10인 이상 사업장에서 근무하는 근로자를 대상으로 시작한 이후 단계적으로 확대되어 현재는 전 국민을 대상으로 실시되고 있다. 국민연금에는 노령연금, 장애연금, 유족연금이 포함된다. 노령연금은 국민연금에 10년 이상 가입하고 보험료를 납부한 사람 중 일정소득 이하의 만 65세 이상인 사람에게 지급된다. 장애연금은 가입 중에 발생한 질병이나 부상으로 완치 후에도 장애가 남았을 경우, 장애정도에 따라 지급된다. 유족연금은 국민연금에 가입하고 있거나 노령연금 및 장애연금을 받고 있던 사람이 사망하면 유족에게 지급된다.

건강보험은 질병이나 부상으로 인해 발생한 의료비에 대하여 개인이 부담하는 보험료를 제공하는 제도로 전 국민이 의무적으로 가입하게 되어 있다. 1977년 500인 이상 사업장 근로자를 대상으로 처음 시행되었다. 그 이후 점차 확대되어 1989년 도시 자영업자를 대상으로 실시되면서 전 국민 대상이 되었다.[16] 보험료는 개인의 소득수준 등을 고려하여 부담능력에 따라 차등적으로 부과된다.

2차 안전망은 일정한 기준에 의해 구분되는 저소득층 최저생활을 보장하기 위한 것으로 국민기초생활보장제도, 의료급여 및 기초노령연금 등이다. 이를 공공부조(public assistance)라고도 부른다.[17] 보험료 부담은 국가나 지방자치단체가 전액 부담한다. 2차 안전망은 1961년 제정된 「생활보호법」에서 시작된 이후 2000년 개편되어 시행되고 있는 국민기초생활보장제도가 대표적이다. 기초생활수급자로 선정되면 현금에 의한 생계급여 외에 의료와 주거, 교육 등 다양한 급여를 지원받을 수 있다. 선정 기준은 가구의 소득평가액과 재산의 소득환산액을 합산한 소득인정액이 최저생계비 이하이고, 부양의무자(1촌의 직계혈족 및 그 배우자)가 없거나, 부양의무자가 있어도 부양능력이 없거나 부양을 받을 수 없는 자이어야 한다.

3차 사회적 안전망은 「긴급복지지원법」으로 저소득층과 차상위계층 등 취약계층이 갑작스러운 위기상황에 처했을 때 신속히 지원하는 제도이다. 이 법에서 인정하는 여러 가지 위기 사유는 ① 주 소득자의 사망, 가출, 구금시설 수용 등, ② 중한 질병 또는 부상, ③ 가구 구성원으로부터 가정폭력 또는 성폭력, ④ 가구 구성원으로부터의 방임, 유기, 학대, ⑤ 화재 등으로 주거 곤란, ⑥ 기타 실직, 휴·폐업, 출소, 초기 노숙 등이 있다(「긴급복지지원법」 제2조).

이 외에도 1차, 2차, 3차 안전망에서 누락된 개인을 보호하기 위한 사회서비스(social

16 자세한 내용은 국민건강보험 홈페이지(www.nhis.or.kr, 검색일: 2017.01.05.) 참조.

17 공공부조란 공적부조(public assistance) 혹은 사회부조(social assistance)라고도 불린다. 국가 및 지방자치단체가 생활 유지능력이 없거나 사회보험료를 낼 수 없을 정도로 생활이 어려운 국민의 최저생활을 보장하고 자립을 지원하는 제도이다.

services)도 존재한다.[18] 사적 안전망은 민간부문에서 개인이 납부한 보험료에 비례해서 혜택을 받는 것으로 사회보험에 대비하여 민간보험(private insurance)이라고 불린다. 대표적인 것이 사망보험, 퇴직·개인연금, 자동차보험 등이 있다. 그 이외에 개인 간 혹은 가족 간 주고받는 사적 이전소득도 또 다른 대표적인 사적 안전망이다.

18 사회서비스는 개인이나 사회 전체가 삶의 질 향상이나 복지증진을 위하여 필요한 서비스이지만 저수익으로 민간이 제공하지 못하고 국가·지방자치단체·비영리기관 등이 제공하는 복지서비스이다. 사회서비스는 국가·지방자치단체 및 민간부문의 도움이 필요한 모든 국민에게 복지, 보건의료, 교육, 고용, 주거, 문화, 환경 등의 분야로 나누어져 있다(「사회보장기본법」 제3조 제4호).

연습문제

10.1 소비안정성과 소득안정성의 차이를 설명하고, 개발도상국은 선진국보다 소득안정성이 보장되지 않는 경우가 많은 이유를 논의하시오.

10.2 사적 및 사회적 안전망은 각 경제주체가 직면할 수 있는 위험에 대비하고 빈곤완화를 위한 소득재분배를 하는데 주요 목적을 두고 있다. 이를 선택적 복지에 의해 달성할 수 있다. 이러한 관계를 보편적 복지정책의 효과와 비교하여 논의하시오.

10.3 부모의 효용극대화 문제를 만들고 이를 풀어서 식 (10-5)를 유도하시오.

10.4 한국의 사회복지지출은 GDP 혹은 정부지출을 보면 다른 OECD 국가들보다 아주 낮다. 한국의 다양한 산업정책에 의한 지원이 사회복지정책과 어떻게 연계될 수 있는지를 논의하시오.

10.5 한국의 대표적인 공공부조 정책 중 하나인 국민기초생활보장제도가 2014년 12월 이후 최저생계비가 기준 중위소득에 의한 상대빈곤 개념으로 바뀌고, 통합급여가 아닌 개별급여방식으로 변경되었다. 다른 국가들의 유사한 제도에 비해서 어떻게 다른지를 검토하고, 이 제도의 개선방안에 대하여 논의하시오.

10.6 사회복지제도는 민간과 공공부문 중에서 어느 부문이 주도적으로 역할을 해야 하는 가에 따라 그 특성이 다르게 나타난다. 민간과 공공부문이 주도할 때 각각에 대한 장점과 단점에 대하여 논의하시오.

10.7 이전소득에 대한 실증분석결과를 보면 선진국일수록 공적 이전소득의 구축효과가 적은 경향이 있는데, 그 이유에 대하여 논의하시오.

10.8 사회안전망에서 공공부조와 사회보험 제도의 유사점과 차이점을 논의하고, 정부의 우선순위 정책을 어느 것으로 해야 하는지를 논의하시오.

10.9 베네수엘라와 스웨덴의 복지정책의 특성을 알아보고, 이 특성이 두 국가의 경제성과와 어떻게 연관되는지를 논의하시오.

10.10 사회복지체제를 크게 자유주의적 복지국가와 조합주의적 복지국가로 나누었을 때, 한국이 지향해야 할 복지국가의 유형이 무엇이고, 이 목적을 달성하기 위해 취해야 할 복지지출 및 재원 조달에 대한 정책조합에 대해 논의해보자.

참고문헌

강성진, 2020, 『라이브 경제학』, 매일경제신문사.

진익 · 오병국 · 이성은, 2013, 『사회안전망 체제 개편과 보험산업 역할』, 보험연구원 정책보고서 2013−4.

Becker, Gary, 1974, "A Theory of Social Interactions," *Journal of Political Economy*, 82(6), pp. 1063−93.

Bernheim, B. Douglas, Andrei Shleifer, and Laurence H. Summers, 1985, "The Strategic Bequest Motive," *Journal of Political Economy*, 93(4), pp.1045−1076.

Cox, Donald, 1990, "Intergenerational Transfers and Liquidity Constraints," *The Quarterly Journal of Economics*, 105(1), pp.187−215.

Cox, Donald, Emanuela Galasso and Emmanuel Jimenez, 2006, "Private Transfers in a Cross Section of Developing Countries," CRR WP 2006−1.

Frankenberg, Elizabeth, Duncan Thomas, and Kathleen Beegle, 1999, "The Real Costs of Indonesia's Economic Crisis: Preliminary Findings from the Indonesia Family Life Surveys," DRU−2064−NIA/NICHD, Santa Monica, CA: RAND.

Goh, Chor−ching, Sung Jin Kang and Yasuyuki Sawada, 2005, "How Did Korean Households Cope with Negative Shocks from the Financial Crisis?" *Journal of Asian Economics*, 16(2), pp.239−254.

Kang, Sung Jin and Yasuyuki Sawada, 2009, "Did Public Transfers Crowd Out Private Transfers in Korea during the Financial Crisis?" *Journal of Development Studies*, 45(2), pp.276−294.

Nikolov, Plamen and Matther Bonci, 2020, "Do Public Program Benefits Crowd Out Transfers in Developing Countries? A Critical Review of Recent Evidence," *World Development*, 134, 104967.

Ongudi, Silas, Djiby Thiam and Natascha, 2023, "Public Transfers and Crowding−in and -out of Private Transfers: Experimental Evidence from Kenya," *World Development Perspectives*, 31, 100524.

Reil−Held, Anette, 2006, "Crowding Out or Crowding In? Public and Private Transfers in Germany," *European Journal of Population*, 22(3), pp.263−280.

Rutherford, Stuart and Sukhwinder Singh Arora, 2009, *The Poor and their Money: Microfinance from a Twenty−First Century Consumer's Perspective*, Second Edition, Bourton on Dunsmore, Rugby, Warwickshire, UK: PRACTICAL ACTION Publishing.

Subbarao, Kalanidhi, Aniruddha Bonnerjee, Jeanine Braithwaite, Saniya Carvalho, Kene Ezemenari, Carol Graham, and Alan Thomson, 1997, *Safety Net Programs and Poverty Reduction: Lessons from Cross−Country Experience*, Washington, DC: World Bank.

[웹 사이트]
국민연금공단 홈페이지, www.nps.or.kr.
국민건강보험 홈페이지, www.nhis.or.kr.
보건복지부 홈페이지, http://www.korea.go.kr/silburaWrk/1352000.
국가법령정보센터, 「사회보장기본법」, http://www.law.go.kr/lsInfoP.do?lsiSeq=195197#0000.
국가법령정보센터, 「긴급복지지원법」, http://www.law.go.kr/lsInfoP.do?lsiSeq=129334#0000.

참고 10-1

사회복지 국가의 분류

복지국가(welfare state)의 사회복지제도는 협의의 개념인 빈곤층에 대한 지원에서 더 나아가 보편적 복지까지도 포함하는 매우 광범위한 개념이다. 사회복지제도의 구체적인 형태는 시대별, 국가별로 다양하게 나타나고 있으나, 국가와 민간의 역할 분담 정도에 따라 복지제도의 특성이 다르게 나타난다. 복지체계는 경제발전단계가 낮아 정부의 재정수입이 충분하지 않은 최빈국의 경우 사회적 복지보다는 민간의 자발적인 이전소득 형태로 나타나는 경향이 있다. 경제가 발전되면서 정부 재정수입이 증가하고 민간의 안전망 여력에 한계가 나타나면서 국가의 복지정책에 관한 관심과 연구가 활발해졌다.

사회복지체제를 민간과 시장의 상대적 역할을 기준으로 분류한 것으로 가장 많이 인용되는 것이 에스핑 앤더슨(Esping-Anderson, 1990)이 제시한 세 형태의 복지국가이다. 이를 정리한 것이 [참고 표 10-1]에 정리되어 있다. 그의 복지국가 분류 기준은 탈 상품화(de-commodification)와 사회계층화이다. 즉, 사람들이 과연 시장질서에 의존하지 않고 물품에 대한 소비행위를 할 수 있는가의 기준을 가지고 분류하였다. 주요 내용을 정리하면 다음과 같다.

첫째, 자유주의 복지국가(liberal welfare state)이다. 탈 상품화 정도가 가장 낮은 복지국가 체제로 정책 대상은 상대적으로 빈곤층과 저소득층에 집중된다. 미국과 호주 등 영미권 국가들이 주로 시행하는 복지체계는 자산기준지원(means-tested assistance), 적절한 보편적 이전(modest universal transfers), 적절한 사회보험 계획(modest social insurance plan)의 형태로 나타난다. 특히 자유주의 복지국가에서는 민간의 안전망 역할이 강화되어 국가는 민간복지체계(private welfare scheme)를 추가로 지원하기도 한다.

둘째, 조합주의 복지국가(corporatist welfare state)로 보수주의적 복지국가라고도 한다. 자유주의 복지국가보다는 탈 상품화가 덜 진전된 것으로 오스트리아와 독일 등 유럽 국가들이 많이 실시하는 정책이다. 시장의 효율성이나 상품화(commodification) 정도가 핵심 기준이 아니라, 지위의 차이(state differential), 즉 계급(class)이 가장 중요한 기준이 된다. 따라서 국가가 복지 제공자로서 시장을 대체하고자 하는 것으로 민간보험이나 직장에서의 부가수당(fringe benefit)은 최소화된다. 지위의 차이를 고려하는 것이 국가정책의 중심이 되어 복지정책의 재분배 효과는 크지 않은 편이다.

셋째, 사회 민주주의 복지국가(social democratic welfare state)는 탈 상품화 정도가 가장 높은 복지국가 형태이며 스칸디나비아 국가들이 많이 시행하고 있다. 보편주의적 원칙(principles of universalism)과 탈 상품화가 중산층까지 확대되는 것이다. 즉, 국가와 시장 혹은 노동자와 중산층을 구분하지 않고 모든 국민이 최소한이 아닌 높은 수준의 평등을 누리도록 하는 복지국가를 지향한다. 이 경우 복지정책의 재분배 효과는 상대적으로 약하게 된다.

참고 표 10-1 복지국가 분류 체계

분류	형태	주요 국가
자유주의	• 탈 상품화의 정도가 가장 낮음 • 민간부문의 복지체계를 수동적(최소보장) 혹은 능동적(민간복지 체계지원)으로 지원함 • 노동 대신 복지를 선택하지 않게 하는 범위 이내에서 복지정책 시행	미국, 캐나다, 호주
조합주의	• 시장효율성 혹은 탈 상품화보다 지위, 즉 권리의 차이를 먼저 고려함 • 교회의 전통에서 나온 정책으로 전통적 가족체계 유지(preservation of familyhood)가 중요 목적이어서 비노동력에게는 복지 지원이 인색함 • 소득재분배 효과 약함	오스트리아, 프랑스, 독일, 이탈리아
사회 민주주의	• 탈 상품화의 정도가 매우 높음 • 모든 계층이 최소한이 아닌 가장 높은 수준의 평등한 삶의 질 수준 유지가 목적임(보편성) • 시장의 복지체계기능을 대체함 • 조합주의의 가족체계에 의한 복지에 의존하지 않는 것으로 사회의 복지 부담이 높음	스칸디나비아 국가 (덴마크, 스웨덴)

출처: Esping-Anderson(1990, pp.9-34)에서 정리.

참고문헌

Esping−Andersen, Gøsta, 1990, *The Three Worlds of Welfare Capitalism*, Princeton, New Jersey: Princeton University Press.

참고 10-2

사적 이전소득 결정에 대한 실증분석 모형

앞에서 논의한 사적 이전소득의 의사결정에 대한 이론적 논의를 실질적인 자료를 가지고 검증하기 위해서 다음과 같은 추정모형을 이용한다.

먼저, 사적 이전소득을 제공할 것인가에 대한 1단계 의사결정은 t기에 개인 i에 대하여 잠재변수의 확률(stochastic) 모형으로 표현하면 식 (10A-1)과 같다.

$$d\_PRI_{it} = \alpha_1 + \alpha_2 Y_{it} + \alpha_3 PUB_{it} + X_{it}\beta + \epsilon_{it} \qquad (10A-1)$$

d_PRI_{it}는 t기의 개인 i의 사적 이전소득의 잠재변수이다. Y_{it}와 PUB_{it}는 각각 사적 및 공적 이전소득을 받기 이전의 소득과 공적 이전소득 액수를 의미한다. X_{it}는 사적 이전소득의 의사결정에 영향을 주는 기타 변수들이고, ϵ_{it}는 잔차항이다. $\alpha_j(j=1,2,3)$와 β는 각각 추정모수와 추정모수 벡터이다.

식 (10A-1)에서 종속변수는 양(+)의 값을 갖는 측정 가능한 잠재변수이다. 따라서 식 (10A-2)와 같이 두 개 변수를 정의하여 사적 이전소득 제공 여부에 대한 의사결정을 추정할 수 있다. 즉, PRI_{it}가 사적 이전소득 금액이라고 할 때, 식 (10A-2)에 의해 잠재변수 d_PRI_{it}를 정의한다.

$$PRI_{it}\text{이 양(+)이면 } d\_PRI_{it} = 1\text{이고, 그렇지 않으면 } d\_PRI_{it} = 0 \qquad (10A-2)$$

이타주의 혹은 이기적 교환주의에 상관없이 현재소득에 대한 추정계수(α_2)는 음(-)의 부호를 갖는다.

다음 단계로 의사결정을 한 이후 얼마를 줄 것인가에 대한 금액결정을 해야 하며, 추정식은 사적 이전소득이 양(+)인 개인에 대해서 식 (10A-3)과 같다.

$$PRI_{it} = \alpha_1 + \alpha_2 Y_{it} + \alpha_3 PUB_{it} + X_{it}\beta + \epsilon_{it} \qquad (10A-3)$$

식 (10A-3)의 추정결과에서 만약 α_2가 음(-)이라면 이타주의 동기임을 보여주는 것이고, 양(+)이라면 이기적인 교환동기에 의해서 사적 이전소득이 제공되는 것을 의미한다. 그리고 공적 이전소득(PUB_{it})에 대한 계수(α_3)가 음(-)이라면 공적 이전소득이 사적 이전소득을 구축한다.

식 (10A-1)과 (10A-3)에서 소득과 공적 이전소득 이외의 독립변수로는 가구주 여부, 연령, 교육수준, 가구원 수, 직업과 같이 가구의 주요한 특성들이 이용된다. 여기서 연령은 일생주기·항상소득가설의 의미에서 알 수 있듯이 자신의 일생에 걸쳐서 소비안정성을 달성하기 위해 이전소득이 결정되는 것이기 때문에 가장 중요한 독립변수 중 하나이다. 즉, 연령이 낮거나 은퇴 이후에는 개인들이 받는 사적 이전소득은 늘어나게 될 것이고, 그렇지 않은 연령에서는 적은 액수를 받을 것이다. 그 이외의 변수들은 사적 이전소득을 설명하는 가족 간 관계를 고려하는 것이다. 예를 들어, 가구원 수가 많은 경우에는 부양가족이 많다는 것을 의미하기 때문에 상대적으로 더 많은 사적 이전소득이 필요할 것이다. 여기서 현재소득 이외의 변수들은 이전소득을 받는 사람의 미래소득을 결정하는 변수들로 해석하면 이론적 모형의 결론과 일관성이 있게 된다.

참고문헌

Cox, Donald, 1987, "Motives for Private Income Transfers," *Journal of Political Economy*, 95(3), pp.508−546.

Kang, Sung Jin and Myounjae Lee, 2003, "Analysis of Private Transfers with Panel Fixed Effect Censored Model Estimator," *Economics Letters*, 80(2), pp.233−237.

Kang, Sung Jin and Yasuyuki Sawada, 2009, "Did Public Transfers Crowd Out Private Transfers in Korea during the Financial Crisis?" *Journal of Development Studies*, 45(2), pp.276−294.

개발도상국이 선진국에 비해가진 주요 특징은 농촌-도시, 농업-제조업, 그리고 전통부문-근대부문 사이에 구조적 차이가 있는 이중경제구조를 갖는다는 것이다. 제3, 4장에서 다룬 경제성장 모형은 국가 내 이러한 특성을 고려하지 않기 때문에 개발도상국의 특성을 반영하는 경제발전정책을 제시하기 어렵다.

본 장에서는 이중경제구조의 특성을 갖는 개발도상국의 경제발전과정을 근대화이론과 종속이론으로 나누어 설명한다. 먼저, 도시화 및 산업화 과정을 거쳐서 어떻게 경제발전을 이루는가를 설명하는 이중구조이론을 살펴본다. 다음으로 근대화이론에 대비되는 종속이론의 개발도상국 경제발전에 대한 시각을 소개한다. 마지막으로 근대화이론이나 종속이론에서 간과하고 있는 농촌 자체의 발전전략인 녹색혁명 및 통합적 농촌개발 모형을 소개한다.

제 11 장

근대화이론과 종속이론

제 11 장

근대화이론과 종속이론

11.1 근대화이론과 종속이론

국가별 경제발전 과정은 매우 다양한 형태로 나타난다. 개발도상국이 선진국과의 경제발전 격차를 좁혀가는 추격이 발생하거나 선진국의 경제발전 수준을 넘어서는 뛰어넘기도 발생한다. 그리고 각기 다른 국가가 유사한 수준의 경제발전 단계에서 출발하더라도 경제발전 수준의 격차가 더욱 벌어지는 경우도 발생한다. 이처럼 서로 다른 경제발전 과정에 대한 원인을 설명하기 위해 다양한 경제발전이론이 제기되었다. 이들 이론은 크게 근대화이론(modernization theory)과 종속이론(dependency theory)으로 나눌 수 있다.

근대화이론은 베버(M. Weber)가 주장하여 파슨(T. Parsons)이 체계화한 것으로 알려져 있다. 그들이 제시하는 근대화란 농업부문(전통사회, 비공식부문)이 제조업부문(근대사회, 공식부문)으로 이전되는 것을 의미한다. 경제발전이론에서는 이러한 변화 과정을 세계화(globalization), 도시화, 산업화의 개념으로 설명하여, 근대사회로 전환이 산업사회로 전환과 같다고 본다. 물론 근대화는 단순히 1인당 소득의 증가만을 의미하는 것이 아니라 민주주의와 같은 제도 변화, 사회통합과 같은 사회·문화적 발전까지 포함하는 광범위한 개념이다.[1]

1 립셋(S. M. Lipset)은 근대화이론에 기반하여 경제발전이 이루어진다면 민주주의가 더욱 발달할 수 있다고 주장하였다.

근대화이론에 의하면 전통부문 중심의 개발도상국도 선진국이 발전해 온 경로와 같은 과정을 통하여 경제·사회체제를 선진국형으로 전환하면 경제발전을 자동적으로 이룰 수 있다. 개발도상국이 선진국이 경험한 근대화 과정, 즉 도시화 및 산업화 과정을 따라간다면 선진국과 같은 발전을 이룩할 수 있는 것이다. 앞에서 논의한 로스토우의 경제발전 단계설 그리고 본 장에서 논의하는 르위스-라니스-페이 모형, 해리스-토다로 모형 등은 이러한 근대화이론의 시각에서 경제발전 과정을 논의한 것이다.

종속이론(dependency theory)은 경제발전 과정에 대한 근대화이론의 해석 방식에 대한 반발로 제기된 것으로 수백 년 동안 선진국들의 식민지 지배를 받아온 개발도상국들의 입장을 반영한다. 이는 제2차 세계대전이 끝난 이후 과거 제국주의 국가들을 중심으로 한 선진국과 이들의 식민지 대상 국가들이었던 개발도상국 간 경제발전 과정에 대한 것이다. 선진국의 개발도상국에 대한 식민지 시기가 지났음에도 불구하고, 여전히 개발도상국은 선진국의 경제적 종속관계에서 벗어나지 못하고 있다는 시각에서 시작되었다. 즉, 개발도상국은 비록 정치적 독립을 달성하였을지라도 경제적 종속관계는 지속되고 있어서 선진국으로의 경제발전이 달성되기 어렵다는 주장이다.

11.2 이경제구조와 도시화

개발도상국은 이중경제(dual economy)구조의 특성이 강하게 나타난다는 점에서 선진국과 차이가 있다. 개발도상국에서 나타나는 전형적인 이중경제구조는 다음과 같다.

첫째, 도시와 농촌 간 구조적 차이에 의해 발생하는 지역 간 격차이다. 농촌 지역보다 도시 지역 생산성과 임금이 상대적으로 더 높아서 농촌 지역 노동력이 도시 지역으로 이동하면서 산업화가 진행된다.

둘째, 생산 측면에서 전통부문(traditional sector)과 근대부문(modern sector) 간 발전 속도의 격차가 발생한다. 전통부문이란 일반적으로 주로 농업부문을 의미하고, 근대부문이란 주로 제조업부문을 의미한다.

셋째, 다른 형태의 이중경제는 기술적인 측면의 이중구조이다. 농업이나 농촌에서는 전통재화 생산에 적합한 전통적 기술을 많이 사용하며 제조업이나 도시에서는 좀 더 발전되고 부가가치가 높은 재화를 생산하기 위해 근대기술을 많이 사용한다. 마지막으로 수요측면에서 보면 농촌 지역에 주로 존재하는 전통적 물품에 대한 소비 형태와 도시를 중심으로 근대적 물품에 대한 소비 형태로 나눌 수 있다.

이중경제이론에 의하면 산업화 과정을 통한 경제발전은 농촌 지역보다 도시 지역 비중이 증가하는 도시화(urbanization) 과정과 같다. 농촌 지역은 제조업보다 상대적으로 농업이 더 발달한 지역으로 전통부문(traditional sector)이라고도 한다. 도시 지역은 농업보다는 상대적으로 제조업이 발달한 지역으로 근대부문(modern sector)이라고 한다. 따라서 산업화 과정을 거치면서 농업보다 제조업 비중이 증가하여 도시화가 진전된다. 결국 경제발전은 농촌-도시,

표 11-1 주요국의 도시화율 및 농업 비중

	도시화율		농업 비중(%) (2023)	
	1960	2024	부가가치/GDP	고용/총고용
선진국				
미국	70.0	83.5	1.0	1.6
영국	78.4	84.9	0.6	1.0
일본	63.3	92.1	0.9	3.0
스웨덴	72.5	89.0	1.0	1.8
독일	71.4	77.9	0.8	1.2
NICs				
한국	27.7	81.5	1.6	5.3
싱가포르	100.0	100.0	0.0	0.1
홍콩	85.2	100.0	0.0	0.2
BRICs				
중국	16.2	65.5	6.9	22.3
인도	17.9	36.9	16.2	43.5
기타				
필리핀	30.3	48.6	9.4	22.4
아르헨티나	73.6	92.6	5.9	0.6
탄자니아	5.2	38.1	23.7	65.4
나이지리아	15.4	55.0	22.7	34.3
전 세계	33.7	57.7	4.1	26.1

주: 1) 도시화는 총인구 중 도시에 거주하는 인구의 비율로 각 국가 통계기관이 작성한 것임. 2) 농업 비중은 두 변수가 동시에 존재하는 가장 최근 연도 자료를 사용하였음.

출처: World Bank, WDI(검색일: 2025.11.14).

농업-제조업, 그리고 전통부문-근대부문이라는 이중구조가 상호 작용하여 도시 제조업 및 근대부문 비중이 증가하는 과정을 거치는 것이다.

〈표 11-1〉은 주요국의 도시화율을 1960년과 2024년을 기준으로 비교한 것이다. 그리고 농업부문에서 GDP에 대한 농업의 부가가치 비중과 총고용에 대한 농업부문 고용자의 비중을 주요 국가별로 비교하였다.

도시국가인 싱가포르와 홍콩을 제외하면 1인당 GDP가 높은 국가일수록 도시화율이 높다. 산업화가 진전되어 경제발전이 이루어짐에 따라 총인구 중 도시에 사는 인구 비중이 높아지는 것을 알 수 있다. 대부분의 선진국은 2024년 기준으로 80% 이상 인구가 도시에 살고 있다. 미국은 1960년과 2024년 사이에 도시화율이 70.0%에서 83.5%로 증가하였지만, 이미 1960년에 높은 도시화율을 유지하고 있었다. 개발도상국을 보면 2024년 국가 대부분이 50% 이하의 도시화율을 보여주고 있다. 한국은 2024년 81.5%로 선진국 수준의 도시화율을 보여주고 있는데, 1960년 27.7%에 비하면 도시인구 비중이 비약적으로 증가하였다.

다음으로 농업부문과 제조업부문의 부가가치 및 고용 비중이다.[2] GDP에서 농업의 부가가치 비중과 총고용자에서 농업부문 고용자를 비교하여 잉여노동력 존재 여부를 간접적으로 측정할 수 있다. 2023년 일본은 농업의 부가가치 비중이 0.9%지만 농업부문에 대한 고용자

표 11-2 도시와 농촌 지역의 인프라 비교

		2000	2010	2020	2022
전기에 대한 접근 (접근 가능 인구 비중, %)	도시	94.8	95.9	97.3	97.6
	농촌	66.4	72.8	82.8	83.9
개선된 위생시설 (접근 가능 인구 비중, %)	도시	49.5	55.3	64.1	64.8
	농촌	17.4	28.4	43.0	45.9
개선된 식수원 접근 (접근 가능 인구 비중, %)	도시	80.5	79.7	81.2	81.1
	농촌	43.7	51.3	60.9	62.2
개방형 화장실 이용 (인구 비중, %)	도시	5.0	3.2	1.2	0.8
	농촌	36.8	26.1	13.8	11.3
인구 비중 (총인구 대비, %)	도시	46.6	51.5	56.0	56.8
	농촌	53.4	48.5	44.0	43.2

출처: World Bank, WDI(검색일: 2025.11.14).

2 부가가치 비중과 고용 비중을 비교하는 것은 해당 부문의 생산성을 비교하는 것과 같다.

비중은 3.0%로 높은 비율을 유지하고 있다. 한국도 농업부문 고용 비중이 부가가치 비중보다 상대적으로 높아서 2023년 부가가치 비중이 1.6%, 고용 비중은 5.3%였다. 인도, 필리핀, 나이지리아 등 개발도상국에서 농업에 대한 고용 비중이 부가가치 비중보다 상대적으로 높으나 다른 국가들은 반대로 나타난다. 아르헨티나는 2023년 기준으로 농업의 고용 비중은 0.6%였으나 부가가치 비중은 5.9%로 오히려 높게 나타나고 있다.

〈표 11-2〉는 세계은행이 인프라에 대해 도시와 농촌을 구분하여 발표한 자료를 정리한 것이다. 전기, 위생시설 등 보건 관련 지표를 보면 도시 및 농촌 모두가 향상되는 것으로 나타나 보건 문제는 점진적으로 개선되고 있음을 알 수 있다. 도시와 농촌 간 격차는 여전히 지속되지만, 점차 좁혀지고 있다.

전기부문을 보면 도시 지역은 2000년과 2022년 지역 인구의 94.8%와 97.6%가 접근 가능한 것으로 나타났다. 반면에 같은 기간에 농촌 지역에서는 66.4%와 83.9%로 개선은 되고 있지만, 여전히 도시 지역보다 뒤떨어져 있다. 개선된 위생시설에 대한 사용 비중은 도시 지역은 2000년 49.5%에서 2022년 64.8%로 개선되었다. 반면에 농촌 지역은 같은 기간에 도시보다 떨어지지만 17.4%에서 45.9%로 증가하였다.

개선된 식수원 접근 비율도 도시 및 농촌 지역이 모두 증가하였다. 2022년 도시 지역은 인구 중 81.1%가 개선된 식수원에 접근 가능하였지만, 농촌 지역은 62.2%에 그치고 있다. 개방형 화장실 이용 비중은 2000년 도시 지역이 5.0%였으나, 농촌 지역은 36.8%에 이르고 있다. 이후 2022년 도시 지역은 0.8%로 개방형 화장실 이용 비중이 하락하였지만, 농촌 지역의 11.3%는 여전히 사용하고 있다.[3] 2022년 기준 도시와 농촌 인구 비중은 각각 56.8%와 43.2%이다.

3 개방형 화장실을 이용한다는 것은 가정에 자체적인 화장실 이용이 상대적으로 어려운 상황에 있다는 것을 의미한다.

11.3 르위스-라니스-페이 이중경제 모형

11.3.1 모형

개발도상국 경제는 완전고용, 경제주체의 합리적 의사결정, 가격의 신축성과 같은 특성을 갖는 선진국형 경제와 상황이 매우 다르다. 오히려 농촌 노동력의 과잉공급, 도시와 농촌 간 임금 격차 존재 그리고 농촌에서 도시로 이주한 노동자들의 실업 등 농촌과 도시 간 격차가 나타나는 이중경제구조가 형성되고 있는 것이 개도국들이 직면한 현실이다.

루위스(Lewis, 1954)는 이러한 개발도상국의 현실을 이중경제 모형(dual sector model)을 이용하여 농업(농촌)과 제조업(도시) 간 임금 격차가 발생하고, 농촌부문에 실업이 존재하는 경제 현상을 설명하였다. 르위스 주장을 라니스와 페이(Ranis and Fei, 1961)가 확장하고 발전시켰는데, 이를 르위스-라니스-페이(Lewis-Ranis-Fei) 이중경제 모형이라고 한다. 모형에서의 기본 가정은 다음과 같다.

먼저, 2개 부문, 즉 농촌에는 전통부문(농업)이 도시에는 근대부문(제조업)이 존재한다. 둘째, 농촌에 잉여노동력이 존재하여 제조업에 대한 노동공급 여력은 충분하다. 르위스는 농촌에 잉여노동력이 존재하는 이유는 여성노동력이 많고 인구증가율이 상대적으로 높기 때문이라고 보았다. 셋째, 노동력은 더 높은 임금을 제시하는 제조업으로 이동하려 한다. 넷째, 제조업 임금은 노동조합에 의해 고정되어 있다. 다섯째, 제조업을 하는 기업가는 고정된 임금수준 이상의 가격을 책정하여 이윤을 얻는다. 여섯째, 이윤은 고정자본(fixed capital) 형태로 재투자된다.

[그림 11-1]과 [그림 11-2]를 가지고 이중경제 모형을 설명해보자.

[그림 11-1]에서 수평축은 농업에 대한 노동투입량이고, 수직축은 농업 생산량이다. O_AEDC는 농업부문의 생산함수를 나타내는데, $O_A\overline{L_A}$ 노동이 투입된다면 $\overline{L_A}C$만큼의 농업 생산량이 산출된다. 생산함수에서 O_AED 부분은 수확체감의 법칙이 적용되어 원점에 대하여 오목한(concave) 생산함수 형태를 보이지만, DC 부분은 노동의 한계생산성이 0이어서 수평이다. 한계생산성이 0이라는 것은 OL_A^0 이상으로 노동투입이 이루어지더라도 추가적인 농업생산에는 영향이 없어서 노동력이 과잉(redundant) 투입되었음을 의미한다.

$O_A\overline{L_A}$만큼의 노동투입으로 발생한 생산($\overline{L_A}C$)이 모두 노동자들에 의해 소비되는 경우 이들 노동자가 받는 실질임금은 $\overline{W_A}=\overline{L_A}C/O_A\overline{L_A}$가 된다. 이는 O_AC의 기울기, 즉 노동의

그림 11-1 잉여노동력을 포함하는 생산함수

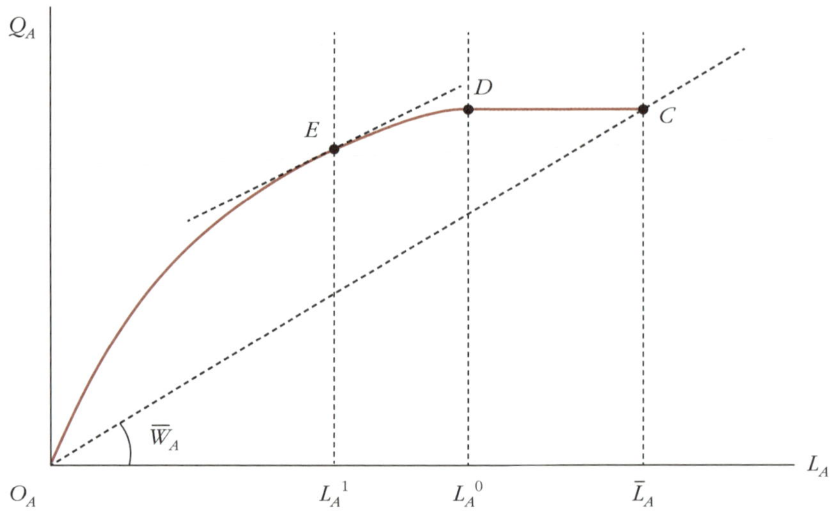

평균 생산성이 된다. 만약 경쟁적 노동시장이라면 한계생산성과 임금이 같아지기 때문에 노동자가 받는 실질임금은 0이 된다. 그러나 잉여노동력이 있는 농촌 지역은 한계생산성에 의해 임금이 정해지는 것이 아니라 모두 고용된 이후 총소득을 일정하게 나누어 임금을 받는 소득분할(income sharing), 즉 평균생산에 의해 임금이 결정된다. 평균임금을 지급한다는 것은 노동생산에 투입되는 노동자들이 생산된 재화의 수입을 모두 같이 나누어 갖는다는 것을 의미한다. 라니스와 페이는 이를 외생적으로 주어졌다고 해서 제도적 임금(institutional wage)이라고 불렀다.

르위스-라니스-페이 모형은 위의 생산함수를 이용하여 노동이 이동하는 과정을 3단계로 구분해서 농업과 제조업 간 노동이동에 의한 경제발전이 이루어지는 과정을 설명한다.

제1단계는 분할점(breakout point)이라고 부르는 C점에서 시작하는 DC 구간이다. 여기서 노동 한계생산성은 0이어서 생산함수가 수평이다. $\overline{L_A} L_A^0$ 는 농업에 과잉 투입된 잉여노동력(surplus of labor)이다.

제2단계는 노동의 한계생산성은 양(+)의 값을 갖지만, 한계생산성이 제도적 임금보다는 낮은 구간이다. 노동투입이 $O_A L_A^0$ 와 $O_A L_A^1$ 사이에 이루어지는 ED 구간이다. 제2단계가 시작되는 시점인 D를 부족점(shortage point)이라고 부른다.[4] 이는 노동력이 제조업으로 이동함에

4 Lewis는 전환점(turning point)이라고 불렀다. 농촌의 노동력이 풍부한 상태에서는 임금 상승이 없이 도시로 이동한 노

따라 한계생산성이 양(+)의 값으로 전환되는 시점이다. 제도적 임금을 생산함수에서 보면 E점까지 적용되는데, E점에서의 기울기인 한계생산성은 C점에서의 노동 평균생산성 수준인 $\overline{W_A}$와 일치한다. 1단계와 2단계에서의 노동규모인 $\overline{L_A}L_A^1$을 위장실업(disguised unemployment)이라고 한다. 이는 $O_A\overline{L_A}$의 노동을 투입할 때 나타나는 평균생산성보다 낮은 한계생산성을 보여 주는 노동투입에 해당하는 노동자 규모이다.

마지막으로 제3단계는 노동의 한계생산성이 제도적 임금보다 높은 구간이다. 상업화 지점(commercialization point)이라고 부르는 E점에서 시작해서 노동투입이 $O_AL_A^1$ 구간에서 이

그림 11-2 농업과 제조업의 노동 공급 및 수요함수

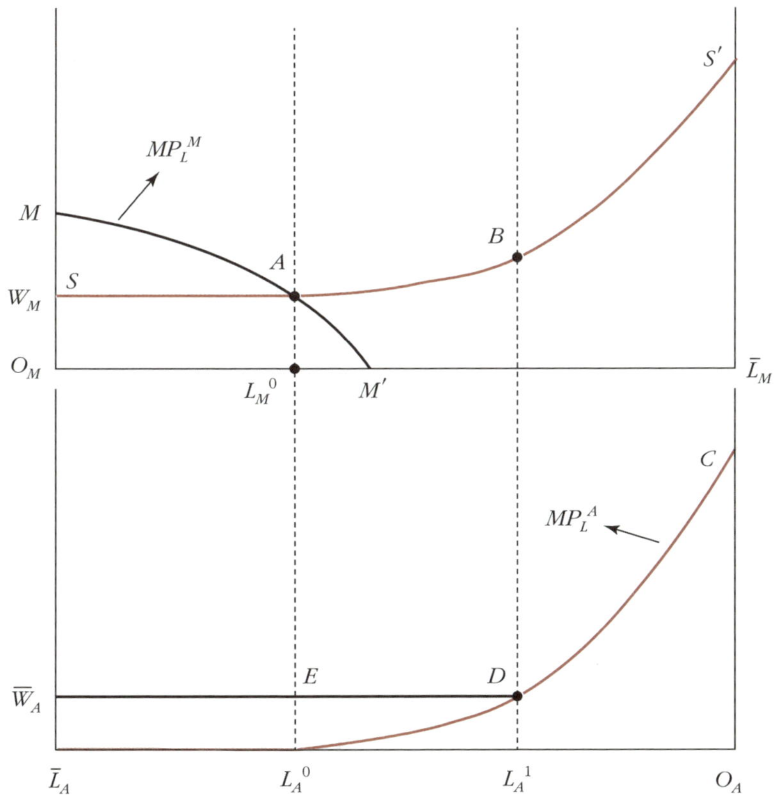

동력에 의하여 경제발전이 이루어지지만, 전환점을 지나면서부터는 잉여노동력이 고갈되기 때문에 노동력 수요가 임금을 상승시키는 유인이 되어 경제발전이 둔화되기 시작한다. 물론 그림에서 E점까지지는 한계생산성보다 높은 제도적 임금을 그대로 지급할 가능성이 크게 된다.

루어지는 경우이다. E점 이하부터는 한계생산성이 제도적 임금보다 높아져서 임금은 신고전파적 경제이론에서처럼 한계생산성과 같다.

농업부문에서 제조업부문으로의 노동이동을 알아보기 위하여 [그림 11-2]를 보자. 그림의 윗부분은 제조업부문 노동시장을 나타내고, 아랫부분은 농업부문 노동시장을 나타낸다.

그림 윗부분에서 왼쪽에서 오른쪽으로는 노동투입의 증가를 의미하여 $O_M\overline{L_M}$는 제조업부문 노동투입량이다. MM'은 제조업부문에서 노동의 한계생산성곡선(MP_L^M)으로 노동수요곡선이 되고, $SABS'$은 노동공급곡선이다. 제조업의 노동시장 균형은 A에서 이루어지고, 노동수요는 $O_ML_M^0$이다. 노동공급곡선에서 수평 부분인 SA는 르위스가 제기한 무한적인 노동공급을 의미하는데, 수평부분이 끝나는 A점에서 노동의 무한공급은 끝나게 된다.

그림 아랫부분은 농업부문 노동시장을 표현한다. O_A에서 출발하여 왼쪽으로 이동하여 $O_A\overline{L_A}$는 농업부문 노동투입을 의미한다. $CDL_A^0\,\overline{L_A}$는 농업의 한계생산성(MP_L^A)곡선이고 노동수요이다. 그리고 수직선 부분인 $\overline{L_A}\,\overline{W_A}$는 앞에서 설명한 제도적 임금이다. 농업에서의 노동자들에게 지급되는 임금수준은 곡선 $CDE\overline{W_A}$가 된다. [그림 11-1]과 비교하면 제1단계는 $\overline{L_A}L_A^0$, 제2단계는 $L_A^0\,L_A^1$이고, 제3단계는 $L_A^1\,O_A$에 해당된다. 제1, 2단계에서는 노동자들이 받는 임금수준은 노동 한계생산성보다 높은 제도적 임금수준($\overline{W_A}$)에서 결정된다. 반면에 제3단계에서는 노동자들의 실질임금은 그들의 한계생산성 수준에 의하여 결정되어 CD를 따라 결정된다.

위의 내용을 종합하여 르위스-라니스-페이가 주장하는 경제발전 과정을 다음과 같이 설명할 수 있다. 농촌의 잉여노동력은 두 부문 임금이 같아질 때까지 임금이 높은 도시 지역 제조업부문으로 이동한다. 노동력 이동이 이루어진다면 국가 총생산성이 증가하여 후생 또한 증가하게 된다. 왜냐하면 잉여노동력이 빠져나가더라도 농업 총생산은 변화가 없지만, 제조업 생산은 증가하기 때문이다.

제조업 임금은 추가 노동력 투입 때문에 하락할 수 있지만, 노동조합에 의하여 고정되어 있고, 추가적인 투자로 임금 상승이 일어날 수도 있다. 경쟁시장 구조를 가지는 제조업에서는 임금수준 이상으로 제품가격을 책정하여 이윤을 얻게 되고, 이 이윤은 재투자를 위한 재원으로 사용된다. [그림 11-2]에서 알 수 있듯이 투자의 증가로 제조업 한계생산성 곡선이 위로 이동하면서 제조업의 노동에 대한 수요도 증가하게 된다. 이 과정은 농업에서 모든 잉여노동력이 해소될 때까지 지속되고 경제의 산업화가 진행된다.

결국 균형은 농업과 제조업의 임금이 같아지는 점에서 이루어진다. 농업의 잉여노동력이 도시로 이동하면서 농업의 한계생산성이 향상하게 되고, 어느 수준의 노동력에 도달하면 농촌 노동력이 받는 임금수준도 상승하기 시작한다. 따라서 이 균형점에서는 노동력이 이동할 유인이 더 이상 없으므로 제조업 확대도 더 이상 일어나지 않게 된다.

11.3.2 르위스-라니스-페이 이중경제 모형의 한계점

르위스-라니스-페이 모형은 다음과 같은 비판을 받는다.

첫째, 잉여노동력이 농업부문 생산성에 대한 기여가 없다는 가정에 대한 비판이다. 예를 들어, 농업에서 추수시점에는 추가적인 노동력이 필요하므로 잉여노동력이 생산성 향상에 도움이 될 수 있다. 해당 기간에는 제조업으로 노동이동이 농업생산을 하락시키고, 이 하락이 제조업 생산증대보다 높게 나타난다면 이중경제 모형이 제시하는 결과와 다르게 나타날 수 있다.

둘째, 만약 산업발전 과정에서 노동보다 자본을 더 많이 사용한다면, 농업에서 제조업으로 노동이동은 단순히 실업만을 증가시킨다.

셋째, 만약 제조업에서 창출된 이윤이 농업부문 발전에 기여하지 못한다면, 산업화의 이득은 농업과 제조업 간 소득격차만 확대시킨다.

넷째, 기업은 모든 이윤을 재투자할 것이다. 즉, 한계저축 성향이 1에 가깝다고 가정하고 있다. 그러나 소비증가가 이윤증가보다 크다면 총저축의 증가가 이윤증가보다 적을 수 있다. 저축증가에 의한 재투자는 고정자본 형태로 이루어지는데, 이는 노동절약적인 자본이고 따라서 노동에 대한 수요는 하락할 수 있다.

다섯째, 본 모형은 농업부문에서 제조업부문으로 비숙련 노동자 이동이 추가 비용 없이 이루어지는 것으로 가정하고 있는데, 이는 현실적으로 일어나기 어렵다. 왜냐하면 제조업부문에서는 농업부문에서 사용되는 노동력과는 다른 형태의 노동력을 요구하기 때문이다. 이러한 문제는 교육이나 숙련을 위한 투자로 해결될 수 있지만, 비용부담 없이 이루어지는 것은 아니다.

여섯째, 임금수준은 항상 고정적이라고 할 수 없다. 노동조합(trade union)에 의해 임금인상 압력이 있을 수 있고 따라서 이윤이 더 하락할 수 있다.

본 모형은 경제주체의 합리성, 완전정보 그리고 제조업에서의 무한한 자본형성 등 매우 이상적인 가정에 의존하고 있어서 현실적인 적용은 매우 어려울 수 있다. 그렇지만 개발도상국에서 산업화 과정에서 발생하는 노동력의 이동을 통해 경제발전 과정을 설명하는 유익한 모형이라는 점에서 의의가 있다.

11.4 해리스-토다로 노동이주 모형

11.4.1 모형

도시와 농촌 간 노동력 이주에 관한 또 다른 모형으로 해리스-토다로(Harris-Todaro, 1970) 이중경제 모형이 있다. 이 모형은 농촌과 도시의 이중경제를 가정하고, 농촌과 도시의 노동이동 과정을 통해 산업화 과정을 설명하고 있다. 앞의 모형과 마찬가지로 여기서도 지역은 농촌과 도시로 구분하고 있다. 모형의 주요 가정은 다음과 같다.

첫째, 노동자의 농촌-도시 간 이주는 자유롭고, 이주 결정은 농촌의 임금과 도시의 기대임금 격차에 의해서 이루어진다. 둘째, 도시 제조업부문 임금은 경쟁적 시장균형보다 높은 수준에 고정되어 있다. 도시임금은 노동조합과 같은 제도적 요인에 의하여 고정된다고 해서 제도적 임금(institutional wage)이라고 부른다. 셋째, 농촌의 농업생산물 시장과 노동시장은 완전경쟁적이며 실업이 존재하지 않는다.[5] 따라서 농촌임금은 농업 한계생산과 일치하고 균형 상태에서 농촌의 임금은 도시의 기대임금과 일치한다.

해리스-토다로 모형을 그림으로 설명하면 [그림 11-3]과 같다.[6] AA'은 농촌 농업의 한계생산물가치 곡선이고, MM'은 도시 제조업의 한계생산물가치 곡선이다. 이들은 경쟁적인 노동시장으로 정의된 농업과 제조업의 노동에 대한 수요곡선이다. O_U는 도시의 노동시장을 의미하는 것으로 오른쪽으로 이동할수록 도시 노동수요가 증가한다. O_R은 농촌의 노동시장을 의미하여 왼쪽으로 이동할수록 농촌의 노동수요가 증가한다.

먼저 농촌에서 도시로 노동이동에 제한이 없고 시장에서 임금이 신축적이라고 하자. 농촌의 농업과 도시의 제조업 노동수요곡선이 교차하는 E점에서 균형이 이루어지며 균형임금수준은 $W^* = W_M^* = W_A^*$ 에서 결정된다.[7] 이 균형점에서 $O_U L_{UM}^*$의 노동자가 도시의 제조업에 고용되고, $O_R L_{UM}^*$의 노동자가 농업에 고용되어 실업자가 없는 완전고용이 실현된다.

이제 도시 제조업부문의 노동자가 받는 임금은 고정되어 있고, 농촌과 도시 간 노동이동

5 이 가정은 농촌에 무한히 공급 가능한 노동자가 존재한다는 가정에서 출발하는 르위스-라니스-페이 모형의 가정과 차이가 있다.

6 그래프에 의한 설명은 Todaro and Smith(2011, pp.340-342)를 참조하였음.

7 만약 정부에 의하여 제조업과 농업 간 노동이동을 제한한다면 두 시장은 상호 독립적이고 두 부문에 서로 다른 수준의 임금이 형성된다.

그림 11-3 해리스-토다로 모형의 노동시장 균형

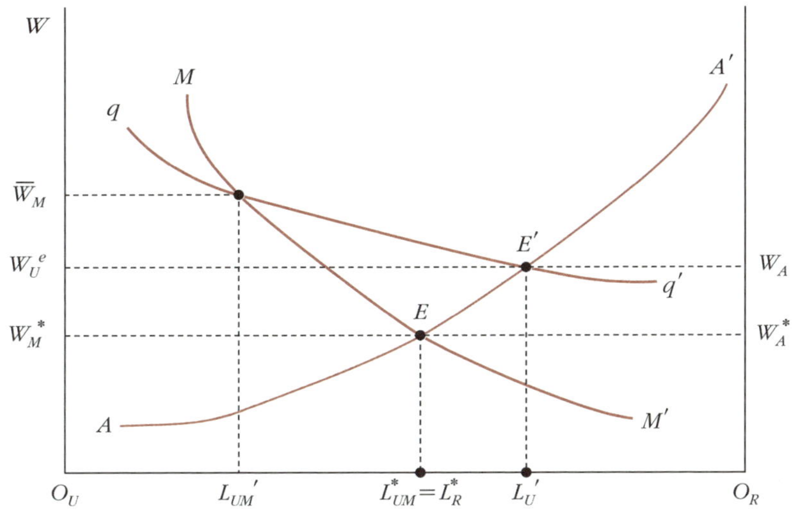

은 자유롭다는 점을 상기하자. 제도적 임금수준을 $\overline{W_M}$이라고 하고, 경쟁적인 노동시장의 균형임금 W^*보다 높다고 하자($\overline{W_M} > W_M^*$). 고정된 임금수준에서 제조업의 노동수요는 O_UL_{UM}'이다. 균형임금보다 높은 임금이라고 해서 도시에 있는 모든 노동자가 제조업에 고용되는 것은 아니다. 도시의 제조업에 고용되고 남은 노동자들은 실업 상태이거나 매우 낮은 임금(W_{UI})을 받는 비공식적 부문(informal sector)에 고용된다.[8] qq'곡선은 도시 제조업 노동자의 고정된 임금수준에서 도시와 농촌 간 선택을 무차별하게 하는 경우 농촌에서 임금과 노동자 규모의 조합이다. 즉, 도시에서의 기대임금과 일치하도록 하는 농촌에서의 임금과 노동자 규모의 조합이다. 따라서 동일한 임금에 더 많은 도시 노동력이 유입되는 효과로 MM' 곡선보다 더욱 탄력적이게 된다.[9]

만약, O_RL_U'만큼의 노동자가 농촌에서 고용이 된다면 나머지 노동자($\overline{L}-O_RL_U'=O_UL_U'$)들은 도시로 이주하여 제조업부문에서 새로운 직장을 찾으려고 한다. 여기에서 $\overline{L}$는 도시와 농촌에 공급된 총노동공급량이다. 이들이 직장을 찾을 확률은 O_UL_{UM}'/O_UL_U'이 된다. 도시

8 W_{UI}는 그림에는 표시되어 있지 않다.

9 도시임금은 고정되어 있어서 고용이 증가하는 경우 같은 고용수준에 대하여 임금하락을 고려하는 MM' 상의 점이 아닌 임금이 고정된 것으로 가정하여 나타난 qq' 상의 점이 되고 이는 MM'보다 더욱 탄력적으로 된다.

에서 직장을 찾지 못하여 비공식적 부문에 취업한 노동자(L_{UI})는 낮은 임금인 W_{UI}를 받고 실업 상태라면 임금이 없다($W_{UI}=0$). 따라서 도시에 있는 노동자가 받을 가능성이 있는 기대임금수준은 제조업에 고용될 때 임금과 비공식적 부문에 고용되었을 때 임금을 가중평균한 수준이 되고, 이는 식 (11-1)과 같다.

$$W_U^e = \overline{W_M} \cdot \frac{O_U L_{UM}'}{O_U L_U'} + W_{UI} \cdot \frac{L_{UM}' L_U'}{O_U L_U'} \qquad (11-1)$$

$O_U L_{UM}' / O_U L_U'$는 도시 총노동자($O_U L_U'$) 중에서 제조업에 고용된 노동자($O_U L_{UM}'$)의 비율로 도시 지역에서 고용될 확률이다. 반면에, $L_{UM}' L_U' / O_U L_U'$는 도시에 있는 노동자 중에서 제조업에 취업하지 못하여 실업 상태이거나 매우 낮은 임금(W_{UI})으로 비공식적 부문에서 일하는 노동자(L_{UI})의 비율로 도시에 거주하면서 제조업에 고용되지 못할 확률이다.

결국 해리스-토다로 모형의 가정인 고정된 임금에서 노동시장 균형은 도시노동자의 기대임금수준과 농촌의 임금수준이 일치하는 수준에서 이루어져 식 (11-2)와 같다.

$$W_A = W_U^e \qquad (11-2)$$

해리스-토다로 모형에 의하면 농촌에서 도시로의 노동이동은 도시임금이 상대적으로 높거나 도시에서 기대임금이 증가할수록 증가하게 된다. 또한 농업의 한계생산성 및 임금하락은 도시로의 노동이동을 증대시키게 된다. 도시로의 지속적인 노동이동은 도시에서 창출 가능한 고용수준을 넘게 하여 과잉 노동공급을 발생시키고, 이는 곧 실업자 증가 및 비공식부문의 고용증대로 이어진다. 그러나 이처럼 도시에서의 실업을 증가시키고 비공식부문의 성장이 일어난다고 하더라도 해리스-토다로 모형에 의하면 이러한 현상은 합리적인 경제적 결정에 따라 발생하였다고 할 수 있다. 도시로 이주하는 노동자들이 도시 및 농촌임금과 도시에서 고용될 가능성에 대한 정확하고 완전한 정보를 가지고 있다면, 그들은 기대임금 극대화를 추구할 것이기 때문이다.

도시와 농촌 간 기대수익의 차이에 의하여 노동이동이 일어난다는 해리스-토다로 모형은 다음과 같은 시사점을 제시한다.

첫째, 도시에서는 노동조합에 의하여 외생적으로 높은 최저임금이 결정되기 때문에 도시에 실업이 존재하더라도 도시와 농촌 간 노동이동은 지속된다. 이는 개인 노동자 입장에서 보면 합리적인 의사결정이다. 둘째, 임금지원이나 공공부문에 대한 고용을 통하여 도시에 대한 고용기회를 확대하는 정책이 반드시 사회후생을 증진시키는 것은 아니다. 이는 오히려 도시의 실업문제를 악화시킬 수 있다.

11.4.2 이중경제이론에 대한 평가와 실증분석 결과

(가) 이중경제이론 평가

이중경제이론은 국가의 산업화(industrialization)를 달성하는데 농업부문을 주요한 원동력으로 가정한다. 따라서 산업화가 진행됨에 따라 농업부문 잉여노동력은 도시의 산업부문으로 이동하게 되어 농업부문은 오히려 규모가 축소된다. 그러나 이중경제이론은 산업화 과정에서 나타나는 여러 현상을 제대로 고려하지 못한다는 문제점이 있다.

첫째, 이중경제이론은 경제발전을 총생산 증가라는 성장차원에서 보고 있어서 개별 경제주체들의 후생수준 변화는 명시적으로 고려하지 못하고 있다. 반면에 제6장에서 소개하였듯이 쿠즈네츠는 이중경제이론이 발표되는 시기에 이미 경제주체 간 소득분배 문제를 거론하였다. 물론, 후생측면을 명시적으로 논의하지는 않았지만, 이중경제이론에도 암묵적으로는 소득분배가 고려되어 있다. 예를 들어 농업부문에 있던 노동자가 산업화가 진전되면서 더 높은 임금을 받는 산업부문으로 이주한다면 이 노동자의 후생수준은 증가하게 된다.

둘째, 르위스-라니스-페이 모형에서는 농촌에 존재하는 잉여노동력이 더 높은 임금을 주는 도시로 이동하면서 잉여노동력이 사라진다. 따라서 국가소득이 증가하면서 경제발전이 이루어진다는 것이다. 반면에 해리스-토다로 모형은 농촌에서 노동시장은 경쟁적이어서 시장에 의해 임금이 결정된다고 보았다. 제조업부문의 임금이 고정되었다는 가정은 두 모형이 같다.

해리스-토다로 모형은 잠재적 이주자가 위험중립적인 선호를 갖는다고 가정한다. 따라서 그들은 같은 규모의 확실한 농촌의 기대소득과 불확실한 도시의 기대소득에 대해 무차별한 선호를 가지고 있다. 만약에 위험 기피적 선호를 가진 농촌 노동자가 도시 이주를 결정하기 위해서는 상당한 수준의 도시 기대수익이 있어야 할 것이다. 물론 해리스-토다로 모형 내에서도 위험기피 가정을 추가해서 노동자 이주를 설명할 수 있지만, 위험중립 가정에서와 같은 결론이 나온다.

셋째, 농업부문이 경제성장의 다른 동력이 될 수 있는 농촌개발(rural development)의 가능성을 충분히 고려하지 못하고 있다. 즉, 농업이 경제성장에 대한 적극적인 역할을 고려하지 않고 있다. 뒤에 논의되겠지만 녹색혁명(Green Revolution)이나 통합적 농촌개발(Integrated

Rural Development) 전략을 통하여 농업부문은 자체적으로 생산성을 향상시켜 발전해 나갈 수 있다.

넷째, 이중경제 모형은 기업에 의해 얻어지는 이득이 모두 재투자된다고 가정하고 있지만, 현실적으로 항상 그런 것은 아니다. 재투자는 노동절약적인 고정자본의 형태로 나타나기 때문에 노동수요가 감소할 수도 있다. 그리고 농업에 잉여노동력이 있으면 이들은 제조업부문으로 쉽게 이동할 수 있다고 가정하지만, 현실적으로 쉬운 것은 아니다. 노동조합이 있는 경우 임금이 상승할 수 있고 따라서 이윤은 하락할 수 있다.

(나) 실증분석 결과

이중경제이론이 전통부문과 근대부문 간 산업화 과정을 제대로 설명하고 있는가는 실증적으로 검증되어야 한다. 이중경제이론이 실증적으로 지지를 받느냐는 문제는 농업부문 잉여노동력이 제조업부문으로 이동하면서 경제발전이 이루어지고 있는가와 같은 것이다. 따라서 제조업부문이 농업부문과 상호 대립적으로 발전하고 있는가를 검증해야 한다.

미나미(Minami, 1967)는 1921년부터 1962년까지 제조업으로의 노동이동이 일본 경제발전에 중요한 역할을 하였다고 보여주었다. 그의 연구에 의하면 비농업부문의 농업 노동력에 대한 수요는 비농업부문의 경제활동성과에 의존하고, 비농업부문의 임금은 영향을 미치지 못한다. 그리고 농업 및 비농업에서의 노동력 공급은 두 부문의 상대임금에 의존한다. 예를 들어 비농업부문의 상대적 임금이 증가하면 농업부문에서 비농업부문으로 이동하려는 노동력은 증가하게 된다.

페이·라니스(Fei and Ranis, 1975)는 대만(1965~75)과 한국(1966~80)에 대한 분석을 통해 이중경제이론이 적용된다는 사실을 보여주었다. 그들의 연구에 의하면 먼저 대만과 한국은 일본의 식민지를 경험한 국가들로써 1950년대에 상대적으로 강한 농업 인프라를 갖추었고, 이중경제구조가 존재하였다. 이 중 대만은 농업에서 발전에 적응하기 유리한 제도·경제적 환경을 가지고 있었지만, 한국의 농업은 장기간 정체되어 있었다. 두 국가는 수출주도형 경제정책으로 전환하였고, 이는 농업부문 잉여노동력이 산업부문으로 이동하는 계기가 되었다.

국가 간 노동력 이동의 대표적인 사례는 1880년대 남아프리카 공화국의 위트워터스트랜드(Witwaterstrand) 지역에서 금광이 발견되면서 이루어진 남아프리카 공화국으로 주변국 노동력 이동이다. 이중경제이론 입장에서 볼 때 이 노동이동은 국가 내에서 농촌에서 도시로의 잉여노동력의 이동 형태가 확장된 것이다. 임금이 낮은 개발도상국에서 소득이 높은 국가로 국제적 노동이동이 이루어진 것이다.

표 11-3 남아프리카 공화국에 대한 노동자 이동 현황 (단위: 천명)

연도	보츠와나	레소스	말라위	모잠비크	스와질랜드	기타	계
1920	2.1	10.4	0.4	77.9	3.4	5.7	100.0
1930	3.2	22.3	0.0	77.8	4.3	0.2	107.9
1940	14.4	52.0	8.0	74.7	7.2	11.6	168.0
1950	12.4	34.5	7.8	86.2	6.6	25.3	172.8
1960	21.4	48.8	21.9	101.7	6.6	33.3	233.8
1970	20.5	64.0	48.5	93.2	6.3	5.1	237.5
1980	17.8	96.3	13.6	39.5	8.1	7.2	182.4
1990	15.7	108.8	0.1	50.1	17.8	0.0	192.5

출처: Republic of South Africa(2017), p.3.

〈표 11-3〉은 1920~90년 기간 노동자 이동 현황을 보여준다. 1920년 기준으로 볼 때, 보츠와나 2천 112명, 레스소에서 1만여 명 그리고 모잠비크 약 7만 7천 명을 포함하여 약 10만여 명이 남아프리카 공화국으로 이주하였다. 이러한 추이는 지속되어 1990년에는 약 19만여 명이 이주하였다. 가장 많이 이주한 국가는 레소스로 10만여 명, 그 외에 모잠비크로부터 5만여 명이 이주하였다.

물론 이중경제이론을 부정하는 실증분석들도 많이 있다.

대만(1951~65)에 대한 또 다른 연구인 호(Ho, 1972)는 부문 간 노동이동보다는 기술진보가 대만경제성장의 훨씬 더 많은 부분을 설명한다고 보여주었다. 그는 전통부문 잉여노동력이 근대부문으로 이동에 의한 경제발전 역할은 과대평가된 것이라고 주장하였다. 즉, 1인당 소득증가는 부문 간 노동력 이동에 의한 것보다는 부문 내 생산성 증대 영향이 상대적으로 컸다는 것이다. 그는 실증분석을 통해 노동이동을 통한 경제발전에 대한 영향이 기술변화에 의한 경제발전 영향보다 상대적으로 작다고 보여주었다.

슐츠(Schultz, 1964)는 1918~19년 기간 동안 인도의 한 농촌을 대상으로 실증분석을 하였다. 분석 결과를 보면 농업부문의 노동력이 다른 부문으로 이동을 하였는가에 대해서는 확실한 증거를 보여주지는 못하였으나, 농업생산은 감소하였다는 것을 보여주었다. 블런치와 버너(Blunch and Verner, 1999)는 1965년 이후 코트디브아르, 가나 그리고 짐바브웨를 대상으로 농업, 제조업과 서비스업 간 성장관계를 실증분석을 하였다. 분석결과를 보면 장기적으로 농업부문과 제조업부문의 성장이 서로 상관관계가 존재하고 있음을 보여주었다. 이는 각 부문

간 상호 깊은 의존 관계가 존재하지 않는다는 전통적인 이중경제이론이 성립하지 않는다는 것을 의미한다. 따라서 경제발전을 극대화하기 위해서는 농업, 제조업과 서비스업에 대한 정책을 균형 있게 실시하는 것이 좋다는 정책을 제안하고 있다.

미국에 대한 분석도 유사한 결론을 보여주고 있다. 미국 농업부문의 생산성 상승은 농산물 가공산업(food processing)에 영향을 주어 농산물에 대한 수요를 증가시켰고, 이에 따라 농산물 가격의 하락도 완화해 주었다(Gopinath and Roe, 1996).

11.5 종속이론

11.5.1 프레비쉬-싱어 가설

종속이론을 처음으로 주장한 대표적인 학자는 프레비쉬(R. Prebisch)와 싱어(H. Singer)이다. 1950년 별도로 발표한 이들의 이론을 묶어서 프레비쉬-싱어 가설(Prebisch-Singer hypothesis) 혹은 중심부-주변부 가설(core-periphery hypothesis)이라고 한다.[10] 이들은 개발도상국을 주변부(periphery)로 선진국을 중심부(core)로 분류하였다. 이 가설에 의하면 국가 간 무역이 이루어질수록 중심부는 더욱 부유해지고, 주변부 국가들은 오히려 발전이 지체되어 두 국가의 발전 격차는 더욱 벌어진다.

본 가설은 제조업 제품과 1차 산업 제품 간 수요의 소득 및 가격탄력성 차이에 의하여 설명된다. 제조업 제품에 대한 수요의 소득 및 가격탄력성이 1차 산업 제품에 대한 소득 및 가격탄력성보다 높다고 하자. 무역으로 소득이 증가하는 경우 제조업 제품에 대한 수요가 1차 산업 제품보다 수요가 더 빠르게 증가하게 된다. 따라서 제조업 제품에 대한 1차 산업 제품의 상대가격이 하락한다. 이때 1차 산업 제품은 낮은 가격탄력성에 의해 가격하락보다 소비증가 정도가 작아서 1차 산업 제품에 대한 판매수입은 하락한다.

이러한 문제 때문에 무역에 의한 시장개방이 이루어지는 경우, 개발도상국은 자국에게 불리한 상대가격으로 자국 제품을 수출해야 한다. 따라서 개발도상국의 교역조건은 무역이 이루어짐에 따라 더욱 악화되고, 수출을 통한 판매수입은 오히려 하락하게 된다. 결과적으로 무

10 프레비쉬-싱어 가설이 나타나게 된 배경에 대한 자세한 논의는 Toye and Toye(2003) 참조.

역을 통한 모든 이득은 선진국이 가져가게 된다는 것이 중심부-주변부 가설의 주요 내용이다. 이러한 이유로 당시 남미에서는 무역개방을 통한 산업화를 반대하고 수입대체전략을 통한 산업화전략을 추진하는 국가들이 많았다.

중남미는 20세기 이후 농산물이나 광산물 등 자원이 주요 수출품이었고, 미국 등 선진국과의 무역에 크게 의존하는 경제구조를 가지고 있었다. 이에 대한 대책으로 프레비쉬는 개발도상국의 입장에서 선진국과 무역을 장려하여 경제발전을 하는 수출주도형 발전전략보다는 보호무역주의 정책을 통하여 수입대체전략을 실시하도록 권고하였다.[11] 1950년대 남미에서는 프레비쉬-싱어 가설의 등장으로 수입대체정책을 통해 국내산업을 보호해야 한다는 주장이 강력하게 대두되었다.

11.5.2 뮈르달의 누적적 인과모형

뮈르달(Myrdal, 1957)은 누적적 인과 모형(cumulative causation model)으로 빈곤이 지속된다고 주장하였다. 그에 의하면 불균형발전이론에 의해 도시에 집중적인 투자를 통해 도시 지역이 발전한다고 할 때, 자동적으로 다른 지역에 파급효과가 나타나서 모든 지역이 같이 발전하는 것이 아니라는 주장이다. 즉, 그러한 투자로 인해 지역 간 격차가 오히려 더욱 벌어질 수 있다고 보았다.

예를 들어 어느 지역에 대한 집중적인 투자가 이루어져 발전이 먼저 이루어지는 지역을 중심부라고 하고, 상대적으로 발전이 이루어지지 못한 지역을 주변부라고 하자. 만약에 주변부에서 노동이나 자본이 중심부로 빠져나가게 된다면 두 지역의 경제적 격차는 더욱 벌어지게 된다. 뮈르달은 이를 역류효과(backwash effect)라고 불렀다. 따라서 초기 불균형발전을 통하여 중심부와 주변부가 형성된다면 중심부의 발전성과가 주변부로 퍼져나가는 낙수효과(trickle-down effect)가 발생하지 않는다. 반대로 발전된 지역이 더욱 발전하게 되어 오히려 중심부와 주변부 간 불균형이 더욱 심화될 수 있다는 것이다.

11.5.3 프랑크의 저발전의 발전

1950년대 말 프랑크(A.G. Frank)는 당시 남미 국가들의 저발전은 근대화이론에 의한 자본

11 라틴 아메리카에서 주장되기 시작한 종속이론을 이용하여 Rodney(1973)는 유럽 국가들의 착취로 아프리카 국가들이 경제발전을 달성하지 못하였다고 주장하였다.

주의 체제가 수립되더라도 사회체제나 생산구조가 기존 서구 국가에서처럼 발전될 수 없다고 주장하였다.[12] 그는 저발전이라는 상태는 자본주의 체제가 발달하기 이전의 전통적 체제에서 나타나는 현상이 아니라고 주장하였다. 오히려 자본주의가 발전하는 과정에서 체제의 구조적 모순에 의하여 나타나는 현상이라고 보았다. 다시 말하면 저발전이 발전된 상태로 자동적으로 변화해가는 것은 아니라는 것이다.

그는 국제거래에서 중심부와 주변부 간 무역관계를 가지고 발전과 저발전을 설명하고 있다. 예를 들어 중심부인 선진국이 주변부의 제3세계 국가들과 무역을 하여 시장에 진입하는 경우 제3세계의 생산구조에는 영향을 미치지 못한다. 그는 이러한 시장진입으로 생기게 되는 사회적 잉여가치는 중심부인 선진국이 모두 가져간다고 주장하였다. 따라서 그의 주장에 따르면 주변부 국가들은 중심부와의 경제적 거래를 하지 않을수록 더욱 발전된 형태로 나아갈 수 있다.

11.5.4 종속이론 평가

종속이론은 1960~70년대 남미 등 많은 국가에서 유행하였던 경제발전정책의 근간이 되었다. 한국에서는 과거 1970년대 말 이후 중화학공업에 대한 과잉투자로 투자 효율성이 하락하는 문제가 제기되었고, 1980년대 초 외채누적으로 경제발전전략의 성과에 대한 의구심이 커졌다. 한국 사회의 이러한 문제점이 미국과 같은 제국주의 영향 때문이라고 주장하면서 종속이론이 광범위하게 주장되었다.

세계경제체제의 이중구조를 기반으로 선진국과 개발도상국의 불균형적 경제발전 과정을 주장한 종속이론은 많은 비판을 받았다. 1980년대에 수입대체전략을 실시하였던 아프리카와 남아메리카 지역의 많은 개발도상국이 외채위기와 경기침체의 경험은 종속이론을 기반으로 하는 경제발전전략이 적절한 것인가에 대한 의구심을 낳았다. 그리고 과거 식민지를 경험하였으나 수출지향적 경제발전전략으로 선진국 대열에 진입하고 있는 한국, 대만, 홍콩과 싱가포르와 같이 동아시아의 기적이라는 평가를 받는 국가들은 종속이론이 주장하는 경제발전 과정을 거치지 않았다.

만약 종속이론의 주장이 옳다면 대외개방정책으로 선진국들과의 교역을 활발히 하는 한

12 그 이외의 주요 종속이론은 바란(P. Baran)의 『성장의 정치경제학(The Political Economy of Growth)』(1957)과 아민(S. Amin)의 『불균등 발전론(Unequal Development)』(1976), 월러스타인(I.M. Wallerstein)이 주창한 『근대 세계체제론(The Modern World System)』(1974)이 있다.

국과 대만 등은 선진국들의 착취체제에서 벗어나지 못하여 지금처럼 발전된 형태의 경제구조를 갖지 못해야 한다. 한국을 비롯한 동아시아 및 최근 중국과 인도 등 국가들이 수입대체전략보다는 수출지향적 무역전략을 기반으로 급속한 경제발전을 달성한 사실은 종속이론의 주장에 대한 정당성에 의구심을 품게 한다.

사회주의에서 자본주의 체제로 전환한 소련과 위성국가들과 중국 및 베트남과 같은 동아시아 체제전환국들도 동일하다. 이들 국가는 대외개방이라는 국제경제 질서에 편입되면서 본격적인 경제발전을 시작하였다는 점 또한 종속이론이 주장하는 논리와 모순된다. 그리고 1960년대 부유한 국가에 속하였던 아르헨티나와 필리핀과 같은 국가들의 경제발전이 늦어진 것에 대한 원인도 자세히 파악해 볼 필요가 있다. 이들 국가의 저발전은 미국이라는 선진국에 의한 착취보다는 국내적으로 정치지도자를 포함한 기득권층의 부패와 타락이 더욱 중요한 원인이다.

결국 해결점은 현재 저개발국들의 저발전 상태를 모두 중심부로서 서구 선진 자본주의 국가들과의 관계에 의해서만 이루어지는 것은 아니라는 점에서 찾아야 할 것이다. 저개발국 자신들의 지리적 위치, 정치적 부패, 사회적 자본 미흡 등 국가 내부적 요인도 저발전의 중요한 요인이 될 수 있다는 점을 간과해서는 안 된다.

11.6 녹색혁명과 통합적 농촌개발

이중경제 모형은 농촌(농업)에서 도시(제조업)로 잉여노동력이 이동하면서 산업화가 진전된다고 주장한다. 그러나 농촌자체에 대한 발전전략 또한 중요하게 다루어져야 한다. 이를 위해서 농업생산성을 향상시키고, 농업부문 노동자의 소득을 증대시켜 자립할 수 있는 여건을 만들어 주는 것도 비농업부문에 대한 지원 못지않게 중요하다. 이러한 노력으로 대표적인 것이 1960년대부터 본격적으로 시작된 녹색혁명이다. 그리고 최근 농촌의 종합적 개발을 지향하는 통합적 농촌개발 정책이 있다.

11.6.1 녹색혁명

농촌개발은 인구도 적고 상대적으로 빈곤한 지역 계층의 삶의 질을 향상시키고자 하는 발전전략이다. 전통적으로 농촌개발은 토지와 같은 자연자원을 주로 이용하는 농업이나 임업이 발달한 지역에 대한 개발을 중심으로 논의됐다.

1900년도 초반 개발도상국이 직면하고 있던 가장 중요한 문제는 식량부족 문제였다. 제2차 세계대전 이후 개발도상국의 폭발적인 인구증가는 식량부족 문제를 더욱 심각하게 만들었고, 국가의 경제발전과 공업화에 대한 커다란 장애가 되었다. 미국은 제2차 세계대전을 전후로 하여 많은 개발도상국이 공산화가 된 원인이 빈곤문제에 있다고 보고 빈곤퇴치를 위한 계획을 세웠다. 그 대표적인 것이 녹색혁명으로 1930년대 이후 농업생산을 증대시키기 위하여 실시된 다양한 농업기술이전 전략이다.[13]

녹색혁명의 시초는 녹색혁명의 아버지라고 불리는 볼로그(N. Borlaug)가 미국 록펠러 재단의 지원을 받아 1944년 말 멕시코에서 병충해에 내성이 강한 멕시코 밀을 개발한 것이다. 그는 그 이후 계속된 녹색혁명 성과를 통하여 많은 개발도상국의 빈곤문제를 해결하는 데 커다란 공헌을 하였고, 이러한 공로로 1970년 노벨평화상을 받았다.

그 이후 녹색혁명은 아시아 지역에서 매우 활발하게 진행되었다. 1960년 미국의 포드재단과 록펠러재단은 필리핀에 국제미작연구소(International Rice Research Institute: IRRI)를 설립하였다. 이 기구는 필리핀을 비롯하여 인도 및 한국의 농업생산력 증대를 위해 옥수수나 쌀 품종을 개발하는 데에 많은 기여를 하였다. 대표적인 것은 1966년 국제미작연구소가 필리핀에서 개발한 기적의 쌀(miracle rice)이라 불리는 인디카 품종(IR-8)이다. 한국에서는 1970년대 초 필리핀에서 개발한 인디카 품종에 일본의 자포이카 품종을 교배하여 다수확 품종인 통일벼(IR-668)를 개발하였다.[14]

녹색혁명은 농촌의 다양한 품종의 쌀이나 밀을 개발하여 농산물 수확량을 급격히 증가시켜 개발도상국의 식량부족을 해결하는 데 커다란 공헌을 하였다. 그러나 새로운 품종의 수확은 기존 품종에 비하여 수리시설 확충이 필요하고, 특히 더 많은 농약과 화학비료 사용이 필요하여 환경문제에 대한 우려가 뒤따르는 부작용을 낳았다.

11.6.2 통합적 농촌개발

쌀 혹은 밀과 같은 농산물의 수확증가가 이루어진다고 해서 전반적인 농촌의 빈곤이 감소

13 녹색혁명이라는 용어는 1968년 미국 국제개발청(US Agency for International Development: USAID) 총재였던 가우드(W. Gaud)에 의하여 처음으로 명명되었다.

14 아시아 지역 녹색혁명의 성과와 과제에 대하여 자세한 논의는 Hazell(2009)를 참조.

한다고 볼 수 없다는 시각이 통합적 농촌개발 전략이다. 즉, 농촌의 빈곤 탈출을 위해서 여러 정책 요소가 동시에 집행되어야 하고, 이들은 상호 연계되어야 한다는 의미에서 농촌개발 정책은 통합적이어야 한다는 것이다. 예를 들어 농촌에 수리시설(irrigation)이 확충되면 단순히 농업생산성을 증가시키는 데에 그치지 않고, 산사태나 홍수를 방지하는 부가적인 효과가 있다. 그리고 가정주부의 교육수준을 향상시키는 정책은 자식들의 교육수준뿐만 아니라 건강을 증진시키는 역할도 한다.

국제사회가 개방화되고 국가 간 자본이동이 자유로워지면서 국가 간 투자가 활성화 되어 글로벌 아웃소싱(global outsourcing)이 이루어지고 있다. 그리고 글로벌화를 위한 노동력 이동도 활발히 이루어지고 있다. 따라서 최근 농촌개발에 관한 관심은 단순히 농업생산성 향상을 통한 삶의 질 개선이라는 차원에서 더 나아가 소규모 제조업, 관광, 유통과 같은 제3차 산업 등 다른 산업의 개발을 동시에 추진하고 있다. 또한, 농촌발전을 위해서 전통적인 수리시설 확충, 전기공급 등의 차원에서 더 나아가 교육훈련, 사회간접자본, 지역금융 등 광범위한 차원에서 접근이 이루어지고 있다.

전기를 포함하는 에너지, 수리시설, 농업기술 등이 부족하여 농업생산성이 낮은 농촌에 통합적인 농촌발전 모형을 적용할 수 있다. 예를 들어 라오스와 같이 이모작 이상의 쌀농사가 가능하지만, 현실적으로 1모작만 하는 경우를 보자. 먼저 마을 단위로 수리사업을 통하여 쌀 생산의 생산성을 직접적으로 증대시켜 준다. 그리고 정미공장이나 쌀의 생산성을 향상시켜줄 수 있는 소규모 공장시설을 건설해 준다. 다만 전기에너지의 부족을 해결하기 위하여 공장이나 가구에 필요한 전력을 공급해 주는 소규모 전력 공급 모델(micro-grid)을 개발한다. 이를 위해 태양광이나 풍력과 같은 신재생 에너지 공급시설을 확충할 수 있다.

1차적인 쌀 생산의 생산성 증대는 농민들의 소득을 증가시켜주고 자가소비하고 남은 쌀을 거래할 수 있는 시장을 형성하게 한다. 이는 곧 농민들의 경제활동을 증가시키고 농민들은 증가된 소득으로 새로운 사업을 시작하게 한다. 결과적으로 쌀농사 차원에서 더 나아가 쌀 유통업, 소규모 제조업이나 관광업과 같은 다른 사업에 진출할 수 있게 되면서 해당 농촌에 대한 자급자족의 여력을 증대시킬 수 있는 것이다.

결국 농촌발전 사업의 궁극적인 목표는 대외원조와 같은 외부로부터의 지속적인 원조가 아니라 장기적으로 자급자족할 수 있고 지속가능한 농촌이 되도록 하는 것이다. 따라서 다양한 원조사업을 통해 이들 농촌의 소득향상을 유도하여 자급자족 농촌이 되고, 이를 통해 지속적인 소득향상과 고용증대가 가능하게 해야 한다.

한국의 경제발전 과정에서 1970년대 실시되었던 새마을운동은 대표적인 통합적 농촌개발전략이다. 그리고 최근에는 유엔 밀레니엄 프로젝트(UN Millenium Project)의 대표적인 사업인 밀레니엄 빌리지 프로젝트(Millenium Village Project: MVP)도 통합적 농촌개발 사업의 좋은 사례이다(UN Millenium Project, 2006).

2004년 케냐의 사우리(Sauri)에서 처음 시작된 밀레니엄 빌리지 프로젝트는 새천년개발목표를 성공적으로 달성하기 위하여 10개 아프리카 국가의 12개 극빈층 마을을 대상으로 시작한 통합적인 마을개발 계획이다.[15] 마을개발을 위하여 식량생산, 영양, 교육, 보건, 도로, 에너지, 통신, 식수, 위생, 사업의 다양화, 그리고 환경관리 등 마을 단위 종합적인 개발 사업을 수행한다. 마을 단위 참여자들은 직접적으로 자신들의 지역에 적합하고 저렴한 사업을 계획하여 마을 단위 행동계획을 수립한다. 그리고 그들에 의하여 직접적인 의사결정과 평가가 이루어지는데, 필요한 경우 외부의 도움을 받기도 한다.

11.6.3 통합적 농촌발전 전략의 시사점

통합적 농촌발전 전략에는 어느 특정 농촌의 빈곤문제를 해결하기 위하여 포괄적인 정책수단(comprehensive action)을 사용하는 것뿐만 아니라, 통합적인 정책수행(integrated action)도 필요하다. 이를 좀 더 자세히 설명하면 다음과 같다(ODI, 1979).

첫째, 정책수단 간 조정(coordination)이 필요하다. 농촌의 삶의 질을 개선하기 위해 계획에 관한 연구, 금융, 유통, 곡물 생산, 수질관리, 도로와 같은 사회간접자본 등과 관련된 정책들을 종합적으로 실시하여야 한다. 그러나 이들 정책은 정부 내의 서로 다른 기관에 의해 제공되기 때문에 기관 간 통합적인 정책조정이 필요하다.

둘째, 다양한 정책수단에 대한 종합적인 계획(planning)이 필요하다. 예를 들어 농촌발전에 대한 계획을 세우면서 학교나 병원시설 등 복지시설 설치 계획도 동시에 계획하여야 한다.

셋째, 다양한 정책수단들을 특정 지역에 집중적으로 제공하기 위해서는 분권화(decentralization) 전략이 필요하다. 다양한 정책수단들을 종합적으로 그리고 통합적으로 수행하기 위해서는 중앙정부보다는 중앙정부의 위임을 받은 지역정부에 의하여 전략이 수립되는 것이 바람직하다. 그 이유는 중앙정부보다는 지역정부가 해당 지역에 대한 정보를 훨씬 더 많이 가지고 있어서 계획을 수립하거나 이를 수행하는 행정적인 기능이 더욱 효율적일 수 있기 때문이다.

15 10개국은 에티오피아, 가나, 케냐, 말라위, 말리, 나이지리아, 르완다, 세네갈, 탄자니아, 우간다이다(UN, 2006).

마지막으로 중요한 것은 과연 이 전략이 실질적인 효과를 보여주고 있는가의 문제이다. 통합적 농촌개발전략은 제12장에서 논의될 빅 푸시이론에 근거한 것이다. 현재 저개발 국가들은 경제적 수준뿐만 아니라 교육, 보건, 환경 등 분야 대부분에서 낙후되어 있다. 따라서 이들을 발전시키기 위해서는 어느 특정 부문만 아니라 연관된 모든 부문에 동시다발적으로 투자를 해야 한다는 것이다. 다만 이러한 전략이 현실적으로 가능한가와 성공적이었는가에 대해서는 아직도 논쟁 중이다.[16]

16 Munk(2013)는 삭스 교수가 주도하는 밀레니엄 빌리지 프로젝트에 대하여 이론적인 차원에서 시작된 것으로 당시 아프리카에 제대로 효과를 보이지는 못하고 있다고 비판하였다. 결국은 사업의 이론적 정당성보다는 사업이 시행되었을 때 과연 기대하였던 효과가 나타나고 있는가에 대한 실증적인 영향분석(impact evaluation)이 중요하다.

연습문제

11.1 통합적 농촌개발이 녹색혁명과 같은 부문별 개발전략과의 차이점과 유사점을 논의하고, 전략을 시행하는데 있어서 문제점을 논의하시오.

11.2 경제발전 과정에 대한 종속이론적 시각과 로스토우의 경제발전 단계설적 시각에 대해 비교하여 유사점과 차이점을 논의하시오.

11.3 한국의 경제발전 과정과 종속이론의 관계를 보자.

1) 과거 개발도상국 차원에서의 한국의 경제발전 과정에 대하여 종속이론적 해석을 적용하면 어떻게 되는지에 관해 논의하시오.
2) 현재 한국은 선진국에 진입하는 수준의 경제발전 단계에 있다. 지속적인 경제발전을 달성하기 위하여 종속이론적 시각에서 경제발전전략을 제시하면 어떻게 되어야 하는지를 논의하시오.

11.4 1930년대 세계 10대 선진국에 들 정도로 부유한 국가였던 아르헨티나에 대하여 논의해보자.

1) 아르헨티나의 주요 경제정책이 한국의 정책과 유사한 점과 다른 점에 대하여 논의하시오.
2) 페론 대통령에 의한 경제정책이 경제에 미친 영향에 대해 산업화의 주역이라는 평가와 국가경제를 망가뜨렸다는 상반된 평가가 제기되고 있는데, 이에 대해 논의하시오.

11.5 경제발전과 민주주의에 대하여 논의해보자.

1) 경제발전과 민주주의가 동시에 진행되어야 한다는 논리에 대하여 예를 들어 논의하시오.
2) 많은 개발도상국은 정치적 독재정치를 하고 있다. 그런데도 일부 국가는 독재정치 하에서 높은 경제성장률을 달성하고 있는데, 예를 들어 그 이유에 대하여 논의하시오.

11.6 많은 국가는 산업단지를 조성하여 국내기업이나 외국인직접투자를 유인하여 경제성장을 달성하려고 한다. 경제개발 초기에 산업단지 정책을 시행하는 이유에 대하여 이중경제이론 접근을 통하여 논의하시오.

11.7 이중경제이론과 종속이론에 대하여 논의해보자.

1) 이중경제이론에서 산업부문의 발달이 농업부문으로 자동적인 파급효과가 명시적으로 고려되지 않고 있다. 이를 뮈르달의 역류효과 개념으로 설명하시오.
2) 산업부문의 발달이 농업부문에 대한 영향이 적어 파급효과가 적다고 하자. 그렇다면 농업부문에 대하여 먼저 집중적인 투자를 하는 경우 산업부문에 대한 발달이 가능한지에 대하여 논의하시오.

11.8 한국의 1950년대 농촌과 도시 지역의 발전과정을 알아보고, 이를 이중경제이론적 시각에서 논의하시오.

11.9 1970년대 통일벼에 의한 녹색혁명은 한국인의 생활수준을 향상시켜주었다고 할 수 있다. 당시 쌀의 자급자족수준을 알아보고 통일벼가 자급자족의 정도에 어느 정도 영향을 미쳤는지 알아보자.

11.10 통합적 농촌개발의 한 형태인 새마을운동을 현재 개발도상국에 적용하는 경우 장점과 단점에 대해 논의하시오.

참고문헌

Blunch, Niels－Hugo and Dorte Verner, 1999, Sector Growth and the Dual Economy Model: Evidence from Cote d'Ivoire, Ghana and Zimbabwe, Policy Research Working Paper #2175, World Bank.

Fei, John C.H. and Gustav Ranis, 1975, "A Model of Growth and Employment in the Open Dualistic Economy: The Cases of Korea and Taiwan," *Journal of Development Studies*, 11(2), pp.32－63.

Frank, Andre Gunder, 1966, "The Development of Underdevelopment," *Monthly Review*, 18(4), pp.17－31.

Gopinath, Munisamy and Terry L. Roe, 1996, "Competitiveness of U.S. Food Processing: Benefits from Primary Agriculture," *American Journal of Agricultural Economics*, 78(4), pp.1044－1055.

Harris, John R. and Michael P. Todaro, 1970, "Migration, Unemployment and Development: A Two－Sector Analysis," *American Economic Review*, 60(1), pp.126－142.

Hazell, Peter B.R., 2009, The Asian Green Revolution, IFPRI Discussion Paper 00911.

Ho, Yhi－Min, 1972, "Development with Surplus Population, The Case of Taiwan: A Critique of the Classical Two－Sector Model, à la Lewis," *Economic Development and Cultural Change*, 20(2), pp.210－234.

Lewis, W. Arthur, 1954, "Economic Development with Unlimited Supply of Labour," *The Manchester School*, 22(2), pp.139－191.

Minami, Royshiu, 1967, "Population Migration away from Agriculture in Japan," *Economic Development and Cultural Change*, 15(2), pp.183－201.

Munk, Nina, 2013, *The Idealist: Jeffrey Sachs and the Quest to End Poverty*, New York: Doubleday.

ODI[Overseas Development Institute], 1979, Integrated Rural Development, Briefing paper, No 4.

Prebisch, Raul, 1950, *The Economic Development of Latin America and its Principal Problems*, UN document no. E/CN.12.89/Rev.1. Lake Success, N.Y.: United Nations.

Ranis, Gustav and John C.H. Fei, 1961, "A Theory of Economic Development," *American Economic Review*, 51(4), pp.533－565.

Republic of South Africa, Department of Labor, 2007, "Labour Migration and South Africa: Towards a Fairer Deal for Migrants in the South African Economy," *Labor Mark*et Review, Pretoria: Department of Labor.

Rodney, Walter, 1973, *How Europe Underdeveloped Africa*, Bogle－L'Ouverture Publications, London and Tanzanian Publishing House, Dar－Es－Salaam.

Schultz, Theodore William, 1964, *Transforming Traditional Agriculture*, New Haven CT: Yale University Press.

Singer, Hans W., 1950, "The Distribution of Gains between Investing and Borrowing Countries," *American Economic Review, Papers and Proceedings*, 49, pp.251－273.

Todaro, Michael P. and Stephen C. Smith, 2011, *Economic Development*, UK: Pearson Education Limited.

Toye, John and Richard Toye, 2003, "The Origins and Interpretation of the Prebisch−Singer Thesis," *History of Political Economy*, 35(3), pp.437−467.
UN Millenium Project, 2006, Q/A on the Millenium Villages.

[웹 사이트]

Millenium Project 홈페이지, http://www.unmillenniumproject.org/mv/index.htm.

참고 11-1

아르헨티나 경제정책과 경제발전

1940년대 이후 드라마틱한 정치·경제 변화를 경험한 국가 중 하나가 아르헨티나이다. 아르헨티나는 19세기 비옥한 토지에서 생산되는 농축산물을 중심으로 한 부유한 국가로 1900년대 초반에 세계 10대 선진국에 속할 정도였다. 그러나 아르헨티나는 독재 및 군사정권, 다른 선진국으로부터의 수입 감소에 의한 무역규모 축소, 경제적 인기 영합주의(populism)에 기반한 다양한 사회정책, 수입대체 정책과 시장개방정책의 반복 등의 정치·경제적 격동기를 거치면서 상당 기간 경제발전을 달성하는 데 어려움에 처하였다. 결국 1980년대 전후 1인당 실질 GDP의 절대수준이 하락하는 경기침체를 겪었다. 그 이후 과대한 정부부채와 대외채무로 국가 채무불이행을 선언해야 할 정도로 경제적 어려움에 직면하였다.

[참고 그림 11-1]은 매디슨이 추정한 1인당 실질 GDP 추이를 보여 준다. 미국에 비해 1인당 실질 GDP 증가 속도가 매우 느렸고, 특히 1970년대 말부터 1980년대에는 오히려 절대 수준이 하락하였다. 이 시기를 거치면서 한국에 비해서도 1인당 실질 GDP수준이 낮게 되었다.

1816년 스페인으로부터 독립한 아르헨티나는 1880년 이후 가축이나 곡물의 수출과 영국 및 프랑스의 투자 증가로 높은 경제성장률을 기록하였다. 매디슨 자료에 의하면 1890년 아르헨티나의 1인당 실질 GDP는 2,152달러였으며, 1905년에는 3,479달러로 증가하였다. 반면 미국은 1890년 3,392달러 대비 63.4%에서 1905년 4,642달러로 약 74.9% 증가하였다. 아르헨티나 경제가 어려움에 직면하기 시작한 것은 1920년대 말 세계를 뒤흔든 대공황 시기부터였다. 같은 자료에 의하면 1929년 1인당 GDP가 4,367달러에 이르렀다가 하락하기 시작하여, 1932년 3,522달러까지 하락하였다. 그 이후 제2차 세계대전의 발발과 선진국들의 아르헨티나 제품에 대한 수입 감소로 경제성장은 다른 선진국에 비하여 저조하게 되었다.

아르헨티나의 경제발전을 논의하는데 있어 가장 중요한 인물은 두 번의 대통령(1946~55, 1973~74)을 수행하며 인기 영합주의 정책으로 유명한 후안 도밍고 페론(Juan Domingo Peron)이다.[17] 그는 노동자 총연맹(CGT)이라는 거대한 노동조합을 설립하도록 하였고, 노동사회보장처를 신설하고, 최대근로시간, 최저임금, 상여금 등 정책을 시행하여 노동자의 높은 지지를 받았다. 또한, 여성에게 투표권을 부여하는 등 노동자들의 정치 참여와 지위를 향상시키는 정책을 시행하였고, 사회보장제도의 확충을 통해 많은 병원과 학교를 설립하였다. 그리고 그는 강력한 수입대체정책을 시행하여 외국자본을 배제하고, 외국상품에 대한 관세인상, 중앙은행, 철도, 전기, 전화 및 항공 등 주요

17 당시 아르헨티나에서의 대중 영합주의적 경제정책을 페론주의(peronism)라고도 부른다.

참고 그림 11-1 아르헨티나의 1인당 실질 GDP 추이

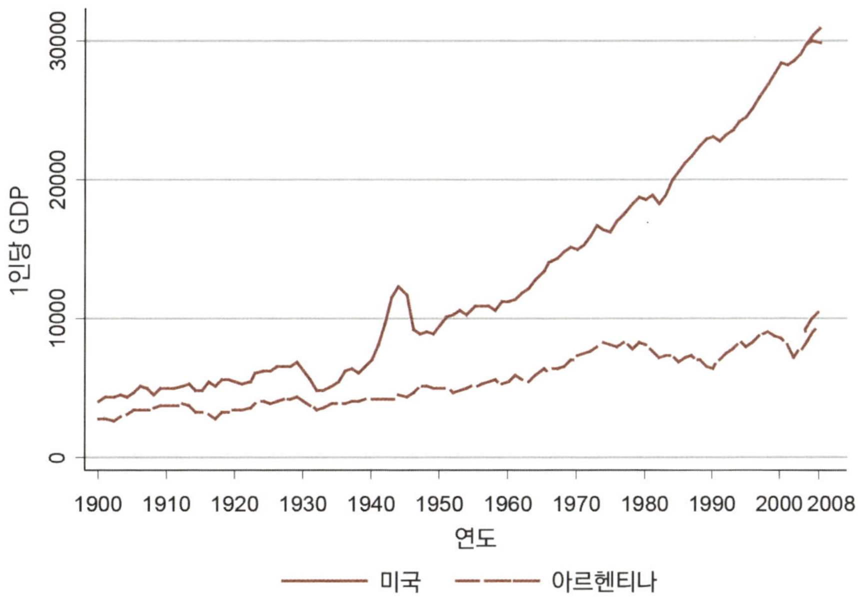

출처: The Maddison-Project, 2013 version을 이용하여 작성.

산업을 국유화하였다. 이러한 정부정책은 필연적으로 정부재정이 뒷받침되어야 한다. 정부는 이에 대응하기 위하여 무분별한 통화량 증가 정책을 시행하였고, 이는 결과적으로 자국 화폐가치 하락과 인플레이션을 유발하였다.

1955년 시민과 군의 봉기로 집권한 군사정권은 강력한 힘을 갖고 있던 노동조합에 대한 강력한 대응, 화폐 평가절하 및 가격 현실화 등의 정책을 시행하였다. 특히 노동조합 및 운동에 대한 강력한 탄압은 오히려 노동운동의 강화를 초래하는 부작용을 낳았고, 경제발전이 진행되지도 않았다. 1973년 10월 페론이 재집권하였지만 같은 해 발생한 석유파동은 아르헨티나의 재정균형에 악영향을 미쳐서 1974년 석유 수입액은 6천만 달러에서 6억 달러로 상승하였다. 석유파동으로 발생한 경제위기는 좌우익 간 극심한 갈등과 정치혼란으로 극복되지 못하였다. 1975년 물가 상승 제한 정책을 폐지하고 페소화 가치를 50% 평가절하를 하였지만, 오히려 경제혼란과 초인플레이션(hyperinflation)이 유발되었다.

1976년 쿠데타로 집권한 라파엘 비델라(Jorge Rafael Videla) 장군의 군사정부는 1977년부터 약 3년간 좌익 게릴라 척결을 명분으로 한 '더러운 전쟁(Dirty War)'이라고 불리는 인권탄압과 잔인한 정치적 학살을 지속하였다. 페론과 달리 외자유치를 통한 다국적기업을 유치하는 정책을 시행하였지

만 정부부채와 기업파산은 오히려 증가하였다. 1983년 민주선거로 집권한 라울 알폰신(Raul Alfonsin)은 인권 변호사 출신으로 정치와 경제를 정상화시키려고 노력하였으나 그 결과는 비참하였다. 그의 집권 6년 동안 총파업이 계속되었고 3,000%가 넘는 인플레이션이 나타났다. 민주주의는 회복되었지만, 그동안 축적된 경제정책 실패의 후유증을 단기간에 회복하기에는 역부족이었다.

1989년 당선된 카를로스 메넴(Carlos Saul Menem) 대통령은 기존 정책과 다르게 강력한 구조조정 정책을 시행하였다. 국내시장을 과감히 개방하는 무역자유화, 각종 규제완화, 공무원 인력 감축, 전화 및 전기 등 공기업 민영화를 통해 국가부채를 감축하여 경제가 어느 정도 안정되었다. 그리고 페소를 미국 달러에 1:1로 고정환율제로 하도록 하고 통화 공급 증가를 제한하였다. 인플레이션이 10% 이내로 하락하는 등 경제가 안정되는 듯하였으나, 1994년 멕시코가 외환위기에 직면하면서 아르헨티나는 다시 경제위기에 직면하게 되었다.

참고문헌

Schnitzer, Martin, 2000, *Comparative Economic Systems*, 8th edition, Maison, OH: South-Western College Publishing.

이중경제이론은 개발도상국의 농촌이나 전통부문의 잉여노동력이 임금이 높고 노동수요가 많은 도시나 근대부문으로 이동하여 경제발전의 원동력이 된다는 주장이다. 여기에서 더 나아가 개발도상국의 주요 특징인 잉여노동력, 불충분한 자본량 및 낮은 기술수준, 그리고 도시-농촌 및 제조업-농업 간 생산성 격차를 종합적으로 고려하는 정부 차원의 경제발전전략이 필요하다.

본 장에서는 개발도상국의 이중경제구조 특성을 반영하는 경제발전정책을 균형발전이론과 불균형발전이론으로 구분하여 소개한다. 균형발전이론은 초기부터 여러 산업이 동시에 발전할 수 있도록 정책을 펴야 한다는 주장이다. 반면에 불균형발전이론은 먼저 특정 산업에 집중적으로 투자하여 발전시키면 이 부문의 발전이 다른 부문에 파급효과를 일으켜 국가 전체적인 경제발전을 유도한다는 정책이다.

제 12 장

균형 및 불균형발전이론

제 12 장

균형 및 불균형발전이론

12.1 산업화와 경제발전

산업화(industrialization)란 국가의 사회 및 경제 내 산업구조가 1차 산업인 농업 중심에서 2차 산업인 제조업 중심으로 전환해가는 것을 의미한다.[1] 페티-클라크(Petty-Clark) 법칙은 한 나라의 산업화 과정에서 산업구조 변화와 경제발전이 서로 밀접한 관련이 있다는 것이다. 페티(Petty, 1690)는 경제발전이 진행됨에 따라 제1차 산업에서 제2차 산업 그리고 제3차 산업으로 이동하면서 산업별 취업자 및 소득 비중도 같이 변화한다고 주장하였다. 클라크(Clark, 1940)는 페티의 주장을 실증적으로 지지하였다.[2] 그는 산업을 제1차(농림 및 어업), 제2차(광공업) 그리고 제3차(상업, 교통 및 서비스업) 산업으로 분류하였다. 그는 경제발전 과정에서 1차에서 2차 그리고 2차에서 3차 산업으로 부가가치 비중이 높아지면서 산업 비중도 같이 이동한다고 보여주었다.

1 제조업 비중이 높아진 이후 제조업 중심 산업구조에서 서비스산업인 3차 산업 비중이 증가하는 현상을 탈산업화라고 한다. 탈산업화에 대한 자세한 논의는 Kang and Lee(2011) 참조.

2 산업화 과정을 설명한 또 다른 이론은 호프만의 법칙(Hoffmann's law)이다. 이는 제조업을 소비재 산업과 투자재 산업 두 부문으로 분류할 때 산업화 진전에 따라 투자재 산업에 대한 소비재 산업 생산 비중이 하락한다는 것을 보여준 법칙이다.

표 12-1 주요국의 산업구조 변화 추이

	1975			2024		
	1차	2차	3차	1차	2차	3차
선진국						
미국	1.3	25.8	72.9	0.9	19.4	79.7
영국	1.3	30.2	68.5	0.6	26.6	72.8
일본	1.9	35.2	62.9	0.9	29.3	69.8
스웨덴	4.5	38.1	57.4	1.1	33.0	65.9
독일	1.1	42.4	56.5	0.8	35.3	63.9
NICs						
한국	24.5	35.9	39.6	1.6	40.0	58.4
싱가포르	2.2	34.7	63.1	0.0	27.0	73.0
홍콩	0.1	16.1	83.8	0.0	8.6	91.4
BRICs						
중국	31.9	45.3	22.8	6.8	36.5	56.7
인도	36	28.9	35.1	16.4	33.7	49.9
브라질	11.5	42.7	45.8	5.6	35.1	59.3
기타 주요국						
필리핀	26.9	38.9	34.2	9.1	27.7	63.2
아르헨티나	6.6	50.1	43.3	6	40.6	53.4
탄자니아	29	48.1	22.9	23.4	48.2	28.4
나이지리아	12.2	40.3	47.5	20.4	32.6	47
전 세계	23.5	35.5	41	9.5	34.6	55.9

주: 1) 실질부가가치 기준임. 2) 각국의 1975년 값은 다음 연도 자료로 대체함: 미국(1997), 영국(1990), 일본(1994), 스웨덴(1980), 독일(1991), 홍콩(2000), 브라질(1981), 탄자니아(1990), 나이지리아(1981). 3) 각국의 2024년 값은 다음 연도 자료로 대체함: 일본(2023), 한국(2023), 홍콩(2023). 4) World Bank에서 15-37(제조업)만 제공함으로 인해 2차 산업은 1, 3차 산업에서 뺀 나머지로 저자 재구성.

출처: World Bank, WDI(검색일: 2025.11.14.).

구체적인 산업화 정도는 주로 고용 기준과 부가가치 기준에 의해 정의된다. 부가가치는 경상부가가치와 실질부가가치에 따라 각 산업의 비중이 다르게 나타난다. 실질부가가치의 비중으로 나타낸 주요국의 산업구조를 살펴보면 〈표 12-1〉과 같다.[3] 1인당 GDP가 가장 높은

3 1차 산업은 ISIC(international Standard Industrial Classification) 버전 4에서 1, 2와 5를 포함한다(3과 4는 없음).

국가 중 하나인 미국을 보면 2024년에는 2차 산업 비중이 19.4%이었고, 3차 산업 비중은 79.7%이었다. 영국은 2024년 기준으로 1차 산업 비중은 0.6%, 2차 산업은 26.6%, 그리고 3차 산업은 72.8%이었다. 다른 선진국들도 유사한 산업구조가 나타났다. 일본도 1975년 2차 산업 비중이 35.2%이었으나, 2024년에는 29.3%로 하락하였다. 다만, 독일은 2024년 2차 산업 비중이 35.3%로 다른 4개 선진국보다 제조업 비중이 상대적으로 높았다.

한국은 1차 산업 비중이 2024년 1.6%로 1975년의 24.5%에 비해 하락하였다. 반면에 같은 기간에 2차 산업은 35.9%에서 40.0%로 증가하였고, 3차 산업도 39.6%에서 58.4%로 증가하였다. 한국의 3차 산업 비중은 2024년에 도시국가로서 서비스업에 특화되어 성장한 싱가포르(73.0%)나 홍콩(91.4%)에 비해서 매우 낮은 수준이다. 개발도상국으로 분류되는 국가 중 브라질의 3차 산업 비중은 1975년 45.8%였으나, 2024년에 59.3%로 증가하였다. 1차 산업은 11.5%에서 5.6%로 하락하였고, 2차 산업은 42.7%에서 35.1%로 하락하였다. 종합하면 1인당 GDP가 높은 선진국일수록 3차 산업 비중이 높게 나타나고 있다. 이러한 현상은 이미 산업화 과정을 지나 오히려 2차 산업 비중은 감소하고 3차 산업 비중이 높아지는 탈산업화(deindustrialization) 과정을 거치고 있기 때문이다.

경제발전 역사를 보면 저개발국 상태에서 출발하여 현재 선진국처럼 성공적인 산업화 과정을 거친 국가들이 있다. 그러나 오랫동안 저개발국 상태에 머물러 있어 저발전 함정(under-development trap)에 빠진 국가들도 있다. 따라서 이중경제구조라는 개발도상국 특성을 반영하면서 경제발전정책을 시행하는 경우 산업화 과정을 설명할 수 있는 모형이 필요하다. 제3장과 제4장에서 논의된 1개 재화, 즉 1개 산업만을 가정하는 경제성장모형으로는 산업구조 변화를 통한 산업화 과정을 설명하기는 어렵다.

코드 1과 2는 농업 및 임업(Agriculture, Hunting and Forestry)을 의미하고 5는 어업(Fishing)이다. 2차 산업은 ISIC 버전 코드 3에서 10-45를 포함한다. 10-14는 광업(Mining and quarrying), 15-37은 제조업(Manufacturing), 40-41은 전기, 가스 및 수도(Electricity, Gas and Water Supply), 그리고 45는 건설업(Construction)을 의미한다. 3차 산업은 1차 및 2차 산업을 제외한 모든 서비스 산업을 의미하는 것으로 ISIC 코드 50-99를 포함한다. 자세한 설명은 United Nations(2008) 참조.

12.2 경제발전 단계설

12.2.1 로스토우 경제발전 단계설

로스토우(Rostow, 1959)는 선진국들의 경제발전 경험을 분석하여 경제발전 과정 5단계를 제시하였다. 그는 영국, 미국, 러시아, 일본 등 경제발전 과정을 5단계에 근거해서 설명하였는데, 이 과정을 자세히 보면 다음과 같다.

첫째, 전통사회(traditional society)이다. 생산능력의 한계로 일정 수준 이상의 변화가 불가능한 사회를 일컫는다. 전통사회는 인구의 75% 이상이 식량생산부문에 종사하고, 소득 중 최소수준의 소비를 제외하고는 비생산적인 부문인 종교 활동, 전쟁, 토지소유자들의 상류층 활동 등에 지출된다. 가난한 계층에게는 토지에 대해 이웃 궁핍화(beggar-your-neighbor) 문제가 발생하고, 고가의 결혼식이나 장례식에서 일시적으로 얻는 소득을 탕진하기도 한다. 사회구조는 계층에 의해 구분되고, 토지소유자가 있는 지역에 정치권력의 중심이 있다.

둘째, 도약준비단계(preconditions to take-off)는 무역확대, 생산 전문화 진전, 지역 내 및 국제적 의존도 증가, 금융기구 확대 그리고 새로운 생산방법을 창출하려는 유인이 증가하는 시기이다. 이 과정은 무역확대나 과거 전통사회로부터 지속되어온 식민지 지역으로 확대를 통하여 더욱 강화된다.

지속적인 산업화를 위해서는 다음과 같이 비산업 부문에서 세 가지의 급격한 변화가 요구된다. 먼저 수송부문과 같은 사회간접자본 개발(build up)이 필요하다. 이는 단순히 국내시장을 창출하거나 자연자원을 생산적으로 이용하기 위한 것뿐만 아니라 정부가 국가를 효율적으로 통치하기 위함이다. 다음으로 농업부문의 기술혁신이 필요하다. 도약준비단계에서는 인구증가와 도시화가 동시에 진전된다. 이때 농업부문의 기술혁신은 식량생산을 증가시켜 근대화 과정이 중단되는 것을 방지한다. 마지막으로 더욱 효율적인 생산과 자연자원에 대한 마케팅 확대가 필요하다. 이는 산업화를 지속하기 위한 재정수입 증가로 이어지게 한다. 그리고 근대 산업의 활동 지역이 확대되기 시작하고, 따라서 이윤이 재투자되고 수입은 지속적으로 확대된다.

셋째, 도약단계(take-off stage)이다. 이는 근대기술을 사용하는 몇 개 부문에서 비약적인 발전을 하는 단계이다.[4] 역사적으로 도약단계에서 주도적인 역할을 한 산업은 면제품, 철도 그리고 근대적인 벌채이다. 그리고 농업가공, 석유, 수입대체산업, 조선과 국방 관련 산업의 비약적인 확대는 초기 산업발전에 도움이 되는 산업이었다. 도약준비단계에서 추가적인 변화도 필요하다. 즉, 지속적인 성장을 위해 기업가와 기술자를 늘려야 하고, 자본이 부족하지 않도록 제도화하고, 투자재원을 적절하게 배분해야 한다. 이러한 점을 고려하면 도약단계의 기간을 20여 년으로 정의할 수 있다.

넷째, 성숙사회단계(drive to maturity stage)인데, 근대기술을 많은 부문에 응용하게 되는 시기이다. 도약단계가 주요 산업을 중심으로 성장하는 단계라고 한다면, 성숙사회단계는 새로운 성장산업이 과거의 성장 주력산업을 대체해가는 단계이다. 19세기 중 후반기에는 석탄, 철, 중공업에 의한 경제성장이 이루어졌고, 특히 그중에서 철도산업이 도약하였다. 그 이후 전반적인 경제성장을 주도한 것은 철강, 선박, 화학, 전기, 그리고 근대적인 공작기계였다. 다시 말하면 성숙사회단계는 전통적으로 경제성장을 견인한 산업인 석탄, 철강 그리고 중공업에서 점진적으로 화학 및 전자기계 등의 산업으로 확산되어 가는 단계이다.[5]

다섯째, 대중적 대량소비단계(age of high mass consumption stage)이다. 공공정책에 의하여 사회 안전 및 사회복지지출이 늘어나고, 개인주택과 같은 내구소비재 소비 등 개인소비가 증가하며, 국제사회에서 세력을 확대하고자 한다.

12.2.2 주요국 경제발전 단계 비교

로스토우의 경제발전 단계론은 현재 선진국들의 경험을 볼 때, 다른 국가들도 앞에서 설명한 5단계 과정을 거쳐 경제발전을 달성할 수 있다고 말한다. 그러나 현실적으로 보면 과거의 모든 개발도상국이 이러한 과정을 거쳐 경제발전을 이룩하는 것은 아니다.

첫째, 빈곤함정(poverty trap) 혹은 저발전 함정에서 벗어나지 못하는 국가들이 있다. 이 국가들은 수십 년 동안 최빈국(Least Developed Countries: LDCs) 상태에 머물고 있으면서 경제발전이 진행되지 못하고 있다. 로스토우의 발전단계설은 최빈국들의 발전이 정체된 현상을 설명하기 어렵다. 둘째, 국가 간 1인당 소득의 순위가 바뀌는 현상, 즉 뛰어넘기(leapfrogging 혹은 takeover)를 설명하기 어렵다. 따라서 로스토우의 경제발전 단계설을 모든 국가들에게 공통으로 적용하기는 매우 어렵다. 왜냐하면 세계 모든 국가의 경제발전 속도가 다른 원인과 이를

4 로스토우에 의하면 역사적으로 국가에 따라 다른 산업들이 이러한 역할을 하였다. 영국은 면제품, 영국, 프랑스, 독일, 캐나다 및 러시아는 철도, 그리고 스웨덴은 근대적인 벌채와 철도였다(Rostow, 1959, p.7).

5 로스토우는 기술의 성숙에 도달한 시점을 국가별로 예시해 놓았다. 영국(1850), 미국(1950), 독일과 프랑스(1910), 스웨덴(1930), 일본(1940), 러시아와 캐나다(1950) 등이다(Rostow, 1959, p.8).

표 12-2 저발전 함정에 있는 주요국의 1인당 실질 GDP

	1960	1970	1980	1990	2000	2010	2020	2024
가나	1,101	1,152	892	856	1,022	1,381	1,970	2,170
방글라데시	429	476	405	473	621	944	1,605	1,941
부룬디	289	347	352	427	302	290	255	256
에티오피아	240	277	304	278	257	439	799	916
케냐	793	980	1,275	1,329	1,195	1,340	1,609	1,853
네팔	327	340	334	423	547	721	1,032	1,180
파키스탄	414	632	730	951	1,050	1,257	1,526	1,644
르완다	335	330	415	368	333	583	826	1,070
세네갈	1,151	1,041	1,012	991	1,048	1,154	1,362	1,524
시에라레온	884	1,120	1,165	992	727	903	1,010	1,134
수단	852	748	748	764	1,111	1,311	1,057	582
토고	449	744	867	704	680	645	807	923
짐바브웨	1,142	1,533	1,546	1,653	1,676	1,056	1,230	1,421

주: 1) 2015년 기준 불변가격 미국 달러 기준임. 2) 에티오피아의 1960년 값은 1961년 값임.
출처: World Bank, WDI(검색일: 2025.11.14.).

해소하기 위한 대책에 대해서 충분한 설명이 되어 있지 못하기 때문이다.

〈표 12-2〉는 최빈국 상태에서 벗어나지 못하고 있는 주요 국가들의 1인당 실질 GDP를 비교한 것이다. 표에 있는 국가들은 2020년 1인당 실질 GDP가 1,000달러 수준에서 벗어나지 못하는 빈곤함정에 처한 최빈국들이다. 가나는 1960년 1인당 실질 GDP가 1,101달러였으나, 2024년에는 2,170달러에 머물고 있어 매우 낮은 증가에 그쳤다. 세네갈은 1960년에

표 12-3 한국과 주요국의 1인당 실질 GDP

	1960	1970	1980	1990	2000	2010	2020	2024
한국	1,028	1,977	4,057	9,367	16,996	25,456	31,378	37,048
필리핀	1,124	1,349	1,868	1,704	1,793	2,373	3,199	3,925
아르헨티나	7,397	9,244	10,276	8,115	10,632	13,387	11,393	12,667
코스타리카	3,609	4,665	6,212	6,037	7,727	10,285	12,242	14,867

주: 1) 2015년 기준 불변가격 미국 달러 기준임. 2) 에티오피아의 1960년은 1961년 값임.
출처: World Bank, WDI(검색일: 2025.12.14.).

1,151달러였으나, 2024년에는 1,524달러로 거의 변화가 없다. 과거 50여 년 동안 생활수준이 더 하락한 국가들도 있다. 부룬디는 1960년과 2024년 각각 289달러와 256달러로, 짐바브웨도 1970년과 2020년 사이에 1인당 실질 GDP가 하락하였다.

〈표 12-3〉은 한국과 주요 국가들의 1인당 실질 GDP를 비교하여 국가 간 뛰어넘기가 나타난 경우를 보여준다. 한국은 1960년 1인당 실질 GDP가 1,028달러였으나, 65년이 지난 2024년에는 37,048달러로 약 36배 증가하였다. 반면에 필리핀은 1960년 1인당 실질 GDP가 1,124달러로 한국과 유사한 수준이었으나, 2024년은 3,925달러로 증가하여 약 3.5배 증가에 그쳤다. 한편 1960년 아르헨티나와 코스타리카의 1인당 실질 GDP는 각각 7,397달러와 3,609달러로 한국보다 높았다. 그러나 2024년 각각 12,667달러와 14,867달러로 한국보다 낮은 수준이어서 한국은 이 기간에 아르헨티나와 코스타리카의 발전단계를 뛰어넘었다고 볼 수 있다.

12.3 균형발전이론

12.3.1 균형발전이론의 전개 과정

균형발전이론(balanced development theory)은 동원할 수 있는 자원을 여러 산업에 적절하게 배분하여 투자함으로써 균형 있는 경제발전을 달성하고자 하는 경제발전전략이다. 로젠스타인-로당(Rosenstein-Rodan, 1943)이 제창한 이후 넉시(Nurkse, 1953)가 발전시키고, 머피 외(Murphy et al., 1989)가 모형화한 이론이다.[6]

로젠스타인-로당은 경제발전이 실패하는 이유는 산업 간 조정실패(coordination failure) 때문이라고 주장하였다. 예를 들어 개발도상국에서 대량생산이 이루어지는 A산업에 여러 투자가 동시에 이루어지지 않는 이유는 이 산업과 상호 보완적인 관계에 있는 B산업에 대한 투자가 이루어지지 않기 때문이라는 것이다. 물론 상호 보완적인 B산업에 대한 투자가 이루어지지 않는 이유도 A산업에 대한 투자가 이루어지지 않기 때문이기도 하다. 왜냐하면 A산업에 대

6 로젠스타인-로당은 1940년대 전쟁 이후 개발도상국 상태로 산업화를 하지못한 유럽의 동부 및 남동부 지역들의 산업화를 진행시키기 위한 경제발전전략을 제시하였다.

한 투자로 대량생산이 이루어지면 규모의 경제(increasing returns to scale)가 나타나지만, 다른 보완적인 산업이 아직 충분히 발전하지 못하여 A산업에서 생산된 생산물을 수요할 수 있는 소득이 부족한 상황이 나타나기 때문이다. 반대로 B산업에 대한 투자가 기대된다면 산업 간 투자 조정이 일어나서 A산업에 투자하려는 기업의 투자유인도 커지게 된다.

즉, 한 국가에서 산업화가 진행되지 않는 균형과 진행되는 균형 중 어느 것을 달성하느냐는 다른 기업의 생산전략에 대한 기업의 기대에 의존한다. 이에 따르면 개발도상국이 산업화를 달성하기 위해서는 어느 특정 산업에만 투자할 것이 아니라 서로 연관되는 산업에 일정액 이상의 대규모 투자가 이루어져야 한다. 이를 통하여 동시에 수요시장이 확대되면서 전반적인 산업발전이 가능해진다.

넉시(Nurkse, 1953)는 저개발국 빈곤의 원인은 자본이 부족하기 때문이라고 주장하고 경제발전에서 저축과 투자의 중요성을 강조하였다. 따라서 빈곤의 악순환(vicious circle of poverty)에서 벗어나기 위해서는 가능한 한 상호 보완적인 산업들에 동시에 광범위한 투자를 통하여 부문 간 균형적인 발전이 가능하도록 해야 한다.[7] 그렇게 함으로써 각 산업은 서로 다른 산업의 수요를 창출하고, 따라서 생산이 동시에 증가하면서 균형적 경제발전이 가능하다는 이론이다. 이러한 투자행위 조정과정을 통하여 두 국가 간 본질적인 차이가 없음에도 불구하고, 어느 나라는 역사적으로 저개발 상태로 남아있는 반면에 다른 나라는 더욱 부유해지는 이유를 설명하였다. 기본 개념은 저개발국이 현재 상태에서 경제발전 단계로 나아가기 위해서는 상당한 수준의 투자가 필요하다는 것이다. 즉, 약간의 투자는 자원의 낭비일 뿐 저개발국이 도달하고자 하는 경제발전 수준에는 미치지 못한다고 보았다.

12.3.2 빅 푸시 발생 원인과 과정

로젠스타인-로당은 여러 부문에 대한 균형적인 투자가 이루어지면 부문 간 상호 작용에 의해 경제 전체가 발전할 수 있다고 주장하였다. 구체적인 과정은 숙련노동력의 공급 확대, 산업 간 수요의 상호 보완성(complementarity)과 생산과정에서 나타나는 외부성(externality)이다.

7 넉시의 빈곤의 악순환은 생산측면에서 자본 부족 → 생산 감소 → 소득 하락 → 소비 및 저축 위축 → 자본 부족, 그리고 수요측면에서 소득 하락 → 구매력 하락 → 시장규모 협소 → 투자유인 하락 → 소득 하락이 반복되는 현상이다.

(가) 숙련노동력 공급확대

산업화를 위해 매우 중요한 출발점은 교육훈련을 통해 농업에 종사하는 노동자를 숙련노동자로 전환시켜 산업부문에 숙련노동자를 더 많이 공급하도록 하는 것이다. 이러한 교육훈련은 민간기업에 의하여 이루어지기 어렵다. 기업이 고용된 노동자에 대한 투자를 통하여 교육을 받은 노동자들은 좀 더 좋은 조건을 제시하는 다른 기업과 계약을 한다고 하자. 이런 경우 기존 투자기업의 입장에서 교육훈련을 시키는 것은 손해이므로 투자유인이 감소하게 된다. 따라서 민간기업 입장에서 이러한 교육투자가 매력적이지 않지만, 국가적 차원에서 보면 교육에 대한 투자가치가 충분히 있다.

(나) 산업 간 수요의 보완성

1인당 소득이 매우 낮은 개발도상국이 어느 특정 산업에 대한 투자로 생산을 증가시킨다고 하자. 국내시장규모가 협소하기 때문에 다른 산업의 수요가 증가하지 않고는 이 특정 산업에서 생산된 재화가 충분히 소비되지 못한다. 따라서 어느 특정 산업뿐만 아니라 다른 산업에서도 생산을 동시에 증가시켜 산업 간 생산된 재화를 서로 수요할 수 있어야 전체적인 시장규모에 영향을 미칠 수 있다. 즉, 어느 한 산업의 생산물이 다른 산업에서 수요가 될 수 있게, 즉 보완적 수요(complementary demand)를 창출할 수 있도록 연관된 산업에 동시에 투자가 이루어져야 한다.[8]

로젠스타인-로당은 산업 간 수요의 보완성을 설명하기 위하여 신발산업을 예로 들고 있다. 농업부문 노동자들을 신발산업으로 이동시킨다고 하자. 그들은 이전보다 높은 임금을 받게 되지만 농촌에 있었을 때보다 더 높은 비용지출이 필요하다. 예를 들어, 농촌에 비해 도심의 물가수준이 더 높기 때문에 도시로 수송된 식품류나 주거비용에 대한 지출이 더 많아진다. 노동자들이 증가한 소득을 신발을 사는 데만 사용하는 것이 아니라 다른 산업에서 생산된 제품을 소비하는 데에도 지출해야 한다. 따라서 실업 상태에 있는 노동자들이 신발산업만이 아니라 임금노동자들이 수요할 다른 산업으로 동시에 이동하여 고용된다면 전체 산업 생산이 증가한다.

개발도상국은 소비구조가 선진국에 비하여 다양하지 않기 때문에 어떤 부문에서 소비증

8 만약에 개방경제를 가정하는 경우 외국 수요를 고려하면 반드시 국내산업에서만 특정 산업의 생산물을 수요할 필요는 없다. 그러나 넉시는 수출확대에 의한 대외개방정책에 대하서 긍정적이지 않았다. 이를 수출 비관주의(export pessimism)라고 한다.

대가 이루어질 것인가에 대한 예측이 상대적으로 용이하다. 따라서 정부는 정확한 예측을 통하여 상호 보완적인 소비구조를 갖는 산업에 동시에 투자하거나 이 산업으로 노동을 이동시키면 산업화가 성공적으로 일어날 수 있다.

(다) 생산부문의 외부경제

생산부문의 외부경제는 생산기업 자신에 대한 외부경제와 산업에 대한 외부경제로 나눌 수 있다.[9] 이는 직접적으로 생산하는 기업이나 산업이 생산으로 인하여 얻어가는 이득인 사적 한계편익(private marginal benefit)이 사회적 한계편익(social marginal benefit)에 비하여 낮은 경우를 의미한다.

사회간접자본(social overhead capital)은 외부경제를 갖는 전형적인 예이다. 로젠스타인-로당은 대표적인 사회간접자본으로 철도, 도로, 운하, 수력발전소 등을 제시하였다. 농업부문만 발달해 있는 경우 사회간접자본의 발달은 산업화에 크게 도움이 되지 않는다. 왜냐하면 농산품의 경우 대단위 수송이 필요 없고, 생산된 주변 지역에서 자체적으로 소비되기 때문이다. 반면에 장거리 수송이 필요한 산업제품의 경우 사회간접자본이 발달하면 저렴해진 수송비용이 제품의 가격경쟁력을 강화시켜주어 산업화에 도움이 된다. 물론 외부 경제적 성과를 주는 사회간접자본이 되기 위해서는 어느 정도 대규모 투자가 이루어져야 한다.

사회간접자본에 대한 투자는 민간기업에 의해서 이루어지기 어렵다. 대규모 자본이 필요한 동시에 개별 투자기업에 대한 이익보다 사회적 이득이 많은 외부경제성을 갖는 부문에 대한 투자이기 때문이다. 따라서 사회간접자본의 확충을 위해서 정부가 직접 투자해야 하는 정당성이 생긴다. 만약 기업 간 혹은 산업 간 상호 외부성을 통하여 생산이나 소비가 증가할 수 있다는 기대가 이루어지지 못하여 상호 조정실패(coordination failure)가 일어난다고 하자. 이런 경우 서로가 투자를 통한 수익창출을 기대하지 못하기 때문에 산업화를 위한 투자가 이루어지지 못한다.

조정실패가 나타나는 국가는 두 개 균형 중에서 산업화가 되지 않는 균형에 머물게 되고 따라서 저발전 함정에서 빠져 나오지 못하게 된다. 결국 산업화로 진전되기 위해서는 기업들이 상호 투자하고, 외부성의 이득을 통한 이윤창출이 이루어진다는 기대가 가능하도록 하는 경제환경이 성립될 수 있어야 한다. 이를 위한 가장 적절한 대안으로 정부를 중심으로 사회간

9 여기서 외부경제는 마샬적 외부경제(Marshalliam external economies)를 의미하는 것으로 외부적 규모의 경제(external economies of scale)라고도 한다. 어느 기업이나 산업에서 생산이 증가하는 경우 다른 기업이나 산업이 적절한 대가를 지불하지 않아도 이득을 볼 수 있는 경우이다. 외부성에 대해서는 제14장 각주 7에 자세히 설명되어 있다.

접자본에 대한 대규모 투자 형식의 빅 푸시가 필요하다는 이론이 등장하게 되었다.

12.3.3 빅 푸시이론

로젠스타인-로당과 넉시가 제시한 이론을 구체적으로 모형화 한 것이 머피 외(Murphy et al., 1989)의 빅 푸시(big push)이론이다. 빅 푸시이론은 규모의 경제에 의한 이득을 이용하기 위해서는 일정 수준 이상의 투자가 필요하며, 이러한 규모의 투자를 통해서 사회적 이득이 사회적 비용보다 커질 수 있다고 제시한다. 본 교재에서는 머피 외가 제시한 빅 푸시 모형 중에서 전통기술과 근대기술을 사용하는 경우 근대기술에 종사하는 노동자들이 임금을 더 많이 받는다는 임금 프리미엄(wage premium) 모형을 중심으로 설명한다.[10]

빅 푸시이론을 그림으로 설명하기 위하여 다음과 같은 가정을 한다.

첫째, N개의 산업부문으로 구성된 경제를 가정하고, 각 부문은 규모가 매우 작아서 한 부문의 변화만으로는 경제 전체에 영향을 미치지 못한다.

둘째, 각 재화는 1개 부문에서만 생산되고, 각 부문은 두 가지 형태의 기술인 전통기술(T)과 근대기술(M)을 사용한다. 기업이 어느 기술을 선택할 것인가는 기업이 기대하는 이윤에 의하여 결정된다.[11]

셋째, 전통기술을 사용하다가 근대기술을 사용하는 부문으로 이전하는 노동자는 기존임금에 비하여 더 높은 임금을 받는다. 전통기술을 사용하는 기업에 고용된 노동자의 임금은 1이라고 가정하고, 근대부문 노동자의 임금은 w라 하자. 여기서 근대부문의 임금이 전통부문의 임금인 1보다 크다고 가정한다($w > 1$).

넷째, 생산요소는 오직 노동만 존재하고, 경제 전체에는 $\overline{L}$명의 노동자가 존재하여 각 부문에 동등한 비용으로 고용되어 있다. 따라서 각 부문에서의 노동자 수는 $\overline{L}/N$명이다.

다섯째, 모든 소비자들은 모든 재화에 대하여 동일한 비용을 지출한다.

여섯째, 생산부문의 진입과 진출이 자유로운 경쟁시장을 가정한다. 따라서 제품의 시장가격은 전통기술로 생산을 하는 경우 한계비용인 1과 같다. 근대기술을 사용하는 기업의 가격도 1이 되어야 하는데, 만약 가격이 1보다 높으면 전통기술을 사용하는 생산자의 제품만 소비된다. 따라서 근대기술을 이용한 기업은 가격 1에서 독점을 갖게 된다.

10 자세한 설명은 Murphy(1989, pp.1007-1013)과 Todaro and Smith(2011, pp.163-172) 참조.

11 기술수준의 선택 문제를 다루는 것으로 같은 재화를 다른 기술로 생산한다는 의미이다.

일곱째, 전통기술에서는 규모에 대해 보수불변이어서 노동자 1인이 1개의 생산을 한다. 반면에 근대기술을 사용하는 경우 규모에 대한 보수증가가 발생한다. 근대기술을 사용하여 시장에 진입하는 경우 행정 처리를 위해 F명의 노동자가 고정투입으로 소요된다고 가정하자. 고정투입에 의한 고정비용이 존재하기 때문에 근대부문 기업은 생산이 증가함에 따라 평균비용이 하락하는 규모의 경제 특성을 갖는 생산함수를 가진다. 그러나 근대부문의 생산성이 전통부문보다 높기 때문에 같은 노동력을 투입하는 경우 근대부문 생산량이 더 많다.[12]

[그림 12-1]에서 수평축은 노동투입량이고 수직축은 총생산량이다. 제품가격이 1이기 때문에 수직축은 기업이 얻는 총수입을 의미하거나, wL에 해당하는 총비용을 의미한다. 여기서 설명하고 있는 모형은 1기 모형을 가정하기 때문에 저축은 존재하지 않는다. 따라서 생산된 재화는 모두 소득이 되고 소비와 일치한다.

먼저 전통기술을 이용하여 생산하는 경우 그림에서 생산함수의 기울기는 1인 T_i가 되고, 이 선상에서 총수입과 총비용이 일치한다. 그 이유는 생산함수가 노동 1단위가 투입되면 1개

그림 12-1 빅 푸시이론과 산업화 과정

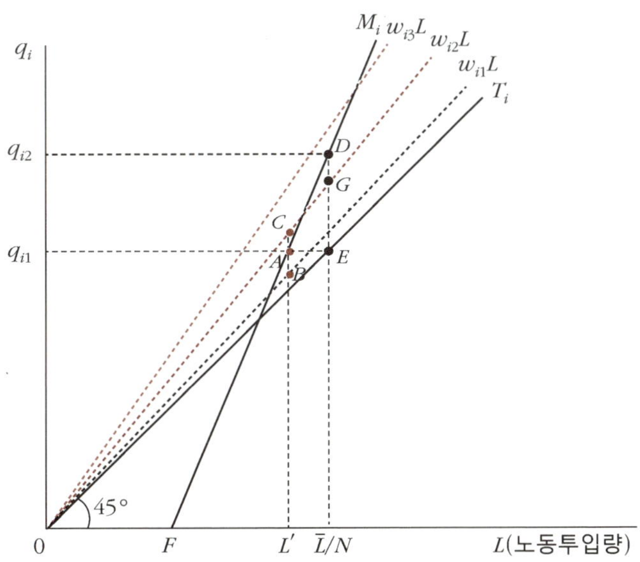

출처: Todaro and Smith(2011, pp.166)을 수정한 것임.

12 이를 수식으로 표현하면 전통기술을 사용하는 경우 생산함수는 $L_i = Q_i^T$이고, 근대기술을 사용하는 경우에는 $L_i = F + \beta Q_i^M$이다. 따라서 근대기술을 사용하는 경우 총비용은 wL_i가 되어 wF는 고정비용이 되고 $w\beta$는 한계비용이 된다.

재화가 생산되는 규모에 대한 수확불변의 형태를 가지고, 전통기술을 사용하는 경우 임금을 1로 가정하였기 때문이다. 따라서 T_i는 노동자들을 고용하는데 소요되는 총비용(wL)과 동일하다. 전통부문 i에서 전통기술을 이용하는 경우 E에서 $\overline{L}/N$의 노동력이 투입되어 q_{i1}만큼 생산을 한다. 따라서 모든 노동자가 전통부문에서 일한다고 한다면, 총수입과 총비용은 일치하여 $q_{i1}=\overline{L}/N$이 된다.[13]

i부문에서 근대기술을 사용하여 생산하는 경우 생산함수는 M_i이다. 근대부문에 종사하는 노동자는 전통부문 노동자보다 더 높은 임금을 받아서 임금수준은 w_{i1}이다.

앞에서와 같이 전통부문에서 모든 노동자를 고용하는 경우 생산되는 q_{i1}은 시장수요와 같다고 하였다. 이 상황에서 근대기술을 사용하여 같은 양을 생산하기 위한 노동자 수는 전통기술을 사용하는 경우보다 적어서 A에서 L'의 노동자만 필요하다. 따라서 노동자를 고용할 때 소요되는 총비용은 B에서 $w_{i1}L'$이 된다. 이때 A에서 총수입(q_{i1})이 B의 총비용($w_{i1}L'$)보다 크다. 따라서 근대기술을 사용하여 생산한다면 이윤이 발생하고, 새로운 기업은 고정비용을 부담하더라도 근대기술을 사용해 생산하려는 유인이 존재한다.

반면에 A와 D균형 사이에서 두 개의 균형 가능성이 존재한다. 먼저 임금수준이 w_{i2}라고 하자. 만약 한 기업만 수준이 w_{i2}라고 하자. 만약 한 기업만 근대화하려고 하고, 다른 모든 기업들이 근대화하지 않는 상태라면 기업이 직면하는 수요(q_{i1})의 변화가 없다. 따라서 자신만이 혼자서 근대화한 기업은 시장에 진입하여 얻을 수 있는 총수입(q_{i1})에 비해 C에서의 총비용($w_{i2}L'$)이 높아서 이 기업은 손실을 보게 된다. 따라서 이 기업은 다른 기업들이 같이 근대화하지 않는 한 근대화하려는 유인이 없다.

반면에 모든 기업들이 각 분야에서 근대기술을 이용하여 시장에 진입하고 생산하는 경우를 보자. 모든 생산부문의 임금수준이 w_{i2}로 상승하게 되고, 따라서 다른 기업들의 수요 증가로 인하여 각 기업이 생산하는 재화에 대한 수요도 q_{i1}에서 q_{i2}로 증가하게 된다. 물론 각 부문에 전통기술을 사용하여 생산하고 있는 기업이 아직도 존재하고 있기 때문에 근대기술을 이용하여 생산된 재화의 가격은 1로 유지되어야 한다. 그렇지 않으면 전통기술을 이용한 기업들에 의하여 시장이 다시 독점화된다.

모든 부문이 근대화되어 i부문에서 기업이 직면하게 되는 시장수요가 q_{i2}라면 이 부문에서 생산하려는 기업은 근대기술을 사용하려는 유인이 있다. 근대기술을 사용하는 기업은 가능한 모든 노동력($\overline{L}/N$)을 이용하여 D에서 q_{i2}만큼 생산한 제품을 모두 판매할 수 있다. 임

13 제품가격이 1이므로 기업이 얻는 총수입($p_{i1}q_{i1}$)은 q_{i1}과 일치한다.

금수준이 w_{i2}일 때, D는 w_{i2}선보다 위에 있기 때문에 산업화 이후에 기업은 이윤을 얻을 수 있다.

즉, G에서 비용은 $w_{i2}(\overline{L}/N)$이고, 이는 점 D에서의 총수입(q_{i2})보다 작으므로 이윤이 창출된다. 이는 다른 부문 노동자들의 충분한 소비가 뒷받침되기 때문이다. 노동자들도 더 높은 임금을 받게 되어 최소한 전통부문에서 일하는 경우의 수준에 해당하는 후생수준을 누릴 수 있다. 물론 이 상황에서 임금이 더 상승하여 wL선이 D의 위 부분을 지난다면 $w_{i3}(\overline{L}/N) > q_{i2}$이 되어 기업으로 하여금 산업화할 유인이 사라지게 된다.

가장 흥미 있는 경우는 w_{i2} 수준의 임금인데 이때 조정 문제가 나타난다. 당장 개별 기업에게 근대기술을 이용하여 생산하려는 유인이 있다. 그러나 다른 기업들도 같이 근대기술을 도입하여 생산에 참여하지 않는다면 시장수요의 확대가 일어나지 않기 때문에 해당 기업은 근대기술을 사용하더라도 이윤을 얻을 수 없어서 실질적인 투자로 나타나지 않는다. 따라서 이 임금수준에서 근대화적 생산 혹은 전통적 생산방법 유지라는 두 개의 선택 가능한 균형 상태가 존재한다. 결국, w_{i2} 수준의 임금에서 모든 기업들이 동시에 근대화를 한다면 이윤, 임금, 그리고 생산량이 그 이전보다 더 높아져 노동자들의 후생수준도 과거보다 증가하게 된다. 그러나 다른 모든 기업들이 전통기술을 그대로 유지한다면 임금과 생산량은 그보다 낮은 상태 그대로 남게 되어 근대화로 진전이 되지 못한다.

결국 A와 D 사이를 지나는 임금수준에서 보면 두 개의 균형이 존재할 수 있다. 이 경우 조정실패(coordination failure) 문제 때문에 시장에서 자동적으로 근대기술을 사용하는 균형으로 이동하지 못한다. 따라서 경제발전을 진행하기 위해 필요한 정부의 대표적인 역할은 사회간접자본에 대한 투자확대이다.

결론적으로 산업화를 달성하기 위하여 경제 내 모든 부문이 동시에 근대기술을 이용하여 생산하는 근대화가 선행되어야 하는 것은 아니다. 다만 어느 특정부문에서 산업화 유인이 생기려면 해당 부문에서 생산된 재화를 소비할 수 있는 다른 부문의 발전이 선행되어야 한다. 이를 위해서 다른 부문에서 선행적인 근대화를 통해 소득을 상승시켜서 충분한 국민소득수준에 도달해 있어야 한다.

넉시를 비롯한 균형발전론자들의 주장에는 한계가 있다. 그들은 저발전의 원인을 국내수요의 부족에서 찾았다. 따라서 정부는 수요확대를 위해 농업과 산업 상호 보완적인 관계에 있는 모든 부문에 균형적으로 투자하라고 권고하고 있다. 다만 개발도상국은 근본적으로 투자재원이 부족한 상태인데 이 재원을 어떻게 조달할 것인가에 대한 방안이 명확히 제시되지 않았다. 특히 수출을 통한 재원 및 소비확대에 대해서는 부정적인 의견을 제시하여 국내시장을 통한 재원조달 및 발전전략을 제시하였는데, 개방경제에서의 해외수요도 고려할 필요가 있다.

12.4 불균형발전이론

12.4.1 허쉬만의 불균형발전이론

불균형발전이론(unbalanced development theory)으로 대표적인 것이 허쉬만(Hirschman, 1958)이 제시한 이론이다. 허쉬만은 개발도상국은 모든 부문에 동시에 투자하기 보다는 전략적 산업에 먼저 집중적으로 투자를 하는 것이 더 효율적이라고 주장한다. 그 이유는 개발도상국이 동원할 수 있는 자본이 부족하기 때문이다. 경제발전 초기에 개발도상국은 모든 산업에 동일하게 투자할 여력이 없기 때문에 특정 전략산업을 선정하여 집중적으로 투자를 하는 전략이 더 효율적이라는 것이다. 거리적 개념으로 보면 생산거점(growth poles)을 선택해서 집중적으로 투자를 하라는 것으로 이를 거점효과(polarization)라고 한다.

허쉬먼의 주장은 특정 산업에 대한 선택적 투자로 이 산업의 발전이 이루어진다면 다른 부문은 상호 연관효과(linkage effects)를 통하여 자동적으로 발전한다는 것이다. 따라서 연관효과가 큰 산업을 투자 대상 전략산업으로 선정하는 것이 중요하다.[14] 그러므로 특정 전략산업이 발전하기 시작하는 경우, 실제로 투자가 이루어지지 않은 다른 산업에 대한 파급효과가 얼마나 나타나는지를 파악하는 것이 중요하다. 다음 절에서는 산업 간 파급효과가 어떻게 나타나는지를 결정하는 전·후방연관효과에 대하여 알아본다.

12.4.2 전·후방연관효과

산업 간 연관효과는 산업연관표(input-output table)를 이용하여 계산되는데, 전방연관효과(forward linkage effects)와 후방연관효과(backward linkage effects)로 나눌 수 있다.[15]

14 한국이 1960년대부터 본격적으로 실시한 경제개발 5개년 계획, 1973년 발표한 중화학공업 육성전략 등은 중화학공업부문에 대한 집중적인 투자를 통해 경제성장을 달성하겠다는 전형적인 불균형발전전략이다.

15 산업 간 연관효과의 도출과정 및 설명에 대한 내용은 한국은행(2019, pp.18-28) 참조. 한국은행에서는 전방연관효과를 감응도계수, 후방연관효과는 영향력계수라고 부른다.

전방연관효과는 어느 특정 산업의 생산물이 다른 산업(전방산업)의 중간재로 생산되는 정도를 의미한다. 만약 자동차 산업의 생산량이 증가한다면, 전방연관효과는 자동차를 판매하기 위한 대리점이나 소비수요 산업도 같이 발달하게 되는 정도이다. 후방연관효과는 특정 산업의 생산을 증가시키는데 필요한 중간재나 원료를 공급하는 다른 산업(후방산업) 생산에 미치는 영향이다. 예를 들어 자동차 생산이 증가한다면 이 생산에 필요한 원자재나 부품 등 중간재 산업이 발달하게 되는 정도이다.

전·후방연관효과가 어떻게 도출되는지를 알아보기 위해 다음과 같은 경제 내에 n개 재화가 생산되는 산업연관표 식 (12-1)을 보자.

$$
\begin{aligned}
&X_{11}+X_{12}+\cdots+X_{1j}+\cdots+X_{1n}+Y_1-M_1=X_1\\
&\qquad\qquad\qquad\vdots\\
&X_{i1}+X_{i2}+\cdots+X_{ij}+\cdots+X_{in}+Y_i-M_i=X_i\\
&\qquad\qquad\qquad\vdots\\
&X_{n1}+X_{n2}+\cdots+X_{nj}+\cdots+X_{nn}+Y_n-M_n=X_n
\end{aligned}
\tag{12-1}
$$

X_{ij}는 j부문 생산을 위하여 사용되는 i재의 투입액을 의미하고, X_i는 i부문 총산출액이다. 그리고 Y_i는 i부문 최종 수요액 그리고 M_i는 i부문 수입액이다.16 전체 산업의 수와 재화의 수는 n개로 동일하다. 식 (12-1)을 $a_{ij}(=X_{ij}/X_j)$에 관한 식으로 정리하면 식 (12-2)와 같이 나타낼 수 있다.

$$
\begin{aligned}
&a_{11}X_1+a_{12}X_2+\cdots+a_{1j}X_j+\cdots+a_{1n}X_n+Y_1-M_1=X_1\\
&\qquad\qquad\qquad\qquad\vdots\\
&a_{i1}X_1+a_{i2}X_2+\cdots+a_{ij}X_j+\cdots+a_{in}X_n+Y_i-M_i=X_i\\
&\qquad\qquad\qquad\qquad\vdots\\
&a_{n1}X_1+a_{n2}X_2+\cdots+a_{nj}X_j+\cdots+a_{nn}X_n+Y_n-M_n=X_n
\end{aligned}
\tag{12-2}
$$

a_{ij}는 j부문 생산을 위해 사용되는 i재 투입액을 j부문 총 산출액으로 나눈 것으로 투입

16 최종수요는 가계에서 소비재로 사용되거나 기업이 자본재로 사용 혹은 외국으로 수출하는 것이다. 반면에 생산활동 과정에서 중간재로 사용하기 위한 재화나 서비스 재화를 중간수요라고 한다. 용어에 대한 자세한 설명은 한국은행(2019) 참조.

계수라고 부른다. 이는 j부문의 생산을 위해 투입하는 i부문의 비중을 의미한다.

식 (12-2)를 행렬 형태로 표현하면 식 (12-3)과 같다.

$$\begin{bmatrix} a_{11} & a_{12} & \cdots & a_{1j} & \cdots & a_{1n} \\ \vdots & \vdots & \cdots & \vdots & \cdots & \vdots \\ a_{i1} & a_{i2} & \cdots & a_{ij} & \cdots & a_{in} \\ \vdots & \vdots & \cdots & \vdots & \cdots & \vdots \\ a_{n1} & a_{n2} & \cdots & a_{nj} & \cdots & a_{nn} \end{bmatrix} \begin{bmatrix} X_1 \\ X_2 \\ \vdots \\ X_j \\ \vdots \\ X_n \end{bmatrix} + \begin{bmatrix} Y_1 \\ \vdots \\ Y_i \\ \vdots \\ Y_n \end{bmatrix} - \begin{bmatrix} M_1 \\ \vdots \\ M_i \\ \vdots \\ M_n \end{bmatrix} = \begin{bmatrix} X_1 \\ \vdots \\ X_i \\ \vdots \\ X_n \end{bmatrix} \tag{12-3}$$

이를 행렬로 간단히 쓰면 $AX+Y-M=X$ 혹은 $(I-A)X=Y-M$이 된다. 여기서 A는 투입계수행렬, X는 총 산출액 벡터, Y는 최종 수요액 벡터이고 M은 수입액 벡터를 나타낸다. 이를 다시 쓰면 식 (12-4)와 같다.

$$X=(I-A)^{-1}(Y-M) \tag{12-4}$$

I는 주 대각요소가 모두 1이고, 그 밖의 요소는 모두 0인 단위행렬이다. 식 (12-4)에서 $(I-A)^{-1}$를 생산유발행렬이라 하고, 각각의 요소 α_{ij}를 생산유발계수라고 한다.

위의 식을 이용하여 k산업의 전방연관효과($F(x_k)$)를 구하면 식 (12-5)와 같다.

$$F(x_k)=\frac{\frac{1}{n}\sum_{j=1}^{n}\alpha_{kj}}{\frac{1}{n^2}\sum_{i=1}^{n}\sum_{j=1}^{n}\alpha_{ij}}=\frac{n\sum_{j=1}^{n}\alpha_{kj}}{\sum_{i=1}^{n}\sum_{j=1}^{n}\alpha_{ij}} \tag{12-5}$$

전방연관효과는 전체 산업부문의 최종수요를 한 단위씩 증가시키기 위해 k부문 산업 생산물이 각 산업에 중간재로 얼마나 판매되었는가를 보여준다. k산업의 전방연관효과는 산업별 생산유발계수의 k번째 행 합계를 총 n개 산업의 생산유발계수 평균값으로 나누어 계산된다.

다음으로 k번째 산업의 후방연관효과($B(x_k)$)를 구하면 식 (12-6)과 같다.

$$B(x_k) = \frac{\frac{1}{n}\sum_{i=1}^{n}\alpha_{ik}}{\frac{1}{n^2}\sum_{i=1}^{n}\sum_{j=1}^{n}\alpha_{ij}} = \frac{n\sum_{i=1}^{n}\alpha_{ik}}{\sum_{i=1}^{n}\sum_{j=1}^{n}\alpha_{ij}} \quad (12-6)$$

위 식은 k번째 산업에서 재화를 생산하기 위하여 다른 산업의 생산물이 중간재로 얼마나 사용되는지를 보여준다. 즉, 산업 k의 후방연관효과는 산업별 생산유발계수의 k번째 열 합계를 총 n개 산업의 평균 생산유발계수로 나눠줌으로써 계산된다.

[그림 12-2]는 철강산업의 전·후방연관효과를 보여 준다. 만약 철강산업을 선도산업(leading industry)으로 지정하여 집중적으로 투자를 한다고 하자. 이 산업의 발전을 위해 석탄이나 철광석 등 후방생산부문의 생산증가가 필요하다. 따라서 철강산업의 생산이 증가함에 따라 석탄 혹은 철광석 생산이 증가하게 되는 후방연관효과가 나타난다. 그리고 철강산업 생산이 증가하면서 철강산업 생산물을 중간재로 사용하는 자동차, 조선, 기계 및 건설 그리고 판매·유통 산업 등의 생산이 같이 증가하게 되는 전방연관효과가 나타난다.

12.4.3 산업연관효과와 경제성장

허쉬만(Hirschman, 1958)의 경제발전전략은 전·후방연관효과가 가장 크다고 판단되는 산업에 정부가 집중적으로 투자하고, 이 산업의 발전에 따라 나타나는 산업 간 파급효과를 통해서 다른 산업도 동시에 발전하도록 하는 것이다. 이러한 주장은 보유하고 있는 자본이나 기술이 부족한 개발도상국 입장에서 모든 산업에 동시에 투자가 이루어지는 균형발전전략은 역부

그림 12-2 철강산업의 전·후방연관효과

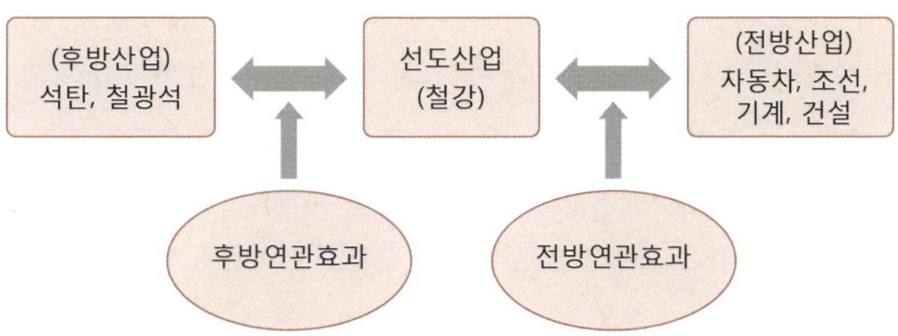

족이라는 현실적 한계에서 출발한 것이다.

먼저 정부는 집중적인 투자 대상이 되는 산업을 선도산업으로 선택한다. 선도산업의 선택은 이 산업이 발전함에 따라 전·후방연관효과가 얼마나 크게 발생하는가에 의해 결정된다. 정부가 보유한 재원을 선도산업에 먼저 집중적으로 투자하면, 이 산업이 발달함에 따라 산업 간 상호 보완성 및 외부성으로 인해 연관산업과 상호파급효과가 나타나면서 전체 경제가 발전한다.

허쉬만은 선도산업의 역할을 하는 투자를 사회간접자본과 직접적 생산활동에 대한 투자로 구분하였다. 첫째, 사회간접자본(Social Overhead Capital: SOC)에 대한 투자이다. 예를 들어 사회간접자본은 도로, 전력, 수송, 통신 등의 산업들을 포함한다. 이 산업에 대한 투자는 다른 산업들의 수송비용을 하락시켜 생산원가 하락에 도움을 준다. 그러나 이 산업들은 비경합성 및 비배제성의 특성 때문에 민간보다는 정부나 공공부문에 의해 투자가 된다. 둘째, 직접적 생산활동(Direct Productive Activities: DPA)이다. 투자로 인하여 새로운 상품이나 서비스가 생산이 되는 것으로 주로 민간기업에 의해 투자가 이루어진다. 예를 들어 제조업부문이나 농업부문에 대한 투자 등이 여기에 포함된다.

정부가 자신들이 보유한 재원 내에서 전략적으로 선택한 특정산업에 집중적으로 투자를 하는 경우에는 특정산업에 대한 정부의 시장개입 정도는 균형발전이론에서의 시장개입 정도보다 더욱 크게 된다. 결국 정부와 기업 간 정경유착에 의한 부정부패(corruption) 문제가 더욱 심각하게 나타날 수 있다. 이러한 점이 현재 많은 개발도상국들이 직면하고 있는 문제이기도 하다.

12.4.4 한국의 경제성장과 산업연관효과

한국의 경제성장 과정에서 주요 산업별 부가가치 유발효과를 비롯하여 전·후방연관효과와 고용창출효과의 추이를 살펴보면 다음과 같다.

〈표 12-4〉는 부가가치 유발계수의 추이를 보여 준다. 부가가치 유발계수는 국산품 최종수요 1단위 변화에 대하여 해당 산업뿐만 아니라 다른 모든 산업에 영향을 주어 나타나는 직·간접적으로 창출된 부가가치의 크기를 말한다. 부가가치 유발계수의 전체 산업평균을 보면 전반적으로 하락하는 추이를 확인할 수 있다. 1990년 0.755에서 2010년 0.728로 하락하였다가 2020년 0.806과 2023년 0.752로 증가하였는데 이는 기타로 분류된 산업의 계수가 증가하면서 나타난 현상이다. 산업별로도 대부분 산업의 부가가치 유발계수가 하락하였다. 농림어업이 1990년 0.920에서 2023년 0.805로 감소하였고, 가장 많이 하락한 것은 전력·가스·수도 및 건설업으로 1990년 0.774에서 2023년 0.487로 하락하였다.

〈표 12-5〉는 전·후방연관계수를 나타낸 것이다. 먼저 후방연관계수를 산업별로 보면 2000년 건설업과 제조업의 계수가 가장 커서 각각 1.084와 1.038이었으나, 2023년에는 건설업은 큰 변화없이 1.010이었으나 제조업은 0.983으로 낮아졌다. 한편 전방연관계수가 가

표 12-4 부가가치 유발계수 추이

	1990	2000	2010	2020	2023
농림어업	0.920	0.879	0.820	0.851	0.805
광업	0.915	0.909	0.869	0.876	0.832
제조업	0.670	0.631	0.588	0.668	0.591
전력·가스·수도 및 폐기물	0.774	0.713	0.529	0.658	0.487
건설	0.845	0.818	0.769	0.833	0.788
서비스	0.903	0.884	0.852	0.889	0.857
기타	–	0.711	0.000	0.875	0.841
전 산업 평균	0.755	0.771	0.728	0.806	0.752

주: 1) 1990년 연도 자료는 한국표준산업분류(KSIC) 제7차 기준을 적용하였고, 2000년 이후 자료는 제10차 기준으로 분류하여 산출한 값임. 2) 전산업 평균은 연도별 산업별 유발계수의 단순평균임.

출처: 한국은행(2003, 2019, 2024, 2025) 전자자료를 기반으로 저자 재구성.

표 12-5 전·후방연관효과 계수 추이

	후방연관(영향력)계수			전방연관(감응도)계수		
	2000	2010	2023	2000	2010	2023
농림어업	0.911	1.002	0.964	0.697	0.641	0.569
광업	0.910	0.981	1.023	0.576	0.563	0.503
제조업	1.038	1.065	0.983	2.005	2.052	1.960
전력·가스·수도 및 폐기물	0.863	0.880	0.816	0.730	0.750	0.759
건설	1.084	1.154	1.010	0.610	0.571	0.523
서비스	0.883	0.918	0.844	1.691	1.423	2.167
기타	1.311	0.000	1.360	0.691	0.000	0.517
전 산업 평균	1.000	1.000	1.000	1.000	1.000	1.000

주: 모든 연도 자료는 한국표준산업분류(KSIC) 제10차 기준으로 분류하여 산출한 값임.

출처: 한국은행(2019, 2024, 2025) 전자자료를 기반으로 저자 재구성.

표 12-6 취업 및 고용 유발계수

	2000		2010		2023	
	취업	고용	취업	고용	취업	고용
농림어업	67.4	6.7	36.1	5.2	23.0	3.6
광업	14.4	10.9	9.6	7.5	6.4	5.3
제조업	20.0	12.9	8.6	5.8	5.1	3.9
전력 · 가스 · 수도 및 폐기물	9.5	7.3	5.0	3.8	3.6	2.9
건설	23.1	16.1	13.4	9.7	9.1	7.2
서비스	29.9	17.8	18.2	12.5	10.0	7.6
기타	34.9	14.0	0.0	0.0	9.7	7.4
전 산업 평균	25.7	14.6	13.8	8.8	8.2	6.2

주: 1) 취업자=임금근로자(상용직+임시·일용직)+자영업자 및 무급가족종사자. 2) 모든 연도 자료는 한국표준산업분류(KSIC) 제10차 기준으로 분류하여 산출한 값임. 3) 전 산업 평균은 연도별 산업 유발계수의 단순평균임.

출처: 한국은행(2019, 2024, 2025) 전자자료를 기반으로 저자 재구성.

장 높은 부문은 2000년 제조업(2.005)이었다. 다음으로 서비스 부문이 2000년 1.691에서 2023년 2.167로 다른 산업부문의 중간재로써 사용되는 비중이 점차 증가하는 것으로 풀이된다. 반면에 전방연관계수가 가장 낮은 산업은 광업으로 2000년과 2023년 각각 0.576, 0.503이었다.

취업(고용) 유발계수는 국산품 최종수요 1단위(10억 원)가 증가할 때 해당 산업 생산을 위해 필요한 취업자(고용자) 수(직접효과)와 생산파급효과에 의해 타 산업에서 간접적으로 유발되는 취업자 수(간접효과)를 합한 총 취업 유발인원이다.[17] 〈표 12-6〉을 보면 2000년 평균 취업 유발계수는 25.7이었다. 가장 높은 취업 유발계수를 보여 주는 부문은 농림어업으로 67.4명이었다. 평균 취업 유발계수는 지속적으로 감소하여 전 산업에 대하여 2010년 13.8명과 2023년 8.2명이었다.

산업별로 보면 2023년 기준으로 농림어업(23.0명)과 서비스(10.0명)의 취업 유발계수가 높게 나타났다. 반면에 제조업은 취업 유발계수가 5.1명으로 농림어업과 서비스에 비해 낮다. 고용 유발계수의 경우, 취업 유발계수와는 달리 서비스 부문(7.6명)과 기타 부문(7.4명)이 높게 나타났으며, 전력 · 가스 · 수도 및 폐기물 부문이 가장 낮은 2.9명이었다.

17 취업유발계수는 취업자를 반영하는 것으로 자영업자, 무급가족종사자, 임금근로자를 모두 합한 인원이다. 반면에 고용유발계수는 피용자만을 대상으로 하는 것으로 순수 임금근로자 인원만 포함한다.

12.5 경제발전에 대한 초기 조건 및 기대의 역할

많은 국가들의 경제발전 과정을 비교해보면 국가마다 다양한 특성을 가지고 있음을 확인할 수 있다. 현재 선진국들처럼 로스토우의 경제발전 단계를 따라서 지속적으로 발전해온 국가들이 있는 반면, 부룬디나 짐바브웨처럼 수십 년 동안 저발전 상태에서 벗어나지 못하고 있는 국가들도 있다. 물론 한국 및 대만과 같이 기존 국가들보다 빠른 속도로 발전하여 선진국 대열에 합류하고 있는 국가들도 있다. 국가들의 서로 다른 경제발전 과정을 반영하여 발전경제학자들은 경제발전 원인도 다양하게 설명하고 있다. 이들 의견은 크게 초기 조건(history)을 강조하는 이론과 기대(expectation)를 강조하는 이론으로 나눌 수 있다.

먼저, 초기 조건에 의한 이론은 궁극적인 경제발전 균형점은 경제가 출발하는 초기 조건에 의존한다는 주장이다. 초기 조건이 될 수 있는 요소로는 소비자 선호, 노동력, 교육, 자본, 기술 및 부존자원 등이 제시된다. 그리고 부패와 같은 제도적 요인들도 최근 많이 제시되고 있다. 그러나 초기 조건이 무엇인가라는 문제와 어느 시점이 초기 시점으로 되는가에 대한 논의는 아직 충분히 이루어지지 않았다. 물론 일정 변수에 의해 정의된 초기 조건이 동일하였더라도 경제성장 과정이 다르게 나타나는 경우도 있었다. 그 전형적인 예는 바로 한국과 필리핀이다. 두 국가는 1960년대 말 1인당 GDP 수준이 유사하였으나, 그 이후에는 서로 다른 경제성장률을 보여 주어 지금은 두 국가의 1인당 GDP 수준 격차가 당시와 달리 크게 벌어져 있다.

다음으로는 기대측면이 중요하다고 하는 이론이다. 초기 조건만이 균형을 결정하는 가장 중요한 요소라면 새로이 진입하는 경제주체는 현재 상태만을 보고 미래소득을 예측하여 현재 행동을 결정한다. 반면에 기대에 의한 균형을 고려하는 경제주체는 미래 상황의 변화가 어떻게 될 것인가를 고려한 이후 미래수익을 예측하고 현재 선택을 결정한다. 앞에서 논의한 빅 푸시이론에서 전통기술과 근대기술 중에서 어느 기술을 선택하여 생산활동을 할 것인가에 대한 선택도 초기 조건과 기대측면을 고려하여 나타난다고 할 수 있다.

예를 들어, 각 개인들이 MS Word와 한글 HWP 중 어느 소프트웨어를 사용할 것인가를 결정해야 한다고 하자. 초기 시점을 중시한 사람은 현재 주변에 많은 사람이 HWP를 사용하고 있기 때문에 HWP를 사용할 것을 결정한다. 그러나 현재 주변에는 HWP 사용자가 많지만 앞으로 외국과 교류가 많을 것으로 기대하는 사람은 HWP보다는 MS Word를 선택할 것이다. 이는 외국인들이 MS Word를 더 많이 사용하기 있기 때문이다. 예를 들어 유학을 가거나 국제적 공동 논문을 많이 쓸 것이라고 기대하는 경우이다. 이처럼 소프트웨어를 결정하는 경우 현재 상황만을 고려하는 것이 아니다. 앞으로 자신의 상황이 어떻게 변할 것이며, 다른 사람들이 사용하는 소프트웨어와 호환이 얼마나 잘 될 것인가에 대한 기대가 현재 중요한 의사결정 요인이 된다.[18]

18 Krugman(1991)은 초기 조건과 기대라는 두 조건을 가지고 서로 다른 경제발전 과정을 하나의 모형으로 설명하고 있다.

연습문제

12.1 산업구조는 부가가치 기준과 고용 기준에 의해 측정되는데, 각 기준에 따라 값이 다르게 나타나는 이유를 논의하시오.

12.2 허쉬만과 뮈르달의 불균형발전에 대한 시각의 유사점과 차이점에 대해서 논의하시오.

12.3 로스토우의 산업화 과정이 종속이론적 산업화 과정과의 차이점과 유사점이 무엇인지에 대하여 논의하시오.

12.4 많은 국가들이 한국의 경제발전 초기에 이루어진 5개년 계획과 같은 정부주도의 경제개발계획을 통한 경제발전전략을 수립하고 있다. 이러한 정책이 필요한 이유에 대하여 논의하시오.

12.5 새로운 기술을 보유한 기업이 시장에 진입함으로써 해당 부문에서 실업이 발생하지만 임금은 상승한다고 하자. 이러한 상황에서 임금도 올리고 고용도 증대시키기 위한 전략이 어떤 것인지에 대하여 빅 푸시적 시각에서 논의하시오.

12.6 경제성장과 고용과의 관계에 대해서 논의해보자.

1) 경제가 성장하면서 취업유발효과가 감소하게 되는데 그 이유에 대해서 논의하시오.

2) 반대로 경제가 성장하지 않는 경우 고용을 증가시킬 수 있는 방안에 대해 논의하시오.

12.7 넉시는 저개발의 악순환이 되는 이유로 자본의 부족과 국내수요 부족 때문이라고 주장하였다. 그리고 투자재원은 수출이나 외국자본이 아닌 국내에서 조달해야 한다고 하였다. 그 이유를 설명하고 국내에서 조달 가능한 방법으로 제시한 것이 무엇인지 논의하시오.

12.8 공항, 철도나 항만과 같은 사회적 인프라가 정부에 의하여 건설된다고 하자.

1) 기존기업들이 근대기술을 이용하여 생산하려고 하는 경우에 고정비용을 낮추게 되고, 따라서 다른 기업들도 근대기술을 이용한 생산을 늘리려는 유인이 존재하게 되는 빅 푸시가 가능하다는 논리를 논의하시오.

2) 추가적으로 빅푸시 정책이 수반되지 않는 경우 인프라만 존재한다고 해서 불균형발전이론에서처럼 근대화가 자동적으로 이루어지지 않는 경우가 나타날 수 있는데 이에 대해 논의하시오.

12.9 한국과 필리핀의 서로 다른 경제발전 과정을 초기 조건과 기대에 의한 발전이론을 가지고 논의하시오.

12.10 한국과 대만의 산업화전략의 유사점과 차이점을 서술하고, 이를 기반으로 대만에서 한국보다 중소기업이 더욱 발전하게 된 원인에 대하여 논의하시오.

참고문헌

한국은행, 2003, 『2000년 산업연관표』.

한국은행, 2019, 『2015년 산업연관표』.

한국은행, 2024, 『2020년 산업연관표』.

한국은행, 2025, 『2023년 산업연관표(연장표)』.

Hirschman, Albert O., 1958, *The Strategy of Economic Development*, New Haven, Conn.: Yale University Press.

Kang, Sung Jin and Hongshik Lee, 2011, "Foreign Direct Investment and De-industrialisation," *World Economy*, 34(2), pp.313-329.

Krugman, Paul, 1991, History versus Expectations, *The Quarterly Journal of Economics*, 106, pp.651-667.

Murphy, Kevin M., Andrei Shleifer, and Robert W. Vishny, 1989, "Industrialization and the Big Push," *Journal of Political Economy*, 97(5), pp.1003-1026.

Nurkse, Ragnar, 1953, *Problems of Capital Formation in Underdevelopment Countries*, Oxford: Oxford University Press.

Rosenstein-Rodan, Paul N., 1943, "Problems of Industrialization of Eastern and South-Eastern Europe," *Economic Journal*, 53(210/211), pp.202-211.

Rostow, Walt W., 1959, "The Stages of Economic Growth," *Economic History Review, New Series*, 12(1), pp.1-16.

Todaro, Michael P. and Stephen C. Smith, 2011, *Economic Development*, UK: Pearson Education Limited.

United Nations, 2008, *International Standard Industrial Classification of All Economic Activities(ISIC) Rev.4*, New York.

[웹 사이트]

한국은행, 경제통계시스템 http://ecos.bok.or.kr/.

참고 12-1

경제정책의 파급효과: 낙수효과와 분수효과

개발도상국은 경제정책을 실시할 때 투자재원이 부족하여 모든 지역이나 부문에 대하여 균형적으로 투자하기에는 한계가 있다. 따라서 특정 지역이나 특정 부문에 먼저 투자하고 해당 지역이나 부문이 발전하면서 나타난 성과가 투자가 적었던 지역이나 부문으로 파급되는 것을 기대한다. 이를 파급효과(spillover effect)라고 한다. 따라서 정부는 정책을 시행함에 있어서 파급효과가 강하게 나타날 수 있는 지역이나 부문에 우선적으로 투자하게 된다. 정부정책의 파급효과는 크게 낙수효과(trickle-down effects)와 분수효과(trickle-up effects, fountain effects)로 나눌 수 있다.

낙수효과는 기업이나 부유한 계층에 대한 세금부담을 감면해주어 직접적이고 단기적으로 이들의 투자 및 소비지출을 증대시키고자 하는 것이다. 그리고 장기적으로는 다른 부문으로 효과가 파급되어 사회 전체적으로 이득을 가져다준다는 주장이다. 1980년대 미국 레이건 행정부의 레이거노믹스(Reaganomics)가 낙수효과를 지지한 전형적인 예이다. 물론 이를 공급중시 경제학(supply-side economics)이라고 하여 경제 전반적인 조세부담을 완화시키려는 정책이므로 낙수효과와 약간의 차이가 있다는 주장도 있다. 이 주장은 경제성장은 경쟁력이 있어서 생산을 증가시킬 수 있는 자원과 기술을 가진 계층에 의하여 이루어지는 것이며, 경제성장의 이득은 모든 경제주체가 서로 나누어 가질 수 있다는 가정에 근거하고 있다.

분수효과는 전형적인 케인즈 경제학 소비함수의 가정을 바탕으로 하고 있다. 이를 위해서는 상대적으로 저소득층의 세금부담을 완화시켜 이들의 소비증대를 통한 경제파급효과를 중시해야 한다고 주장한다. 이는 케인즈 소비함수에서 볼 수 있듯이 저소득층일수록 평균 소비성향이 높아서 이들의 소득이 증가할수록 소비지출이 늘어난다는 가정을 전제로 하고 있다.

두 효과 중 어느 것이 더 중요한 것인가는 정책을 시행하는 당시 경제 환경이나 구체적인 정책에 따라 성과가 다르게 나타날 수 있다. 분수효과는 물가 변동이 없이 무한적으로 생산을 통한 시장공급이 가능한 심각한 경제 불황의 경우에는 케인즈의 제안처럼 총수요만 증가시킬 수 있으면 경제성장을 달성할 수 있다. 물론 대공황 당시에는 민간부문 지출이 늘어나지 않기 때문에 정부지출을 직접적으로 늘려서 유효수요를 증대시키는 정책을 제안하였다. 그러나 저소득층 소득을 증가시키는 경우 자신의 소득증대에서 더 나아가 다른 사람의 소득을 증가시킬 정도로 경제성장에 도움이 되는가는 판단하기 어렵다. 즉, 저소득층의 케인즈 소비함수에 의하여 평균소비성향이 높다고 하더라도 소비 절대금액은 경제성장을 일으킬 정도로 크지 않을 수 있다. 그리고 소비함수가 일생주기·항상소득가설을 가정한다면 케인즈 소비함수를 가정할 때보다 효과는 상대적으로 줄어들 수 있다.

낙수효과는 세금부담이 적어지는 부문은 직접적인 성장효과가 있다. 이들은 대규모이고 생산성이 높은 부문이기 때문인데 문제는 이들의 성과가 다른 부문으로 제대로 파급되고 있는가의 문제가 남아있다. 세금부담 완화정책을 시행하는 경우 고소득층의 소득이나 소비는 혹은 대기업의 매출과 이윤만 증가하고 저소득층과 중소기업의 소득이 증가하지 않는다면 의도하는 낙수효과는 나타나지 않는다고 할 수 있다.

결국, 두 효과는 국가별 그리고 국가가 직면한 경제환경별로 실증분석을 통하여 판단할 수밖에 없다. 여기서 유의해야 할 것은 효과의 정도를 고려할 때 효과가 기업의 직접적 효과뿐만 아니라 간접적 효과, 즉 파급효과(spillover effect)도 동시에 고려되어야 한다는 점이다. 예를 들어 특정 기업이 창출하는 고용은 기업 자신이 고용하는 일자리뿐만 아니라 이 기업의 영업으로 다른 기업들에 파급되어 창출된 일자리도 포함되어야 한다. 즉, 어느 기업이 도산하는 경우 사라지는 일자리가 이 기업이 창출하였던 일자리라고 할 수 있다. 제7장에서 다룬 경제성장-소득분배-절대빈곤의 삼각관계에 대한 이론적 및 실증적 논의가 경제정책의 파급효과가 얼마나 잘 나타나고 있는지를 검토하는 출발점이라고 하겠다.

참고문헌

Aghion, Philippe and Patrick Bolton, 1997, "A Theory of Trickle-Down Growth and Development," *The Review of Economic Studies*, 64(2), pp.151-72.

Dabla-Norris, Era, Kalpana Kochhar, Nujin Suphaphiphat, Frantisek Ricka and Evridiki Tsounta, 2015, Causes and Consequences of Income Inequality: A Global Perspective, IMF Staff Discussion Notes No.15/13.

참고 12-2

한국과 대만의 경제발전 과정

1960년대 이후 고도성장을 한 대표적인 동아시아 국가는 한국, 싱가포르, 홍콩 및 대만과 같은 신흥공업국(NICs)이다. [참고 그림 12-1]은 한국과 대만의 1인당 명목 GDP 추이를 보여준다. 1953년 기준으로 대만의 1인당 GDP는 178달러였으나 한국은 65.7달러였다. 양국은 그동안 고도성장을 이루었으며 1996년에 한국이 앞섰다가 다시 추월당했다. 2003년에 다시 한국이 대만을 추월한 이후 격차는 계속되고 있고 2024년 기준으로 대만의 1인당 실질 GDP가 34,040달러로 한국의 36,223달러보다 낮은 수준을 유지하고 있다.

한국과 대만은 다음과 같은 유사한 초기 조건들을 가지고 있었다.[19] 첫째, 두 국가는 경제발전 초기인 1960년대에 이미 다른 국가들에 비하여 상당히 높은 수준의 보편적 초등학교 등록률과 낮은 문맹률을 유지하고 있었다. 즉, 유사한 경제발전 단계 국가들에 비하여 높은 수준의 노동력을 보유하고 있었다. 둘째, 두 국가는 상당한 수준의 형평성 있는 소득 및 토지분배 상태를 가진 국가들이었다. 형평성 있는 토지분배 상태를 갖게 된 계기는 1950년대 두 국가에서 행해진 토지개혁이 중요한 역할을

참고 그림 12-1 한국과 대만의 1인당 명목 GDP 추이

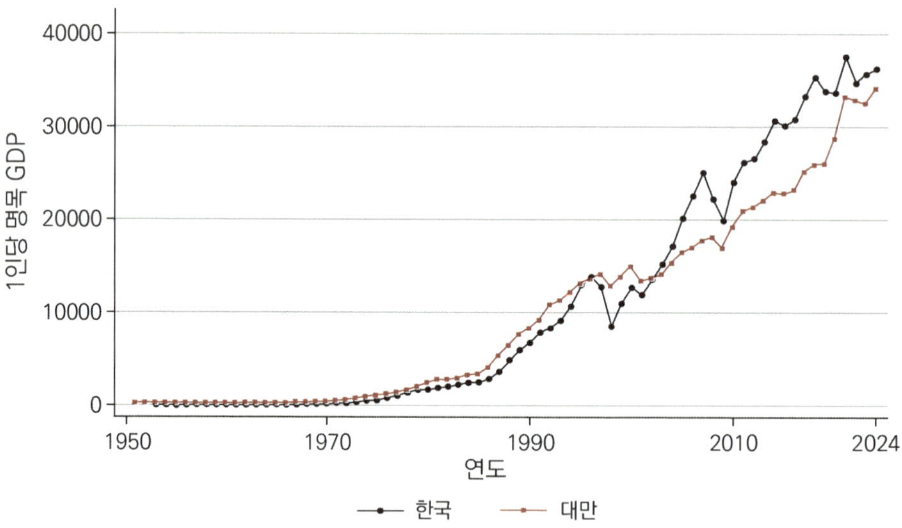

출처: 대만 행정원 주계총처(DGBAS)와 국가통계포털(KOSIS)을 이용하여 작성(검색일: 2025년 11월 24일).

19 한국과 대만의 산업화전략의 유사점과 차이점에 대한 자세한 논의는 Rodrik et al.(1995) 참조.

하였다. 셋째, 두 국가는 석유와 같은 부존자원이 거의 없는 자원빈국이었다. 넷째, 정치적 독재국가 체제를 상당 기간 동안 유지하였다. 한국은 박정희 정권(1962~79)과 대만은 장개석 정권(1945~75)이 장기 집권하였다.

한국과 대만은 1960년대부터 본격적으로 산업화전략을 시행하기 시작하였는데 이는 다른 선진국과 달리 강력한 정부주도로 이루어졌다. 두 국가는 유사한 초기 조건과 수출주도형 경제에 의한 산업화전략이라는 공통점을 가지고 있었지만, 구체적인 정책수단은 서로 다른 점들이 많았다.[20]

첫째, 기업들의 투자확대를 유도하기 위하여 한국정부는 대기업에게 음(-)의 실질이자율로 정책금융을 제공하였다. 그리고 당시 주로 대외채무에 의존하고 있던 기업들의 차입에 대하여 정부가 직접적으로 지급보증을 해 주어 민간기업의 투자 위험을 줄여 주었다. 반면에 대만은 투자 확대를 유도하기 위해 양(+)의 실질이자율로 대출을 해주었지만, 공공기업들은 상당히 좋은 조건의 대출을 받았다. 그리고 법인세 인하를 통하여 기업들에게 세제 혜택을 부여하였다.[21]

둘째, 두 국가는 공공기업 설립을 통한 정부주도 산업화전략을 실시하였다. 대만의 GDP 혹은 총투자 대비 공공기업 비중이 한국보다 높다.[22]

셋째, 두 국가는 1950년대에는 수입대체전략을 실시하였지만, 1960년대부터는 수출주도형 산업화전략으로 전환하였다. 대만은 1960년대 후반부터 기존의 노동집약적 산업 중심에서 중화학공업을 발전시키는 전략으로 전환하였다. 주요 산업은 인조섬유, 플라스틱, 철강, 기계, 자동차, 그리고 선박 등이 있다(Chen, 1999, p.232).

넷째, 두 국가는 중화학공업을 중심으로 하는 산업화전략을 실시하였지만, 기업에 대해서는 다른 전략을 사용하였다. 한국은 중화학공업을 중심으로 한 산업화전략을 시행하기 위하여 정부의 직접적인 지원을 받은 민간 대기업의 역할이 컸는데, 이들은 재벌(chaebol)로 불리게 되었다. 반면에 대만은 정부가 설립한 공기업을 통하여 중공업에 대한 지원을 강화하는 정책을 실시하였다. 따라서 대만은 상대적으로 민간기업들이 위험이 상대적으로 높은 이들 산업에 대한 투자를 꺼리게 되었다.[23] 이

20 Kuznets(1988)는 일본을 포함한 한국과 대만의 높은 경제적 성과는 다음 5가지 요소가 중요한 역할을 한다고 보았다. 이들은 높은 투자율, 작은 공공 부문, 경쟁적 노동시장, 수출확대, 그리고 경제에 대한 정부개입이다.

21 특히 1965에 투자법에 명시된 전략산업에 대하여 법인세율이 추가적으로 인하되었다. 전략산업은 1차 금속(basic metals), 전기기기, 전자, 석유화학, 천연가스 배관이었다(Rodrik et al,, 1995, p.87).

22 Rodrik et al.(1995, p.90)에 의하면 1971~72년 동안 한국의 공공부문에 대한 투자는 총투자의 21.7%였으나, GDP 대비 비중은 9.1%였다. 반면에 1970~73년 기간 동안 대만의 공공부문 투자는 총투자의 30.5%이고, GDP 대비 비중은 30.5%였다. 이는 인도(1966~69)와 아르헨티나(1978~80)의 공공투자부문 비중보다 높은 것이었다.

23 예를 들어 대만은 에틸렌 생산업체인 정부 소유의 중국 석유회사(Chinese Petroleum Corporation: CPC)는 효율적인 중간재 공급을 위하여 4개 민간 PVC 업체들을 CPC와 다른 정부 소유 화학업체와 합병을 하도록 하였다(Rodrik, 1995, p.88).

러한 이유로 대만에서는 대기업보다는 상대적으로 중소기업이 더욱 발달하게 되었다(Chu, 1999, p.3). 따라서 대만은 한국과 달리 중소기업정책을 실시해서가 아니라 공기업 중심으로 정책을 실시한 결과로 중소기업 중심의 경제구조가 나타났다고 해석할 수 있다.

참고문헌

Chen, Pochih, 1999. "The Role of Industrial Policy in Taiwan's Development," in *Taiwan's Development Experience: Lessons on Roles of Government and Markets*(eds. by E. Thorbecke and H. Wan), Kluwer Academic Publishers.

Chu, Wan Wen, 1999, "Industrial Growth and Small and Medium-sized Enterprises: The Case of Taiwan," Conference on Transitional Societies in Comparison: Central East Europe Versus Taiwan, pp.231-248.

Dani Rodrik, Gene Grossman and Victor Norman, 1995, "Getting Interventions Right: How South Korea and Taiwan Grew Rich," *Economic Policy*, 10(1), pp.55-107.

Kuznets, Paul W., 1988, "An East Asian Model of Economic Development: Japan, Taiwan, and South Korea," *Economic Development and Cultural Change*, 36(3), pp.S11-S43.

개발도상국은 풍부한 잉여노동력을 보유하고 있지만, 기술과 축적된 자본수준은 낮다. 그러므로 풍부한 잉여노동력과 낮은 기술수준을 이용하여 경제성장을 지속하려면 국내투자를 위해 국내저축 이외에 필요한 추가 자본을 해외로부터 도입해야 한다.

본 장에서는 개발도상국의 주요 자본 조달방법인 외국인직접투자, 국제개발원조 그리고 송금 현황과 경제성장에 미치는 효과를 중점적으로 논의한다. 첫째, 외국인직접투자는 수익률뿐만 아니라 다양한 부가적인 효과를 이용하여 투자 대상국에 영향을 미칠 수 있다. 둘째, 대외원조도 개발도상국에 대하여 자금을 지원해 주어 투자재원의 부족을 보충해 준다. 셋째, 국내 노동자들이 해외로 이주하여 국내로 송금하는 소득 또한 추가적인 투자재원이다.

제 13 장

자본축적과 국제개발협력

제 13 장

자본축적과 국제개발협력

13.1 자본축적과 투자재원

13.1.1 물적자본 축적

자본은 노동에 의한 생산을 도와주어 생산량을 늘려주거나 인간을 대신하여 물건을 생산하도록 하는 도구이다. 넓은 의미에서 보면 자본은 물적자본, 인적자본 그리고 사회적 자본으로 나눌 수 있다.

물적자본(physical capital)은 직접자본과 간접자본이 있다. 직접자본은 생산과정에 투입되는 기계나 시설 등을 말하는 것으로 공장에서 물건을 생산하는데 필요한 다양한 기계가 대표적이다. 간접자본은 사회간접자본이라고 불리는 것으로 생산된 물건을 소비자들에게 수송하는 역할을 하는 도로나 항만 등을 일컫는다. 인적자본(human capital)은 새로운 교육과 훈련을 통하여 형성된 개인의 능력, 지식 및 역량의 합이다. 사회적 자본(social capital)은 어느 한 개인 소비자나 기업 차원이 아닌 사회 전체적으로 보유하고 있는 생산능력을 의미하는 것으로 제도, 법체계, 그리고 문화 등이 있다.[1]

1 사회적 자본의 개념에 대해 제4장에서 논의되었다.

이러한 자본이 생산되는 과정을 자본축적 혹은 투자라고 한다.[2] 생산과정에 필요한 자본이 축적된다는 것은 추가적인 자본을 투자로 증가시키는 것이고, 이는 곧 경제성장의 주요 요인이 된다. 투자에 의한 이득은 이윤, 이자, 그리고 자본이득 등 다양한 형태로 나타날 수 있다. 여기에서 유의해야 할 점은 자본은 투자를 통하여 생산되는 것이기 때문에 투자를 한다는 것은 소비를 억제하는 것과 같다는 점이다. 경제주체들은 자신의 소득을 투자를 위해 사용하기도 하지만 소비를 위해서도 쓰기 때문이다.[3]

13.1.2 국제수지표와 자본축적

국제수지표는 거주자와 비거주자 사이에 발생한 상품과 서비스 그리고 자본 등 모든 대외거래를 체계적으로 기록한 통계표로 한 국가의 자본 흐름을 전체적으로 파악할 수 있도록 해준다.[4] 구체적으로 국제수지표는 경상계정(current account), 자본계정(capital account), 금융계정(financial account) 및 오차와 누락(errors and omissions)으로 구성된다.

첫째, 경상계정은 상품수지(goods balance), 서비스수지(service balance), 본원소득수지(primary income balance), 이전소득수지(secondary income balance)로 구성되어 있다. 상품 및 서비스수지는 상품과 서비스 부문에서 국제거래를 기록한 것이다.[5] 본원소득수지는 노동, 금융자산 혹은 비금융자산을 사용한 대가를 기록한다. 즉, 노동자에게 지급되는 급료 및 임금과 직접투자(direct investment) 혹은 자산투자(portfolio investment)에서 발생한 배당이나 이자와 같은 투자소득의 흐름을 기록한 것이다.[6] 이전소득수지는 민간, 정부 혹은 국제기관에 의해 대가없이 일방적으로 주어지는 각종 이전소득을 포함한다. 여기에는 해외 거주 국민으로부터의 송금(remittance) 그리고 국제개발 무상원조 등이 포함된다.

---

2 자본축적이라는 용어 대신에 자본형성(capital formation)이라는 용어를 사용하기도 한다.

3 이러한 자본의 특징은 노동자의 생산과정에 도움을 주지만, 그 자체가 생산이 되는 것이 아닌 이미 주어진 것인 천연자원과는 구분된다.

4 국제통화기금(IMF)이 2008년에 발간한 국제수지매뉴얼 제6판이 가장 최근에 제시된 것이다. 한국은행도 1998년부터 IMF의 새로운 편제 기준에 맞추어 국제수지표를 발표하고 있다. 국제수지표에 대한 설명은 IMF(2009) 및 한국은행(2014)을 참조.

5 상품수지는 거주자와 비거주자 간의 상품수출과 상품수입의 차이를 기록하는 것으로 관세청이 작성하는 무역수지(trade balance)와 유사하다. 다만 상품수지는 소유권 이전을 무역수지는 통관시점을 기준으로 수출입을 계산하는 방식에 차이가 있다. 서비스수지는 거주자와 비거주자 간 서비스거래 결과를 기록한 것으로, 운송, 여행, 건설 등 12개 항목으로 구성된다.

6 자산투자를 간접투자 혹은 증권투자라고도 부른다.

둘째, 자본계정은 자본이전과 비생산 및 비금융자산으로 구분된다. 전자는 채권자에 의한 채무면제 등을 기록하고, 후자는 상표 등 마케팅 자산의 취득과 처분 등을 기록한다.

셋째, 금융계정은 직접투자, 자산투자, 파생금융상품, 기타투자(차입 및 대출) 및 준비자산으로 구분된다. 직접투자는 투자자가 외국기업에 대하여 경영 지배력을 행사하려는 투자를 하거나 외국에 자신의 지사를 설립하는 경우를 의미한다.[7] 자산투자는 개인이나 기업이 주식이나 채권을 사들이지만 그 기업의 경영에는 참여하지 않는 투자로, 주식가격 변동에 의한 수익에만 관심이 있다. 그리고 파생금융상품거래를 기록하는 파생금융상품계정이 있다. 기타투자로는 공공 및 민간차관, 무역관련 신용(trade credit), 현금 및 예금 등이 있다. 그리고 통화당국이 보유한 외환보유액의 거래변동을 기록하는 준비자산으로 구분된다.

넷째, 오차와 누락은 국제수지를 작성하는 과정에서 발생하는 통계적 불일치를 조정하기 위한 항목들을 포함한다.

〈표 13-1〉은 한국은행에서 작성하는 국제수지표를 요약한 것이다. 경상수지는 1980년

표 13-1 한국의 국제수지표 (단위: 10억 달러)

	1980	1990	2000	2010	2020	2024
1. 경상수지	-6.9	-2.8	10.2	28.0	75.3	99.0
1.1 상품수지	-6.6	-3.7	15.4	47.9	81.9	100.1
1.2 서비스수지	1.3	0.5	-1.0	-14.0	-16.2	-23.7
1.3 본원소득수지	-2.0	-0.5	-4.0	0.7	12.1	26.6
1.4 이전소득수지	0.4	0.9	-0.2	-5.3	-2.5	-4.0
2. 자본수지	0.0	0.0	0.04	-0.06	-0.3	0.3
3. 금융계정	-6.3	-3.5	9.6	21.5	77.1	95.2
3.1 직접투자	-0.0	0.1	-6.7	18.8	23.3	33.4
3.2 자산투자	-0.1	-0.2	-12.2	-42.4	41.5	50.3
3.3 파생금융상품	-	0.1	0.2	-0.8	4.2	9.9
3.4 기타투자	-7.0	-2.3	4.5	19.0	-9.2	4.7
3.5 준비자산	0.9	-1.2	23.8	27.0	17.4	-3.1
4. 오차 및 누락	0.6	0.7	-0.7	-6.4	2.2	-4.1

출처: 한국은행, 경제통계시스템(검색일: 2025.11.14).

7 한국에서는 내국인이 해외로 투자하는 것을 해외직접투자라고 부르고, 외국인이 국내로 투자하는 것을 외국인직접투자라고 부른다.

과 1990년에는 각각 약 69억 달러와 약 28억 달러 적자를 기록하였다. 이후 2000년에는 약 102억 달러 흑자, 2020년과 2024년에는 각각 약 753억 달러, 990억 달러 흑자를 보이는 것으로 확인된다.

금융계정은 2000년대 이전까지 적자에서 그 이후 흑자로 전환되었다. 1980년에 약 63억 달러 적자를 보였고, 2010년과 2020년에는 각각 약 215억 달러, 약 771억 달러 흑자를 보였다. 자금의 흐름을 보면 직접투자는 2000년대 이후에는 흑자로 전환됨으로써 내국인의 해외직접투자가 외국인이 국내투자로 설명되는 외국인직접투자(Foreign Direct Investment: FDI)보다 많아서 2020년에 약 233억 달러 흑자였다. 자산투자도 2000년대 이후 흑자를 보여 2020년에는 약 415억 달러 흑자였다.[8]

국제수지표에서 알 수 있듯이 국가 간에는 다양한 형태의 자본이동이 이루어진다. 대표적인 자본거래를 보면 노동에 대한 임금, 해외투자 이윤 및 차관에 대한 이자, 자국민이 보내는 송금 및 국제개발 무상원조, 직접투자, 자산투자, 채무 등이 있다. 본 장에서는 개발도상국의 투자자금의 중요한 역할을 하는 외국인직접투자, 국제개발원조, 그리고 송금에 대하여 자세히 살펴본다.

13.2 외국인직접투자

13.2.1 외국인직접투자와 외국인자산투자

외국인직접투자는 투자자가 외국기업에 대하여 경영지배력을 행사하기 위하거나 외국에 새로운 회사를 설립하려는 목적을 위한 투자이다. 전자를 M&A형 투자, 후자를 그린필드(greenfield)형 투자라고 부르고, 투자하는 기업을 다국적기업(multinational enterprises)이라고 부른다.[9] IMF(2009)는 투자 대상기업의 10% 이상 의결권(voting power)을 보유하는 투자를 외국인직접투자로 정의한다.[10]

8 외국인직접투자의 경우 IMF의 정의를 따른다.

9 영어로는 다국적기업을 multinational firm, multinational corporation, 또는 transnational corporation이라고도 부른다.

10 반면에 외국인자산투자는 부채 혹은 지분증권(equity securities)을 포함하는 국가 간 거래를 포함한다.

외국인직접투자와 외국인자산투자(foreign portfolio investment)의 차이를 비교하면 다음과 같다.

첫째, 외국인직접투자는 외국인자산투자에 비해 국가 간 자금이동이 크지 않다. 예를 들어 어떤 외국기업이 한국에 공장을 설립하면서 외국에서 자본을 직접 가져올 수도 있다. 그러나 한국 내 금융기관을 통한 자본조달 비용이 저렴하다면 국내 금융기관에서 차입을 하거나, 한국의 주식시장에서 주식이나 채권을 발행해서 자본을 조달할 수 있다.

둘째, 외국인직접투자는 외국인자산투자 혹은 금융권 차입에 비해 자금흐름이 상대적으로 안정적이다. 외국인직접투자는 투자 대상국 기업의 주식가격 변동을 통한 이득만 추구하는 것이 아니라, 경영권도 소유하는 것을 주목적으로 한다. 따라서 외국인자산투자에 비하여 외국인직접투자는 투자자금을 단기적으로 이동시키려는 경향이 적어서, 자본이동의 정도가 크지 않다. 외국인자산투자는 주식투자를 통한 수익이 주요 목적이기 때문에 주식가격의 변동에 민감하게 반응하여 자금이동이 상대적으로 빈번하게 발생한다.

13.2.2 외국인직접투자 원인

외국인직접투자가 왜 일어나는가에 대한 설명은 더닝(Dunnng, 1974)에 의해 제시된 OLI 이론이 대표적이다. 여기에서 O는 소유(ownership), L은 지역적 위치(location) 그리고 I는 내부화(internalization)를 의미한다.

첫째, 소유측면의 우월성은 다국적기업이 다른 국내기업보다 우월한 생산력이나 공정과정을 보유하고 있기 때문에 나타난다. 다국적기업이 외국에 투자할 때 현지 국내기업에 비해 많은 단점을 가지고 있다. 예를 들어 현지 문화, 언어, 법률, 노사관계 등에 대하여 다국적기업들이 현지 국내기업에 비해 열악할 수밖에 없다. 따라서 다국적기업이 외국에 투자하기 위해서는 위와 같은 단점을 극복하여 현지 국내기업과 경쟁을 할 수 있는 우월한 요소를 가지고 있어야 한다. 예를 들면 특허, 청사진(blueprint), 브랜드, 기술, 마케팅 지식, 경영지식, 영업비밀 그리고 소비자들과의 관계에 대한 지식 등이다.

둘째, 지역적 우월성이다. 외국인직접투자는 자신의 국가에서 생산하여 외국으로 수출하는 것보다는 외국 현지에서 직접 생산하여 판매하는 것이 더 높은 이익이라는 판단에서 나타난다. 다국적기업들이 어느 지역에 투자할 것인가에 대한 선택은 투자 대상 국가들의 다양한 특성에 의해 결정된다. 크게 경제적, 정치적 및 사회문화적 요인으로 나눌 수 있다.

경제적 요인으로는 노동과 자본의 양이나 질, 교통비용, 통신비용, 그리고 시장규모 등이

표 13-2 세계 GDP, 무역 및 외국인직접투자 추이 (단위: 경상 10억 달러(%))

	1970	1980	1990	2000	2010	2020	2024
GDP	3,003.5 (-)	11,451.2 (13.4)	22,908.4 (6.9)	33,868.7 (3.9)	66,722.1 (6.8)	86,116.6 (2.6)	111,253.0 (6.4)
무역	649.2 (-)	4,144.2 (18.5)	7,113.3 (5.4)	13,102.8 (6.1)	30,734.8 (8.5)	35,521.5 (1.4)	49,239.2 (8.2)
FDI	12.4 (-)	53.4 (14.6)	239.4 (15.0)	1,569.5 (18.8)	1,843.4 (1.6)	1,186.6 (-4.4)	1,563.7 (6.9)

주: 1) 무역은 수출과 수입의 합임. 2) ( )는 해당 기간과 직전 기간 사이의 연평균 증가율임
출처: World Bank, WDI(검색일: 2025.11.14.); UNCTAD, UNCTAD STAT(검색일: 2025.11.14).

있다. 투자 대상국가의 노동비용이 저렴해 생산비용이 낮은 경우에 현지생산에 의한 판매가 유리할 수 있다. 그리고 높은 관세와 쿼터 등으로 인해서 무역장벽이 높거나 국가 간 거리가 멀어서 수송비용이 높은 경우 현지생산을 통한 판매를 선호한다. 특히 서비스업은 수출되는 것이 아니기 때문에 현지에서 영업을 해야 한다. 그 외에 정치적 요인으로는 외국인직접투자에 대한 정부정책, 사유재산권 보장, 정치적 부패 등이 있다. 그리고 사회문화적 요인으로는 외국인에 대한 태도, 언어나 종교, 문화적 차이 등이 있다.

셋째, 내부화의 우월성이다. 내부화란 하나의 기업이 외국에 지사(branch)를 직접 설립하여 제품을 생산하는 것으로 기업 내(intra-firm) 생산이라고 한다. 이러한 생산방법을 선택하는 이유는 기업 특유의 기술이나 영업비밀 등을 보유하고 있는 기업은 이러한 특성들이 다른 기업들에게 노출되는 것을 원하지 않기 때문이다. 오히려 외국에 자신의 기업을 직접 설립하여 스스로 생산하거나 라이센싱(licensing) 계약 혹은 합작투자 형태를 통해 자신이 보유한 유무형의 특성을 노출시키지 않으려고 한다.

예를 들어 기술집약적인 제품을 생산하는 기업은 자신이 보유하고 있는 기술이 노출되는 위험을 방지하고 안정적인 제품공급을 유지하고자 한다고 하자. 이 경우 기업은 해외지사를 직접 설립하여 생산하는 것이 더 높은 이윤을 낼 수 있을 것으로 판단한다. 그 외에 기업이 환율이나 세금문제에 의한 부담을 최소화하기 위하여 자회사 간 교차보조(cross-subsidy) 혹은 이전가격(transfer pricing)의 방법으로 기업 내 거래가 유리하다고 판단하는 경우에도 기업 내 생산방식을 선택한다. 그리고 제품의 질을 유지하기 위하여 상품차별화가 필요하거나 혹은 상품차별화가 안 되어 제품에 대한 독점적 지위가 필요한 경우에도 기업 내 생산을 선호하게 된다.

〈표 13-2〉는 1970년 이후 전세계 GDP, 무역 및 외국인직접투자의 추이를 보여 준다. 세계 GDP는 1970년 약 3조 달러에서 2024년에 약 111조 2천억 달러로 증가하여 연평균 약 6.7% 증가하였다. 특히 1970~80년 기간에 연평균 13.4% 증가하여 가장 높은 성장률을 보여 주었다. 무역은 1970년 약 6천억 달러에서 2024년 49조 2천억 달러로 연평균 약 8.0% 증가하였다. 특히 1970~80년 기간에 연평균 18.5%씩 증가하여 GDP보다 더 빠른 증가율을 보여 주었다. 이는 당시의 시장개방이 매우 빠르게 진행되었음을 시사한다.

외국인직접투자는 1970년대뿐만 아니라 1990년대까지 GDP나 무역에 비해 매우 빠르게 증가하였다. 1970년 124억 달러였던 외국인직접투자가 2024년에는 약 1조 5천억 달러 이상으로, 연평균 약 9.0% 증가하여 이 기간 동안 GDP나 무역에 비해 더욱 빠르게 증가하였다. 이를 통해 무역이라는 상품에 의한 글로벌화에 비해 자본시장의 글로벌화의 속도가 더욱 빠르게 진행되었음을 알 수 있다. 외국인직접투자는 2010년대를 전후하여 글로벌 경제위기가 지속됨에 따라 감소하는 추이를 보이고, 2015년부터 점차 회복하는 듯 보였으나 2017년부터 다시 감소하는 추이를 보였다. 코로나19 팬데믹의 영향으로 외국인직접투자는 2020년에 전년 대비 38.3% 감소한 약 1조 1천 8백억 달러를 기록하였다.

13.2.3 외국인직접투자 기대효과

외국인직접투자는 해외자본이 유입된다는 단순한 자본 흐름 차원의 문제뿐만 아니라 다음과 같은 다양한 부가적 효과를 발생시킨다.

첫째, 자금유입효과이다. 외국인직접투자에 의한 가장 큰 기대효과는 자본유입이다. 개발도상국은 국내저축이 충분하지 않아 자체적인 투자여력이 부족하기 때문에 외국인직접투자를 유치하여 필요한 투자자본을 충당하려고 한다.

둘째, 고용창출효과이다. 다국적기업이 직접투자를 통하여 새로운 기업을 설립하는 경우 부가적으로 고용창출이 이루어진다. 그리고 공장 주변에 새로운 음식점과 같은 소비재 판매 영업이 발달하고, 부품을 공급하는 새로운 공장이 추가적으로 설립되는 경우 고용창출효과는 더욱 커진다.

셋째, 생산성 상승효과는 자체 생산성 상승효과(own productivity effect)와 생산성 파급효과(spillover effect)가 있다. 자체 생산성 상승효과는 우월한 생산, 판매 및 마케팅 능력을 소유한 기업으로부터 투자를 받는 기업은 기존의 다른 국내기업보다 높은 생산성을 유지한다는 것이다.

또한, 생산성 파급효과도 다음과 같은 다양한 경로로 나타난다.

① 다국적기업들은 자신들이 소유한 우월한 능력, 예를 들어 새로운 경영기법, 마케팅기법, 교육훈련법, 생산방법 등을 국내에 소개한다. 다른 국내기업들은 이러한 새로운 기법들을 배울 수 있다. 그리고 새로운 방법으로 훈련된 노동자들이 다른 국내기업에 취업할 수도 있다.

② 투자 지역에 위치한 다른 중간부품 공급자들에게 재고관리, 품질관리 등 새로운 기법을 소개함으로써 이 기업들의 생산효율성을 증대시켜 준다.

넷째, 수출증대효과를 포함하는 무역효과이다. 다국적기업들이 개발도상국으로 공장을 설립하는 이유는 인건비가 낮아 저렴하게 제품을 생산할 수 있다는 이점이 있기 때문이다. 개발도상국은 다국적기업에 의한 국내 생산물을 자체적으로 수요할 수 있는 경제력이 없다. 따라서 국내에서 저렴한 비용으로 만들어진 제품을 수출하여 경제성장의 원동력으로 삼는다.

다국적기업들은 생산된 제품을 해외에 수출하는데도 유리한 위치를 갖고 있다. 이들은 해외 생산망이나 판매망을 자체적으로 이미 보유하고 있다. 따라서 기존에 보유하고 있는 해외 판매망을 이용하여 투자 지역에서 생산된 제품을 판매할 수 있다. 또한 다국적기업들은 국내기업보다 규모가 커서 생산제품 수송이나 외국과 교류를 할 때 초기의 높은 고정비용을 감내할 수 있다.

다섯째, 전·후방연관효과로 다국적기업과 국내기업들과의 상호 연관관계를 통한 파급효과이다. 후방연관효과는 앞에서의 생산성파급효과가 여기에 포함된다. 즉, 자신이 최종 재화를 생산하는 과정에서 다른 국내외 기업들로 하여금 생산요소를 공급하게 하는 역할을 한다. 전방연관효과는 다국적기업이 생산함으로써 판매를 위한 판매조직이 발달하는 파급효과이다. 특히 소비자들에게 더 많은 제품의 선택권을 부여함으로써 사회후생이 증가하는 장점을 가져올 수 있다.

여섯째, 경쟁 혹은 반경쟁효과이다. 다국적기업은 투자대상 국가의 산업에 진입하여 산업 내의 기업 간 경쟁을 유도하고, 효율적인 자원배분을 통하여 산업경쟁력을 향상시킬 수 있다. 이를 경쟁효과라고 한다.[11] 반면에 기존기업이 다국적기업의 우월성을 따라가지 못하는 경우 이들은 오히려 시장에서 퇴출된다. 이에 따라 국내산업에 대한 다국적기업의 독점은 오히려 더 강화될 수 있는데, 이를 반경쟁효과라고 부른다.

11 이러한 현상을 메기효과라고도 한다. 미꾸라지가 있는 어항에 메기 한 마리를 넣으면 미꾸라지들이 메기에게 잡혀 먹히지 않기 위해 피해 다니느라고 오히려 더욱 생기를 잃지 않게 된다는 이론이다. 물론 반대의 경우도 나타난다. 한국의 유통시장이 전면적으로 개방된 직후 진출한 까르푸(Carrefour, 1996년)와 월마트(Wal-Mart Stores, 1998년)는 한국 내의 유통시장 발전과 경쟁력 강화에 공헌을 하였으나 자신들은 경쟁에 뒤쳐져 결국 한국시장에서 철수하였다.

결론적으로 보면 '외국인직접투자가 필요한가?'라는 문제는 결국 외국인직접투자가 유치 국가의 경제발전에 얼마나 영향을 미치는가에 의존한다. 따라서 앞에서 논의한 다양한 외국인직접투자 효과는 실증분석을 통해 판단하여야 한다.

13.2.4 외국인직접투자 형태

외국인직접투자의 형태는 수평적 투자와 수직적 투자로 나눌 수 있다. 전통적으로 외국인직접투자의 형태로 많이 알려진 것이 수직적 투자이다. 수직적 투자가 이루어지는 가장 중요한 이유는 이 국가들의 낮은 노동비용에 의해 생산비용을 낮출 수 있기 때문이다. 즉, 투자대상국에서 제품을 생산하고 선진국으로 수출하는 경우가 많은데, 해당 국가의 소득이 낮아서 생산품에 대한 충분한 수요가 없기 때문이다. 이러한 투자는 주로 개발도상국의 제조업 특히 노동집약적인 부문에서 많이 일어난다.

특히 개발도상국에 대한 투자에서 나타나는 특징 중 하나가 집적형 투자이다. 이는 개발도상국들이 국가 전체적으로 인프라가 부족하여 외국인직접투자를 받아들이기 어려운 경우 특정 지역에 경제특구를 설치하여 집중적으로 투자를 유인하는 형태이다. 즉, 풍부한 노동력으로 분업할 수 있는 여건이 충분하여 생산에 있어서 규모의 경제(외부경제)를 누릴 수 있는 지역에 투자한다. 이는 주로 경제특구, 산업특구 형태로 나타나며 개발도상국에서 많이 나타난다. 자체적으로 투자인프라가 잘 구축되지 않는 개발도상국의 입장에서 특정 지역을 외국인투자 지역으로 지정하고 이 지역에 대한 다양한 특혜를 부여하여 투자를 유치하는 정책이다.[12]

수평적 투자란 선진국 간 투자이며, 투자 대상국 수요시장 때문에 나타나는 것으로 주로 서비스산업이나 고도기술 산업분야에 나타난다. 예를 들어 교육이나 의료와 같은 서비스산업의 경우 해당 대상국에 투자하여 다시 수출하는 형태가 아니라 해당국의 수요를 충족시키기 위한 투자가 발생한다.

외국인직접투자는 선진국 간에 더 많이 나타나는 것이 일반적인데, 〈표 13-3〉의 미국과 일본의 투자추이를 통해 이를 확인할 수 있다. 미국은 2001년 약 1,249억 달러를 외국에 투자하였는데, 이 중 선진국에 대한 비중이 66.7%였다. 마찬가지로 2012년에도 총 외국인직접

12 여기서 주의해야 할 것은 이 지역에 대한 혜택은 국내외 자본을 구분하지 않는 것이 일반적이다. 그 이유는 투자유입 목적이 자본유입뿐만 아니라 낙후된 해당 지역을 발전시키고자 하는 것도 더 중요하기 때문에 자본의 국적이 중요한 것이 아니라 투자효과의 극대화가 더욱 중요하다.

표 13-3 선진국과 개발도상국의 투자 형태 (단위: 백만 달러 (%))

투자국	투자대상국	2001	2006	2011	2012
미국	전 세계	124,873	224,220	396,656	366,940
	선진국	83,265 (66.7)	169,179 (75.5)	306,701 (77.3)	270,898 (73.8)
	개발도상국	39,895 (31.9)	51,016 (22.8)	87,927 (22.2)	96,886 (26.4)
	이행국가	1,637 (1.3)	3,227 (1.4)	1,654 (0.4)	1,586 (0.4)
일본	전 세계	38,333	50,266	114,353	122,548
	선진국	26,295 (68.6)	28,701 (57.1)	62,763 (54.9)	77,176 (63.0)
	개발도상국	11,940 (31.1)	21,372 (42.5)	51,257 (44.8)	44,616 (36.4)
	이행국가	70 (0.2)	192 (0.4)	333 (0.3)	759 (0.6)

출처: UNCTAD, Bilateral FDI Statistics(검색일: 2022.01.13.).

투자 중 선진국 비중이 73.8%로 오히려 선진국에 대한 투자 비중이 증가하였다. 일본도 유사하여 2012년 총 투자액 약 1,225억 달러 중 선진국에 대한 투자 비중이 63.0%이고, 개발도상국에 대한 비중은 36.4%였다.

투자형태에서 선진국 간 투자처럼 유사한 국가 간에 나타나는 수평적 투자를 선진국형 투자라고 부른다. 반면에 이와는 달리 선진국이 개발도상국에 행하는 것을 수직적 투자라 부르는데, 개발도상국형 투자라고도 부른다. 이를 정리한 것이 〈표 13-4〉이다.

개발도상국형 투자는 노동비용이 낮고 노동력이 풍부하지만 국내투자를 위한 투자자본이 부족한 경우에 나타난다. 개발도상국은 국민소득수준이 낮아서 다국적기업에 의해 생산된 제품에 대한 국내수요가 충분하지 않다. 그러므로 이 국가들은 외국인직접투자를 유치하여 다국적기업에 의해 생산된 제품을 수출하여 무역을 확대하고, 경제성장을 달성하는데 목적이 있다. 따라서 생산원가가 낮아 외국으로 수출할 수 있는 제조업 제품에 대한 투자가 상대적으로 높다. 개발도상국들은 이러한 투자를 유치하는데 필요한 인프라가 국가 전체적으로 부족하므로 국내 특정 지역에 산업단지를 구축하여 이 지역에 다국적기업들로 하여금 투자하도록 유도한다. 결국 다국적기업이나 국내기업들이 특정 지역에 집중적으로 투자하는 집적효과(agglomeration effect)가 나타난다. 1978년 중국이 경제체제전환을 시작한 이후 1979년부터

표 13-4 개발도상국형 및 선진국형 외국인직접투자

	개발도상국형	선진국형
현황	• 국내 투자자본 부족 • 실업 노동력이 많고 노동비용이 낮음 • 낮은 국민소득 수준에 의한 국내 수요시장 협소	• 충분한 국내 투자자본 • 실업인구 적고 노동비용 높음 • 높은 국민소득 수준에 의한 국내 시장수요 풍부
기대효과	• 자본유입, 고용유발, 수출을 통한 무역 증대	• 기술파급효과, 산업 간 연관효과, 좋은 일자리 창출, 국내 다양한 수요 충족
투자 형태	• 수직적 투자(생산비용 중시) • 제조업 비중 높음 • 집적형(산업단지 및 경제특구 등)	• 수평적 투자(시장수요 중시) • 서비스업 비중 높음 • 분산형(시장수요와 산업연관 지역으로 분산)

실시한 경제특구(Special Economic Zone: SEZ)[13]와 멕시코의 마킬라도라(Maquiladora)가 대표적이다.[14]

선진국은 국내 생산비용이 높지만 국민소득이 높아 국내에서 생산된 재화에 대한 국내수요가 충분하다. 그리고 개발도상국에 비해 실업자가 적어 노동비용이 높지만 자본시장이 발달하여 국내자본이 풍부하다. 이러한 경제환경에서 투자자는 노동비용 비중이 높지 않은 산업, 즉 서비스산업에 대한 투자유인이 높고 수출보다는 국내수요에 부응하는 제품을 생산하고자 한다. 투자유입국 입장에서도 수출을 통한 무역효과보다 국내 소비자들의 선택폭을 넓혀 주고 이를 통한 사회후생증대가 투자 유치의 중요한 목표가 된다. 그리고 정부가 지정한 특정 지역에 대한 투자보다는 기술협력이나 산업연관효과가 높은 지역에 대한 투자가 집중적으로 나타나는 또 다른 형태의 집적효과가 나타난다. 예를 들어 한국에서 보면 삼성이나 현대와 같은 대기업들이 위치하는 지역에 대한 투자가 상대적으로 많은 것도 이러한 이유에서이다.[15]

13 중국은 1979년부터 외국인직접투자를 적극적으로 유치하기 위하여 외국인 투자자본에 대해 다양한 우대 조치를 부여하는 특정 지역을 지정하였다. 이를 수출특구라고 하였는데 1980년에 경제특구로 변경되었다. 1979년 광둥성의 선전(심천), 주하이(주해), 산터우(삼두)와 푸젠성의 샤먼(하문)을 경제특구로 지정하였으며, 1988년 하이난(해남)을 지정하였고, 2010년 신장 위그루 자치구의 카스까지 6개가 지정되어 있다.

14 마킬라도라는 1965년 이후 멕시코 정부가 국경 지역에 설치한 것으로 멕시코의 저렴한 노동력을 이용하여 가공·재수출하는 기업이 원자재 및 관련 중간재를 수입하는 경우 무관세 혜택을 주는 제도이다. 이는 저렴한 비용으로 생산된 재화를 미국 등 선진국으로 수출하여 고용증대 및 경제성장을 달성하기 위한 목적으로 시행된 것이다. 초기에는 국경 지역에 국한하여 설치하였지만, 1973년 이후에는 국내 다른 지역으로도 확대되었다.

15 예를 들어 투자 인센티브가 있는 송도의 경제자유구역(Free Economic Zone: FEZ)보다는 LG 디스플레이 공장이 있는 경기도 파주나 삼성전자가 있는 수원에 많은 하청업체들이 투자하는 것도 이러한 이유이다.

13.2.5 한국의 외국인직접투자 형태와 정책 특성

한국에서 외국인직접투자 자료를 발표하는 기관은 한국은행과 산업통상자원부이다. 한국은행의 국제수지표에서 외국인직접투자는 금융계정의 직접투자 유입액으로 기록된다. 산업통상자원부도 외국인직접투자 자료를 발표하고 있는데 국제수지표 자료와는 다르다. 외국인 투자촉진법(제2조 1항 4호)에 의하면 외국인직접투자는 외국인이 1억 원 이상을 투자하면서 국내기업 주식의 10% 이상을 취득하거나, 외국인 투자기업이 해외 모기업으로부터 5년 이상의 장기차관을 대부받는 것으로 정의된다. 단, 외국인이 1억 원 이상을 투자하면서 국내기업 주식의 10% 미만을 보유하는 경우에도 일부 요건을 충족할 경우 외국인직접투자로 인정된다. 정부는 외국인직접투자에 대해 약정한 금액인 신고금액과 실질적으로 투자가 이루어진 도착액으로 나누어 발표하고 있다.

표 13-5 한국에 대한 외국인직접투자 추이 (단위: 백만 달러)

연도	한국은행	산업통상자원부			
		신고액			도착액
		총액	M&A	그린필드	
1963	-	5.7	0.0	5.7	0.0
1965	-	21.8	0.0	21.8	0.0
1970	-	75.9	0.0	75.9	9.0
1975	-	207.3	0.0	207.3	6.0
1980	47.1	143.1	0.0	143.1	130.9
1985	355.3	532.2	0.0	532.2	236.1
1990	1,045.6	802.6	0.0	802.6	923.9
1995	2,487.1	1,970.4	22.6	1,947.9	1,413.1
2000	11,509.4	15,265.4	2,865.4	12,400.0	10,285.0
2005	13,643.2	11,566.4	5,268.2	6,298.2	9,622.8
2010	9,497.4	13,072.8	2,015.3	11,057.5	5,453.7
2015	4,104.1	20,909.8	6,804.1	14,105.6	16,681.0
2020	8,764.9	20,746.6	6,232.4	14,514.1	11,535.1
2024	15,225.8	34,570.2	7,864.1	26,705.9	15,413.4

출처: 한국은행, 경제통계시스템(검색일: 2025.11.14.); 산업통상자원부, 외국인투자통계(검색일: 2025.11.14).

〈표 13-5〉는 1963년 이후부터 두 기관이 발표한 외국인직접투자 금액을 연도별로 나타낸 것이다. 전체적인 추이는 유사하지만 한국은행이 발표한 자료는 최근 하락하다가 2020년 이후 증가하는 추이를 보여 주어 산업통상부 자료와 차이가 있다. 산업통상자원부에서 발표하는 신고액이나 투자액이 지속적으로 증가하는 것에 비해 국제수지표에 의한 외국인투자액은 감소하다 증가하고 있다. 1960~70년대는 외국인직접투자 유입규모가 크지 않다.[16] 외국인직접투자가 본격적으로 증가하기 시작한 것은 1990년대 초반이고, 1997~98년 외환위기를 거치면서 급격히 증가하였다. 특히 외환위기를 겪으면서 능동적인 외국인직접투자 유치가 아니라 외환규모가 바닥나게 되면서 수동적으로 유입을 허용하게 되었다.

13.2.6 외국인직접투자와 경제성장에 대한 실증분석 결과

외국인직접투자가 투자 대상국 경제성장에 얼마나 영향을 미치는가는 실증분석결과로 설명되어야 한다. 최근 대부분의 연구들은 외국인직접투자가 투자 대상국의 경제성장에 긍정적인 영향을 주지만 부정적이거나 효과가 매우 미미하다는 결과도 있다.[17]

실증분석은 외국인직접투자의 직접적인 영향과 간접적인 영향을 검증하는 것으로 크게 구분할 수 있다.

첫째, 외국인직접투자는 투자 대상국과 기업에 대한 자본축적이나 기술이전을 통하여 경제성장에 직접적으로 긍정적인 영향을 줄 수 있다. 긍정적인 영향은 개발도상국을 중심으로 많은 연구가 이루어졌지만 일부 연구는 선진국에서도 나타난다고 보여주었다. 물론 개발도상국에 대한 분석에서 부정적인 영향을 보여 주는 연구도 있다.

둘째, 간접적인 영향은 제4장에서 논의하였듯이 기술이전이 일어나는 경우 해당 국가의 생산에 대한 적용능력에 의해 효과 정도가 결정된다는 것이다.

① 가장 중요한 능력이 인적자본이다. 즉, 인적자본 수준이 높은 국가일수록 외국인직접투자가 생산으로 연결되는 효과가 크다는 논리이다. 따라서 외국인직접투자의 긍정적인 경제성장효과를 위해서는 어느 정도 수준의 인적자본이 갖추어져 있어야 한다는 것이다.

② 대외자본에 대한 의존 정도에 의해 부정적인 효과가 나타난다는 분석결과도 있다. 외국인직접투자로 외국자본이 유입되는 경우 초기에는 경제성장에 긍정적인 영향을 준다. 그러

16 한국은 1960~70년대에는 부족한 투자재원을 외국인직접투자보다는 대외차관에 상대적으로 더 많이 의존하였다.

17 주요 연구결과는 Almfraji and Almsafir(2014) 참조.

나 장기적으로 볼 때 외국자본에 대한 의존성이 커지면서 부정적인 영향을 미친다는 것이다. 그 이유는 외국자본에 의하여 건설된 인프라와 각종 제도는 또 다른 외국자본의 투자를 유인하고, 동시에 실업, 소득불균등 및 과대한 도시화와 같은 문제들이 수반되어 나타날 수 있기 때문이다.

③ 투자 대상국의 기술수준이 높을수록 경제성장효과가 크다는 주장이다. 경제성장에 대한 효과가 투자국가의 기술이 투자 대상국 기술수준과 상호관계에 의존한다는 것이다. 따라서 기술연관성이 낮은 개발도상국에 대한 투자보다는 기술 간 보완효과가 큰 선진국에 대한 투자의 경제성장효과가 더 크다.

④ 무역정책과 연관 있는 것으로 수출주도형 국가에는 외국인직접투자가 경제성장에 긍정적인 효과를 주고 그렇지 않은 국가들에게는 부정적인 효과를 준다.

실증분석 결과를 종합하면 외국인직접투자가 이루어진다고 해서 기업의 생산성이나 국가의 경제성장이 자동적으로 높아지는 것은 아니다. 따라서 투자 대상기업이나 국가는 다국적기업이 이전하는 기술이나 판매기술과 같은 우월한 자산을 자국기업의 생산과정으로 이용하여 생산성 상승효과를 이끌어낼 수 있어야 한다.

13.3 국제개발원조

13.3.1 국제개발협력

산업혁명 시기를 거치면서 인류는 양적인 경제성장에서 더 나아가 삶의 질, 자유, 복지 등 질적인 발전을 급속도로 이루어왔지만 국가 간 발전정도 격차는 여전히 지속되고 있다. 이러한 격차를 극복하기 위하여 발전정도가 높은 국가들이 발전정도가 낮은 국가들에 대한 다양한 지원과 협력을 통하여 국가 간 발전수준 격차를 줄이려는 노력을 해오고 있다.

국제개발협력(international development cooperation)은 제2차 세계대전 이후 유럽의 재건을 위하여 미국이 마샬플랜(Marshall Plan)을 통한 원조자금을 제공하면서 시작되었다. 1960년 이후부터 1980년대까지는 자본주의와 사회주의의 체제경쟁이 이루어지면서 자신들의 체제로 국가들을 편입시키기 위한 방안으로 국제개발협력이 이루어졌다. 따라서 이 기간 동안 국제개발협력은 전쟁 이후 국가재건과 사회주의에 대하여 자본주의 체제가 승리하기 위한 정치적 목적에서 이루어진 것이다. 그러나 1990년대 전후로 소련을 비롯한 사회주의 국가들이 해체되면서 더 이상 체제 간 경쟁은 무의미해졌다. 그 이후 국제개발협력은 경제개발, 사회개발 및 빈곤퇴치 등으로 지원대상이 확대되었다. 그리고 정부차원의 지원뿐만 아니라 민간차원에서 국제개발협력도 활발하게 이루어졌다.

이러한 국제개발협력을 좀 더 포괄적이고 체계적으로 추진하기 위한 노력이 2000년 9월 뉴욕 유엔본부에서 개최된 유엔 밀레니엄 정상회의에서 채택된 새천년개발 목표이다. 이 회의에서는 2015년까지 달성하기 위한 8개 목표치를 정하고 각 국가뿐만 아니라 세계국제기구 차원에서 이 목표를 달성하기 위한 국제적 협력을 합의하였다. 이러한 목표 지향적 국제협력으로 달성하고자 한 목표를 어느 정도 달성하였지만 여전히 국제사회에서 빈곤은 사라지지 않았다. 2015년 9월 유엔총회에서는 2015년까지의 성과를 종합하고 좀 더 포괄적인 개발목표를 제시하였는데 이를 지속가능발전 목표라고 한다. 이는 2015년 이후 국제사회가 추진해야 할 17개의 목표를 제시한 것인데 이미 제2장에서 구체적인 내용은 논의되었다.

13.3.2 국제개발원조

국제개발협력 차원에서 국가 간 주고받는 재원을 국제개발원조라고 한다.[18] 이는 자금공여형태, 상환의무, 제공주체 등에 따라 다양하게 구분된다. 이를 정리한 것이 〈표 13-6〉이다.

첫째, 자금공여형태별로 공적개발원조(ODA), 기타공적자금, 민간자금 그리고 비정부조직(NGO) 증여 등으로 구분된다.[19] 공적개발원조는 정부 혹은 공공기관이 개발도상국에 제공하는 원조이다. OECD 개발원조위원회(DAC)에 의하면 공적개발원조는 지역이나 중앙정부에 의해 개발도상국이나 국제기구에 제공되는 자금 중 다음 조건을 만족하는 것이다.[20] 즉, 개발도상국의 경제발전과 후생증대를 주요 목적으로 하여 제공되는 자금이며 기본적으로 양허성(concessional)이어야 하고 증여율이 25% 이상인 원조자금이다.[21] 기타 공적자금(OOF)은 공적

18 이를 대외원조(foreign aid)라고도 부른다.

19 ODA: official development assistance.

20 개발원조위원회(Development Assistance Committee: DAC)는 OECD 산하 위원회로 공적개발원조를 제공하는 국가들을 대표하는 국가협의체이다. 개발도상국에 대한 원조효율성을 높이고, 원조정책을 협의하고 조정하기 위하여 설립된 기구이다. 가입자격은 공적개발원조 총액이 1억 달러 이상이거나 GNI 대비 0.2%를 초과하는 경우이다. 한국은 2009년에 가입이 확정되어 2010년부터 회원국으로서 활동하고 있다. 원조관련 용어의 정의에 대한 자세한 설명은 OECD(2013, p.7-9) 참조.

21 증여율(grant element)과 양허수준(concession level)은 시장가격에 의한 상업적 차관에 비해 개발도상국에 얼마나 유

표 13-6 국제개발원조 자금의 형태

공여형태	상환의무	양허성	제공주체	내용
공적개발원조 (ODA)	무상	양허	양자	기술협력, 프로젝트, 식량, 긴급재난, NGO지원 등
	유상	양허	–	양허성 공공차관
	–	양허, 비양허	다자	국제기구 분담금 및 출자금
기타공적자금 (OOF)	유상	비양허	양자	공적수출신용, 투자금융 등
	유상	비양허	다자	국제기관 융자
민간자금	유상	비양허	–	외국인직접투자, 1년 이상 수출신용, 국제기관융자, 외국인 자산투자 등
순 민간 증여	무상	양허	–	NGO의 원조

출처: OECD(2013), p.5와 한국국제협력단(2013), p.25를 참고하여 수정·보완한 것임.

부문 간 거래이지만 앞에서 정의된 공적개발원조의 조건을 충족시키지 못하는 자금이다.[22] 예를 들어 수원국 수출을 지원하기 위한 수출신용이나 증여율이 25% 미만인 공적개발원조 등이다. 민간자금은 수원국에 대한 직접투자, 1년 이상 수출신용 및 증권투자 등이다. 마지막으로 순 민간증여는 비정부조직에 의하여 개발도상국이나 국제기구에 대한 지원이다.

둘째, 상환의무에 따라 무상원조 혹은 유상원조로 나누어진다. 무상원조는 증여(grant)라고도 하며, 공여국이 수원국에 대하여 상환조건 없이 일방적으로 제공하는 물자나 자금 등이다. 반면에 유상원조는 수원국에 상환의무가 있는 차관(loan)이지만 기본적으로 양허성(concessionality) 성격을 갖고 있어 양허성 차관(concessional loan)이라고도 한다.

셋째, 양허성과 비양허성으로 나뉜다. 양허수준(concession level)은 원조의 질을 나타내는 것으로 원조자금 중 증여성격의 자금 비중이다. 이 비율이 높을수록 원조의 질이 높다고 할 수 있는데, 무상원조의 양허수준은 100%이고 일반상업금융의 양허수준은 0%이다.

넷째, 원조자금을 제공하는 주체에 따라서 양자간(bilateral) 혹은 다자간(multilateral) 원조로 나눌 수 있다. 양자간 원조는 국가 간 이루어지는 원조이다. 다자간 원조는 공여국이 수원국에 직접적으로 원조를 제공하지 않고, 세계은행과 같은 국제기구에 원조액을 출자하고 이

리하게 원조가 주어지는 가를 나타내는 지표이다. 이들은 ((차관의 액면가액-원리금 상환액의 현재가치)/차관의 액면가액) * 100으로 계산된다. 두 지표의 차이점은 할인율 선정에 있다. 현재가치를 계산함에 있어서 증여율은 연 10%의 고정 할인율을 사용한다. 그리고 양허수준은 각 국가의 통화별 평균상업참고금리(Commercial Interest Reference Rate: CIRR), 즉 통화별 국채수익률에 1%를 가산하여 결정하는 금리에 일정 수준의 마진(margin)을 더해서 산정한다.

22 OOF: other official flow.

표 13-7 DAC 회원국 공적개발원조 공여 현황(2024년 기준)

공여국	공여액 (백만 달러)	비중(%)	공여국	공여액 (백만 달러)	비중(%)
호주	3,319	0.19	한국	3,943	0.21
오스트리아	1,820	0.34	라트비아	112	0.26
벨기에	3,222	0.48	리투아니아	193	0.24
캐나다	7,420	0.34	룩셈부르크	597	1.00
체크공화국	572	0.17	네덜란드	7,523	0.62
덴마크	3,168	0.71	뉴질랜드	781	0.32
에스토니아	83	0.2	노르웨이	5,180	1.02
핀란드	1,408	0.47	폴란드	2,065	0.24
프랑스	15,433	0.48	포르투갈	654	0.22
독일	32,422	0.67	슬로바키아	191	0.14
그리스	372	0.15	슬로베니아	164	0.23
헝가리	191	0.09	스페인	4,350	0.25
아이슬란드	112	0.33	스웨덴	5,007	0.79
아일랜드	2,469	0.57	스위스	4,603	0.51
이탈리아	6,672	0.28	영국	17,971	0.50
일본	16,772	0.39	미국	63,299	0.22
총액				212,086	0.33

주: 1) 백만 달러 기준임. 2) 비중은 GNI 대비 비중임.
출처: OECD, DAC(검색일: 2025.11.14.).

를 통해 수원국에 제공하는 방식이다. 다자간 원조는 양자간 원조에 비해 원조주체가 명확하게 드러나지 않고 국제기구의 전문적인 지식이나 인력을 사용할 수 있다는 장점이 있다. 하지만 자본의 국적을 강조하고자 하는 경우에는 오히려 양자간 원조가 선호된다.[23]

23 공적개발원조는 다른 목적으로도 분류된다. 인도주의적(humanitarian) 목적, 공여국의 문화전파 목적, 수원국으로부터 자원획득 목적, 과거 식민주의 국가들에 대한 지원 목적, 국가제품을 판매하기 위한 상업적 목적 등이다.

13.3.3 공적개발원조 현황

〈표 13-7〉은 DAC 회원국의 공여액과 GNI 대비 공여액 비율을 정리한 것이다. 2024년 기준으로 DAC 회원국의 총 공적개발원조는 2,120억 달러이고 GNI 대비 0.33%이다. 국가별로 미국이 가장 많은 공적개발원조를 제공하여 약 632억 달러를 제공하고 있고, GNI 대비 0.22%에 해당된다. 그 다음으로 독일이 324억 달러를 제공하였고, 뒤이어 영국과 일본이 많은 원조를 제공하였다. 한국은 약 39억 달러를 제공하였는데, GNI 대비 0.21%를 제공하고 있어서 아직은 DAC 회원국 평균인 0.33%에 비하면 낮은 수준이다.[24]

13.3.4 원조효과성

국제개발협력 프로그램에 따라 제공되는 원조가 의도하는 효과를 얼마나 거두는가를 나타내는 것을 원조효과성(aid effectiveness)이라고 한다. 가장 전통적인 견해로 대외원조는 수원국에 자본을 공급하여 부족한 국내저축에 추가적으로 투자자금을 늘려주고 이를 통해 경제발전에 도움을 준다는 것이다. 경제발전뿐만 아니라 빈곤, 인권, 부패, 민주주의 등 다른 목적에 이르기까지 원조효과성에 대한 다양한 논의가 이루어지고 있다.

수십 년 동안 국제사회가 다양한 원조를 제공해 왔음에도 불구하고, 과연 설정된 목표를 달성하였는가에 대한 의문이 지속적으로 제기되고 있다. 따라서 개발원조가 실질적인 목표를 달성할 수 있도록 원조정책을 수립하려는 국제적 노력이 지속되고 있다. 특히 2003년 이후 공여국과 수원국이 모여서 원조정책에 대해 논의하는 고위급 회담(High-level Forum on Aid Effectiveness: HLF)을 개최하면서 원조효과성을 향상시키기 위한 다양한 노력을 하고 있다.[25]

제1차 고위급회의는 2003년 로마에서 열렸는데 원조효과성에 대한 '원조 조화에 대한 로

24 한국은 북한에 대한 지원은 공식적인 공적개발원조에 포함시키지 않고 있다. 한국의 북한에 대한 공식적인 인도적 지원(정부 및 민간)은 1995년 이후 2024년까지 1조 5,125억원(11억 4,237만달러)이었다. 국가데이터처 KOSIS(검색일: 2025.11.15.).

25 원조효과성에 대한 본격적인 논의가 시작된 것은 유엔이 2002년 3월 멕시코 몬테레이에서 개최된 유엔 개발재원 국제회의(International Conference on Financing for Development)였다. 여기서 채택된 '몬테레이 합의(Monterrey Consensus)'는 선진국은 개발도상국에 대하여 공적개발원조를 1인당 GNP의 0.7%까지 지원하고, 개발도상국은 무역자유화를 확대하도록 해야 한다는 내용을 포함하고 있다. 그 이후 2008년 12월 카타르 도하에서 몬테레이 합의의 실행성과를 점검하기 위하여 개발재원회의가 개최되었다. 3번째 회의는 2015년 7월 에티오피아의 수도인 아디스 아바바(Addis Ababa)에서 개최되었으며, 아디스 아바바 행동 어젠다(Addis Ababa Action Agenda: AAAA)가 채택되었다.

마선언(Rome Declaration on Harmonization)'을 채택하였다. 논의의 출발점은 공여국이 요구하는 조건(개발원조 자금을 받기 위한 준비, 전달 및 감시체제)이 비생산적인 거래비용을 발생시키고, 개발원조가 수원국의 발전전략과 항상 일치하는 것이 아니라는 점이다. 주요 합의내용은 다음과 같다. 첫째, 개발원조는 빈곤감소전략과 같은 수원국의 정책우선순위와 조화되어야 한다. 둘째, 원조효과를 높이기 위해서 공여국의 원조정책, 절차 및 관행을 수원국의 시스템과 적절하게 조화시킨다. 셋째, 수원국으로 하여금 원조에 의한 발전성과를 달성하는데 강력한 리더십과 주인의식을 가질 수 있도록 분석방법 제공 등을 통한 공여국의 지원이 필요하다. 넷째, 공여국의 절차와 정책 실행과정을 간소화하기 위해 수원국이 주도하는 노력을 확대하도록 한다. 다섯째, 공여국의 공여원칙과 부합되고 적절하고 신뢰성 있는 정책이 실행된다면 수원국에 대한 예산 지원, 분야별 지원과 국제수지 지원을 제공한다.

제2차 고위급회의는 2005년 파리에서 열렸다. 이는 공여국과 수원국이 원조효과성에 대한 약속과 이를 성취하기 위한 공동책임성(mutual accountability)에 처음 합의를 이룬 회의였다. 이 회의에서 채택된 '원조효과성 제고를 위한 파리선언(Paris Declaration on Aid Effectiveness)'은 원조의 질과 개발에 대한 영향을 개선하기 위한 실질적이고 행동지향적인 로드맵을 제시하였다.

파리선언의 5가지 중점 원칙은 다음과 같다. 첫째, 수원국의 주인의식(ownership)이다. 수원국 스스로 개발전략을 세우고 제도를 개선하며 부패를 척결하는데 도전해야 한다. 둘째, 공여국과 수원국의 협력일치(alignment)이다. 공여국은 수원국의 개발전략, 기구 및 절차에 일치하는 방향으로 원조를 제공하고 수원국 시스템을 활용한다. 셋째, 공여국과 수원국 간의 원조조화(harmonization)이다. 공여국과 공여기관들은 그들의 정책을 상호 조정하고 원조절차를 간소화하며 사업이 중복되지 않도록 정보를 공유한다. 넷째, 성과관리(managing for results)이다. 공여국은 개발도상국이 작성하는 원조성과보고와 감시제도를 가능한 한 신뢰하고, 수원국의 원조 대상 분야에 대한 역량을 강화할 수 있도록 공동으로 노력한다. 다섯째, 공여국과 수원국의 공동책임성이다. 공여국과 수원국은 원조에 의한 개발성과에 대해 공동책임성을 가져야 한다.

제3차 고위급회의는 2008년 가나 아크라(Accra)에서 열렸다. 이 회의에서는 파리선언에서 채택된 목표들의 이행을 촉진하고 강화하기 위한 '아크라 행동계획(Accra Agenda for Action: AAA)'이 채택되었다. 3가지 영역으로 제시된 주요 내용을 요약하면 다음과 같다.

첫째, 수원국의 주인의식을 강화한다. 수원국 정부는 자신들의 개발전략을 수립하는데 더욱 강한 리더십을 발휘해야 하고, 이를 위해 국회 및 시민사회와 논의해야 한다. 공여국은 수원국의 정책 우선순위를 존중하고, 이들의 인적자본과 제도에 투자하며, 원조를 수행할 그들의 제도를 더욱 많이 사용하여 원조의 예측가능성을 증가시킬 수 있도록 수원국을 지원한다.

둘째, 효과적이고 포용적인 파트너십 구축이다. 국가별 혹은 부문별로 중복된 원조를 축소하도록 하고 비구속성 원조를 증가시키도록 한다. 모든 공여단체를 비롯한 독립적인 개발원조단체로서 시민사회단체와 협력을 강화한다. 불안정한 상황(fragile situations)과 직면하고 있는 국가에 대해서도 비록 역량이나 주인의식이 약하더라도 다른 국가와 동등한 차원에서 원조를 제공해야 한다.

셋째, 발전성과를 지향하고 공동책임성을 공개적으로 공유한다. 공여국과 수원국은 원조의 발전성과를 평가할 비용전략적인 방안을 구축하고, 결과에 대한 관리를 향상시킨다. 그리고 원조는 예산, 수입, 지출 등을 공개하여 투명(transparency)하게 집행되어야 하고, 원조결과에 대해 책임성(accountability)을 가져야 한다.

제4차 고위급회의(2011)는 부산에서 열렸는데 이 회의의 특징은 파리와 아크라 회의에서 나온 선언적 차원에서 더 나아가 이들 선언을 실질적으로 실행할 수 있는 행동들을 구체화하고 있다는 점이다. 이 회의에서 '효과적 개발협력을 위한 부산 파트너십(Busan Partnership for Effective Development Cooperation)'이 채택되었다. 공동의 목표를 달성하기 위한 공동 원칙(shared principles)은 발전 우선순위에 대한 개발도상국의 주인의식, 결과 우선, 포용적 발전 파트너십 구축, 그리고 투명성과 공동책임성이다. 주요 내용은 다음과 같다.

첫째, 개발협력의 질과 효과성 강화방안 4가지 세부 방안이 포함되어 있다. ① 주인의식, 결과 및 책임성 강화, ② 투명하고 책임 있는 협력, ③ 분쟁과 취약상황에서 지속가능한 발전 촉진, ④ 재난상황에서 복원력 강화 및 취약성 감소이다. 둘째, 효과적인 발전을 위한 협력방안 주요 내용 4가지는 ① 지속가능발전을 위한 남-남 혹은 삼각협력, ② 민간부문과 개발, ③ 부패와 불법자금 타파, ④ 기후변화 재원 마련이다.

13.3.5 국제개발원조와 경제성장효과

국제개발원조가 수원국에 미치는 영향은 다양하게 나타난다. 그 중에서 원조가 수원국의 빈곤을 완화시키고 경제성장에 도움을 주는가에 대해 많은 연구가 이루어지고 있다. 경제성장에 도움이 된다는 주장이 많지만, 그렇지 않다는 연구결과도 많아서 이 결과를 바탕으로 원조의 무용성을 주장하기도 한다.

긍정적인 영향은 수원국이 원하는 투자에 비해 적은 국내저축을 보완해 주는 자금유입이 가능하다는 점이다. 이를 통한 자본축적은 경제성장에 도움을 주고 결국 수원국의 후생수준을 높여 준다는 것이다. 반면에 부정적인 견해는 원조가 생산적인 부문에 사용되지 않고 국방예산이나 부채를 상환하는 데에 사용될 수 있다는 것이다. 특히 수원국이 정치적으로 불안정하고 정책변화가 자주 일어나는 경우, 원조가 생산적인 부문에 덜 사용되어 기대하는 만큼의 경제성장 및 빈곤완화효과를 거두지 못할 수도 있다고 지적한다.

원조의 경제성장효과에 대한 대표적인 논쟁은 이스털리(Easterly, 2001)와 삭스(Sachs, 2005) 간 논쟁이다.

이스털리는 그의 저서 『달성하기 힘든 성장추구(The Elusive Quest for Growth)』(2001)에서 대외원조가 주어졌음에도 불구하고 많은 개발도상국들이 경제성장을 달성하지 못하고 있다고 주장하였다. 그는 제2차 세계대전 이후 선진국들은 개발도상국의 생활수준을 향상시키기 위해 많은 원조를 하였다고 보았다. 예를 들어 교육기회 확대, 보건환경 개선, 차관에 의한 대외원조 그리고 개혁정책이 실시되는 경우 차관면제 등이다. 그러나 그는 이러한 정책들은 개별 경제주체들이 인센티브에 의하여 움직인다는 기본적인 경제원리를 무시한 것이므로 개발도상국의 경제성장 및 발전에 영향을 미치지 못하였다고 비판하였다.

반면에 삭스는 『빈곤의 종말(The End of Poverty)』(2005)에서 이스털리가 너무 부정적인 견해를 보여준다고 비판하였다. 전 세계 국가들이 지속적인 발전을 하고 있지만 사하라이남 국가들처럼 아직도 빈곤에서 벗어나지 못한 국가들이 많다. 따라서 그는 국제사회는 이들의 빈곤을 종식시키기 위해서 많은 관심을 가져야 한다고 주장하였다. 이를 위하여 그는 선진국에게 원조 특히, 비구속성 원조를 늘리도록 권고하고 있다.

기존 실증연구결과를 종합하면 원조효과성에 대해 의견이 일치하지 않는다.[26] 연구대상 국가나 지역 그리고 실증분석 방법론에 따라서 원조가 경제성장에 주는 효과는 긍정적이기도 하고 부정적이기도 하다. 번사이드 · 달러(Burnside and Dollar, 2000)가 주장하였듯이 수원국의 제도 혹은 정책역량에 따라서 효과는 다양하게 나타난다. 수원국의 거시 경제적 안정성(낮은 인플레이션, 낮은 재정적자, 강한 사유재산권 보장 등), 지역적 위치, 대외충격에 노출되는 정도, 지배계층의 특성 등에 의해 영향 정도가 다르기 때문이다. 예를 들어 부정적인 영향이 있다는 연구들은 원조는 자체적인 경제발전을 하려는 노력을 해치거나, 관료의 질적 수준이나 제도를 약

26 이 분야는 최근 경제발전이론에서 가장 활발하게 연구되는 분야 중 하나이다. 특정 사업을 통해 달성하고자 하는 목표 변수의 사업 이전과 이후에 변화되는 정도를 실증적으로 비교하여 얼마나 달성되었는가를 파악하는 것으로 영향분석(impact evaluation)이라고 한다. 이에 대한 자세한 논의는 Gertler et al.(2011) 참조.

화시키거나, 더치병(Dutch disease) 효과를 통해 국가경쟁력을 약화시키는 등에 의해 원조가 오히려 경제성장에 악영향을 끼칠 수 있다고 보여주었다.[27]

13.3.6 한국의 공적개발원조 수원 현황

한국은 1945년 해방 이후 미군정 시기 미 군정청을 통해서 본격적으로 원조를 받기 시작하였다. 〈표 13-8〉은 1945년 이후 수원국 지위가 끝나는 1999년까지 한국이 받은 공적개발원조 현황과 추이를 정리한 것이다. 이 기간 동안 받은 공적개발원조 총액은 약 128억 달러였는데, 무상원조가 약 70억 달러, 유상원조가 약 58억 달러였다. 그리고 공여 주체별로 보면 양자 간 원조가 약 118억 달러로 총 원조액의 92.4%이었다.

수원액 현황을 기간별로 보면, 먼저 해방 직후부터 1960년까지 받은 원조총액은 약 31억 달러로 무상원조와 유상원조가 각각 약 30.5억 달러와 5천만 달러로 대부분이 무상원조로 이루어졌다. 이는 저개발국일수록 유상원조보다는 무상원조를 통하여 지원을 받는다는 사실을 반영한 것이다.

무상원조 비중은 경제발전이 이루어짐에 따라 점차적으로 줄어들다가 1991~99년대에는 1961~75년대와 유사해졌다. 1961~75년 기간 총 원조 약 39억 달러 중 무상원조가 약 20

표 13-8 한국에 대한 시기별 공적개발원조 추이 (단위: 경상 백만 달러(%))

	1945~60	1961~75	1976~90	1991~99	계
무상	3,045.6 (98.3)	1,999.0 (50.7)	750.4 (21.4)	1,202.5 (54.0)	6,997.5 (54.8)
유상	52.3 (1.7)	1,942.4 (49.3)	2,760.4 (78.6)	1,023.7 (46.0)	5,778.8 (45.2)
양자	2,518.4 (81.3)	3,777.3 (95.8)	3,312.2 (94.3)	2,200.0 (98.8)	11,807.9 (92.4)
다자	579.5 (18.7)	164.1 (4.2)	198.6 (5.7)	26.2 (0.2)	968.3 (7.6)
계	3,097.9	3,941.4	3,510.8	2,226.2	12,776.3

주: ( )는 비중임.
출처: 한국국제협력단(2004), p.74.

27 더치병은 특정 자원부문의 호황이 이루어지면서 경제 전체가 호황이라고 착각하는 것이다.

억 달러로 총 원조액에 대한 비중이 50.7%로 줄어들었고, 1976~90년대에는 7억 5천만 달러로 그 비중이 21.4%까지 줄어들었다. 그러나 1991~99년 기간에는 오히려 12억 달러까지 증가하여 그 비중은 54.0%로 증가하였다. 공여 주체별로 보면 다자간 보다는 양자간 원조로 대부분 이루어졌는데, 1960년 이후에는 90% 이상이 양자간 원조이다.[28]

13.4 송금

13.4.1 주요 국가별 송금 추이

송금은 해외에서 일하는 사람이 자신의 국가에 있는 사람에게 자금을 보내는 것이다. 개발도상국은 대체적으로 해외로부터 송금이 개인소득에 비해 상당히 큰 비중을 차지하고 있다. 따라서 송금은 개인단위 가족뿐만 아니라 국가차원의 외화획득 수단이 되고, 송금된 자금이 국가적 투자재원으로 활용된다면 경제성장에도 도움이 된다.

〈표 13-9〉는 2024년 세계은행 자료를 기준으로 송금을 가장 많이 받은 상위 15개국과 GDP 대비 비중이 높은 상위 15개국을 나타낸 것이다. 먼저 전 세계 국가로 유입된 송금액은 약 9천 5억 달러였다. 가장 많은 송금을 받고 있는 국가는 인도로 약 1,370억 달러를 받았고, 이는 GDP 대비 3.5%에 이르는 금액이다. 다음으로 멕시코가 약 676억 달러를 외국으로부터 송금을 받았고, 그 다음으로 필리핀(402억), 프랑스(387억), 파키스탄(349억)이 있다. 2024년 기준으로 GDP 대비 비중이 높은 국가는 네팔이 66.1%로 가장 높고, 그 다음이 통가(50.0%), 타지키스탄(47.9%), 레바논(33.3%)이었다.

28 다른 수원국들도 유사한 형태를 보여 준다. 공여국의 입장에서 보면 양자간 원조는 공여국의 주체가 명확하고 수원국과의 협력목표를 명확하게 할 수 있는 장점이 있는 반면에 국제기구를 통한 원조는 이러한 장점이 없다.

표 13-9 송금 받은 국가의 상위 15개국(2024년 기준) (단위: 경상 10억 달러)

송금액 순위			GDP 비중 순위		
국가	유입액	비중	국가	유입액	비중
인도	137.67	3.5	네팔	28.38	66.1
멕시코	67.64	3.7	통가	0.26	50.0
필리핀	40.28	8.7	타지키스탄	6.80	47.9
프랑스	38.78	1.2	레바논	5.80	33.3
파키스탄	34.91	9.4	니카라과	5.25	26.6
중국	31.41	0.2	사모아	0.28	26.4
이집트	29.56	7.6	온두라스	9.53	25.7
네팔	28.38	66.1	엘살바도르	8.49	24.0
방글라데시	27.17	6.0	감비아	0.53	21.1
과테말라	21.65	19.1	레소토	0.48	20.9
나이지리아	21.29	11.3	과테말라	21.65	19.1
독일	21.23	0.5	코모로	0.28	18.3
우즈베키스탄	16.58	14.4	자메이카	3.56	17.9
인도네시아	16.04	1.1	키르기스스탄	3.10	17.7
베트남	16.00	3.4	소말리아	2.12	17.5
전 세계	905.98	-	-	-	-

주: 1) 비중은 GDP 대비 비중임. 2) 한국은 74억 5천만 달러로 GDP 대비 0.4%에 해당됨. 3) 통가, 레바논의 GDP 비중은 2023년도 값임.

출처: World Bank, Personal remittances(검색일: 2025.11.14.).

13.4.2 한국의 송금유입 현황

〈표 13-10〉은 1965~75년 기간 동안 세계 각국으로부터 한국이 받은 송금 추이를 정리한 것이다.[29] 한국의 경제발전 과정에서 국내 투자재원이 충분하지 않았던 시기에 해외로부터 송금은 투자재원 증가에 큰 도움이 되었을 것으로 판단된다. 1965년 약 1천 8백만 달러가 국내로 송금되었는데, 이는 GNP 대비 0.60%에 해당되는 금액이었다. 송금이 GNP 대비 가장 높은 비중을 보인 연도는 1967년으로 2.38%였고, 이는 주로 베트남전쟁 때 송금된 액수가 차

29 서독으로부터의 송금은 1971년에서 1975년까지 광부 및 간호요원 이외에 서독에 파견한 기술자로부터의 송금액이 합산된 것이다.

표 13-10 한국에 대한 송금규모 (단위: 경상 백만 달러)

연도	베트남	서독	일본	동남아	미주	기타	계	비중
1965	0.01	2.7	5.8	0.2	9.5	0.2	18.4	0.60
1966	13.7	4.8	13.0	0.5	25.1	0.3	57.3	1.48
1967	54.3	5.8	16.6	1.0	36.3	0.7	114.7	2.38
1968	48.5	2.4	10.1	1.1	24.0	0.5	86.5	1.42
1969	42.1	1.2	3.4	0.5	21.5	0.5	69.2	0.91
1970	25.2	3.3	3.7	0.6	15.2	0.5	48.4	0.54
1971	15.3	6.6	3.2	3.1	17.5	0.8	46.4	0.47
1972	4.2	8.3	10.2	1.9	30.6	1.6	56.8	0.53
1973	1.2	14.2	20.1	1.6	53.3	23.0	113.3	0.83
1974	0.4	24.5	19.3	1.9	67.5	30.9	144.4	0.75
1975	0.1	27.7	19.5	9.5	39.7	61.6	158.2	0.75
계	205.0	101.5	124.8	21.9	340.0	120.5	913.7	-

주: 1) 기타는 구주 및 기타 지역, 선원 및 중동에서의 송금을 합한 것임. 2) 비중은 명목 GNP 대비 비중(%)임.
출처: 진실화해위원회(2009), p.215;

지하였다. 1967년 베트남으로부터의 송금은 5천 4백만 달러였다.

1963년 광부파견을 시작으로 간호요원 및 기술자들이 서독으로 파견되면서 서독으로부터 송금도 증가하였다. 1963년 12월 21일 광부 123명이 처음으로 서독으로 파견된 후 1977년까지 광부 7,936명과 간호요원 1만 1,057명이 파견되었다. 그리고 1971~75년 기간에는 광부 및 간호요원 이외에 서독에 파견된 기술자들로부터 송금도 이루어졌다. 기술자는 1971년 476명을 시작으로 1975년 3명까지 총 931명이 파견되었다.[30]

13.4.3 송금과 경제성장에 대한 실증 분석

송금이 경제성장에 대하여 얼마나 영향을 미치는가에 대한 대부분의 연구결과를 보면 경제성장에 대하여 긍정적인 효과를 보여주고 있다. 개발도상국을 대상으로 하거나 아프리카, 남아시아, 중앙 및 동유럽 국가, 북아프리카 등 특정 지역 국가를 대상으로 한 대부분의 연구결과를 보면 송금이 경제성장에 긍정적인 영향을 미치는 것으로 나타난다. 예를 들어 개발도

30 이에 대한 자세한 논의는 진실화해위원회(2009, pp.175-232) 참조.

상국이 유동성제약에 있는 경우 수익투자에 도움이 되는 자금이 되어 경제성장을 촉진한다. 그리고 송금은 교육, 금융발전, 대외원조 그리고 외국인직접투자 등과 상호 보완적 관계를 통해 경제성장에 기여한다는 분석결과도 많이 있다. 길리아노 · 루이-아란즈(Giuliano and Ruiz-Arranz, 2009)는 금융이 발전되지 않은 국가들일지라도 송금의 유입은 유동성제약의 정도를 완화시켜주어 경제성장에 도움이 된다고 보여 주었다. Cai and Kang(2020)은 체제전환국을 대상으로 한 분석에서 송금은 경제성장에 도움이 된다고 보여 주었다.

반면에 부정적인 효과가 있다는 연구결과도 있다. 바겔리 외(Barguellil et al., 2013)는 긍정적인 영향을 발견하였지만, 그러한 영향은 대규모 송금을 받는 국가들에 한정된다고 보여 주었다. 그리고 바라야스 외(Barajas et al., 2009)는 송금이 경제성장에 영향을 주지 않는다고 보여주었다.

연습문제

13.1 어느 특정 지역에 대규모 공장을 설립한다고 하자.

1) 해당 지역 정부가 추가 지원을 통하여 공장의 진입로를 만들어 주고자 한다. 그 정당성에 대하여 논의하시오.
2) 이 정책에 대하여 기업에 대한 특혜를 준다는 의견과 투자를 통한 파급효과가 더욱 크기 때문에 특혜가 아니라는 주장이 있는데, 이에 대해 논의하시오.

13.2 외국인직접투자와 외국인자산투자 중에서 어느 형태의 투자를 유인하는 것이 국가적으로 더 유익한 것인지에 대하여 논의하시오.

13.3 한국의 외국인직접투자 정책의 주요 특징은 외국인 자본에 대한 우대, 제조업 중심의 인센티브 제공, 그리고 특정 지역에 대한 투자에 대한 인센티브 제공 등으로 요약된다. 이러한 정책은 개발도상국형이라고 볼 수 있는데, 이 정책의 적절성에 대해서 논의하시오.

13.4 한국은 국내자본과 외국인직접투자에 대하여 차별적 대우를 하고 있다. 이와 유사한 정책을 갖는 국가가 있는지를 살펴보고, 차별적 대우를 하는 이유에 대하여 논의하시오.

13.5 한국은 1960~70년대 경제성장의 투자재원을 외국인직접투자보다는 대외차관을 통해 조달하였다. 두 재원에 대한 각각의 장단점에 대해 논의하시오.

13.6 방글라데시의 주요 산업 중의 하나가 의류산업(textile industry)이다.

1) 방글라데시의 의류산업 발전과정을 논의하시오.
2) 기성복제품의 생산과 수출이 과거 대우(Daewoo)의 역할이 매우 큰 것으로 알려져 있는데, 그렇게 된 당시 국제무역 환경과 대우의 역할에 대하여 논의하시오.

13.7 국제개발원조가 수원국의 기득권에게 주로 지원됨에 따라 기득권 계층의 지위를 강화시켜 주어 오히려 민주주의를 후퇴시키고 경제성장을 저해할 수 있다는 의견에 대하여 논의하시오.

13.8 무상원조는 최빈국에 대하여 제공되므로 경제성장보다는 빈곤탈출이나 사회적 문제 해결에 집중되어 경제성장 효과를 직접적으로 판단하는 것은 무리라는 주장에 대하여 논의하시오.

13.9 최근 필리핀 국민들이 싱가포르나 홍콩 등에 취업을 하여 상당한 수준의 금액을 본국으로 송금을 하고 있다. 필리핀에 대한 송금 규모 및 GDP 대비 비중을 알아보고, 송금이 나타나는 배경과 효과에 대하여 논의하시오.

13.10 1950~60년대 당시 한국의 노동력이 일본과 독일로 진출한 현상에 대하여 이중구조이론적 관점에서 논의하시오.

참고문헌

진실화해위원회, 2009, 『2008년 하반기 조사보고서 1권 민족독립－2』.
한국은행, 2014, 『알기 쉬운 경제지표 해설』, 한국은행.
한국국제협력단, 2004, 『한국에 대한 개발원조와 협력: 우리나라 수원 규모와 분야 효과사례 등에 관한 조사 연구』, 한국국제협력단.
한국국제협력단, 2013, 『국제개발협력의 이해』, 한울.

Almfraji, Mohammad Amin and Mahmoud Khalid Almsafir, 2014, "Foreign Direct Investment and Economic Growth: Literature Review from 1994 to 2012," *Procedia－Social and Behavioral Sciences*, 129, pp.206－213.
Barajas, Adolfo, Ralph Chami, Connel Fullenkamp, Michael Gapen and Peter Montiel, 2009, Do Workers Remittances Promote Economic Growth?, IMF Working paper, WP/09/13, pp.1－22.
Barguellil, Achouak, Mohamed Hedi Zaiemi, 2013, "Remittances, Education and Economic Growth: A Panel Data Analysis," *Journal of Business Studies Quarterly*, 4(3), pp.129－139.
Burnside, Craig and David Dollar, 2000, "Aid, Policies, and Growth," *American Economic Review*, 90(4), pp.847－868.
Cao, Shijun and Sung Jin Kang, 2020, "Personal Remittances and Financial Development for Economic Growth in Economic Transition Countries," *International Economic Journal*, 34(3), pp.472－492.
Dunnng, John. H., 1974, *The Distinctive Nature of Multinational Enterprise*, London: George Allen and Unwin.
Easterly, William, 2001, *The Elusive Quest for Growth: Economists' Adventures and Misadventures in the Tropics*, Cambridge MA: MIT Press.
4th High Level Forum on Aid Effectiveness, 2011, Busan Partnership for Effective Development Co－operation Fourth High Level Forum on Aid Effectiveness, Busan, Republic of Korea, 29 November－December 2011.
Gertler, Paul J., Sebastian Martinez, Patrick Premand, Laura B. Rawlings, 2011, *Impact Evaluation in Practice*, Washington D.C.: World Bank.
Gjini, Altin, 2013, "The Role of Remittances on Economic Growth: An Empirical Investigation of 12 CEE Countries," International Business & Economic Research Journal, 12(2), pp.193－204.
Giuliano, Paola and Marta Ruiz－Arranz, 2009, Remittances, "Financial Development and Economic Growth," *Journal of Development Economics*, 90(1), pp.144－152.
IMF, 2009, *Balance of Payment and International Investment Position Manual*, Sixth Edition(BPM6), Washington, D.C.
OECD, 2013, *Converged Statistical Reporting Directives for the Creditor Reporting System(CRS) and the Annual DAC Questionnaire*, OECD.
Sachs, Jeffrey, 2005, *The End of Poverty: Economic Possibilities for Our Time*, New York: Penguin Press.

[웹 사이트]

통일부 주요사업통계, http://unikorea.go.kr/unikorea/business/statistics/.

참고 13-1

인도 자동차 산업과 자동차 마루타 스즈끼 진출

외국인직접투자의 모범적인 예시로 일본 자동차 회사 스즈끼(Suzuki)의 인도에 대한 직접투자가 있다. 1981년 인도 정부와 합작회사로 소형 자동차 생산을 위해 설립되었다. 설립 초기에는 자동차 부품들이 모두 일본에서 수입되었으나, 10여년이 경과하면서 인도가 초기에 없었던 자동차 부품회사들의 중심지가 되었고, 자동차 부품의 90% 정도를 현지에서 공급하게 되었다(Alfaro etc., 2004, p.92).

인도에 자동차가 처음 도입된 것은 1898년이었다. 국내생산이 처음 이루어지기 시작한 것은 1928년 GM이 미국으로부터 수입된 부품을 조립하여 생산하는 공장을 봄베이(Bombay)에 설립하면서부터이다. 그 이후 포드가 1930년 마드라스(Madras)에 그리고 1931년 캘커타(Calcutta)에 부품공장을 설립하였다. 1942년 버라 그룹(Birla Group)이 봄베이에 프리미어 자동차(Premier Automobile Limited: PAL) 그리고 1948년 스탠다드 모터(Standard Motor Products Limited)가 마드라스에 자동차 제조회사를 설립하였다.

1953년 인도 정부는 승용차의 국내생산을 장려하기 위한 정책을 발표하였다. 자동차 조립업체들이 국내에서 생산하려는 단계적 계획이 수립되지 않는다면 3년 내에 공장을 닫아야 한다는 내용이었다. 이 규제로 GM과 Ford는 자동차 공장을 중단하였다. 이로 인해 국내에는 힌두스턴 모터스(Hindustan Motors: HM)와 PAL 만이 남게 되었다. 문제는 이들 회사들은 비싼 대형 자동차를 생산하였지만 효율성이 떨어졌다는 점이었다. 따라서 국내수요는 매우 미미하였고, 그 이후 30년 동안 자동차 산업의 발달은 매우 느리게 진행되었다.

1969년 소형 승용차도 생산하도록 허용함으로써 마루티(Maruti Limited)가 델리에 공장을 설립하였다. 그러나 계획대로 자동차를 생산하는 것은 실패하여 이 회사는 결국 1977년에 청산되었다. 이에 따라 1980년 이 회사는 정부에 인수되어 마루티 우디(Maruti Udyog Limited: MUL)로 이름도 바뀌었고 1981년에는 국영회사로 전환되었다.

정부는 소규모 승용차를 대량 생산하기 위한 경영자와 외국 합작사를 구하려고 하였다. 여러 외국회사 중 1982년 최종적으로 스즈끼가 결정되었고, 합작 회사 이름은 마루티-스즈끼(Maruti-Suzuki)가 되었다. 그 이후 스즈끼의 투자 형태는 결정적으로 인도의 자동차 산업 발달에 크게 기여하였다. 스즈끼는 MUL에 대하여 자본금의 1/4 이상을 투자하는데 그치지 않고, 연관산업에 대해서도 투자하였다. 스즈끼도 처음에는 일본으로부터 부품수입을 통해 자동차 생산을 시작하였다. 그러나 부품수입에 의한 생산은 인도에서 팔리는 자동차 가격을 상승시키게 되고 인도 수요자에게는 너무 비싼 가격이었다. 동시에 이러한 생산방법은 부품을 국내에서 생산된 것으로 사용하여야 한다는 인도의 법에도 저촉되는 것이었다. 결국 마루타-스즈끼는 국내 열악한 인프라 구조에서 질이 낮은 부품생산과 낮은 가격으로 질이 좋은 자동차를 생산하는 것이 매우 어려운 상황이라는 현실적 문제에 직면하였다.

그래서 스즈끼는 자동차 부품의 질을 향상시키기 위하여 광범위한 투자를 시작하였다. 그리고 스즈끼는 일본의 자체 인력을 일본의 자동차 부품회사뿐만 아니라 일본 본사에 파견하여 생산, 품질보증, 그리고 경영기법을 배우도록 하였다.[31] 이러한 스즈끼의 노력으로 인도의 자동차 산업이 발달함에 따라 일본의 다른 자동차 회사 및 부품회사들이 인도에 대한 진출이 증가하는 계기가 되었다. 그리고 영국, 프랑스 및 스위스로부터 자동차 회사들의 진출이 확대되었다.

인도 정부가 국내 자동차 시장이 발달하지 못한 상태에서 자동차 합작 회사 설립을 허용한 이후 인도의 자동차 회사가 된 마루타-스즈끼의 성공비결은 다음과 같이 정리할 수 있다. 첫째, 스즈끼의 자동차 기업에 대한 투자 결정, 둘째, 자동차 부품, 딜러 및 자동차 서비스 센터에 대한 투자를 통한 연관산업 활성화, 셋째, 일본과 인도 공장 간 인력교류를 통한 자동차 기술 및 경영기술 이전, 넷째, 다른 일본 자동차 회사 및 부품회사 더 나아가 다른 국가들의 자동차 회사가 인도로의 진출 확대 등이 있다.

결국 일본 자동차 회사가 합작형태로 인도에 진출한 이후, 국내 자동차 부품산업 발달, 국내인력의 기술훈련 및 경영기술 습득 등을 통한 기술이전 효과 그리고 다른 자동차 회사 및 부품 회사들의 인도 내에 대한 투자를 확대시키는 외부성 효과 등은 인도의 자동차 산업발달에 크게 기여하는 계기가 되었다.

참고문헌

Alfaro, Laura, Areendam Chanda, Sebnem, 2004, "FDI and Economic Growth: the Role of Local Financial Markets," *Journal of International Economics*, 64, pp.89－112.

Nayak, Amar KJR, 2005, "FDI Model in Emerging Economies: Case of Suzuki Motor Corporation in India," *The Journal of American Academy of Business*, March, pp.238－245.

31 1983~89년 기간에 약 40명의 노동자가 매해 일본으로 파견되었다.

완전경쟁 시장구조를 가정하는 신고전파 무역이론은 국가 간 기술, 부존자원, 선호 등 격차에 의해 무역이 발생한다고 주장한다. 그리고 불완전경쟁시장을 반영하여 무역을 설명하는 새로운 무역이론도 등장하였다. 이들 무역이론은 다양한 원인에 의해 발생하는 비교우위에 있는 재화를 수출하고 그렇지 못한 재화를 수입한다. 그리고 무역으로 무역상대국들은 상호 이득을 보게 되고, 각 국가는 무역을 통한 지속적인 경제발전을 달성하기 위하여 다양한 무역정책을 실시한다.

본 장에서는 신고전파 무역이론과 새로운 무역이론에서 주장하는 무역 발생의 원인을 알아보고, 이 원인에 의하여 무역이 어떤 형태로 나타나는가를 논의한다. 그리고 무역이 발생하는 경우 무역당사자 간 후생수준이 어떻게 배분되고, 국내 경제주체 간 소득분배가 어떻게 되는가에 대하여 살펴본다. 또한, 각 국가가 시행하고 있는 다양한 무역정책을 비교·검토한다.

제 14 장

국제무역과 무역정책

14.1 세계무역 변화 현황
14.2 신고전파 무역이론
14.3 새로운 무역이론
14.4 무역정책수단
14.5 무역의 사회후생효과와 소득분배
14.6 무역정책

제 14 장

국제무역과 무역정책

14.1 세계무역 변화 현황

대공황(Great Depression)이 전 세계를 휩쓸었던 1930년대 이후, 특히 최근 50여 년간 세계경제의 글로벌화가 급속도로 진행되었다. 글로벌화의 가장 큰 특징은 무역규모의 확대이다. [그림 14-1]은 1960년대 이후 GDP와 수출과 수입의 합인 무역규모의 변화를 나타낸 것이다. 두 지표 모두 1960년 이후 지속적으로 증가하는 추세를 나타내고 있다.

국제무역의 확대는 전 세계 소비자가 자신들이 소비할 수 있는 상품의 선택 범위를 확대할 수 있도록 해 주어 이들의 후생수준을 증대시켜주는 결과를 가져왔다. 또한 이로 인한 각 국가의 생산증대는 경제성장과 소득증대를 통해 소비자들의 구매력을 증가시켜주는 역할을 하였다. 무역확대를 통한 무역자유화의 진전이 국가 상호 간에 다양한 이득을 준 것은 사실이다. 그러나 무역자유화를 통해 국가 간 소득격차가 실제로 해소되었는지에 대한 여부와 국내 경제주체 간 소득격차가 개선되었는지에 대한 실증적 문제가 제기되기도 하였다.

국제무역이론에 있어서 중요한 주제는 무역의 발생원인, 무역형태, 무역에 의한 국가 간 후생효과 그리고 무역으로 인해 국내 경제주체 간 소득분배가 어떻게 일어나는가이다. 국제무역이론은 크게 완전경쟁시장을 가정하는 신고전파 무역이론(neoclassical trade theory)과 불

그림 14-1 무역과 GDP 규모의 변화 추이

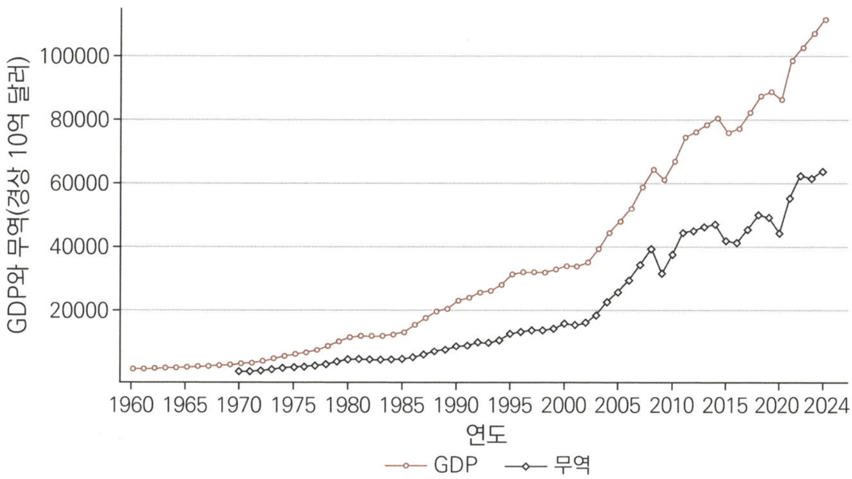

출처: World Bank, WDI(검색일: 2025.11.15.)을 이용하여 작성.

완전경쟁시장을 가정하는 새로운 무역이론(new trade theory)으로 분류된다.

14.2 신고전파 무역이론

국제무역이론에서 설명하는 무역 발생의 원인은 생산측면에서 국가 간 기술 격차와 부존자원 격차로 설명할 수 있고, 수요측면에서는 소비자들의 선호구조의 차이가 있다. 본 절에서는 전통적으로 무역의 발생 원인을 설명하는 비교우위이론(comparative advantage theory)을 소개하고, 무역이 어떻게 발생하고 무역을 통한 후생효과가 어떻게 나타나는지에 관해 설명한다.

14.2.1 기술 격차

전통적으로 많이 인용되는 무역발생 원인에 대한 이론은 리카도(D. Ricardo)가 주장한 비교우위이론이다. 이는 국가 간 기술 격차에 의한 노동생산성 격차 때문에 무역이 발생한다는 것이다.

모형을 설명하기 위해 다음과 같은 가정을 한다. 첫째, 두 개의 국가, 즉 자국(H)과 무역 상대국인 외국(F)만이 존재한다. 둘째, 두 국가는 농산품(Q_A)과 공산품(Q_M) 두 개 재화만을 생산한다. 셋째, 생산요소는 노동(L)만 존재한다고 하고, 각 국가가 보유하고 있는 노동부존량을 $\overline{L_H}$ 와 $\overline{L_F}$라고 하자.[1] 넷째, 생산함수는 규모에 대한 수확불변함수이다. 다섯째, 재화 및 요소시장은 모두 완전경쟁시장이다. 여섯째, 생산요소인 노동력은 국내에서는 자유로이 이동하지만, 국가 간에는 불완전하게 이동한다. 일곱째, 재화는 국내뿐만 아니라 국가 간에도 자유로이 이동하며 국가 간 수송비용은 0이다.

자국에서 농산품 1단위를 생산하는데 필요한 노동량을 $a_{LA}^H \equiv L_A^H / Q_A^H$, 공산품 1단위를 생산하기 위한 노동량은 $a_{LM}^H \equiv L_M^H / Q_M^H$이고, 일정하다고 가정하자. 이들을 단위노동요구량(unit labor requirement)이라고 하고, 역수는 노동생산성이 된다. 외국은 농산품과 공산품에 대하여 단위노동요구량이 각각 a_{LA}^F와 a_{LM}^F이다.

자국의 재화에 대한 생산함수는 식 (14-1)과 같다.

$$Q_A^H = (1/a_{LA}^H)L_A^H, \quad Q_M^H = (1/a_{LM}^H)L_M^H \tag{14-1}$$

두 국가 간 단위노동요구량 비율은 식 (14-2)와 같다고 하자.

$$a_{LA}^H / a_{LM}^H > a_{LA}^F / a_{LM}^F \tag{14-2}$$

식 (14-2)는 자국의 입장에서 공산품 1단위를 생산하기 위해 투입된 노동력에 비해 농산품 1단위를 생산하기 위해 투입되는 상대적 노동투입이 외국의 경우보다 더 크다는 것을 의미한다. 이는 기회비용(opportunity cost) 개념으로도 해석할 수 있다. 예를 들어, 농산품 1단위 생산에 대한 기회비용은 a_{LA}^H / a_{LM}^H이며, 이는 농산품 1단위를 생산함으로써 포기해야 할 공산품의 수량이다. 따라서 식 (14-2)는 자국의 농산품 생산에 대한 기회비용은 외국의 농산품 생산에 대한 기회비용보다 크다는 것을 의미한다.

이 경우 자국 공산품은 외국 공산품보다 비교우위가 있고, 외국 농산품은 자국 농산품보

1 노동요소 1개만 가정함으로써 생산요소 간 투입비율인 요소집약도 문제는 나타나지 않는다.

다 비교우위가 있다. 다시 말하면 자국 입장에서 공산품 1단위를 생산하기 위한 노동력보다 농산품 1단위를 생산하기 위한 노동력이 외국보다 더 많이 필요하다는 것이다.[2]

다른 해석을 위하여 식 (14-2)를 변형하여 다시 쓰면 식 (14-3)과 같다.

$$a_{LA}^{H}/a_{LA}^{F} > a_{LM}^{H}/a_{LM}^{F} \tag{14-3}$$

여기에서 자국은 외국보다 농산품 1단위를 생산하는데 필요한 상대적 노동량이 공산품 1단위를 생산하는데 필요한 노동량보다 더 많다. 즉, 자국은 공산품을 생산하는데 노동력이 상대적으로 덜 필요하므로 공산품에 비교우위를 갖는다.

기술 격차에 의해서 무역이 발생하는 과정을 보기 위하여 다음 예를 보자. 〈표 14-1〉은 1단위 재화를 생산하기 위하여 소요되는 노동력을 시간으로 표현한 것이다. 예를 들어 자국은 농산품 1단위 생산을 위하여 노동력 20시간이 필요하고, 공산품을 생산하기 위해서는 10시간이 필요하다. 외국은 농산품과 공산품에 대하여 각각 50시간과 40시간이 필요하다.

그렇다면 자국과 외국이 각각 어느 재화에 비교우위가 있는가를 알아보자. 〈표 14-2〉는 식 (14-2)에서처럼 각 재화의 기회비용을 시간으로 표현된 노동력으로 계산한 것이다. 자국은 20시간의 노동력을 투입하면 농산품 1단위를 생산할 수 있지만, 같은 양의 노동력을 공산

표 14-1 단위노동요구량과 비교우위

	농산품	공산품
자국(H)	a_{LA}^{H}=20	a_{LM}^{H}=10
외국(F)	a_{LA}^{F}=50	a_{LM}^{F}=40

표 14-2 농산품과 공산품의 기회비용

	농산품	공산품
자국(H)	2개 공산품	1/2개 농산품
외국(F)	5/4개 공산품	4/5개 농산품

2 이를 생산성 격차로 설명할 수 있다. 여기서 식 (14-3)에 의하면 자국은 외국보다 상대적으로 공산품 노동생산성이 농산품 노동생산성보다 높다.

품 생산에 투입한다면 2단위를 생산할 수 있다. 따라서 농산품 1단위 생산에 대한 기회비용은 2개의 공산품이다. 반대로 1개의 공산품을 생산하는데 소요되는 노동은 10시간이므로 공산품 1단위를 생산함으로써 포기해야 할 농산품의 수는 1/2개이며, 농산품으로 계산한 공산품 생산에 대한 기회비용은 1/2개의 농산품이 된다. 같은 방식으로 외국은 농산품 1단위를 생산함으로써 5/4개의 공산품을 포기하여야 한다. 마찬가지로 1개 공산품을 생산함으로써 농산품으로 표시되는 기회비용은 4/5개 농산품이 된다.

이를 종합하면 자국은 공산품 생산에 대한 기회비용이 외국보다 낮아서 공산품에 비교우위를 가지고 있고, 마찬가지로 외국은 농산품에 비교우위를 가지고 있다.

제품의 상대가격에 의한 설명도 방식은 다르지만, 결과는 같다. 두 국가 간 무역이 없다면 완전경쟁시장에서 재화가격은 제품생산의 한계비용과 일치한다. 따라서 상대가격은 단위당 노동요구량 비율과 일치하게 되어 식 (14-4)와 같다.[3]

$$(\frac{P_A}{P_M})^H = a^H_{LA}/a^H_{LM} > (\frac{P_A}{P_M})^F = a^F_{LA}/a^F_{LM} \qquad (14-4)$$

따라서 무역이 이루어지지 않는 폐쇄경제 하에서 농산품의 자국 상대가격은 외국 상대가격보다 높게 나타난다. 이 경우 자국이 상대적으로 비싼 농산품을 외국으로부터 수입한다면, 더 저렴한 가격으로 농산품을 소비할 수 있다. 동시에 자국 상대가격이 상대적으로 싼 공산품을 외국에 수출하여 더 높은 가격에 공산품을 공급할 수 있으므로 무역을 통한 이득을 얻을 수 있다. 따라서 자유무역 이후 세계시장 균형가격은 두 개의 폐쇄경제 하에서의 균형시장가격 사이에 있게 되어 식 (14-5)와 같다.

$$(\frac{P_A}{P_M})^H > (\frac{P_A}{P_M})^W > (\frac{P_A}{P_M})^F \qquad (14-5)$$

3 완전경쟁시장 균형에서 한계비용과 평균비용은 일치하고, 한계비용은 임금을 노동의 한계생산성으로 나눈 값과 일치한다. 물론 리카도 모형의 생산함수에서는 평균생산과 한계생산은 일치한다. 위에서 한계생산은 단위당 노동요구량의 역수이다.

14.2.2 요소부존의 격차

헥셔(E. Heckscher)와 올린(B. Ohlin)은 리카도 모형에 추가적으로 또 다른 생산요소인 자본을 포함시켜 무역은 국가 간 기술 격차가 아니라, 자신들이 보유하고 있는 부존자원의 격차에 의하여 발생한다고 주장하였다. 그들은 어느 한 국가는 그 국가가 상대적으로 풍부하게 보유하고 있는 요소를 집약적으로 사용하여 생산하는 재화에 비교우위를 갖게 되고, 이 재화를 수출한다고 주장하였다. 예를 들어 자본에 비해 노동력이 풍부한 개발도상국은 노동을 집약적으로 사용하여 생산하는 재화에 비교우위를 갖게 되어, 노동집약적 재화를 수출하고, 반대로 자본집약적 재화를 수입하게 된다는 것이다.

모형을 설명하기 위하여 다음과 같은 가정을 한다.

첫째, 자국(H)과 무역상대국인 외국(F)의 두 개 국가가 있다.

둘째, 두 개의 재화, 즉 농산품(Q_A)과 공산품(Q_M)을 생산한다.

셋째, 완전고용을 가정하여 전체 경제가 사용하는 노동과 자본은 모두 생산과정에 투입되어 실업이나 잉여자본이 존재하지 않는다.

넷째, 재화 및 요소시장은 모두 완전경쟁시장이다. 이 가정은 재화가격이 한계생산비용과 동일하고, 요소가격은 재화의 한계생산물가치(value of marginal product)와 일치한다는 것을 의미한다.

다섯째, 두 국가는 모두 규모에 대한 수확불변인 생산함수를 갖고 있다.[4]

여섯째, 두 재화의 생산방법은 달라서 어느 한 재화가 노동집약적으로 생산되고 있다면 다른 재화는 자본집약적으로 생산된다. 여기서는 공산품은 자본집약적이고, 농산품은 노동집약적으로 생산된다.

일곱째, 자국(H)은 외국(F)에 비해서 자본이 풍부한 국가이다. 즉, $(\overline{K}/\overline{L})^H > (\overline{K}/\overline{L})^F$이다.

여덟째, 노동과 자본은 국내에서 자유로이 이동하지만, 국가 간 이동은 자유롭지 못하다.

아홉째, 재화는 국가 내에서나 국가 간에 무역장벽이나 수송비용 없이 자유롭게 이동이 가능하다. 이 가정은 국가 간 무역형태는 양 국가의 폐쇄경제 하에서 결정되는 재화의 상대가격에 의하여 결정된다는 것을 의미한다. 따라서 자유무역 이후 두 재화의 상대가격, 즉 교역조건(terms of trade)은 서로 일치하게 된다.

4 리카도 모형과 달리 국가 간 기술 격차는 없다고 가정한다.

그림 14-2 폐쇄경제 하 시장균형(H 국)

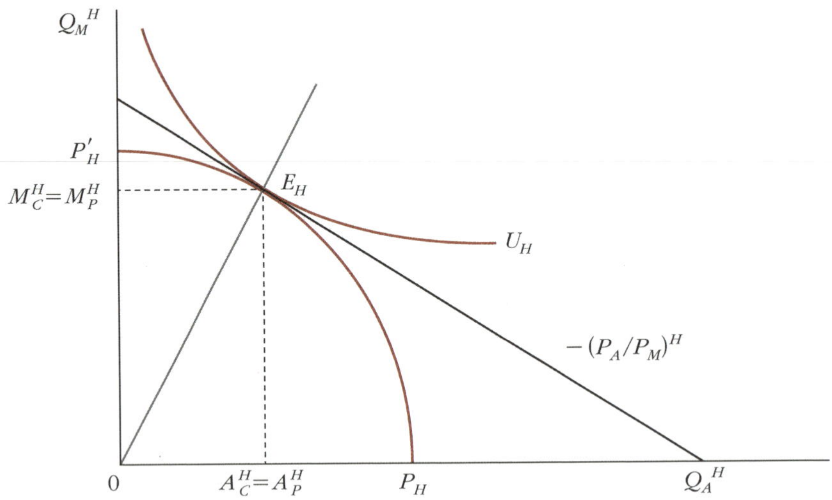

그림 14-3 폐쇄경제 하 시장균형(F 국)

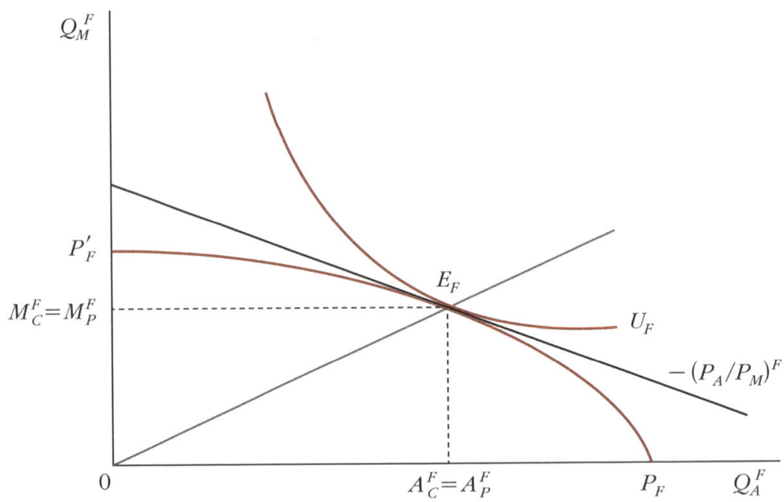

마지막으로 두 국가의 제품에 대한 선호체계는 동일하여 각 국가의 사회후생함수(social welfare function), 즉 사회무차별곡선(social indifference curve)은 동일하다. 이는 두 국가의 재화의 상대가격이 동일하다면 두 재화에 대한 상대수요는 동일함을 의미한다.

자국(H)은 외국(F)에 비해 상대적으로 자본이 풍부하고 공산품이 자본집약적으로 생산되기 때문에 두 국가의 생산가능곡선은 각각 [그림 14-2]와 [그림 14-3]과 같다. 두 국가 간 부존자원 양에 차이가 있어서 상대적으로 풍부한 요소를 각 요소집약적인 재화 생산에 집중적으로 투입한다면 생산량이 달라지므로, 두 국가 생산가능곡선의 형태는 다르다.

P_HP_H'과 P_FP_F'은 자국과 외국이 각각 주어진 기술과 생산요소를 가지고 최대한의 생산이 가능한 공산품과 농산품의 생산조합인 생산가능곡선이다. 한계대체율(marginal rate of transfor-mation)이라고 불리는 생산가능곡선의 기울기는 농산품을 1개 더 생산하는 경우 포기해야 할 공산품, 즉 기회비용을 의미하는 것으로 이 국가의 생산기술수준이다. 그리고 U_H와 U_F는 각각 자국과 외국의 사회후생수준을 나타내는 사회무차별곡선이다. 균형점은 생산가능곡선과 사회무차별곡선이 서로 접하는 점에서 이루어진다. 즉, 주어진 생산가능곡선에서 가장 높은 사회후생을 달성하는 점이다. 자국은 점 E_H에서 그리고 외국은 E_F에서 균형이 이루어진다.

폐쇄경제 하에서 자국의 국내시장 균형가격은 $(P_A/P_M)^H$이 되고, 각 제품에 대한 국내생산과 국내수요는 일치한다. 균형에서 공산품에 대한 국내수요와 국내생산은 $M_C^H = M_P^H$이고, 농산품에 대한 수요와 공급은 $A_C^H = A_P^H$이다. 그리고 사회후생수준은 U_H이 된다. 같은 논리로 무역상대국은 폐쇄경제 하에서 균형이 E_F에서 이루어지고, 사회후생수준은 U_F이다. 이 국가의 국내생산 및 국내소비를 보면 공산품의 국내수요와 공급은 $M_C^F = M_P^F$이고, 농산품은 $A_C^F = A_P^F$이다.

자국과 외국의 폐쇄경제 하에서 시장균형가격을 비교하면 자국 농산품의 상대가격이 외국 농산품 상대가격보다 높으므로 식 (14-6)과 같다.

$$(\frac{P_A}{P_M})^H > (\frac{P_A}{P_M})^F \tag{14-6}$$

자본이 상대적으로 풍부한 자국의 농산품 상대가격은 노동력이 상대적으로 풍부한 외국에 비해 더 높다. 위의 결과는 앞에서 설명한 리카도 모형에서와 마찬가지로 자국은 상대적으로 비싼 농산품보다는 저렴한 공산품에 비교우위를 가지게 된다. 반대로 상대국은 농산품에 비교우위를 갖게 된다. 이처럼 부존자원의 차이로 인해 무역이 발생한다고 설명한 것을 핵셔-올린 이론이라고 한다. 이 이론에 의하면 각 국가는 자기 자신이 풍부하게 보유하고 있는 생산요소를 집약적으로 사용하여 생산하는 재화에 비교우위를 갖게 되고 이 재화를 수출한다.

자유무역이 이루어지면 공산품에 비교우위가 있는 자국은 더 많은 공산품을 생산하게 되고, 동시에 농산품에 대한 생산은 감소하게 된다. 따라서 공산품을 수출하고 농산품이 수입되고, 상대 국가는 반대로 수출입을 한다. 자국은 상대적으로 국내가격이 비싼 농산품을 좀 더 저렴한 가격에 수입하여 무역 이후 국내 농산품의 상대가격이 하락하게 된다. 반대로 상대국은 농산품을 수출하게 되어 해외수요가 증가함에 따라 농산품의 상대가격이 상승하게 된다. 만약 제품에 대한 수송비용이 없는 자유무역을 가정하면, 무역 이후 두 국가가 직면하게 되는 상대가격은 동일하게 된다. 따라서 자유무역체계에서 각 국가가 직면하게 되는 제품의 상대가격은 식 (14-7)에서 처럼 두 국가 폐쇄경제 하에서의 균형가격 사이에 위치하게 되어 $(P_A/P_M)^W$가 된다.

$$(\frac{P_A}{P_M})^H > (\frac{P_A}{P_M})^W > (\frac{P_A}{P_M})^F \qquad (14-7)$$

14.2.3 선호의 차이

기술이나 요소부존도가 동일한 국가라도 제품에 대한 선호구조가 다르다면 무역이 발생할 수도 있다. 다시 말하면 기술수준이나 요소부존도가 동일하여 양국의 생산구조가 동일하더라도 두 재화에 대한 선호구조가 다르다면 폐쇄경제 하의 국내 균형가격이 국가 간에 달라지기 때문이다. 만약 자국의 공산품에 비해 농산품에 대한 수요가 외국에 비해 높으면 폐쇄경제 하에서 농산품의 국내 균형가격은 외국의 폐쇄경제 하에서 농산품의 국내 균형가격보다 높게 된다. 이는 곧 자국은 상대적으로 저렴한 공산품을 수출하고, 상대적으로 비싼 농산품을 수입한다는 것을 의미한다. 외국은 반대로 농산품을 수출하고 상대적으로 가격이 저렴한 공산품을 수입함으로써 양국은 상호 무역이 가능하게 된다. 이는 앞의 식 (14-7)과 동일한 상황이 나타나게 된다.

14.3 새로운 무역이론

완전경쟁시장을 가정하여 기술 격차, 부존자원 격차 혹은 선호의 격차에 의하여 동질적 재화(homogeneous product)에 대한 무역을 설명하는 이론을 신고전학파 무역이론이라고 한다. 이 이론은 서로 다른 국가 간 서로 다른 산업에서 무역이 발생한다는 의미를 내포하고 있는 산업 간 무역(inter-industry trade)에 대한 것이다. 그러나 현실에서는 기술수준, 부존자원 또는 선호가 유사한 국가들의 유사한 산업 간에도 무역이 나타나고 있다. 이를 차별화된 재화(differentiated products)에 의한 산업 내 무역(intra-industry trade)이라고 한다. 그러나 이러한 무역패턴은 완전경쟁시장을 가정하는 신고전파 무역이론으로 설명하기 어렵다.[5]

이러한 문제점을 고려하여 완전경쟁이 아닌 불완전경쟁 시장구조로 무역패턴을 설명하려는 시도를 새로운 무역이론이라고 한다.[6] 이 이론에서 무역이 발생하는 가장 중요한 이유는 내부적 규모의 경제(internal increasing returns to scale)이다.[7] 비록 다른 조건이 유사한 국가들일지라도 내부적 규모의 경제로 인하여 서로 다른 제품을 특화하여 생산하므로 발생한다. 동시에 무역에 의한 생산 확대는 규모의 경제에 의하여 평균비용을 더 하락시키므로 국가 이득은 더욱 증가한다.

새로운 무역이론은 내부적 규모의 경제, 불완전경쟁 그리고 차별화된 제품이라는 세 가지 주요 가정을 근거로 기술, 자원 및 선호가 동일한 두 국가 간에도 무역이 발생할 수 있음을 설명하고 있다. 이 가정을 통하여 같은 산업에 속한 기업들이 서로 차별화된 재화를 생산하고, 이러한 차별화된 제품을 소비하려는 소비자들 때문에 동일한 산업 내 무역이 발생하는 산업 내 무역이 설명된다.

불완전경쟁시장에서의 무역이 어떻게 발생하는지를 알아보기 위하여 크루그먼(Krugman,

5 Grubel and Llyod(1975)는 산업 내 무역을 규모의 경제에 의하여 설명할 수 있음을 보여 주었다. 그렇지만 반론도 있다. 즉, 산업을 매우 세밀한 수준으로 정의한다면, 결국 산업 내 무역도 산업 간 무역으로 설명이 가능하다.

6 새로운 무역이론은 신고전파 무역이론의 핵심적인 가정인 완전경쟁시장 대신에 규모의 경제를 통한 불완전경쟁시장을 무역이론에 본격적으로 도입한 것이다. 즉, 비교우위이론에 규모의 경제를 결합한 형태의 무역이론이라고 할 수 있다.

7 규모의 경제는 평균비용이 생산량이 증가함에 따라 감소하는 것을 의미한다. 두 형태가 있는데 내부적 규모의 경제(internal economies of scale)는 각 개별기업 입장에서 자신의 생산량이 증가함에 따라 생산의 평균비용이 하락하는 현상이다. 이는 기업을 새로이 시작할 때 소요되는 고정비용 때문에 나타난다. 외부적 규모의 경제(external economies of scale)는 해당 기업이 생산하는 재화가 속한 산업의 생산물이 증가함에 따라 해당 기업의 평균비용이 하락하는 현상이다.

1979)의 초기 모형을 보면 다음과 같다.[8] 크루그먼은 규모의 경제가 있는 경제를 가정하고 무역이 발생하는 경우 후생효과를 설명하고 있다.

먼저 경제 내에 수많은 차별화된 제품을 생산하는 1개의 산업만이 존재한다고 가정하자. 이때 소비자들은 이 차별화된 제품 중 하나를 소비하고 모든 재화에 대해 동일한 선호를 갖는다. 모든 경제주체는 1단위의 노동을 보유하고 있고, 동일한 효용함수를 가지고 있다고 가정하면 식 (14-8)과 같다.

$$U = \sum_{i=1}^{n} u(c_i) \qquad (14-8)$$

c_i는 i번째 재화에 대한 수요를 의미하며, $U(0)=0$이고 1차 미분은 $U'>0$으로 한계효용이 양(+)이고, 2차 미분은 $U''<0$이어서 한계효용체감의 법칙을 가정한다. 이는 다양한 제품을 더욱 선호(love of variety)한다는 것을 의미한다. 그리고 재화의 대체탄력성 $\sigma(c_i) = -(u'/c_i u'') > 0$과 $\sigma'(c_i) < 0$이라고 가정한다. 대체탄력성은 기업이 직면하는 수요의 가격탄력성과 같고, 소비수준이 증가함에 따라 감소하는 특성을 갖는다.[9] 그리고 n은 차별화된 재화(i)의 수이다.

기술은 내부적 규모의 경제를 가정하여 재화 i의 생산에 사용되는 노동(l_i)은 식 (14-9)와 같다.

$$l_i = f + y_i/\alpha \qquad (14-9)$$

f는 모든 기업에 동일하게 적용되는 고정비용을 의미하고, y_i는 i재화의 생산량, 그리고 α는 모든 재화에 동일하게 적용되는 생산성이다.

다음으로 재화시장의 균형조건은 식 (14-10)이며, 노동시장 균형조건은 식 (14-11)과 같다.

$$y_i = Lc_i \qquad (14-10)$$

8 Krugman(1979) 모형은 1개 재화만을 가정하고 있기 때문에 헥셔-올린 유형의 요소부존에 의한 무역을 설명할 수 없다.

9 만약 많은 수의 재화가 생산되어 가격이 소득의 한계효용에 영향을 미치지 못해서 상수라면, 기업이 직면하는 수요의 가격탄력성이 대체탄력성($\sigma(c_i)$)과 일치한다.

$$L = \sum_{i=1}^{n} l_i = \sum_{i=1}^{n} (f + y_i/\alpha) \qquad (14-11)$$

여기서 L은 총 노동공급량이다. 효용극대화, 이윤극대화, 그리고 자유로운 시장진입 및 퇴출(이윤이 0) 조건을 이용하여 시장 균형가격(p_i/w), 생산수량(y_i) 그리고 재화의 수, 즉 기업의 수(n)를 구할 수 있다.

먼저 예산제약조건 하에서 식 (14-8)을 이용하여 효용극대화 문제를 풀면 1차 조건 식 (14-12)를 유도할 수 있다.

$$v'(c_i) = \lambda p_i, \ i = 1, 2, ..., n \qquad (14-12)$$

여기서 λ는 예산제약조건에 대한 잠재가격(shadow price)으로 소득의 한계효용이다.

이윤함수에 식 (14-9)를 대입하면 식 (14-13)과 같다.

$$\Pi_i = p_i y_i - w l_i = p_i y_i - w(f + y_i/\alpha) \qquad (14-13)$$

이윤극대화 문제를 풀어 정리하여 1차 조건을 유도하면 식 (14-14)가 된다.[10]

$$\frac{p_i}{w} = \left[\frac{\sigma(c_i)}{\sigma(c_i) - 1} \right] \cdot \left(\frac{1}{\alpha} \right), \ i = 1, 2, ..., n \qquad (14-14)$$

다음으로 독점적 경쟁시장의 또 다른 주요 특징 중 하나는 독점은 유지되지만 많은 기업들이 존재하여 기업들의 이윤은 0이 된다는 점이다. 이윤함수 식 (14-13)에 식 (14-10)을 대입하면 식 (14-15)와 같다.

$$\frac{p_i}{w} = \frac{f}{L c_i} + \frac{1}{\alpha} \qquad (14-15)$$

10 이는 재화의 대체탄력성과 수요의 가격탄력성이 일치하는 가정과 식 (14-12)를 이용하면 도출할 수 있다.

그림 14-4 내부적 규모의 경제와 무역효과

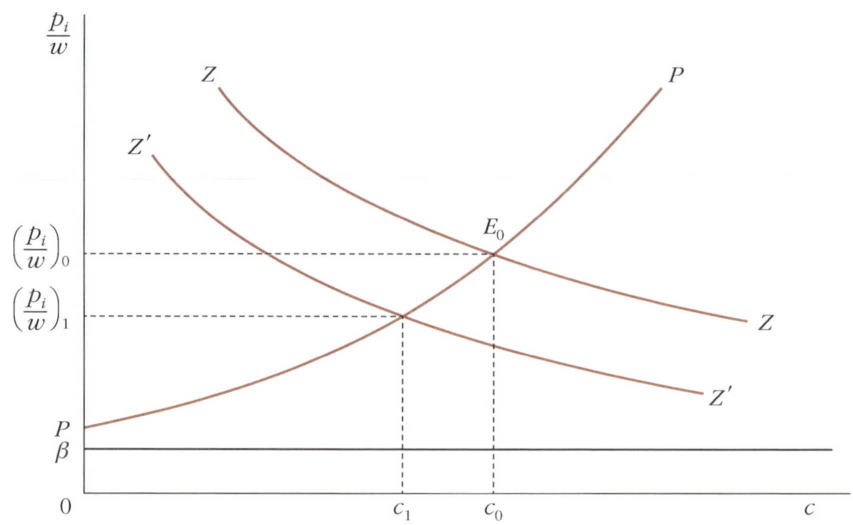

출처: Krugman(1979), p.475.

식 (14-14)와 (14-15)를 조합하면 독점적 경쟁시장을 만족시키는 $(p_i/w, c_i)$ 조합을 구할 수 있다. 다른 변수들은 모두 상수로 일정하다고 가정되어 있다. [그림 14-4]의 수직축은 임금에 대한 제품가격(p_i/w)이고, 수평축은 제품의 소비수준(c_i)이다. 식 (14-14)는 p_i/w와 c_i는 양(+)의 관계를 갖는 PP곡선이 되고, 식 (14-15)는 ZZ곡선이 되어 p_i/w와 c_i는 음(-)의 관계를 갖는다.

PP곡선은 기업의 이윤극대화를 위한 $(p_i/w, c_i)$ 조합으로 우상향한다. 이는 수요의 가격탄력성이 소비수준이 증가함에 따라 감소하는 제품의 성격$(\sigma'(c_i) < 0)$으로 나타나며, 이는 다양성에 대한 선호(love of variety) 특성에 의한 것이다.[11] 물론 가격수준은 한계비용(β) 수준보다는 항상 높게 책정되어야 한다. ZZ곡선은 독점적 경쟁시장의 특성인 시장에 대한 진입 및 퇴출이 자유롭게 이루어져 각 기업이 얻는 이윤은 0이 된다는 점을 반영한 것이다. 이 조건을 만족하는 $(p_i/w, c_i)$ 조합은 우하향하는 특징을 보여 준다. 이는 생산규모가 증가함에 따라 평균비용이 하락하는 내부적 규모의 경제를 반영하기 때문이다.

두 식에 의하여 균형 c_i와 임금에 대한 가격의 조합$(p_i/w, c_i)$이 결정되면, 이를 식 (14-10)

11 또는 수요의 가격탄력성이 가격이 상승함에 따라 증가한다고도 해석할 수 있다.

에 대입하면 y_i를 도출할 수 있다. 이를 다시 식 (14-11)에 대입하고 식 (14-11)을 이용하면 생산되는 제품의 수는 식 (14-16)과 같다.

$$n = \frac{1}{f/L + c_i/\alpha} \tag{14-16}$$

[그림 14-4]에서 시장균형은 E_0에서 형성되고 상품에 대한 수요는 c_0이고, 임금에 대한 가격은 $(p_i/w)_0$가 된다.[12] 이 상태에서 무역이 이루어진다면 경제규모가 확대되어 노동력 L이 증가한다고 하자. PP곡선은 영향을 받지 않겠지만 ZZ곡선은 좌측으로 이동하여 $Z'Z'$이 된다. 따라서 무역을 통하여 시장규모, 즉 인구규모가 증가한다면 개별상품의 소비수준은 하락하지만, 무역으로 인하여 총생산규모는 증가한다. 그리고 소비자가 상품선택의 폭이 증가하여 무역으로 인한 후생도 증가한다.

다만, 내부적 규모의 경제에 의한 무역이론에서는 무역에서 어느 제품을 수출 혹은 수입을 할 것인가를 결정할 수 없다는 점이 무역형태를 구체적으로 설명하기 어렵게 한다. 다만 규모의 경제에 의하여 각 국가들은 특정 재화에 특화하여 1개 재화만 생산한다.

14.4 무역정책수단

무역정책수단은 크게 수출되거나 수입되는 제품이나 서비스에 대하여 세금이나 보조금

표 14-3 주요 무역정책수단

	가격(세금)	수량(쿼터)
수출	수출세, 수출보조금	수출쿼터
수입	수입세(관세), 수입보조금	수입쿼터
생산	생산세, 생산보조금	
소비	소비세, 소비보조금	

12 모형에서 비용구조가 모든 제품생산에 대칭적이어서 모든 생산물의 크기는 동일한 가격에서 동일하게 생산되고 있다. 즉, $p = p_i$, $y = y_i$, $i = 1, ..., n$이다.

을 통하여 가격에 변화를 주는 방안과 수량을 제한하거나 장려하는 수량적 접근으로 나눌 수 있다. 이들 정책수단들을 정리한 것이 〈표 14-3〉이다.

가격에 영향을 주는 세금은 크게 세 가지 형태이다. 첫째, 종가세(ad valorem tax)로 가격을 기준으로 부과하는 세금이다. 예를 들어 수입가격이 만원인 제품에 10%의 종가세가 부과된다면, 수입자는 가격의 10%인 1,000원을 세금으로 정부에 납부한다. 둘째, 종량세(specific tax)로 수입되거나 수출되는 수량에 대하여 특정 액수만큼 부과하는 세금이다. 예를 들어 수입되는 재화 1개에 대하여 1,000원씩 부과하는 형태이다. 마지막은 앞의 두 형태 세금을 결합한 형태이다. 수입제품에 부과되면 이를 관세(tariff)라고 하고, 수출을 보조하면 수출보조금(export subsidy)이라고 한다.

쿼터는 가격이 아닌 수량을 직접적으로 조절하려는 무역정책수단이다. 어느 특정 제품에 대하여 수입하고자 하는 수량을 직접적으로 제한하는 경우, 이를 수입쿼터라고 한다. 이 경우 수입업자들에게 수입허가증을 발급하여 수입할 수 있는 자격을 부여한다. 유사한 형태로는 수출대상국에 의하여 실시되는 수출자율규제(Voluntary Export Restraint: VER)가 있다. 이는 해당 재화를 수출하는 기업이나 국가가 자발적으로 수출을 제한하는 정책수단이다.

14.4.1 수출촉진 정책수단

수출촉진을 위한 주요 수단으로는 수출보조금, 수출신용(export credits), 세금감면, 자발적 수입확대(Voluntary Import Expansion: VIE) 등이 있다. 수출보조금은 제품을 해외로 수출하는 기업이나 개인 혹은 수출제품을 만드는 생산자들에게 종가나 종량 형태로 보조금을 지원하는 제도이다.

[그림 14-5]은 수출재화(M)에 대한 수출보조금효과를 그림으로 나타낸 것이다. D와 S는 각각 국내소비와 국내공급곡선이고, Q_M과 P_M은 각각 재화의 수량과 가격을 의미한다. 폐쇄경제 하에서 국내시장균형은 E에서 이루어지고 국내수요 및 국내생산은 Q_{ME}이다. 수출국이 소규모 국가라면 수출을 통하여 세계시장가격에 영향을 미치지 못한다. 따라서 자유무역을 하는 경우에 이 국가가 직면하게 되는 균형가격은 세계시장가격인 P_{MW}가 된다. 균형에서 국내수요는 Q_{M2}이고, 국내생산은 Q_{M3}가 되어 초과공급에 해당하는 $Q_{M2}Q_{M3}$만큼을 수출을 하 게 된다.

정부가 이 산업의 수출을 지원하기 위하여 종가 형태로 가격의 s비율만큼 수출보조금을 지급한다고 하자. 그렇게 되면 국내생산자는 자신들이 받는 실질적인 가격은 시장가격에 보

그림 14-5 수출보조금의 부분 균형적 효과

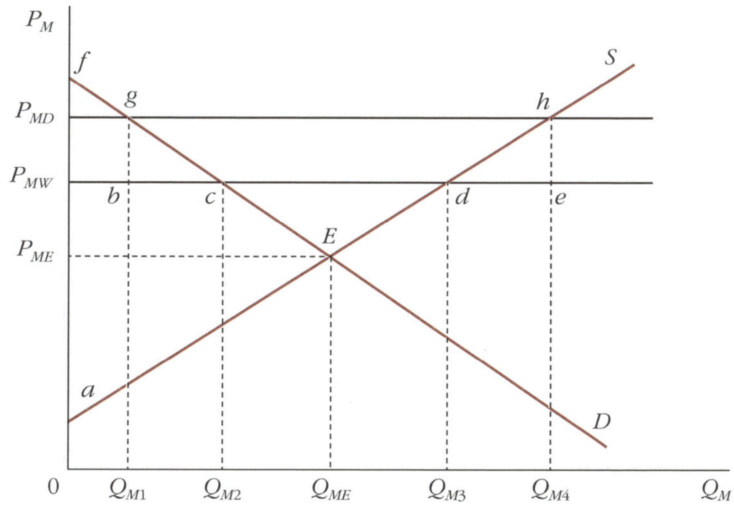

표 14-4 수출보조금의 후생효과

	자유무역	수출보조금 후	효과
소비자잉여	$\triangle fP_{MW}c$	$\triangle fP_{MD}g$	$-\triangle P_{MW}P_{MD}gc$
생산자잉여	$\triangle aP_{MW}d$	$\triangle aP_{MD}h$	$+\triangle P_{MW}P_{MD}hd$
재정지출효과	-	$\square bghe$	$-\square bghe$
총 효과			$-(\triangle bcg+\triangle dhe)$

조금을 합산한 $P_{MD}=(1+s)P_{MW}$가 되고, 생산은 Q_{M4}이고, 국내수요는 Q_{M1}이 되어 수출은 $Q_{M1}Q_{M4}$으로 증가하게 된다.

그림을 이용하여 생산자와 소비자에 대한 후생효과를 알 수 있다. 먼저 수출보조금이 지급되기 이전 자유무역이 이루어지는 경우 국내 소비자의 소비자잉여는 $\triangle fP_{MW}c$가 되고, 생산자잉여는 $\triangle aP_{MW}d$가 된다. 수출보조금이 지급된 이후 소비자잉여는 $\triangle fP_{MD}g$로 감소하고 생산자잉여는 $\triangle aP_{MD}h$로 늘어난다. 결국 소비자잉여는 $\triangle P_{MW}P_{MD}gc$만큼 감소하고, 생산자잉여는 $\triangle P_{MW}P_{MD}hd$만큼 증가하게 된다. 정부도 수출보조금 지급을 위하여 추가적인 재정지원을 하고 있는데, 이는 $\square bghe$에 해당된다. 따라서 국내 생산자가 수출보조금을 통하여 이득을 얻었지만, 국내 소비자의 손실과 재정지출로 인하여 국가 전체의 순 후생변화는 오히려 $\triangle bcg$와 $\triangle dhe$의 합만큼 손실이 발생한다.

수출신용은 수출보조금제도와 유사하지만 상품과 용역의 수출을 지원하기 위하여 수출업자에게 제공되는 다양한 자금 지원제도라는 점에서 다르다. 예를 들어 수출품을 생산하는 업자들에게 제공하는 생산자금 대출 혹은 수출업자들에게 제공되는 수출자금 대출 등이 있다. 자발적 수입확대는 일정 기간 동안에 제품의 수입량을 증가시키려는 협정이다. 이는 1980년대 미국에 의해 일본시장에 대한 미국 제품수출을 증가시키기 위하여 제안되었다.

14.4.2 수입규제 정책수단

수입규제를 위한 정책수단으로는 관세, 쿼터(quota), 국산부품 사용요건(local content require- ment), 형식주의적 규제(red-tape barriers), 국가조달(national procurement), 긴급수입제한조치(safeguard), 수출자율규제(Voluntary Export Restraints: VER) 등이 있다.

무역을 하는 국가는 소규모국가로 가정하며 세계시장에서 주어진 가격을 그대로 받아들인다. 먼저 관세가 종가세 형태로 부과된다고 가정한다. 관세가 부과되면 수입제품의 국내가격이 인상되고, 해당 제품에 대한 국내수요와 수입은 감소한다. 반면에 국내에서 생산되고 있는 같은 재화에 대한 국내생산 및 수요는 증가한다. 그리고 정부는 관세부과로 인해 추가적인

그림 14-6 관세의 부분 균형적 효과

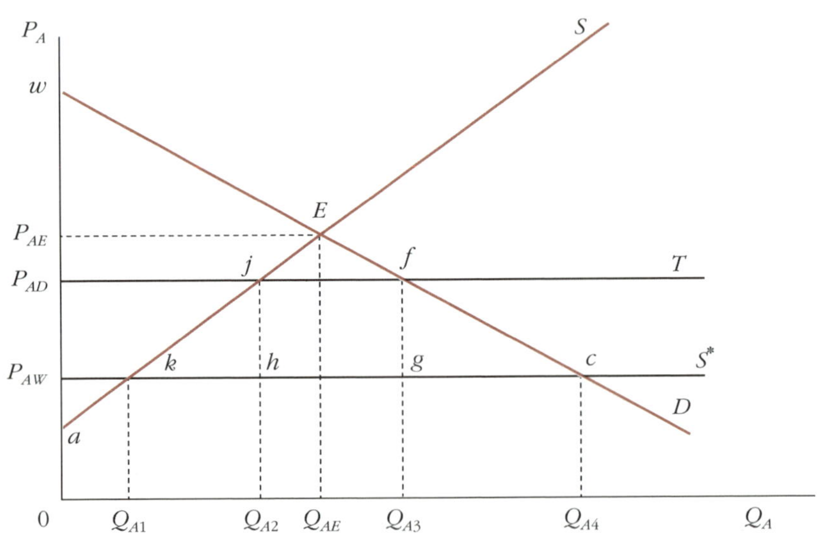

관세수입을 획득하므로 재정수입이 증가한다.

이 과정을 [그림 14-6]을 통하여 자세히 보자. 수입재화(A)에 대하여 D와 S는 각각 국내 소비곡선과 국내 생산곡선이고, Q_A과 P_A은 각각 재화의 수량과 가격을 의미한다. E는 폐쇄경제 하에서 균형이며, 균형가격과 균형거래량은 각각 P_{AE}와 Q_{AE}이다. 세계 농산품 가격을 국내 시장가격보다 낮은 P_{AW}라고 하면, 소규모국가가 직면하게 될 세계 공급곡선은 이 가격 수준에서 수평인 S^*가 된다. 따라서 자유무역이 이루어지면 농산품 국내가격은 P_{AW}가 되고, 국내수요는 Q_{A4}가 되고 국내생산은 Q_{A1}이 되어 $Q_{A4}-Q_{A1}$만큼 수입된다.

국내 농산품 생산을 보호하기 위하여 정부가 종가세(t)를 부과하여 수입제품의 국내가격을 P_{AW}에서 $P_{AD}=P_{AW}(1+t)$로 인상시킨다고 하자. 그럼에도 불구하고 새로운 수입제품 가격은 폐쇄경제 하의 균형가격보다 낮기 때문에 수입은 계속된다. 하지만 관세부과로 인하여 국내시장에서 직면하게 될 세계 공급곡선은 기존의 S^*에서 관세율만큼 증가하여 T가 된다. 이 경우 국내생산과 소비는 각각 Q_{A2}와 Q_{A3}가 되고, $Q_{A3}-Q_{A2}$만큼 수입된다.

관세로 인한 소비, 생산, 무역 및 정부재정수입효과를 정리하면 〈표 14-5〉와 같다.

첫째, 소비효과를 보면 관세부과로 인하여 국내수요는 Q_{A4}에서 Q_{A3} 수준으로 하락하였다. 둘째, 국내 수입가격이 인상되어 국내 생산자들의 경쟁력이 강화되었다. 따라서 국내생산은 Q_{A1}에서 Q_{A2} 수준으로 증가하였다. 셋째, 관세부과로 인해 수입제품에 대한 국내수요의 하락 때문에 수입물량이 $Q_{A4}-Q_{A1}$에서 $Q_{A3}-Q_{A2}$로 감소하는데, 이를 무역효과라고 한다. 넷째, 관세부과로 인하여 정부는 자유무역 하에서 얻을 수 없었던 관세수입을 갖게 된다. 이는 수입량에 관세율을 곱한 것으로 $tP_{AW}{}^*(Q_{A3}-Q_{A2})$가 되어 그림에서 사각형 $\square hjfg$가 이에 해당된다.

위의 효과를 종합하여 관세부과에 의한 총 후생효과를 측정할 수 있다.

먼저 자유무역 하에서 소비자잉여는 $\triangle P_{AW}wc$에 해당된다. 그러나 관세부과에 의한 국내가격 상승은 수요를 감소시켜 소비자잉여는 $\triangle P_{AD}wf$가 되어 자유무역에 비해 $⌂ P_{AW}P_{AD}fc$만큼 감소한다. 반면에 생산자는 국내가격 상승으로 이득을 보게 된다. 생산자잉여가 자유무역 하에서 $\triangle aP_{AW}k$가 관세부과 후 $\triangle aP_{AD}j$로 증가하여 $⌂ P_{AW}P_{AD}jk$만큼 증가하였다. 종합하면 감소된 소비자잉여 중에서 $⌂ P_{AW}P_{AD}jk$는 국내생산자의 생산자잉여로 전환되고, $\square hjfg$는 정부의 관세수입이 되어 국내 소득재분배가 나타난다. 반면에 두 개의 삼각형인 $\triangle kjh$와 $\triangle gfc$는 관세부과에 의한 국내가격 상승과 국내수요 하락에 의하여 순수하게 손실된 소비자잉여이다. 이를 사중손실(deadweight loss)이라고 한다.[13]

반면에 수입쿼터는 수입물량을 제한하는 수입규제정책으로 특정 수입업자에게만 수입허

표 14-5　관세부과의 후생효과

	자유무역	관세부과 후	효과
소비자잉여	$\triangle P_{AW}wc$	$\triangle P_{AD}wf$	$-⌂P_{AW}P_{AD}fc$
생산자잉여	$\triangle aP_{AW}k$	$\triangle aP_{AD}j$	$+⌂P_{AW}P_{AD}jk$
재정수입효과	-	$\square hjfg$	$+\square hjfg$
총 효과			$-(\triangle kjh+\triangle gfc)$

가를 부여하는 것이다. 이 정책은 수입가격에는 영향을 주지 않고 수량만을 조절하는 것이다. 그러나 자유무역에 비해 수입물량이 감소하여 국내가격을 인상시키게 되어 앞에서 설명한 수입관세 경우와 동일한 효과를 갖게 된다. 다만 차이점은 정부가 추가수입을 얻게 되는 관세정책과 달리 쿼터는 수입허가를 받은 수입업자가 추가적인 수입을 얻는다. 즉, 수입업자는 수입허가를 받고 수입을 한 이후, 높은 가격으로 국내에 팔게 됨으로써 추가적인 수익을 얻게 된다. 이렇게 해서 얻는 이익을 쿼터지대(quota rent)라고 부른다.

국산부품 사용요건은 자국 내에서 생산되는 최종재의 일정비율을 국산제품으로 사용하도록 하기 위한 수단이다. 이는 개발도상국에서 많이 실시되는 정책으로 자국 내 완성품을 생산하는 다국적기업에게 일정비율의 국산부품을 사용하도록 하는 국산부품 사용요건이 있다.[14] 국가조달은 정부나 정부가 특정기업들로 하여금 국내에서 생산된 제품을 수입제품보다 비싸더라도 구매하도록 하는 제도이다.

형식주의적 규제는 정부가 공식적인 규제행위를 하지 않으면서 수입을 제한하려는 정책이다. 가장 대표적인 예는 1982년 프랑스에서 실시된 제도인데, 당시 일본의 비디오카세트는 푸와티에(Poitiers)에 있는 매우 작은 세관을 통과해야 하였다. 항구 규모가 매우 작아서 세관을 통과하는데 많은 시간이 소요될 수밖에 없었고, 이는 효과적으로 수입량을 규제하는 역할을 하였다. 그 외에 약품수입에 많이 사용되는 보건이나 안전 기준도 수입을 규제하는 정책 중 하나이다.

긴급수입제한조치는 특정 제품수입이 국내에서 동일한 제품생산에 비해 절대적 혹은 상대적으로 많아서 국내산업에 심각한 영향을 줄 것이 우려되는 경우에 잠정적으로 수입을 제

13 사중손실은 국내수요 및 공급곡선이 가격탄력성이 높을수록 커지게 된다.

14 이를 위해 전체 재화생산에 사용되는 부품 중 일정비율은 국산부품만을 사용하도록 제한하거나, 아니면 최종 생산된 제품의 부가가치의 일정비율은 국산부품으로 이루어지게 하도록 규정하기도 한다. 하지만 이는 WTO 무역관련 투자조치에 의하여 금지되어 있다.

한하는 조치이다. 대표적으로 다자간 섬유협정(Multi-fiber Arrangement: MFA)이 있다. 이 협정은 두 국가 간에만 이루어졌던 섬유쿼터 규제정책을 다자간 협상방식으로 전환하기 위한 것으로 1974년에 시작되어 1994년까지 유지되었다. 1995년 1월부터는 섬유수출 개도국들을 중심으로 이러한 섬유쿼터를 폐지하기 위해 WTO 섬유협정(Agreement on Textiles and Clothing: ATC)을 도입하였다.

수출자율규제는 수입국이 아닌 수출국이 자발적으로 수출량을 규제하는 정책이다. 이 제도는 수입쿼터제도와 동일한 것으로 다만 수입허가를 수출국 정부가 갖고 있다는 점이 다를 뿐이다. 이 정책은 수입국이 국내산업을 보호하기 위하여 너무 많은 수입이 이루어지는 제품을 수출국에게 수출규모를 제한해 달라고 요구하고, 이에 대하여 수출국이 동의하여 성립된다. 이는 또 다른 무역 분쟁을 방지하기 위한 정책이라고 할 수 있다.

1981년 일본이 미국에 대한 자동차 수출물량을 자율적으로 제한한 정책도 수출자율규제 정책이다. 1980년대 초 석유파동에 의한 유가 상승으로 미국 자동차 소비자들의 수요가 기존 미국 자동차에서 상대적으로 연료 효율이 높은 일본 자동차로 이전하는 현상이 발생하였다. 이로써 일본 자동차 수입이 증가하면서 미국 국내 자동차업계는 판매 감소로 경영에 어려움을 겪게 된다. 이러한 상황을 타계하고자 미국 정부는 일본 정부에게 수출자유규제협정을 요구하고 일본 정부가 동의하면서 성립되어 1994년까지 지속되었다.

14.5 무역의 사회후생효과와 소득분배

무역이 발생하는 경우 무역당사국들에 대한 국가적 차원의 사회후생에 영향을 미칠 수 있다. 동시에 국가 내 경제주체들 간 소득분배에도 영향을 미칠 수 있다. 이에 대한 실증적 연구도 다양한 요인들을 고려하여 이루어지고 있다.

14.5.1 신고전파 무역이론에서의 사회후생효과와 소득분배

신고전파 무역이론은 비교우위에 의하여 무역이 발생하고 자유무역이 이루어지면 두 국가가 자유무역을 통하여 상호이득을 얻을 수 있다고 한다. 자국은 상대국에 비해 상대적으로 저렴하게 생산되는 제품을 수출하고, 비싸게 생산되는 제품을 수입함으로써 저렴하게 재화를 소비할 수 있기 때문에 소비자들의 후생은 증가하게 된다는 것이다. 비록 국가 사회후생이 증가하더라도 국가 내 경제주체들 개개인은 후생이 증가하거나 감소하는 등 소득분배가 서로 다르게 이루어진다. 즉, 무역으로 인하여 국가 내 경제주체 간에 소득재분배가 일어나는 것이다.

스톨퍼-새뮤엘슨이론(Stolper-Samuelson Theorem)은 앞에서 논의한 헥셔-올린이론을 기준으로 무역이 소득분배에 미치는 영향을 설명하는 것이다. 생산함수가 규모에 대한 수확불변인 형태를 가지며 두 국가가 두 재화를 동시에 생산하고 있다고 가정하자. 어느 한 재화의 가격이 상승한다면 그 재화에 집약적으로 사용되는 요소의 실질 상대수익(가격)을 인상시키고, 다른 요소의 실질 상대수익(가격)을 하락시킨다. 다시 설명하면 자유무역은 그 국가에 희소한 요소의 실질임금을 감소시키는 반면에 상대적으로 풍부한 요소의 실질수익을 증가시킨다. 즉, 수출부문에 상대적으로 많이 쓰이는 생산요소의 실질수익을 상승시키고, 수입재화에 상대적으로 많이 쓰이는 생산요소의 실질수익을 감소시키는 것이다.

이를 앞에서의 모형에 적용시켜보자. 자국은 상대적으로 자본이 풍부하여 자본집약적인 재화에 비교우위가 있고, 따라서 이 제품을 상대국에 수출하게 된다. 따라서 스톨퍼-새뮤엘슨이론에 의하면 자국의 자유무역은 자본가의 실질소득은 증가하고, 반대로 노동자의 실질소득은 감소하여 자본가와 노동자의 소득 격차는 더 벌어지게 된다. 반대로 상대방 국가는 노동집약적 재화를 수출하고, 자본집약적 재화를 수입하기 때문에 노동자의 실질소득은 증가하고 자본가의 실질소득은 감소하여 두 계층 간 소득 격차가 개선된다.

수출확대에 의하여 국내 경제주체 간 소득분배가 영향을 받는 경우 어떻게 대처해야 할 것인가에 대해서는 제7장에서 논의한 경제성장-소득분배-빈곤의 선택문제와 연계되어 있다. 만약 소득분배가 악화되는 경우 가장 간단한 방법은 수출규모를 축소하는 것이다. 그러나 경제성장과 절대빈곤의 변화를 고려한다면 경제성장을 억제하는 수출규모 축소가 아니라 정부가 국가 내에서 소득재분배 정책을 적절하게 실시하여 분배를 개선시키는 것이 더 좋은 정책 선택이 될 것이다.

14.5.2 무역과 소득분배에 대한 실증적 논의

국제무역이 어떤 경로를 통해 소득분배에 영향을 미치는가에 대한 실증적 논의를 다음과 같이 정리할 수 있다.[15]

15 소득분배의 주요 원인이 무역이 아니라 기술혁신이라는 주장도 있다. 숙련 편향적인(skill biased) 기술혁신이 발생하는

첫째, 숙련노동자와 비숙련노동자 간의 상대임금에 영향을 주어 생산요소를 사용하는 조합에 영향을 미친다는 것이다. 헥셔-올린모형에 의하면 선진국과 개발도상국 간 무역이 이루어진다면, 개발도상국은 상대적으로 노동력이 풍부하기 때문에 노동집약적 재화를 수출하게 된다. 이는 상대적으로 비숙련노동자에 대한 수요를 증가시키고 이들의 소득을 개선시킨다. 따라서 무역 이후의 소득분배는 개선되고 선진국의 소득분배는 악화된다.[16]

둘째, 유동성제약과 자산분배 불균형에 영향을 준다. 먼저 소득효과인데 시장개방에 의하여 저소득계층의 소득이 증가한다면, 과거에 유동성제약에 처해 있던 가계는 대출을 얻을 가능성이 증가한다. 따라서 자산축적을 위한 투자를 증가시킬 수 있고, 이는 곧 자산분배를 개선시킨다. 그러나 시장개방이 저소득계층의 소득을 감소시킨다면, 반대로 자산분배는 악화된다.

셋째, 무역에 대한 통합 정도가 큰 국가일수록 국가 내 지역 간 불균형은 감소한다. 수입대체전략을 실시하는 국가의 경우에 국내기업들은 수요가 집중되어 있는 대도시 주변에서 영업을 하려는 경향이 있다. 그러나 개방정책을 실시하는 경우 기업들은 국내수요뿐만 아니라 해외수요도 고려하여 생산을 하게 된다. 이러한 경우 기업들이 비싼 비용을 지불하고 국내 대도시 지역에서 영업을 하려는 유인은 약해지므로 지역 간 불균형이 완화될 수 있다.

넷째, 남성과 여성의 소득 격차에 대한 영향이다. 남성과 여성 간 숙련도 격차에 의한 임금 격차 이외에 성(gender)에 의한 소득 격차가 존재할 수 있는데, 국제무역을 통해 이러한 격차가 완화될 수 있다. 예를 들어 개발도상국이 경공업제품에 대한 수출을 늘리는 경우 남성에 비해 여성노동력에 대한 수요가 증가할 수 있다. 이런 경우 개방으로 무역이 확대되면서 여성의 노동시장 참가율 및 소득이 증가할 수 있다. 물론 수출제품의 성격에 따라서 남성노동력에 대한 수요가 증가할 수도 있다.

다섯째, 소득재분배 정책에 대한 영향을 통해서이다. 시장개방이 이루어져 생산요소의 국가 간 이동성이 증가하는 경우, 정부의 복지정책을 통한 소득불균형 해소 정책의 효과가 약화될 수 있다. 예를 들어 소득불균형 해소를 위하여 고소득자에 대한 세율을 증가시키는 경우, 이들이 세율이 낮은 국가로 이동할 수 있기 때문에 소득분배 개선효과가 의도한 것보다 작게 나타날 수 있다.

경우 소득분배는 악화될 수 있다. 무역과 소득분배의 실증적 관계에 대한 주요 논의는 Cline(1997)과 Anderson(2005) 참조.

16 Leamer(1993, 1994)는 국제무역이 생산요소의 조합(숙련 및 비숙련)에 큰 영향을 미치지 못한다고 주장하였다. 반면에 Wood(1994)는 선진국에서 숙련노동자에 비해 비숙련노동자의 상대적 임금이 하락하는 주요 원인이 개발도상국과의 무역확대에 있다고 주장하였다.

이미 논의하였듯이 무역을 통하여 이루어진 시장개방이 임금 격차를 악화시키는 주요 원인이라고 하더라도 보호무역을 증가시키는 것이 노동자들의 후생을 증가시킨다고 할 수는 없다. 보호무역의 강화가 숙련노동자의 실질임금을 하락시킨다고 하더라도 비숙련노동자의 실질임금은 거의 증가하지 않을 수 있다. 오히려 생산효율성이 감소하고 보호무역에 의한 비용이 상대적으로 저소득층에 집중될 수 있기 때문이다. 따라서 자유무역을 포기함으로써 얻을 수 있는 비숙련노동자의 이득이 매우 적고 이로 인해 포기해야 할 이득이 매우 크다면 보호무역의 정당성이 감소할 수 있다. 오히려 바람직한 것은 자유무역을 통하여 국가의 총소득을 증가시키고, 이후 소득재분배 정책을 통하여 악화된 소득분배를 개선시키는 정책을 채택하는 것이다.

14.6 무역정책

무역정책은 수출이나 수입에 대한 적절한 조절을 통하여 산업화를 촉진시키고자 하는 것이다. 크게 수출촉진정책(export promotion policy), 수입대체정책(import substitution policy) 그리고 전략적 무역정책(strategic trade policy)으로 나눌 수 있다.

14.6.1 수출촉진정책

수출촉진정책은 정부가 비교우위가 있다고 판단하는 산업이나 제품에 다양한 재정·금융지원을 통하여 수출을 촉진하고, 이를 통해 산업화를 달성하고자 하는 경제발전전략이다. 이는 수출증대로 인해 국내 생산제품에 대한 수요시장규모가 확대되면서 국내기업의 규모의 경제를 통한 생산효율성을 향상시킬 수 있기 때문에 경제성장에 도움이 된다는 논리에서 출발한 전략이다. 수출을 촉진시키기 위한 정책으로 수출산업에 대한 보조금 및 각종 세제지원, 낮은 이자율을 통한 금융지원, 수출완제품 생산을 위해 필요한 중간재 수입에 대한 관세면제 등이 있다.

국가 간 무역이 이루어진다면 각 국가들은 자신들이 상대적으로 저렴하게 생산할 수 있는 제품을 수출하고 비싼 제품을 수입함으로써 국내가격을 안정시킨다. 따라서 소비자의 선택폭은 높아지고 사회후생은 증가한다. 한국과 대만 등 국가들은 수출촉진 무역정책을 실시하여 높은 경제발전을 달성한 대표적인 국가들이다.

14.6.2 수입대체정책

수입대체정책은 관세나 쿼터와 같은 무역장벽을 통하여 수입을 억제하면서 자국민의 수요를 충당하기 위하여 해당 제품을 국내에서 직접 생산하여 수입을 대체하는 정책이다. 이 정책은 오래 전부터 국내시장의 해외의존성을 감소시키면서 산업화를 추진하는 전략으로 인식되어 왔다. 특히, 1920년대 대공황시기에 많은 국가들이 관세를 포함한 각종 무역장벽을 높였던 것도 국내산업을 보호하여 산업화를 추진하겠다는 인식이 깔려 있는 것이었다.

이처럼 국내산업을 보호하여 경제발전을 추진하겠다는 수입대체정책의 정당성을 뒷받침하는 논리가 유치산업보호론(infant industry argument)이다. 이 정책은 개발도상국들이 지금 당장은 아니지만 자신들은 제조업에 대한 잠재적인 경쟁력이 있다고 믿는 데에서 출발하였다. 즉, 특정산업에 대하여 동태적인 비교우위가 있다고 보는 것이다. 따라서 정부는 이 산업들이 국제경쟁력을 가질 수 있을 때까지 다양한 무역정책수단을 통하여 국내시장에서 이들을 보호해야 한다는 논리를 주장할 수 있다.

유치산업보호론의 근거는 뒤늦게 시장에 진출한 기업의 입장에서 이미 진출해 있는 기업처럼 빠르게 발전하지 못하는 시장실패의 요인이 있다는 것이다. 그 이유로는 전유성논리(appropriability argument)와 불완전한 자본시장이 있다. 전유성논리는 시장에 늦게 진입하는 기업은 기존기업이 보유하고 있는 특정 기술이나 지식을 습득하기가 상대적으로 어렵다는 것이다. 그리고 자본시장이 불완전하기 때문에 새로 진입하려는 기업은 금융시장에서 투자자금을 조달하는 데에 기존기업에 비해 더 큰 어려움에 직면하게 된다. 이러한 이유로 새로이 시장에 진입하려는 기업들은 기존기업과 경쟁할 수 있을 정도에 이르기까지는 어느 정도 정부의 보호와 지원이 필요하다는 논리가 성립된다.[17]

14.6.3 전략적 무역정책

전략적 무역정책은 스펜서·브랜더(Spencer and Brander, 1983)가 제시한 이론이다. 이들은 규모의 경제가 존재하여 진입장벽이 있는 경우에 나타나는 불완전경쟁 시장구조를 가정하

17 유치산업보호론에 대한 자세한 설명은 [참고 14-1] 참조.

여 정부의 산업정책(industrial policy)으로 국내기업의 경쟁력을 강화해야 한다고 주장하였다. 국내기업에 보조금(수출보조금, 수입관세, 투자지원, R&D 지원 등)을 지원해주는 정책은 국내기업의 경쟁력을 강화시켜 국가의 총 부가가치를 증가시킬 수 있다는 것이다. 즉, 정부가 시장에 개입함으로써 국가의 부를 증대시킬 수 있다는 것으로 자유무역이 후생증대효과를 갖는다는 신고전파 이론과 다른 의견을 제시하였다.

현실경제에는 완전경쟁 시장구조보다는 소수 기업이 시장을 독점하고 있는 불완전경쟁의 시장구조가 더욱 일반적이며 시장에서는 초과이득이 발생하게 된다. 스펜서 · 브랜더는 불완전경쟁 시장구조 하에서 발생할 수 있는 초과이득을 정부개입으로 외국기업에서 국내기업으로 이전할 수 있다는 것을 보여 주었다. 이러한 정책은 일본이나 한국과 같은 동아시아 국가들에 의하여 산업화과정에서 실시된 전형적인 산업정책을 통한 수출촉진정책과 같은 예에서 찾아 볼 수 있다.

물론 이 정책도 문제점이 있다. 먼저 자원배분의 왜곡이 발생할 수 있다. 즉, 특정 산업에 대한 보조금 지원으로 자원을 이동시키는 것은 다른 산업에 대한 투자여력을 감소시켜 효율적인 자원배분을 달성하지 못하게 할 수도 있다. 둘째, 자국 특정 산업이나 기업에 대한 지원은 상대 국가의 무역보복을 초래해 결국 모든 국가의 사회후생을 감소시킬 수 있다.

이 이론을 이용한 브랜더 · 스펜서(Brander and Spencer, 1985)모형을 보자. 세계 항공기시장에서 보잉(Boeing)과 에어버스(Airbus) 2개사가 경쟁하는 복점시장(duopoly)을 가정하자. 먼저 〈표 14-6〉의 성과행렬(payoff matrix)을 보면 2개사 모두 항공기를 생산할 경우 각 생산자는 각각 5억 달러 손실을 본다. 반면에 2개사 중 1개사만이 생산하는 경우에 각각은 100억 달러 이윤을 얻을 수 있으나, 2개사가 동시에 생산을 하지 않는다면 이윤은 0이다. 따라서 시장에 먼저 진입하느냐의 여부에 따라 어느 회사가 이윤을 얻을 것인가가 결정된다. 만약 보잉사가 먼저 시장에 진입한 상태라면, 다른 회사인 에어버스는 시장진입의 유인이 없게 된다.

만약에 에어버스 회사를 가지고 있는 유럽에서 에어버스에 25억 달러 보조금을 주는 전략적 무역정책을 실시한다고 하면 성과행렬은 〈표 14-7〉과 같이 나타낼 수 있다. 이 경우 에어버스사가 시장에 진입할 유인이 생긴다. 만약 보잉사가 생산을 하면 에어버스사는 기존의 5억 달러 적자에서 보조금으로 인하여 20억 달러 흑자를 보고, 보잉사가 생산을 하지 않으면 125억 달러 흑자를 보게 되어 보잉사의 생산여부와 관계없이 에어버스사는 시장에 진입할 것이다. 따라서 에어버스사가 25억 달러의 보조금을 받고 시장에 진입한다면, 보잉사는 생산을 하는 경우 5억 달러의 적자가 발생하기 때문에 생산을 중단할 수밖에 없다. 따라서 에어버스사는 이익이 증가하여 125억 달러의 이윤을 얻게 된다.

표 14-6 보조금 지급 이전 성과행렬

		에어비스	
		생산	생산하지 않음
보잉	생산	(−5, −5)	(100, 0)
	생산하지 않음	(0, 100)	(0,0)

출처: Krugman et al.(2015), p.327.

결국 유럽은 전략적 무역정책의 일환으로 국내회사인 에어버스사에 보조금을 지급함으로써, 기존시장에 진출해 있는 보잉사의 이윤을 후발업체인 에어버스사에 이전시키고 선발업체, 즉 외국업체를 퇴출시키게 되었다.

표 14-7 보조금 지급 이후 성과행렬

		에어버스	
		생산	생산하지 않음
보잉	생산	(−5, 20)	(100, 0)
	생산하지 않음	(0, 125)	(0,0)

출처: Krugman et al.(2015), p.327.

연습문제

14.1 무역자유화와 사회후생의 관계에 대해 논의해보자.

1) 사회후생이 증가한다는 것의 의미를 논의하시오.
2) 무역자유화의 사회후생에 대한 영향을 파악하는 경우에 경제성장 이외에 소득분배나 빈곤이 추가되어야 하는 이유를 설명하시오.

14.2 신고전파 헥셔-올린 모형과 크루그먼의 외부성에 의한 국제무역 모형에서 무역발생 원인과 결론에 대하여 차이점과 유사점을 비교하여 논의하시오.

14.3 리카도 모형에 있어서 무역을 통한 사회후생 증대효과를 생산가능곡선과 사회무차별곡선으로 설명하시오.

14.4 관세나 쿼터와 같은 수입규제 정책수단에 대하여 부분균형적으로 후생효과를 분석하는 것의 장점과 단점을 일반균형적 분석과 비교하여 논의하시오.

14.5 신고전파 모형에 의하면 국제무역은 국가 모두에게 이득을 가져다준다. 그렇다면 무역이 이루어지면 개발도상국의 사회후생은 더욱 감소하게 되어, 오히려 선진국과의 격차를 더 크게 해준다는 종속이론적 시각과 어떻게 차이가 나는지를 논의하시오.

14.6 신고전파 소득분배이론에 의하면 개발도상국과 선진국 간 국제무역이 이루어지면 개발도상국의 소득분배는 오히려 더욱 개선되어야 한다. 이에 대해 논의하시오.

14.7 중국이 노동집약적 산업에 비교우위가 있다고 하자. 이 경우 국제무역은 노동집약적 산업과 자본집약적 산업에 종사하는 노동자 간 소득분배에 어떤 영향을 미치는지 논의하시오. 이 경우 중국에 개방경제정책을 추천할지 논의하시오.

14.8 수입대체 산업화전략을 실시한 남미국가들과 수출촉진 산업화전략을 실시한 한국 및 대만 등 국가들의 경제성과가 다르게 나타난 이유에 대하여 논의하시오.

14.9 국제무역에 의해 제품차별화가 크게 이루어진 경우, 무역에 의한 사회후생효과가 무엇인지 논의하시오.

14.10 국가 간 무역장벽이 제거되어 국제무역규모가 확대된다고 하자.

1) 국가 전체적인 사회후생증대가 나타나지만 산업 간이나 지역 간에 손실을 보는 계층과 이득을 보는 계층이 나타나게 되는데, 그 이유를 논의하시오.
2) 이들에 대한 정책에서 손해를 보는 계층에 대해 직접적인 지원을 하는 산업 정책적 접근과 빈곤계층에 대한 지원을 하는 복지 정책적 접근을 하는 경우, 두 정책의 장단점을 논의하시오.

참고문헌

Anderson, Edwards, 2005, "Openness and Income Inequality in Developing Countries: A Review of Theory and Evidence," *World Development*, 33(7), pp.1045－1063.

Brander, James A. and Barbara J. Spencer, 1985, "Export Subsidies and International Market Share Rivalry," *Journal of International Economics*, 18, pp.83－100.

Cline, William R., 1997, *Trade and Income Distri*bution, Washington: Institute for International Economics.

Grubel, Herbert G. and Peter J. Lloyd, 1975, *Intra－industry Trade: the Theory and Measurement of International Trade in Differentiated Products*, New York: Wiley.

Krugman, Paul R., 1979, "Increasing Returns, Monopolistic Competition, and International Trade," *Journal of International Economics*, 9, pp.469－479.

Krugman, Paul R., Maurice Obstfeld and Marc J. Melitz, 2015, *International Economics: Trade and Policy*, Essex, England: Pearson Education Limited.

Leamer, Edward E., 1993, "Wage Effects of a US－Mexican Free Trade Agreement," pp.57－162 in The Mexico－U.S. Free Trade Agreement(eds. Peter M. Garber), Cambridge, Mass: MIT Press.

Leamer, Edward E., 1994, "Trade, Wages, and Revolving Door Ideas," National Bureau of Economic Research, Working Paper No.4716.

Spencer, Barbara J. and James A. Brander, 1983, "International R&D Rivalry and Industrial Strategy," *Review of Economic Studies*, 50, pp.707－722.

Wood, Adrian, 1994, *North－South Trade, Employment and Inequality: Changing Fortunes in a Skill－Driven World*, Oxford: Clarendon Press.

참고 14-1

리스트와 유치산업보호론

유치산업보호론은 국내 특정 산업을 유치산업(infant industry)으로 보호하여 경쟁력을 확보한 이후, 자유무역으로 전환하는 것이 바람직하다는 보호무역주의 이론이다. 개발도상국의 산업은 다른 선진국에 비해 국제경쟁력이 아직 미비하다고 판단되기 때문에 어느 정도 기간 동안 보호가 필요하다는 주장이다. 유치산업보호론은 19세기 영국에 비해 발전단계가 뒤떨어져 있던 미국과 독일을 중심으로 등장하였다. 이는 미국의 해밀턴에 의하여 처음 주창되고 독일의 리스트에 의하여 체계화된 것으로 경제발전이론에서 산업정책(industry policy)을 논의하는데 중심적인 역할을 해왔다. 이 주장은 자유무역에 반대하는 것이 아니라 단기적으로는 국내산업의 국제경쟁력이 크지 않기 때문에 이 산업들이 국제시장에서 경쟁력을 갖출 때까지는 정부에서 보호해야 한다는 이론이다.

미국 재무 장관이었던 해밀턴(A. Hamilton)은 1791년 의회에 제출한 제조업에 대한 보고서(Report on the Manufactures)에서 영국제품에 대해 미국제품을 보호할 것을 제안하였다. 이 보고서는 세계무역은 자유무역이 아니라고 제시하였다. 즉, 당시 유럽 국가의 경제발전은 정부의 지원 하에 달성된 것이므로 이러한 지원은 다른 나라로부터 새로운 산업의 진입을 억제한다는 것이다. 따라서 이미 발달된 단계의 국가들과의 공정한 교환율에 의한 경쟁은 불가능하기 때문에 미국이 자유무역을 한다면 이는 불공정교환이라는 어려움을 감수해야 한다는 것이다. 따라서 일시적 유치산업을 보호하기 위해 관세 혹은 금전적 보상 등과 같은 정책을 제안하였다.

당시 미국에 거주하고 있던 리스트(F. List)는 미국에서의 보호무역주의에 관한 치열한 논쟁을 지켜보았다. 그는 당시에 논의되고 있던 유치산업보호론에 근거한 보호무역주의에 대하여 체계적으로 설명하였다.

리스트는 유치산업에 대한 보호문제를 다음의 5단계의 경제발전단계설에 근거하여 설명하였다. 제1단계는 미개한 단계(savage stage)이고, 제2단계는 목축단계(pastoral stage)이고, 제3단계는 농업 및 경공업 단계이다. 제4단계는 농업 및 제조업 단계이고, 마지막 제5단계는 농업, 제조업 및 상업 단계이다. 국가가 발전하기 위해서는 제3단계에서 제4단계로 이전해야 하는데, 그러한 이전은 시장기능에만 의존하는 것을 통해서는 자동적으로 달성되기 어렵다. 즉, 제3단계에 있는 국가 입장에서 다른 국가들이 더 높은 발전단계에 있다면 자신들의 유치산업을 보호할 필요가 있다. 그러나 산업에 대한 보호는 일시적이고 제조업에 국한되어야 하며 농업에 대해서는 보호정책이 실시되어서는 안 된다는 주장을 하였다.

유치산업보호론의 문제점도 있다. 첫째, 산업보호정책이 이루어질 때 미래에 국제경쟁력을 갖출 수 있는, 즉 잠재력이 있는 비교우위산업을 적절하게 선택할 수 있는가의 문제이다. 만약 이런 산업들이 이해 당사자들의 압력이나 정책결정자들의 주관적 판단에 의하여 선택된다면 오히려 시장왜곡에 의한 비효율성이 더욱 커질 수 있다.

둘째, 유치산업을 언제까지 보호해야 하는가에 대한 판단이 어렵다. 보호대상 산업은 지속적으로 보호받기를 원하기 때문에 경쟁력을 갖추고 있더라도 불필요한 정부 보호가 장시간 지속될 수 있다. 이런 점이 정치와 경제가 결합하는 정경유착 문제로 드러날 수도 있다. 유치산업보호론의 근거에 의해 국내 특정 산업을 보호하는 것은 생산자에게는 유리한 것이다. 그러나 소비자의 입장에서는 국제시장의 다양한 소비재화를 국내시장에서 소비하게 하여 소비자후생을 증대시킬 수 있는 기회를 희생시킬 수밖에 없다.

참고문헌

Shafaeddin, Mehdi, 2005, "Friedrich List and the Infant Industry Argument," in *The Pioneers of Development Economics: Great Economists on Development*(eds. by Jomo KS), New Delhi: Tulika Books.

국가 간 경제협력은 관세인하와 같은 단순한 경제협력에서 시작하여 재정·금융정책의 공동협력까지 그 범위는 다양하다. 국가들은 1920년대 말 발생한 대공황 이후 모든 국가가 차별 없이 협력하는 다자적 협력방안을 제시하였다. 그러나 상호 이해관계가 복잡하게 얽혀있는 국가들 모두에게 이익이 되는 협력방안을 구축하는 것은 현실적으로 쉽지 않다. 이를 타개하기 위한 차선책으로 양자간 협력도 다자간 협력과 동시에 추진되고 있다.

본 장에서는 다자간 협력과 양자간 협력이 구체적으로 어떤 형태로 나타나고 있는지를 논의하고 각각의 경제협력 방안이 당사국들에게 주는 경제적 효과에 대하여 분석한다. 그리고 다자간 협력과 양자간 협력방안이 추구하는 목적이 서로 다름에도 불구하고 상호 용인되는 이유에 대하여 살펴본다.

제 15 장

경제통합과 경제적 효과

제 15 장

경제통합과 경제적 효과

15.1 경제통합의 형태와 발전과정

많은 국가가 상호 경제협력을 하는 이유는 협력을 통해서 상호 이득을 얻을 수 있다고 판단하기 때문이다. 일반적으로 국가 간 무역정책에서 재정 및 금융정책 등을 상호 협의해서 결정하는 모든 형태를 경제통합(economic integration)이라고 한다. 이는 통합대상에 따라 다자간 통합(multilateral economic integration)과 지역적 경제통합(regional economic integration)으로 나눌 수 있다.

다자간 경제통합은 모든 무역 상대국에 같은 무역정책을 적용하는 비차별적(non-preferential) 경제통합을 의미한다. 제2차 세계대전 이후 여러 나라가 무역자유화 정책을 추구하였다. 이를 달성하기 위한 대표적인 기구가 1947년 23개국이 서명하여 발족한 관세와 무역에 관한 일반협정(General Agreement on Tariffs and Trade: GATT)이다. 그 뒤를 이어 1995년에 76개국이 서명하여 발족한 세계무역기구(WTO)는 2016년 7월 현재 164개국이 참여하는 거대한 조직이 되었다. 두 조직이 지향하는 것은 모든 국가가 동시에 무역규제 완화를 통해서 국제무역을 확대하는 것이다. 이를 무역자유화에 대한 다자적 접근(multilateralism)이라고도 한다.

특정 국가 간 적용되는 협정을 통하여 자신들만의 경제블럭(economic block)을 형성하는 것을 지역적 경제통합이라고 한다. 여기서 지역적이란 반드시 특정 지역만을 의미하는 것은 아니고 일부 국가들만의 경제통합 모두를 포함한다. 가장 많이 인용되는 것은 바그와티(J. Bhagwati)가 제시한 5가지 경제통합 형태이다. 국가 간 어떠한 형태의 합의를 하였느냐에 따라 자유무역협정(Free Trade Agreements: FTA), 관세동맹(Customs Union: CU), 공동시장(Common Markets: CM), 경제동맹(Economic Union: EU) 그리고 통화동맹(Monetary Union: MU)으로 분류된다. 이러한 경제통합이 지역적으로 가까운 국가 간에 이루어지는 경우가 많아서 무역자유화에 대한 지역적 접근(regionalism)이라고도 한다.

15.2 다자간 경제통합

다자간 경제통합에 관한 협정은 GATT와 WTO로 대표되는 기구에 의하여 논의된다.

15.2.1 GATT 체제의 탄생

미국은 1920년대까지 호황을 누렸으나 1929년 10월 29일 주가가 폭락한 검은 화요일로 시작된 대공황으로 미국경제가 내리막길을 걷게 된다. 이에 대응하기 위하여 미국은 1930년 6월 새로운 관세법인 스무트-홀리법(Smoot-Hawley Tariff Act)을 제정하여 미국경제를 보호하고자 하였다. 법이 통과된 이후 총수입에 대한 관세수입 비율로 계산된 평균 관세가 1929년 하반기 40.1%에서 1930년 하반기 47.1%로 인상되었다. 그리고 무역규모가 축소되어 1930년 2분기에 비해 1932년 3분기 수입이 41.2% 하락하고 실질 GNP는 29.8% 하락하였다(Irwin, 1998, p.326).

이 법이 발효된 이후 각국의 보호무역주의가 촉발되어 세계무역규모는 거의 절반으로 감소하였다. 당시 미국의 관세인상에 대해 다른 국가들이 크게 반발하였다. 영국과 캐나다 등 여러 나라가 미국제품에 대하여 보복관세를 부과하기 시작하였다. 특히 가장 중요한 무역 대상국이었던 캐나다는 1930년에 관세를 2배 인상하였다.[1]

1 캐나다 정부의 정책적 대응에 대한 자세한 논의는 McDonald et al.(1997) 참조.

보호무역주의의 강화로 세계무역은 극도로 위축되었고 국제경제 질서도 혼란에 빠져 결과적으로 제2차 세계대전의 원인이 되었다. 당시 연합국 측은 자유무역을 확대하고, 이를 통하여 각국의 생산 및 소비를 확대시켜야 한다는 데에 동의하고 있었다. 전쟁이 끝나면서 본격적으로 새로운 국제기구 창설이 논의되기 시작하였고, 그 결과로 1947년 제네바에서 GATT가 탄생하였다. GATT의 궁극적인 목표는 다자주의에 입각하여 세계 모든 국가가 상호 간 차별 없이 무역자유화를 달성한다는 것이다. 이러한 목적을 달성하기 위하여 다음과 같은 주요 원칙들을 천명하고 있다(GATT, 1986).

첫째, GATT 협정 1조에 명시된 무차별 원칙(nondiscrimination principle)으로, 최혜국대우(Most-Favored Nation treatment: MFN)라고도 한다. 이 원칙은 모든 회원국들에게 동등한 혜택을 보장하며, 어느 특정 국가에만 혜택을 주는 통상이나 관세 등의 무역정책을 실시해서는 안 된다는 것이다.

둘째, GATT 협정 3조에 명시되어 있는 것으로, 국내의 세금과 규제에 관하여 내국민 대우의 원칙(national treatment)이다. 수입품에 대해서는 국내 생산품과 같이, 그리고 외국인이 국내에서 경제활동을 할 때에 자국민의 경제활동과 동등하게 대우해주어야 한다는 것이다.

셋째, 무역규제에 관한 출판과 행정절차에 대한 투명성(transparency) 원칙으로, GATT 협정 10조에 명시되어 있다. 이는 무역과 관련한 국내법규를 포함하여 다양한 정책을 투명하게 공개해야 한다는 것이다. 이를 통하여 무역 상대국이 자국에 대한 시장접근이 예측할 수 있도록 하는 것이다.

넷째, 수량제한을 제거하는 비관세장벽(Non-Tariff Barrier: NTB) 금지 원칙으로 GATT 협정 11조에 명시되어 있다. 무역을 저해하는 장벽을 크게 관세장벽과 수출입 할당제 혹은 수입허가제와 같은 비관세장벽으로 나눌 수 있는데, 그중에서 비관세장벽을 금지하는 것이다.

15.2.2 GATT 체제와 다자간 무역협정

1947년 GATT가 설립된 이후 8개의 다자적 무역협정이 이루어졌다. 초기 5개 협정은 관세를 포함하여 주로 국가 간 무역자유화에 대해 상호 협의하는 형태였다. 이러한 움직임은 전쟁이 끝난 이후 세계적으로 경기회복이 이루어짐에 따라 관세율을 인하하도록 하는 분위기가 형성된 데에서 나타났다.[2]

2 한국은 1967년 4월 15일 GATT에 공식적으로 가입하였다.

표 15-1 GATT 체제 내에서 주요 협상 내용

라운드 명	참가국	기간	주요 내용
1. 제네바	23	1947.4~ 1947.10	• GATT 설립을 위한 최초의 관세인하 협상 • 45,000개 공산품에 대한 관세인하
2. 앙시	32	1949.4	• GATT 기존 회원국과 11개 신규 가입국 간 교섭 • 5,000개 공산품 관세양허 • 국별, 품목별 협상 방식
3. 토키	34	1950.9	• GATT 기존회원국과 7개 방식의 신규 가입국 간 교섭 및 기한이 만료된 종래의 관세양허 재교섭 • 8,000개 공산품 관세양허 • 국별·품목별 협상 방식
4. 제네바	22	1956.1	• 3,000개 공산품 관세양허 • 국별·품목별 협상 방식
5. 딜론	23	1960.9~ 1961.5	• 유럽경제공동체(EEC)의 공통관세 설정에 따른 관세양허 교섭 • 4,440개 공산품에 대한 관세율 평균 7% 인하
6. 케네디	46	1963.11~ 1967.5	• 미국과 EEC 간의 관세장벽 제거를 목표 • 30,000개 품목에 대해 관세율을 평균 35% 인하
7. 도쿄	99	1973.9~ 1979.11	• 33,000개 품목에 대한 관세율을 평균 33% 인하 • 조화인하(harmonization cut) 방식을 채택하여 기존 관세율이 높을수록 큰 폭의 인하율을 적용 • 비관세장벽 제거를 위한 협정 제정
8. 우루과이	125	1986.9~ 1994.4	• 세계무역기구(WTO) 설립 • 공산품 관세인하 및 비관세장벽 완화 • 기존 GATT 규범의 강화 – 반덤핑, 보조금, 상계관세, 세이프가드 등의 명료성을 제고하고, 규율을 강화 – 서비스무역에 관한 기본규범 설정 및 최초의 양허교섭 완료 – 지적재산권 보호 및 투자 관련 조치에 관한 규범 마련

주: 관세양허(tariff concession)는 현행 관세를 인하하는 관세인하(tariff reduction), 추가적으로 관세를 인상하지 않겠다는 관세거치(tariff binding), 그리고 현행 세율을 어느 수준 이상으로는 인상하지 않겠다는 한도양허(ceiling)를 포함하는 것임.
출처: 외교부, GATT/다자간 무역협상 라운드 약사(검색일: 2016.11.12.)를 보완한 것임.

〈표 15-1〉은 GATT가 출범한 이후 주요 협상 내용을 정리한 것이다.

먼저, 첫 번째 협상에서 다섯 번째 협상인 딜론 라운드(Dillon Round)까지는 주로 관세를 인하하고자 하는 협상이었다.[3] 여섯 번째 케네디 라운드(Kennedy Round) 협상도 관세를 인하하고자 하는 것이 주요 목표였다. 협상결과로 평균관세가 35% 인하되었다.

3 제5차 협상은 협상 장소가 아니라 협상 제안자인 미 국무부 차관 더글라스 딜론(D. Dillon)의 이름을 따라서 딜론라운드라고 불린다.

표 15-2 GATT 체제 내에서 관세인하 효과

국가	최고관세	1939	1947 (1차)	1949 (2차)	1951 (3차)	1956 (4차)	1960 (5차)	1964 (6차)
호주	41.2(1932)	31.0	27.9	18.8	15.4	8.4	10.6	9.5
벨기에	10.7(1934)	7.3	4.3	4.1	3.1	-	-	-
브라질	35.0(1933)	20.6	8.2	-	-	-	-	-
캐나다	16.6(1931)	13.8	11.4	8.2	8.5	9.6	9.1	8.3
칠레	6.2(1933)	5.7	4.7	7.5	9.4	-	-	-
프랑스	29.4(1935)	23.3	9.3	10.9	12.6	20.0	22.6	22.1
인도	40.0(1933)	25.8	11.7	19.1	23.9	21.1	18.0	29.8
네덜란드	9.1(1935)	7.9	1.6	4.8	4.2	5.1	5.6	6.1
노르웨이	46.1(1946)	20.2	20.9	23.3	14.1	10.8	-	11.8
뉴질랜드	15.8(1940)	11.3	5.7	3.6	2.8	3.8	4.2	3.7
영국	47.7(1946)	29.6	44.0	35.7	25.6	30.7	32.4	36.5
미국	24.4(1932)	13.3	8.2	5.5	5.5	5.3	6.6	5.3

주: 1) 최고관세는 1929~47년 기간 중 가장 높은 관세임. 2) ( )는 해당 연도임. 3) 호주 1960년은 1959년, 1964년 값은 1965년, 뉴질랜드 1964년은 1965년 값임.

출처: Bown and Irwin(2016), p.23 〈표 1〉에서 1947년 GATT 가입국을 인용.

일곱 번째는 도쿄 라운드(Tokyo Round)인데, 상대적으로 높은 관세율을 가진 국가가 더 많이 인하하는 방식을 취한 점이 기존의 협정들과 다르다. 협상 결과로 약 33,000개 품목에 대한 평균관세율이 약 33%가 인하되었다. 도쿄라운드에서는 처음으로 비관세 무역장벽을 제거하기 위한 논의가 시작되었다. 이와 관련해서 수출자율규제(voluntary export restraints)와 시장질서 유지협정(orderly marketing agreements)과 같은 비관세장벽의 확산을 조정하기 위한 새로운 규정을 정하였다.

마지막으로 1986년 9월에 시작하여 1994년 4월에 종료된 우루과이라운드(Uruguay Round)이다. 협상 결과 새로운 무역기구인 세계무역기구(WTO)를 설립하기로 결의하였다. 그리고 농업과 의류부문에서 무역자유화를 하자는 것으로 다자간 섬유협정(Multi-Fiber Arrangement: MFA)을 1995년 이후 10년에 걸쳐서 단계적으로 폐지하기로 합의하였다.

〈표 15-2〉는 주요 관세협정이 이루어지는 시기를 중심으로 1947년 출범할 당시 GATT 회원국들의 평균관세를 비교한 것이다.[4] GATT가 출범하기 이전 시기인 1929~47년 기간 중

4 평균관세는 총 통관수입을 총수입으로 나눈 값으로 계산된 것이다. 자세한 설명은 Bown and Irwin(2016) 참조.

최고관세는 1946년 영국이 47.7%로 가장 높았고, 다음으로 노르웨이가 46.1%이었다. 반면에 칠레(1933)가 6.2%로 가장 낮았고, 네덜란드(1935)는 9.1%로 뒤를 이었다. 이들 12개국의 가장 높은 시점에서 평균관세를 단순평균하면 26.85%가 된다.[5]

GATT협정이 결정되었던 1947년에는 1939년에 비해 이미 관세수준이 많이 하락하였음을 알 수 있다. 영국의 평균관세가 가장 높아서 44.0%였고, 다음으로 호주가 27.9%이었다. 1964년 제6차 협상인 케네디 라운드 협상 시점을 중심으로 보면 여전히 영국의 평균관세가 가장 높았다. 뉴질랜드가 3.7%로 가장 낮았고, 미국이 5.3%였다.

15.2.3 GATT체제에 대한 평가와 WTO 출범

GATT체제는 회원국 간 여러 차례 협상을 통해 관세를 인하함으로써 세계무역의 자유화를 이끌었다는 점에서는 매우 중요한 역할을 하였다. 이러한 결과로 1950년대와 1960년대에는 국제무역이 비약적으로 확대되었다. 그러나 1970년대 이후부터 1980년대 초반까지 세계가 직면한 경기불황으로 GATT 체제에서 다루지 못하였던 분야에 대하여 다시 보호무역주의가 나타나는 계기가 되었다. 농업이나 서비스 등의 산업을 보호하려는 경향이 강하였고, 다자간 섬유협정처럼 섬유와 의류부문도 이미 GATT의 일반원칙(normal disciplines)에 대한 예외로 인정되기도 하였다.

이러한 문제점들이 대두됨에 따라 GATT 회원국들은 다자간 협상체제를 강화하고 확대하기 위한 새로운 체계가 필요함을 느끼게 되었다. 그래서 1994년 4월 모로코 마라케시에서 열린 125개국 GATT 각료회담에서 '마라케시 선언(Marrakesh Declaration)'을 채택하고, 새로운 무역체제인 WTO를 출범시키기로 합의하였다.[6]

5 Bown and Irwin(2016)은 많은 문헌에서 주장하는 GATT 출범 이전 주요 국가 평균관세가 40%라는 것은 사실이 아니라고 주장하였다.

6 총 8개 부문으로 구성된 선언의 주요 내용은 다음과 같다. 첫째, 더욱더 효과적이고 신뢰받는 분쟁 해결 수단을 포함하는 국제무역 규범을 마련하기 위하여 채택한 더욱 강하고 투명한 법적 토대를 환영한다. 둘째, WTO의 설립을 확인한다. 셋째, WTO, IMF, IBRD 간 협력을 포함하여 각국의 무역·금융·재정 분야 정책이 보다 긴밀해지도록 노력한다. 넷째, 과거 다른 다자간 협상보다 광범위한 우루과이 라운드(UR) 협상을 통해 더욱 더 균형적이고 통합적인 국제무역 파트너십을 구축한다(Marrakesh Declaration, 1994년 4월 15일).

15.2.4 세계무역기구(WTO) 기본원칙

WTO는 GATT 뒤를 이어 1995년에 출범하였다. 출범 목적은 국가 간 협상과 협정을 통하여 무역을 자유롭고 예측가능하게 하며, 이를 통하여 무역을 확대하고 무역 당사국 국민들의 삶의 수준을 증가시키고자 하는데 있다.

GATT에 이어 새로 출범한 WTO의 기본원칙은 다음과 같다(WTO, 2015, pp.10-12). 주요 내용을 보면 GATT 체제에서의 기본 원칙과 동일하지만 포괄되는 대상이 더욱 확대되었음을 알 수 있다.

첫째, 무차별 원칙으로 최혜국대우 원칙과 내국민대우 원칙이 있다. 최혜국대우 원칙은 무역 당사국들 간 차별을 해서는 안 된다는 무차별 원칙이다. 그리고 내국민대우 원칙은 국내 제품이나 서비스에 비해 외국제품이나 서비스를 차별해서 대우해서는 안 된다는 것이다.

둘째, 점진적인 협상을 통하여 무역은 더욱 자유로워야 한다. 관세나 비관세장벽을 점진적으로 낮추며, 특히 개발도상국은 좀 더 많은 시간을 가지고 무역장벽을 낮추도록 한다.

셋째, 법적 구속력이 있고, 투명함을 통하여 무역정책에 대하여 예측 가능해야 한다. 각국 정부는 무역장벽과 비무역장벽에 대한 정책 변화에 대하여 법적 구속력을 갖추고 투명하게 집행함으로써 기업의 사업 환경을 안정적이고 예측 가능하도록 해야 한다.

넷째, 공정한 경쟁을 할 수 있도록 유도해야 한다. WTO체제가 단순히 자유무역을 추구하는 기구로 인식되지만, 이는 정확한 의미가 아니다. 어떤 상황에서는 다양한 형태의 보호주의도 허용한다. WTO는 좀 더 개방적이고 공정하고 왜곡이 없는 경쟁을 추구하는 기구라고 할 수 있다.

다섯째, 발전과 경제개혁을 촉진하도록 한다. WTO는 개발도상국의 경제발전을 촉진할 수 있도록 해야 한다. 이를 위해 개발도상국들에 대한 특별한 배려와 무역에 대한 혜택을 주는 GATT의 기존 원칙을 계승한다.

15.2.5 도하개발어젠다

WTO 체제에서 대표적인 다자간 무역협정은 도하개발어젠다(Doha Development Agenda: DDA)이다. 이는 2001년 11월 9일부터 14일까지 카타르의 도하에서 열린 WTO의 제4차 각료회의에서 합의된 것이다. DDA는 우루과이라운드(Uruguay Round: UR)의 뒤를 이어, 농업, 서비스, 공산품 및 임수산물 등 비 농산물에 대한 시장개방, 반덤핑협정 및 보조금협정과 같은 기존 협정개정, 환경, 지적재산권, 분쟁해결 등 다양한 협상 의제를 다루고 있다. 초기 협상시한은 2005년 1월 1일이었으나 각 국가 간 이해충돌로 여전히 최종 목적을 달성하지 못하고 있다. 최근, WTO의 제11차 각료회의는 2017년 12월 10일부터 13일까지 아르헨티나의 부에노스아이레스에서 개최되었으며, 2020년 6월에 예정되었던 제12차 각료회의는 코로나19 팬데믹으로 인해 무기한 연기된 상황이다.

15.3 다자간 경제통합과 경제적 효과

경제통합에 있어서 가장 큰 문제는 경제통합이 실제로 관련 당사국들에게 이익을 가져다주는지 여부이다. 만약 경제통합을 통해 편익이 발생한다면 각 경제주체 간에 그것을 어떻게 분배할 것인지도 고찰해야 한다. 이러한 분배현황이 제대로 파악되어 국내정책으로 이득을 본 계층으로부터 손해를 본 계층으로 소득재분배가 적절히 이루어진다면, 경제통합을 통하여 전체 계층이 도움을 받을 수 있을 것이다. 본 절에서는 이러한 경제적 이득과 그 이득의 분배에 대해 설명하고자 한다.

자유무역의 경제적 효과를 소비자잉여, 생산자잉여 및 정부의 관세수입 차원에서 보자. [그림 15-1]은 세 국가가 있는 경우를 가정하고 있다. A국의 생산제품 Q에 대한 수요곡선(D)과 공급곡선(S) 및 가격(P)을 보여준다. 그런데 같은 재화를 생산하는 데 있어서 B국에 비해 C국이 효율적으로 생산하여 C국이 B국보다 제품 Q의 생산원가가 낮다고 하자. 즉, C국에서의 국내가격(P_{FC})이 B국에서의 국내가격(P_{FB})보다 낮아 $P_{FC} < P_{FB}$ 이다.

자유무역에 의한 후생변화를 정리하면 〈표 15-3〉과 같다. 먼저 A국이 무역을 하지 않는다면 균형은 E에서 이루어져 국내공급(Q_S)과 국내수요(Q_D)가 일치하게 되어 $Q_E = Q_D = Q_S$가 된다. 이 재화의 생산가격은 시장 균형가격인 P_E가 된다. 따라서 무역이 전혀 이루어지지 않는 경우 소비자잉여와 생산자잉여는 각각 $\triangle aP_EE$와 $\triangle hP_EE$가 되고, 무역이 발생하지 않아서 정부의 관세수입은 없다.

다음으로 세 국가가 다자적 무역협정을 통해 국가 간 차별 없이 관세를 철폐하여 전면적인 자유무역이 이루어지는 경우를 보자. 먼저, A국은 소규모국가이므로 자유무역협정을 체결한 이후에도 세계시장에 대한 영향이 매우 적다고 하자. 이 경우 자유무역협정이 이루어지더라도 A국 입장에서는 세계시장가격을 주어진 것으로 받아들이게 된다.

그림 15-1 폐쇄경제과 자유무역의 경제적 효과

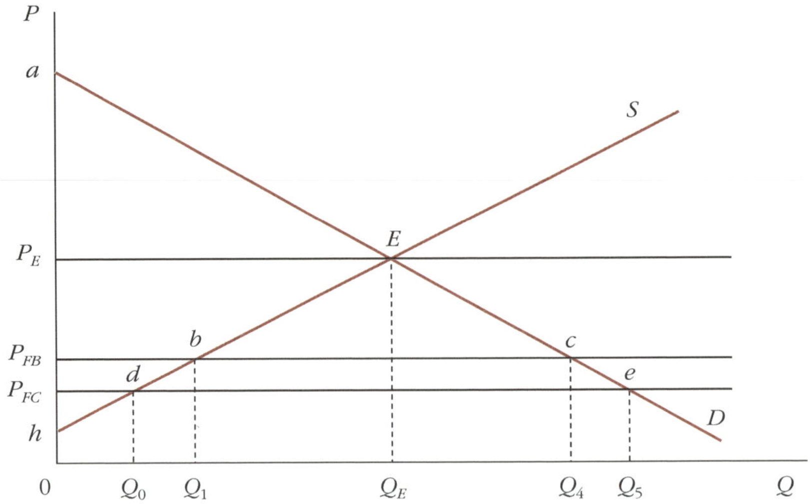

A국은 세계시장에서 가장 낮은 가격으로 공급을 하는 C 국가로부터 수입하며, 수입가격은 P_{FC}가 되고 국내생산은 Q_0가 되고 국내수요는 Q_5가 되어 수입은 $Q_5 - Q_0$가 된다. 이 경우 소비자잉여는 $\triangle aP_{FC}e$가 되고, 생산자잉여는 $\triangle hP_{FC}d$가 된다. 그리고 관세가 없으므로 정부의 관세수입은 없다.

국가적으로 볼 때 소비자잉여와 생산자잉여 및 정부관세수입의 격차를 모두 합하면 국가적 순후생은 자유무역을 통하여 $\triangle dEe$만큼 증가함을 알 수 있다. 전면적인 자유무역을 통하여 상대적으로 낮은 가격으로 생산되는 재화를 수입하여 국내생산을 대체하게 된다. 따라서 비록 생산자 후생은 감소하지만 상대적으로 소비자 후생 증가가 더 커서 국가적으로 순후생은 증가한다.

표 15-3 폐쇄경제와 자유무역의 경제적 효과 비교

	폐쇄경제	자유무역	순후생 효과
소비자잉여	$\triangle aP_EE$	$\triangle aP_{FC}e$	+⌂$P_EP_{FC}eE$
생산자잉여	$\triangle hP_EE$	$\triangle hP_{FC}d$	-⌂$P_{FC}P_EEd$
정부수입	0	0	0
총 효과	$\triangle aP_EE+\triangle hP_EE$	$\triangle aP_{FC}e+\triangle hP_{FC}d$	$\triangle dEe$

15.4 지역적 경제통합

15.4.1 지역적 경제통합의 형태

지역적 경제통합은 통합 당사국에 대해서는 상품과 서비스부문에 대하여 관세와 같은 무역장벽을 철폐하지만, 비당사국에 대해서는 기존 무역장벽을 그대로 유지하는 경우다. 이는 모든 국가에 대하여 차별 없는 무역정책을 실시하는 다자간 경제통합과는 다른 것이다. 발라싸(Balassa, 1961)가 주장한 5가지 경제통합에 대해서 알아보자.

(가) 자유무역협정

자유무역협정은 협정 당사국 간 상품과 서비스부문에 대하여 상호 관세를 철폐하는 것이다. 반면에 다른 국가들에 대한 관세는 각 국가가 독자적인 수준을 유지할 수 있다. 자유무역협정에서 나타나는 가장 중요한 것은 원산지 규정(rules of origin) 문제이다. 이는 협정 당사국이 아닌 국가에서 생산된 물품이 가장 낮은 관세를 부과하는 협정 당사국으로 수입되어 이 제품이 다시 관세가 없는 자유무역협정 대상 국가로 수출되는 경우이다.

(나) 관세동맹

관세동맹은 통합 당사국 간 상품과 서비스부문에 대하여 관세를 철폐한다는 점에서 자유무역협정과 같다. 다만 추가적으로 통합 당사국이 아닌 국가들에 대해서도 같은 관세를 부과하도록 하는 협정이다. 관세동맹 하에서는 자유무역협정과 달리 원산지 규정문제가 발생하지 않는다. 그러나 통합 당사국이 아닌 국가에 같은 관세를 부과하기 위해서는 국가 간 동일 산업에 같은 관세를 부과해야 하는 등 정책 조율 문제가 발생할 수 있다.

(다) 공동시장

공동시장은 통합 당사국 간 상품과 서비스부문에 대한 관세를 철폐하고 통합 당사국이 아닌 국가에 대하여 같은 관세를 부과해야 한다는 점에서 관세동맹과 같다. 공동시장은 추가적으로 자본이나 노동과 같은 생산요소의 자유로운 이동을 허용하는 통합 형태이다.

(라) 경제동맹

경제동맹은 앞의 공동시장에서 더 나아가 정책 통합까지 포함하는 것이다. 따라서 통합 당사국 간 상품과 서비스부문에 대한 관세 철폐, 통합 당사국이 아닌 국가에 대한 공동관세, 노동 및 자본의 생산요소의 자유로운 이동이 허용되며, 중요한 재정정책에 대해서는 통합 당사국 공동으로 시행하는 통합 형태이다.

(마) 통화동맹

통화동맹은 경제동맹 차원에서 더 나아가 통합 당사국 간 공통통화를 사용하는 협정을 의미한다. 이는 공통통화 사용을 통하여 통합 당사국 간에도 공통의 통화정책을 시행하기 위한 것이다.

15.4.2 지역적 경제통합과 경제적 효과

경제통합이 정당성을 갖기 위해서는 통합이 이루어진 이후 경제적 효과가 증가해야 한다. 경제적 효과를 크게 정태적 효과와 동태적 효과로 나눌 수 있다. 정태적 효과는 어느 특정시점에서 경제통합에 의한 정부재정수입, 소비자잉여 및 생산자잉여에 대한 효과를 의미한다. 동태적 효과는 경제통합이 이루어진 이후 장기간에 걸쳐 나타날 수 있는 다양한 효과를 종합한 것이다. 본 절에서는 경제통합 중 자유무역협정이 이루어졌을 때 경제적 효과를 중심으로 분석한다.[7]

(가) 정태적 효과

A국과 B국이 자유무역협정을 체결하고 C국은 이전과 무역형태가 같은 경우를 보자. 먼저 A국은 무역 대상국 B국과 C국에 대해서 관세율을 각각 t_{AB}와 t_{AC}만큼 부과한다고 하자. 자유무역협정으로 인하여 A국과 B국 간 관세(t_{AB})는 사라지게 되어 $t_{AB}=0$이지만, A국과 B국이 C국에 부과하던 관세율은 변화가 없다.

정태적 차원에서 자유무역협정의 경제적 효과는 바이너(Viner, 1950)가 정의한 무역창출효과(trade creation effect)와 무역전환효과(trade diversion effect) 두 가지로 나누어 분석한다.

7 경제적 효과에 대한 자세한 설명은 남종현 · 이홍식(2012)과 손병해(2016) 참조.

표 15-4 자유무역협정의 무역창출효과

	관세부과	자유무역협정	순후생 효과
소비자잉여	$\triangle aP_{tB}c$	$\triangle aP_{FB}g$	+⌂$P_{tB}P_{FB}gc$
생산자잉여	$\triangle hP_{tB}b$	$\triangle hP_{FB}d$	-⌂$P_{FB}P_{tB}bd$
정부수입	$\square ebcf$	0	$-\square ebcf$
총 효과	$\triangle aP_{tB}c+\triangle hP_{tB}b+\square ebcf$	$\triangle aP_{FB}g+\triangle hP_{FB}d$	$\triangle dbe+\triangle fcg$

무역창출효과

무역창출효과란 자유무역협정이 새로운 무역을 창출한다는 것을 의미한다. 관세가 철폐됨에 따라 기존 관세로 인한 높은 가격 때문에 수입되지 못하였던 제품들의 수입이 새로이 발생한다는 것이다. 결과적으로 더욱 효율적으로 생산할 수 있는 국가로부터 수입하여 해당 제품에 대한 국내공급이 증가한다. 새로운 수입의 발생은 수입품에 대한 국내수요를 증가시키고, 같은 제품의 국내생산에 대해서는 국내수요가 감소하여 수입규모는 확대된다. 즉, 새로운 무역이 창출된다.

[그림 15-2]를 이용하여 무역창출효과를 보자. 먼저 B국과 자유무역협정이 일어나기 이전에 B국으로부터의 수입에 대하여 관세($t^* = t_B$)를 부과하여 국내 수입가격이 P_{tB}가 된다고

그림 15-2 자유무역협정의 무역창출효과

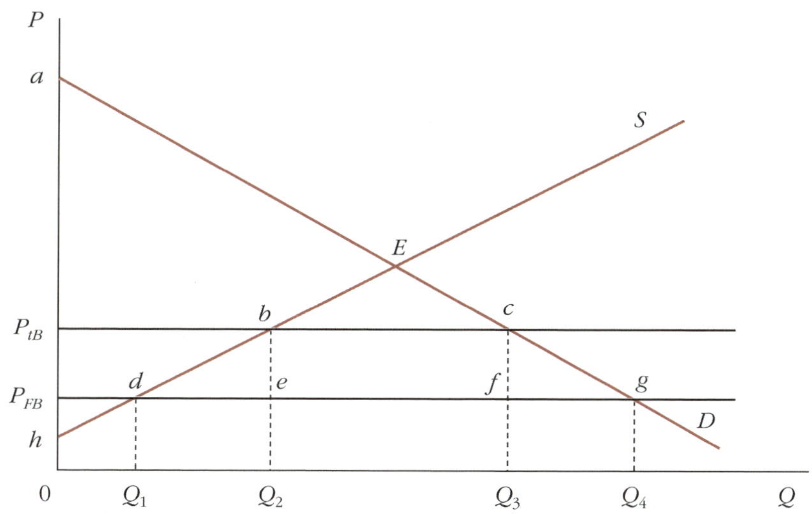

하자. 이 경우 A국에서의 국내수요는 Q_3이고 국내공급은 Q_2가 되어서 B국으로부터의 수입은 $Q_3 - Q_2$가 된다. 국내후생효과를 보면 소비자잉여는 $\triangle aP_{tB}c$이고 생산자잉여는 $\triangle hP_{tB}b$가 되며, 정부는 $\square ebcf$만큼의 관세수입을 얻게 된다.

만약에 A국과 B국이 자유무역협정을 통하여 상호 관세를 철폐하게 된다면, A국은 B국으로부터 관세가 없는 가격인 P_{FB}에 수입하게 된다. 낮아진 가격으로 인하여 수입품에 대한 국내소비는 증가하여 Q_4가 되고, 국내생산은 감소하여 Q_1이 된다. 따라서 총수입은 증가하여 $Q_4 - Q_1$이 된다. 후생효과를 보면 소비자잉여는 증가하여 $\triangle aP_{FB}g$가 되지만, 생산자잉여는 감소하여 $\triangle hP_{FB}d$가 되고, 정부관세수입은 0이 된다.

〈표 15-4〉는 자유무역협정 전후의 후생효과를 종합한 것이다. 마지막 열에서 알 수 있듯이 자유무역협정에 의하여 무역이 창출된다면 순후생은 $\triangle dbe + \triangle fcg$만큼 증가한다.

무역전환효과

무역전환효과는 상대적으로 생산비가 낮은 비 통합 당사국에서 수입하는 것이 아니라, 생산원가가 높아 비효율적으로 제품을 생산하는 통합 당사국으로부터 수입하게 되는 경우를 의미한다. 이러한 결과는 생산을 비효율적으로 하는 통합 당사국과는 관세가 철폐되고, 생산이 효율적인 비 통합 당사국과는 관세가 그대로 남아있기 때문에 나타난다. 비 통합 당사국으로부터의 수입제품의 국내가격은 생산원가에 관세만큼 증가하지만, 통합 당사국으로부터의 수입제품 국내가격은 생산원가와 같다. 따라서 비 통합 당사국으로부터 수입제품의 국내가격은 통합 당사국으로부터 수입제품의 국내가격보다 더 높게 된다.

[그림 15-3]에서 자유무역협정이 형성되기 이전에는 A국이 B국에 부과하던 관세율(t_B)과 C국에 부과하던 관세율(t_C)과 같아서 $t^* = t_B = t_C$라고 하자. 그리고 B국보다 C국의 생산원가가 낮아 가격경쟁력이 높아서 $P_{FB} > P_{FC}$라고 하자.

이렇게 관세가 부과된다면 A국은 B국 및 C국으로부터 수입가격이 상승하여 국내 판매가격은 각각 $P_{tB} = (1+t^*)P_{FB}$와 $P_{tC} = (1+t^*)P_{FC}$가 되어 A국은 상대적으로 저렴한 C국에서 생산된 재화를 수입하게 된다. 관세부과 이후 국내생산은 Q_2가 되고 국내수요는 Q_3가 되어 그 차이인 $Q_3 - Q_2$는 해외, 즉 C국으로부터 수입된다. 관세가 부과된 이후 소비자 및 생산자잉여 그리고 정부수입에 대한 효과를 분석해보자. 먼저 소비자는 국내수입가격인 P_{tC}를 지불하므로 소비자잉여는 $\triangle aP_{tC}c$가 된다. 반면에 국내생산자가 P_{tC}에 판매하게 되므로 생산자잉여는 $\triangle hP_{tC}b$가 된다. 그리고 관세부과와 수입으로 인하여 정부는 $\square ibcj$만큼의 관세수입을 얻게 된다.

그림 15-3 자유무역협정의 무역전환효과

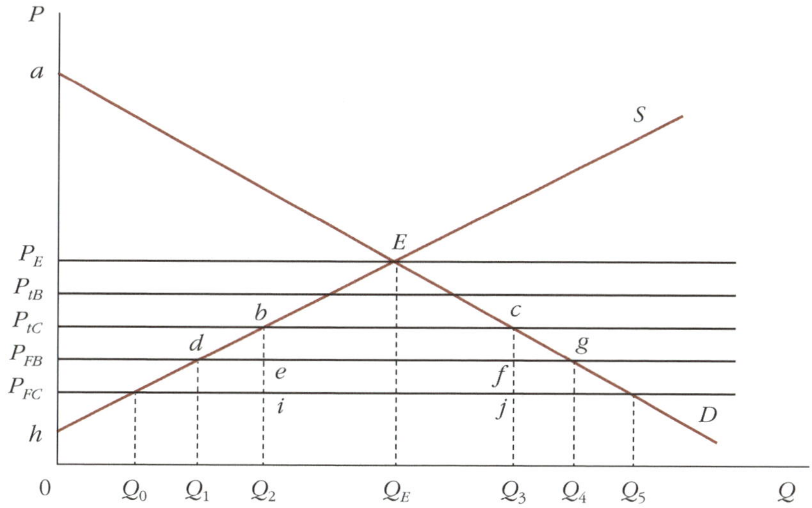

이제 A와 B국이 자유무역협정을 체결하여 양국 간 관세를 철폐한다고 가정하자. 물론 C국과의 관세는 이전과 같다. 따라서 A국 입장에서 보면 B국으로부터의 수입재화에 대해서는 관세철폐로 인해 자유무역가격인 P_{FB}를 지불하지만, C국으로부터의 수입은 기존 관세로 인하여 P_{tC}를 지불하게 된다. 결국 A국은 기존의 C국에서 B국으로 수입국을 전환한다. 따라서 A국에서 이 재화의 국내가격은 P_{FB}가 되고, 소비자잉여와 생산자잉여는 각각 $\triangle aP_{FB}g$와 $\triangle hP_{FB}d$가 되며 정부관세수입은 0이다.

비록 가격경쟁력은 B국이 C국보다 떨어지지만 상호 관세철폐로 수입가격이 낮아지게 된 것이다. A국은 상대적으로 생산원가가 낮아 효율적인 C국으로부터 수입에서 덜 효율적인 B국으로부터 수입하여 무역을 전환하는데, 이를 무역전환효과라고 부른다. 물론 여기서 B국이 C국에 보다 더 효율적이라면 무역전환효과는 일어나지 않는다.

위의 두 경우를 정리한 것이 〈표 15-5〉이다. A국이 상대적으로 덜 효율적인 국가 B와 자유무역협정을 체결하면 국가 전체적으로 후생효과는 $\triangle dbe + \triangle fcg - \square iefj$의 값에 따라 결정된다. 즉, 생산자와 정부는 후생감소를 경험하지만, 소비자는 낮은 가격으로 인하여 후생증가를 달성하게 된다. 따라서 이들의 격차에 의하여 후생변화가 측정될 수 있다. 이것이 양(+)이라면 자유무역협정에 의하여 무역전환효과가 나타나더라도 국가적 후생이 증가하게 된다.

자유무역협정에 의한 정태적 후생효과는 무역전환효과와 무역창출효과에 의한 후생효과

표 15-5 자유무역협정의 무역전환효과

	관세부과	자유무역협정	순후생 효과
소비자잉여	$\triangle aP_{tC}c$	$\triangle aP_{FB}g$	$+⌂P_{tC}P_{FB}gc$
생산자잉여	$\triangle hP_{tC}b$	$\triangle hP_{FB}d$	$-⌂P_{FB}P_{tC}bd$
정부수입	$\square ibcj$	0	$-\square ibcj$
총 효과	$\triangle aP_{tC}c+\triangle hP_{tC}b+\square ibcj$	$\triangle aP_{FB}g+\triangle hP_{FB}d$	$\triangle dbe+\triangle fcg-\square iefj$

의 합으로 나타난다. 비록 무역전환효과가 국가후생의 손실을 일으킬 가능성은 존재하지만, 무역창출효과는 항상 국가후생을 증가시킨다. 따라서 무역창출에 의한 후생증가가 무역전환에 의한 후생감소보다 크다면 자유무역협정은 국가후생을 증가시킨다고 할 수 있다. 다시 말해 자유무역협정이 무역전환보다 더 큰 무역창출을 일으킨다면, 이러한 자유무역협정은 국가후생을 증가시킬 것이다. 반대로 자유무역협정이 상대적으로 더 많은 무역전환을 가져온다면 국가후생은 자유무역협정으로 오히려 감소할 수도 있다. 이러한 결과는 어떤 그룹 국가들이 자유무역으로의 전환이 통합 당사국의 후생을 감소시킬 수도 있다는 것을 의미한다.

(나) 동태적 효과

지금까지 논의된 자유무역협정의 경제적 효과는 특정 시점에서 소비자 및 생산자잉여와 정부조세수입에 대한 효과를 측정한 정태적 효과를 분석한 것이었다. 그러나 자유무역협정이 시작된 이후 시간이 흐르면서 추가적인 다양한 파급효과(spillover effect)가 나타나는데, 이를 동태적 효과라고 한다. 구체적으로 보면 다음과 같다.

첫째, 경쟁적 시장구조를 통한 생산성 증대효과이다. 자유무역협정을 통한 대외무역 확대는 경쟁제품이 국내시장으로 유입되는 것을 의미한다. 더 이상 관세나 수량제한과 같은 무역장벽에 의하여 보호를 받지 못하게 되므로 국내시장의 경쟁은 더욱 격화된다. 따라서 기술혁신, 경영합리화 등 효율성 증대를 위한 노력이 수반되지 않는다면, 국내기업은 더 이상 시장에서 생존하기 어렵다. 또한 수출 및 수입을 포함한 무역규모가 증가함에 따라 상품거래에 의한 지식흐름이 증가하게 되면서 국내기업은 지식습득효과(learning by doing effects)를 얻게 된다. 이는 곧 해당 기업생산성을 증가시켜 국제경쟁력을 증가시키고, 수출을 촉진시킨다. 따라서 경쟁에 살아남은 국내기업은 더 효율적이고 국제시장에서도 경쟁할 수 있는 기업이 되는 경쟁효과(competition effect)가 나타나고, 이들의 생산성은 향상된다. 그러나 시장개방에 의한 외국제품의 유입으로 경쟁력이 약화되는 기업은 시장에서 퇴출당하는 반경쟁효과(anti-competition effect)가 나타날 수도 있다.

멜리츠·트레플러(Melitz and Trefler, 2012)는 미국과 캐나다의 자유무역협정으로 캐나다의 생산성이 향상하였음을 보여주었다. 〈표 15-6〉을 보면 캐나다의 제조업부문에서 13.8%의 총생산성 증대효과가 나타났다. 상세한 효과를 보면 기업 간 자원배분에 의한 생산성 상승이 8.4%로 나타났다. 그리고 기업 내에서 새로운 수출업자나 기존기업의 생산성 상승 그리고 중간재에 대한 접근성에 의한 생산성 상승이 5.4%로 나타났다.[8]

둘째, 대외무역 확대로 시장규모가 확대되면서 고용증가효과가 나타난다. 무역장벽의 철폐를 수반하는 자유무역협정은 국내소비자 입장에서 보면 선택할 수 있는 제품이 증가하여 제품차별화(product differentiation)가 확대된다. 그리고 생산자의 입장에서 보면 해외 수요시장이 확대되어 생산에 있어서 규모의 경제(economies of scale)의 이득을 누릴 수 있다. 한국은 1970년대부터 본격적으로 철강, 자동차 그리고 선박과 같은 중화학공업 확대를 통한 발전전략을 채택하였다. 이 산업들은 높은 초기 고정투자가 필요하므로 규모의 경제가 존재하는 산업들이다. 대외무역의 확대는 국내시장뿐만 아니라 해외시장 판매를 위한 생산을 증가할 수 있어서 중화학공업의 규모의 경제를 통한 이득을 누릴 수 있었다.

셋째, 기술이전 및 혁신효과가 나타난다. 자유무역협정이 체결된다면 무역이 확대되고,

표 15-6 미국과 캐나다의 자유무역협정의 제조업 생산성 증가효과

제조업생산성	효과
기업 간 자원배분에 의한 생산성 상승효과	8.4%
수출기업 증가(가장 생산적인 기업)	4.1%
가장 비생산적인 기업 축소 및 퇴출	4.3%
기업 내 생산성 상승효과	5.4%
새로운 수출업자의 생산성 상승위한 투자 효과	3.5%
기존 기업의 생산성 상승위한 투자 효과	1.4%
미국의 중간재에 대한 접근 용이성	0.5%
총 효과	13.8%

출처: Melitz and Trefler(2012), p.115.

8 그들은 다른 연구를 인용하여 다른 국가들도 무역에 의해 생산성이 증대하였다고 보여 주었다. 미국 제조업 생산성증대(1983~92)의 거의 50%가 수출부문으로의 자원배분에 의해 설명된다. 칠레도 1983~89년 기간 동안 칠레의 무역자유화 정책에 의하여 약 19%정도의 생산성 증대가 나타났는데, 그 중에서 2/3정도가 더욱 효율적인 부문으로 자원재배분이 일어나서 달성된 것으로 나타났다.

동시에 국가 간 투자도 확대된다. 이와 더불어 국가 간 무역확대로 중간재 수입이 증가하게 된다. 일반적으로 중간재는 생산자 기술이 체화(embodied)된 경우가 많아서 수입자 입장에서 발전된 기술이 어떻게 사용되고 있는지를 중간재 수입과정에서 체득하게 되고, 따라서 자연스럽게 기술이전이 발생한다. 국가 간 무역확대와 함께 외국인직접투자도 확대되면서 투자자들이 가지고 있는 생산기술, 경영기법, 마케팅 기법 그리고 교육훈련 기법 등 선진적인 기술이전 또한 증가한다.

15.4.3 주요 지역적 무역협정

[그림 15-4]는 1955년 이후 GATT 혹은 WTO에 보고되었거나 시행 중인 지역무역협정을 누적으로 합산한 것을 그림으로 표시한 것이다. WTO에 의하면 2016년 6월 일본과 몽골리아의 지역무역협정을 통보받으면서 회원국 전체가 지역무역협정을 하게 되었다.[9] 가장 먼저 보고된 지역무역협정은 1957년 4월에 보고되고, 1958년 1월부터 시행된 EC 조약이다. 2025년 11월 현재 가장 최근에는 호주와 아랍에미리트(2025년 11월 6일)를 포함하여 총 626개가 보고되었고, 378개 지역무역협정이 시행 중이다. 전체적인 추이를 보면 1990년대 초반 이후 지역무역협정이 급속히 증가하였음을 알 수 있다.

대표적인 지역무역협정으로는 유럽연합(European Union: EU), 북미자유무역협정(North Ameri- can Free Trade Agreement: NAFTA), 동남아시아 국가연합(Association of Southeast Asian Nations: ASEAN), 남미공동시장(MERCOSUR) 등이 있다.[10]

EU는 1967년 창립한 유럽공동체(European Community: EC)가 1993년 유럽연합으로 명칭이 변경된 것이다.[11] NAFTA는 1994년 1월에 발효한 지역무역협정으로 미국, 캐나다 및 멕시코 3국이 참여하고 있다. ASEAN은 1967년 8월 창설된 것으로 당시 5개국(인도네시아, 말레이시아, 필리핀, 싱가포르, 태국)에서 출발하여 현재는 11개국이 가입되어 있다. 남미에서 1991년 1월에 창설된 MERCOSUR는 비회원국들에 대해서는 공동 관세를 부과하는 관세동맹의

9 WTO 홈페이지(https://www.wto.org/english/tratop_e/region_e/region_e.htm, 검색일: 2022.01.12.).

10 MERCOSUR은 Southern Cone Common Market의 스페인어 약어이다. 원래 회원국이었던 베네수엘라는 2016년 12월 2일에 자격 정지되었다.

11 EC는 1967년 7월에 유럽 석탄 및 철강공동체(European Coal and Steel Community: ECSC, 1952년 7월 발효), 유럽경제공동체(European Economic Community: EEC, 1958년 1월 발효), 유럽원자력공동체(European Atomic Energy Community: EAEC, 1958년 1월 발효)를 모두 통합하여 설립된 것이다.

그림 15-4 WTO(혹은 GATT)에 통보된 지역무역협정

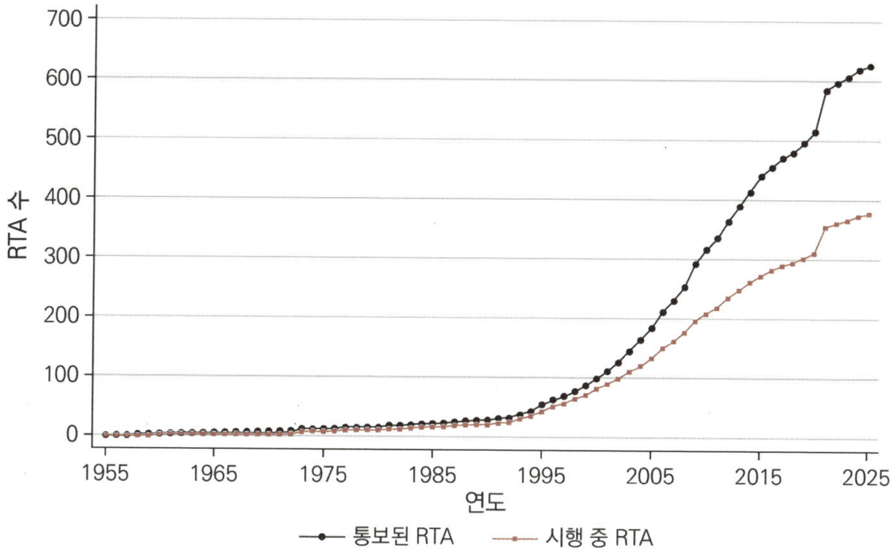

출처: WTO, Regional Trade Agreement(검색일: 2025.11.15.) 자료를 이용하여 작성.

형태로 4개국이 가입되어 있다.

〈표 15-7〉은 주요 지역무역협정의 발효연도, 인구 및 주요 경제지표를 정리한 것이다. 2023년 기준으로 ASEAN은 인구의 세계 비중이 가장 높아서 8.6%이지만, GDP의 세계 비중은 3.6%에 불과하다. 반면에 NAFTA는 인구의 세계 비중은 6.3%이지만, GDP의 세계 비중은 26.8%로 다른 경제통합국들에 비하여 경제력이 높은 국가들로 구성되어 있다. EU는 인구의 세계 비중은 NAFTA에 비해 약간 낮지만, GDP의 세계 비중은 16.5%로 더 낮다. 그러나 수출과 수입의 세계 비중은 EU가 가장 높고, MERCOSUR는 매우 낮아서 1%대에 그치고 있다.

표 15-7 주요 지역무역협정과 규모

	EU	NAFTA/USMCA	ASEAN	MERCOSUR
발효연도	1967. 7.	1994. 1.	1967. 8.	1991. 1.
가입 국가 수	27개국	3개국	11개국	4개국
인구(%)	449.4(5.6)	506.6(6.3)	690.2(8.6)	266.9(3.3)
GDP(%)	15,534.00 (16.5)	25,198.56 (26.8)	3,375.89 (3.6)	2,656.45 (2.8)
수출(%)	8,120.20 (31.0)	3,547.06 (13.5)	2,071.50 (7.9)	392.24 (1.5)
수입(%)	7,457.27 (28.5)	4,685.06 (17.9)	1,879.75 (7.2)	384.68 (1.5)

주: 1) 가입 국가 수는 2025년 11월 15일 기준임. 2) ( )는 세계 비중임. 3) MERCOSUR은 2016년 12월 2일 베네수엘라의 자격을 정지시켜 기존 5개국에서 4개국으로 됨. 4) EU는 2020년 1월 31일 영국이 탈퇴하면서 27개국이 됨. 5) ASEAN은 2025년 10월 26일 동티모르가 가입하면서 11개국이 됨. 6) NAFTA는 2020년 7월 1일부터 USMCA(US-MEXICO-CANADA Agreement)로 개정·발효됨. 7) 인구, GDP, 수출 및 수입은 2023년 기준임. 5) 인구는 백만 명, GDP, 수출 및 수입은 2015년 기준 10억달러 기준임. 6) ASEAN의 수출 및 수입은 라오스와 미얀마를 제외한 값임.

출처: EU, ASEAN, MERCOSUR 홈페이지(검색일: 2025.11.15.); World Bank, WDI(검색일: 2025.11.15.).

15.5 다자주의와 지역주의

다자주의는 WTO체제를 중심으로 형성되는 질서로써 회원국에 대한 비차별성을 특징으로 하고 있다. 반면에 지역주의는 특정 국가들 간 자유무역을 추구하는 것으로, 통합 대상이 아닌 국가들에게는 무역장벽을 높여 차별하는 것이다. 따라서 지역주의는 전면적인 자유무역을 추구하는 다자주의와는 상호 대립되는 것처럼 보인다. 그럼에도 불구하고 WTO 체제는 지역적 경제협정을 허용하고 있는데, 그 근거에 대해서 논의할 필요가 있다.

이 두 형태의 통합이 동시에 추진되는 이유에 대한 자세한 내용은 GATT 협정문과 WTO의 서비스교역에 관한 정부 간 협정(General Agreement on Trade in Service: GATS)에 포함되어 있다(WTO, 2015, pp.63-64).[12] 주요 내용을 정리하면 다음과 같다.

12 서비스무역에 관한 일반협정(General Agreement on Trade in Services: GATS)은 1995년 1월 WTO 출범과 함께 발효되었다. 이 협정은 상품무역을 중심으로 하는 기존의 GATT 협정에서 더 나아가 서비스무역에 대한 다자간 협정을 다

GATT 협정문의 제1조는 상품무역을 중심으로 최혜국대우(MFN) 원칙을 규정하고 있으며, GATS 제2조에서는 서비스부문에서의 최혜국대우를 규정하고 있다. 지역적 경제통합에서는 협정 당사국이 아닌 국가에 대해서는 무역장벽이 그대로 남아 있다. 따라서 지역적 경제통합으로 통합 당사국이 아닌 국가에 대해서는 상대적으로 무역장벽이 높아지는 효과를 가지므로 최혜국대우 원칙을 위반하는 것이 된다. 그럼에도 불구하고 WTO 협정은 아래 설명되었듯이 특정조건을 만족시키는 경우에는 예외로 하여 WTO 체제 하에서도 지역적 무역협정을 인정해주고 있다.

WTO 체제 하에서 지역적 경제통합을 논의하기 위하여 1996년 2월 지역무역협정위원회(Regional Trade Agreements Committee)가 설립되었는데, GATT 24조 위원회라고도 불린다. 위원회에서는 지역적 경제통합이 WTO 규칙과 일관성이 있는지, 지역적 경제통합과 다자적 경제통합 간 관계가 어떠한지를 검토한다. GATT 24조는 일정한 요건을 갖춘 관세동맹이나 자유무역협정과 같은 지역적 경제통합에 대하여 최혜국대우 원칙에 대한 예외를 인정하고 있고, 서비스부문에 대한 예외 규정은 GATS 5조에 명시되어 있다.

GATT 제24조는 자유무역협정이나 관세동맹과 같은 지역적 경제통합이 이루어지면 협정 당사국의 모든 부문에 대하여 관세나 무역장벽이 제거되거나 감소폭이 매우 커야 한다고 규정하고 있다. 즉, 지역적 경제통합이 통합 당사국 간 무역을 증진시키는데 도움을 주어야 하고, 동시에 통합 당사국이 아닌 다른 국가들에게 추가적으로 무역규제를 높여서는 안 된다. 다시 말하면 지역적 경제통합은 다자간 무역체계를 보완하는 방향으로 이루어져야지 이를 침해하는 방향으로 이루어져서는 안 된다는 것이다.[13]

서비스부문에서도 GATS 제5조 제1항에 역내국에서 생산되는 서비스에 대해서는 "실질적으로 모든 차별(substantially all discrimination)"이 철폐되어야 한다고 규정하고 있다. 제4항에는 협정체결 이전보다 서비스교역에 대한 장벽 수준을 인상시켜서는 안 된다고 규정하고 있다.

다자간 무역체제 하에서도 지역적 경제통합이 허용되는 이유는 비록 통합 당사국 간 협정이지만, 국제적 차원에서 보면 자유무역이 확대된다고 보기 때문이다. GATT 24조에서 알 수

루고 있다.

13 이를 좀 더 자세히 보면 먼저 GATT 제24조 제8항에서는 통합 국가 간에는 통합 당사국에서 생산되는 상품에 대해 "실질적으로 모든 교역(substantially all trade)"에서 관세 및 기타 제한적 무역 조치들이 제거되어야 한다고 규정하고 있다. 그리고 비통합 국가에 대해서는 상품과 관련해서 지역무역협정 체결 이전보다 관세 및 기타 무역규정들이 더 높거나 제한적이 되어서는 안 된다고 규정하고 있다(WTO, 2015, p.64).

있듯이 만약 지역적 경제통합을 하면서 비 통합 당사국들에 대한 무역장벽을 높이지 않는다면 국제적으로는 자유무역의 정도가 증가한다. 비록 지역적 경제통합이 비차별성 원칙에는 벗어나는 것이지만, 국제적으로 자유무역을 증가시키는 방향으로 이루어진다면 다자간 무역체제 차원에서도 지역적 경제통합을 허용해 준다는 것이다. 따라서 국가 간 지속적인 지역적 경제통합이 이루어진다면, 장기적으로 모든 국가 간 지역적 경제통합이 이루어지고 전체 국가 간 자유무역이 이루어질 수 있다.

연습문제

15.1 지역적 경제통합과 다자간 무역협정의 관계에 대해 논의해보자.

1) 지역적 경제통합이 WTO 체제에서의 다자간 무역협정을 저해하는 경우가 나타날 수 있는데, 이들에 대하여 논의하시오.
2) 다자간 협의체인 WTO가 어떤 경우에 지역적 경제통합을 인정하는지에 대하여 논의하시오.

15.2 WTO 체제가 등장하게 된 배경에 대하여 GATT 체제의 등장배경과 비교하여 논의하시오.

15.3 자유무역협정에 대해 논의해보자.

1) 원산지 규정에 대하여 설명하고, 실질적으로 판단하는데 어려움이 무엇인지 논의하시오.
2) 이 규정이 왜 자유무역협정에는 매우 중요한 문제이지만, 관세동맹에는 중요한 문제가 되지 않는지에 대해 논의하시오.

15.4 공동시장과 경제동맹의 차이를 설명하시오. 공동시장에서 경제동맹으로 전환하는데 직면하는 주요 어려움은 무엇인지 논의하시오.

15.5 한국이 맺은 자유무역협정에 대해 논의해보자.

1) 칠레와 EU와의 무역성과를 보면 수출 및 수입은 증가하였지만, 상대적으로 수입 증가폭이 더 커서 무역적자가 오히려 확대되었는데, 그 이유에 대하여 논의하시오.
2) 자유무역협정을 맺을 때 마다 정부는 그 효과에 대한 예측결과를 발표하였다. 실제로 자유무역협정을 맺은 이후의 실질적인 성과와 정부의 공식적인 발표에 의한 예측이 항상 동일하게 나타나는 것은 아닌데, 그 이유에 대해 논의하시오.

15.6 경제통합이 국내기업 간 경쟁을 격화시켜 국가 후생을 증가시킬 수 있다는 주장에 대하여 찬성과 반대 논리를 논의하시오.

15.7 모든 기업은 규모의 경제 하에 있다고 가정하고, H국 기업의 평균비용이 P국 기업의 평균비용보다 높은 경우에 두 국가가 경제통합을 한다면, H국의 기업에 어떤 영향을 주는지 논의하시오.

15.8 무역창출효과에 비해 무역전환효과가 어떤 상황에서 더 크게 나타날 수 있는지에 대해 수요-공급곡선을 가지고 논의하시오.

15.9 산업구조와 경제통합의 관계에 대해 논의해보자.

1) 한국과 일본의 산업구조가 매우 유사하다고 가정하자, 한국과 일본이 자유무역협정을 하는 경우에 통합 효과에 대하여 논의하시오.
2) 한국과 중국은 상당히 다른 산업구조를 가지고 있다. 어떻게 산업구조가 다른지 설명하고 두 국가가 자유무역협정을 맺는 경우에 경제적 효과에 대해 논의하시오.

15.10 경제통합의 동태적 효과를 볼 때 현재의 비교우위가 바뀔 수 있다. 역사적으로 비교우위가 바뀌는 경우를 예를 들어 논의하시오.

참고문헌

남종현 · 이홍식, 2012, 『국제무역론: 이론과 정책』, 경문사.
손병해, 2016, 『국제경제통합론』, 시그마프레스.

Balassa, Bella, 1961, *The Theory of Economic Integration*, Homewood, USA: Irwin.
Bown, Chad P. and Douglas A. Irwin, 2016, "The GATT's Starting Point: Tariff Levels circa 1947," Policy Research Working Paper #7649.
Irwin, Douglas A., 1998, "The Smoot−Hawley Tariff: A Quantitative Assessment," *The Review of Economics and Statistics*, 80(2), pp.326−334.
McDonald, Judith A., Anthony Patrick O'Brien and Colleen M. Callahan, 1997, "Trade Wars: Canada's Reaction to the Smoot−Hawley Tariff," *Journal of Economic History*, 57(4), pp.802−826.
Melitz, Marc, 2003, "The Impact of Trade on Intra−industry Reallocations and Aggregate Industry Productivity," *Econometrica*, 71(6), pp.1695−1725.
Melitz, Marc J. and Daniel Trefler, 2012, "Gains from Trade when Firms Matter," *Journal of Economic Perspectives*, 26(2), pp.91−118.
Viner, Jacob, 1950, *The Customs Union Issue*, New York: Carnegie Endowment for International Peace.
WTO, 2015, *Understanding the WTO*, WTO, Information and External Relations Division.

[웹 사이트]

외교부 GATT/다자간 무역협상 라운드 약사, http://www.mofa.go.kr/webmodule/htsboard/template/read/korboardread.jsp?typeID=6&boardid=157&seqno=304609.
ASEAN 홈페이지, http://asean.org/asean/asean−member−states/.
EU 홈페이지, http://europa.eu/european−union/index_en.
GATT, 1986, General Agreement on Tariff and Trade: Text of the General Agreement, https://www.wto.org/english/docs_e/legal_e/gatt47_e.pdf.
Marrakesh Declaration of 15 APRIL 1994, WTO 홈페이지, https://www.wto.org/english/docs_e/legal_e/marrakesh_decl_e.htm.
MERCOSUR 홈페이지, http://www.mercosur.int/.
WTO, Regional Trade Agreement, https://www.wto.org/english/tratop_e/region_e/region_e.htm.

참고 15-1

한국의 자유무역협정 현황과 경제적 효과

한국은 지역무역협정에 적극적으로 참가하고 있다. 2025년 11월 기준으로 22개의 자유무역협정이 발효되었고, 7개가 협상 중에 있다. 협상 중인 7개의 FTA는 한·중·일 FTA, 태국 FTA, MERCOSUR FTA, 몽골 FTA, 러시아 FTA, 방글라데시 FTA, 우즈베키스탄 FTA이다. [참고 표 15-1]은 한국의 자유무역협정 현황을 정리한 것이다.

한국이 가장 먼저 자유무역협정을 체결한 국가는 칠레였고, 이어서 싱가포르와 유럽자유무역연합(European Free Trade Association: EFTA) 협정이 체결되었다.[14] 가장 최근에 한국과 맺어서 발효된 자유무역협정은 2024년 12월이고, 대상국은 필리핀이다.

참고 표 15-1 한국의 자유무역협정 추진 현황

상대국	발효시점	상대국	발효시점
칠레	2004.4.1.	중국	2015.12.20.
싱가포르	2006.3.2.	뉴질랜드	2015.12.20.
EFTA	2006.9.1.	베트남	2015.12.20.
ASEAN	2007.6.1.	콜롬비아	2016.7.15.
인도	2010.1.1.	중미(니카라과, 온두라스, 코스타리카, 엘살바도르, 파나마)	2019.10.1. (국가별 상이)
EU	2011.7.1.	영국	2021.1.1.
페루	2011.8.1.	RCEP(15개국)	2022.02.01.
미국	2012.3.15.	이스라엘	2022.12.01.
튀르키예	2013.5.1.	캄보디아	2022.12.01
호주	2014.12.12.	인도네시아	2023.01.01.
캐나다	2015.1.1.	필리핀	2024.12.31.

주: 1) 2025년 11월 기준임. 2) RCEP는 역내 포괄적 경제동반자 협정으로 한국, 아세안10개국, 중국, 일본, 호주, 뉴질랜드 등 15개국이 포함됨.

출처: 산업부 FTA 강국, KOREA(검색일: 2025.11.15).

14 EFTA는 1960년 당시 유럽경제공동체(EEC)에 가입되어 있지 않던 유럽의 7개 국가가 설립한 것이다. 현재는 스위스, 노르웨이, 아이슬란드, 리히텐슈타인의 4개 국가만 가입되어 있다.

참고 표 15-2 한국-칠레, 한국-EU 및 한국-미국 무역 추이

(단위: 경상 10억 달러)

	칠레		EU		미국	
	수출	수입	수출	수입	수출	수입
2000	0.6	0.9	24.7	16.2	37.6	29.2
2001	0.6	0.7	21.1	15.3	31.2	22.4
2002	0.5	0.8	23.7	17.5	32.8	23.0
2003	0.5	1.1	27.0	19.8	34.2	24.8
2004	0.7	1.9	37.8	24.2	42.8	28.8
2005	1.2	2.3	43.7	27.3	41.3	30.6
2006	1.6	3.8	48.5	30.1	43.2	33.7
2007	3.1	4.2	56.0	36.8	45.8	37.2
2008	3.0	4.1	58.4	40.0	46.4	38.4
2009	2.2	3.1	46.6	32.2	37.7	29.0
2010	2.9	4.2	53.5	38.7	49.8	40.4
2011	2.4	4.9	55.7	47.4	56.2	44.6
2012	2.5	4.7	49.4	50.4	58.5	43.3
2013	2.5	4.7	48.9	56.2	62.1	41.5
2014	2.1	4.8	51.7	62.4	70.3	45.3
2015	1.7	4.4	48.1	57.2	69.8	44.0
2016	1.6	3.7	46.6	51.9	66.5	43.2
2017	1.5	3.8	54.0	57.3	68.6	50.7
2018	1.8	4.5	57.7	62.3	72.7	58.9
2019	1.2	4.0	52.8	55.8	73.3	61.9
2020	0.9	3.5	52.0	59.5	74.1	57.5
2021	1.6	4.9	69.6	71.7	95.9	73.2
2022	1.5	6.8	74.4	74.0	109.8	81.8
2023	1.2	7.6	74.1	73.0	115.7	71.3
2024	1.5	5.0	74.7	69.3	127.8	72.1

출처: 관세청, 수출입통계(검색일: 2025.11.15.).

한국이 자유무역협정을 맺은 이후 수출 및 수입에 대한 효과를 보면 [참고 표 15-2]와 [참고 그림 15-1]과 같다. [참고 표 15-2]는 주요 자유무역협정 당사국과 수출 및 수입추이를 보여 주고, [참고 그림 15-1]은 세 개 협정의 무역수지효과를 나타낸 것이다.

2004년 가장 먼저 자유무역협정을 맺은 칠레와의 무역추이를 보자. 협정을 맺기 이전부터 수출에 비해 수입이 많아서 무역수지 적자는 지속적으로 증가하였고, 2021년 무역수지 적자는 약 3억 달러에 달하였다. 즉, 자유무역협정을 맺은 이후 무역규모는 크게 증가하였지만 수입액이 훨씬 많아서 무역수지 적자는 점점 확대되었다. 2011년 7월 EU와의 자유무역협정의 경우, 직후에는 무역수지가 흑자에서 적자로 전환되어 2014년 무역수지 적자는 약 10.7억원에 달하였다. 이후, 무역수지 적자 폭이 축소되어 2021년에는 약 1.6억원으로 줄어든 것으로 나타났다. 반면에 2012년에 맺은 미국과의 자유무역협정의 결과는 오히려 한국의 무역수지 흑자를 확대하는 것으로 나타났다.

결국 한국은 칠레나 EU와의 자유무역협정을 맺은 이후 수출 및 수입이 모두 증가하여 무역규모는 증가하였으나, 무역수지 적자 폭은 더욱 확대되었다. 반면에 미국과의 자유무역협정 이후에는 무역규모와 무역수지 흑자 폭은 확대되는 결과로 나타났다.

참고 그림 15-1 한국-칠레, 한국-EU 및 한국-미국 무역수지 추이

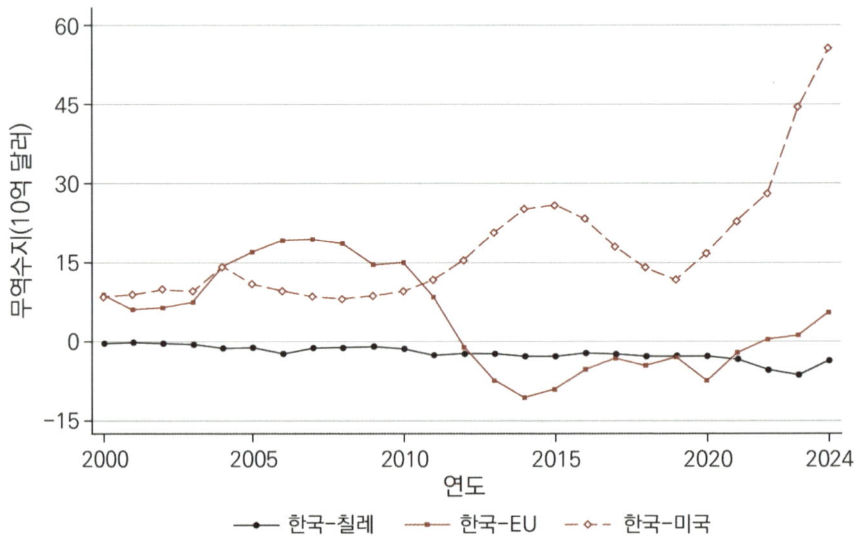

출처: 관세청, 수출입통계(검색일: 2025.11.15.)를 이용하여 작성.

참고문헌

관세청, 수출입통계, https://unipass.customs.go.kr/ets/.

산업부 FTA 강국, KOREA, http://www.fta.go.kr/main/.

찾아보기

ㄴ

ㄷ

ㄹ

ㅁ

ㅂ

ㅅ

ㅇ

ㅈ

ㅊ

ㅋ

강성진

고려대학교 경제학과 학사, 석사
미국 스탠포드(Stanford)대학교 경제학 박사
前 일본 쯔꾸바대학교 조교수
現 고려대학교 경제학과 교수
제56대 한국경제학회 회장
제46대 한국국제경제학회 회장
제18대 한국경제연구학회 회장

저서 및 논문

강성진, 2025, 《한국경제론》, 박영사.
강성진, 2022, 《경제발전론》, 제2판, 박영사.
강성진, 2020, 《라이브 경제학》, 매일경제신문사.
Hwan Joo Seo and Sung Jin Kang, 2024, Income Redistribution, Inequality and Democracy, Routledge.
Sung Jin Kang and Hwan-Joo Seo, 2023, "Validity of the Meltzer and Richard Hypothesis under Captured Democracy and Policy Regime Hypotheses," Economic Analysis and Policy, 80, pp.1732-1749.
Hwan Joo Seo, Sung Jin Kang and Yong Jun Baek, 2020, "Managerial Myopia and Short-termism of Innovation Strategy: Financialization of the Korean Firms," Cambridge Journal of Economics, 44(6), pp.1197-1220.

제3판
경제발전론

초판발행 2018년 2월 9일
제2판발행 2022년 3월 4일
제3판발행 2026년 2월 25일

지은이 강성진
펴낸이 안종만 · 안상준

편 집 전채린
기획/마케팅 김한유
표지디자인 BEN STORY
제 작 고철민 · 김원표

펴낸곳 (주) 박영사
서울특별시 금천구 가산디지털2로 53, 210호(가산동, 한라시그마밸리)
등록 1959. 3. 11. 제300-1959-1호(倫)
전 화 02)733-6771
f a x 02)736-4818
e-mail pys@pybook.co.kr
homepage www.pybook.co.kr
ISBN 979-11-303-9785-6 93320

copyright©강성진, 2026, Printed in Korea

* 파본은 구입하신 곳에서 교환해 드립니다. 본서의 무단복제행위를 금합니다.

정 가 31,000원